Frank Sommer, Stefan Kania, Jürgen Wolf

Shell-Programmierung

Das umfassende Handbuch

Rheinwerk
Computing

Liebe Leserin, lieber Leser,

die Kommandozeile war schon immer eine besondere Stärke von Linux und anderen UNIX-Systemen. Mit der Shell lassen sich wiederkehrende Aufgaben leicht automatisieren, und Sie brauchen sie für die vielen nützlichen Werkzeuge, die der UNIX-Philosophie folgen.

Dieses umfassende Handbuch zur Shell-Programmierung führt Sie daher nicht nur in die Arbeit mit der Kommandozeile ein, sondern stellt Ihnen auch alle wichtigen Befehle, Werkzeuge und Shell-Builtins vor. Von zahlreichen Experten-Tipps bis zu fertigen und geprüften Shellscripts finden Sie alles, was Sie brauchen, um professionell mit der Kommandozeile zu arbeiten. Mit den Übungsaufgaben, die jedes Kapitel abschließen, können Sie Ihr Wissen zur Shell-Programmierung testen und anhand der ausführlichen Lösungsvorschläge eigene Ansätze entwickeln.

Gerade durch die Übungen mit Lösungen wird dieses Buch zu viel mehr als nur einem Nachschlagewerk für den täglichen Einsatz. Mit Beispielen direkt aus der Praxis werden die zahlreichen Features der Shell erläutert. Wollen Sie Rohdaten mit gnuplot visualisieren, automatisierte Backups erstellen oder große Datenmengen auf einen Schlag bearbeiten? Dieses Buch erklärt Ihnen, wie Sie rasch Scripts erstellen, mit denen Sie diese Aufgaben lösen. Sie werden feststellen, dass Sie für viele Anforderungen gar keine zusätzliche Programmiersprache wie Python, Java oder C benötigen. Mit der Shell und diesem Buch lösen Sie viele Probleme einfach, minimalistisch und elegant.

Und noch ein Wort in eigener Sache: Dieses Werk wurde mit großer Sorgfalt geschrieben, geprüft und produziert. Sollte dennoch einmal etwas nicht so funktionieren, wie Sie es erwarten, freue ich mich, wenn Sie sich mit mir in Verbindung setzen. Ihre Kritik und konstruktiven Anregungen sind uns jederzeit willkommen.

Ihr Christoph Meister
Lektorat Rheinwerk Computing

christoph.meister@rheinwerk-verlag.de
www.rheinwerk-verlag.de
Rheinwerk Verlag · Rheinwerkallee 4 · 53227 Bonn

Auf einen Blick

Wir hoffen, dass Sie Freude an diesem Buch haben und sich Ihre Erwartungen erfüllen. Falls Sie Anregungen, Wünsche und Kommentare haben, lassen Sie es uns wissen: **service@rheinwerk-verlag.de**.

Informationen zu unserem Verlag und Kontaktmöglichkeiten finden Sie auf unserer Verlagswebsite **www.rheinwerk-verlag.de**. Dort können Sie sich auch umfassend über unser aktuelles Programm informieren und unsere Bücher und E-Books bestellen.

Autoren Frank Sommer, Stefan Kania, Jürgen Wolf
Lektorat Christoph Meister
Fachgutachten Martin Conrad
Copy-Editing Sibylle Feldmann, Düsseldorf
Typografie und Layout Vera Brauner
Satz Typographie & Computer, Krefeld
Herstellung Stefanie Meyer
Covergestaltung Lisa Kirsch
Coverbild Shutterstock: 279795932 © Stock Rocket; iStockphoto: 508347203 © ilbusca
Druck Beltz Grafische Betriebe GmbH, Bad Langensalza

FSC www.fsc.org MIX Papier | Fördert gute Waldnutzung FSC® C089473

Dieses Buch wurde auf FSC®-zertifiziertem Papier gedruckt.
Hergestellt in Deutschland.

Bibliografische Information der Deutschen Nationalbibliothek:
Die Deutsche Nationalbibliothek verzeichnet diese Publikation in der Deutschen Nationalbibliografie; detaillierte bibliografische Daten sind im Internet über *http://dnb.dnb.de* abrufbar.

ISBN 978-3-8362-8923-8

7. aktualisierte Auflage 2022, 1., unveränderter Nachdruck 2026

Rheinwerk Verlag GmbH • Rheinwerkallee 4 • 53227 Bonn
service@rheinwerk-verlag.de

Inhalt

2 Variablen 119

5 Terminal-Ein- und -Ausgabe 273

6 Funktionen 337

11 Reguläre Ausdrücke und grep 445

12 Der Stream-Editor sed 463

Anhang 805

Materialien zum Buch

Auf der Webseite zu diesem Buch stehen folgende Materialien für Sie zum Download bereit:

- **Beispiele aus dem Buch**
- **Listings**
- **Übungsaufgaben**

Gehen Sie auf *www.rheinwerk-verlag.de/5507*. Klicken Sie auf das Register MATERIALIEN. Sie sehen die herunterladbaren Dateien samt einer Kurzbeschreibung des Dateiinhalts. Klicken Sie auf den Button HERUNTERLADEN, um den Download zu starten. Je nach Größe der Datei (und Ihrer Internetverbindung) kann es einige Zeit dauern, bis der Download abgeschlossen ist.

Vorwort

Vorwort von Frank Sommer

Als ich vom Verlag gefragt wurde, ob ich die 7. Auflage dieses Buchs überarbeiten könnte, war mein erster Gedanke, dass sich im Bereich der Shell-Programmierung nicht viel geändert hat. Je mehr ich dann in das Thema eingestiegen bin, desto mehr wurde mir bewusst, dass die Shell und auch die Programmierung von Shellscripts eine Renaissance erleben. Fast alle Netzwerk- und IT-Security-Komponenten nutzen Linux oder OpenBSD als Betriebssystem und werden per Shell konfiguriert. Mit dem Windows-Subsystem für Linux ist die klassische Shell jetzt auch auf Windows-Systemen verfügbar. Im Bereich von Mikrocomputern wie dem Raspberry Pi kommt der Nutzer ohne Kenntnisse der Shell ebenfalls oft nicht weiter. Und Besitzer von Smart-Home-Techniken wie *KNX* oder *openHAB2* können mit Shell-Programmierung ihre Geräte noch individueller nutzen.

Natürlich haben sich auch in der Shell in den letzten Jahren einige Neuerungen und Änderungen ergeben, die in die neue Auflage eingeflossen sind – besonders die weitere Entwicklung der Bash zur Version 5.0 sowie die Neuerungen im Bereich der Netzwerkkommandos und des Linux-Systemstarts.

Übersicht

In einigen Kapiteln hat sich nur wenig geändert. In Kapitel 1, »Einführung«, sind einige Ergänzungen wie Windows mit dem Windows-Subsystem für Linux und IDEs dazugekommen. In Kapitel 14, »Linux/UNIX-Kommandoreferenz«, wurde das `ip`-Kommando ergänzt, und in Kapitel 15, »Die Praxis«, sind die Anwendung von cURL und `wget` sowie mit `systemd` der neue `init`-Prozess hinzugekommen. Dafür sind einige »veraltete« Kommandos nicht mehr vorhanden.

Danksagung

Ein ganz großer Dank an den Rheinwerk Verlag, dass mir die Möglichkeit gegeben wurde, diese 7. Auflage zu bearbeiten.

Frank Sommer

Vorwort von Stefan Kania

Als ich 2013 die 4. Auflage von Jürgen Wolf übernommen habe, war mir bewusst, was für eine große Aufgabe das ist. Sehr viele Leserinnen und Leser nutzen dieses Buch als

Einstieg in die Welt der Kommandozeile. Bei einem Buch, das sich mit den Grundlagen eines so umfangreichen Themas befasst, ist es besonders wichtig, möglichst genau und in kleinen, erkennbaren Schritten vorzugehen. Bis zur 6. Auflage konnte ich die Überarbeitung und Anpassung an neue Versionen der Bash noch gut schaffen. Aber mittlerweile bin ich in so viele Projekte eingebunden, dass ich keine Zeit mehr finde, an der dieser und weiteren Auflagen mitzuwirken. Aus dem Grund habe ich mich entschlossen, dass Projekt abzugeben. Das Buch ist und bleibt auch für mich weiterhin ein wichtiger Teil meiner Zeit als Autor und meiner Zusammenarbeit mit dem Rheinwerk Verlag.

Jetzt beginnt also mit der 7. Auflage ein neuer Abschnitt, und es geht mit Frank Sommer weiter. Er hat das Buch übernommen und wird frischen Wind in das Projekt bringen und neue Aspekte aufgreifen. Ich wünsche ihm auf jeden Fall viel Erfolg mit dem Buch, und dass uns die Leserinnen und Leser weiterhin treu bleiben.

Mein Dank geht auf jeden Fall an den Verlag, da ganz besonders an Christoph Meister, der es so lange mit mir ausgehalten hat. Ich freue mich schon auf die Zusammenarbeit an der nächsten Auflage des großen Handbuchs zum Linux-Server, das Sie sich vielleicht auch anschauen sollten, wenn Sie professionell mit Linux arbeiten wollen.

Nun wünsche ich Ihnen viel Spaß mit dem Buch, egal ob diese Auflage Ihr erster Kontakt mit der Shell ist, oder ob Sie sich bereits durch die 7. Auflage kämpfen. Sie werden bestimmt auch weiterhin viel Wissen aus dem Buch ziehen können. Denken Sie auch immer mal über ein Feedback an den Autor nach. Ich habe in den letzten Jahren gelernt, dass ein konstruktives Feedback sich immer positiv auf die nächste Auflage auswirkt. Abgesehen davon: Autoren sind auch Menschen, denen es manchmal gut tut, positive Rückmeldungen von Ihnen zu bekommen.

In dem Sinne wünsche ich Ihnen viel Spaß mit der 7. Auflage der Shell-Programmierung.

Übersicht

In den ersten zehn Kapiteln erfahren Sie alles, was Sie zur Shell-Programmierung wissen müssen (und sogar ein bisschen mehr als das). Die Kapitel 11 bis Kapitel 13 gehen auf die unverzichtbaren Tools `grep`, `sed` und `awk` ein, die in Kombination (oder auch allein) mit der Shellscript-Programmierung zu wertvollen Helfern werden können. Kapitel 14 behandelt viele grundlegende Kommandos von Linux/UNIX. Kenntnisse zu den Kommandos sind unverzichtbar, wenn Sie sich ernsthaft mit der Shell-Programmierung auseinandersetzen wollen bzw. müssen. In Kapitel 15 finden Sie einige Beispiele aus der Praxis. Kapitel 16 beschäftigt sich schließlich mit `dialog` und `gnuplot`. Hierbei gehen wir auf viele alltägliche Anwendungsfälle ein, die Ihnen als Anregungen dienen sollen und die jederzeit erweitert werden können. Im Grunde werden Sie aber feststellen, dass das Buch überall Praxisbeispiele enthält.

Die einzelnen Kapitel des Buchs wurden unabhängig voneinander geschrieben – es werden also keine Beispiele verwendet, die von Kapitel zu Kapitel ausgebaut werden. Dadurch können Sie dieses Buch auch als Nachschlagewerk verwenden.

Danksagung

Ein ganz großer Dank geht an alle Leser, die in ihren Rezensionen, Mails an den Verlag und an mich oftmals sehr ausführliche Fehlerbeschreibungen gegeben haben. Gerade konstruktive Kritik sorgt dafür, dass neue Auflagen von Fachbüchern immer besser werden. Feedback von Ihnen als Leserin oder Leser ist immer wieder eine wichtige und große Hilfe bei der Überarbeitung von Büchern.

Ein großer Dank geht auch an meine Lebensgefährtin Sabine, die mir wie immer den Rücken freigehalten hat und auch sehr geduldig war, wenn es mal abends etwas später wurde.

Stefan Kania

Vorwort von Jürgen Wolf

Von den Programmiersprachen, die ich kenne und nutze, verwende ich die Shell-Programmierung in der Praxis besonders gern. Der Vorteil der Shell-Programmierung ist, dass man nicht so viel »drum herum« schreiben muss und meistens gleich auf den Punkt kommen kann. Wenn Sie bereits Erfahrungen in anderen Programmiersprachen gesammelt haben und dieses Buch durcharbeiten, werden Sie verstehen, was ich meine. Sollten Sie noch absoluter Anfänger in Sachen Programmierung sein, ist dies überhaupt kein Problem, da die Shell-Programmierung recht schnell erlernt werden kann. Die Lernkurve des Buchs bewegt sich auf einem mittleren Niveau, sodass Anfänger nicht überfordert und programmiererfahrene Leserinnen und Leser nicht unterfordert werden.

Ich gehe davon aus, dass Sie bereits über erste Erfahrungen im Umgang mit Linux/UNIX verfügen. Sie werden beim Lesen dieses Buchs manche Dinge viel besser verstehen, die Ihnen vielleicht bisher etwas unklar waren. Denn über die Shell-Programmierung können Sie eine noch intensivere Beziehung zu dem Betriebssystem aufbauen – gerade weil die Shell immer noch ein viel mächtigeres Instrument ist, als es grafische Oberflächen jemals waren oder sein werden. Man könnte also auch sagen, dass der Umgang mit der Shell(-Programmierung) das ABC eines jeden zukünftigen Linux/UNIX-Gurus ist. Und wenn Sie dann auch noch die Sprache C und den Umgang mit der Linux/UNIX-Programmierung lernen wollen (oder beides bereits beherrschen), ist der Weg zum Olymp nicht mehr weit.

Nach diesen (hoffentlich) aufmunternden Worten werden Sie wohl freudig den PC hochfahren, das Buch zur Hand nehmen und mit dem ersten Kapitel anfangen. Bei einem Buch dieser Preisklasse ist natürlich die Erwartung hoch, und wir hoffen, dass wir Ihre Anforderungen erfüllen können. Sollte es aber mal nicht so sein oder haben Sie etwas zu beanstanden, weil etwas nicht ganz korrekt ist, so lassen Sie es uns wissen, damit wir dieses Buch regelmäßig verbessern können.

Danksagung

Das Buch war eines meiner ersten Bücher, und ich habe hier auch sehr viel Herzblut hineingesteckt. Allerdings fehlt mir mittlerweile einfach die Zeit, das Buch regelmäßig zu überarbeiten. Diese und noch weitere Arbeiten hat für mehrere Auflagen zunächst Stefan (Kania) übernommen, der das Buch nun jahrelang gepflegt hat. Ab dieser Auflage übernimmt Frank Sommer diese Aufgabe. Ich bin froh, das Buch einem solchen Experten übergeben zu dürfen, und wünsche ihm viel Erfolg mit diesem Buch.

Ich möchte mich selbstverständlich auch bei allen Mitarbeitern des Rheinwerk Verlags bedanken, die uns bei diesem Buch zur Seite gestanden haben.

Jürgen Wolf

Vorwort des Gutachters: Die Shell – Fluch oder Segen?

Sicher haben Sie schon Bemerkungen wie »kryptische Kommandozeilenbefehle« oder Ähnliches in einem nicht gerade schmeichelhaften Zusammenhang gehört.

Und wissen Sie was? Die Vorurteile stimmen. Ein Kommando-Interpreter, der Konstrukte wie das Folgende zulässt, kann schon mal das eine oder andere graue Haar wachsen lassen. Probieren Sie die Zeichenfolge übrigens besser nicht aus – Ihr Rechner wird höchstwahrscheinlich abstürzen:

```
:(){ :|: & };:
```

»Und das soll ich jetzt lernen?«

Nein, nicht unbedingt. Der Befehl ist eher eine kleine Machtdemonstration. Er versucht, unendlich viele Prozesse zu starten, und legt so Ihren Rechner lahm. Die Syntax für die Kommandozeile ist normalerweise durchaus verständlich, und Konstrukte wie dieses sind eher die abschreckende Ausnahme.

Das Beispiel soll demonstrieren, mit welch geringem Aufwand Sie durch eine Kommandozeile wirkungsvolle Befehle an das System übermitteln können. Normalerweise wird die Kommandozeile produktiv eingesetzt und hat enorme Vorteile gegenüber einer grafischen Oberfläche. Genau so, wie Sie über die Kommandozeile unendlich viele Prozesse starten können, können Sie auch mit einem einzigen Befehl Vorschaubilder von unzähligen Bildern erstellen, die sich auf Ihrer Festplatte befinden.

Die Kommandozeile wird also genau dann interessant, wenn grafisch gesteuerte Programme nicht mehr in der Lage sind, eine Aufgabe in einer annehmbaren Zeit zu erledigen.

In solchen Fällen kann es durchaus vorkommen, dass Sie eine Stunde oder länger über einen einzigen Befehl nachgrübeln, aber dennoch schneller sind, als würden Sie die Aufgabe per Maus lösen.

Ich werde aber auch das relativieren: Für die meisten Aufgaben gibt es hervorragende Werkzeuge auf der Kommandozeile, die leicht zu verstehen und einzusetzen sind. Stundenlange Grübeleien über einen Befehl sind also eher die Ausnahme. Wer den Willen hat, Aufgaben effektiv mit der Kommandozeile zu lösen, wird hier selten auf Probleme stoßen. Im Gegenteil: Die Kommandozeile eröffnet Ihnen eine vollkommen andere Perspektive und erweitert somit Ihren Horizont dahin gehend, wozu ein

Computer alles eingesetzt werden kann, da auf ihr vollkommen andere Grenzen gelten als bei der Arbeit mit der Maus:

- Sie möchten alle Dateien auf einer Festplatte umbenennen, die die Endung *.txt* haben?
- Sie möchten periodisch überprüfen, ob ein entfernter Rechner erreichbar ist?
- Sie wollen ein bestimmtes Wort in allen Textdateien innerhalb eines Verzeichnisbaums ersetzen?
- Sie wollen täglich eine grafische Auswertung Ihrer Systemlast per Mail geschickt bekommen?

Kein Problem ☺

Lesen Sie dieses Buch, und Sie werden diese Aufgaben lösen können.

Martin Conrad

(freier Programmierer, Netzwerktechniker und Administrator)

Kapitel 1
Einführung

Als Autor eines Fachbuchs steht man immer vor der Frage, wo man beginnen soll. Fängt man bei null an, so wird eine Menge Raum für interessantere Aufgabenschwerpunkte verschenkt. Fordert man hingegen am Anfang gleich zu viel, läuft man Gefahr, dass das Buch schnell im Regal verstaubt oder zur Versteigerung angeboten wird.

1.1 Was sollten Sie wissen?

Da Sie sich entschieden haben, mit der Shellscript-Programmierung anzufangen, können wir davon ausgehen, dass Sie bereits ein wenig mit Linux bzw. einem UNIX-artigen System vertraut sind. Vielleicht haben Sie auch schon Erfahrungen mit anderen Programmiersprachen gemacht, was Ihnen hier einen gewissen Vorteil verschafft. Vorhandene Programmiererfahrungen sind allerdings keine Voraussetzung, um mit diesem Buch zu arbeiten. Es wurde so konzipiert, dass selbst ein Anfänger recht einfach und schnell ans Ziel kommt. Dies haben wir deshalb getan, weil die Shellscript-Programmierung im Gegensatz zu anderen Programmiersprachen wie beispielsweise C/C++ oder Java erheblich einfacher zu erlernen ist (auch wenn Sie beim ersten Durchblättern des Buchs einen anderen Eindruck haben sollten).

Aber was heißt »mit Linux bzw. UNIX bereits ein wenig vertraut«? Dass Sie folgende Punkte beherrschen, müssen wir einfach von Ihnen erwarten – ansonsten könnte der Buchtitel gleich »Linux/UNIX – Eine Einführung« lauten:

- An- und Abmelden am System.
- Arbeiten mit einem (beliebigen) Texteditor (mehr dazu folgt in Abschnitt 1.8).
- Umgang mit Dateien und Verzeichnissen – sprich Umgang mit grundlegenden Kommandos wie `cp`, `pwd`, `ls`, `cd`, `mv`, `mkdir`, `rmdir`, `cat`, ...: Sind diese Kenntnisse nicht vorhanden, ist das nicht weiter schlimm, denn alle Kommandos werden in diesem Buch mehr als einmal verwendet und auch in einem Crashkurs kurz beschrieben.
- Zugriffsrechte: Wer bin ich, was darf ich, und welche Benutzer gibt es? Oder einfach: Was bedeuten die »komischen« Zeichen `rwx` bei den Dateien und Verzeichnissen? (Auch hierzu gibt es eine kurze Einführung).
- Verzeichnisstruktur: Wo bin ich hier, und wo finde ich was? Wenn Sie nicht wissen, wo Sie »zu Hause« sind oder wie Sie dorthin kommen, wird Ihnen die ganze Umgebung fremd vorkommen (aber auch ein Immigrant kann sich einleben).

- Grundlegende Kenntnisse eines Dateisystems: Wo ist meine Festplatte, mein Netzwerkspeicher oder USB-Stick und vor allem: Wie werden diese bezeichnet?
- Kommunikation: Dieses Buch behandelt auch netzwerkspezifische Dinge, weshalb Sie zumindest den Weg in den »**W**elt**W**eiten**W**älzer« gefunden und den Umgang mit der elektronischen Post beherrschen sollten.

Linux/UNIX-Kommandoreferenz

Sofern Sie mit einigen Shell-Kommandos, die in den Scripts verwendet werden, nicht zurechtkommen oder diese nicht kennen, finden Sie in Kapitel 14 eine Linux/UNIX-Kommandoreferenz, in der Ihnen zumindest die Grundlagen (die gängigsten Optionen) erläutert werden. Detailliertere Informationen bleiben selbstverständlich weiterhin den Manualpages (Manpages) vorbehalten.

1.1.1 Zielgruppe

Mit diesem Buch wollen wir eine recht umfangreiche und keine spezifische Zielgruppe ansprechen. Profitieren von der Shellscript-Programmierung können alle – vom einfachen Linux/UNIX-Anwender bis hin zum absolut überbezahlten (oder häufig auch schlecht bezahlten) Systemadministrator, also einfach alle, die mit Linux/UNIX zu tun haben bzw. vorhaben, damit etwas mehr anzufangen.

Ganz besonders gut eignet sich die Shellscript-Programmierung auch für den Einstieg in die Welt der Programmierung. Sie finden hier viele Konstrukte (Schleifen, Bedingungen, Verzweigungen etc.), die auch in den meisten anderen Programmiersprachen in ähnlicher Form verwendet werden (wenngleich die Syntax häufig ein wenig anders ist).

Da Sie sehr viel mit den »Bordmitteln« (Kommandos/Befehlen) des Betriebssystems arbeiten, bekommen Sie auch ein gewisses Gefühl für Linux/UNIX. So haftet Menschen, die mit Shellscript programmieren, häufig ein Guru-Image an, einfach weil sie tiefer in die Materie einsteigen müssen als viele GUI-verwöhnte Anwenderinnen und Anwender. Trotzdem ist es leichter, die Shellscript-Programmierung zu erlernen als irgendeine andere Hochsprache, beispielsweise C, C++, Java oder C#.

Die primäre Zielgruppe sind aber ganz klar Personen in der Systemadministration und/oder Webmaster (mit SSH-Zugang). In der Systemadministration von Linux/UNIX-Systemen ist es häufig unumgänglich, sich mit der Shellscript-Programmierung auseinanderzusetzen. Letztendlich ist ja auch jeder einzelne Linux/UNIX-(Heim-)Benutzer mit einem PC eine Systemadministratorin oder ein Systemadministrator und profitiert enorm von den neu hinzugewonnenen Kenntnissen.

macOS ist auch UNIX

Natürlich dürfen sich diejenigen, die einen Mac verwenden, ebenfalls angesprochen fühlen. Alles, was wir hier im Buch beschreiben, wurde sorgfältig auf macOS getestet. Auch bei dieser 7. Auflage des Buchs haben wir auf die Mac-Kompatibilität geachtet, und natürlich gehen wir bei Bedarf auf die Unterschiede ein. Mit macOS Catalina (10.15) hat Apple die Z-Shell als Standard-Shell voreingestellt. In Abschnitt 1.5.8 erklären wir Ihnen, wie Sie die Bash-Version 5 auf Ihrem Mac installieren und nutzen können.

1.1.2 Notation

Die hier verwendete Notation ist recht einfach und zum Teil eindeutig aufgebaut. Wenn wir die Eingabe mit der Tastatur (bzw. einer Tastenkombination) beschreiben, kennzeichnen wir das mit einem entsprechenden Tastenzeichen. Lesen Sie beispielsweise [Strg]+[C], bedeutet dies, dass hier die Tasten »Steuerung« (Control oder auch [Ctrl]) und »C« gleichzeitig gedrückt werden; finden Sie [Esc] vor, dann ist das Drücken der Escape-Taste gemeint.

Tastenbelegung bei macOS

Während die Tastenbelegung und -verwendung in Windows- und Linux- sowie vielen UNIX-Systemen recht ähnlich ist, hat ein Mac-System eine geringfügig andere Tastatur. Auf die Unterschiede zwischen einer Mac- und einer PC-Tastatur gehen wir kurz in Abschnitt C.1 ein. An dieser Stelle weisen wir daher nur kurz darauf hin, dass eine Tastenkombination wie [Strg]+[C] auf dem Mac mit [Ctrl]+[C] ausgeführt werden muss und nicht, wie Sie vielleicht annehmen, mit [cmd]+[C]. Mac-Veteranen wissen das zwar, aber da das System immer beliebter wird und es somit mehr Umsteiger gibt, sollte dies hier kurz erwähnt werden.

Sie werden sehr viel mit der Shell arbeiten. Als Shell-Prompt des normalen Users in der Kommandozeile wird `you@host >` verwendet. Diesen Prompt müssen Sie also bei der Eingabe nicht mit angeben (logisch, aber es sollte erwähnt werden). Wird hinter diesem Shell-Prompt die Eingabe in fetten Zeichen dargestellt, handelt es sich um eine Eingabe in der Kommandozeile, die vom Benutzer (meistens von Ihnen) vorgenommen und mit einem [↵]-Tastendruck bestätigt wurde:

```
you@host > Eine_Eingabe_in_der_Kommandozeile
```

Folgt hinter dieser Zeile eine weitere Zeile ohne den Shell-Prompt `you@host >` und nicht in fetter Schrift, dann handelt es sich in der Regel um die Ausgabe, die die Shell aus der zuvor getätigten Eingabe erzeugt hat (was im Buch meistens den Aktionen Ihres Shellscripts entspricht):

```
you@host > Eine_Eingabe_in_der_Kommandozeile
Die erzeugte Ausgabe
```

Finden Sie stattdessen das Zeichen # als Shell-Prompt, handelt es sich um einen Prompt des Superusers (root). Selbstverständlich setzt dies voraus, dass Sie auch die entsprechenden Rechte haben. Das ist nicht immer möglich und wird daher in diesem Buch so selten wie möglich eingesetzt.

```
you@host > whoami
nomaler_User
you@host > su
Passwort: ********
# whoami
root
# exit
you@host > whoami
normaler_User
```

Vorübergehende Root-Rechte mit sudo

Viele UNIX-artige Betriebssysteme wie Linux oder macOS gehen hier einen anderen Weg und verwenden den Befehl sudo (*substitute user do* oder *super user do*). Mit diesem Befehl können Sie einzelne Programme bzw. Kommandos mit den Rechten eines anderen Benutzers (beispielsweise mit Root-Rechten) ausführen. Der Befehl sudo wird dabei vor den eigentlich auszuführenden Befehl geschrieben. Wollen Sie für mehr als nur einen Befehl als Superuser arbeiten, können Sie mit sudo -s dauerhaft wechseln. Die Einstellungen für sudo werden in der Datei */etc/sudoers* gespeichert. Mehr Informationen zu sudo finden Sie auf der entsprechenden Manualpage oder auf der offiziellen Webseite (*http://www.sudo.ws*).

1.2 Was ist eine Shell?

Für den einen ist eine Shell nichts anderes als ein besseres »command.com« aus der MS-DOS-Welt. Eine andere wiederum bezeichnet die Shell lediglich als Kommandozeile, und für einige ist die Shell die Benutzeroberfläche schlechthin. Diese Meinungen resultieren daraus, dass die einen die Shell lediglich verwenden, um Installations- bzw. Konfigurationsscripts auszuführen. Andere verwenden auch häufiger mal die Kommandozeile zum Arbeiten, und die letzte Gruppe setzt die Shell so ein, wie andere die grafischen Oberflächen benutzen.

Für die meisten User besteht eine Benutzeroberfläche aus einem Fenster oder mehreren Fenstern, die man mit der Maus oder der Tastatur steuern kann. Wie kann man (oder wir Autoren) also behaupten, die Shell sei eine Benutzeroberfläche? Genauer betrachtet, ist eine Benutzeroberfläche nichts anderes als eine Schnittstelle, die zwischen der Hardware des Systems (mit der der normale Benutzer nicht gern direkt etwas zu tun haben will und es auch nicht sollte) und dem Betriebssystem kommuniziert. Dies ist natürlich relativ einfach ausgedrückt, denn in Wirklichkeit findet eine solche Kommunikation meistens über mehrere abstrakte Schichten statt. Benutzer geben eine Anweisung ein, diese wird interpretiert und in einen Betriebssystemaufruf umgewandelt – auch *System-Call* oder *Sys-Call* genannt. Jetzt wird auf die Rückmeldung des Systems gewartet und ein entsprechender Befehl umgesetzt – oder im Fall eines Fehlers eine Fehlermeldung ausgegeben.

Kommandozeileneingabe

Noch genauer gesagt, durchläuft eine Eingabe der Kommandozeile einen Interpreter und ist somit praktisch nichts anderes als ein Shellscript, das von der Tastatureingabe aus, ohne es zwischenzuspeichern, in einem Script ausgeführt wird.

Man spricht dabei auch von einem Systemzugang. Einen solchen Systemzugang (Benutzeroberfläche) können Sie als normaler Benutzer wie folgt erlangen:

- über die **Kommandozeile** (Shell): Hierbei geben Sie in einem Fenster (beispielsweise `xterm`) oder häufig auch in einem Vollbildschirm (eben einem echten `tty`) über die Tastatur entsprechende Kommandos ein und setzen so die Betriebssystemaufrufe in Gang.
- über die **grafische Oberfläche** (Windowmanager unter Xorg oder Wayland wie KDE, Gnome etc.): Auch hierbei geben Sie mit der Maus oder der Tastatur Anweisungen (Kommandos) ein, die auf der Betriebssystemebene ebenfalls nicht vorbeikommen.

Kommandozeile und Interpreter

Häufig wird die Kommandozeile als *Shell* bezeichnet. Diese Shell ist aber nicht gleichzusetzen mit dem »Interpreter« Shell. Der Interpreter ist die Schnittstelle, durch die überhaupt erst die Kommunikation zwischen der Ein-/Ausgabe und dem System möglich wird.

Auch wenn es auf den ersten Blick den Anschein hat, dass man über die grafische Oberfläche den etwas schnelleren und bequemeren Weg gewählt hat, ist dies häufig nicht so. Je mehr Erfahrung Anwenderinnen und Anwender haben, desto eher werden sie mit der Kommandozeile schneller ans Ziel kommen als mit dem GUI.

Hurra, die ganze Arbeit war umsonst: KDE und Gnome benötigen wir nicht mehr, und die fliegen jetzt von der Platte! Nein, keine Sorge, wir wollen Sie keinesfalls von der grafischen Oberfläche abbringen, ganz im Gegenteil. Gerade ein Mix aus grafischer

Oberfläche und Kommandozeile macht effektiveres Arbeiten erst möglich. Wie sonst wäre es z. B. zu realisieren, mehrere Shells gleichzeitig zur Überwachung zu betrachten bzw. einfach mehrere Shells gleichzeitig zu verwenden?

Langer Rede kurzer Sinn: Eine Shell ist eine Methode, das System über die Kommandozeile zu bedienen.

Tab-Completion

Wenn Sie mit der Shell arbeiten, wird Ihnen rasch auffallen, dass sie recht viel Tipparbeit von Ihnen verlangt. Besonders schlimm können dabei Pfade zu Dateien sein: Was in der grafischen Oberfläche ein paar Klicks auf einige Ordner sind, muss in der Shell umständlich eingegeben werden.

Als Lösung dafür gibt es die sogenannte Tab-Completion. Mit der Taste [⭾] versucht die Shell, den Rest Ihrer Eingabe zu vervollständigen. Wenn Sie die ersten Zeichen eines Befehls oder einer Datei eingeben und dann [⭾] drücken, ergänzt die Shell – so gut es geht – die restliche Eingabe.

Viele Tools auf der Kommandozeile wie etwa Docker oder Kubernetes bringen Ergänzungsmodule für die Completion mit, um etwa auch die umständlichen Namen von Containern oder anderen Objekten zu vervollständigen. Wenn Sie also schneller und viel komfortabler mit der Shell arbeiten wollen, sollten Sie sich gut mit [⭾] anfreunden und ggfs. weitere Completion-Module installieren.

Historisch interessierte User werden sich wohl fragen, wieso die Bezeichnung *Shell* (was so viel wie »Muschel« oder auch »Schale« bedeutet) verwendet wurde. Der Name bürgerte sich unter Linux/UNIX ein (eigentlich war zuerst UNIX da, aber auf diese Geschichte gehen wir hier nicht ein), weil sich eine Shell wie eine Schale um den Betriebssystemkern legt.

Vereinfacht ausgedrückt, ist die Shell ein vom Betriebssystemkern unabhängiges Programm bei der Ausführung – also ein simpler Prozess. Ein Blick auf das Kommando ps (ein Kommando, mit dem Sie Informationen zu laufenden Prozessen ermitteln können) bestätigt Ihnen das:

```
you@host > ps
  PID TTY          TIME CMD
 5890 pts/40   00:00:00 bash
 5897 pts/40   00:00:00 ps
```

Hier läuft als Shell beispielsweise die Bash (mehr zu den verschiedenen Shells und zur Ausgabe von ps erfahren Sie in Abschnitt 1.5, »Die Shell-Vielfalt«, und Abschnitt 1.8.4, »Ausführen«).

Natürlich kann man die Shell nicht einfach als normalen Prozess bezeichnen, dazu ist sie ein viel zu mächtiges und flexibles Programm. Selbst der Begriff »Kommandozeile« ist ein wenig zu schwach. Eher schon würde sich der Begriff »Kommandosprache« eignen. Und wenn die Shell schon *nur* ein Programm ist, sollte erwähnt werden, dass sie auch jederzeit gegen eine andere Shell ausgetauscht werden kann. Es gibt also nicht nur die eine Shell, sondern mehrere – aber auch hierzu sagen wir in Kürze mehr.

Shell unter macOS aufrufen

Unter macOS können Sie ein Terminal mit der Standard-Shell über den Ordner */Programme/Dienstprogramme/* aufrufen. Tipp: Schneller wechseln Sie in das Verzeichnis *Dienstprogramme*, wenn Sie im Finder die Tastenkombination [cmd]+[⇧]+[U] betätigen. Eine gute Alternative ist auf jeden Fall `iterm`. Die aktuellste Version finden Sie unter *https://www.iterm2.com/*.

1.3 Hauptanwendungsgebiet

Dass eine Shell als Kommandosprache oder als Scriptsprache eine bedeutende Rolle unter Linux/UNIX spielt, dürfte Ihnen bereits bekannt sein. Wichtige Dinge, wie die Systemsteuerung oder die verschiedenen Konfigurationen, werden über die Shell (und die damit erstellten Shellscripts, also die Prozeduren) realisiert.

Vor allem werden Shellscripts auch dazu verwendet, täglich wiederkehrende Aufgaben zu vereinfachen und Vorgänge zu automatisieren. Dies schließt die Hauptanwendungsgebiete wie die (System-)Überwachung von Servern, das Auswerten von bestimmten Dateien (Logdateien, Protokollen, Analysen, Statistiken, Filterprogrammen etc.) und ganz besonders die Systemadministration mit ein – Dinge, mit denen sich alle IT-Fachleute (ob bewusst oder unbewusst) auseinandersetzen müssen.

Es kann also ganz plausible Gründe dafür geben, ein Shellscript zu erstellen. Im Bereich der Automation des privaten Haushalts mit »smarten« Produkten kann es beispielsweise sinnvoll sein, ein Shellscript einzusetzen, wenn die mitgelieferte App gewünschte Funktionen nicht bietet.

Auch bei einfachsten Eingaben auf der Kommandozeile, die Sie ständig durchführen, können Sie sich das Leben dadurch erleichtern, dass Sie diese Kommandos zusammenfassen und einfach ein »neues« Kommando oder, etwas exakter formuliert, ein Shellscript schreiben.

1.3.1 Was ist ein Shellscript?

Bestimmt haben Sie das eine oder andere Mal schon ein Kommando oder eine Kommandoverkettung in der Shell eingegeben, zum Beispiel:

```
you@host > ls /usr/include | sort | less
af_vfs.h
aio.h
aliases.h
alloca.h
ansidecl.h
a.out.h
argp.h
argz.h
...
```

Tatsächlich stellt diese Kommandoverkettung schon ein Programm bzw. Script dar. Hier leiten Sie z. B. mit `ls` (womit Sie den Inhalt eines Verzeichnisses auflisten können) die Ausgabe aller im Verzeichnis */usr/include* enthaltenen Dateien mit einer Pipe an das Kommando `sort` weiter. `sort` sortiert die Ausgabe des Inhalts von */usr/include*, dessen Daten ja vom Kommando `ls` kommen, lexikografisch. Auch die Ausgabe von `sort` wird nochmals durch eine Pipe an `less` weitergegeben, also an den Pager, mit dem Sie die Ausgabe bequem nach oben bzw. unten scrollen können. Zusammengefasst, könnten Sie jetzt diese Befehlskette in einer Datei (einem Script) speichern und mit einem Aufruf des Dateinamens jederzeit wieder starten (hierauf wird noch ausführlicher eingegangen). Rein theoretisch hätten Sie damit schon ein Shellscript erstellt. Wäre das alles, müssten Sie kein ganzes Buch lesen und könnten gleich auf das Kommando `alias` oder ein anderes bequemeres Mittel zurückgreifen. Für solch einfache Aufgaben müssen Sie nicht extra ein Shellscript schreiben. Ein Shellscript wird allerdings unter anderem dann nötig, wenn Sie

- Befehlssequenzen mehrmals ausführen wollen.
- aufgrund einer bestimmten Bedingung einen Befehl bzw. eine Befehlsfolge ausführen wollen.
- Daten für weitere Bearbeitungen zwischenspeichern müssen.
- eine Eingabe vom Benutzer benötigen.

Für diese und andere Aufgaben finden Sie bei einer Shell noch zusätzliche Konstrukte, wie sie ähnlich auch in anderen Programmiersprachen vorhanden sind.

Natürlich dürfen Sie nicht den Fehler machen, die Shellscript-Programmierung mit anderen höheren Programmiersprachen gleichzusetzen. Aufwendige und schnelle Grafiken, zeitkritische Anwendungen und eine umfangreiche Datenverwaltung (Stichwort: Datenbank) werden weiterhin mit Programmiersprachen wie C oder C++ erstellt.

Ein Shellscript ist also nichts anderes als eine mit Shell-Kommandos zusammengebastelte (Text-)Datei, bei der Sie entscheiden, wann, warum und wie welches Kommando oder welche Kommandosequenz ausgeführt wird.

Grafische Oberfläche mit Shellscripts

Wer jetzt denkt, die Shellscript-Programmierung sei nur eine »graue Maus«, der täuscht sich. Auch mit ihr lassen sich, wie in jeder anderen Sprache, Scripts mit einer grafischen Oberfläche erstellen. Ein Beispiel dazu finden Sie in Kapitel 16, »GUIs und Grafiken«, mit `Zenity` und `YAD`.

Dennoch kann ein Shellscript, je länger es wird und je komplexer die Aufgaben werden, auf den ersten Blick sehr kryptisch und kompliziert sein. Dies sagen wir nur für den Fall, dass Sie vorhaben, das Buch von hinten nach vorne durchzuarbeiten.

1.3.2 Vergleich mit anderen Sprachen

Das Vergleichen von Programmiersprachen war schon immer ein ziemlicher Irrsinn. Jede Programmiersprache hat ihre Vor- und Nachteile und dient letztendlich immer als Mittel, um eine bestimmte Aufgabe zu erfüllen. Somit hängt die Wahl der Programmiersprache davon ab, welche Aufgabe sich Ihnen stellt.

Zumindest können wir ohne Bedenken sagen, dass Sie mit einem Shellscript komplexe Aufgaben erledigen können, für die sich andere Programmiersprachen kaum bis gar nicht eignen. In keiner anderen Sprache haben Sie die Möglichkeit, die unterschiedlichsten Linux/UNIX-Kommandos zu verwenden und so zu kombinieren, wie Sie es gerade benötigen. Einfachstes Beispiel: Geben Sie den Inhalt eines Verzeichnisses in lexikografischer Reihenfolge aus. Bei einem Shellscript geht dies mit einem einfachen `ls | sort` – würden Sie Selbiges in C oder C++ erstellen, wäre dies, wie mit Kanonen auf Spatzen zu schießen.

Auf Umwegen zum Ziel kommen

Aber das soll nicht heißen, etwas Derartiges in C zu schreiben, sei sinnlos – der Lerneffekt ist hierbei sehr gut. Allerdings scheint uns dieser Weg für die, die eben »nur« ans Ziel kommen wollen bzw. müssen, ein ziemlicher Umweg zu sein. Da wir uns selbst sehr viel mit C beschäftigen, müssen wir eingestehen, dass wir natürlich auch häufig mit »Kanonen auf Spatzen geschossen« haben und es immer noch gern tun.

Allerdings haben auch Shellscript-Programme ihre Grenzen. Dies trifft ganz besonders auf Anwendungen zu, die eine enorme Menge an Daten auf einmal verarbeiten müssen. Werden diese Arbeiten dann auch noch innerhalb von Schleifen ausgeführt, kann dies schon mal recht langsam werden. Zwar werden Sie auf einem Einzelplatzrechner recht selten auf solche Engpässe stoßen, aber sobald Sie Ihre Scripts in einem Netzwerk wie beispielsweise auf einem Server schreiben, auf dem sich eine Menge weiterer Benutzer (etwa bei einem Webhoster mit SSH) befinden, dann sollten Sie überlegen, ob sich nicht eine andere Programmiersprache besser eignet. Häufig wird als nächstbessere Alternative und als mindestens genauso flexibel Perl oder Python genannt.

Der Vorteil von *Perl* ist, dass häufig keine Kommandos oder externen Tools gestartet werden müssen, weil Perl so ziemlich alles beinhaltet, was man braucht. Und wer in den Grundfunktionen von Perl nicht das findet, was er sucht, dem bleibt immer noch ein Blick in das mittlerweile unüberschaubare Archiv von CPAN-Modulen (CPAN – *Comprehensive Perl Archive Network*).

Python ist eine Scriptsprache, die in der letzten Zeit immer mehr Zuspruch findet. In vielen großen Softwareprojekten, wie zum Beispiel Samba 4, wird Python verwendet, um die Dienstprogramme zu erstellen. Auch hat Python große Vorteile, was die Lesbarkeit angeht. Denn Python zwingt seine Benutzer dazu, bei Bedingungen und Schleifen den Code ordentlich einzurücken.

Allerdings sind Scriptsprachen immer etwas langsamer, weil sie interpretiert werden müssen. Schreiben Sie beispielsweise ein Shellscript, wird es beim Ausführen Zeile für Zeile analysiert. Dies beinhaltet unter anderem eine Überprüfung der Syntax und zahlreiche Ersetzungen.

Wenn es auf die Performance ankommt oder zeitkritische Daten verarbeitet werden müssen, weicht man meistens auf eine »echte« Programmiersprache wie C oder C++ aus. Wobei es den Begriff *echte Programmiersprache* (auch *Hochsprache* genannt) so gar nicht gibt. Häufig ist davon bei Sprachen die Rede, die kompiliert und nicht mehr interpretiert werden. Kompilierte Sprachen haben den großen Vorteil, dass die Abarbeitung von Daten in und mit einem einzigen (binären) Programm erfolgt.

Programmiersprachen

Genauer wollen wir hier nicht auf die Unterschiede einzelner Programmiersprachen eingehen. Falls Sie trotzdem an anderen Programmiersprachen (beispielsweise C) interessiert sind, möchten wir Ihnen Jürgen Wolfs Buch »C von A bis Z« empfehlen, das ebenfalls im Rheinwerk Verlag erschienen ist. Eine vollständige HTML-Version finden Sie zum Download unter *https://www.rheinwerk-verlag.de/5507* im Kasten MATERIALIEN.

1.4 Kommando, Programm oder Shellscript?

Solange man nichts mit dem Programmieren am Hut hat, verwendet man alles, was irgendwie ausführbar ist (mehr oder weniger). Irgendwann hat man aber Feuer gefangen und in die eine oder andere Sprache hineingeschnuppert, und dann stellt sich die Frage: Was ist es denn nun – ein Kommando (Befehl), ein Programm, ein Script oder was? Die Unterschiede sind für Laien gar nicht so leicht ersichtlich. Da eine Shell als

Kommando-Interpreter arbeitet, kennt sie mehrere Arten von Kommandos, die Ihnen hier ein wenig genauer erläutert werden sollen.

1.4.1 Shell-eigene Kommandos (Builtin-Kommandos)

Shell-eigene Kommandos sind Kommandos, die in der Shell direkt implementiert sind und auch von ihr selbst ausgeführt werden, ohne dass dabei ein weiteres Programm gestartet werden muss. Die Arten und der Umfang dieser Builtins hängen vom verwendeten Kommando-Interpreter ab (was meistens die Shell selbst ist). So kennt die eine Shell einen Befehl, den die andere nicht beherrscht. Einige dieser Kommandos müssen sogar zwingend Teil einer Shell sein, da diese globale Variablen verwendet (wie beispielsweise `cd` mit den Shell-Variablen `PWD` und `OLDPWD`). Weitere Kommandos werden wiederum aus Performancegründen direkt in der Shell ausgeführt.

1.4.2 Aliasse in der Shell

Ein Alias ist ein anderer Name für ein Kommando oder eine Kette von Kommandos. Solch einen Alias können Sie mit einer selbst definierten Abkürzung beschreiben, die von der Shell während der Substitution durch den vollen Text ersetzt wird. Sinnvoll sind solche Aliasse bei etwas längeren Kommandoanweisungen. Wird ein Alias aufgerufen, wird ein entsprechendes Kommando oder eine Kette von Kommandos mit allen angegebenen Optionen und Parametern ausgeführt:

```
you@host> alias gohome="cd ~"
you@host> cd /usr
you@host> pwd
/usr
you@host> gohome
you@host> pwd
/home/you
```

Im Beispiel wurde der Alias `gohome` definiert. Die Aufgabe des Alias wurde zwischen den Anführungsstrichen festgelegt – hier also »ins Heimverzeichnis wechseln«. Da ein Alias wiederum einen Alias beinhalten kann, wiederholen die Shells die Substitutionen so lange, bis der letzte Alias aufgelöst ist, beispielsweise:

```
you@host> alias meinheim="gohome"
you@host> cd /usr
you@host> pwd
/usr
you@host> meinheim
you@host> pwd
/home/you
```

Ein praktisches Beispiel ist der Befehl md5, der nicht auf allen Distributionen gleichermaßen verfügbar ist. Wenn Ihr Linux stattdessen den Befehl md5sum bereitstellt, Sie sich aber nicht umgewöhnen wollen, können Sie einfach einen Alias anlegen.

```
you@host> alias md5="md5sum"
```

Jetzt können Sie md5 wie gewohnt aufrufen.

Wenn Sie nun sagen: »Alias ist ein alter Hut für mich«, dann lesen Sie doch mal Abschnitt 1.11 zur zsh. Dort finden Sie ein paar Möglichkeiten der Verwendung von Aliassen, die Sie von anderen Shells wie der Bash so nicht kennen.

1.4.3 Funktionen in der Shell

Bei Funktionen in der Shell handelt es sich nicht um fest eingebaute Funktionen der Shell (wie Builtins), sondern vielmehr um Funktionen, die zuvor für diese Shell definiert wurden. Solche Funktionen gruppieren meistens mehrere Kommandos als eine separate Routine.

1.4.4 Shellscripts (Shell-Prozeduren)

Shellscripts sind Ihr zukünftiges Hauptarbeitsfeld. Ein Shellscript hat gewöhnlich das Attributrecht zum Ausführen gesetzt. Zum Ausführen eines Shellscripts wird eine weitere (Sub-)Shell gestartet, die das Script interpretiert und die enthaltenen Kommandos ausführt.

1.4.5 Programme (binär)

Echte ausführbare Programme (die beispielsweise in C erstellt werden) liegen im binären Format auf der Festplatte vor. Zum Starten eines solchen Programms erzeugt die Shell einen neuen Prozess. Alle anderen Kommandos werden innerhalb des Prozesses der Shell selbst ausgeführt. Standardmäßig wartet die Shell auf die Beendigung des Prozesses.

1.4.6 History

In der Kommando-History werden die letzten Befehle gespeichert und können mit den Tasten [↑] und [↓] durchgeblättert werden. Es wird dort nicht zwischen den Arten der Befehle unterschieden, Sie können über die History alle vorherigen Eingaben aufrufen und auch die Tab-Completion nutzen, um sich ein bisschen Tippaufwand zu sparen.

1.5 Die Shell-Vielfalt

Es wurde bereits erwähnt, dass eine Shell wie jede andere Anwendung durch eine andere Shell ersetzt bzw. ausgetauscht werden kann. Welche Shell auch verwendet wird, alle haben denselben Ursprung.

Die Mutter (oder auch der Vater) aller Shells ist die Bourne-Shell (`sh`), die von S. R. Bourne 1978 entwickelt wurde und sich gleich als Standard-Shell im UNIX-Bereich durchsetzte. Einige Zeit später wurde für das Berkeley-UNIX-System eine weitere Shell namens C-Shell (`csh`) entwickelt, die erheblich mehr Komfort als die Bourne-Shell bot. Leider war die C-Shell bezüglich der Syntax gänzlich inkompatibel zur Bourne-Shell und glich mehr der Syntax der Programmiersprache C.

An diese beiden Shell-Varianten, die Bourne-Shell und die C-Shell, lehnten sich alle weiteren Shells an. Aus der Bourne-Shell gingen als etwas bekanntere Vertreterinnen die Shell-Varianten `ksh` (Korn-Shell), `bash` (Bourne-Again-Shell), `zsh` (Z-Shell), `ash` (A-Shell) und `rbash` bzw. `rzsh` (Restricted Shell) hervor. Aus der C-Shell-Abteilung hingegen trat nur noch `tcsh` (TC-Shell) als eine Erweiterung von `csh` in Erscheinung.

> **Die Bourne-Shell**
>
> Die Bourne-Shell (`sh`) gibt es auf einem Linux-System eigentlich nicht. Sie wird dort meistens vollständig von der Bourne-Again-Shell (`bash`) ersetzt. Wenn Sie also unter Linux die Bourne-Shell starten, führt dieser Aufruf direkt (als symbolischer Link) zur `bash`.

1.5.1 ksh (Korn-Shell)

Eine Erweiterung der Bourne-Shell ist die Korn-Shell. Hier wurden gegenüber der Bourne-Shell besonders interaktive Merkmale und auch einige Funktionalitäten der C-Shell hinzugefügt. Die Korn-Shell ist seit UNIX System-V Release 4 Bestandteil eines Standard-UNIX-Systems und gewöhnlich auch die Standard-Shell in der UNIX-Welt. Was schon zur Bourne-Shell in Bezug auf Linux gesagt wurde, gilt auch für die Korn-Shell. Unter Linux wird ein Aufruf der Korn-Shell durch die Bash ersetzt. Für den Fall der Fälle gibt es für Linux allerdings auch eine Version der Korn-Shell, eine Public-Domain-Korn-Shell (`pdksh`), die den meisten Distributionen beiliegt.

1.5.2 Bash (Bourne-Again-Shell)

Die Bash ist quasi die Standard-Shell auf den meisten Linux-Systemen. Sie ist im Prinzip eine freie Nachimplementierung der Bourne- und der Korn-Shell und wurde auch auf fast alle UNIX-Systeme portiert. Selbst in der Microsoft-Welt gibt es viele Portierungen der Bash (*Cygwin* oder *Windows-Subsystem für Linux (WSL)*). Die Bash ist größtenteils mit der alten Bourne-Shell (sh) abwärtskompatibel und kennt auch viele Funktionen der Korn-Shell (ksh). Die meisten Beispiele dieses Buchs wurden mit Version 4 der Bash erstellt. Inzwischen ist in den meisten Systemen die Bash 5.0 allgemein verfügbar. Mit der neuen Major-Release wurden hauptsächlich Bugfixes zu Version 4.4 durchgeführt. In den einzelnen Kapiteln gehen wir auf die wenigen neuen Funktionen von Version 5 ein.

1.5.3 zsh (Z-Shell)

Die Z-Shell ist eine Erweiterung der Bourne-Shell, der Korn-Shell und der Bash. Sie bringt zahlreiche Erweiterungen und neue Funktionen mit sich, die sie fast zu einer eigenen Programmiersprache machen. Wenn Sie einmal eine Alternative zur Bash testen möchten, ist die Z-Shell eine gute Entscheidung. Passen Sie aber auf, dass Sie von ihrem Funktionalitätsumfang nicht erschlagen werden. Apple hat ab macOS 10.15 Catalina die Z-Shell als Standard-Shell voreingestellt. Wir haben der Z-Shell daher eigene, etwas ausführlichere Erläuterungen gewidmet, die Sie in Abschnitt 1.11, »Die Z-Shell«, finden.

1.5.4 ash (A-Shell)

Bei der A-Shell handelt es sich um eine ähnliche Shell wie die Bourne-Shell, allerdings mit einigen Erweiterungen. Die A-Shell gehört eher zu einer exotischeren Spezies und gilt auch nicht als sonderlich komfortabel. Dass wir sie dennoch erwähnen, liegt an der geringen Menge an Speicherplatz (60 KB), die sie benötigt (auch wenn dies heutzutage kein Thema mehr ist). Dank dieser geringen Größe kann sie überall dort verwendet werden, wo Speicherplatz gespart werden muss, zum Beispiel bei der Erstellung eines Notfallsystems auf einem USB-Stick, mit dem man sein Linux/UNIX-System booten will. Die ash eignet sich auch, wenn Sie eine Shell suchen, die Sie in die Start-RAM-Disk beim initrd-Verfahren laden können. Selbst in einer ziemlich abgeriegelten Umgebung (beispielsweise mit chroot) kommt man im lokalen Zugriffsmodus mit der ash sehr weit.

1.5.5 rbash, rzsh (Restricted Shell)

Bei der Restricted Shell handelt es sich um »erweiterte« Shell-Varianten der Bash bzw. der Z-Shell. Die Erweiterung bezieht sich allerdings hier nicht auf den Funktionsumfang, sondern eher auf gewisse Einschränkungen des Benutzers in seinen Rechten und Möglichkeiten. Diese Einschränkungen können vom Systemadministrator für jeden Benutzer spezifisch gesetzt werden. Dies ist besonders bei fremden Zugriffen von außen recht sinnvoll.

1.5.6 tcsh (TC-Shell)

Die TC-Shell ist lediglich eine verbesserte und ein wenig erweiterte Version der C-Shell (`csh`) mit voller Kompatibilität zu dieser. Erweitert wurde jedoch nur die automatische Eingabevervollständigung, wie sie beim Betriebssystem TENEX (daher auch TC-Shell = TENEX C-Shell) anzutreffen war. TENEX ist allerdings wie die Dinosaurier bereits ausgestorben.

1.5.7 Welche Shell-Variante wird in diesem Buch verwendet?

Sie wissen nun, dass es mehrere Linien der Shell-Programmierung gibt. In der heutigen Shell-Welt wird vorzugsweise die Bourne-Shell-Familie verwendet, genauer gesagt: Unter UNIX wird als Standard-Shell die Korn-Shell und unter Linux die Bash eingesetzt. Bei FreeBSD hingegen scheiden sich häufig die Geister – hier wird für den User die Bourne-Shell und für den Superuser häufig die C-Shell als Standard gesetzt; dies lässt sich aber problemlos ändern. Die C-Shell-Familie verliert allerdings aufgrund einiger Schwächen (beispielsweise fehlen einige wichtige Programmierkonstrukte) immer mehr an Boden gegenüber der Bourne-Familie.

In diesem Buch beschreiben wir die Shell-Varianten Korn-Shell, Z-Shell und Bash. Die Korn-Shell wird erläutert, weil sie quasi die Standard-Shell unter UNIX ist und immer noch unzählige Scripts hierfür geschrieben werden. Die Bash stellen wir vor, weil sie die Standard-Shell unter Linux ist und am häufigsten eingesetzt wird – oder haben Sie ein kommerzielles UNIX-System zu Hause? Und mit `zsh` können Sie einige neue Features kennenlernen, die es in den älteren Shells nicht gibt. Da die Unterschiede zwischen diesen drei Shells nicht sehr groß sind, werden alle drei Varianten parallel behandelt – wenn es also einen besonderen Unterschied gibt, wird entsprechend darauf hingewiesen. Für den Einstieg müssen Sie sich jetzt erst mal keine Gedanken darum machen. Lernen Sie einfach Shell-Programmieren!

Seit einiger Zeit gibt es eine neuere Version der Bash. Lange war die Bash in der Version 4 der Stand der Dinge. Aber auch bei einer Shell bleibt die Entwicklung nicht stehen. In allen aktuellen Distributionen wird jetzt Version 5.0 verwendet. Welche Version der Bash auf Ihrem System zum Einsatz kommt, können Sie mit dem Kommando `bash --version` ermitteln. Hier im Buch werden alle Kommandos so erklärt und mit Beispielen beschrieben, dass Sie alles auch mit der älteren Version nachvollziehen können.

1.5.8 Welche Shell steht zur Verfügung?

Die auf Ihrem System zur Verfügung stehenden Shells sind in der Datei */etc/shells* hinterlegt. Nutzen Sie folgendes Kommando, um sie anzuzeigen:

```
you@host: > cat /etc/shells
# /etc/shells: valid login shells
/bin/sh
/bin/bash
/usr/bin/bash
/bin/rbash
/usr/bin/rbash
/bin/dash
/usr/bin/dash
/bin/zsh
/usr/bin/zsh
```

Wenn Sie die Login-Shell wechseln möchten, sollten Sie unbedingt auf das Hilfsprogramm chsh (*change shell*) zurückgreifen.

```
you@host: > chsh -s /usr/bin/dash
```

Danach müssen Sie sich ab- und wieder anmelden, damit dieser Wechsel wirksam wird.

Die Standard-Shell in macOS

Ab macOS Catalina (Version 10.15) verwendet Apple die Z-Shell als Standard-Shell. Die Bash-Shell ist aber immer noch in macOS enthalten, und Sie können wieder zur Bash wechseln. Aktuell wird aber immer noch die sehr alte Version 3.2 genutzt.

Installation der Bash-Version 5 unter macOS

Der eine oder die andere von Ihnen hat vielleicht schon einmal eine Software, die unter Linux zum Standard gehört, auf seinem Mac vermisst und sie dann über *Homebrew* nachinstalliert. Wir möchten Ihnen daher zeigen, wie Sie die aktuelle Bash-Version auf Ihrem Mac installieren und einrichten können. Wir werden alle Schritte komplett durchführen und erklären. Wer bereits Software mittels Homebrew installiert hat, kann die ersten Schritte überspringen und gleich mit der Installation der Pakete beginnen.

Über Homebrew lässt sich zusätzliche Software installieren, die von Apple nicht bereitgestellt wird, aber von anderen Programmierern so gepackt wurde, dass sie sich unter macOS installieren lässt. Welche Software Sie außer einer neuen Bash-Version noch installieren können, lesen Sie am besten auf der Webseite des Projekts nach. Sie finden sie unter der URL *http://brew.sh/*.

1. **Überprüfen der Version:** Im ersten Schritt sollten Sie prüfen, welche Version der Bash auf Ihrem Mac installiert ist. Diese Prüfung führen Sie mit dem folgenden Kommando aus:

```
mac:~ you$ bash --version
GNU bash, version 3.2.57(1)-release (x86_64-apple-darwin14)
Copyright (C) 2007 Free Software Foundation, Inc.
```

2. **Homebrew:** Im nächsten Schritt müssen Sie die Software für die Paketverwaltung Homebrew installieren:

```
mac:~ you$ /usr/bin/ruby -e "$(curl -fsSL https://raw.githubusercontent.com/
Homebrew/install/master/install)"
```

3. **Installation der Bash:** Nach der Installation der Paketverwaltung muss die Liste der Pakete aktualisiert werden, die Homebrew bereitstellt. Danach muss die neue Shell noch installiert werden.

```
mac:~ you$ brew upgrade
Updating Homebrew...

mac:~ you$ brew install bash
Updating Homebrew...
```

4. **Umschalten auf die neue Shell:** Damit haben Sie Ihren Mac jetzt mit der neuen Version der Bash ausgestattet und können die Beispiele im Buch für die Version 5 nachvollziehen.

```
mac:~ you$ exec bash
mac:~ you$ bash --version
GNU bash, version 5.0.11(1)-release (x86_64-apple-darwin18.6.0)
Copyright (C) 2019 Free Software Foundation, Inc.
License GPLv3+: GNU GPL version 3 or later http://gnu.org/licenses/gpl.html
```

Neu aufgenommen haben wir die Z-Shell. Sie hat sogar einen eigenen Abschnitt (siehe Abschnitt 1.11) bekommen, da ihre Konfiguration und ihre Möglichkeiten so umfangreich sind, dass eine kurze Einführung sinnvoll ist. Sie ist fraglos die modernste Shell, die viele interessante Features mitbringt. Das macht sie zu einer sehr guten Kandidatin für den Einstieg, aber prüfen Sie, ob Sie diese Shell auch in Ihrer Zielumgebung nutzen können.

Die Abkürzung »Bash«

Bitte verzeihen Sie uns, dass wir die Bourne-Again-Shell ständig mit »Bash« abkürzen und dies bei der Korn- bzw. Bourne-Shell häufig unterlassen, aber die Bezeichnung Bash ist in diesem Fall einfach geläufiger.

1.5.9 rsh (Remote Shell) und ssh (Secure Shell)

Obwohl Remote Shell und Secure Shell keine Shells wie beispielsweise die Korn-Shell oder die Bash sind, sollen sie hier trotzdem kurz erwähnt werden, weil es in Bezug auf sie häufig zu Missverständnissen kommt. Bei der Remote Shell und der Secure Shell handelt es sich nicht um Benutzerschnittstellen zum System. Beide Kommandos werden verwendet, um auf einem anderen System übliche Shell-Kommandos (*remote*) auszuführen.

Die Secure Shell ist der Sicherheit zuliebe der Remote Shell vorzuziehen, da die Secure Shell z. B. ein erweitertes Authentifizierungsverfahren benutzt und die Passwörter vom Login sowie die komplette Datenübertragung verschlüsselt. Dadurch ist derzeit ein Abhören der Daten nicht möglich (aber man sollte niemals »nie« sagen).

1.6 Betriebssysteme

Die Shellscript-Programmierung steht Ihnen unter Linux, macOS und natürlich unter den vielen anderen UNIX-Systemen (HP-UX, Solaris, AIX, IRIX, BSD-Systemen etc.) zur Verfügung. Selbst unter MS Windows können Sie mit *Cygwin* oder dem *Windows-Subsystem für Linux* die meisten Shells benutzen. Generell müssen Sie sich hierbei keine allzu großen Gedanken machen, da es mit den Kommandos der Shell selten Probleme gibt. Allerdings gibt es hier und da doch einige Differenzen, wenn systemspezifische Kommandos verwendet werden, die nicht zur Shell gehören.

Wer es beispielsweise gewohnt ist, `rpm` zum Installieren seiner Software zu verwenden, und diesen Befehl in seinem Shellscript auch verwendet, dürfte Schwierigkeiten bekommen, wenn sein Shellscript auf einem Debian-System ausgeführt wird. Ähnlich sieht dies mit einigen Optionen aus, die man bei den Kommandos verwenden kann. Auch hier kann es passieren, dass die eine oder andere Option zwar auf anderen Systemen vorhanden ist, aber eben mit einer anderen Angabe angesprochen wird.

Zwar kommen diese kleinen Unterschiede in diesem Buch recht selten vor, dennoch müssen sie an dieser Stelle erwähnt werden. Und es ist kein Geheimnis, dass Sie auch selten eine »perfekte« Lösung finden werden. Tritt ein solcher Fall auf, müssen Sie in Ihrem Script das Kommando Ihren Gegebenheiten (also Ihrem System) anpassen. Sofern solche Unterschiede auftreten, werden wir Sie darauf hinweisen.

Windows-Subsystem für Linux (WSL)

Mit dem *Windows-Subsystem für Linux* (WSL) gibt es eine Möglichkeit, auch unter Windows mit der Shell zu arbeiten. Ab Windows 10 stehen mit WSL unter Windows komplette Linux-Distributionen (Ubuntu, SUSE, Debian und andere) inklusive der dazugehörenden Software zur Verfügung. Mit Windows 10 Version 1903 wurde WSL 2 eingeführt, das einen vollständigen Linux-Kernel beinhaltet. Durch den Einsatz von WSL können Sie eine UNIX-Shell nativ unter Windows nutzen.

1.7 Crashkurs: einfacher Umgang mit der Kommandozeile

Wahrscheinlich wird der eine oder andere unter Ihnen im Umgang mit der Kommandozeile der Shell schon geübt sein. Vielleicht haben Sie schon einmal mit einem Raspberry Pi gebastelt, bei die Shell eine große Rolle spielt. Oder Sie kennen noch die Kommandozeilen älterer Systeme oder haben auch unter Windows schon einmal die PowerShell oder die Eingabeaufforderung ausprobiert. Trotzdem wollen wir hier einen kleinen »Crashkurs« zur Verwendung der Kommandozeile einer Shell geben – natürlich auf das Nötigste beschränkt. Viele dieser Kommandos werden im Laufe der Kapitel immer wieder zu Demonstrationszwecken verwendet. Noch mehr Kommandos und eventuell auch mehr zu den möglichen (wichtigsten) Optionen finden Sie in Kapitel 14, »Linux/UNIX-Kommandoreferenz«. Und falls Sie die Kommandos noch viel ausführlicher vorgestellt haben möchten, schauen Sie sich die Linux-Kommandoreferenz von Michael Kofler an, die ebenfalls im Rheinwerk Verlag erscheint.

Wir beschränken uns in diesem Crashkurs auf die grundlegenden Befehle und das Arbeiten mit Dateien und Verzeichnissen.

1.7.1 Grundlegende Befehle

Um überhaupt einen Befehl auszuführen, müssen Sie nach dessen Eingabe die [↵]-Taste drücken. Danach wird das Linux/UNIX-System veranlassen, dass der Befehl das ausführt, was er eben tun soll.

Wer ist eingeloggt, und wer bin ich – who und whoami

Wollen Sie wissen, wer alles auf dem System eingeloggt ist, verwenden Sie den Befehl `who` (engl. für »wer«):

```
you@host > who
rot      tty2         Jan 30 14:14
tot      :0           Jan 30 15:02 (console)
you      tty1         Jan 30 11:14
```

Hier sind die User »rot«, »tot« und »you« eingeloggt. Neben der Benutzerkennung werden auch die Nummern der »tty« angezeigt. »tty1« und »tty2« sind beides echte Terminals ohne grafische Oberfläche. Hingegen scheint der User »tot« mit einer grafischen Oberfläche verbunden zu sein. Des Weiteren finden Sie hier das Datum und die Uhrzeit des Logins.

Wollen Sie wissen, welcher dieser User Sie sind, dann können Sie das mit `whoami` (engl. für »wer bin ich«) abfragen. (Vielleicht sind Sie ja irgendwie an Root-Rechte gekommen oder wissen nicht, wie Ihr User genau heißt.)

```
you@host > whoami
you
you@host > su
Password: ********
# whoami
root
```

Mach mich zum Superuser root: »su« vs. »sudo«

Auf vielen Systemen wird gar kein Superuser root mehr eingerichtet, sodass das Kommando su mit anschließender Passworteingabe nicht funktioniert. Im Grunde brauchen Sie auf einem Einzelplatzrechner eigentlich gar keinen Superuser root, weil Sie alles auch mit dem Befehl sudo machen können. So können Sie beispielsweise mit sudo whoami ebenfalls kurzfristig für den Superuser root den Befehl ausführen, der hinter sudo steht.

Wollen Sie dauerhaft zum Superuser root wechseln, können Sie das mit sudo -i (oder auch mit su -) machen. Wollen Sie trotzdem den Befehl su verwenden, können Sie ein neues Passwort für den Superuser root mit der Eingabe von sudo passwd root einrichten. Hierbei müssen Sie anschließend zweimal das Passwort für den Superuser root eingeben und können damit danach auch den Befehl su verwenden. In der Praxis reicht es allerdings meistens aus, einen Befehl kurzfristig mit sudo befehl auszuführen. Wir empfehlen, alle Beispiele aus dem Buch (es sei denn, wir weisen explizit darauf hin) immer als »normaler« Benutzer durchzuführen und nicht als root.

Die Ausgabe von Zeichen – echo

Den Befehl echo werden Sie noch öfter einsetzen. Mit echo können Sie alles ausgeben, was hinter dem Befehl in der Eingabezeile folgt. Das hört sich zunächst recht trivial an, aber in der Praxis (beispielsweise bei der Ausgabe von Shellscripts, bei der Ausgabe von Shell-Variablen oder zu Debugging-Zwecken etc.) ist dieser Befehl unverzichtbar.

```
you@host > echo Hallo
Hallo
you@host > echo Mehrere Worte ausgeben
Mehrere Worte ausgeben
you@host > echo

you@host > echo Mehrere Leerzeichen        werden        ignoriert
Mehrere Leerzeichen werden ignoriert
you@host > echo $SHELL
/bin/bash
```

Sicherlich ist Ihnen dabei auch aufgefallen, dass echo mehrere Leerzeichen zwischen den einzelnen Wörtern ignoriert. Das liegt daran, dass bei Linux/UNIX die Leerzeichen lediglich dazu dienen, mehrere Wörter voneinander zu trennen – weil eben nur die Wörter von Bedeutung sind. Werden mehr Leerzeichen oder Tabulatoren (siehe dazu Abschnitt 5.3.6, »Die Variable IFS«) als Teil eines Befehls oder einer Befehlskette verwendet, werden diese grundsätzlich ignoriert. Wollen Sie dennoch mit echo mehrere Leerzeichen ausgeben, können Sie den Text auch zwischen doppelte Anführungsstriche stellen:

```
you@host > echo "jetzt geht es auch mit mehreren     Leerzeichen"
jetzt geht es auch mit mehreren     Leerzeichen
```

1.7.2 Der Umgang mit Dateien

Der Umgang mit Dateien wird dank einfacher Möglichkeiten unter Linux/UNIX zum Kinderspiel. Hier finden Sie die wichtigsten Befehle, die im Verlauf dieses Kapitels zum Einsatz kommen.

Datei(en) auflisten – ls

Der Befehl ls (Abkürzung für engl. *list* = auflisten) ist wohl der am häufigsten benutzte Befehl in einer Shell überhaupt. Damit können Sie die Dateien auflisten, die sich in einem Verzeichnis befinden.

```
you@host > ls
bin      Documents  GNUstep  new_dir            public_html
Desktop  Dokumente  Mail     OpenOffice.org1.1  Shellbuch
```

Sicherlich fällt Ihnen hierbei auf, dass ls neben gewöhnlichen Dateien auch Inhaltsverzeichnisse und Spezialdateien (Gerätedateien) mit ausgibt. Darauf möchten wir ein paar Seiten später näher eingehen.

Inhalt einer Datei ausgeben – cat

Mit dem Befehl cat (Abkürzung für engl. *concatenate* = verketten, aneinanderreihen) können Sie den Inhalt einer Datei ausgeben lassen. Als Argument übergibt man dem Befehl den Namen der Datei, deren Inhalt man lesen möchte.

```
you@host > cat beispiel.txt
Dieser Text steht in der Textdatei "beispiel.txt"
Beenden kann man diese Eingabe mit Strg+D
you@host > cat >> beispiel.txt
Dieser Text wird ans Ende von "beispiel.txt" geschrieben.
you@host >  cat beispiel.txt
Dieser Text steht in der Textdatei "beispiel.txt"
```

```
Beenden kann man diese Eingabe mit Strg+D
Dieser Text wird ans Ende von "beispiel.txt" geschrieben.
```

Im Beispiel konnten Sie sehen, dass `cat` für mehr als nur das Ausgeben von Dateien verwendet werden kann. Hier wurde zum Beispiel mit dem Ausgabeumlenkungszeichen >> der von Ihnen anschließend eingegebene Text an die Datei *beispiel.txt* gehängt. Beenden können Sie die Eingabe über die Standardeingabe mit EOF (*End Of File*), die zugehörige Tastenkombination ist [Strg]+[D]. Mehr zur Ein-/Ausgabeumleitung erfahren Sie in Abschnitt 1.10, »Datenstrom«.

Zeilen, Wörter und Zeichen zählen – wc

Mit dem Kommando `wc` (Abkürzung für engl. *word count* = Wörter zählen) können Sie die Anzahl der Zeilen, Wörter und Zeichen einer Datei zählen.

```
you@host > wc beispiel.txt
3  22 150 beispiel.txt

you@host > wc -l beispiel.txt
3 beispiel.txt
you@host > wc -w beispiel.txt
22 beispiel.txt
you@host > wc -c beispiel.txt
150 beispiel.txt
```

Wenn Sie – wie im ersten Beispiel – `wc` nur mit dem Dateinamen als Argument angeben, werden Ihnen drei Zahlen ausgegeben. Die Bedeutung dieser drei Zahlen ist (der Reihe nach): die Anzahl der Zeilen, die Anzahl der Wörter und die Anzahl der Zeichen. Natürlich können Sie mit einer Angabe der entsprechenden Option auch einzeln die Anzahl von Zeilen (`-l` = *lines*), Wörtern (`-w` = *words*) und Zeichen (`-c` = *characters*) einer Datei ermitteln.

Weitere Optionen für die Befehle

Fast jeder Linux/UNIX-Befehl bietet Ihnen solche speziellen Optionen an. Das Format ist generell immer gleich: Erst kommt der Befehl, dann ein Minuszeichen, auf das die gewünschte Option folgt. Zudem gibt es meistens auch noch die Möglichkeit, mit zwei Bindestrichen eine längere, leichter lesbare Version anzuzeigen: `-h` und `--help` sind bei den meisten Kommonds implementiert und sorgen für die gleiche Ausgabe.

Wollen Sie beispielsweise wissen, was Ihnen der eine oder andere Befehl noch an Optionen bietet, dann hilft häufig ein Aufruf des Befehls, gefolgt von der Option `--help`. Mehr Details zu den einzelnen Optionen eines Kommandos finden Sie in der Linux/UNIX-Kommandoreferenz (siehe Kapitel 14) und natürlich auf den Manpages. Die Verwendung der Manpages wird ebenfalls in der Kommandoreferenz erläutert (siehe Abschnitt 14.16.3, »man – die traditionelle Online-Hilfe«).

Datei(en) kopieren – cp

Dateien kopieren können Sie mit dem Kommando cp (Abkürzung für engl. *copy* = kopieren). Als erstes Argument übergeben Sie diesem Befehl den Namen der Datei (Quelldatei), die kopiert werden soll. Das zweite Argument ist dann der Name der Kopie (Zieldatei), die Sie erstellen wollen.

```
you@host > cp beispiel.txt kopie_beispiel.txt
you@host > ls *.txt
beispiel.txt  kopie_beispiel.txt
```

Beachten Sie allerdings Folgendes: Wenn Sie hier als zweites Argument (im Beispiel kopie_beispiel.txt) den Namen einer bereits vorhandenen Datei verwenden, wird diese gnadenlos überschrieben.

Datei(en) umbenennen oder verschieben – mv

Eine Datei können Sie mit dem Kommando mv (Abkürzung für engl. *move* = bewegen) umbenennen oder – sofern als Ziel ein anderes Verzeichnis angegeben wird – verschieben. Die Argumente folgen dabei dem gleichen Prinzip wie beim Kommando cp. Das erste Argument ist der Name der Datei, die umbenannt oder verschoben werden soll, und das zweite Argument ist entweder der neue Name der Datei oder – wenn gewünscht – das Verzeichnis, in das mv die Datei schieben soll.

```
you@host > ls
beispiel.txt  kopie_beispiel.txt
you@host > mv kopie_beispiel.txt beispiel.bak
you@host > ls
beispiel.bak  beispiel.txt
you@host > mv beispiel.bak /home/tot/ein_ordner
you@host > ls
beispiel.txt
you@host > ls /home/tot/ein_ordner
beispiel.bak
```

Wie beim cp-Befehl wird mit mv der als zweites Argument angegebene Name bzw. das Ziel überschrieben, sofern ein gleicher Name bereits existiert.

Datei(en) löschen – rm

Wollen Sie eine Datei aus Ihrem System entfernen, hilft Ihnen der Befehl rm (Abkürzung für engl. *remove* = entfernen). Als Argument von rm geben Sie die Datei an, die Sie löschen wollen. Natürlich dürfen hierbei auch mehrere Dateien auf einmal angegeben werden.

```
you@host > rm datei.txt
you@host > rm datei1.txt datei2.txt datei3.txt datei4.txt
you@host > rm beispiel.txt /home/tot/ein_ordner/beispiel.bak
```

Bitte beachten Sie, dass Dateien, die im Terminal mit dem Befehl `rm` gelöscht werden, nicht im Mülleimer bzw. Papierkorb landen – eine solche Funktion gibt es in den Shells nicht. Daher können im Terminal gelöschte Dateien nur sehr schwer wiederhergestellt werden.

Wenn Sie eine solche Funktion vermissen, könnten Sie ein Script anlegen, dass Dateien an einen voreingestellten Ort wie */home/you/trash* verschiebt. Diesen Ordner müssen Sie dann regelmäßig von Hand löschen. Glückwunsch! Sie haben damit Ihre eigene Papierkorbfunktion gebaut.

Leere Datei erzeugen – touch

Mit diesem Befehl können Sie eine oder mehrere Dateien mit der Größe 0 über das Argument anlegen. Sofern eine Datei mit diesem Namen existiert, ändert `touch` nur das Datum der letzten Änderung – lässt aber den Inhalt der Datei in Ruhe. Wir verwenden den Befehl gern zu Demonstrationszwecken in diesem Buch, wenn wir mal schnell mehrere Dateien auf einmal erzeugen wollen, um ohne großen Aufwand das eine oder andere Szenario darzustellen.

```
you@host > touch datei1.txt
you@host > ls *.txt
datei1.txt
you@host > touch datei2.txt datei3.txt datei4.txt
you@host > ls *.txt
datei1.txt  datei2.txt  datei3.txt  datei4.txt
```

Natürlich können Sie unter Linux alle Zeichen mit Ausnahme des Slashs (/) verwenden. So wäre auch **$%&.*!* ein gültiger Dateiname, aber bedenken Sie immer, dass die Sonderzeichen in Dateinamen dazu führen können, dass Sie unerwartet mehr Dateien löschen, als Sie eigentlich löschen wollten.

1.7.3 Der Umgang mit Verzeichnissen

Neben dem Umgang mit Dateien gehört der Umgang mit Verzeichnissen zu den grundlegenden Arbeiten. Damit Sie Verzeichnisse verstehen lernen, folgen hier die wichtigsten Befehle und Begriffe dazu.

Verzeichnishierarchien und Home

In jedem Linux/UNIX-System finden Sie sich nach dem Einloggen (oder beim Starten einer *xterm*) automatisch im Heiminhaltsverzeichnis (*home*) wieder. Wenn wir beispielsweise davon ausgehen, dass Ihr Heiminhaltsverzeichnis *you* heißt und dass dieses Verzeichnis ein Unterverzeichnis des Verzeichnisses */home* ist (was gewöhnlich der Fall ist), dann heißt Ihr Heimverzeichnis */home/you*.

An der Spitze des Verzeichnisbaums befindet sich immer ein Slash (*/*) – das Wurzelinhaltsverzeichnis (Root-Verzeichnis, nicht zu verwechseln mit dem Benutzer root). Bei dieser Verzeichnisstruktur gibt es keine Laufwerkangaben, wie dies bei Windows-Rechnern der Fall ist. Das oberste Hauptverzeichnis geben Sie hier immer mit einem Slash (*/*) an. Sie können es sich auch gern mit `ls` ausgeben lassen:

```
you@host > ls /
bin   dev  home  media  opt   root  srv  tmp  var
boot  etc  lib   mnt    proc  sbin  sys  usr  windows
```

So veranlassen Sie, dass `ls` den Inhalt des Wurzelverzeichnisses in alphabetischer Reihenfolge ausgibt (hier von oben nach unten, dann von links nach rechts geordnet).

Will man an dieser Stelle wissen, wo man sich gerade befindet (das aktuelle Arbeitsverzeichnis, also das Verzeichnis, das `ls` ohne sonstige Angaben ausgeben würde), kann man den Befehl `pwd` verwenden (Abkürzung für engl. *print working directory* = »gib das Arbeitsverzeichnis aus«):

```
you@host > pwd
/home/you
```

Wenn Sie also einen Pfadnamen angeben, der mit einem Schrägstrich (*/*) beginnt, wird versucht, eine Datei oder ein Verzeichnis vom Wurzelverzeichnis aus zu erreichen. Man spricht dabei von einer *vollständigen* oder *absoluten Pfadangabe*. Die weiteren Verzeichnisse, die Sie bis zur Datei oder zum Verzeichnis benötigen, werden mit jeweils einem Slash (*/*) ohne Zwischenraum getrennt:

```
you@host > cat /home/you/Dokumente/brief.txt
```

Hier wird die Datei *brief.txt* ausgegeben, die sich im Verzeichnis */home/you/Dokumente* befindet. Befindet sich diese Datei allerdings in Ihrem Heimverzeichnis (wir nehmen an, es lautet */home/you*), dann müssen Sie keine vollständige Pfadangabe vom Wurzelverzeichnis aus vornehmen. Stattdessen würde auch eine relative Pfadangabe genügen. Als *relativ* wird hier der Pfad vom aktuellen Arbeitsverzeichnis aus bezeichnet:

```
you@host > pwd
/home/you
you@host > cat Dokumente/brief.txt
```

Was an dieser Stelle angegeben wurde, wird auch als *vollständige Dateiangabe* bezeichnet, weil hier die Datei *brief.txt* direkt mitsamt Pfad (relativ zum aktuellen Arbeitsverzeichnis) angesprochen wird. Gibt man hingegen nur */home/you/Dokumente* an, spricht man von einem *(vollständigen) Pfadnamen*.

Früher oder später werden Sie in Ihrem Inhaltsverzeichnis auf die Punkte (.) und (..) stoßen. Die doppelten Punkte (..) repräsentieren immer das Inhaltsverzeichnis, das eine Ebene höher liegt. Befinden Sie sich also nach dem Einloggen im Verzeichnis */home/you*, bezieht sich der doppelte Punkt (..) auf das Inhaltsverzeichnis von *you*. So können Sie beispielsweise beim Wechseln des Verzeichnisses jederzeit durch Angabe des doppelten Punkts (..) in das nächsthöhere Verzeichnis der Hierarchie wechseln.

Selbst das höchste Verzeichnis, die Wurzel (/), besitzt solche Einträge, nur dass es sich beim Wurzelverzeichnis um einen Eintrag auf sich selbst handelt – höher geht es eben nicht mehr.

```
you@host > pwd
/home/you
you@host > ls ..
you
you@host > ls /..
bin   dev  home  media  opt   root  srv  tmp  var
boot  etc  lib   mnt    proc  sbin  sys  usr  windows
```

Der einfache Punkt hingegen verweist immer auf das aktuelle Inhaltsverzeichnis. So sind beispielsweise folgende Angaben absolut gleichwertig:

```
you@host > ls
you@host > ls ./
```

In Tabelle 1.1 finden Sie eine Zusammenfassung der Begriffe, die in Bezug auf Verzeichnisse wichtig sind.

Begriff	Bedeutung
Wurzelverzeichnis / (engl. *root*)	Höchstes Verzeichnis im Verzeichnisbaum.
Aktuelles Arbeitsverzeichnis	Das Verzeichnis, in dem Sie sich im Augenblick befinden.
Vollständige Pfadangabe	Ein Pfadname beginnend mit / (Wurzel); alle anderen Verzeichnisse werden ebenfalls durch einen / getrennt.
Relative Pfadangabe	Der Pfad ist relativ zum aktuellen Arbeitsverzeichnis; hierbei wird kein voranstehender / verwendet.

Tabelle 1.1 Wichtige Begriffe im Zusammenhang mit Verzeichnissen

Begriff	Bedeutung
Vollständiger Dateiname	Pfadangabe inklusive Angabe zur entsprechenden Datei (beispielsweise */home/you/Dokumente/brief.txt*).
Vollständiger Pfadname	Pfadangabe zu einem Verzeichnis, in dem sich die entsprechende Datei befindet (beispielsweise */home/you/Dokumente*).
.. (zwei Punkte)	Verweisen auf ein Inhaltsverzeichnis, das sich eine Ebene höher befindet.
. (ein Punkt)	Verweist auf das aktuelle Inhaltsverzeichnis.
~ (Tilde)	Verweist auf das Home-Verzeichnis des Users (beispielsweise */home/you*).

Tabelle 1.1 Wichtige Begriffe im Zusammenhang mit Verzeichnissen (Forts.)

Inhaltsverzeichnis wechseln – cd

Das Wechseln eines Inhaltsverzeichnisses können Sie mit dem Befehl cd (Abkürzung für engl. *change directory* = »wechsle Verzeichnis«) ausführen. Als Argument übergeben Sie diesem Befehl das Inhaltsverzeichnis, in das Sie wechseln wollen.

```
you@host > pwd
/home/you
you@host > cd Dokumente
you@host > pwd
/home/you/Dokumente
you@host > ls
Beispiele  FAQ.tmd  Liesmich.tmd
you@host > cd ..
you@host > pwd
/home/you
you@host > cd ../..
you@host > pwd
/
you@host > cd ~
you@host > pwd
/home/you
you@host > cd /
you@host > pwd
/
```

```
you@host > cd
you@host > pwd
/home/you
you@host > cd /etc
you@host > pwd
/etc
you@host > cd -
you@host > pwd
/home/you
```

Nach den vorherigen Erläuterungen sollte Ihnen dieses Beispiel keine Probleme mehr bereiten. Einzig der Sonderfall sollte erwähnt werden: die Funktion `cd`. Verwenden Sie `cd` allein, gelangen Sie immer in das Heiminhaltsverzeichnis zurück, egal wo Sie sich gerade befinden.

Eine sinnvolle Funktion des Kommandos `cd` ist auch `cd -`. Dadurch wechseln Sie zurück in das Verzeichnis, aus dem Sie in das aktuelle Verzeichnis gewechselt sind. So können Sie schnell zwischen verschiedenen Verzeichnissen hin- und herspringen.

Ein Inhaltsverzeichnis erstellen – mkdir

Ein neues Inhaltsverzeichnis können Sie mit dem Befehl `mkdir` (Abkürzung für engl. *make directory* = »erzeuge Verzeichnis«) anlegen. Als Argument erwartet dieser Befehl den Namen des Verzeichnisses, das Sie neu anlegen wollen. Ohne Angabe eines Pfadnamens als Argument wird das neue Verzeichnis im aktuellen Arbeitsverzeichnis angelegt.

```
you@host > mkdir Ordner1
you@host > pwd
/home/you
you@host > cd Ordner1
you@host > pwd
/home/you/Ordner1
tyou@host > cd ..
you@host > pwd
/home/you
```

Ein Verzeichnis löschen – rmdir

Ein Verzeichnis können Sie mit dem Befehl `rmdir` (Abkürzung für engl. *remove directory* = »lösche Verzeichnis«) wieder löschen. Um aber ein Verzeichnis wirklich löschen zu dürfen, muss dieses leer sein. Das heißt, im Verzeichnis darf sich außer den Einträgen . und .. nichts mehr befinden. Die Verwendung von `rmdir` entspricht der von mkdir, nur dass Sie als Argument das Verzeichnis angeben, das gelöscht werden soll.

```
you@host > cd Ordner1
you@host > touch testfile.dat
you@host > cd ..
you@host > rmdir Ordner1
rmdir: Ordner1: Das Verzeichnis ist nicht leer
```

Als Befehl, um alle Dateien in einem Verzeichnis zu löschen, haben Sie ja bereits das Kommando rm kennengelernt. Mit einer Datei ist das kein großer Aufwand, wenn sich aber in einem Verzeichnis mehrere Dateien befinden, bietet Ihnen rm die Option -r zum rekursiven Löschen an:

```
you@host > rm -r Ordner1
```

Dank dieser Option werden alle gewünschten Verzeichnisse und die darin enthaltenen Dateien gelöscht, inklusive aller darin enthaltenen Unterverzeichnisse.

1.7.4 Datei- und Verzeichnisnamen

Bei der Verwendung von Datei- bzw. Verzeichnisnamen ist Linux/UNIX sehr flexibel. Hierbei ist fast alles erlaubt, dennoch gibt es auch einige Zeichen, die man in einem Dateinamen besser weglässt.

- **Länge** – Bei modernen Dateisystemen kann rein theoretisch eine Länge von 256 bis teilweise 1.024 Zeichen verwendet werden. Natürlich ist diese Länge immer abhängig vom Dateisystem.
- **Sonderzeichen** – Als Sonderzeichen können Sie im Dateinamen Punkt (.), Komma (,), Bindestrich (-), Unterstrich (_) und das Prozentzeichen (%) ohne Bedenken einsetzen. Leerzeichen und Schrägstrich (/) sind zwar auch erlaubt, können aber Probleme verursachen. Daher raten wir von einer Verwendung dieser Zeichen im Dateinamen ab. Ebenso sieht dies mit einigen anderen Sonderzeichen aus, beispielsweise Hash (#) oder Stern (*). Je nachdem, an welcher Position solche Sonderzeichen verwendet werden, könnten sie von der Shell falsch interpretiert werden.
- **Dateierweiterung** – Hier ist alles erlaubt; Sie können die wildesten Erweiterungsorgien feiern. Trotzdem sollten Sie nicht die üblichen Verdächtigen hierzu missbrauchen. Es ergibt recht wenig Sinn, eine reine Textdatei mit der Endung ».mp3« oder ein binäres Programm mit ».exe« zu versehen ☺.
- **Nationales** – Gerade nationale Sonderzeichen im Dateinamen (wie hierzulande die Umlaute) können beim Wechsel auf andere Systeme erhebliche Probleme bereiten. Deshalb sollten Sie wenn möglich besser die Finger von ihnen lassen.

1.7.5 Gerätenamen

Bisher haben Sie die Dateitypen der normalen Dateien und der (Datei-)Verzeichnisse kennengelernt. Es gibt allerdings noch eine dritte Dateiart: die Gerätedateien (auch *Spezialdateien* genannt).

Mit den Gerätedateien (*Device Files*) können Programme unter Verwendung des Kernels auf die Hardwarekomponenten im System zugreifen. Natürlich sind das keine Dateien, wie Sie sie eigentlich kennen, aber aus der Sicht der Programme werden sie wie gewöhnliche Dateien behandelt. Man kann daraus lesen, etwas dorthin schreiben oder sie auch für spezielle Zwecke benutzen – eben alles, was Sie mit einer Datei auch machen können (und noch mehr). Gerätedateien bieten Ihnen eine einfache Methode, um auf Systemressourcen wie den Bildschirm, den Drucker, externe Speichermedien oder die Soundkarte zuzugreifen, ohne dass Sie wissen müssen, wie dieses Gerät eigentlich funktioniert.

Auf Linux/UNIX-Systemen liegen die Gerätedateien fast immer im Verzeichnis */dev*. Hier finden Sie zu jedem Gerät einen entsprechenden Eintrag. */dev/ttyS0* steht beispielsweise für die erste serielle Schnittstelle, */dev/sda1* ist die erste Partition der ersten Festplatte. Neben echten Geräten in der Gerätedatei gibt es auch sogenannte Pseudo-Gerätedateien im */dev*-Verzeichnis. Ihre bekanntester Vertreterin ist */dev/null*, die häufig als Datengrab verwendet wird (dazu später mehr in Abschnitt 1.10.2).

Beim Verwenden von Gerätedateinamen in Ihren Shellscripts sollten Sie allerdings Vorsicht walten lassen und wenn möglich diese Eingabe dem Anwender überlassen (etwa mit einer Konfigurationsdatei). Der Grund ist, dass viele Linux/UNIX-Systeme unterschiedliche Gerätenamen verwenden.

1.7.6 Dateiattribute

Nachdem Sie jetzt wissen, dass Linux/UNIX zwischen mehreren Dateiarten (insgesamt sechs) unterscheidet – nicht erwähnt wurden hierbei Sockets, Pipes (Named Pipes und FIFOs) und Links (Softlinks bzw. Hardlinks) –, sollten Sie sich auf jeden Fall noch mit den Dateiattributen auseinandersetzen. Gerade als angehender oder bereits leibhaftiger Administrator hat man häufig mit unautorisierten Zugriffen auf bestimmte Dateien, Verzeichnisse oder Gerätedateien zu tun. Auch in Ihren Shellscripts werden Sie das eine oder andere Mal die Dateiattribute auswerten müssen und entsprechend darauf reagieren wollen.

Am einfachsten erhalten Sie solche Informationen mit dem Befehl `ls` und der Option `-l` (für *long*). So gelangen Sie an eine recht üppige Zahl von Informationen zu den einzelnen Dateien und Verzeichnissen:

```
you@host > ls -l
-rw-r--r--  1 you users 9689 2022-04-20 15:53 datei.dat
```

Andere Ausgabe

Beachten Sie, dass die Ausgabe unter verschiedenen Betriebssystemen abweichen kann.

Im Folgenden betrachten wir die einzelnen Bedeutungen der Ausgabe von `ls -l`, aufgelistet von links nach rechts.

Dateiart (Dateityp)

Ganz links, beim ersten Zeichen (hier befindet sich ein Minuszeichen -) wird die Dateiart angegeben. Folgende Angaben können sich hier befinden (siehe Tabelle 1.2):

Zeichen	Bedeutung (Dateiart)
-	normale Datei
d	Verzeichnis (d = *directory*)
p	Named Pipe; steht für eine Art Pufferungsdatei, eine Pipe-Datei
c	(c = *character oriented*) steht für eine zeichenorientierte Gerätedatei
b	(b = *block oriented*) steht für eine blockorientierte Gerätedatei
s	(s = *socket*) steht für einen Socket (genauer einen UNIX-Domainsocket)
l	symbolische Links

Tabelle 1.2 Mögliche Angaben für die Dateiart (Dateityp)

Zugriffsrechte

Die nächsten neun Zeichen, die Zugriffsrechte, sind in drei Dreiergruppen (`rwx`) aufgeteilt, was von links nach rechts für Eigentümer, Gruppe und »alle anderen« steht. In Tabelle 1.3 finden Sie die einzelnen Bedeutungen.

Darstellung in ls	Bedeutung
`[r--------]`	*read* (*user*; Leserecht für den Eigentümer)
`[-w-------]`	*write* (*user*; Schreibrecht für den Eigentümer)
`[--x------]`	*execute* (*user*; Ausführrecht für den Eigentümer)
`[rwx------]`	*read, write, execute* (*user*; Lese-, Schreib- und Ausführrecht für den Eigentümer)

Tabelle 1.3 Zugriffsrechte des Eigentümers, der Gruppe und aller anderen

Darstellung in ls	Bedeutung
`[---r-----]`	*read* (*group*; Leserecht für die Gruppe)
`[----w----]`	*write* (*group*; Schreibrecht für die Gruppe)
`[-----x---]`	*execute* (group; Ausführrecht für die Gruppe)
`[---rwx---]`	*read, write, execute* (*group*; Lese-, Schreib- und Ausführrecht für die Gruppe)
`[------r--]`	*read* (*other*; Leserecht für alle anderen Benutzer)
`[-------w-]`	*write* (*other*; Schreibrecht für alle anderen Benutzer)
`[--------x]`	*execute* (*other*; Ausführrecht für alle anderen Benutzer)
`[------rwx]`	*read, write, execute* (*other*; Lese-, Schreib- und Ausführrecht für alle anderen Benutzer)

Tabelle 1.3 Zugriffsrechte des Eigentümers, der Gruppe und aller anderen (Forts.)

Sind beispielsweise die Rechte `rw-r--r--` für eine Datei gesetzt, so bedeutet dies, dass der Eigentümer (`rw-`) der Datei diese sowohl lesen (`r`) als auch beschreiben (`w`) darf, nicht aber ausführen (hierzu fehlt ein `x`). Die Mitglieder in der Gruppe (`r--`) und alle anderen (`r--`) hingegen dürfen diese Datei nur lesen.

Zugriffssteuerungsliste (ACL = Access Control Lists)

Neben den klassischen POSIX-Rechten (`rwxrwxrwx`) findet man, vorwiegend in der UNIX-Welt beheimatet, mit *Access Control Lists* (kurz ACLs) eine Erweiterung der klassischen POSIX-Zugriffsrechtesteuerung. Auch macOS macht seit der Version 10.4 recht intensiven Gebrauch von ACLs. Im Gegensatz zur klassischen POSIX-Zugriffssteuerung lassen sich mit ACLs die Zugriffsrechte noch feiner einstellen. Hiermit können praktisch für eine Datei oder einen Dienst mehrere Gruppen eingerichtet und unterschiedlichen Benutzern verschiedene Rechte gegeben werden. Bei der POSIX-Zugriffssteuerung ist man hierbei ja auf den Eigentümer (`rwx------`), eine Gruppe (`---rwx---`) und den Rest der Welt (`------rwx`) beschränkt.

Im Terminal (beispielsweise bei macOS) können Sie sich die Access Control Lists mit einem Aufruf von `ls -el` anzeigen lassen. Mittlerweile lassen sich aber auch unter Linux mit den Dateisystemen ext2, ext3, ext4, JFS, XFS und ReiserFS die ACLs (nach-)implementieren. Sind unter Linux noch keine ACLs installiert, können Sie sie beispielsweise mit `sudo apt install acl` nachinstallieren. Die Manualpage für mehr Informationen können Sie mit `man acl` aufrufen.

Der Rest

Als Nächstes finden Sie die Verweise auf die Datei. Damit ist die Anzahl der Links (Referenzen) gemeint, die für diese Datei existieren. Im Beispiel von oben gibt es keine Verweise auf die Datei, da hier eine `1` steht. Danach folgt der Benutzername des Dateibesitzers (hier `you`), gefolgt vom Namen der Gruppe (hier `users`), der vom Eigentümer der Datei festgelegt wird. Die nächsten Werte entsprechen der Länge der Datei in Bytes (hier `9689` Bytes) und dem Datum der letzten Änderung der Datei mitsamt Uhrzeit (`2022-04-20 15:53`). Am Ende finden Sie den Namen der Datei wieder (hier `datei.dat`).

Weitere Literatur sinnvoll

Trotz dieser kleinen Einführung konnten viele grundlegende Dinge von Linux/UNIX nicht behandelt werden. Sollten Sie anhand dieses Buchs tatsächlich Ihre ersten Erfahrungen mit Linux/UNIX sammeln, so wäre es sinnvoll, zusätzliche Literatur zurate zu ziehen.

1.8 Shellscripts schreiben und ausführen

In diesem Abschnitt finden Sie eine Anleitung dazu, wie Sie gewöhnlich vorgehen können, um eigene Shellscripts zu schreiben und auszuführen.

1.8.1 Der Editor

Zu Beginn steht man immer vor der Auswahl seines Werkzeugs. In der Shell-Programmierung reicht hierfür der einfachste Editor aus. Welchen Editor Sie verwenden, hängt häufig vom Anwendungsfall ab. Die Autoren sind bei der Auswahl ihres Lieblingseditors geteilter Meinung. Jürgen verwendet, wenn irgend möglich, einen Editor einer grafischen Oberfläche – wie *Kate* unter KDE, *Gedit* unter dem Gnome-Desktop oder *xemacs* auf einer X11-Oberfläche. Stefan dagegen verwendet am liebsten den *vi*, und Frank nutzt entweder *vi* oder bei umfangreicheren Projekten *Visual Studio Code*. Der *vi* hat einfach den Vorteil, dass er auf allen Linux- und UNIX-Systemen vorhanden ist. Auch auf dem Mac ist der *vi* immer verfügbar.

Unter macOS lässt sich hierfür sogar der hauseigene Editor *TextEdit* verwenden, den Sie unter *Programme* finden. Allerdings müssen Sie den Editor zunächst in den reinen Textmodus schalten. Standardmäßig verwendet *TextEdit* einen formatierten Modus, in dem Zeichen zur Textformatierung eingefügt werden. Damit können Sie bei der Shell-Programmierung nichts anfangen. In den Textmodus schalten Sie *TextEdit* mit FORMAT • IN REINEN TEXT UMWANDELN (bzw. mit der Tastenkombination [⇧]+[cmd]+[T]). Eine bessere Lösung als das Hausmittel von macOS für Shellscripts sind allerdings fortgeschrittene Editoren wie *jEdit* oder *TextWrangler*.

Auch wenn Sie sich jetzt entschließen, den Editoren auf der grafischen Oberfläche den Vorrang zu geben, sollten Sie sich trotzdem mit dem *vi* beschäftigen. Der Grund ist ganz einfach: In der Systemadministration oder als Webmaster (mit Zugang über SSH) haben Sie nicht überall die Möglichkeit, auf eine grafische Oberfläche zurückzugreifen. Häufig werden Sie vor einem Rechner mit einer nackten Shell sitzen. Wenn Sie dann nicht wenigstens den grundlegenden Umgang mit dem *vi* beherrschen, sehen Sie ziemlich alt aus. Zwar besteht meistens noch die Möglichkeit eines Fernzugriffs für das Kopieren mit dem Kommando `scp`, aber macht man hier beispielsweise einen Tippfehler, ist dieser Vorgang auf Dauer eher ineffizient.

1.8.2 Entwicklungswerkzeuge

Bisher haben wir immer mit zwei unterschiedlichen Programmen gearbeitet, zum einen mit dem Editor, um die Scripttexte zu schreiben, und zum anderen mit einem Terminal zum Ausführen der Scripts. Das entspricht dem Vorgehen, wie man es im IT-Bereich seit Jahrzehnten kennt. Wenn Sie es aber auch bei der Shell-Programmierung moderner und bequemer haben möchten, kommen Sie um integrierte Entwicklungsumgebungen (IDEs, kurz für *Integrated Development Environments*) nicht mehr vorbei.

Die Nutzung einer ausgewachsenen IDE wie *Eclipse* oder *Netbeans* ist für Shellscripts natürlich etwas überdimensioniert. Es gibt aber schlankere Werkzeuge, die Grundfunktionen wie eine Quelltextverwaltung, ein gezieltes Ausführen und eine integrierte Fehlersuche (Debugging) mitbringen und so die Arbeit mit Scripts erheblich erleichtern. Der Hauptunterschied zwischen einem Texteditor und einer IDE besteht darin, dass Texteditoren nicht mit Projektdateien, sondern auf Basis von Dateien und Ordnern arbeiten. Wir stellen Ihnen hier zwei Programme vor, die noch zu den Texteditoren gehören, aber über Funktionen wie ein anpassbares Erscheinungsbild, Syntaxhervorhebung etc. verfügen und mithilfe von Plugins erweiterbar sind. So wird die Arbeit mit Shellscripts wesentlich komfortabler.

Im Folgenden möchten wir Ihnen zwei moderne Editoren vorstellen, mit denen Sie unter allen Betriebssystemen arbeiten können:

- *Atom* ist ein unter MIT-Lizenz stehender Texteditor, der von GitHub entwickelt wird.
- *Visual Studio Code* von Microsoft ist ein kostenlos erhältlicher Editor.

Die Programme sind plattformübergreifend (Windows, macOS und Linux) und können durch Zusatzmodule (*Plugins*) erweitert werden. Beide Programme ermöglicht unter anderem das Debugging von Shellscripts und die Ausführung in einem integrierten Terminalfenster. Basis beider Editoren ist *Electron*, ein von GitHub entwickeltes quelloffenes Framework, das von vielen modernen Apps wie Skype und Signal verwendet wird.

Beide Editoren haben viele Gemeinsamkeiten, eine ähnliche Benutzeroberfläche und unterscheiden sich nur geringfügig. Wenn Sie Linux verwenden, werden beide Programme sehr wahrscheinlich im Paketsystem Ihrer Distribution verfügbar sein. Unter Windows oder auf dem Mac nutzen Sie die Installationsdateien, die Sie auf den Projektseiten finden:

- *https://github.com/atom/atom/releases/*
- *https://code.visualstudio.com/#alt-downloads*

Start und erste Schritte

Beim ersten Start zeigen beide Programme ein Willkommensfenster, das die grundlegenden Funktionen des Editors vorstellt und die erste Konfiguration schnell ermöglicht.

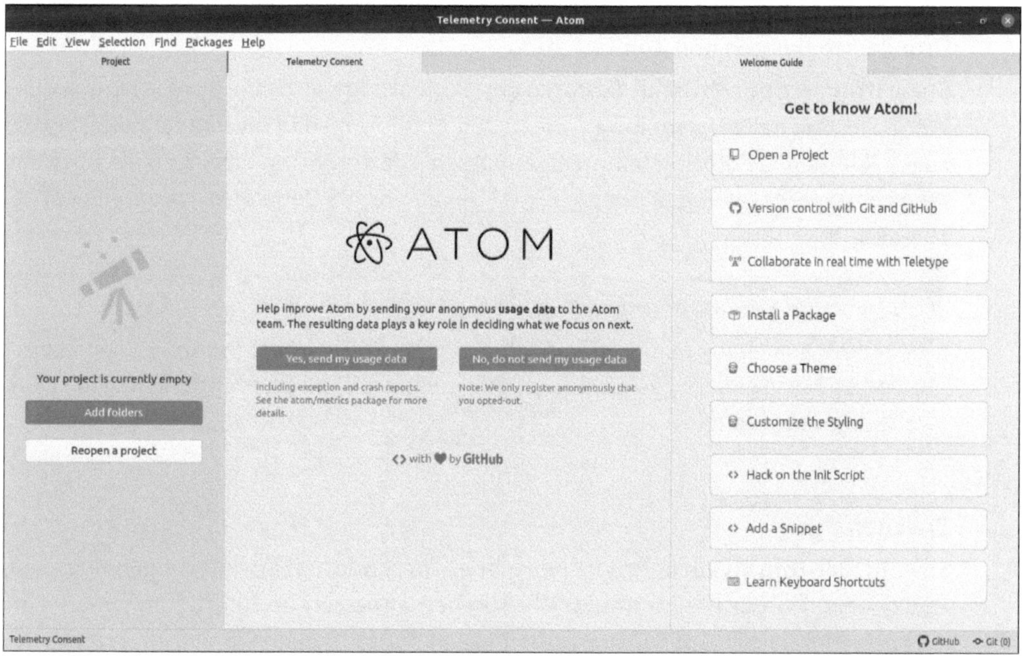

Abbildung 1.1 Atom beim ersten Start

Abbildung 1.2 Visual Studio Code beim ersten Start

Grundeinstellungen und Konfiguration

Standardmäßig nutzen beide Editoren den Dark-Modus, also eine dunkle Farbpalette. Wenn Sie eine helle Darstellung – wie in den Abbildungen in diesem Kapitel – bevorzugen, können Sie die Einstellungen anpassen. Die von Atom erreichen Sie über das Menü EDIT • PREFERENCES oder [Strg]+[,], die von VS Code über DATEI • EINSTELLUNGEN.

> **Übermittlung von Nutzungsdaten**
>
> In der Voreinstellung übermitteln beide Programme ungefragt Informationen über die Nutzung. Wenn Sie das nicht möchten, müssen Sie die Übermittlung in den Einstellungen abschalten

Erweiterungen

Sowohl für Atom als auch für VS Code gibt es Tausende von Erweiterungen (Plugins), mit denen sich die Programme nach Belieben anpassen und gestalten lassen. Um wirklich effektiv mit den Editoren arbeiten zu können, sollten Sie sich ein eigenes Paket an Erweiterungen zusammenstellen, mit denen Sie gut arbeiten können. Für das Shellscripting ist in VS Code beispielsweise das Plugin *Shell Script Language Basics* bereits vorinstalliert, noch komfortabler wird es mit *ShellCheck* und *shell-format*, die Ihnen beim Überprüfen und Formatieren Ihrer Scripts helfen. Auch für Atom finden Sie entsprechende Helferlein in der Plugin-Suche unter *https://atom.io/packages/*.

Selbstverständlich unterstützen beide Editoren eine Vielzahl von Sprachen und Frameworks, Sie können beide also z. B. auch als Markdown- oder HTML-Editor verwenden, wenn Sie die entsprechenden Plugins zur automatischen Codevervollständigung oder dem Debugging etc. installieren.

Arbeitsoberfläche

Beide Programme bieten eine Oberfläche, wie man sie von vielen modernen Editoren kennt (siehe Abbildung 1.3). Jeweils im linken Bereich befindet sich der Verzeichnisbaum für das aktuelle Verzeichnis, in dem großen Feld in der Mitte steht der Code. Am oberen Fensterrand sind weitere Menüpunkte und Funktionen aufgeführt. Es können mehrere Dateien gleichzeitig geöffnet und bearbeitet werden, die Grundfunktionen Öffnen, Speichern etc. sind in beiden Editoren identisch.

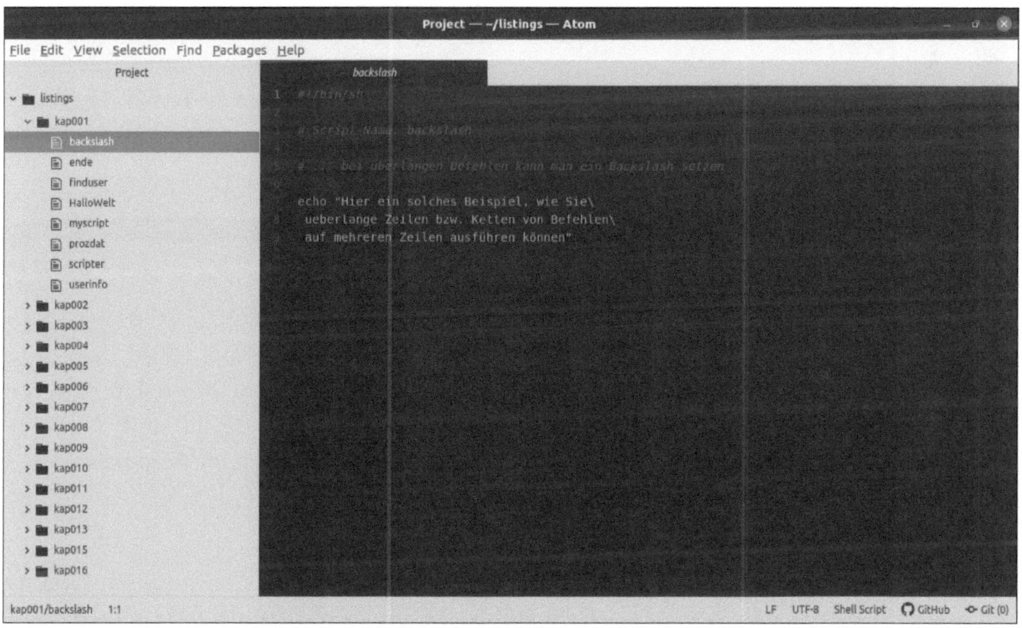

Abbildung 1.3 Atom mit geöffnetem Shellscript

Durch die Syntaxhervorhebung werden die Schlüsselwörter, Parameter und Variablen farblich hervorgehoben – wenn Ihnen die voreingestellten Farben nicht gefallen, finden Sie unzählige Farbpaletten, mit denen Sie das Highlighting nach Ihren Wünschen konfigurieren können. Mittels umfangreicher Tastenkombinationen können diverse Funktionen direkt aufgerufen und genutzt werden. Da viele Tastenkürzel, Funktionen und Erweiterungen nicht nur programm-, sondern auch noch betriebssystemabhängig sind, kommen Sie aber leider nicht darum herum, die konkrete Dokumentation Ihrer Umgebung zu konsultieren.

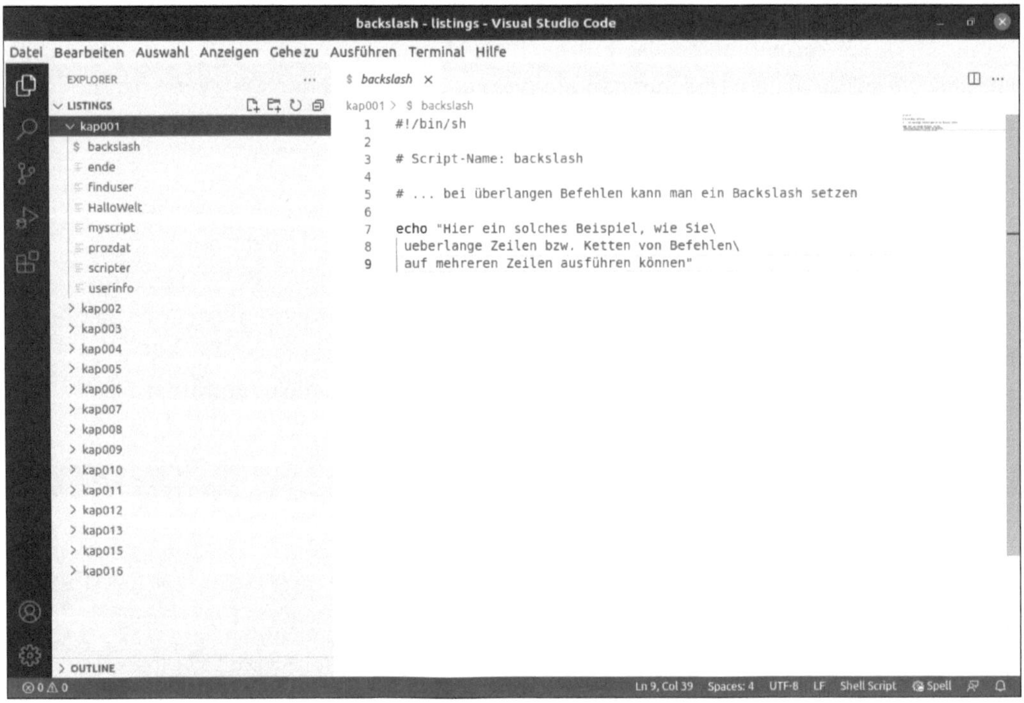

Abbildung 1.4 Visual Studio Code mit geöffnetem Shellscript

Integriertes Terminal

Eine besondere Erleichterung bei der Shell-Programmierung ist das in den Editoren integrierte Terminal. Damit können Sie direkt Code eingeben, testen und Fehler beseitigen. Viele Ihrer Scripts werden so entstehen: Man testet kleine Funktionen und Aufrufe im integrierten Terminal und fügt Aufrufe schrittweise zu einem großen Script zusammen.

Besonders komfortabel ist es, dass Sie in diesem Terminalfenster die Shell-Variante wechseln, also von der zsh zur Bash zur ksh springen können. So testen Sie schnell, wie sich ein Script in den verschiedenen Shells verhält.

Und zu guter Letzt unterstützen beide Editoren Git zur Versionierung Ihrer Arbeit. Wenn Sie Git bereits kennen, werden Sie die Optionen der Versionskontrolle durch den Editor nie mehr missen wollen. Alle anderen sollten sich unbedingt über Git informieren, denn im modernen Projektmanagement in Softwareprojekten funktioniert eigentlich nichts mehr ohne – für ein Handbuch zur Shell-Programmierung geht es aber ein wenig zu weit, daher endet hier die Vorstellung dieser Werkzeuge. Natürlich gibt es auch andere Programme, die sich hervorragend zum Erstellen und Bearbeiten von Programmcode eignen.

Abbildung 1.5 VS Code, Programmausführung im Terminalfenster

Für welchen Editor oder welche Entwicklungsumgebung Sie sich entscheiden, spielt aber eigentlich gar keine Rolle und ist für die Shell-Programmierung nicht ausschlaggebend – die Zeiten der großen *Editor Wars* zwischen den Vim- und den Emacs-Anhängern sind zum Glück Geschichte. Alle in diesem Buch beschriebenen Scripts und Programme lassen sich unabhängig vom verwendeten Werkzeug erstellen und nutzen.

1.8.3 Der Name des Shellscripts

Unter welchem Namen Sie Ihr Shellscript mit dem Editor Ihrer Wahl abspeichern, können Sie fast willkürlich wählen. Sie müssen lediglich folgende Punkte beachten:

- Wählen Sie keinen Namen, der gleichzeitig einem Kommandonamen entspricht (das geht zwar, aber man sollte es nicht machen, denn es sorgt für Verwirrung). Dies können Sie relativ einfach testen, indem Sie etwa das Kommando `which` mit dem Namen Ihres Scripts verwenden (beispielsweise `which scriptname`). `which` liefert, falls es ein Kommando mit dem Namen gibt, den Pfad zum entsprechenden Kommando zurück. Gibt `which` nichts zurück, scheint ein solches Kommando nicht auf dem System zu existieren. Ähnliches können Sie auch mit `type` oder `man` machen.

- Sie sollten nur die Zeichen A bis Z, a bis z, 0 bis 9 und _ verwenden. Vermeiden Sie auf jeden Fall Sonderzeichen.
- Da viele Editoren Syntax-Highlighting bieten (die farbliche Darstellung von Kommandos, Variablen und Werten), ist es sinnvoll, eine Endung entsprechend der Shell zu wählen, da dann sofort die richtigen Farben verwendet werden. Für die Bash wäre das entweder **.bash* oder **.sh*. Für die Korn-Shell ist die Endung **.ksh* eine gute Wahl. Für die Z-Shell wählen Sie die Endung **.zsh*. Ein weiterer Vorteil bei der Verwendung von Endungen ist der, dass Sie so schon am Dateinamen erkennen, um was für ein Script es sich handelt.

Namensvergabe

Auch wenn Sie Ihr Kommando (fast) so nennen können, wie Sie wollen, sollten Sie auf jeden Fall versuchen, einen Namen zu wählen, der einen Sinn ergibt.

1.8.4 Ausführen

Das folgende Listing stellt Ihr erstes Shellscript in diesem Buch dar. Es ist ein einfaches Script, das Folgendes anzeigt: das aktuelle Datum, als »wer« Sie sich eingeloggt haben, wer sich zur gleichen Zeit sonst noch auf dem System befindet und welchen Rechnernamen (Host) Sie verwenden.

Im Augenblick ist es allerdings noch nicht so wichtig für Sie, zu wissen, was das Shellscript genau macht (auch wenn es eigentlich nicht kompliziert ist). Hier geht es nur um die Ausführung eines Shellscripts.

Tippen Sie das Beispiel in den Editor Ihrer Wahl ein und speichern Sie es ab (im Beispiel wurde der Name `userinfo` verwendet).

```
# Script-Name: userinfo

# zeigt das aktuelle Datum an
date
# gibt die Textfolge "Ich bin ..." aus
echo "Ich bin ..."
# Wer bin ich ... ?
whoami

echo "Alle User, die eingeloggt sind ..."

# zeigt alle aktiven User an
who
```

```
echo "Name des Host-Systems ..."

# gibt den Hostnamen (Rechnernamen) aus
hostname
```

Shellscripts zum Download

Natürlich müssen Sie nicht alles abtippen. Sie finden sämtliche Shellscripts auch im Download-Bereich unter *https://www.rheinwerk-verlag.de/5507*. Dennoch empfehlen wir, die Shellscripts selbst zu schreiben, um ein Gefühl dafür zu bekommen.

Bevor Sie Ihr erstes Script ausführen können, müssen Sie für gewöhnlich noch das Ausführrecht setzen. In Ihrem Fall ist dies das Ausführrecht (x) für den User (Dateieigentümer):

```
you@host > ls -l userinfo
-rw-r--r--  1 you users 286 2010-04-21 02:19 userinfo
you@host > chmod u+x userinfo
you@host > ls -l userinfo
-rwxr--r--  1 you users 286 2010-04-21 02:19 userinfo
```

Oktale Schreibweise

Wenn Ihnen die oktale Schreibweise etwas geläufiger ist, können Sie selbstverständlich auch chmod damit beauftragen, das Ausführrecht zu setzen:

```
chmod 0744 userinfo
```

Jetzt können Sie das Script anhand seines Namens aufrufen. Allerdings werden Sie gewöhnlich den absoluten Pfadnamen verwenden müssen, es sei denn, Sie fügen das entsprechende Verzeichnis (in dem sich das Script befindet) zur Umgebungsvariablen PATH hinzu (aber dazu später mehr). Somit lautet ein möglicher Aufruf des Scripts wie folgt:

```
you@host > ./userinfo
Mi Apr 21 02:35:06 CET 2010
Ich bin ...
you
Alle User, die eingeloggt sind ...
you     :0          Apr 20 23:06 (console)
ingo    :0          Apr 20 12:02 (console)
john    pts/0       Apr 19 16:15 (pd9e9bdc0.dip.t-dialin.net)
john    pts/2       Apr 19 16:22 (pd9e9bdc0.dip.t-dialin.net)
Name des Host-Systems ...
goliath.speedpartner.de
```

Hier wird mit ./ das aktuelle Verzeichnis verwendet. Starten Sie das Script aus einem anderen Verzeichnis, müssen Sie eben den absoluten Pfadnamen angeben:

```
you@host:~/irgend/wo > /home/tot/beispielscripte/Kap1/userinfo
```

Damit Sie verstehen, wie ein Shellscript ausgeführt wird, müssen wir Ihnen leider noch ein Shellscript aufdrücken, bevor Sie mit den eigentlichen Grundlagen der Shell beginnen können. Es ist nämlich von enormer Bedeutung, dass Sie verstehen, dass nicht die aktuelle Shell das Script ausführt. Zum besseren Verständnis:

```
you@host > ps -f
UID        PID  PPID  C STIME TTY          TIME CMD
you       3672  3658  0 Jan20 pts/38   00:00:00 /bin/bash
you       7742  3672  0 03:03 pts/38   00:00:00 ps -f
```

Sie geben mit ps -f die aktuelle Prozessliste der Shell (hier unter Linux mit der Bash) auf den Bildschirm aus. In unserem Beispiel lautet die Prozessnummer (PID) der aktuellen Shell 3672. Die Nummer des Elternprozesses (PPID), der diese Shell gestartet hat, lautet hierbei 3658. Im Beispiel war dies der Daemon »kdeinit«, was hier allerdings jetzt nicht von Bedeutung ist. Den Prozess ps -f haben Sie ja soeben selbst gestartet, und anhand der PPID lässt sich ermitteln, von welcher Shell dieser Prozess gestartet wurde (hier 3672, also von der aktuellen Bash).

Damit wir Ihnen jetzt demonstrieren können, wie ein Shellscript ausgeführt wird, führen Sie bitte folgendes Script aus:

```
# Script-Name: finduser

# gibt alle Dateien des Users you auf dem Bildschirm aus
find / -user you -print 2>/dev/null
```

Wir haben hier bewusst einen Befehl verwendet, der ein wenig länger beschäftigt sein sollte. Mit dem Kommando find und den entsprechenden Angaben werden alle Dateien des Users »you« unterhalb des Wurzelverzeichnisses auf dem Bildschirm ausgegeben. Fehlerausgaben (Kanal 2) wie beispielsweise »keine Berechtigung« werden nach */dev/null* umgeleitet und somit nicht auf dem Bildschirm ausgegeben. Auf das Thema Umleitung wird noch gezielt eingegangen. Damit uns im Beispiel nicht die Standardausgabe (Kanal 1) auf dem Bildschirm stört, leiten wir auch diese beim Start des Scripts nach */dev/null* (1>/dev/null) um. Und damit uns die Shell für weitere Eingaben zur Verfügung steht, stellen wir die Ausführung des Scripts in den Hintergrund (&). Somit können Sie in aller Ruhe die Prozessliste betrachten, während Sie das Script ausführen.

```
you@host > chmod u+x finduser
you@host > ./finduser 1>/dev/null &
[1] 8138
you@host > ps -f
UID   PID  PPID  C STIME TTY          TIME CMD
you  3672  3658  0 Jan20 pts/38  00:00:00 /bin/bash
you  8138  3672  0 03:26 pts/38  00:00:00 /bin/bash
you  8139  8138 10 03:26 pts/38  00:00:00 find / -user tot -print
you  8140  3672  0 03:26 pts/38  00:00:00 ps -f
you@host > kill $!
[1]+  Beendet                 ./finduser >/dev/null
```

Damit das Script nicht im Hintergrund unnötig Ressourcen verbraucht, wurde es mit `kill $!` beendet. Die Zeichenfolge `$!` ist eine Shell-Variable einer Prozessnummer vom zuletzt gestarteten Hintergrundprozess (auch hierauf wird noch eingegangen). Interessant ist für diesen Abschnitt nur die Ausgabe von `ps -f`:

```
UID   PID  PPID  C STIME TTY          TIME CMD
tot  3672  3658  0 Jan20 pts/38  00:00:00 /bin/bash
tot  8138  3672  0 03:26 pts/38  00:00:00 /bin/bash
tot  8139  8138 10 03:26 pts/38  00:00:00 find / -user tot -print
tot  8140  3672  0 03:26 pts/38  00:00:00 ps -f
```

Sie können hier anhand der PPID erkennen, dass von der aktuellen Shell (PID: 3672) eine weitere Shell (8138) gestartet wurde. Diese neue Shell nennt man eine *Subshell*. Erst diese Subshell führt anschließend das Script aus, wie unschwer anhand der PPID von `find` zu erkennen ist. Der Befehl `ps -f` hingegen wurde wiederum von der aktuellen Shell ausgeführt.

Derselbe Vorgang ist natürlich auch bei der Bourne-Shell (`sh`) und der Korn-Shell (`ksh`) möglich und nicht nur, wie hier gezeigt, unter der Bash (`bash`). Jede Shell ruft für das Ausführen eines Scripts immer eine Subshell auf. Die `bash` ruft eine `bash` auf und die `sh` eine `sh`. Nur bei der Korn-Shell kann es sein, dass anstatt einer weiteren `ksh` eine `sh` aufgerufen wird! Wie Sie dies ermitteln können, haben Sie ja eben erfahren.

1.8.5 Hintergrundprozess starten

Wie Sie beim Ausführen des Beispiels eben sehen konnten, können Sie durch das Anhängen eines Ampersand-Zeichens (&) den Prozess im Hintergrund ausführen. Dies wird gerade bei Befehlen verwendet, die etwas länger im Einsatz sind. Würden Sie im Beispiel von `finduser` den Prozess im Vordergrund (also normal) ausführen, müssten Sie auf das Ende des Prozesses warten, bis Ihnen der Eingabeprompt der aktuell ausführenden Shell wieder zur Verfügung steht. Dadurch, dass der Prozess in den Hintergrund gestellt wird, können Sie weitere Prozesse quasi parallel starten.

1.8.6 Ausführende Shell festlegen

Im Beispiel konnten Sie sehen, dass wir das Script in einer Bash als (Sub-)Shell ausgeführt haben. Was aber, wenn wir das Script gar nicht in der Bash ausführen wollen? Schreiben Sie beispielsweise ein Shellscript in einer bestimmten Shell-Syntax, werden Sie wohl auch wollen, dass Ihr Script in der entsprechenden (Sub-)Shell ausgeführt wird.

Hierbei können Sie entweder die (Sub-)Shell direkt mit dem Shellscript als Argument aufrufen oder eben die auszuführende (Sub-)Shell im Script selbst festlegen.

Aufruf als Argument der Shell

Der Aufruf eines Shellscripts als Argument der Shell ist recht einfach zu bewerkstelligen:

```
you@host > sh finduser
```

Hier wird zum Ausführen des Shellscripts die Bourne-Shell als Subshell verwendet. Wollen Sie hingegen das Script mit einer Korn-Shell als Subshell aufrufen, rufen Sie das Script wie folgt auf:

```
you@host > ksh finduser
```

Ebenso ist es möglich, andere Shells zu verwenden, beispielsweise die A-Shell oder die Z-Shell. Natürlich können Sie auch testweise eine C-Shell (z. B. `tcsh`) aufrufen – dann werden Sie feststellen, dass hier schon erste Unstimmigkeiten auftreten.

Die ausführende Shell im Script festlegen (Shebang-Zeile)

Letztendlich besteht der gewöhnliche Weg darin, die ausführende Shell im Script selbst festzulegen. Dabei muss sich in der ersten Zeile des Shellscripts die Zeichenfolge `#!` befinden, gefolgt von der absoluten Pfadangabe der entsprechenden Shell. (Dies wird auch als Shebang-Zeile bezeichnet.)

Die absolute Pfadangabe können Sie einfach mit `which` ermitteln. Gewöhnlich befinden sich alle Shell-Varianten im Verzeichnis */bin* oder in */usr/bin* (auch */usr/local/bin* ist ein Kandidat).

Wollen Sie beispielsweise das Shellscript `finduser` von einer Korn-(Sub-)Shell ausführen lassen, müssen Sie in der ersten Zeile Folgendes eintragen:

```
#!/bin/ksh
```

oder

```
#!/usr/bin/ksh
```

Somit sieht das komplette Script für die Korn-Shell so aus (wir gehen davon aus, dass sich die Korn-Shell in */bin* befindet):

```
#!/bin/ksh
# Shellscript: finduser

# gibt alle Dateien des Users tot auf dem Bildschirm aus
find / -user tot -print 2>/dev/null
```

Für die Bash verwenden Sie:

```
#!/bin/bash
```

oder

```
#!/usr/bin/bash
```

Und für die Bourne-Shell:

```
#!/bin/sh
```

oder

```
#!/usr/bin/sh
```

Ähnlich wird diese erste Zeile übrigens bei Perl und anderen Scriptsprachen verwendet. Dass dies funktioniert, ist nichts Magisches, sondern ein typischer Linux/UNIX-Vorgang. Beim Start eines neuen Programms (besser ist wohl der Begriff »Prozess«) verwenden alle Shell-Varianten den Linux/UNIX-Systemaufruf `exec`. Wenn Sie aus der Login-Shell eine weitere Prozedur starten, wird ja zunächst eine weitere Subshell gestartet (wie bereits erwähnt). Durch den Systemaufruf `exec` wird der neue Prozess von einem angegebenen Programm überlagert – egal ob dieses Programm jetzt in Form einer ausführbaren Datei (wie diese etwa in C erstellt wird) oder als Shellscript vorhanden ist.

Im Fall eines Shellscripts startet `exec` standardmäßig eine Shell vom Typ Ihrer aufrufenden Shell und beauftragt diese Shell, alle Befehle und Kommandos der angegebenen Datei auszuführen. Enthält das Shellscript allerdings in der ersten Zeile eine Angabe wie

```
#! Interpreter [Argument(e)]
```

verwendet `exec` den vom Script angegebenen Interpreter zum Ausführen des Shellscripts. Als Interpreter können alle Ihnen bekannten Shell-Varianten (sofern auf dem System vorhanden) verwendet werden (wie bereits erwähnt, nicht nur eine Shell!).

An der Zeichenfolge #! in der ersten Zeile erkennt exec die Interpreter-Zeile und verwendet die dahinterstehenden Zeichen als Namen des Programms, das als Interpreter verwendet werden soll. Der Name Ihres Shellscripts wird beim Aufruf des Interpreters automatisch übergeben. Dieser exec-Mechanismus wird von jeder Shell zum Aufrufen eines Programms oder Kommandos verwendet. Somit können Sie sichergehen, dass Ihr Script in der richtigen Umgebung ausgeführt wird, auch wenn Sie es gewohnt sind, in einer anderen Shell zu arbeiten.

Kommentar hinter Interpreter-Namen

Es sollte Ihnen klar sein, dass hinter dem Namen des Interpreters kein weiterer Kommentar folgen darf, weil dieser sonst als Argument verwendet würde.

Shellscript ohne Subshell ausführen

Es ist auch möglich, ein Shellscript auszuführen, ohne vorher eine Subshell zu starten, um es direkt von der aktuellen Shell ausführen zu lassen. Hierzu stellen Sie dem Shellscript beim Starten lediglich einen Punkt plus Leerzeichen voran. So etwas machen Sie beispielsweise, wenn Sie im Script Veränderungen an den (Umgebungs-)Variablen vornehmen wollen. Würden Sie Ihr Script hierbei in der Subshell ausführen, so würden sich alle Veränderungen nur auf alle weiteren Aktionen der Subshell beziehen. Wenn sich die Subshell beendet, sind auch alle Änderungen an (Umgebungs-)Variablen weg.

Shellscript ohne Ausführrechte ausführen

Vielleicht haben Sie schon mal gehört, dass man dem Inhalt von Umgebungsvariablen nicht unbedingt trauen sollte – denn jeder kann sie verändern. In diesem Fall ist es noch schlimmer, denn zum Ausführen eines Shellscripts mit einem Punkt davor benötigt der Benutzer nicht einmal Ausführrechte. Hierbei begnügt sich die Shell schon mit dem Leserecht, um munter mitzumachen.

Hier sehen Sie ein Beispiel dafür, wie Sie ein Shellscript ohne Subshell ausführen können:

```
you@host > . ./script_zum_ausfuehren
```

oder mit absolutem Pfadnamen:

```
you@host > . /home/tot/beispielscripte/Kap1/script_zum_ausfuehren
```

Alternative zum Punkt – source

Die Bash kennt als Alternative zum Punkt das interne Kommando source.

1.8.7 Kommentare

In den Scripts zuvor wurden Kommentare bereits reichlich verwendet, und Sie sollten dies in Ihren Scripts auch regelmäßig tun. Einen Kommentar können Sie an dem Hash-Zeichen (#) erkennen, das vor dem Text steht. Hier sehen Sie ein Beispiel, wie Sie Ihre Scripts kommentieren können:

```
#!/bin/sh

# Script-Name: HalloWelt
# Version    : 0.1
# Autor      : J.Wolf
# Datum      : 20.05.2020
# Lizenz     : ...

# ... gibt "Hallo Welt" aus
echo "Hallo Welt"

echo "Ihre Shell:"
echo $SHELL            # ... gibt die aktuelle Shell aus
```

Zugegeben, für ein solch kleines Beispiel sind die Kommentare ein wenig übertrieben. Sie sehen hier, wie Sie auch Kommentare hinter einen Befehl setzen können. Alles, was hinter einem Hash-Zeichen steht, wird von der Shell ignoriert – natürlich mit Ausnahme der ersten Zeile, wenn sich dort die Zeichenfolge `#!` befindet.

Kommentieren sollten Sie zumindest den Anfang des Scripts mit einigen Angaben zum Namen und eventuell dem Zweck, sofern dieser nicht gleich klar sein sollte. Wenn Sie wollen, können Sie selbstverständlich Ihren Namen, das Datum und die Versionsnummer angeben. Auch auf Besonderheiten bezüglich einer Lizenz sollten Sie hier hinweisen. Komplexe Stellen sollten auf jeden Fall ausreichend kommentiert werden. Dies hilft Ihnen, den Code nach längerer Abwesenheit schneller wieder zu verstehen. Sofern Sie die Scripts der Öffentlichkeit zugänglich machen wollen, wird man es Ihnen danken, wenn Sie Ihren »Hack« ausreichend kommentiert haben.

1.8.8 Stil

Wer programmiert, entwickelt mit der Zeit seinen eigenen Programmierstil. Dennoch gibt es einiges, was Sie beachten sollten. Zwar ist es möglich, durch ein Semikolon getrennt mehrere Befehle in einer Zeile zu schreiben (wie dies ja in der Shell selbst auch möglich ist), doch sollten Sie das der Übersichtlichkeit zuliebe möglichst vermeiden.

Und sollte eine Zeile doch mal ein wenig zu lang werden, dann können Sie immer noch das *Backslash*-Zeichen (\) setzen. Ein Shellscript wird ja Zeile für Zeile abgearbeitet. Als Zeilentrenner wird gewöhnlich das *Newline*-Zeichen verwendet. (*Newline* ist ein für den Editor nicht sichtbares Zeichen mit der ASCII-Code-Nummer 10.) Durch das Voranstellen eines Backslash-Zeichens wird das Newline-Zeichen außer Kraft gesetzt.

```
#!/bin/sh

# Script-Name: backslash

# ... bei überlangen Befehlen kann man einen Backslash setzen

echo "Hier ein solches Beispiel, wie Sie\
 ueberlange Zeilen bzw. Ketten von Befehlen\
 auf mehreren Zeilen ausführen können"
```

Bei etwas überlangen Ketten von Kommandos hilft das Setzen eines Backslashs auch ein wenig, die Übersichtlichkeit zu verbessern:

```
ls -l /home/tot/docs/listings/beispiele/kapitel1/final/*.sh | \
    sort -r | less
```

Wenn Sie etwas später auf Schleifen und Verzweigungen treffen, sollten Sie gerade hier mal eine Einrückung mehr als nötig vornehmen. Es hat noch niemandem geschadet, einmal mehr auf die [Tab]-Taste zu drücken.

Eines sollten Sie auf jeden Fall beherzigen: Kommentieren Sie Ihre Scripts, denn ohne Kommentare werden Sie ein Script in ein paar Monaten nicht mehr lesen können. Scripts haben die Angewohnheit, während ihrer Lebensdauer immer länger und komplexer zu werden. Ohne Kommentare wissen Sie irgendwann nicht mehr, was das Script oder ein Teil des Scripts machen soll.

1.8.9 Ein Shellscript beenden

Ein Shellscript beendet sich entweder nach Ablauf der letzten Zeile selbst, oder Sie verwenden den Befehl `exit`, mit dem die Ausführung des Scripts sofort beendet wird. Die Syntax des Kommandos sieht wie folgt aus:

```
exit [n]
```

Der Parameter `n` ist optional. Für diesen Wert können Sie eine ganze Zahl von 0 bis 255 einsetzen. Verwenden Sie `exit` ohne jeden Wert, wird der `exit`-Status des Befehls genutzt, der vor `exit` ausgeführt wurde. Mit den Werten 0 bis 255 wird angegeben, ob ein

Kommando oder Script ordnungsgemäß ausgeführt wurde. Der Wert 0 steht dafür, dass alles ordnungsgemäß abgewickelt wurde. Jeder andere Wert signalisiert eine Fehlernummer.

Sie können damit auch testen, ob ein Kommando, das Sie im Script ausgeführt haben, erfolgreich ausgeführt wurde, und können je nach Situation das Script an einer anderen Stelle fortsetzen lassen. Hierfür fehlt Ihnen aber noch die Kenntnis der Verzweigung. Die Zahl des exit-Status kann jederzeit mit der Shell-Variablen $? abgefragt werden. Hierzu ein kurzes Beispiel:

```
#!/bin/sh

# Script-Name: ende

echo "Tick ..."

# ... Shellscript wird vorzeitig beendet
exit 5

# "Tack ..." wird nicht mehr ausgeführt
echo "Tack ...
```

Das Beispiel bei der Ausführung:

```
you@host > chmod u+x ende
you@host > ./ende
Tick ...
you@host > echo $?
5
you@host > ls -l /root
/bin/ls: /root: Keine Berechtigung
you@host > echo $?
1
you@host > ls -l *.txt
/bin/ls: *.txt: Datei oder Verzeichnis nicht gefunden
you@host > echo $?
1
you@host > ls -l *.c
-rw-r--r--  1 tot users 49 2010-01-22 01:59 hallo.c
you@host > echo $?
0
```

Im Beispiel wurden auch andere Kommandos ausgeführt. Je nach Erfolg war hierbei der Wert der Variablen $? 1 (bei einem Fehler) oder 0 (wenn alles in Ordnung ging) – abgesehen von unserem Beispiel, wo bewusst der Wert 5 zurückgegeben wurde.

Login-Shell mit exit beenden

Beachten Sie bitte Folgendes: Wenn Sie den Befehl `exit` direkt im Terminal ausführen, wird dadurch auch die aktuelle Login-Shell beendet.

1.8.10 Testen und Debuggen von Shellscripts

Das Debuggen und die Fehlersuche sind auch in der Shellscript-Programmierung von großer Bedeutung, sodass wir diesem Thema einen extra Abschnitt widmen. Trotzdem werden Sie auch bei Ihren ersten Scripts unweigerlich den einen oder anderen (Tipp-)Fehler einbauen (es sei denn, Sie verwenden sämtliche Listings aus dem Download-Bereich).

Am häufigsten wird in der Praxis die Option `-x` verwendet. Damit wird jede Zeile vor ihrer Ausführung auf dem Bildschirm ausgegeben. Meistens wird die Zeile mit einem führenden Plus angezeigt (abhängig davon, was in der Variablen `PS4` enthalten ist). Als Beispiel soll folgendes Shellscript dienen:

```
#!/bin/sh

# Script-Name: prozdat
# Listet Prozessinformationen auf

echo "Anzahl laufender Prozesse:"
# ... wc -l zählt alle Zeilen, die ps -ef ausgeben würde
ps -ef | wc -l

echo "Prozessinformationen unserer Shell:"
# ... die Shell-Variable $$ enthält die eigene Prozessnummer
ps $$
```

Normal ausgeführt, ergibt dieses Script folgende Ausgabe:

```
you@host > ./prozdat
Anzahl laufender Prozesse:
76
Prozessinformationen unserer Shell:
  PID TTY      STAT   TIME COMMAND
10235 pts/40   S+     0:00 /bin/sh ./prozdat
```

Auch hier wollen wir uns zunächst nicht zu sehr mit dem Script selbst befassen. Jetzt soll die Testhilfe mit der Option `-x` eingeschaltet werden:

```
you@host > sh -x ./prozdat
+ echo 'Anzahl laufender Prozesse:'
Anzahl laufender Prozesse:
+ ps -ef
+ wc -l
76
+ echo 'Prozessinformationen unserer Shell:'
Prozessinformationen unserer Shell:
+ ps 10405
  PID TTY      STAT   TIME COMMAND
10405 pts/40   S+     0:00 sh -x ./prozdat
```

Sie sehen, wie jede Zeile vor ihrer Ausführung durch ein voranstehendes Plus ausgegeben wird. Außerdem können Sie hierbei feststellen, dass die Variable `$$` durch den korrekten Inhalt ersetzt wurde. Selbiges wäre übrigens auch bei der Verwendung von Sonderzeichen (Wildcards) wie * der Fall. Sie bekommen mit dem Schalter `-x` alles im Klartext zu sehen.

Bei längeren Scripts ist uns persönlich das Pluszeichen am Anfang nicht deutlich genug. Wenn Sie dies auch so empfinden, können Sie die Variable `PS4` gegen eine andere beliebige Zeichenkette austauschen. Wir verwenden hierfür sehr gern die Variable `LINENO`, die nach der Ausführung immer durch die entsprechende Zeilennummer ersetzt wird. Die Zeilennummer hilft uns dann bei längeren Scripts, immer gleich die entsprechende Zeile zu finden. Hier ein Beispiel, wie Sie mit `PS4` effektiver Ihr Script debuggen können:

```
you@host > export PS4="[--- Zeile: ${LINENO} ---] "
you@host > sh -x ./prozdat
[--- Zeile: 6 ---] echo 'Anzahl laufender Prozesse:'
Anzahl laufender Prozesse:
[--- Zeile: 8 ---] ps -ef
[--- Zeile: 8 ---] wc -l
76
[--- Zeile: 10 ---] echo 'Prozessinformationen unserer Shell:'
Prozessinformationen unserer Shell:
[--- Zeile: 12 ---] ps 10793
  PID TTY      STAT   TIME COMMAND
10793 pts/40   S+     0:00 sh -x ./prozdat
```

1.8.11 Ein Shellscript, das ein Shellscript erstellt und ausführt

Hand aufs Herz: Wie oft haben Sie bis hierher schon einen Fluch ausgestoßen, weil Sie beispielsweise vergessen haben, das Ausführrecht zu setzen, oder wie oft waren Sie davon genervt, immer wiederkehrende Dinge zu wiederholen? Dazu lernen Sie ja eigentlich Shellscript-Programmierung, nicht wahr? Somit liegt nichts näher, als Ihnen hier eine kleine Hilfe mitzugeben: ein Shellscript, das ein neues Script erstellt oder ein bereits vorhandenes Script in den Editor Ihrer Wahl lädt. Natürlich soll auch noch das Ausführrecht für den User gesetzt werden, und bei Bedarf wird das Script ausgeführt. Hier ist das simple Script:

```
# Ein Script zum Scripterstellen ...
# Name : scripter
# Bitte entsprechend anpassen
#
# Verzeichnis, in dem sich das Script befindet
dir=$HOME
# Editor, der verwendet werden soll
editor=vi

# erstes Argument muss der Scriptname sein ...
[ -z "$1" ] && exit 1

# Editor starten und Script laden (oder erzeugen)
$editor $dir/$1

# Ausführrechte für User setzen ...
chmod u+x $dir/$1

# Script gleich ausführen? Nein? Dann auskommentieren ...
$dir/$1
```

Sie müssen bei diesem Script lediglich die Variablen `dir` und `editor` anpassen. Mit der Variablen `dir` geben Sie das Verzeichnis an, in das das Script geladen oder in dem es eventuell abgespeichert werden soll. Im Beispiel wurde einfach mit der Shell-Variablen `HOME` das Heimverzeichnis des eingeloggten Users verwendet. Als Editor verwendet Jürgen den *vi*. Hier können Sie auch einen Editor Ihrer Wahl eintragen.

Mit `[ -z "$1" ]` (`z` steht für *zero*, also leer) wird überprüft, ob das erste Argument der Kommandozeile (`$1`) vorhanden ist. Wurde hier keine Angabe gemacht, beendet sich das Script gleich wieder mit `exit 1`. Die weitere Ausführung spricht erst einmal für sich.

Aufgerufen wird das Script wie folgt:

```
you@host > ./scripter example
```

Natürlich ist es nicht unsere Absicht, Personen, die gerade einsteigen, mit diesem Script eine Einführung in die Shellscript-Programmierung zu geben, sondern hier geht es nur darum, Ihnen eine kleine Hilfe an die Hand zu geben, damit Sie effektiver mit dem Buch arbeiten können.

Da nun alle Formalitäten geklärt wurden, können Sie endlich damit loslegen, die eigentliche Shellscript-Programmierung zu erlernen. Zugegeben, es waren viele Formalitäten, aber dies war aus unserer Sicht unbedingt nötig.

1.9 Vom Shellscript zum Prozess

Ein Prozess ist nichts anderes als ein Programm während der Ausführung. Geben Sie beispielsweise in einer Shell das Kommando `pwd` ein, wird Ihnen das aktuelle Verzeichnis angezeigt, in dem Sie sich gerade befinden. Zwar ist hier häufig von einem Kommando die Rede, doch letztendlich ist dies auch nur ein Prozess während der Ausführung.

Diesem Prozess (wir bleiben einfach mal beim Kommando `pwd`) steht zur Ausführungszeit die komplette Verwaltungseinheit des Betriebssystems zur Verfügung, so als wäre dies das einzige Programm, das gerade läuft. Vereinfacht gesagt heißt dies, dass im Augenblick der Ausführung dem Kommando `pwd` die komplette Rechenleistung der CPU (also des Prozessors) zur Verfügung steht. Natürlich ist diese alleinige Verfügbarkeit zeitlich begrenzt, denn sonst würde es sich ja nicht um ein Multitasking-Betriebssystem handeln. Gewöhnlich werden auf einem Betriebssystem mehrere Programme gleichzeitig ausgeführt. Selbst wenn Sie noch gar kein Programm gestartet haben, laufen viele Dienste – und je nach Einstellung auch Programme – im Hintergrund ab (*Daemon*-Prozesse).

In der Praxis hat es den Anschein, als würden alle Prozesse zur gleichen Zeit ausgeführt. Dies ist aber nicht möglich, da ein Prozess im Augenblick der Ausführung eine CPU benötigt und allen anderen Prozessen eben in dieser Zeit keine CPU zur Verfügung steht. Anders hingegen sieht dies natürlich aus, wenn mehrere CPUs im Rechner vorhanden sind. Dann wäre theoretisch die Ausführung von mehreren Prozessen (echtes Multithreading) gleichzeitig möglich – pro CPU eben ein Prozess.

Jeder dieser Prozesse besitzt eine eindeutige, systemweit fortlaufende Prozessnummer (kurz PID für *Process Identification Number*). Das Betriebssystem selbst stellt sicher, dass hierbei keine Nummer zweimal vorkommt. Stehen bei der Vergabe von PIDs keine Nummern mehr zur Verfügung, wird wieder bei 0 angefangen (bereits vergebene Nummern werden übersprungen). Natürlich können nicht unendlich viele Prozesse ausgeführt werden, die Anzahl hängt von der Einstellung des Kernels ab (wo mindestens 32.768 Prozesse garantiert werden). Dieser Wert kann zwar nach oben »gedreht« werden, das fordert dann allerdings auch mehr Hauptspeicher, da die Prozessliste nicht ausgelagert (»geswappt«) werden kann.

Der Admins liebste Werkzeuge zur Überwachung von Prozessen sind die Kommandos ps und top geworden (natürlich gibt es auch grafische Alternativen zu diesen beiden Systemtools). Das Kommando ps liefert Ihnen Informationen über den Status von aktiven Prozessen. Mit ps lassen sich die aktuelle PID, die UID, das Steuerterminal, der Speicherbedarf eines Prozesses, die CPU-Zeit, der aktuelle Status des Prozesses und noch eine Menge Informationen mehr anzeigen. Da ps allerdings nur den momentanen Zustand von Prozessen ausgibt, kann man nie genau sagen, wo gerade wieder mal ein Prozess Amok läuft. Für eine dauerhafte Überwachung von Prozessen wurde das Kommando top entwickelt. Abhängig von der Einstellung aktualisiert top die Anzeige nach einigen Sekunden (laut Standardeinstellung meistens nach drei Sekunden) und verwendet dazu auch noch relativ wenige Ressourcen in Ihrem System.

Ein grundlegendes Prinzip unter Linux/UNIX ist es, dass ein Prozess einen weiteren Prozess starten kann. Dieses Prinzip wurde bereits in Abschnitt 1.8.4 beschrieben, als es darum ging, ein Shellscript auszuführen. Dabei startet die Login-Shell eine weitere Shell (also einen weiteren Prozess). Erst die neue Shell arbeitet jetzt Zeile für Zeile das Shellscript ab. Hier haben Sie ein Eltern-Kind-Prinzip. Jeder Kindprozess (abgesehen von init mit der PID 1) hat einen Elternprozess, der ihn gestartet hat. Den Elternprozess kann man anhand der PPID-Nummer (PPID = *Parent Process Identifier*) ermitteln. So können Sie die ganze Ahnengalerie mithilfe von ps -f nach oben laufen:

```
you@host > ps -f
UID        PID  PPID  C STIME TTY          TIME CMD
tot       3675  3661  0 10:52 pts/38   00:00:00 /bin/bash
tot       5576  3675  0 12:32 pts/38   00:00:00 ps -f
```

Hier wird beispielsweise der eben ausgeführte Prozess ps -f mit der PID 5576 aufgelistet. Der Elternprozess, der diesen Prozess gestartet hat, hat die PID 3675 (siehe PPID) – was die PID der aktuellen bash ist (hier eine Zeile höher). Die komplette Ahnengalerie können Sie aber auch etwas komfortabler mit dem Kommando pgrep (siehe Kapitel 14, »Linux/UNIX-Kommandoreferenz«) ermitteln.

1.9.1 Ist das Shellscript ein Prozess?

Diese Frage kann man mit »Jein« beantworten. Denn schließlich startet die Login-Shell mit der Subshell schon mal einen weiteren Prozess. Und die Subshell startet mit unserem Shellscript einen oder mehrere Prozesse, also ebenfalls einen weiteren Kindprozess. Aber bedenken Sie bitte, dass ein Shellscript keine ausführbare Anwendung im eigentlichen Sinne ist, sondern eine Textdatei. Die Subshell startet gegebenenfalls weitere Prozesse, die Sie in dieser Textdatei (Ihrem Shellscript) angeben. Am besten kann man den Vorgang mit dem Kommando ps verdeutlichen:

```
# Script-Name : myscript
ps -f
```

Führen Sie das Shellscript `myscript` aus. Hier sieht die Ausgabe wie folgt aus:

```
you@host > ./myscript
UID        PID  PPID  C STIME TTY          TIME CMD
tot       3679  3661  0 10:52 pts/40   00:00:00 /bin/bash
tot       5980  3679  0 12:50 pts/40   00:00:00 /bin/bash
tot       5981  5980  0 12:50 pts/40   00:00:00 ps -f
```

Sie finden keine Spur von einem Prozess namens `myscript`, sondern nur vom Kommando `ps -f`, das Sie im Shellscript geschrieben haben. Hier sehen Sie, dass unsere Subshell (PID 5980) den Prozess `ps -f` aufgerufen hat. Die Subshell ist ja schließlich auch unser Interpreter, der das Script `myscript` Zeile für Zeile abarbeiten soll – was hier auch mit `ps -f` geschieht.

Beachten Sie aber, dass diese Subshell im Gegensatz zu Ihrer Login-Shell nicht interaktiv arbeitet! Die Subshell arbeitet nur das Shellscript ab und wird anschließend gleich wieder beendet. Es gibt also nach einem interpretierten Kommando keinen Prompt, sondern es wird stur Kommando für Kommando abgearbeitet, bis sich das Shellscript beendet oder es mit `exit` beendet wird.

1.9.2 Echte Login-Shell?

Im vorherigen Abschnitt war immer von einer Login-Shell die Rede. Da wir recht intensiv unter anderem mit Linux unter einem Windowmanager (beispielsweise KDE) arbeiten, wird vielleicht der eine oder andere leicht ergraute UNIX-Guru feststellen: »Die benutzen ja gar keine echte Login-Shell.« Was ist also eine Login-Shell?

Eine Login-Shell ist eine normale Shell, die als erstes Kommando (Prozess) beim Einloggen gestartet wird und beim Hochfahren der kompletten Umgebung (jede Shell hat eine Umgebung) viele andere Kommandos startet. Die Lebensdauer der Login-Shell wird meistens als *Session* bezeichnet (das ist die Zeit, die man am Rechner eingeloggt ist).

Eine echte Login-Shell erkennen Sie in der Ausgabe des Kommandos `ps` daran, dass sich vor dem Namen der Shell ein Minuszeichen (-) befindet (z. B. `-bash`, `-sh` oder `-ksh`). Es verwirrt vielleicht ein bisschen, da es ja kein Kommando bzw. keine Shell mit `-sh` oder `-ksh` gibt. Dies ist allerdings wieder eine Eigenheit der Funktion `execl()` unter C, bei der das Argument vom Kommandonamen nicht gleich dem Argument des Dateinamens sein muss. Setzt man einen Bindestrich vor die Shell, verhält sich die Shell eben wie eine Login-Shell. Wollen Sie die Login-Shell ändern, sollten Sie sich das Kommando `chsh` (Abkürzung für *change shell*) ansehen.

Logout

Es ist wichtig, zu wissen, dass viele Kommandos wie beispielsweise `logout` nur in einer echten Login-Shell funktionieren. Dies ist auch deshalb der Fall, weil solche Login-Shells als Eltern den Prozess mit der Nummer 1 auslösen.

Bei der Ausgabe der Scripts im Buch konnten Sie erkennen, dass Jürgen häufig keine echte Login-Shell verwendet hat. Wollen Sie eine echte Login-Shell ausführen, müssen Sie sich im Textmodus anmelden (unter Linux finden Sie einen echten Textmodus mit der Tastenkombination [Strg]+[Alt]+[F1] bis [F6]). Beim Anmelden im Textmodus landen Sie in einer echten Login-Shell – also einer Shell, die sich unmittelbar nach dem Anmelden öffnet.

1.10 Datenstrom

Den standardmäßigen Datenstrom einer Shell kennt jeder. Man gibt einen Befehl in der Kommandozeile ein und schaut, was dabei auf der Ausgabe des Bildschirms so alles passiert (siehe Abbildung 1.6).

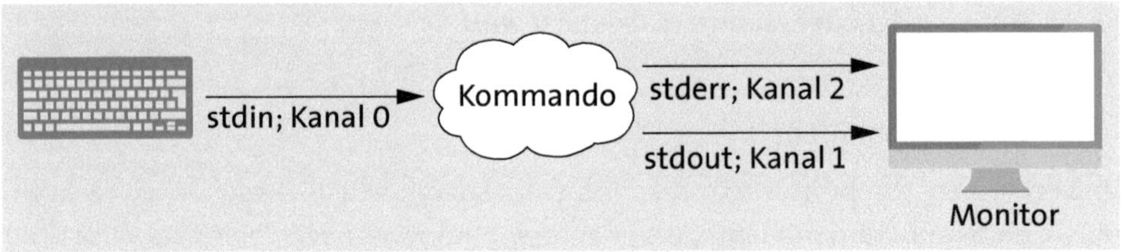

Abbildung 1.6 Der standardmäßige Datenstrom einer Shell

Hierbei spricht man von *Kanälen*. Es gibt drei solcher Kanäle in einer Shell:

- **Standardeingabe** (kurz `stdin`; Kanal 0) – Gewöhnlich handelt es sich dabei um eine Eingabe von der Tastatur.
- **Standardausgabe** (kurz `stdout`; Kanal 1) – Als Standardausgabe wird normalerweise die Ausgabe auf dem Bildschirm bezeichnet.
- **Standardfehlerausgabe** (kurz `stderr`; Kanal 2) – Wie bei der Standardausgabe erfolgt auch die Fehlerausgabe in der Regel auf dem Bildschirm.

Relativ selten will man allerdings eine Ausgabe auf dem Bildschirm erzeugen. Gerade wenn es sich dabei um Hunderte Zeilen von Logdaten handelt, speichert man diese gern in eine Datei ab. Das realisiert man am einfachsten mit der Umleitung der Ausgabe.

1.10.1 Ausgabe umleiten

Die Standardausgabe eines Kommandos oder eines Shellscripts wird mit dem Größer-als-Zeichen (>) hinter dem Kommando bzw. Shellscript in eine Datei umgeleitet. Alternativ kann hierfür auch der Kanal 1 mit der Syntax 1> verwendet werden, was aber nicht nötig ist, da das Umleitungszeichen > ohne sonstige Angaben automatisch in der Standardausgabe endet, beispielsweise so:

```
you@host > du -h > home_size.dat
you@host > ./ascript > output_of_ascript.dat
```

Mit `du -h` erfahren Sie, wie viele Bytes die einzelnen Ordner im Verzeichnis belegen. Da die Ausgabe relativ lang werden kann, wird sie kurzum in eine Datei namens *home_size.dat* umgeleitet, die Sie jetzt mit einem beliebigen Texteditor ansehen können. Sofern diese Datei noch nicht existiert, wird sie neu erzeugt. Gleiches wurde bei der zweiten Kommandoeingabe vorgenommen. Hier wird davon ausgegangen, dass ein Script namens `ascript` existiert, und die Daten dieses Scripts werden in eine Datei namens *output_of_ascript.dat* geschrieben (siehe Abbildung 1.7).

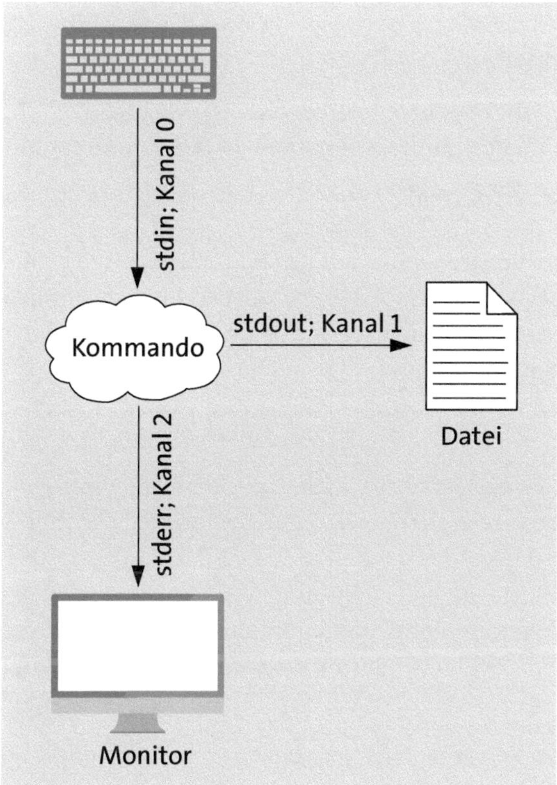

Abbildung 1.7 Umleiten der Standardausgabe (cmd > datei)

Wie bereits erwähnt, könnten Sie theoretisch den Standardausgabekanal auch über seine Nummer ansprechen:

```
you@host > du -h 1> home_size.dat
```

Diese Schreibweise hat allerdings gegenüber dem > allein keinen Vorteil.

Leider hat dieses Umleiten einer Ausgabe in eine Datei den Nachteil, dass bei einem erneuten Aufruf von

```
you@host > du -h > home_size.dat
```

die Daten gnadenlos überschrieben werden. Abhilfe schafft hier eine Ausgabeumleitung mit >>. Damit wird die Ausgabe wie gehabt in eine entsprechende Datei umgeleitet, nur mit dem Unterschied, dass jetzt die Daten immer ans Ende der Datei angehängt werden. Existiert die Datei noch nicht, wird sie trotzdem neu erzeugt.

```
you@host > du -h >> home_size.dat
```

Jetzt werden die weiteren Daten immer am Ende von *home_size.dat* angefügt.

1.10.2 Standardfehlerausgabe umleiten

So, wie Sie die Standardausgabe umleiten können, können Sie auch die Standardfehlerausgabe umleiten. Etwas Ähnliches konnten Sie ja bereits ein paar Seiten zuvor mit

```
you@host > find / -user you -print 2>/dev/null
```

sehen. Hiermit wurden alle Dateien vom User »you« auf den Bildschirm ausgegeben. Fehlermeldungen wie beispielsweise »Keine Berechtigung« wurden hier gewöhnlich auf die Standardfehlerausgabe geleitet. Diese Ausgabe wurde im Beispiel nach */dev/null*, also in das Datengrab des Systems, umgeleitet.

Datengrab /dev/null

/dev/null eignet sich prima, wenn Sie beispielsweise Daten für einen Test kopieren wollen oder nicht an der Ausgabe interessiert sind. Diese Gerätedatei benötigt außerdem keinen Plattenplatz auf dem System.

Natürlich können Sie auch hierbei die komplette Standardfehlerausgabe (zu erkennen an der Syntax 2> [Kanal 2]) von einem Befehl oder auch einem Script in eine Datei umleiten:

```
you@host > find / -user you -print 2> error_find_you.dat
```

Hiermit werden alle Fehlermeldungen in die Datei *error_find_you.dat* geschrieben. Existiert diese Datei noch nicht, wird sie angelegt. Sofern die Datei allerdings präsent ist, wird der alte Inhalt in dieser Form komplett überschrieben. Wenn Sie das nicht wollen, können Sie so wie schon bei der Standardausgabe mit >>, nur eben mit Kanal 2, die Standardfehlerausgabe an eine bestehende Datei anhängen (siehe Abbildung 1.8).

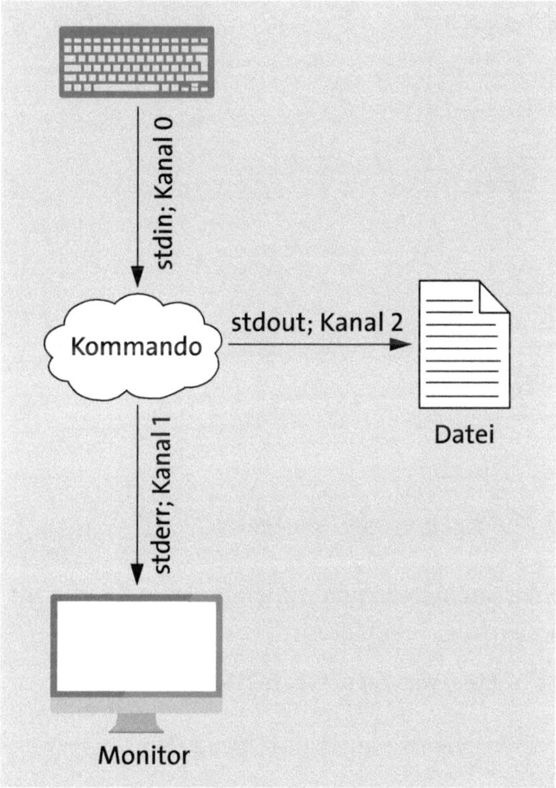

Abbildung 1.8 Umleiten der Standardfehlerausgabe (cmd 2> datei)

```
you@host > find / -user you -print 2>> error_find_you.dat
```

Sie können Standardausgabe und Standardfehlerausgabe auch in zwei verschiedene Dateien umleiten. Dies wird recht häufig gemacht, denn oft hat man nicht die Zeit bzw. Übersicht, sämtliche Ausgaben zu überwachen (siehe Abbildung 1.9).

```
you@host > find / -user you -print >> find_you.dat 2>> \
  error_find_you.dat
```

Wollen Sie hingegen beides, also sowohl die Standardausgabe als auch die Standardfehlerausgabe in eine Datei schreiben, dann können Sie die beiden Kanäle zusammenkoppeln. Dies erledigen Sie mit der Syntax 2>&1.

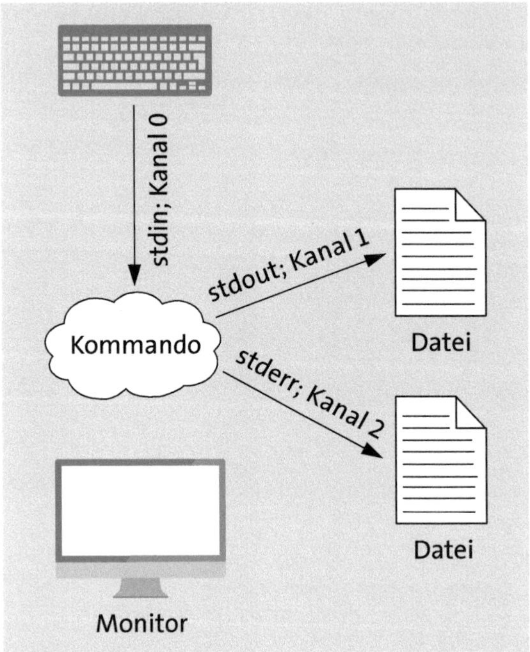

Abbildung 1.9 Beide Ausgabekanäle in eine separate Datei umleiten

Damit legen Sie Kanal 2 (Standardfehlerkanal) und Kanal 1 (Standardausgabe) zusammen. Angewandt auf unser Beispiel, sieht dies folgendermaßen aus:

```
you@host > find / -user you -print > find_you_report.dat 2>&1
```

Mit einer aktuellen Bash-Version ab 4.x können Sie auch die folgende Syntax verwenden:

```
you@host > find /etc -name passwd &> output.dat
```

Auf diese Weise können Sie übrigens auch ein Problem mit dem Pager (`less`, `more` ...) Ihrer Wahl lösen. Testen Sie einfach Folgendes:

```
you@host > find / -user you -print | more
```

Gewöhnlich verwendet man ja einen Pager (im Beispiel `more`), um die Standardausgabe komfortabel nach oben oder unten zu scrollen, damit bei etwas längeren Ausgaben die Texte nicht nur so vorbeifliegen. Aber hier will das nicht so recht hinhauen, da ständig die Standardfehlerausgabe mit einer Fehlermeldung dazwischenfunkt. Dies bekommen Sie einfach in den Griff, indem Sie die beiden Ausgaben zusammenlegen:

```
you@host > find / -user you -print &> | more
```

Alternativ können Sie auch die Standardfehlerausgabe ins Datengrab (*/dev/null*) befördern:

```
you@host > find / -user you -print 2>/dev/null | more
```

Wollen Sie die Ausgabe beider Kanäle durch eine Pipe leiten, können Sie das mit der Umleitung `2>&1 | cmd` realisieren. Am Beispiel eines `find`-Befehls soll das hier verdeutlicht werden:

```
you@host > find /etc -name passwd
/etc/pam.d/passwd
find: "/etc/ssl/private": Keine Berechtigung
/etc/cron.daily/passwd
/etc/passwd

you@host > find /etc -name passwd 2>&1 | wc -l
4
```

Auch für diese Aufgabe gibt es ab Bash 4.x eine einfachere Variante. Das folgende Beispiel zeigt diese Möglichkeit:

```
you@host > find /etc -name passwd |& wc -l
4
```

1.10.3 Eingabe umleiten

Das Umleiten der Standardeingabe (Kanal 0), die normalerweise von der Tastatur aus erfolgt, ist ebenfalls möglich. Hier wird das Zeichen < nach einem Befehl bzw. einem Script verwendet.

Nehmen wir einfach das Beispiel, in dem es darum ging, alle Dateien vom Eigentümer »you« zu suchen und diese in die Datei *find_tot.dat* zu schreiben. Wahrscheinlich befinden sich hier unendlich viele Dateien, und Sie sind auf der Suche nach einer bestimmten Datei, deren Namen Sie aber nicht mehr genau wissen. War es irgendetwas mit »audio«? Fragen Sie einfach `grep`:

```
you@host > grep audio < find_tot.dat
/dev/audio
/dev/audio0
/dev/audio1
/dev/audio2
/dev/audio3
/home/tot/cd2audio.txt
/home/you/cd2audio.txt
/home/you/Documents/Claudio.dat
```

```
/var/audio
/var/audio/audio.txt
```

Hier schieben wir `grep` einfach die Datei *find_tot.dat* von der Standardeingabe zu und werden fündig (siehe Abbildung 1.10).

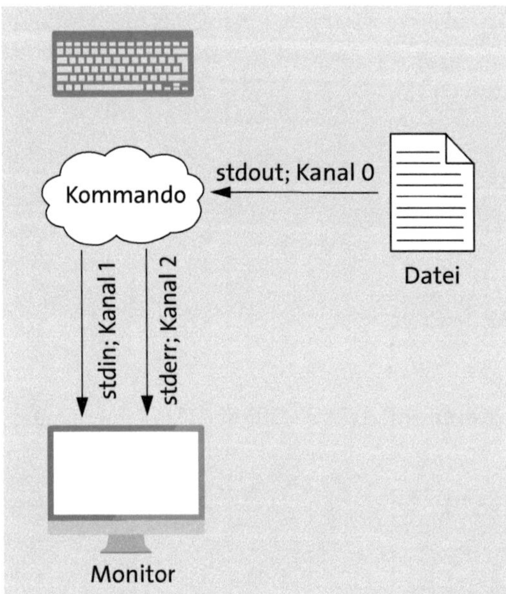

Abbildung 1.10 Umleiten der Standardeingabe (cmd < datei)

Wollen Sie die Ausgabe von `grep` in eine andere Datei speichern, dann können Sie auch noch eine Umleitung der Standardausgabe einbauen:

```
you@host > grep audio < find_you.dat > audio.dat
you@host > cat audio.dat
/dev/audio
/dev/audio0
/dev/audio1
/dev/audio2
/dev/audio3
/home/tot/cd2audio.txt
/home/tot/Documents/Claudio.dat
/var/audio
/var/audio/audio.txt
```

So haben Sie die Standardausgabe von `grep`, die Ihre Anfrage von der umgeleiteten Standardeingabe (hier der Datei *find_you.dat*) erhielt, in die Datei *audio.dat* weitergeleitet, was Ihnen die Ausgabe von `cat` dann anschließend auch bestätigt (siehe Abbildung 1.11).

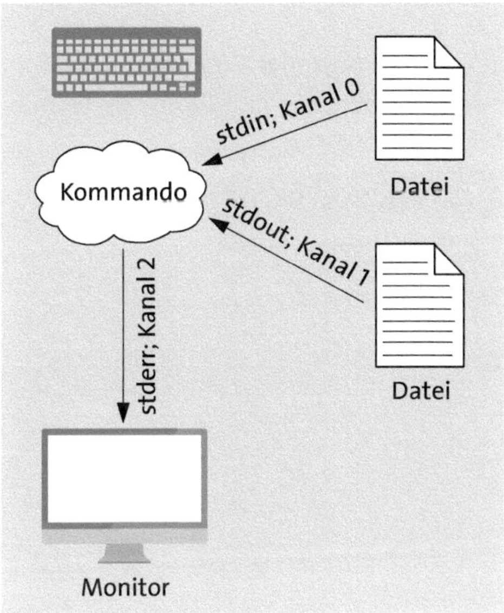

Abbildung 1.11 Umleiten von Standardeingabe und Standardausgabe

In Tabelle 1.4 sehen Sie alle Umlenkungen auf einen Blick:

Kanal	Syntax	Beschreibung
1 (Standardausgabe)	`cmd > file`	Standardausgabe in eine Datei umlenken
1 (Standardausgabe)	`cmd >> file`	Standardausgabe ans Ende einer Datei umlenken
2 (Standardfehlerausgabe)	`cmd 2> file`	Standardfehlerausgabe in eine Datei umlenken
2 (Standardfehlerausgabe)	`cmd 2>> file`	Standardfehlerausgabe ans Ende einer Datei umlenken
1 (Standardausgabe) 2 (Standardfehlerausgabe)	`cmd > file 2>&1` `cmd &> file`	Standardfehlerausgabe und Standardausgabe in die gleiche Datei umlenken
1 (Standardausgabe) 2 (Standardfehlerausgabe)	`cmd > file 2> file2`	Standardfehlerausgabe und Standardausgabe jeweils in eine extra Datei umlenken
0 (Standardeingabe)	`cmd < file`	eine Datei in die Standardeingabe eines Kommandos umleiten

Tabelle 1.4 Verschiedene Umlenkungen einer Shell

1.10.4 Pipes

Bleiben wir doch beim Szenario vom Beispiel zuvor. Folgender Weg wurde gewählt, um alle Dateien des Users »you« zu finden, die die Zeichenfolge »audio« im Namen haben:

```
you@host > find / -user you -print > find_you.dat 2>/dev/null
you@host > grep audio < find_you.dat
/dev/audio
/dev/audio0
/dev/audio1
/dev/audio2
/dev/audio3
/home/tot/cd2audio.txt
/home/you/cd2audio.txt
/home/you/Documents/Claudio.dat
/var/audio
/var/audio/audio.txt
```

Mit einer Pipe können Sie das Ganze noch abkürzen und benötigen nicht einmal eine Datei, die dafür angelegt werden muss. Hier sehen Sie das Beispiel mit der Pipe, mit dem dieselbe Wirkung wie im Beispiel zuvor erreicht wird:

```
you@host >  find / -user you -print 2>/dev/null | grep audio
/dev/audio
/dev/audio0
/dev/audio1
/dev/audio2
/dev/audio3
/home/tot/cd2audio.txt
/home/you/cd2audio.txt
/home/you/Documents/Claudio.dat
/var/audio
/var/audio/audio.txt
```

Pipes werden realisiert, wenn mehrere Kommandos durch das Verkettungszeichen (|) miteinander verknüpft werden. Dabei wird immer die Standardausgabe des ersten Kommandos mit der Standardeingabe des zweiten Kommandos verbunden. Beachten Sie aber, dass die Standardfehlerausgabe hierbei nicht beachtet wird (siehe Abbildung 1.12).

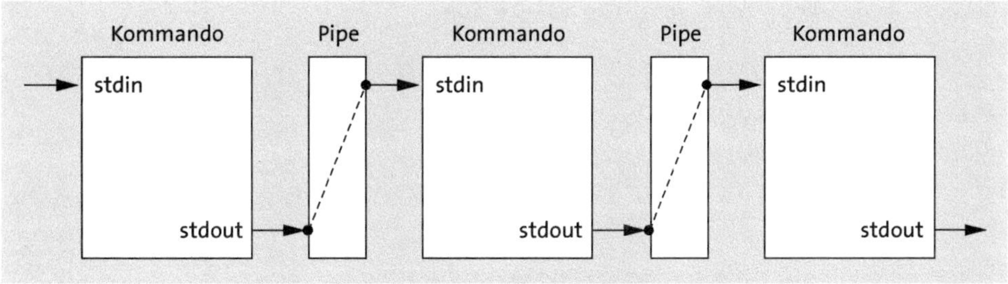

Abbildung 1.12 Verknüpfen mehrerer Kommandos via Pipe

Die Anzahl der Pipes, die Sie hierbei aneinanderreihen können, ist unbegrenzt. Wollen Sie beispielsweise nicht wissen, welche und wo, sondern wie viele Dateien mit der Zeichenfolge »audio« sich auf Ihrem System befinden, müssen Sie dem Befehl zuvor nur das Kommando `wc` mit der Option `-l` (für *line*) »pipen«:

```
you@host > find / -user you -print 2>/dev/null | \
   grep audio | wc -l
9
```

In Version 4 der Bash haben Sie bei der Verwendung der Pipe die Möglichkeit, die Ausgabe beider Ausgabekanäle an das nächste Kommando zu übergeben. Hier sehen Sie zunächst ein Beispiel, wie die Pipe in der Bash-Version 3 zur Umleitung verwendet wird:

```
you@host > find /etc -name passwd | wc -l
find: "/etc/ssl/private": Keine Berechtigung
find: "/etc/polkit-1/localauthority": Keine Berechtigung
3
```

Und so sieht die Neuerung in der Bash-Version 4 aus:

```
you@host > find /etc -name passwd |& wc -l
5
```

Wie Sie hier sehen, werden sowohl die Zeilen von *stdin* als auch von *stdout* gezählt.

1.10.5 Ein T-Stück mit tee

Wollen Sie die Standardausgabe eines Kommandos oder Shellscripts auf den Bildschirm und in eine Datei oder gar in mehrere Dateien gleichzeitig veranlassen, empfiehlt es sich, das Kommando `tee` zu verwenden:

```
you@host > du -hc | sort -n | tee mai-16.log
8        ./bin
48       ./.dia/objects
48       ./.dia/shapes
48       ./.dia/sheets
48       ./.gconf
48       ./.gnome
...
1105091 ./OpenOffice.org3.2/user
1797366 ./OpenOffice.org3.2
1843697 ./.thumbnails/normal
1944148 ./.thumbnails
32270848        .
32270848        insgesamt
```

Im Beispiel wird die Plattenplatznutzung nach Bytes sortiert ausgegeben und dank tee in die Datei *mai-16.log* geschrieben. Sie können natürlich auch in mehr als eine Datei schreiben:

```
you@host > du -hc | sort -n | tee mai-16.log jahr-16.log
8       ./bin
48      ./.dia/objects
48       ./.dia/shapes
48       ./.dia/sheets
48       ./.gconf
48       ./.gnome
...
1105091 ./OpenOffice.org3.2/user
1797366 ./OpenOffice.org3.2
1843697 ./.thumbnails/normal
1944148 ./.thumbnails
32270848        .
32270848        insgesamt
```

Aber gerade wenn Sie bei Logdateien einen regelmäßigen Jahresbericht erstellen wollen, sollten Sie tee mit der Option -a (*append*) verwenden. Damit wird die Ausgabe eines Kommandos bzw. des Shellscripts an die Datei(en) angefügt und nicht – wie bisher – überschrieben (siehe Abbildung 1.13).

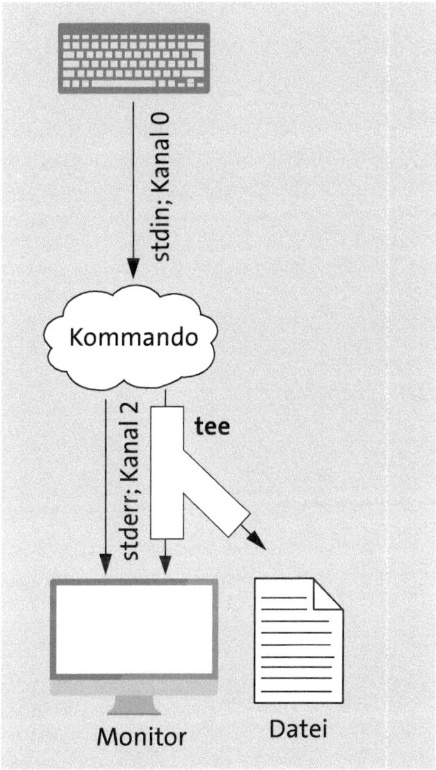

Abbildung 1.13 Das Kommando »tee« im Einsatz

1.10.6 Ersatzmuster (Wildcards)

Als Ersatzmuster (Wildcards) werden bestimmte Zeichen(-folgen) eines Worts bezeichnet, die von der Shell durch eine andere Zeichenkette ersetzt werden. In der Shell werden hierzu die Wildcard-Zeichen *, ? und [ ] verwendet. Das heißt: Findet die Shell bei der Analyse eines dieser Zeichen, geht der Interpreter davon aus, dass es sich hier um ein Ersatzmuster für andere Zeichen handelt. Die Shell sucht jetzt beispielsweise im Verzeichnis nach Dateien (Namen), die zu diesem Muster (nach den von der Shell vorgegebenen Regeln) passen, und ersetzt die entsprechenden Wildcards in der Kommandozeile durch eine Liste mit gefundenen Dateien (Namen). Im Fachjargon wird dabei von einer *Dateinamen-Expansion* oder auch von *Globbing* gesprochen.

Neben den schon genannten Möglichkeiten der Dateinamen-Expansion aus Version 3 der Bash gibt es in Version 4 noch die Möglichkeit von ** für die Dateinamen-Expansion. Dabei werden alle Dateien ab dem aktuellen Verzeichnis rekursiv angesprochen. Die folgenden Beispiele zeigen die Unterschiede von * und **:

```
you@host > mkdir -p v1/v2/v3/v4
you@host > touch v1/dat1 v1/v2/dat2 v1/v2/v3/dat3 v1/v2/v3/v4/dat4
you@host > ls -l
insgesamt 4
drwxr-xr-x 3 you you 4096 Jul 20 11:22 v1

you@host > shopt -s globstar
you@host > ls -l **
-rw-r--r-- 1 you you    0 Jul 20 11:22 v1/dat1
-rw-r--r-- 1 you you    0 Jul 20 11:22 v1/v2/dat2
-rw-r--r-- 1 you you    0 Jul 20 11:22 v1/v2/v3/dat3
-rw-r--r-- 1 you you    0 Jul 20 11:22 v1/v2/v3/v4/dat4

v1:
insgesamt 4
-rw-r--r-- 1 you you    0 Jul 20 11:22 dat1
drwxr-xr-x 3 you you 4096 Jul 20 11:22 v2

v1/v2:
insgesamt 4
-rw-r--r-- 1 you you    0 Jul 20 11:22 dat2
drwxr-xr-x 3 you you 4096 Jul 20 11:22 v3

v1/v2/v3:
insgesamt 4
-rw-r--r-- 1 you you    0 Jul 20 11:22 dat3
drwxr-xr-x 2 you you 4096 Jul 20 11:22 v4

v1/v2/v3/v4:
insgesamt 0
-rw-r--r-- 1 you you 0 Jul 20 11:22 dat4

you@host > ls -l */dat4
ls: Zugriff auf */dat4 nicht möglich: Datei oder Verzeichnis nicht gefunden

you@host > ls -l **/dat4
-rw-r--r-- 1 you you 0 Jul 20 11:22 v1/v2/v3/v4/dat4
```

Setzen der Option »globstar«

Damit die Namenserweiterung mit der Wildcard `**` funktioniert, muss für die Shell die Option `globstar` mit dem Kommando `shopt -s globstar` gesetzt werden.

Wollen Sie die Option `globstar` dauerhaft verwenden, ist es sinnvoll, dieses Kommando in die Datei *~/.bashrc* einzutragen.

Zeitpunkt der Namen-Expansion

Diese Namen-Expansion findet noch vor Ausführung des Kommandos in der Shell statt. Das Kommando selbst bekommt von diesem Vorgang nichts mehr mit. Die Argumente des Kommandos sind schon die expandierten Dateinamen.

Eine beliebige Zeichenfolge mit *

Das Asterisk-Zeichen oder Sternchen (*) steht für eine beliebige Zeichenfolge im Dateinamen. Das Sternchen wurde selbst schon zu DOS-Zeiten verwendet und ist das am meisten angewandte Wildcard-Zeichen. Einfaches Beispiel:

```
you@host > grep Backup /home/tot/Mails/*.txt
```

Hier wird in allen Dateien mit der Endung *.txt* im Verzeichnis */home/tot/Mails* nach dem Wort »Backup« gesucht. Die Position des Zeichens * können Sie im Suchwort fast beliebig wählen. Hier sehen Sie einige Beispiele:

```
you@host > ls *ript
myscript
you@host > ls *ript*
myscript  scripter
you@host > ls ript*
/bin/ls: ript*: Datei oder Verzeichnis nicht gefunden
you@host > ls text*.txt
text1.txt text2.txt text3.txt texta.txt textb.txt textc.txt
textdatei_test.txt
```

Stimmt keine der Dateien mit dem gewünschten Muster überein, wird entweder eine dem Kommando entsprechende Fehlermeldung oder (beispielsweise mit `echo`) die Zeichenkette des Musters unverändert zurückgegeben.

Ein beliebiges Zeichen mit ?

Im Gegensatz zum Asterisk (*) wird das Metazeichen (?) als Platzhalter für nur ein beliebiges Zeichen verwendet. Das heißt: Wird das Fragezeichen (?) verwendet, muss sich an dieser Stelle ein (und wirklich nur ein) beliebiges Zeichen befinden, damit das Muster übereinstimmt. Zur Demonstration folgt hier einfach eine Gegenüberstellung, bei der zuerst das Metazeichen (*) und gleich darauf mit denselben Angaben das Zeichen (?) verwendet wird:

```
you@host > ls datei*.dat
datei1.dat datei1b.dat datei1c.dat datei2.dat datei2b.dat
datei_backup.dat datei1.dat~
you@host > ls datei?.dat
datei1.dat datei2.dat
you@host > ls datei1.dat?
datei1.dat~
```

Zeichenbereiche angeben

Meistens werden Sie wohl mit den Metazeichen (*) und (?) zufrieden sein und größtenteils auch ans Ziel kommen. Dennoch kann die Bestimmung eines Dateinamens ausgeweitet werden. Sie können zusätzlich noch definieren, welche Zeichen für eine Ersetzung infrage kommen sollen. Hierzu werden die eckigen Klammern [ ] verwendet. Alles, was sich darin befindet, wird als gültiges Zeichen des Musters für die Ersetzung akzeptiert.

```
you@host > ls datei*.txt
datei1a.txt  datei1b.txt  datei1.txt  datei2a.txt  datei2.txt
datei3.txt
you@host > ls datei[12].txt
datei1.txt  datei2.txt
you@host >  ls datei[12]*.txt
datei1a.txt  datei1b.txt  datei1.txt  datei2a.txt  datei2.txt
you@host >  ls datei[123].txt
datei1.txt  datei2.txt  datei3.txt
you@host >  ls datei[1-3].txt
datei1.txt  datei2.txt  datei3.txt
you@host > ls datei[12][a].txt
datei1a.txt  datei2a.txt
you@host > ls datei[12][b].txt
datei1b.txt
you@host > ls datei[!12].txt
datei3.txt
```

Im Beispiel konnten Sie erkennen, dass Sie – anstatt alle möglichen Zeichen in eckigen Klammern aneinanderzureihen – auch mit einem Minuszeichen einen Bereich bestimmen können. Das setzt aber voraus, dass das bzw. die Zeichen in einem fortlaufenden Bereich der ASCII-Tabelle liegen. So passen z. B. mit `datei[0-9].txt` alle Dateinamen von 0 bis 9 in das Muster (`datei1.txt`, `datei2.txt` ... `datei9.txt`). Wird der Wert zweistellig, können Sie entweder `datei[0-9][0-9].txt` oder `datei[0-9]*.txt` verwenden. Dabei führen beide Versionen wieder unterschiedliche Ersetzungen durch, da die erste Version nur zwei dezimale Zeichen und die zweite Version beliebig viele weitere Zeichen enthalten darf.

Wollen Sie hingegen nur Dateinamen erhalten, die neben der dezimalen Zahl einen weiteren Buchstaben enthalten, können Sie auch datei[0-9][a-z].txt verwenden. Natürlich können Sie in den eckigen Klammern noch mehrere Bereiche angeben (allerdings müssen diese immer fortlaufend gemäß ASCII-Tabelle sein). So liefert beispielsweise datei[a-cg-j1-3].txt Ihnen alle Dateinamen als Ergebnis zurück, in denen sich eines der Zeichen »a« bis »c«, »g« bis »j« und »1« bis »3« befindet.

Wollen Sie hingegen in den eckigen Klammern einzelne Zeichen oder eine Folge von Zeichen ausschließen, dann können Sie die Expansion mit dem Ausrufezeichen (!) auch negieren. Beispielsweise liefert Ihnen datei[!12].txt alles zurück, was als nächstes Zeichen nicht 1 oder 2 enthält (wie Sie im Beispiel oben gesehen haben).

Des Weiteren können Sie die Expansionen mit den Metazeichen (*) und (?) erweitern (allerdings nicht innerhalb der eckigen Klammer).

Wollen Sie die Datei-Expansionen in Aktion sehen, können Sie mit set die Debugging-Option -x setzen. Dann sehen Sie die Zeilen, nachdem eine Datei-Expansion ausgeführt wurde. (Selbiges können Sie selbstverständlich auch mit den Metazeichen (*) und (?) herbeiführen.) Ein Beispiel:

```
you@host > set -x
you@host > ls datei[12].txt
[DEBUG] /bin/ls  datei1.txt datei2.txt
datei1.txt  datei2.txt
you@host > ls datei[!12].txt
[DEBUG]  /bin/ls  datei3.txt
datei3.txt
you@host > ls datei[1-3]*.txt
[DEBUG]  /bin/ls  datei10.txt datei1a.txt datei1b.txt datei1.txt
                  datei2a.txt datei2.txt datei3.txt
datei10.txt  datei1b.txt  datei2a.txt  datei3.txt
datei1a.txt  datei1.txt   datei2.txt
```

Die Bash und die Korn-Shell bieten hierbei außerdem vordefinierte Parameter als Ersatzmuster an. Wollen Sie etwa nur Groß- und Kleinbuchstaben zulassen, können Sie dafür statt [a-zA-Z] auch [:alpha:] verwenden. Sollen es nur dezimale Ziffern sein, kann [:digit:] statt [0-9] verwendet werden. In der Praxis sieht dies folgendermaßen aus:

```
you@host > ls datei[[:digit:]].txt
datei1.txt  datei2.txt  datei3.txt
you@host > ls datei[[:digit:]][[:alpha:]].txt
datei1a.txt  datei1b.txt  datei2a.txt
```

Selbstverständlich können Sie auch hier den Wert in den eckigen Klammern mit ! negieren. In Tabelle 1.5 finden Sie die Zeichenmengen, die Sie alternativ zur gängigen Schreibweise in die eckigen Klammern setzen können.

Zeichenmenge	Bedeutung
[:alnum:]	Buchstaben, Unterstrich und dezimale Ziffern
[:alpha:]	Groß- und Kleinbuchstaben
[:digit:]	dezimale Ziffern
[:lower:]	Kleinbuchstaben
[:upper:]	Großbuchstaben
[:print:]	nur druckbare Zeichen
[:space:]	Leerzeichen, Tabulator ...

Tabelle 1.5 Alternativen zu den gängigsten Zeichenmengen

Versteckte Dateien

Sollten Sie sich fragen, was mit den versteckten Dateien ist (das sind Dateien, die mit einem Punkt beginnen) bzw. wie Sie diese bei der Datei-Expansion mit einbeziehen können, so ist die Antwort nicht schwer. Sie müssen den Punkt explizit mit angeben, dann werden auch die versteckten Dateien beachtet:

```
you@host > ls *.conf
/bin/ls: *.conf: Datei oder Verzeichnis nicht gefunden
you@host > ls .*.conf
.xyz.conf .abc.conf
```

Versteckte Dateien einblenden

In der Bash können Sie die versteckten Dateien auch ohne explizite Angabe des Punkts verwenden. Hierbei müssen Sie einfach mit `shopt -s dotglob` die Option `glob_dot_filenames` setzen. Deaktivieren können Sie das Ganze wieder mit `shopt -u dotglob`.

1.10.7 Brace Extension

Mit der Brace Extension haben Sie eine weitere neue Form, um Muster formulieren zu können. Das Prinzip ist recht einfach: Bei einer gültigen Brace Extension schreibt man Alternativausdrücke getrennt durch ein Komma zwischen geschweifte Klammern. Die Syntax hierzu lautet:

```
präfix{ muster1, muster2 }suffix
```

Von der Shell wird dieses Muster folgendermaßen ausgewertet: Vor jeder Zeichenkette – innerhalb der geschweiften Klammern – wird das Präfix gesetzt und dahinter das Suffix angehängt. Es ist einfacher, als es sich anhört. So generiert die Shell aus der Syntaxbeschreibung zum Beispiel den Dateinamen `präfixmuster1suffix` und `präfixmuster2suffix`. Natürlich können noch weitere Alternativausdrücke in den geschweiften Klammern gesetzt werden.

Wollen Sie beispielsweise mehrere Dateien wie *prozess.dat*, *process.dat* und *progress.dat* gleichzeitig anlegen, könnten Sie hierfür die Brace Extension wie folgt einsetzen:

```
you@host > touch pro{z,c,gr}ess.dat
you@host > ls *.dat
process.dat  progress.dat  prozess.dat
```

Brace Extensions lassen sich aber auch verschachteln. Wollen Sie beispielsweise die Dateinamen *dateiorginal.txt*, *dateiorginal.bak*, *dateikopie.txt* und *dateikopie.bak* mit einer Brace Extension erzeugen, wird dies folgendermaßen realisiert:

```
you@host > touch datei{orginal{.bak,.txt},kopie{.bak,.txt}}
you@host > ls datei*
dateikopie.bak  dateikopie.txt  dateiorginal.bak  dateiorginal.txt
```

Natürlich können Sie hier auch eine wüste Wildcard-Orgie veranstalten und alle Wildcards verwenden, die Sie bisher kennengelernt haben:

```
you@host > ls datei{*{.bak,.txt}}
dateikopie.bak  dateikopie.txt  dateiorginal.bak  dateiorginal.txt
```

1.10.8 Musteralternativen

Es gibt noch eine weitere Möglichkeit, Musteralternativen für Namen zu beschreiben. Sie wird zwar eher für Mustervergleiche von Zeichenketten und weniger im Bereich der Datei-Expansion eingesetzt, kann allerdings auch dafür verwendet werden. Damit Ihnen diese Musteralternativen auch für die Bash zur Verfügung stehen, müssen Sie die Option `extglob` mit `shopt` (Abkürzung für *shell option*) einschalten (`shopt -s extglob`):

```
you@host > ls *.dat
process.dat  progress.dat  prozess.dat
you@host > shopt -s extglob
you@host > ls @(prozess|promess|process|propan).dat
```

```
process.dat  prozess.dat
you@host > ls !(prozess|promess|process|propan).dat
progress.dat
```

In Tabelle 1.6 sind die einzelnen Möglichkeiten für solche Musteralternativen zusammengestellt.

Musteralternativen	Bedeutung
`@(pattern1 | pattern2 | ... | patternN)`	eines der Muster
`!(pattern1 | pattern2 | ... | patternN)`	keines der Muster
`+(pattern1 | pattern2 | ... | patternN)`	mindestens eines der Muster
`?(pattern1 | pattern2 | ... | patternN)`	keines oder eines der Muster
`*(pattern1 | pattern2 | ... | patternN)`	keines, eines oder mehrere Muster

Tabelle 1.6 Musteralternativen für die Bash und die Korn-Shell

1.10.9 Tilde-Expansion

Das Tilde-Zeichen (~) wird von der Bash und der Korn-Shell als Heimverzeichnis des aktuellen Benutzers ausgewertet. Hier sehen Sie einige typische Aktionen, die mit dem Tilde-Zeichen in der Bash und der Korn-Shell durchgeführt werden:

```
you@host > pwd
/home/you
you@host > cd /usr
you@host > echo ~
/home/you
you@host > cd ~
you@host > pwd
/home/you
you@host > echo ~-
/usr
you@host > echo ~+
/home/you
you@host > cd ~-
you@host > echo ~-
/home/you
you@host > cd ~-
you@host > pwd
/home/you
```

```
you@host > echo ~tot
/home/you
you@host > mkdir ~/new_dir
```

Tabelle 1.7 zeigt, wie die einzelnen Tilde-Expansionen eingesetzt werden, und erläutert ihre jeweilige Bedeutung.

Angabe	Bedeutung
~	Heimverzeichnis des eingeloggten Benutzers
~BENUTZERNAME	Heimverzeichnis eines angegebenen Benutzers
~-	Verzeichnis, das zuvor besucht wurde
~+	aktuelles Arbeitsverzeichnis (wie pwd)

Tabelle 1.7 Tilde-Expansionen

Tilde-Zeichen bei einem Apple-Keyboard

Haben Sie eine Tastatur auf Ihrem Mac, auf der weit und breit kein Tilde-Zeichen zu sehen ist, dann können Sie ein solches Zeichen erzeugen, indem Sie [Alt]+[N] drücken und danach ein Leerzeichen eingeben.

1.11 Die Z-Shell

Die Z-Shell (zsh) ist eine Alternative zur Bash, der Standard-Shell der meisten Distributionen. Durch ihren großen zusätzlichen Befehlsumfang und verschiedene Konfigurationsmöglichkeiten kann die Z-Shell eine gute Alternative zur Bash sein.

Warum sind wir der Meinung, dass die Z-Shell so gut ist, dass sie als Alternative zur Bash geeignet ist? Das hat verschiedene Gründe: Die Z-Shell bietet eine Menge an zusätzlichen Optionen und Möglichkeiten, und ihre individuelle Anpassung geht weit über das hinaus, was mit der Bash möglich ist. Wir können zwar in diesem Kapitel nicht alle Möglichkeiten ansprechen – zur Z-Shell gibt es eigene Bücher –, aber wir können Ihnen anhand von Beispielen die Leistungsfähigkeit der Z-Shell zeigen.

1.11.1 Nach der Installation

Wenn Sie die Z-Shell auf Ihrem System installiert haben, werden Sie verschiedene Konfigurationsdateien im System finden (siehe Tabelle 1.8).

Datei	Inhalt
/etc/zsh/zshenv	Wird immer aufgerufen, auch wenn es keine weitere Konfiguration gibt. Die Datei enthält nur systemweite Umgebungsvariablen.
~/.zshenv	Hat dieselbe Bewandtnis wie die */etc/zshenv*, nur dass jeder Benutzer diese Datei selbst anlegen kann.
/etc//zsh/zprofile	Immer wenn die zsh die Login-Shell eines Benutzers ist, wird diese Datei ausgeführt. Die Datei wird dann für alle Benutzer ausgeführt.
~/.zprofile	Wenn die zsh die Login-Shell eines Benutzers ist und diese Datei in seinem Heimatverzeichnis liegt, wird diese Datei einmal bei der Anmeldung ausgeführt.
/etc/zsh/zshrc	Beim Öffnen einer neuen zsh wird diese Datei ausgeführt. Die Datei ist für alle Benutzer auf dem System relevant.
~/.zshrc	Einstellungen, die jeder Benutzer individuell durchführen kann. Auch diese Datei wird bei jedem Start einer neuen zsh ausgeführt.
/etc/zsh/zlogin	Systemweite Einstellungen, wenn die zsh die Login-Shell ist. Hier können Sie Aliasse und Funktionen ablegen, die für alle Benutzer gelten sollen.
~/.zlogin	In diese Datei kann jeder Benutzer selbst die Aliasse und Funktionen eintragen, die er individuell nutzen will.

Tabelle 1.8 Liste der Konfigurationsdateien

Die *lokalen* Konfigurationsdateien werden immer nach den *globalen* Konfigurationsdateien ausgeführt, sodass die Einstellungen eines Benutzers immer die globalen Einstellungen übersteuern.

Der Grund für die verschiedenen Konfigurationsdateien ist der, dass die Z-Shell möglichst kompatibel zu anderen Shells sein will, z. B. zur C-Shell und zur Bash. Die meisten Konfigurationen werden Sie in der Datei *~/.zshrc* vornehmen.

1.11.2 Die erste Anmeldung

Nachdem Sie die Z-Shell auf Ihrem System installiert und sich die Z-Shell als Login-Shell zugewiesen haben, wird beim nächsten Login automatisch ein Konfigurationsscript gestartet. Dieses Script leitet Sie Schritt für Schritt durch die erste Konfiguration der Z-Shell. Dieses Script wird für jeden Benutzer ausgeführt, der die Z-Shell als Login-Shell gesetzt hat und der sich das erste Mal anmeldet.

```
This is the Z Shell configuration function for new users,
zsh-newuser-install.
You are seeing this message because you have no zsh startup files
(the files .zshenv, .zprofile, .zshrc, .zlogin in the directory
~).  This function can help you with a few settings that should
make your use of the shell easier.

You can:

(q)  Quit and do nothing.  The function will be run again next time.

(0)  Exit, creating the file ~/.zshrc containing just a comment.
     That will prevent this function being run again.

(1)  Continue to the main menu.

(2)  Populate your ~/.zshrc with the configuration recommended
     by the system administrator and exit (you will need to edit
     the file by hand, if so desired).

--- Type one of the keys in parentheses ---
```

Abbildung 1.14 Z-Shell-Konfigurationsmenü bei erstem Start

Wenn Sie keinerlei Erfahrung mit der Z-Shell haben, sollten Sie das Script auf jeden Fall durcharbeiten. Alle Anpassungen, die Sie dort vornehmen, können Sie später wieder ändern.

Mit den folgenden Schritten können Sie das Script zur Konfiguration der Z-Shell erneut durchlaufen:

```
host% autoload -U zsh-newuser-install
host% zsh-newuser-install -f
```

Nachdem Sie das Script abgearbeitet haben, befindet sich jetzt eine Datei *.zshrc* in Ihrem Heimatverzeichnis. Der Inhalt der Datei hängt von den gewählten Parametern ab. Hier sehen Sie ein Beispiel für eine Konfigurationsdatei direkt nach dem Durchlauf des Initialisierungsscripts:

```
host% cat .zshrc
# The following lines were added by compinstall

zstyle ':completion:*' completer _expand _complete _ignored _match _correct \
 _approximate _prefix
zstyle :compinstall filename '/home/stefan/.zshrc'

autoload -Uz compinit
compinit
```

```
# End of lines added by compinstall
# Lines configured by zsh-newuser-install
HISTFILE=~/.histfile
HISTSIZE=1000
SAVEHIST=1000
bindkey -e
# End of lines configured by zsh-newuser-install
```

Wie Sie in dieser Grundkonfiguration sehen, werden außer den Regeln zur *Tab-Completion* nur Informationen zur Größe der History-Datei gemacht. Außerdem sehen Sie in dem Listing auch, dass der Prompt noch sehr spartanisch eingerichtet ist: Dort steht im Moment nur der Host-Name, gefolgt von einem Prozentzeichen. Aber gerade ein gut eingerichteter Prompt kann Ihr Arbeiten mit der Z-Shell übersichtlicher gestalten. Deshalb soll es im nächsten Schritt auch um die Anpassung des Prompts gehen. In Tabelle 1.9 sehen Sie eine Übersicht über die möglichen Parameter und wie sie von der Z-Shell interpretiert werden:

Parameter	Bedeutung
%%	Das %-Zeichen wird angezeigt.
%#	Wenn die zsh als root ausgeführt wird, steht am Ende des Prompts ein #- und kein %-Zeichen.
%l	Zeigt das Gerät an, über das der Benutzer angemeldet ist.
%n	Zeigt den Benutzernamen des ausführenden Benutzers an.
%m	Zeigt den Host-Namen an.
%M	Zeigt den *Fully Qualified Domain Name* an (*FQDN*).
%[n]/	Das aktuelle Verzeichnis wird angezeigt. Das [n] gibt an, wie viele Verzeichnisse des Pfads angezeigt werden.
%[n]~	Ähnlich wie %[n]/, nur wird hier der Teil des Heimatverzeichnisses durch die Tilde ersetzt.
%!	Zeigt die Nummer des Kommandos in der History.
%j	Zeigt an, wie viele Jobs gerade auf der aktuellen Shell verwaltet werden.

Tabelle 1.9 Parameter für den Prompt

Neben den Parametern, über die der Inhalt des Prompts bestimmt werden kann, können Sie auch noch die Farbe des Prompts anpassen. Hier sehen Sie die Einstellung, mit der wir die Z-Shell im Buch verwenden:

```
autoload -U colors && colors
PS1="%{$fg[red]%}%n%{$reset_color%}@%{$fg[blue]%}%m\ %{$fg[yellow]%}%~
  %{$reset_color%}%% "
```

Schauen wir uns die beiden Zeilen einmal genauer an. In der ersten Zeile wird ein Modul mit dem Namen `colors` geladen; ohne dieses Modul wird der Prompt nicht farbig dargestellt. In der nächsten Zeile wird dann der Prompt Schritt für Schritt in unterschiedlichen Farben dargestellt:

- der Benutzername in `red`
- der Host-Name in `blue`
- der Pfad in `yellow`

Mit dem Parameter `reset_color` wird die Farbe immer erst wieder zurückgesetzt, bevor eine neue Farbe verwendet werden kann. Der Parameter `fg` steht für *foreground*, also für den Vordergrund. Es gibt auch `bg` für den Hintergrund. So könnten Sie dann noch die Hintergrundfarbe verändern. Als Farbe können Sie die Werte `red`, `blue`, `yellow`, `white`, `black`, `green`, `cyan` und `magenta` verwenden. Wenn Sie diese Zeilen in Ihre *.zshrc* eingetragen haben und eine neue Z-Shell starten, wird sich der Prompt, passend zu Ihren Einstellungen, verändern.

Neben dem Prompt auf der linken Seite können Sie bei der Z-Shell auch noch einen Prompt auf der rechten Seite einrichten. Der rechte Prompt wird über die Variable `RPROMPT` gesteuert. Hier gibt es dann wieder verschiedene Möglichkeiten, den Prompt zu konfigurieren. In Tabelle 1.10 sehen Sie ein paar Beispiele:

Wert	Darstellung
`%*`	Die aktuelle Uhrzeit im 24-Stunden-Format mit Sekunden.
`%T`	Die aktuelle Uhrzeit im 24-Stunden-Format ohne Sekunden.
`%D`	Das aktuelle Datum in der amerikanischen Schreibweise.
`%D{%d.%m.%y}`	Das Datum in der deutschen Schreibweise. Hier können Sie die Formatierungen des Kommandos `date` übernehmen.

Tabelle 1.10 Übersicht der Datums- und Uhrzeitparameter

Selbstverständlich können Sie die Parameter auch kombinieren. Neben diesen einfachen Parametern für die rechte Seite gibt es auch noch sehr komplexe Lösungen, wenn Sie zum Beispiel oft mit *git* arbeiten. Alle Möglichkeiten der Promptkonfiguration hier anzusprechen, würde allerdings den Rahmen dieses Buchs sprengen.

Ein Punkt zum Thema Prompts soll aber doch noch erwähnt werden. Es gibt ein Modul, das Sie in der Z-Shell laden können und in dem schon einige Prompts vorkonfiguriert sind. Dazu ergänzen Sie Ihre *.zshrc* durch diese Zeile:

```
autoload -U promptinit && promptinit
```

Wenn Sie jetzt eine neue Z-Shell öffnen, können Sie sich die verschiedenen Prompts auflisten lassen und anschließend einen der Prompts auswählen:

```
you@host ~ % zsh
you@host ~ % prompt -l
Currently available prompt themes:
adam1 adam2 bart bigfade clint elite2 elite fade fire off oliver pws redhat
suse walters zefram
```

> **Sie können auch testen**
> Wenn Sie das Kommando `autoload -U promptinit && promptinit` direkt auf der Befehlszeile eingeben, können Sie die unterschiedlichen Prompts auch erst testen, bevor Sie den Eintrag in der *.zshrc* vornehmen.

So viel zur Konfiguration der Z-Shell. Im Internet finden Sie eine große Anzahl an Konfigurationsbeispielen. Besonders interessant ist die Seite *http://ohmyz.sh/*: Hier finden Sie Konfigurationsbeispiele, weitere Module und auch Dokumentationen.

1.11.3 Arbeiten mit der zsh

Nachdem Sie im vorigen Abschnitt eine erste Konfiguration der zsh vorgenommen haben, wollen wir Ihnen jetzt ein paar Beispiele dafür zeigen, wie Sie mit der zsh Aufgaben einfacher erledigen können.

Wechsel in Verzeichnisse

Wenn Sie auf der Bash arbeiten, dann kennen Sie die *Tab-Completion*, um Pfade zu ergänzen: Für jedes Verzeichnis in einem Pfad können Sie mit [Tab] den restlichen Teil des Pfads automatisch ergänzen, wenn der bereits eingegebene Teil eindeutig ist. Ist das nicht der Fall, bekommen Sie durch einen zweiten Druck auf [Tab] alle Möglichkeiten angezeigt, bis die Auswahl eindeutig ist.

Bei der Z-Shell können Sie zum Wechsel in ein Verzeichnis das Kommando `cd` auch weglassen. Die Z-Shell erkennt, dass es sich nicht um ein Kommando handelt, sondern um einen Pfad. Das funktioniert natürlich nur, wenn der Verzeichnisname nicht identisch mit dem Namen eines Kommandos ist. Bevor Sie diese Funktion nutzen können, müssen Sie in der Konfiguration die Option noch aktivieren, denn in der Standardkonfiguration können die Verzeichnisnamen zwar ergänzt werden, aber der Wechsel in ein Verzeichnis klappt so noch nicht. Ergänzen Sie deshalb Ihre *.zshrc* um die folgende Zeile:

```
setopt auto_cd
```

Erst jetzt können Sie das Verhalten der Shell testen. Hier sehen Sie ein Beispiel für dieses Verhalten:

```
you@host ~ % /v/l/c <tab>
you@host ~ % /var/l/c <tab>
lib/  log/
you@host ~ % /var/li/c <tab>
you@host ~ % /var/lib/colord/<RETURN>
you@host /var/lib/colord %
```

Wie oft haben Sie schon ein Kommando falsch geschrieben und sich gewünscht, dass die Shell doch diesen Fehler selbst beheben möge? Die Z-Shell kann Ihnen da helfen: Sie können die Z-Shell anweisen, Kommandos, wenn sie falsch geschrieben wurden, automatisch zu korrigieren. Ergänzen Sie dafür einfach die Zeile `setopt` wie folgt:

```
setopt auto_cd correct rm_star_wait
```

Der Parameter `correct` sorgt dafür, dass Kommandos jetzt korrigiert werden, wenn sie falsch geschrieben wurden, so wie Sie es im folgenden Beispiel sehen:

```
you@host ~ % sl -a
zsh: correct 'sl' to 'ls' [nyae]? y
.  .. .histfile .profile .viminfo .zcompdump .zshrc .zshrc.zni
```

Die zusätzliche Option `rm_star_wait` sorgt dafür, dass beim Löschen ganzer Strukturen mit dem Befehl `rm -rf *`. die Z-Shell zunächst zehn Sekunden wartet und dann eine Bestätigung der Aktion fordert. Erst danach wird wirklich gelöscht.

```
you@host ~ % mkdir daten
you@host ~ % cd daten
you@host ~/daten % touch dat1 dat2 dat3
you@host ~/daten % cd ..
you@host ~ % rm -rf daten/*
zsh: sure you want to delete all 3 files in /home/stefan/daten?
(waiting ten seconds)
 [yn]? Y
```

So haben Sie bei der Aktion also eine Bedenkzeit, falls Sie doch feststellen, dass die Dokumente wichtig waren ...

Aliasse

Die Verwendung von Aliassen auf der Shell kennen Sie wahrscheinlich schon von der Bash. Mit einem Alias können Sie einem Wort ein Kommando mit Parametern und Optionen übergeben. Anschließend verwenden Sie das von Ihnen gewählte Wort wie ein Kommando.

Die Z-Shell kennt neben den Aliassen auf ganze Kommandos auch noch *globale Aliasse*. Globale Aliasse können auch innerhalb einer Kommandoverkettung verwendet werden. Einen globalen Alias erzeugen Sie mit dem Kommando `alias -g <Aliasname>= "<Kommando>"`.

Im folgenden Listing sehen Sie ein Beispiel dazu:

```
you@host ~ % alias -g G='| grep'
you@host ~ % alias -g W='| wc -l'
you@host ~ % cat /etc/passwd G /bin/false W
11
```

Was ist hier passiert? Im ersten Kommando wird ein globaler Alias erzeugt, der über den Buchstaben `G` definiert wird und auf das Kommando `| grep` verweist. Im zweiten Schritt wird ein zweiter globaler Alias erzeugt, der auf das Kommando `wc -l` verweist. Im dritten Schritt werden jetzt die beiden Aliasse verwendet, um in der Datei */etc/passwd* nach allen Benutzern zu suchen, die `/bin/false` als Standard-Shell eingetragen haben. Es wird aber nur die Anzahl der Benutzer ausgegeben. Sie sehen hier, dass die globalen Aliasse von der Z-Shell erkannt und ersetzt werden.

Dauerhafte Aliasse

Wenn Sie die Aliasse dauerhaft nutzen wollen, tragen Sie sie wieder in die *.zshrc* ein.

Neben den globalen Aliassen kennt die Z-Shell auch noch *Suffix-Aliasse*, also Aliasse, die auf die Endung einer Datei reagieren. Linux kennt normalerweise keine Endungen, aber hier wird derjenige Teil einer Datei, die nach dem letzten Punkt im Dateinamen steht, als Suffix angenommen. Wenn Sie jetzt mit dem Kommando `alias -s txt=vi` einen Suffix-Alias erzeugen, können Sie Dateien mit der Endung *.txt* einfach mit dem Editor *vi* öffnen, indem Sie nur den Dateinamen eingeben.

1.11.4 History

Auch die Kommando-History wurde bei der Z-Shell erheblich erweitert. In der History werden alle Kommandos abgelegt, die Sie im Laufe einer Sitzung eingeben. Die History können Sie nutzen, um Kommandos, die Sie häufiger verwenden, nicht immer komplett neu eingeben zu müssen. Das Verhalten der History können Sie wieder über Ihre *.zshrc* konfigurieren. Ein Teil der Konfiguration der History wurde schon am Anfang durch die automatische Konfiguration vorgenommen.

Die Konfiguration der History

In diesem Abschnitt wollen wir einen genaueren Blick auf die Konfiguration und die Nutzung der History werfen. In Tabelle 1.11 sehen Sie die Variablen, mit denen Sie die History konfigurieren können.

Variable	Verwendung
`HISTFILE`	Die Datei, in der die History abgelegt wird. Während der automatischen Konfiguration beim ersten Start der zsh wird diese Variable mit *~/.histfile* vorbelegt.
`SAVEHIST`	Die maximale Anzahl an Zeilen in der History.
`HISTSIZE`	Hier geben Sie die Anzahl der Zeilen an, die während einer Sitzung im Arbeitsspeicher abgelegt werden.

Tabelle 1.11 Variablen für die History

Neben den Variablen gibt es noch verschiedene Optionen, mit denen Sie die History beeinflussen können.

- `share_history`: Setzen Sie diese Option, wird die History auf allen geöffneten Shells verwendet. Außerdem sind alle Kommandos immer auf allen Shells abrufbar.
- `extended_history`: Wenn Sie die History aller Shells zusammenfassen, sorgt dieser Parameter dafür, dass die Liste in einer chronologischen Reihenfolge abgelegt wird, egal von welcher Shell das Kommando kommt.
- `append_history`: Dieser Parameter ist immer dann sinnvoll, wenn Sie eine gemeinsame History für alle Shells nutzen wollen. Jede Shell hängt hier ihre Kommandos an ein- und dieselbe History an. Setzen Sie diesen Parameter nicht, wird jede Shell ihre eigene History nutzen und Werte einer anderen Shell in der Datei für die History überschreiben.
- `hist_ignore_all_dups`: Bei diesem Parameter werden mehrfach verwendete Kommandos nur einmal in der History abgelegt. Gerade wenn Sie bestimmte Kommandos häufig verwenden, ist es sinnlos, jedes Vorkommen in der History zu speichern.
- `hist_ignore_space`: Mit diesem Parameter weisen Sie die Shell an, Kommandos, die mit einem Leerzeichen beginnen, nicht in der History zu speichern. Wozu ist das sinnvoll, und wie können Sie es einsetzen? Sinnvoll ist das zum Beispiel, wenn Sie

alle cd-Kommandos nicht in der History speichern wollen. Setzen Sie einfach immer ein Leerzeichen vor das Kommando, so wird es nicht in der History gespeichert. Nur werden Sie das spätestens beim dritten cd wieder vergessen haben. Deshalb gibt eine andere Möglichkeit: Setzen Sie einen Alias auf cd mit dem Kommando alias cd=" cd". Führen Sie jetzt ein cd aus, wird durch den Alias immer ein Leerzeichen vor cd gestellt und das Kommando somit nicht in der History abgelegt.

Um im nächsten Abschnitt die History nutzen zu können, haben wir die folgenden Konfigurationen für die History in die Datei *.zshrc* eingetragen:

```
HISTFILE=~/.histfile
HISTSIZE=1000
SAVEHIST=1200
setopt share_history extended_history
setopt hist_ignore_all_dups hist_ignore_space
alias cd=' cd'
```

Selbstverständlich können Sie alle Parameter in eine Zeile schreiben. Die Verwendung von mehreren Zeilen mit setopt dient hier nur der besseren Lesbarkeit.

Verwendung der History

Neben den von der Bash bekannten Methoden, um auf die History zuzugreifen, gibt es bei der Z-Shell noch das Kommando fc zur Nutzung der History. Das Kommando fc ist ein internes Programm der Z-Shell, wird also nicht über ein Binary bereitgestellt. Als Erstes wollen wir Ihnen zeigen, wie Sie sich den Inhalt der History anzeigen lassen können:

```
you@host ~ % fc -l
   61  ls -a
   62  mkdir daten
   63  cd daten
   64  touch dat1 dat2 dat3
   65  cd ..
   66  r -rf daten
   67  rm -rf daten
   76  /v/l/c
   77  /var/lib/colord
   78  /var
   79  cd /var/lib/colord
   80  cd
   83  exit
   84  vi .zshrc
   86  zsh
```

```
you@host ~ % fc -l 2 15
    3  vi .zshrc.zni
    4  zsh-newuser-install -f
    5  autoload -U zsh-newuser-install
    6  whoami
    7  ff
    8  dir
    9  autoload -U promptinit && promptinit
   10  prompt fire
   11  prompt elite
   12  prompt bart
   13  prompt fade
   14  prompt pws
   15  propt adam1
```

Hier sehen Sie zwei verschiedene Möglichkeiten, sich den Inhalt der History anzeigen zu lassen. Im ersten Beispiel wird das Kommando nur mit der Option -l aufgerufen, dabei werden immer die letzten 16 Kommandos angezeigt.

> **Kommandos mit führendem Leerzeichen hinterlassen eine Lücke**
>
> In unserer Konfiguration der Z-Shell haben wir festgelegt, dass Kommandos, die mit einem Leerzeichen beginnen, nicht in der History erscheinen sollen. Da diese Kommandos aber auch gezählt werden, erscheint an der Stelle in der History eine Lücke.

Über weitere Argumente können Sie festlegen, welche Einträge der History Sie sehen wollen. Im zweiten Beispiel fc -l 2 15 wird der Bereich nach dem zweiten Kommando bis zum 15. Kommando aus der History aufgelistet. Sie können sich auch den Inhalt ab einem bestimmten Kommando bis zum Ende der History ansehen. Dazu verwenden Sie das Kommando fc -l 50. Damit werden ab Zeile 50 bis zum Ende der History alle Kommandos angezeigt. Mit fc -l -1 -10 sehen Sie die letzten 10 Kommandos aus der History.

In Tabelle 1.12 sehen Sie weitere Möglichkeiten, wie Sie mit dem Kommando fc die Suche in der History filtern können.

Option	Bedeutung
-d	Datum, an dem das Kommando ausgeführt wurde.
-E	Anzeige von Datum und Uhrzeit, an denen das Kommando ausgeführt wurde.
-n	Es werden keine Nummern vor das Kommando geschrieben.

Tabelle 1.12 Parameter für das Kommando »fc«

Option	Bedeutung
-m "Muster"	Sucht in der History nach Kommandos, die genau diesem Muster entsprechen. Hier können Sie alle bekannten Wildcards einsetzen.
-r	Dreht das Ergebnis um. Die aktuellen Ergebnisse werden als Erstes angezeigt.
-E	Zeigt an, wie lange das Kommando gelaufen ist.

Tabelle 1.12 Parameter für das Kommando »fc« (Forts.)

1.11.5 Interaktive Kommando-Expansion

Neben der Möglichkeit, mit fc gezielt nach einem Kommando zu suchen, können Sie auch noch über die interaktive Expansion von Kommandos suchen. In Tabelle 1.13 sehen Sie eine Liste der Möglichkeiten für die interaktive Expansion von Kommandos.

Eingabe	Ergebnis
!!	Wiederholt das zuletzt eingegebene Kommando.
!<n>	Zeigt das Kommando mit der Nummer <n> an.
!-<n>	Hier wird rückwärts gezählt, und es werden <n> Zeilen und das Kommando angezeigt.
!<Muster>	Springt zum letzten Kommando mit dem <Muster> am Anfang der Zeile.
!?<Muster>	Springt zu dem Kommando, in dem das <Muster> zum ersten Mal auftaucht.

Tabelle 1.13 Interaktive Expansion der Kommandos

1.11.6 Befehle wiederholt ausführen

Ein Z-Shell-spezifisches Kommando ist der Befehl repeat. Damit wird das aufgerufene Kommando mehrfach ausgeführt.

```
host% repeat 5 echo "z-shell"
z-shell
z-shell
z-shell
z-shell
z-shell
host%
```

Auf diese Weise haben Sie jetzt einen guten Überblick über die Möglichkeiten, die Ihnen die Z-Shell bietet. Wir werden im Verlauf des Buchs weiter auf die Z-Shell eingehen, wenn sie zusätzliche Möglichkeiten zu Bash und K-Shell bietet.

1.12 Empfehlung

In diesem Kapitel haben wir Ihnen viele Basics um die Ohren gehauen. Es empfiehlt sich, mit den verschiedensten Optionen in der Shell zu spielen. Zwar haben wir in diesem Teil vorwiegend mit dem Eingabeprompt der Shell und weniger mit »echten« *Shellscripts* gespielt, doch wurden die wichtigsten Grundlagen für echte Shellscripts geschaffen. Solange Sie diese Grundlagen nicht beherrschen, werden Sie früher oder später in diesem Buch Verständnisprobleme bekommen.

1.13 Übungen

1. Erstellen Sie ein Verzeichnis *ueb* und wechseln Sie anschließend in das neue Verzeichnis.
2. Kopieren Sie die Datei */etc/passwd* in das aktuelle Verzeichnis und nennen Sie die Datei im Ziel *mypasswd*.
3. Lassen Sie sich den Inhalt der Datei *mypasswd* mit Zeilennummern anzeigen.
4. Lassen Sie sich im Verzeichnis */etc* und den Unterverzeichnissen alle Dateien mit dem Namen *passwd* anzeigen. Verwenden Sie nicht das Kommando `find`.
5. Lassen Sie sich nur die Zeilen von 5 bis 13 anzeigen. Verwenden Sie hierfür die Pipe und die Kommandos `head` und `tail`.
6. Suchen Sie ab dem Verzeichnis */etc* nach der Datei *passwd*. Fehlermeldungen sollen dabei nach */dev/null* umgeleitet werden. Das Ergebnis der gefundenen Dateien soll in der Datei *ergebnis.txt* gespeichert werden.
7. Schreiben Sie ein Shellscript, das Ihnen das aktuelle Datum und die aktuelle Uhrzeit anzeigt. Anschließend soll eine Liste mit allen angemeldeten Benutzern ausgegeben werden. Zum Abschluss geben Sie einen Test aus, der Sie mit Ihrem Login-Namen begrüßt. Sorgen Sie dafür, dass Sie das Script ausführen können.
8. Was ist der Unterschied zwischen * und **?
9. Lassen Sie sich mithilfe der Dateinamen-Expansion alle Einträge ab Ihrem persönlichen Verzeichnis anzeigen.
10. Suchen Sie ab dem Verzeichnis */etc* nach der Datei *passwd* und leiten Sie die beiden Ausgabekanäle *stdout* und *stderr* in eine Datei um.

Kapitel 2
Variablen

Keine Programmiersprache kommt ohne Variablen aus. Variablen werden gewöhnlich dazu verwendet, Daten (Zahlen oder Zeichenketten) zu speichern, um zu einem späteren Zeitpunkt wieder darauf zurückzugreifen. Allerdings finden Sie bei der Shellscript-Programmierung im Vergleich zu vielen anderen Programmiersprachen zunächst keine speziellen Datentypen, beispielsweise für Zeichenketten, Fließkomma- oder Integer-Zahlen.

2.1 Grundlagen

Eine Variable besteht aus zwei Teilen: dem Namen der Variablen und dem entsprechenden Wert, den diese Variable repräsentiert bzw. speichert. Hier ist die Syntax:

```
variable=wert
```

Der Variablenname kann aus Groß- und Kleinbuchstaben, Zahlen und Unterstrichen bestehen, darf allerdings niemals mit einer Zahl beginnen. Die maximale Länge eines Variablennamens beträgt 256 Zeichen, wobei er auf vielen Systemen auch etwas länger sein darf (ob ein solch langer Name sinnvoll ist, sei dahingestellt).

Wichtig ist es auch, die Lebensdauer einer Variablen zu kennen, die nur so lange wie die Laufzeit des Scripts (genauer gesagt der ausführenden Shell) währt. Beendet sich das Script, wird auch die Variable ungültig (sofern sie nicht exportiert wurde – dazu lesen Sie mehr in Abschnitt 2.6, »Variablen exportieren«). Der Wert einer Variablen wird zunächst immer als Zeichenkette abgespeichert.

2.1.1 Zugriff auf den Wert einer Variablen

Um auf den Wert einer Variablen zugreifen zu können, wird das $-Zeichen verwendet. Sie haben sicherlich schon das eine oder andere Mal Folgendes in einer Shell gesehen:

```
you@host > echo $HOME
/home/you
```

Hier wurde die Umgebungsvariable `HOME` auf dem Bildschirm ausgegeben (mehr zu Umgebungsvariablen finden Sie in Abschnitt 2.7, »Umgebungsvariablen eines Prozesses«). Ebenso wie die Umgebungsvariable HOME können Sie auch eine eigene Benutzervariable definieren und darauf zurückgreifen:

```
you@host > ich=juergen
you@host > echo $ich
juergen
```

Soeben wurde eine Benutzervariable ich mit dem Wert juergen definiert. Mithilfe des $-Zeichens können Sie jetzt jederzeit wieder auf den Wert dieser Variablen zurückgreifen – natürlich nur während der Lebensdauer des Scripts oder der Shell. Sobald Sie ein Script oder eine Shell-Sitzung beenden, wird die Variable ich wieder verworfen.

2.1.2 Variablen-Interpolation

Selten werden Sie eine Variable ausschließlich zur Wiederausgabe definieren. In der Praxis setzt man Variablen meistens in Verbindung mit Befehlen ein.

```
# Ein einfaches Backup-Script
# Name : abackup

# datum hat die Form YYYY_MM_DD
datum=$(date +%Y_%m_%d)

# Ein Verzeichnis in der Form backup_YYYY_MM_DD anlegen
mkdir backup_$datum

# Alle Textdateien aus dem Heimverzeichnis sichern
cp $HOME/*.txt backup_$datum
```

Hier haben Sie ein einfaches Backup-Script, mit dem Sie sämtliche Textdateien aus Ihrem Heimverzeichnis in einen neuen Ordner kopieren. Den Ordnernamen erzeugen Sie zunächst mit:

```
datum=$(date +%Y_%m_%d)
```

Damit finden Sie das aktuelle Datum in der Form YYYY_MM_DD in der Variablen datum wieder. Damit sich in datum nicht die Zeichenfolge date befindet, müssen Sie diesem Kommando selbst ein $-Zeichen voranstellen. Nur so weiß die Shell, dass sie der Variablen datum den Wert des Ausdrucks – hier des Kommandos – in den Klammern übergeben soll. Daher muss auch das komplette Kommando in Klammern gesetzt werden. Dieser Vorgang wird auch als *Kommando-Substitution* bezeichnet, was allerdings in dieser Form (mit der Klammerung) nur unter der Bash und der Korn-Shell, nicht aber unter der Bourne-Shell funktioniert. Bei der Bourne-Shell müssen Sie die *Backtick*-Zeichen (`)

statt der Klammerung verwenden. (Mehr zur Kommando-Substitution folgt in Abschnitt 2.4, »Quotings und Kommando-Substitution«). Testen Sie einfach das Kommando `date` in gleicher Form in der Shell, um zu verstehen, was hier gemacht wird:

```
you@host > date +%Y_%m_%d
2021_04_29
```

In der nächsten Zeile erzeugen Sie dann ein Verzeichnis mit dem Namen *backup_YYYY_MM_DD*. Hier wird der Verzeichnisname mit einer Variablen-Interpolation interpretiert:

```
mkdir backup_$datum
```

Zum Schluss kopieren Sie dann alle Textdateien (mit der Endung *.txt*) aus dem Heimverzeichnis, das hier mit der Umgebungsvariablen `HOME` angegeben wurde, in das neu erzeugte Verzeichnis *backup_YYYY_MM_DD*:

```
cp $HOME/*.txt backup_$datum
```

So oder so ähnlich werden Sie Benutzervariablen sehr häufig verwenden. Hier sehen Sie das Script bei der Ausführung:

```
you@host > ./abackup
you@host > ls
abackup
datei1.txt
datei2.txt
datei3.txt
datei4.txt
backup_2018_12_03
backup_2019_01_03
backup_2020_02_03
backup_2021_04_29
you@host > ls backup_2021_04_29
datei1.txt  datei2.txt  datei3.txt  datei4.txt
```

Zu komplex?

Falls Sie das eine oder andere noch nicht ganz genau verstehen, ist das nicht weiter schlimm, da es hier lediglich um den Zugriff von Variablen geht. Wenn Sie verstanden haben, wann bei der Verwendung von Variablen das Zeichen `$` benötigt wird und wann nicht, genügt dies vorerst.

Dennoch hat es sich bewährt, die Option `set -x` zu verwenden. Damit bekommen Sie das ganze Script im Klartext ausgegeben. Das hilft beim Lernen der Shellscript-Programmierung enorm. (Dies kann man gar nicht oft genug wiederholen.)

Nicht definierte Variablen

Wenn Sie eine nicht definierte Variable in Ihrem Script verwenden (beispielsweise zur Ausgabe), wird eine leere Zeichenkette ausgegeben. Wohl kaum jemand wird allerdings eine nicht definierte Variable im Shellscript benötigen. Damit die Shell diesen Umstand bemängelt, können Sie die Option -u verwenden. Dann bekommen Sie einen Hinweis darauf, welche Variablen nicht besetzt sind. Hier sehen Sie ein solches Beispiel:

```
# Eine nicht definierte Variable wird verwendet
# Name : aerror

# var1 wird die Zeichenfolge 100 zugewiesen
var1=100
# var2 bekommt denselben Wert wie var1
var2=$var1
# var3 wurde nicht definiert, aber trotzdem verwendet
echo $var1 $var2 $var3
```

Hier wird bei der Ausgabe mittels echo versucht, den Inhalt einer Variablen namens var3 auszugeben, die allerdings im Script gar nicht definiert wurde:

```
you@host > ./aerror
100 100
```

Trotzdem lässt sich das Script ohne Probleme interpretieren.

Selbiges soll jetzt mit der Option -u vorgenommen werden:

```
you@host > sh -u ./aerror
./aerror: line 10: var3: unbound variable
```

Variablennamen abgrenzen

Soll der Variablenname innerhalb einer Zeichenkette verwendet werden, müssen Sie ihn durch geschweifte Klammern abgrenzen. Hier sehen Sie, was damit gemeint ist:

```
# Variablennamen einbetten bzw. abgrenzen
# Name : embeed

file=back_

cp datei.txt $filedatei.txt
```

Beabsichtigt war bei diesem Script, dass eine Datei namens *datei.txt* kopiert wird. Der neue Dateiname sollte dann *back_datei.txt* lauten. Wenn Sie das Script ausführen, findet sich allerdings keine Spur einer solchen Datei. Dem Problem wollen wir auf den Grund gehen. Sehen wir uns das Ganze im Klartext an:

```
you@host > sh -x ./embeed
+ file=back_
+ cp datei.txt .txt
```

Hier scheint die Variablen-Interpolation versagt zu haben. Statt eines Dateinamens *back_datei.txt* wird nur der Dateiname *.txt* verwendet. Der Grund ist einfach: Die Shell kann nicht wissen, dass Sie mit `$filedatei.txt` den Wert der Variablen `file` verwenden wollen, sondern sucht hier nach einer Variablen `filedatei`, die (wie Sie ja bereits wissen) ein leerer String ist, wenn sie vorher nicht definiert wurde.

Dieses Problem können Sie umgehen, indem Sie den entsprechenden Variablennamen durch geschweifte Klammern abgrenzen:

```
# Variablennamen einbetten bzw. abgrenzen
# Name : embeed2

file=back_

cp datei.txt ${file}datei.txt
```

Jetzt klappt es auch mit *back_datei.txt*. Die Schreibweise mit den geschweiften Klammern können Sie natürlich grundsätzlich verwenden (was durchaus gängig ist), selbst wenn keine weitere Zeichenkette mehr folgt. Gewiss gibt es auch Ausnahmefälle, in denen man keine geschweiften Klammern benötigt, beispielsweise `$var/keinvar`, `$var$var1`, `keinevar_$var` usw. Aber es gilt dennoch als guter Stil, diese Klammern zu verwenden.

Groß- oder Kleinschreibung festlegen

Ab Bash-Version 4 gibt es eine Möglichkeit, Variablen so anzulegen, dass die eingetragenen Strings immer gleich entweder in Groß- oder in Kleinbuchstaben abgelegt werden, egal wie die Werte eingegeben werden. Das kann gerade in Scripts sehr hilfreich sein, in denen Sie in Interaktion mit Anwendern treten. Denn Sie wissen nie, ob eine Anwenderin nun »ja«, »Ja« oder »JA« eingegeben hat. Natürlich können Sie mit dem Kommando `tr` eine Variable auch nachträglich noch umwandeln, aber schöner ist es doch, wenn der Inhalt gleich passend abgelegt wird.

Das folgende Listing zeigt Beispiele:

```
you@host > declare -u NAME
you@host > NAME=stefan
you@host > echo $NAME
STEFAN
```

```
you@host > declare -l JA_NEIN
you@host > JA_NEIN=NEIN
you@host > echo $JA_NEIN
nein
```

Das Kommando `declare` bietet unter anderem folgende Möglichkeiten:

- `-i`: Deklariert eine Integer-Variable.
- `-l`: Konvertiert die Variablennamen in Kleinbuchstaben.
- `-r`: Deklariert nur lesbare Variablen.
- `-u`: Konvertiert die Variablennamen in Großbuchstaben.

Löschen von Variablen

Wenn Sie eine Variable löschen wollen, können Sie dies mit `unset` erreichen. Wollen Sie hingegen nur den Wert der Variablen löschen, aber den Variablennamen selbst definiert lassen, reicht ein einfaches `var=` ohne Angabe eines Werts aus. Hier folgt ein Beispiel dazu im Shell-Prompt:

```
you@host > set -u
you@host > ich=juergen
you@host > echo $ich
juergen
you@host > unset ich
you@host > echo $ich
bash: ich: unbound variable
you@host > ich=juergen
you@host > echo $ich
juergen
you@host > ich=
you@host > echo $ich

you@host > set +u
```

Wert als Konstante definieren

Wollen Sie einen konstanten Wert definieren, der während der Ausführung des Scripts oder genauer gesagt der Shell nicht mehr verändert werden kann, dann können Sie vor den Variablennamen ein `readonly` setzen. Damit versehen Sie eine Variable mit einem Schreibschutz. Allerdings lässt sich diese Variable zur Laufzeit des Scripts (oder genauer gesagt der [Sub-]Shell) auch nicht mehr mit `unset` löschen.

```
you@host > ich=juergen
you@host > readonly ich
```

```
you@host > echo $ich
juergen
you@host > ich=john
bash: ich: readonly variable
you@host > unset ich
bash: unset: ich: cannot unset: readonly variable
```

»readonly« ist eine Zuweisung

Bei der Verwendung von readonly handelt es sich um eine Zuweisung! Daher erfolgt auch das Setzen des Schreibschutzes ohne das Zeichen $. Eine mittels readonly schreibgeschützte Variable kann in dieser Shell nicht mehr gelöscht werden.

2.1.3 Neue Variablen in der Bash 5.0

Mit Bash 5.0 gibt es drei neue Umgebungsvariablen:

- EPOCHSECONDS: Anzahl der Sekunden seit 1.1.1970, 00:00:00 UTC/GMT, entspricht date +%s).
- EPOCHREALTIME: Wie EPOCHSECONDS, aber mit zusätzlicher Ausgabe von Mikrosekunden, entspricht date +%s.%6N.
- BASH_ARGV0: Name der Shell oder eines ausgeführten Shellscripts (Interaktion mit $0). Wenn Sie die Variable BASH_ARGV0 verändern, wird auch die Variable $0 angepasst. Sollten Sie sich nun fragen, warum die neue Variable BASH_ARGV0 eingeführt wurde, da doch schon $0 vorhanden war: Die Variable $0 erlaubt ja nur, dass ihr Wert gelesen wird. Mit BASH_ARGV0 kann man den Wert nun sowohl lesen als auch schreiben.

2.2 Zahlen

Wenn Mathematik nie Ihr Paradefach war, dann haben Sie etwas mit der Shell gemeinsam. Die Bourne-Shell kann nicht mal die einfachsten arithmetischen Berechnungen durchführen. Zu ihrer Verteidigung muss man allerdings sagen, dass der Erfinder der Shell nie im Sinn gehabt hatte, eine komplette Programmiersprache zu entwickeln. Bei der Bash und der Korn-Shell hingegen wurden einfache arithmetische Operationen eingebaut, obgleich diese auch nur auf einfache Integer-Berechnungen beschränkt sind. Werden Fließkommazahlen benötigt, müssen Sie auf ein externes Tool umsteigen, z. B. den Rechner bc.

2.2.1 Integer-Arithmetik auf die alte Art

Zwar bieten Ihnen die Z-Shell, die Bash und die Korn-Shell erheblich komfortablere Alternativen als die ursprüngliche Bourne-Shell, aber wenn Sie nicht genau wissen, in welcher Shell Ihr Script verwendet wird, sind Sie mit der Integer-Arithmetik der alten Bourne-Shell gut beraten. Ihre Scripts werden dann auf jeder Shell laufen, also sowohl in der Z-Shell und der Korn-Shell als auch in der Bash.

Zum Rechnen in der Bourne-Shell kann nur der alte UNIX-Befehl `expr` verwendet werden, der auch immer noch auf allen modernen Shells funktioniert. Beim Aufruf dieses Befehls können Sie reguläre Ausdrücke, Zeichenketten-, arithmetische oder Vergleichsausdrücke als Parameter übergeben. Daraufhin erhalten Sie das Ergebnis des Ausdrucks auf der Standardausgabe.

```
you@host > expr 8 / 2
4
you@host > expr 8 + 2
10
```

Das Ganze lässt sich natürlich auch mit einem Shellscript nutzen:

```
# Demonstriert die Verwendung von expr
# zum Ausführen arithmetischer Ausdrücke
# Name : aexpr

var1=100
var2=50

expr $var1 + $var2
expr $var1 - $var2
```

Das Script bei der Ausführung:

```
you@host > ./aexpr
150
50
```

Hierzu gibt es eigentlich nicht viel zu sagen. Wichtig in Bezug auf `expr` zu erwähnen ist es jedoch, dass beim arithmetischen Ausdruck Leerzeichen zwischen den einzelnen Operatoren und Operanden unbedingt erforderlich sind!

Wer schon weitere `expr`-Ausdrücke probiert hat, wird beim Multiplizieren auf Probleme gestoßen sein. Ähnliche Schwierigkeiten dürften auch mit den Klammern auftreten:

```
you@host >  expr 8 * 5
expr: Syntaxfehler
you@host >  expr ( 5 + 5 ) * 5
bash: syntax error near unexpected token `5'
```

Hier haben Sie das Problem, dass die Shell ein * eben als Datei-Expansion behandelt und bei den Klammern gern eine weitere Subshell öffnen würde. Damit beides außer Kraft gesetzt wird, müssen Sie hier nur vor die kritischen Zeichen einen *Backslash* setzen:

```
you@host > expr 8 \* 5
40
you@host > expr \( 5 + 5 \) \* 5
50
```

Wollen Sie den Inhalt einer Berechnung in einer Variablen abspeichern, benötigen Sie eine Kommando-Substitution. Was das genau ist, erfahren Sie noch in Abschnitt 2.4, »Quotings und Kommando-Substitution«. Wie Sie die Kommando-Substitution hier einsetzen können, soll Ihnen aber nicht vorenthalten werden:

```
# Demonstriert, wie Sie einen arithmetischen expr-Ausdruck
# in einer Variablen speichern können
# Name : aexpr2

var1=100
var2=50

# Dies wird als Kommando-Substitution bezeichnet
var3=$(expr $var1 + $var2)

echo $var3
```

Durch die Klammerung des Ausdrucks rechts vom Gleichheitszeichen (im Folgenden durch zwei Gravis-Zeichen) wird das, was durch die Anweisung `expr` normalerweise auf dem Bildschirm ausgegeben wird, an der entsprechenden Stelle in der Zuweisung eingesetzt und der links stehenden Variablen zugewiesen:

```
var3=`expr $var1 + $var2`
```

Richtig befriedigend dürfte `expr` für niemanden sein, denn die Verwendung bleibt ausschließlich auf Integer-Zahlen und die arithmetischen Operatoren +, –, *, / und % beschränkt. Als Alternative und gewisse Erleichterung bietet es sich an, mit dem UNIX-Kommando `bc` zu arbeiten. Hierauf gehen wir anschließend in Abschnitt 2.2.3 ein.

2.2.2 Integer-Arithmetik

Klar, die Z-Shell, die Bash und die Korn-Shell können das wieder besser, schließlich stellt jede dieser Shells eine Erweiterung der Bourne-Shell dar, wobei die Bash ja ohnehin alles kann. Es stehen auf jeden Fall mehrere Möglichkeiten zur Auswahl:

```
you@host > ((z=5+5))
you@host > echo $z
10
```

Hier wurden doppelte Klammerungen verwendet, um der Shell Bescheid zu geben, dass es sich um einen mathematischen Ausdruck handelt.

Im Beispiel haben Sie eine Variable `z` definiert, die den Wert von 5 + 5 erhält. Hiermit können Sie jederzeit auf den Inhalt von `z` zurückgreifen. Neben dieser Möglichkeit können Sie auch eine andere Schreibweise verwenden, die allerdings denselben Effekt hat:

```
you@host > y=$((8+8))
you@host > echo $y
16
you@host > echo $((z+y))
26
```

Und zu guter Letzt ist in die Bash noch ein Spezialfall der Integer-Arithmetik mit eckigen Klammern eingebaut:

```
you@host > w=$[z+y]
you@host > echo $w
26
you@host > w=$[(8+2)*4]
you@host > echo $w
40
```

Uns persönlich gefällt diese Version mit den eckigen Klammern am besten, aber wem nützt das, wenn man sein Script auch in der Korn-Shell ausführen muss? Dass die doppelte Klammerung nicht unbedingt leserlich wirkt, liegt auf der Hand. Deshalb finden Sie bei der Korn-Shell und der Bash auch das Builtin-Kommando `let`.

let

Das Kommando `let` wertet arithmetische Ausdrücke aus. Als Argumente werden hierbei mit Operatoren verbundene Ausdrücke verwendet.

```
you@host > let z=w+20
you@host > echo $z
60
```

Allerdings besteht zwischen let und den doppelten Klammerungen – abgesehen von der Anwendung – kein Unterschied. Der Einsatz von let im Beispiel oben entspricht exakt folgender Klammerung:

```
you@host > z=$((w+20))
you@host > echo $z
60
```

let dient hier lediglich dem Komfort. Zur Anschauung sehen Sie nun let in einem Shellscript:

```
# Beispiel demonstriert das Kommando let
# Name: alet

varA=100
varB=50

let varC=$varA+$varB

echo $varC
```

Bei diesem Shellscript fällt auf, dass das Kommando let erst beim eigentlichen arithmetischen Ausdruck verwendet wird. Zwar können Sie let auch vor den einzelnen Variablen setzen, doch das ist im Grunde nicht nötig.

Wenn Sie mit einem let-Aufruf mehrere Ausdrücke gleichzeitig auswerten lassen oder wenn Sie der besseren Lesbarkeit wegen Leerzeichen einstreuen wollen, dann müssen Sie die Ausdrücke jeweils in doppelte Anführungszeichen einschließen, wie beispielsweise in:

```
you@host > let "a=5+5" "b=4+4"
you@host > echo $a
10
you@host > echo $b
8
```

typeset

Die Builtin-Kommandos typeset und declare können Ihnen hier (und in vielen anderen Fällen auch) die Arbeit mit der Shell noch etwas komfortabler gestalten. Mit beiden Kommandos können Sie eine Shell-Variable erzeugen und/oder die Attribute einer Variablen setzen. Verwenden Sie z. B. die Option -i auf einer Variablen, wird sie in der Shell als Integer-Variable behandelt und gekennzeichnet:

```
you@host > typeset -i a b c
you@host > b=10
you@host > c=10
you@host > a=b+c
you@host > echo $a
20
```

Was hier gleich ins Auge sticht: Dank der Integer-Deklaration entfällt beim Rechnen mit den Integer-Variablen auch das $-Zeichen bei der Anwendung:

```
# Beispiel mit typeset
# Name : atypeset

typeset -i c

a=5
b=2

c=a+b
echo $c

c=a*b
echo $c

c=\(a+b\)*2
echo $c
```

Wie schon beim Kommando `let` ist es nicht nötig, alle Variablen als Integer zu deklarieren, wie Sie es schön im Shellscript `atypeset` sehen können. Es reicht aus, wenn Sie das Ergebnis als Integer kennzeichnen. Den Rest übernimmt die Shell wieder für Sie.

Hinweis

Bei jeder Version von Integer-Arithmetik (abgesehen von `expr`) wird das Sternchen auch als Rechenoperator erkannt und muss nicht erst als Expansionskandidat mit einem Backslash unschädlich gemacht werden. Die Klammern müssen Sie allerdings nach wie vor mit einem Backslash schützen.

Operator	Bedeutung
+, -, *, /	Addition, Subtraktion, Multiplikation, Division
%	Rest einer ganzzahligen Division (Modulo-Operator)

Tabelle 2.1 Arithmetische Operatoren (Bash und Korn-Shell)

<table>
<tr><th>Operator</th><th>Bedeutung</th></tr>
<tr><td>var+=n
var-=n
var*=n
var/=n
var%=n</td><td>Kurzformen für +, -, *, /, %
Kurzform für beispielsweise Addition: var+=n ist gleichwertig zu var=var+n</td></tr>
<tr><td>var>>n</td><td>bitweise Rechtsverschiebung um n Stellen</td></tr>
<tr><td>var<<n</td><td>bitweise Linksverschiebung um n Stellen</td></tr>
<tr><td>>>=
<<=</td><td>Kurzformen für die Rechts- bzw. Linksverschiebung << und >></td></tr>
<tr><td>var1&var2</td><td>bitweises UND</td></tr>
<tr><td>var1^var2</td><td>bitweises exklusives ODER (XOR)</td></tr>
<tr><td>var1|var2</td><td>bitweises ODER</td></tr>
<tr><td>~</td><td>bitweise Negation</td></tr>
<tr><td>&=
^=
|=</td><td>Kurzformen für bitweises UND, exklusives ODER sowie ODER (&, | und ^)</td></tr>
</table>

Tabelle 2.1 Arithmetische Operatoren (Bash und Korn-Shell) (Forts.)

Bei der Z-Shell gibt es noch die Möglichkeit, Variablen vom Typ `float` zu definieren:

```
you@host ~ % typeset -F FLOAT
you@host ~ % FLOAT=$((5 / 3))
you@host ~ % echo $FLOAT
1.0000000000
```

Zwar wird dann die Variable bei einfachen Berechnungen immer noch mit einem ganzzahligen Ergebnis angezeigt, aber mit zehn Nachkommastellen. Nur was bringt das? Im folgenden Beispiel sehen Sie, was passiert, wenn Sie in der Z-Shell mit zwei weiteren Float-Werten rechnen:

```
you@host ~ % typeset -F FLOAT2
you@host ~ % typeset -F FLOAT3
you@host ~ % FLOAT2=4.5
you@host ~ % FLOAT3=3.4
you@host ~ % FLOAT=$((FLOAT2 * FLOAT3))
you@host ~ % echo $FLOAT
15.3000000000
```

Da auf der Bash eine Typzuweisung »Float« nicht möglich ist, passiert auf ihr Folgendes:

```
you@host ~ % bash
you@host:~$ F1=4.5
you@host:~$ F2=3.4
you@host:~$ F=$((F1 * F2))
bash: 4.5: Syntaxfehler: Ungültiger arithmetischer Operator.
(Fehlerverursachendes Zeichen ist \".5\").
```

Wenn Sie in der Z-Shell mit dem Kommando `zmodload zsh/mathfunc` ein zusätzliches Modul laden, haben Sie noch weitere Möglichkeiten, Berechnungen durchzuführen. Informationen zu dem Modul finden Sie unter *http://zsh.sourceforge.net/Doc/Release/Zsh-Modules.html#The-zsh_002fmathfunc-Module.*

Intern oder extern – das ist hier die Frage

Wenn Sie sich jetzt fragen: »Warum gibt es verschiedene Möglichkeiten, und welche ist die beste?«, haben wir vielleicht noch einen Tipp für Sie: Die Abarbeitung der internen Funktionen, wie das Rechnen mit `(())`, ist im Vergleich zu dem Kommando `expr` schneller.

Die folgenden Beispiele zeigen den Unterschied. In ihnen wird mit dem Kommando `time` die Zeit ermittelt, die das System benötigt, um die Berechnung durchzuführen:

```
you@host > time ((z=5*6*1000*6000))
real    0m0.000s
user    0m0.000s
sys     0m0.000s
you@host > time y=`expr 5 \* 6 \* 1000 \* 6000`
real    0m0.023s
user    0m0.004s
sys     0m0.012s
```

In beiden Beispielen wird dieselbe Berechnung einer Variablen zugewiesen – im ersten Beispiel über die interne Funktion `(())` und im zweiten Beispiel mit dem externen Kommando `expr`. Zwar sind die Zeiten, die für die Berechnung benötigt werden, sehr kurz; wenn Sie aber später komplexere Shellscripts mit vielen Berechnungen erstellen, summieren sich die Zeiten. Deshalb ist es sinnvoll, möglichst immer die interne Funktion `(())` zu nutzen.

2.2.3 bc – Rechnen mit Fließkommazahlen und mathematischen Funktionen

Wahrscheinlich erschien Ihnen keine der oben vorgestellten Lösungen sonderlich elegant. Daher würde sich als Alternative und auf jeden Fall als Erleichterung das UNIX-Kommando bc anbieten.

bc ist ein Quasi-Taschenrechner, der von der Standardeingabe (Tastatur) zeilenweise arithmetische Ausdrücke erwartet und das Ergebnis wiederum zeilenweise auf der Standardausgabe (dem Bildschirm) ausgibt. bc arbeitet im Gegensatz zum verwandten Programm dc mit der gewohnten Infix-Schreibweise und verlangt kein Leerzeichen zwischen Operatoren und Operanden. Außerdem muss der arithmetische Operator * vor der Shell nicht geschützt werden. Entsprechendes gilt auch für runde Klammern.

bc ist eigentlich kein Befehl, sondern eher eine Art Shell mit einer Präzisionskalkulationssprache. Allerdings lässt sich bc auch gut in jeder Shell als Befehl verwenden. Die Argumente schiebt man dem Befehl mithilfe einer Pipe unter. Und gegenüber den Rechenoperationen, die sonst so in der Shell möglich sind, hat bc den Vorteil, dass es mit Fließkommazahlen rechnet.

Die Verwendung von bc ist allerdings auf den ersten Blick etwas gewöhnungsbedürftig, aber bei regelmäßiger Anwendung sollten keine größeren Probleme auftreten. Hier sehen Sie die Syntax:

```
Variable=`echo "[scale=n ;] Rechenoperation" | bc [-l]`
```

Angaben in eckigen Klammern sind optional. Mit scale=n können Sie die Genauigkeit (n) der Berechnung angeben. Die Rechenoperation besteht aus Ausdrücken, die durch Operatoren verbunden sind. Hierbei können alle bekannten arithmetischen Operatoren verwendet werden (inklusive der Potenzierung mit ^ und des Bildens einer Quadratwurzel mit sqrt()).

Wird bc mit der Option -l (für *library*) aufgerufen, können Sie auch auf Funktionen einer mathematischen Bibliothek (*math library*) zugreifen. In Tabelle 2.2 finden Sie einige Funktionen (x wird dabei durch einen entsprechenden Wert bzw. eine Variable ersetzt).

Funktion	Bedeutung
s(x)	Sinus von x
c(x)	Kosinus von x
a(x)	Arkustangens von x

Tabelle 2.2 Zusätzliche mathematische Funktionen von »bc« mit der Option »-l«

Funktion	Bedeutung
l(x)	natürlicher Logarithmus von x
e(x)	Exponentialfunktion e hoch x

Tabelle 2.2 Zusätzliche mathematische Funktionen von »bc« mit der Option »-l« (Forts.)

Ihnen bc bis ins Detail zu erläutern, ist wohl zu viel des Guten, aber zumindest verfügen Sie damit über ein Werkzeug für alle wichtigen mathematischen Probleme, das Sie selbstverständlich auch für Integer-Arithmetik einsetzen können.

Hier folgt ein Shellscript mit einigen Anwendungsbeispielen von bc (inklusive der *math library*):

```
# Demonstriert die Verwendung von bc
# Name : abc

echo Rechnen mit bc

varA=1.23
varB=2.34
varC=3.45

# Addieren, Genauigkeit 3 nach dem Komma
gesamt=`echo "scale=2 ; $varA+$varB+$varC" | bc`
echo $gesamt

# Quadratwurzel
varSQRT=`echo "scale=5 ; sqrt($varA)" | bc`
echo $varSQRT

# Einfache Integer-Arithmetik
varINT=`echo "(8+5)*2" | bc`
echo $varINT

# Trigonometrische Berechnung mit der math library -l
varRAD=`echo "scale=10 ; a(1)/45" | bc -l`
echo -e "1° = $varRAD rad"

# Sinus
varSINUS45=`echo "scale=10 ; s(45*$varRAD)" | bc -l`
echo "Der Sinus von 45° ist $varSINUS45"
```

Das Shellscript bei der Ausführung:

```
you@host > ./abc
Rechnen mit bc
7.02
1.10905
26
1° = .0174532925 rad
Der Sinus von 45° ist .7071067805
```

Zahlen konvertieren mit bc: bin/hex/dec

Zum Konvertieren von Zahlen können Sie ebenfalls auf das Kommando `bc` setzen. Hierzu finden Sie bei `bc` zwei Variablen: `ibase` und `obase`. Das `i` steht für *Input* (Eingabe der Zahlenbasis), das `o` für *Output* (gewünschte Ausgabe der Zahlenbasis) und `base` für die gewünschte Zahlenbasis. Beiden Variablen kann ein Wert von 2 bis 16 übergeben werden. Der Standardwert beider Variablen entspricht unserem Dezimalsystem, also 10. Wenn Sie `ibase` und `obase` gemeinsam benutzen, müssen Sie beim Umrechnen von beispielsweise binär nach dezimal die Reihenfolge beachten, weil sonst das Ergebnis nicht stimmt (siehe das folgende Beispiel).

```
# Demonstriert die Konvertierung verschiedener Zahlensysteme
# Name : aconvert

varDEZ=123

echo $varDEZ

# Dez2Hex
var=`echo "obase=16 ; $varDEZ" | bc`
echo $var

# Dez2Oct
var=`echo "obase=8 ; $varDEZ" | bc`
echo $var

# Dez2Bin
var=`echo "obase=2 ; $varDEZ" | bc`
echo $var

# Bin2Dez - Reihenfolge von obase und ibase beachten
dez=`echo "obase=10 ; ibase=2 ; $var" | bc`
echo $dez
```

Das Script bei der Ausführung:

```
you@host > ./aconvert
123
7B
173
1111011
123
```

2.3 Zeichenketten

Zum Bearbeiten von Zeichenketten werden immer noch vorrangig die alten UNIX-Tools (sofern auf dem System vorhanden) wie `tr`, `cut`, `paste`, `sed` und natürlich `awk` verwendet. Sofern Ihr Script überall laufen soll, sind Sie mit diesen Mitteln immer auf der sicheren Seite. Im Gegensatz zur Bourne-Shell bieten Ihnen hierzu die Bash und die Korn-Shell auch einige eingebaute Funktionen an.

2.3.1 Stringverarbeitung

Wir möchten Ihnen zunächst die grundlegenden UNIX-Kommandos zur Stringverarbeitung ans Herz legen, mit denen Sie auf jeder Shell arbeiten können, also auch auf der Bourne-Shell.

Schneiden mit cut

Müssen Sie aus einer Datei oder aus der Ausgabe eines Befehls bestimmte Datenfelder extrahieren (herausschneiden), leistet Ihnen das Kommando `cut` sehr gute Dienste. Die Syntax von `cut` sieht wie folgt aus:

```
cut -option datei
```

Wenn Sie beispielsweise das Kommando folgendermaßen verwenden:

```
you@host > cut -c5 gedicht.txt
```

dann würden Sie aus der Textdatei *gedicht.txt* jeweils aus jeder Zeile das fünfte Zeichen extrahieren. Die Option `-c` steht für *character* (also Zeichen). Wollen Sie hingegen aus jeder Zeile einer Datei ab dem fünften Zeichen bis zum Zeilenende alles extrahieren, dann wird `cut` wie folgt verwendet:

```
you@host > cut -c5- gedicht.txt
```

Wollen Sie aus jeder Zeile der Datei alles ab dem fünften bis zum zehnten Zeichen herausschneiden, sieht die Verwendung des Kommandos so aus:

```
you@host > cut -c5-10 gedicht.txt
```

Natürlich lassen sich auch mehrere einzelne Zeichen und Zeichenbereiche mit cut heraustrennen. Dafür müssen Sie ein Komma zwischen den einzelnen Zeichen bzw. Zeichenbereichen setzen:

```
you@host > cut -c1,3,5,6,7-12,14 gedicht.txt
```

Hiermit würden Sie das erste, dritte, fünfte, sechste, siebte bis zwölfte und das vierzehnte Zeichen aus jeder Zeile extrahieren.

Häufig wird das Kommando cut in Verbindung mit einer Pipe verwendet, sprich cut erhält die Standardeingabe von einem anderen Kommando und nicht von einer Datei. Das einfachste Beispiel ist das Kommando who:

```
you@host > who
sn       pts/0     Feb  5 13:52 (p83.129.9.xxx.tisdip.mnet.de)
mm       pts/2     Feb  5 15:59 (p83.129.4.xxx.tisdip.mnet.de)
kd10129  pts/3     Feb  5 16:13 (pd9e9bxxx.dip.t-dialin.net)
you      tty01     Feb  5 16:13 (console)
you@host > who | cut -c1-8
sn
mm
kd10129
you
```

Hier wurden zum Beispiel aus dem Kommando who die Benutzer (die ersten acht Zeichen) auf dem System extrahiert. Wollen Sie hingegen den Benutzernamen und die Uhrzeit des Logins extrahieren, so ist dies mit cut kein Problem:

```
you@host > who | cut -c1-8,30-35
sn       13:52
mm       15:59
kd10129 16:13
```

cut lässt Sie auch nicht im Stich, wenn die Daten nicht so ordentlich in Reih und Glied aufgelistet sind, wie dies eben bei who der Fall war. Folgendes sei gegeben:

```
you@host > cat datei.csv
tot;15:21;17:32;
you;18:22;23:12;
kd10129;17:11;20:23;
```

Dies soll eine Login-Datei darstellen, die zeigt, welcher Benutzer von wann bis wann eingeloggt war. Um hier bestimmte Daten zu extrahieren, bieten sich die Optionen -d (Abkürzung für engl. *delimiter* = Begrenzungszeichen) und -f (Abkürzung für engl.

field = Feld) an. Im Beispiel besteht das Begrenzungszeichen aus einem Semikolon (;). Wollen Sie beispielsweise nur die Benutzer (Feld 1) aus dieser Datei extrahieren, gehen Sie mit cut so vor:

```
you@host > cut -d\; -f1 datei.csv
tot
you
kd10129
```

Um die Sonderbedeutung des Semikolons abzuschalten, wurde hier ein Backslash verwendet. Wollen Sie hingegen den Benutzer und die Auslogzeit extrahieren, dann erreichen Sie dies folgendermaßen:

```
you@host > cut -d\; -f1,3 datei.csv
tot;17:32
you;23:12
kd10129;20:23
```

> **Standard-Begrenzungszeichen von »cut«**
>
> Setzen Sie cut ohne die Option -d ein, wird das Tabulatorzeichen standardmäßig als Begrenzungszeichen verwendet.

Einfügen mit paste

Das Gegenstück zu cut ist das Kommando paste (engl. *paste* = kleben), mit dem Sie etwas in Zeilen einfügen bzw. zusammenfügen können. Einfachstes Beispiel:

```
you@host > cat namen.txt
john
bert
erni
flip
you@host > cat nummer.txt
(123)12345
(089)234564
(432)4534
(019)311334
you@host > paste namen.txt nummer.txt > zusammen.txt
you@host > cat zusammen.txt
john    (123)12345
bert    (089)234564
erni    (432)4534
flip    (019)311334
```

Hier wurden die entsprechenden Zeilen der Dateien *namen.txt* und *nummer.txt* zusammengefügt, und die Ausgabe wurde in die Datei *zusammen.txt* umgeleitet. Natürlich können Sie auch mehr als nur zwei Dateien zeilenweise zusammenfügen. Wollen Sie auch noch ein anderes Begrenzungszeichen verwenden, können Sie mit der Option `-d` ein entsprechendes Zeichen einsetzen.

Der Filter tr

Häufig verwendet wird der Filter `tr`, mit dem Sie einzelne Zeichen aus der Standardeingabe übersetzen können. Die Syntax lautet:

```
tr von_Zeichen nach_Zeichen
```

Bei den Argumenten `von_Zeichen` und `nach_Zeichen` können Sie ein einzelnes oder mehrere Zeichen verwenden. Dabei wird jedes Zeichen `von_Zeichen`, das aus der Standardeingabe kommt, übersetzt in `nach_Zeichen`. Die Übersetzung erfolgt wie gehabt auf die Standardausgabe. Als Beispiel soll folgendes Gedicht verwendet werden:

```
you@host > cat gedicht.txt
Schreiben, wollte ich ein paar Zeilen.
Buchstabe für Buchstabe reihe ich aneinand.
Ja, schreiben, meine Gedanken verweilen.
Wort für Wort, es sind mir viele bekannt.

Satz für Satz, geht es fließend voran.
Aber um welchen transzendenten Preis?
Was kostet mich das an Nerven, sodann?
An Kraft, an Seele, an Geist und Fleiß?

(von Brigitte Obermaier alias Miss Zauberblume)
```

Wollen Sie jetzt hier sinnloserweise jedes »a« durch ein »b« ersetzen, geht das so:

```
you@host > tr a b < gedicht.txt
Schreiben, wollte ich ein pbbr Zeilen.
Buchstbbe für Buchstbbe reihe ich bneinbnd.
Jb, schreiben, meine Gedbnken verweilen.
Wort für Wort, es sind mir viele bekbnnt.

Sbtz für Sbtz, geht es fließend vorbn.
Aber um welchen trbnszendenten Preis?
Wbs kostet mich dbs bn Nerven, sodbnn?
An Krbft, bn Seele, bn Geist und Fleiß?

(von Brigitte Obermbier blibs Miss Zbuberblume)
```

Nun folgt ein etwas sinnvolleres Beispiel. Erinnern Sie sich an den folgenden cut-Befehl?

```
you@host > cut -d\; -f1,3 datei.csv
tot;17:32
you;23:12
kd10129;20:23
```

Die Ausgabe ist nicht unbedingt schön leserlich. Hier würde sich der Filter tr mit einer Pipe hervorragend eignen. Schieben wir doch einfach in die Standardeingabe von tr die Standardausgabe von cut und ersetzen wir das Semikolon durch ein Tabulatorzeichen (\t):

```
you@host > cut -d\; -f1,3 datei.csv | tr \; '\t'
tot     17:32
you     23:12
kd10129 20:23
```

Dies sieht doch schon um einiges besser aus. Natürlich muss auch hier das Semikolon mit einem Backslash ausgegrenzt werden. Ebenso können Sie wieder ganze Zeichenbereiche verwenden, wie Sie es von der Shell (Stichwort: Wildcards) her kennen:

```
you@host > tr '[a-z]' '[A-Z]' < gedicht.txt
SCHREIBEN, WOLLTE ICH EIN PAAR ZEILEN.
BUCHSTABE FüR BUCHSTABE REIHE ICH ANEINAND.
JA, SCHREIBEN, MEINE GEDANKEN VERWEILEN.
WORT FüR WORT, ES SIND MIR VIELE BEKANNT.

SATZ FüR SATZ, GEHT ES FLIEßEND VORAN.
ABER UM WELCHEN TRANSZENDENTEN PREIS?
WAS KOSTET MICH DAS AN NERVEN, SODANN?
AN KRAFT, AN SEELE, AN GEIST UND FLEIß?

(VON BRIGITTE OBERMAIER ALIAS MISS ZAUBERBLUME)
```

Damit allerdings hier auch der Filter tr diese Zeichenbereiche erhält und unsere Shell nicht daraus eine Datei-Expansion macht, müssen Sie diese Zeichenbereiche für tr zwischen einfache Anführungsstriche setzen.

Wollen Sie bestimmte Zeichen aus dem Eingabestrom löschen, können Sie die Option -d verwenden:

```
you@host ~ % tr -d ' \n' <gedicht.txt
Schreiben,wollteicheinpaarZeilen.BuchstabefürBuchstabereiheichaneinand.Ja,
schreiben,meineGedankenverweilen.WortfürWort,essindmirvielebekannt.SatzfürSatz
```

```
,gehtesfließendvoran.AberumwelchentranszendentenPreis?
WaskostetmichdasanNerven,sodann?AnKraft,anSeele,anGeistundFleiß?
Schreiben,wollteicheinpaarZeilen.BuchstabefürBuchstabereiheichaneinand.Ja,
schreiben,meineGedankenverweilen.WortfürWort,essindmirvielebekannt.SatzfürSatz
,gehtesfließendvoran.AberumwelchentranszendentenPreis?
WaskostetmichdasanNerven,sodann?AnKraft,anSeele,anGeistundFleiß?
```

Hier wurden alle Leer- und Newline-Zeichen (Zeilenumbrüche) gelöscht. Mehrere Zeichen werden – wie Sie sehen – einfach hintereinandergeschrieben. In dem Beispiel stehen ein Leerzeichen und das Zeilenendezeichen zwischen den einfachen Anführungsstrichen.

Die Option -s von tr wird ebenfalls gern genutzt. Damit können Sie mehrfach aufeinanderfolgende gleiche Zeichen gegen ein anderes Zeichen austauschen. Dies wird zum Beispiel verwendet, wenn in einer Datei unnötig viele Leerzeichen oder Zeilenumbrüche vorkommen. Stehen in einer Textdatei unnötig viele Leerzeichen hintereinander, so können Sie diese folgendermaßen durch ein einzelnes Leerzeichen ersetzen:

```
you@host > tr -s ' ' ' ' < datei.txt
```

Gleicher Fall mit unnötig vielen Zeilenumbrüchen:

```
you@host > tr -s '\n' '\n' < datei.txt
```

Die Killer-Tools – sed, awk und reguläre Ausdrücke

Die absoluten Killer-Tools für die Textverarbeitung stehen Ihnen mit awk und sed zur Verfügung. Bei der Verwendung von sed, awk, grep und vielen anderen UNIX-Tools kommen Sie auf Dauer um die regulären Ausdrücke nicht herum. Sollten Sie also eine Einführung in diese UNIX-Tools benötigen, schauen Sie sich erst mal die Kapitel 11 bis Kapitel 13 an.

Damit Sie einen ersten Eindruck von ihren Möglichkeiten erhalten, demonstrieren wir kurz die Verwendung von awk und sed in der Shell. Wollen Sie etwa mit awk die Länge einer Zeichenkette ermitteln, ist dies mit den eingebauten (String-)Funktionen von awk kein Problem:

```
you@host > zeichen="juergen wolf"
you@host > echo $zeichen | awk '{print length($zeichen)}'
12
```

Hier schieben Sie über eine Pipe die Standardausgabe von echo an die Standardeingabe von awk. Im Anweisungsblock von awk wird dann der Befehl print (zur Ausgabe) verwendet. print gibt dabei die Länge (awk-Funktion length) der Variablen zeichen aus. In einem Shellscript werden Sie allerdings selten die Länge oder den Wert eines

Kommandos ausgeben wollen, sondern möchten meistens damit weiterarbeiten. Um dies zu realisieren, wird wieder die Kommando-Substitution verwendet:

```
# Demonstriert das Kommando awk im Shellscript
# Name : aawk

zeichen="juergen wolf"

laenge=`echo $zeichen | awk '{print length($zeichen)}'`

echo "$zeichen enthaelt $laenge Zeichen"
```

Das Beispiel bei der Ausführung:

```
you@host > ./aawk
juergen wolf enthaelt 12 Zeichen
```

Neben der Funktion length() steht Ihnen noch eine Reihe weiterer typischer Stringfunktionen mit awk zur Verfügung. Wir haben sie in Tabelle 2.3 aufgelistet. Die Anwendung dieser Funktionen entspricht im Prinzip derjenigen, die Sie eben mit length() gesehen haben. Sofern Ihnen awk noch nicht so richtig von der Hand gehen will, empfehlen wir Ihnen, zunächst Kapitel 13, »awk-Programmierung«, zu lesen.

Funktion	Bedeutung
tolower str	Komplette Zeichenkette in Kleinbuchstaben umwandeln.
toupper str	Komplette Zeichenkette in Großbuchstaben umwandeln.
index(str, substr)	Gibt die Position zurück, an der substr in str anfängt.
match(str, regexpr)	Überprüft, ob der reguläre Ausdruck regexpr in str enthalten ist.
substr(str, start, len)	Gibt einen Teilstring ab Position start mit der Länge len aus str zurück.
split(str, array, sep)	Teilt einen String in einzelne Felder auf und übergibt diese an ein Array. sep dient dabei als Feldtrenner.
gsub(alt, neu, str)	Ersetzt in str den String alt durch neu.
sub(alt, neu, str)	Ersetzt das erste Vorkommen von alt durch neu in str.
sprintf("fmt",expr)	Verwendet die printf-Formatbeschreibung für expr.

Tabelle 2.3 Die Builtin-Stringfunktionen von »awk«

Neben awk wollen wir Ihnen hier auch kurz den Einsatz von sed auf Zeichenketten zeigen. sed wird vorzugsweise eingesetzt, um aus ganzen Textdateien bestimmte Teile herauszufiltern, zu verändern oder zu löschen. Auch hier geht man mit einer Pipe zu Werke. Will man eine ganze Textdatei durch sed jagen, geht man folgendermaßen vor:

```
you@host > cat gedicht.txt | sed 's/Satz/Wort/g'
```

Hier wird die Ausgabe von cat durch eine Pipe an die Eingabe von sed weitergegeben. sed ersetzt jetzt jedes Wort »Satz« durch das Wort »Wort« und gibt die Ersetzung an die Standardausgabe aus. s steht hier für *substitute* und das Suffix g für *global*, was bedeutet, dass die Ersetzung nicht nur einmal, sondern im kompletten Text umgesetzt wird, also auch bei mehrfachen Vorkommen. Natürlich wird hier wieder bevorzugt die Kommando-Substitution im Shellscript verwendet.

```
# Demonstriert sed im Shellscript
# Name : ased

zeichenkette="... und sie dreht sich doch"

neu=`echo $zeichenkette | sed 's/sie/die Erde/g'`

echo $neu
```

Das Shellscript bei der Ausführung:

```
you@host > ./ased
... und die Erde dreht sich doch
```

Dies sollte als Kurzeinstieg in die Power-Tools sed und awk genügen. Mehr dazu finden Sie in Kapitel 12, »Der Stream-Editor sed«, und Kapitel 13, »awk-Programmierung«.

2.3.2 Erweiterte Funktionen für Bash, Korn-Shell und Z-Shell

Der Bash, der Korn-Shell und der Z-Shell wurden im Gegensatz zur Bourne-Shell für die Stringverarbeitung einige Extrafunktionen spendiert, die allerdings in keiner Weise die eben vorgestellten UNIX-Tools ersetzen. Hierbei handelt es sich höchstens um einige Abkürzungen.

Länge eines Strings

Wenn Sie in der Bash oder der Korn-Shell nicht auf awk zurückgreifen wollen, können Sie die Länge eines Strings mit folgender Syntax ermitteln:

```
${#zeichenkette}
```

In der Praxis sieht dies folgendermaßen aus:

```
you@host > zeichenkette="... keep alive"
you@host > echo "Laenge von $zeichenkette ist ${#zeichenkette}"
Laenge von ... keep alive ist 14
```

Aneinanderreihen von Strings

Die Aneinanderreihung von Strings ist recht einfach. Sie müssen lediglich die einzelnen Variablen hintereinanderschreiben und mit einer Begrenzung versehen:

```
you@host > user=you
you@host > login=15:22
you@host > logout=18:21
you@host > daten=${user}:${login}_bis_${logout}
you@host > echo $daten
you:15:22_bis_18:21
```

(Teil-)String entfernen

Die Bash und die Korn-Shell bieten Ihnen einige interessante Funktionen an , mit denen Sie einen bestimmten (Teil-)String oder, besser gesagt, ein Muster (weil hier auch die Metazeichen *, ? und [ ] verwendet werden können) aus einem String entfernen können. Weil sie etwas umständlich zu nutzen sind, werden sie recht selten verwendet (siehe Tabelle 2.4).

Funktion	Gibt Folgendes zurück
`${var#pattern}`	Den Wert von `var` ohne den *kleinstmöglichen* durch `pattern` abgedeckten *linken* Teilstring. Bei keiner Abdeckung wird der Inhalt von `var` zurückgegeben.
`${var##pattern}`	Den Wert von `var` ohne den *größtmöglichen* durch `pattern` abgedeckten *linken* Teilstring. Bei keiner Abdeckung wird der Inhalt von `var` zurückgegeben.
`${var%pattern}`	Den Wert von `var` ohne den *kleinstmöglichen* durch `pattern` abgedeckten *rechten* Teilstring. Bei keiner Abdeckung wird der Inhalt von `var` zurückgegeben.
`${var%%pattern}`	Den Wert von `var` ohne den *größtmöglichen* durch `pattern` abgedeckten *rechten* Teilstring. Bei keiner Abdeckung wird der Inhalt von `var` zurückgegeben.

Tabelle 2.4 Stringfunktionen von Bash und Korn-Shell

Das folgende Shellscript demonstriert diese Funktionen:

```
# Name : acut

var1="1234567890"
var2="/home/you/Dokuments/shell/kapitel2.txt"

pfad=${var2 %/*}
file=${var2##*/}
echo "Komplette Angabe: $var2"
echo "Pfad            : $pfad"
echo "Datei           : $file"

# rechts 2 Zeichen abschneiden
echo ${var1 %??}
# links 2 Zeichen abschneiden
echo ${var1#??}
# im Klartext ohne Metazeichen
echo ${var2 %/kapitel2.txt}
```

Das Script bei der Ausführung:

```
you@host > ./acut
Komplette Angabe: /home/you/Dokuments/shell/kapitel2.txt
Pfad            : /home/you/Dokuments/shell
Datei           : kapitel2.txt
12345678
34567890
/home/you/Dokuments/shell
```

Die Metazeichen *, ? und [ ] können Sie hierbei genau so einsetzen, wie Sie es bereits von der Datei-Expansion her kennen. Zugegeben, sehr lesefreundlich sind diese Funktionen nicht gerade, aber in Verbindung mit einer Pfadangabe, wie im Beispiel gesehen, kann man recht gut mit ihnen arbeiten.

String rechts oder links abschneiden (nur Korn-Shell und Z-Shell)

Die Korn-Shell und die Z-Shell bieten Ihnen die Möglichkeit, bei einem String von der rechten oder linken Seite etwas abzuschneiden. Hierzu verwendet man wieder den Befehl `typeset`. Mit `typeset` wird nicht etwas im eigentlichen Sinne abgeschnitten, sondern Sie deklarieren lediglich die Länge einer Variablen, also welche Anzahl von Zeichen diese aufnehmen darf, beispielsweise:

```
you@host > typeset -L5 atext
you@host > atext=1234567890
you@host > echo $atext
12345
```

Hier legen Sie die Länge der Variablen `atext` auf 5 Zeichen fest. Die Option `-L` steht dabei für eine linksbündige Ausrichtung, was allerdings bei einem leeren String keinen Effekt hat. Damit könnten Sie praktisch mit `-L` eine Zeichenkette links um *n* Zeichen abschneiden. Die Gegenoption, um von der rechten Seite etwas zu entfernen, lautet `-R`*n*. Mit *n* geben Sie die Anzahl der Zeichen an, die Sie von der rechten Seite abschneiden wollen. Hier sehen Sie `typset` im Einsatz:

```
you@host > zeichenkette=1234567890
you@host > typeset -L5 zeichenkette
you@host > echo $zeichenkette
12345

you@host > typeset -R3 zeichenkette
you@host > echo $zeichenkette
345
```

(Teil-)Strings ausschneiden (Bash und Z-Shell)

Die Bash und die Z-Shell bieten eine sinnvolle Funktion an, um aus einem String Teile herauszuschneiden (ähnlich wie mit dem Kommando `cut`). Auch die Anwendung ist recht passabel und lesefreundlich. Die Syntax sieht so aus:

```
${var:start:laenge}
${var:start}
```

Damit schneiden Sie aus der Variablen `var` ab der Position `start` die angegebene `laenge` an Zeichen heraus. Erfolgt keine Angabe zu `laenge`, wird von der Position `start` bis zum Ende alles herauskopiert.

```
you@host > zeichenkette=1234567890
you@host > echo ${zeichenkette:3:6}
456789
you@host > echo ${zeichenkette:5}
67890
you@host > neu=${zeichenkette:5:3}
you@host > echo $neu
678
you@host > mehr=${zeichenkette:5:1}_und_${zeichenkette:8:2}
you@host > echo $mehr
6_und_90
```

Mit der Bash-Version 4.x ist eine zusätzliche Funktion der Stringmanipulation hinzugekommen. Jetzt kann auch der hintere Teil eines Strings abgeschnitten werden. Dafür werden für die Länge negative Zahlen verwendet:

```
you@host > zeichenkette=1234567890
you@host > ende=$(echo ${zeichenkette:2:-2})
you@host > echo $ende
345678
```

Auch die Z-Shell unterstützt diese Stringmanipulation.

Umwandlung von Groß- und Kleinbuchstaben

Ab Version 4.x der Bash steht Ihnen eine weitere Funktion für die Bearbeitung von Strings zur Verfügung. Dabei handelt es sich um eine Möglichkeit, Buchstaben in Groß- oder Kleinbuchstaben umzuwandeln. Außerdem besteht die Möglichkeit, nur den ersten Buchstaben umzuwandeln. Die folgenden Beispiele wandeln in Großbuchstaben um:

```
you@host > name=stefan
you@host > echo $name
stefan
you@host > echo ${name^}
Stefan
you@host > echo ${name^^}
STEFAN
```

Aber was passiert, wenn alle Buchstaben unterschiedlich geschrieben werden? Genau das zeigt das nächste Beispiel:

```
you@host:~$ name=sTeFaN
you@host:~$ echo $name
sTeFaN
you@host:~$ echo ${name^}
STeFaN
you@host:~$ echo ${name^^}
STEFAN
```

Sie sehen hier, dass im ersten Beispiel wirklich nur der erste Buchstabe berücksichtigt wird, die anderen Buchstaben bleiben unangetastet. Wollen Sie also sichergehen, dass wirklich alle Buchstaben nach dem ersten großgeschrieben werden, müssen Sie erst mit dem Kommando `tr` die Zeichenkette umwandeln.

Auch für das Kleinschreiben bietet die Bash ab der Version 4.x eine Möglichkeit:

```
you@host > name=STEFAN
you@host > echo $name
STEFAN
you@host > echo ${name,}
sTEFAN
you@host > echo ${name,,}
stefan
```

Auch hier würde bei einer gemischten Schreibweise des Namens im ersten Beispiel nur der erste Buchstabe berücksichtigt.

2.4 Quotings und Kommando-Substitution

Jetzt kommen wir zu einem längst überfälligen Thema, den Quotings, zu dem ebenfalls die Kommando-Substitution (oder Kommandoersetzung) gehört. In den Beispielen zuvor haben wir häufiger Quotings eingesetzt, ohne dass wir jemals genauer darauf eingegangen sind.

Quoting ist die englische Bezeichnung für verschiedene Anführungszeichen (*Quotes*). Generell unterscheidet man dabei zwischen *Single Quotes* ('), *Double Quotes* (") und den *Back Quotes* (`), siehe dazu Tabelle 2.5.

Zeichen	Bedeutung
'	Single Quote, einfaches Anführungszeichen
"	Double Quote, doppeltes Anführungszeichen (oder »Gänsefüßchen«)
`	Back Quote, Backtick, Gravis-Zeichen, umgekehrtes einfaches Anführungszeichen

Tabelle 2.5 Verschiedene Quotes

2.4.1 Single und Double Quotings

Betrachten Sie, um den Sinn von Quotings zu verstehen, die folgenden echo-Ausgaben:

```
you@host > echo *** Hier wird $SHELL ausgeführt ***
aawk acut ased bin chmlib-0.35.tgz datei.csv Desktop Documents gedicht.txt
namen.txt nummer.txt OpenOffice.org1.1 public_html Shellbuch zusammen.txt
```

```
Hier wird /bin/bash ausgeführt aawk acut ased bin chmlib-0.35.tgz datei.csv
Desktop Documents gedicht.txt namen.txt nummer.txt OpenOffice.org1.1
public_html Shellbuch zusammen.txt
```


Das war sicherlich nicht die gewünschte und erwartete Ausgabe. Da im Befehl das Metazeichen * mehrmals verwendet wurde, werden für jedes Sternchen alle Dateinamen im Verzeichnis ausgegeben. Nach Ihrem Wissensstand könnten Sie dem Problem mit mehreren Backslash-Zeichen begegnen:

```
you@host > echo \*\*\* Hier wird $SHELL ausgeführt \*\*\*
*** Hier wird /bin/bash ausgeführt ***
```

Backslash-Zeichen bei einem Apple-Keyboard

Haben Sie eine Mac-Tastatur, auf der weit und breit kein Backslash-Zeichen zu sehen ist, können Sie ein solches Zeichen mit [⇧]+[Alt]+[7] erzeugen.

Aber auf Dauer ist dies wohl eher umständlich und auch sehr fehleranfällig. Testen Sie das ganze Beispiel doch einmal, indem Sie den auszugebenden Text in Single Quotes stellen:

```
you@host > echo '*** Hier wird $SHELL ausgeführt ***'
*** Hier wird $SHELL ausgeführt ***
```

Daraus können Sie nun schlussfolgern, dass bei der Verwendung von Single Quotes die Metazeichen (hier *) ausgeschaltet werden. Aber im Beispiel wurde auch die Umgebungsvariable `$SHELL` ausgequotet. Wenn Sie also die Variablen im Klartext ausgeben wollen (mitsamt Dollarzeichen), dann könnten Sie dies mit Single Quotes erreichen. Die Single Quotes helfen Ihnen auch beim Multiplizieren mit dem Kommando `expr`:

```
you@host > expr 10 * 10
expr: Syntaxfehler
you@host > expr 10 \* 10
100
you@host > expr 10 '*' 10
100
```

Zurück zu unserer Textausgabe. Wollen Sie den Wert einer Variablen (im Beispiel `SHELL`) ebenfalls ausgeben lassen, dann sollten Sie Double Quotes verwenden:

```
you@host > echo "*** Hier wird $SHELL ausgeführt ***"
*** Hier wird /bin/bash ausgeführt ***
```

Es mag jetzt verwirrend sein, dass ein Double Quoting den Inhalt einer Variablen anzeigt, aber die Sonderbedeutung des Metazeichens * ausschließt. Dies liegt daran, dass Double Quotes alle Metazeichen ausschließen bis auf das Dollarzeichen (also auch die Variablen), das Back-Quote-Zeichen und den Backslash.

Leerzeichen und Zeilenumbrüche

Damit Sie für den Fall der Fälle beim Verwenden der Single und Double Quotes keine Formatierungsprobleme bei der Ausgabe bekommen, folgen noch ein paar Hinweise. Das Thema Leerzeichen haben wir ja bereits kurz bei der Beschreibung des Befehls echo erwähnt.

```
you@host > echo Name     ID-Nr.     Passwort
Name ID-Nr. Passwort
```

Im Beispiel oben wurden zwar einige Leerzeichen verwendet, die aber bei der Ausgabe nicht erscheinen. Vielleicht mag dies den einen oder anderen verwundern, aber auch Leerzeichen haben eine Sonderbedeutung. Ein Leerzeichen möchte in einer Shell eben immer gern ein Trennzeichen zwischen zwei Befehlen sein. Um dem Zeichen seine Bedeutung als Trennzeichen zu nehmen, müssen Sie auch hierbei Quotings einsetzen:

```
you@host > echo 'Name     ID-Nr.     Passwort'
Name     ID-Nr.     Passwort
you@host > echo "Name     ID-Nr.     Passwort"
Name     ID-Nr.     Passwort
```

Selbstverständlich hält Sie niemand davon ab, nur diese Leerzeichen zu quoten:

```
you@host > echo Name'     'ID-Nr.'     Passwort'
Name     ID-Nr.     Passwort
```

Ähnlich sieht es bei einem Zeilenwechsel aus:

```
you@host > echo Ein Zeilenwechsel \
> wird gemacht
Ein Zeilenwechsel wird gemacht
you@host > echo 'Ein Zeilenwechsel \
> wird gemacht'
Ein Zeilenwechsel \
wird gemacht
you@host > echo 'Ein Zeilenwechsel
wird gemacht'
Ein Zeilenwechsel
wird gemacht
```

```
you@host > echo "Ein Zeilenwechsel
> wird gemacht"
Ein Zeilenwechsel
wird gemacht
you@host > echo "Ein Zeilenwechsel \
wird gemacht"
Ein Zeilenwechsel wird gemacht
```

Verwenden Sie beispielsweise das Backslash-Zeichen bei einem Zeilenwechsel in Single Quotes, so wird es außer Kraft gesetzt und wie ein normales Zeichen ausgegeben. Beim Double Quoting hingegen behält das Backslash-Zeichen weiterhin seine Sonderbedeutung beim Zeilenumbruch. Ansonsten wird bei der Verwendung von Single oder Double Quotes bei Zeilenumbrüchen kein Backslash-Zeichen eingesetzt, um einen Zeilenumbruch auszugeben.

2.4.2 Kommando-Substitution – Back Quotes

Die Funktion einer Shell schlechthin ist die Kommando-Substitution. Ohne dieses Feature wäre die Shell-Programmierung wohl nur die Hälfte wert. Erst mit ihm wird es möglich, das Ergebnis eines Kommandos in einer Variablen abzuspeichern, anstatt eine Ausgabe auf dem Bildschirm (bzw. in einer Datei) vorzunehmen. In der Praxis gibt es zwei Anwendungen der Kommando-Substitution:

```
variable=`kommando`
grep `kommando` file oder grep suche `kommando`
```

Bei der ersten Variante wird die Ausgabe eines Kommandos in einer Variablen gespeichert. Bei der zweiten Version wird die Ausgabe eines Kommandos für ein weiteres Kommando verwendet. Die Shell erkennt eine solche Kommando-Substitution, wenn ein Kommando oder mehrere Kommandos zwischen Back Quotes (`) eingeschlossen sind. Das einfachste und immer wieder gern verwendete Beispiel ist das Kommando `date`:

```
you@host > datum=`date`
you@host > echo $datum
Sa 30 Apr 2022 15:48:15 CEST
you@host > tag=`date +%A`
you@host > echo "Heute ist $tag"
Heute ist Samstag
```

Programmieren Sie Scripts, ist die Kommando-Substitution für Sie sozusagen die Luft zum Atmen, weshalb Sie sehr gut beraten sind, sich intensiv mit ihr zu beschäftigen.

Daher ist es auch unbedingt notwendig, sich bei der Shell-Programmierung mit den Linux/UNIX-Kommandos zu befassen. Hier sehen Sie ein einfaches Shellscript dazu:

```
# Demonstriert die Kommando-Substitution
# Name : asubstit

tag=`date +%A`
datum=`date +%d.%m.%Y`
count=`ls -l | wc -l`

echo "Heute ist $tag der $datum"
echo "Sie befinden sich in $PWD (Inhalt: $count Dateien)"
```

Das Script bei der Ausführung:

```
you@host > ./asubstit
Heute ist Samstag der 30.04.2022
Sie befinden sich in /home/tot (Inhalt: 17 Dateien)
```

Die Kommando-Substitution wird in der Praxis aber häufig noch auf andere Weise verwendet, als wir eben demonstriert haben. Man kann mithilfe der Back Quotes auch die Ausgabe eines Kommandos für ein weiteres Kommando verwenden. Damit erhält ein Kommando den Rückgabewert eines anderen Kommandos. Das hört sich schlimmer an, als es ist:

```
you@host > echo "Heute ist `date +%A`"
Heute ist Samstag
```

Im Beispiel können Sie sehen, dass die Kommando-Substitution auch zwischen Double Quotes ihre Bedeutung behält. Entmachten können Sie die Back Quotes wieder mit einem Backslash-Zeichen:

```
you@host > echo "Heute ist \`date +%A\`"
Heute ist 'date +%A'
```

In welcher Reihenfolge mehrere Kommando-Substitutionen ausgeführt werden, ermitteln Sie am besten selbst mit der Option `-x` für die Shell:

```
you@host > set -x
you@host > echo "Format1: `date` Format2: `date +%d.%m.%Y`"

++ date
++ date +%d.%m.%Y
+ echo 'Format1: Mo  8 Feb 2016 10:46:57 CET Format2: 08.02.2016
echo' 'Format1: Mo  8 Feb 2016 10:46:57 CET Format2: 08.02.2016'
```

Keine Fehlermeldung

Wie bei einer Pipe geht auch bei einer Kommando-Substitution die Fehlermeldung verloren.

Anfänger kommen schnell auf den Gedanken, Kommando-Substitutionen mit Pipes gleichzusetzen. Daher zeigen wir folgendes Beispiel als Gegenbeweis:

```
you@host > find . -name "*.txt" | ls -l
```

Was hier gewollt ist, dürfte schnell ersichtlich sein. Es wird versucht, aus dem aktuellen Arbeitsverzeichnis alle Dateien mit der Endung *.txt* herauszufiltern und an die Standardeingabe von `ls -l` zu schieben. Bei der Ausführung wird Ihnen jedoch auffallen, dass `ls -l` die Eingaben von `find` total ignoriert. `find` hat hierbei keinerlei Wirkung. Selbiges mit einer Kommando-Substitution zeigt allerdings dann den gewünschten Effekt:

```
you@host > ls -l `find . -name "*.txt"`
```

Wenden Sie dieses Prinzip beispielsweise auf das Script `asubstit` an, lässt sich dieses auf zwei Zeilen Umfang reduzieren. Hier sehen Sie die neue Version von `asubstit`:

```
# Demonstriert die Kommando-Substitution
# Name : asubstit2

echo "Heute ist `date +%A` der `date +%d.%m.%Y`"
echo "Sie befinden sich in $PWD " \
     "(Inhalt:`ls -l | wc -l` Dateien)"
```

Bei der Ausführung verläuft das Script `asubstit2` analog zu `asubstit`.

Erweiterte Syntax

Die Z-Shell, die Bash und die Korn-Shell bieten Ihnen neben den Back Quotes außerdem noch eine andere Syntax an. Anstelle von beispielsweise

```
you@host > echo "Heute ist `date`"
Heute ist Mo Feb  8 13:21:43 CET 2016
you@host > count=`ls -l | wc -l`
you@host > echo $count
18
you@host > ls -l `find . -name "*.txt"`
```

können Sie hier folgende Syntax verwenden:

```
you@host > echo "Heute ist $(date)"
Heute ist Mo Feb  8 13:24:03 CET 2016
```

```
you@host > count=$(ls -l | wc -l)
you@host > echo $count
18
you@host > ls -l $(find . -name "*.txt")
```

Der Einsatz von `$(...)` gegenüber `` `...` `` hat natürlich nur einen rein optischen Vorteil. Die Form `$(...)` lässt sich erheblich einfacher lesen. Aber wem nützt es, wenn die Bourne-Shell es nicht kennt?

Wenn Sie sich sicher sein können, dass Ihre Scripts auch immer in einer Bash, einer Z-Shell oder einer Korn-Shell ausgeführt werden, können Sie sich frohen Herzens damit anfreunden. Damit fallen wenigstens bei der Quoterei die Back Quotes weg, und Sie müssen nur noch die Single und Double Quotes beachten.

2.5 Arrays

Mit Arrays haben Sie die Möglichkeit, eine geordnete Folge von Werten eines bestimmten Typs abzuspeichern und zu bearbeiten. Arrays werden auch als *Vektoren*, *Felder* oder *Reihungen* bezeichnet. Allerdings können Sie in der Shell-Programmierung nur eindimensionale Arrays erzeugen bzw. verwenden. Der Zugriff auf die einzelnen Elemente des Arrays erfolgt mit `${variable[x]}`. `x` steht hier für die Nummer des Feldes, das Sie ansprechen wollen, und muss eine nicht negative ganze Zahl sein (sie wird auch als Feldindex bezeichnet). Vornehmlich werden solche Arrays in Schleifen verwendet. Anstatt nämlich auf einen ganzen Satz von einzelnen Variablen zurückzugreifen, nutzt man hier bevorzugt Arrays.

Einige Wermutstropfen gibt es allerdings doch noch: Die Bourne-Shell kennt nichts dergleichen, und auch die Korn-Shell kommt teilweise nicht mit der Bash überein. Zwar erfolgt die Anwendung von Arrays selbst bei den beiden Shells in gleicher Weise, aber bei der Zuweisung von Arrays gehen auch hier beide Vertreter unterschiedliche Wege.

Bei der Z-Shell müssen Sie ebenfalls einen wichtigen Unterschied beachten: zsh-Arrays beginnen mit der Indexposition 1, die Arrays der Bash beginnen an der Indexposition 0.

2.5.1 Werte an Arrays zuweisen

Wenn Sie einen Wert in ein Feld-Array schreiben wollen, müssen Sie lediglich den Feldindex angeben:

```
you@host > array[3]=drei
```

Hier haben Sie das dritte Feld von `array` mit der Zeichenkette `drei` belegt. Mit etwas Programmiererfahrung stellen Sie sich nun sicherlich die Frage, was mit den anderen Elementen davor ist. Hier können wir Sie beruhigen: In der Shell-Programmierung dürfen die Felder Lücken enthalten. Zwar beginnt man der Übersichtlichkeit halber bei dem Feldindex 0, aber es geht eben auch anders.

```
you@host > array[0]=null
you@host > array[1]=eins
you@host > array[2]=zwei
you@host > array[3]=drei
...
```

Der Index des ersten Elements

Das erste Element in einem Array hat immer den Feldindex 0!

Im Unterschied zu anderen Programmiersprachen müssen Sie in der Shell das Array nicht vor der Verwendung bekannt geben (deklarieren). Es gibt dennoch Gründe, dies trotzdem zu tun. Zum einen kann man damit angeben, dass die Werte innerhalb eines Arrays als Integer gültig sein sollen (`typeset -i array`), und zum anderen können Sie ein Array so mit Schreibschutz versehen (`typeset -r array`).

Array mit »typeset«

In vielen Büchern steht, dass in der Bash ein Array mit `typeset -a array` als ein Array ohne spezielle Typen deklariert wird. Da Arrays in der Bash automatisch erstellt werden, ist dies unnötig (aber nicht falsch).

Gewöhnlich werden Sie beim Anlegen eines Arrays dieses mit mehreren Werten auf einmal versehen wollen. Leider gehen hier die Shells ihre eigenen Wege.

2.5.2 Eine Liste von Werten an ein Array zuweisen (Bash und Z-Shell)

Die Syntax sieht so aus:

```
array=(null eins zwei drei vier fuenf ...)
```

Bei der Zuweisung beginnt der Feldindex automatisch bei 0, somit wäre `array[0]` mit dem Inhalt `null` beschrieben. Dennoch ist es auch möglich, eine solche Zuweisung an einer anderen Position zu starten:

```
array=([2]=zwei drei)
```

Trotzdem hilft Ihnen diese Möglichkeit nicht, an das Array hinten etwas anzuhängen, denn hierbei wird ein existierendes Array trotzdem komplett überschrieben. Die Anzahl der Elemente, die Sie einem Array übergeben können, ist bei der Bash beliebig. Als Trennzeichen zwischen den einzelnen Elementen fungiert ein Leerzeichen.

2.5.3 Eine Liste von Werten an ein Array zuweisen (Korn-Shell)

In der Korn-Shell bedienen Sie sich des Kommandos `set` und der Option `-A` (für *Array*), um eine ganze Liste von Werten einem Array zuzuweisen. Hier ist die Syntax:

```
set -A array null eins zwei drei vier fuenf ...
```

Im Gegensatz zur Bash können Sie hier allerdings keinen bestimmten Feldindex angeben, von dem aus die Zuweisung des Arrays erfolgen soll. Ebenso finden Sie in der Korn-Shell eine Einschränkung bezüglich der Anzahl von Elementen vor, die ein Array belegen darf. Gewöhnlich sind hierbei 512, 1.024 oder maximal 4.096 Werte möglich.

2.5.4 Auf die einzelnen Elemente eines Arrays zugreifen

Hier kommen die drei Shells zum Glück wieder auf einen Nenner. Der Zugriff auf ein einzelnes Element im Array erfolgt über folgende Syntax:

```
${array[n]}
```

`n` entspricht dabei dem Feldindex, auf dessen Wert im Array Sie zurückgreifen wollen. Der Zugriff auf ein Array muss leider in geschweiften Klammern erfolgen, da hier ja mit den Zeichen `[ ]` Metazeichen verwendet wurden und sonst eine Expansion der Shell durchgeführt würde.

Alle Elemente eines Arrays auf einmal und die Anzahl der Elemente ausgeben

Alle Elemente eines Arrays können Sie mit diesen Schreibweisen ausgeben lassen:

```
you@host > echo ${array[*]}
you@host > echo ${array[@]}
```

Auf den Unterschied zwischen diesen beiden Versionen (`$*` und `$@`) gehen wir in Kapitel 3, »Parameter und Argumente«, ein.

Die Anzahl der belegten Elemente im Array erhalten Sie mit:

```
you@host > echo ${#array[*]}
```

Wollen Sie feststellen, wie lang der Eintrag innerhalb eines Arrays ist, so gehen Sie genauso vor wie beim Ermitteln der Anzahl belegter Elemente im Array, nur dass Sie hierbei den entsprechenden Feldindex verwenden:

```
you@host > echo ${#array[1]}
```

Negative Array-Indizes

Ab der Bash-Version 4.2 und der Z-Shell ist es zusätzlich möglich, ein Array rückwärts auszulesen. Dafür werden dann negative Indizes verwendet, wobei -1 das letzte Feld im Array ist.

Das folgende Beispiel zeigt, wie ein Array über eine Schleife gefüllt wird und wie anschließend einzelne Felder einmal vorwärts und einmal rückwärts ausgelesen werden:

```
#!/bin/bash
for i in $(echo {0..5})
do
   ZEILE[$i]=Zeile$i
done

echo Inhalt der zweiten Zeile ${ZEILE[1]}
echo Inhalt der vorletzten Zeile ${ZEILE[-2]}
```

Einzelne Elemente oder das komplette Array löschen

Beim Löschen eines Elements im Array oder gar des kompletten Arrays wird derselbe Weg wie schon bei den Variablen beschritten. Hier hilft Ihnen das Kommando `unset` weiter. Das komplette Array löschen Sie mit:

```
you@host > unset array
```

Einzelne Elemente können Sie mit folgender Syntax herauslöschen (im Beispiel löschen wir das zweite Element):

```
you@host > unset array[2]
```

Komplettes Array kopieren

Wollen Sie ein komplettes Array kopieren, können Sie entweder jedes einzelne Element in einer Schleife durchlaufen, überprüfen und einem anderen Array zuweisen, oder aber Sie verwenden ein ähnliches Konstrukt wie beim Auflisten aller Elemente in einem Array, verbunden mit dem Zuweisen einer Liste mit Werten an ein Array – was bedeutet, dass hier wieder alle drei Shells extra behandelt werden müssen.

Bei der Bash realisieren Sie dies so:

```
array_kopie=(${array_quelle[*]})
```

Und die Korn-Shell will das so haben:

```
set -A array_kopie ${array_quelle[*]}
```

Und die Z-Shell so:

```
array_kopie=($array_quelle)
```

Achtung

Hierbei gibt es noch eine üble Stolperfalle. Löscht man beispielsweise in der Bash array[1] mit unset und kopiert man dann das array, so steht in array_kopie[1] der Inhalt von array[2].

Stringmanipulationen

Selbstverständlich stehen Ihnen hierzu auch die Stringmanipulationen zur Verfügung, die Sie in diesem Kapitel kennengelernt haben. Wollen Sie diese einsetzen, müssen Sie aber überdenken, ob sich die Manipulation auf ein einzelnes Feld beziehen soll (${array[n]) oder ob Sie das komplette Array (${array[*]}) dafür heranziehen wollen. Auch die in der Bash vorhandene cut-ähnliche Funktion ${array[n]:1:2} (oder für alle Elemente: ${array[*]:1:2}) steht Ihnen zur Verfügung.

Zugegeben, es ließe sich noch einiges mehr zu den Arrays schreiben, doch hier begnügen wir uns mit dem für den Hausgebrauch Nötigen. Auf Arrays in Zusammenhang mit Schleifen gehen wir noch in Abschnitt 4.9 ein.

Zum besseren Verständnis möchten wir Ihnen ein etwas umfangreicheres Script zeigen, das Ihnen alle hier beschriebenen Funktionalitäten eines Arrays nochmals in der Praxis zeigt. Vorwegnehmend wurde hierbei auch eine Schleife eingesetzt.

Im Beispiel wurde der Bash-Version der Vortritt gegeben. Sofern Sie das Beispiel in einer Korn-Shell testen wollen, müssen Sie in den entsprechenden Zeilen (bei der Zuweisung eines Arrays und beim Kopieren) das Kommentarzeichen # entfernen und die entsprechenden Zeilen der Bash-Version auskommentieren.

```
# Demonstriert den Umgang mit Arrays
# Name : aarray

# Liste von Werten in einem Array speichern
# Version: Korn-Shell (auskommentiert)
# set -A array null eins zwei drei vier fuenf

# Version: Bash
array=( null eins zwei drei vier fuenf )
# Zugriff auf die einzelnen Elemente
echo ${array[0]}         # null
echo ${array[1]}         # eins
echo ${array[5]}         # fuenf
```

```
# Alle Elemente ausgeben
echo ${array[*]}

# Länge von Element 3 ermitteln
echo ${#array[2]}        # 4
# Anzahl der Elemente ausgeben
echo ${#array[*]}

# Neues Element hinzufügen
array[6]="sechs"
# Anzahl der Elemente ausgeben
echo ${#array[*]}
# Alle Elemente ausgeben
echo ${array[*]}

# Element löschen
unset array[4]
# Alle Elemente ausgeben
echo ${array[*]}

# Array kopieren
# Version: ksh (auskommentiert)
#set -A array_kopie=${array[*]}

# Version: Bash
array_kopie=(${array[*]})
# Alle Elemente ausgeben
echo ${array_kopie[*]}

# Schreibschutz verwenden
typeset -r array_kopie
# Versuch, darauf zuzugreifen
array_kopie[1]=nixda

# Vorweggenommen - ein Array in einer while-Schleife
# Einen Integer machen
typeset -i i=0 max=${#array[*]}
while (( i < max ))
do
   echo "Feld $i: ${array[$i]}"
   i=i+1
done
```

Das Beispiel bei der Ausführung:

```
you@host > ./aarray
null
eins
fuenf
null eins zwei drei vier fuenf
4
6
7
null eins zwei drei vier fuenf sechs
null eins zwei drei fuenf sechs
null eins zwei drei fuenf sechs
./aarray: line 48: array_kopie: readonly variable
Feld 0: null
Feld 1: eins
Feld 2: zwei
Feld 3: drei
Feld 4:
Feld 5: fuenf
```

2.5.5 Assoziative Arrays

Mit der Version 4.x der Bash und der Z-Shell ist es möglich, *assoziative Arrays* zu verwenden. In assoziativen Arrays können Sie als Index nicht nur Zahlen, sondern auch Strings verwenden. Das nächste Beispiel zeigt, wie Sie mit den assoziativen Arrays arbeiten können:

```
#!/bin/bash

#Deklaration des assoziativen Arrays
declare -A NAME

#Zuweisung von Vornamen an den Nachnamen
NAME[Tau]=Pan
NAME[Kater]=Tom
NAME[Pan]=Peter
NAME[Wolf]=Jürgen
NAME[Kania]=Stefan

echo Der Vorname von Wolf ist ${NAME[Wolf]}

#Liste aller Schlüssel
```

```
echo "Schlüssel: ${!NAME[@]}"

#Ausgabe aller Werte
echo "Werte: ${NAME[@]}"
```

Die assoziativen Arrays lassen sich später auch sehr gut in Schleifen verwenden.

Hier folgt noch ein Beispiel, das eine weitere Neuerung der Bash-Version 4.x verwendet: die Darstellung von Unicode-Zeichen mittels `\u`. Damit können Sie die verschiedensten Zeichen aus dem Unicode-Zeichen darstellen. Wollen Sie zum Beispiel ein Trademark-Zeichen in einem Text ausgeben, können Sie dieses mit dem Kommando `echo -e '\u2122'` realisieren. Die einzelnen Zeichen lassen sich aber nur sehr schwer auswendig lernen, daher empfiehlt es sich, die benötigten Zeichen in einem assoziativen Array abzulegen. Bei Bedarf können Sie sich einfach das entsprechende Feld ausgeben lassen. Das folgende Listing zeigt ein Beispiel:

```
#!/bin/bash

#Symbole in einem assoziativen Array

#Definition des Arrays
declare -A SYMBOLE
SYMBOLE[PLANE]='\u2708'
SYMBOLE[OHM]='\u2126'
SYMBOLE[TRADEMARK]='\u2122'
SYMBOLE[RADIO]='\u2622'
SYMBOLE[FEMALE]='\u2640'
SYMBOLE[MALE]='\u2641'
SYMBOLE[SNOW]='\u2744'

#Anwendung des Arrays SYMBOLE
echo -e "${SYMBOLE[FEMALE]} und ${SYMBOLE[MALE]} \
warten auf das ${SYMBOLE[PLANE]}"
echo -e "Der Widerstand hat 500 ${SYMBOLE[OHM]}"
```

Das folgende Listing zeigt den Aufruf des Scripts:

```
you@host > ./ass-array-symbole.bash
♀ und ♂ warten auf das ✈
Der Widerstand hat 500 Ω
```

Alle Unicode-Zeichen finden Sie auf folgender Webseite:

http://unicode-table.com/de/#control-character

In Kapitel 4, »Kontrollstrukturen«, werden wir wieder auf das Thema assoziative Arrays eingehen.

2.5.6 Besonderheiten bei Arrays auf der Z-Shell

Wenn Sie die Z-Shell verwenden, gibt es ein paar zusätzliche Möglichkeiten, wie Sie mit Arrays arbeiten können.

Sie können auf der Z-Shell einen String in ein Array aufteilen. Dabei wird bei einem String, der aus mehreren Wörtern besteht, jedes Wort einem eigenen Feld im Array zugewiesen:

```
you@host ~ %  STRING="Das ist ein String"
you@host ~ %  ARRAY=(${=STRING})
you@host ~ % echo $ARRAY[1]
Das
```

Sie wollen den Inhalt einer Datei Zeile für Zeile in ein Array einlesen? Auch das ist auf der Z-Shell kein Problem:

```
you@host ~ % ZEILEN=("${(f)$(< /etc/hosts)}")
you@host ~ % echo $ZEILEN[1]
127.0.0.1       localhost
```

Wenn Sie anstelle des f ein z verwenden, wird jedes Wort (Wörter werden durch mindestens ein Leerzeichen getrennt) in ein eigenes Feld geschrieben:

```
you@host ~ % ZEILEN=("${(z)$(< /etc/hosts)}")
you@host ~ % echo $ZEILEN[1]
127.0.0.1
```

Wollen Sie testen, ob ein bestimmtes Feld im Array definiert wurde, so können Sie über die folgende Abfrage einen Test durchführen:

```
you@host ~ % ((( ${+ZEILEN[100]} )) && print gesetzt) \
                    || print nicht gesetzt
nicht gesetzt
you@host ~ % ((( ${+ZEILEN[1]} )) && print gesetzt) \
                    || print nicht gesetzt
gesetzt
```

Das funktioniert auch mit einem assoziativen Array.

2.6 Variablen exportieren

Definieren Sie Variablen in Ihrem Shellscript, so sind diese gewöhnlich nur zur Ausführzeit verfügbar. Nach der Beendigung des Scripts werden die Variablen wieder freigegeben. Manches Mal ist es allerdings nötig, dass mehrere Scripts oder Subshells mit einer einzelnen Variablen arbeiten. Damit das jeweilige Script bzw. die nächste Subshell von der Variablen Kenntnis nimmt, wird diese exportiert.

Variablen, die Sie in eine neue Shell übertragen möchten, werden mit dem Kommando `export` übernommen:

```
export variable
```

Beim Start der neuen Shell steht die exportierte Variable dann auch zur Verfügung – natürlich mitsamt dem Wert, den diese in der alten Shell belegt hat. In der Bourne-Shell müssen Sie die Zuweisung und das Exportieren einer Variablen getrennt ausführen:

```
you@host > variable=1234
you@host > export variable
```

In allen drei Shells können Sie diesen Vorgang zusammenlegen:

```
you@host > export variable=1234
```

Natürlich können auch mehr Variablen auf einmal exportiert werden:

```
you@host > export var1 var2 var3 var4
```

Die weiteren Variablen, die Sie zusammen exportieren wollen, müssen mit einem Leerzeichen voneinander getrennt sein.

Die Shell vererbt eine Variable an ein Script (Subshell)

Der einfachste Fall ist gegeben, wenn eine in der Shell definierte Variable auch für ein Shellscript vorhanden sein soll. Da die Shell ja zum Starten von Shellscripts in der Regel eine Subshell startet, weiß die Subshell bzw. das Shellscript nichts mehr von den benutzerdefinierten Variablen. Das Beispiel:

```
you@host > wichtig="Wichtige Daten"
```

Das Shellscript:

```
# Demonstriert den Umgang mit export
# Name : aexport1

echo "aexport1: $wichtig"
```

Beim Ausführen von aexport1 wird bei Verwendung der Variablen wichtig ein leerer String ausgegeben. Hier sollte man in der Shell, in der das Script gestartet wird, einen Export durchführen:

```
you@host > export wichtig
you@host > ./aexport1
aexport1: Wichtige Daten
```

Und schon steht dem Script die benutzerdefinierte Variable wichtig zur Verfügung.

Ein Shellscript vererbt eine Variable an ein Shellscript (Sub-Subshell)

Wenn Sie aus einem Script ein weiteres Script aufrufen und auch hierbei dem aufzurufenden Script eine bestimmte Variable des aufrufenden Scripts zur Kenntnis bringen wollen, müssen Sie im aufrufenden Script die entsprechende Variable exportieren:

```
# Demonstriert den Umgang mit export
# Name : aexport1

wichtig="Noch wichtigere Daten"
echo "aexport1: $wichtig"

# Variable im Shellscript exportieren
export wichtig
./aexport2
```

In diesem Script aexport1 wird ein weiteres Script namens aexport2 aufgerufen. Damit diesem Script auch die benutzerdefinierte Variable wichtig zur Verfügung steht, muss sie im Script zuvor noch exportiert werden. Hier ist das Script aexport2:

```
# Demonstriert den Umgang mit export
# Name : aexport2

echo "aexport2: $wichtig"
```

Die Shellscripts bei der Ausführung:

```
you@host > ./aexport1
aexport1: Noch wichtigere Daten
aexport2: Noch wichtigere Daten
you@host > echo $wichtig

you@host >
```

Hier wurde außerdem versucht, in der Shell, die das Shellscript aexport1 aufgerufen hat, die benutzerdefinierte Variable wichtig auszugeben. Das ist logischerweise ein leerer String, da die Shell nichts von einer Variablen wissen kann, die in einer Subshell definiert und ausgeführt wird.

Bei dem Beispiel von eben stellt sich die Frage, was passiert, wenn eine Subshell den Inhalt einer vom Elternprozess benutzerdefinierten exportierten Variablen verändert und die Ausführung des Scripts in der übergeordneten Shell fortgeführt wird. Um auf das Anwendungsbeispiel zurückzukommen: Im Script aexport2 soll die Variable wichtig verändert werden. Hierzu haben wir nochmals beide Shellscripts etwas umgeschrieben. Betrachten wir zuerst das Script aexport1:

```
# Demonstriert den Umgang mit export
# Name : aexport1

wichtig="Noch wichtigere Daten"
echo "aexport1: $wichtig"

# Variable im Shellscript exportieren
export wichtig
./aexport2

# Nach der Ausführung von aexport2
echo "aexport1: $wichtig"
```

Jetzt noch aexport2:

```
# Demonstriert den Umgang mit export
# Name : aexport2

echo "aexport2: $wichtig"
wichtig="Unwichtig"
echo "aexport2: $wichtig"
```

Hier sehen Sie die beiden Scripts wieder bei der Ausführung:

```
you@host > ./aexport1
aexport1: Noch wichtigere Daten
aexport2: Noch wichtigere Daten
aexport2: Unwichtig
aexport1: Noch wichtigere Daten
```

An der Ausführung der Scripts konnten Sie ganz klar erkennen, dass es auf herkömmlichem Wege unmöglich ist, die Variablen einer Eltern-Shell zu verändern.

Ein Script in der aktuellen Shell starten – Punkte-Kommando

Wollen Sie trotzdem, dass die Eltern-Shell betroffen ist, wenn Sie eine Variable in einer Subshell verändern, dann können Sie das Punkte-Kommando verwenden. Dieses wurde beim Starten von Shellscripts bereits erwähnt. Mit dem Punkte-Kommando vor dem auszuführenden Shellscript veranlassen Sie, dass das Shellscript nicht in einer Subshell ausgeführt wird, sondern von der aktuellen Shell.

Auf das Beispiel `aexport1` bezogen, müssen Sie nur Folgendes ändern:

```
# Demonstriert den Umgang mit export
# Name : aexport1
wichtig="Noch wichtigere Daten"
echo "aexport1: $wichtig"
# Variable im Shellscript exportieren
. ./aexport2

# Nach der Ausführung von aexport2
echo "aexport1: $wichtig"
```

Beim Ausführen der Scripts ist jetzt auch die Veränderung der Variablen `wichtig` im Script `aexport2` beim Script `aexport1` angekommen.

Das Hauptanwendungsgebiet des Punkte-Kommandos ist aber das Einlesen von Konfigurationsdateien. Eine Konfigurationsdatei wird häufig verwendet, wenn Sie ein Script für mehrere Systeme oder unterschiedlichste Optionen (beispielsweise mehrere Sprachen, eingeschränkte oder unterschiedliche Funktionen) anbieten wollen. In solch einer Konfigurationsdatei wird dann häufig die Variablenzuweisung vorgenommen. Dadurch können die Variablen vom eigentlichen Script getrennt werden – was ein Script erheblich flexibler macht. Durch die Verwendung des Punkte-Kommandos bleiben Ihnen diese Variablen in der aktuellen Shell erhalten. Als Beispiel betrachten wir folgende Konfigurationsdatei:

```
# aconf.conf

lang="deutsch"
prg="Shell"
```

Und jetzt noch das entsprechende Script, das diese Konfigurationsdatei verwendet:

```
# Name : apoint

# Konfigurationsdaten einlesen
. aconf.conf

echo "Spracheinstellung: $lang; ($prg)"
```

Das Script bei der Ausführung:

```
you@host > ./apoint
Spracheinstellung: deutsch; (Shell)
```

Jetzt kann durch ein Verändern der Konfigurationsdatei *aconf.conf* die Ausgabe des Scripts nach Bedarf verändert werden. Im Beispiel ist dieser Fall natürlich recht belanglos.

Es gibt außerdem noch zwei Anwendungsfälle, in denen bei einem Script die benutzerdefinierten Variablen ohne einen Export sichtbar sind. Dies geschieht durch die Verwendung von Kommando-Substitution `...` und bei einer Gruppierung von Befehlen (...). In beiden Fällen bekommt die Subshell (bzw. das Shellscript) eine komplette Kopie aller Variablen der Eltern-Shell.

Der Builtin-Befehl »source«

Anstelle des Punkte-Operators können Sie auch den Builtin-Befehl `source` verwenden.

Variablen exportieren – extra

Intern wird beim Exportieren einer Variablen ein Flag gesetzt. Dank dieses Flags kann eine Variable an weitere Subshells vererbt werden, ohne dass hierbei weitere `export`-Aufrufe erforderlich sind. In allen drei Shells können Sie dieses Flag mithilfe des Kommandos `typeset` setzen oder wieder entfernen. Um mit `typeset` eine Variable zu exportieren, wird die Option `-x` verwendet. Die Syntax sieht so aus:

```
typeset -x variable
```

Natürlich kann auch hier wieder mehr als nur eine Variable exportiert werden. Ebenso können Sie die Zuweisungen und das Exportieren zusammen ausführen. `typeset` ist deshalb so interessant für das Exportieren von Variablen, weil Sie hierbei jederzeit mit der Option `+x` das Exportflag wieder löschen können.

Anzeigen exportierter Variablen

Wenn Sie das Kommando `export` ohne irgendwelche Argumente verwenden, bekommen Sie alle exportierten Variablen zurück. Bei der Bash und der Korn-Shell finden Sie darin auch die Umgebungsvariablen wieder, weil diese hier ja immer als »exportiert« markiert sind.

Bei der Bash bzw. der Korn-Shell können Sie sich auch die exportierten Variablen mit dem Kommando `typeset` und der Option `-x` (keine weiteren Argumente) ansehen.

2.7 Umgebungsvariablen eines Prozesses

Wenn Sie ein Script, eine neue Shell oder ein Programm starten, wird diesem Programm eine Liste von Zeichenketten (genauer gesagt: ein Array von Zeichenketten) übergeben. Diese Liste wird als *Umgebung des Prozesses* bezeichnet. Gewöhnlich enthält eine solche Umgebung zeilenweise Einträge in Form von:

```
variable=wert
```

Somit sind Umgebungsvariablen zunächst nichts anderes als global mit dem Kommando `export` oder `typeset -x` definierte Variablen. Trotzdem gibt es irgendwo eine Trennung zwischen benutzerdefinierten und von der Shell vordefinierten Umgebungsvariablen. Normalerweise werden die von der Shell vordefinierten Umgebungsvariablen großgeschrieben – aber dies ist keine Regel. Eine Umgebungsvariable bleibt Umgebungsvariable, solange sie der kompletten Umgebung eines Prozesses zur Verfügung steht.

Vordefinierte Umgebungsvariablen werden benötigt, um das Verhalten der Shell oder der Kommandos zu beeinflussen. Hier sehen Sie als Beispiel die Umgebungsvariable `HOME`, die gewöhnlich das Heimverzeichnis des eingeloggten Benutzers beinhaltet:

```
you@host > echo $HOME
/home/you
you@host > cd /usr/include
you@host :/usr/include> cd
you@host > pwd
/home/you
you@host > backup=$HOME
you@host > HOME=/usr
you@host :/home/you> cd
you@host > pwd
/usr
you@host > echo $HOME
/usr
you@host > HOME=$backup
you@host :/usr> cd
you@host > pwd
/home/you
```

Wenn also die Rede von Umgebungsvariablen ist, dann sind wohl meistens die von der Shell vordefinierten Umgebungsvariablen gemeint und nicht die benutzerdefinierten. Selbstverständlich gilt in Bezug auf die Weitervererbung an Subshells für die vordefinierten Umgebungsvariablen dasselbe wie für die benutzerdefinierten, so wie es auf den vorangegangenen Seiten beschrieben wurde.

2.8 Shell-Variablen

Im vorigen Abschnitt war die Rede von benutzerdefinierten und von der Shell vordefinierten Umgebungsvariablen. Die von der Shell vorgegebenen Umgebungsvariablen werden auch als *Shell-Variablen* bezeichnet. Shell-Variablen werden von der Shell automatisch angelegt und auch verwaltet. Zwar kann man nicht einfach behaupten, Shell-Variablen seien dasselbe wie Umgebungsvariablen, aber da die Shell-Variablen in der Regel immer in die Umgebung exportiert werden, wollen wir hier keine Haarspalterei betreiben.

Abhängig von der Shell steht Ihnen hierzu eine Menge vordefinierter (aber veränderbarer) Variablen zur Verfügung. In den Tabelle 2.6 bis Tabelle 2.9 finden Sie einen Überblick über die gängigsten Umgebungsvariablen der verschiedenen Shells und ihre Bedeutungen.

Vordefinierte Shell-Variablen (für Bourne-Shell, Bash und Korn-Shell)

Shell-Variable	Bedeutung
CDPATH	Suchpfad für das cd-Kommando
HOME	Heimverzeichnis für den Benutzer; Standardwert für cd
IFS	Wort-Trennzeichen (IFS = *Internal Field Separator*); Standardwerte sind Leerzeichen, Tabulator- und Newline-Zeichen
LOGNAME	Login-Name des Benutzers
MAIL	Pfadname der Mailbox-Datei, in der eingehende Mails abgelegt werden
MAILCHECK	Zeitangabe in Sekunden, die die Shell wartet, bevor eine Überprüfung der Mailbox daraufhin stattfindet, ob eine neue Mail eingegangen ist
MAILPATH	Ist diese Variable gesetzt, wird MAIL unwirksam, somit ist das eine Alternative zu MAIL. Allerdings können hier mehrere Pfadangaben getrennt mit einem : angegeben werden. Die zur Pfadangabe gehörende Meldung kann mit % getrennt und nach diesem Zeichen angegeben werden.
MANPATH	Pfadnamen, in denen die Manpages (Manualpages) gesucht werden

Tabelle 2.6 Vordefinierte Variablen für alle Shells

Shell-Variable	Bedeutung
PATH	Suchpfad für die Kommandos (Programme). Meistens handelt es sich um eine durch Doppelpunkte getrennte Liste von Verzeichnissen, in denen nach einem Kommando gesucht wird, das ohne Pfadangabe aufgerufen wurde. Standardwerte: PATH=:/bin:/usr/bin
PS1	Primärer Prompt; Prompt zur Eingabe von Befehlen. Im Buch lautet er beispielsweise you@host > für den normalen und # für den Superuser.
PS2	Sekundärer Prompt; Prompt für mehrzeilige Befehle. Im Buch und auch als Standardwert wird > verwendet.
SHACCT	Datei für Abrechnungsinformationen
SHELL	Pfadname der Shell
TERM	Terminaleinstellung des Benutzers (beispielsweise xterm oder vt100)
TZ	Legt die Zeitzone fest (hierzulande MET = *Middle European Time*).

Tabelle 2.6 Vordefinierte Variablen für alle Shells (Forts.)

Vordefinierte Shell-Variablen (für Korn-Shell und Bash)

Shell-Variable	Bedeutung
COLUMNS	Weite des Editorfensters, das für den Kommandozeileneditor und die Menüs zur Verfügung steht. Der Standardwert ist 80.
EDITOR	Setzt den (Builtin-)Kommandozeileneditor, wenn VISUAL oder set -o nicht gesetzt sind.
ENV	Enthält den Pfadnamen zur Environment-Datei, die bei jedem (Neu-)Start einer (Sub-)Shell gelesen wird. Ist die reale User- und Gruppen-ID (UID/GID) ungleich der effektiven User- und Gruppen-ID (EUID/EGUID) und wurde das su-Kommando ausgeführt, wird diese Datei nicht aufgerufen.
FCEDIT	Pfad zum Builtin-Editor für das fc-Kommando.

Tabelle 2.7 Vordefinierte Variablen für Korn-Shell und Bash

Shell-Variable	Bedeutung
FPATH	Verzeichnisse, die der Autoload-Mechanismus nach Funktionsdefinitionen durchsucht. Nicht definierte Funktionen können mittels typeset -fu gesetzt werden; FPATH wird auch durchsucht, wenn diese Funktionen zum ersten Mal aufgerufen werden.
HISTFILE	Pfadname zur Befehls-History-Datei. Der Standardwert ist $HOME/.sh_history.
HISTSIZE	Hier wird festgelegt, wie viele Befehle in der History-Datei (HISTFILE) gespeichert werden.
LC_ALL	Hier findet man die aktuelle Ländereinstellung. Ist diese Variable gesetzt, sind LANG und die anderen LC_*-Variablen unwirksam. de steht beispielsweise für den deutschen Zeichensatz, C für ASCII (was auch der Standardwert ist).
LC_COLLATE	Ländereinstellung, nach der die Zeichen bei einem Vergleich sortiert (Sortierreihenfolge) werden.
LC_CTYPE	Die Ländereinstellung, die für die Zeichenklassenfunktionen verwendet werden soll. Ist LC_ALL gesetzt, wird LC_TYPE unwirksam. LC_CTYPE hingegen überdeckt wiederum LANG, falls dieses gesetzt ist.
LC_MESSAGES	Sprache, in der die (Fehler-)Meldungen ausgegeben werden sollen.
LANG	Ist keine LC_*-Variable gesetzt, wird LANG als Standardwert für alle eben beschriebenen Variablen verwendet. Gesetzte LC_*-Variablen haben allerdings Vorrang vor der Variablen LANG.
LINES	Gegenstück zu COLUMN; legt die Höhe (Zeilenzahl) des Fensters fest. Der Standardwert ist 24.
NLSPATH	Pfad für die (Fehler-)Meldungen von LC_MESSAGE.
PS3	Prompt für Menüs (mit select); Standardwert #.
PS4	Debugging-Promptstring für die Option -x; Standardwert +.
TMOUT	Wird TMOUT Sekunden kein Kommando mehr eingegeben, beendet sich die Shell. Der Standardwert 0 steht für unendlich.

Tabelle 2.7 Vordefinierte Variablen für Korn-Shell und Bash (Forts.)

Vordefinierte Shell-Variablen (nur für die Korn-Shell)

Shell-Variable	Bedeutung
VISUAL	Setzt den Kommandozeileneditor. Setzt EDITOR außer Kraft, wenn gesetzt.

Tabelle 2.8 Vordefinierte Variablen nur für die Korn-Shell

Vordefinierte Shell-Variablen (nur für die Bash)

Shell-Variable	Bedeutung
allow_null_glob_expansion	Hat diese Variable den Wert 1, werden Muster, die bei der Pfadnamenserweiterung (Dateinamen-Expansion) nicht erweitert werden konnten, zu einer leeren Zeichenkette (Nullstring) erweitert, anstatt unverändert zu bleiben. Der Wert 0 hebt dies auf.
BASH_ARGV0	Name der Shell oder eines ausgeführten Shellscripts.
BASH_ENV	Enthält eine Initialisierungsdatei, die beim Start von einer neuen (Sub-)Shell anstelle von .bashrc für Scripts aufgerufen wird.
BASH_VERSINFO	Versionsnummer der Bash.
cdable_vars	Ist diese Variable 1 gesetzt, kann dem cd-Kommando das Verzeichnis, in das gewechselt werden soll, auch in einer Variablen übergeben werden. 0 hebt dies wieder auf.
command_oriented_history	Wenn der Wert dieser Variablen auf 1 gesetzt ist, wird versucht, alle Zeilen eines mehrzeiligen Kommandos in einem History-Eintrag zu speichern. 0 hebt diese Funktion wieder auf.
DIRSTACK	Array, um auf den Inhalt des Directory-Stacks zuzugreifen, der mit den Kommandos pushd, popd und dirs verwaltet wird. set zeigt diesen Wert häufig als leer an, er ist aber trotzdem besetzt.
EPOCHREALTIME	Wie EPOCHSECONDS, aber mit zusätzlicher Ausgabe von Mikrosekunden, entspricht date +%s.%6N.
EPOCHSECONDS	Anzahl der Sekunden seit der UNIX-Epoche (1.1.1970, Mitternacht UTC/GMT), entspricht date +%s.

Tabelle 2.9 Vordefinierte Variablen, die nur in der Bash vorhanden sind

Shell-Variable	Bedeutung
FIGNORE	Alle hier angegebenen Dateiendungen werden bei der automatischen Erweiterung (Dateinamensergänzung mit [Tab]) von Dateinamen ignoriert; mehrere Endungen werden durch : getrennt.
glob_dot_filenames	Wird für den Wert dieser Variablen 1 eingesetzt, werden auch die Dateinamen, die mit einem Punkt beginnen, in die Pfadnamenserweiterung einbezogen. Der Wert 0 setzt das wieder außer Kraft.
GLOBIGNORE	Enthält eine Liste von Mustern, die Namen definiert, die bei der Dateinamen-Expansion mittels * ? [ ] nicht automatisch expandiert werden sollen.
GROUPS	Array mit einer Liste aller Gruppen-IDs des aktuellen Benutzers. Wird ebenfalls von set als leer angezeigt, ist aber immer belegt.
histchars	Beinhaltet zwei Zeichen zur Kontrolle der Wiederholung von Kommandos aus dem Kommandozeilenspeicher. Das erste Zeichen leitet eine Kommandozeilenerweiterung aus dem History-Puffer ein. Die Voreinstellung ist das Zeichen !. Das zweite Zeichen kennzeichnet einen Kommentar, wenn es als erstes Zeichen eines Worts auftaucht. Ein solcher Kommentar wird bei der Ausführung eines Kommandos ignoriert.
HISTCONTROL	Damit können Sie steuern, welche Zeilen in den History-Puffer aufgenommen werden sollen. Zeilen, die mit einem Leerzeichen beginnen, werden mit ignorespace ignoriert. Mit ignoredups werden wiederholt angegebene Befehle nur einmal im History-Puffer gespeichert. Beide Optionen (ignorespace und ignoredups) gleichzeitig können Sie mit ignoreboth verwenden.
HISTFILESIZE	Länge der Kommando-History-Datei in Zeilen; HISTSIZE hingegen gibt die Anzahl der gespeicherten Kommandos an.
HISTIGNORE	Eine weitere Variable, ähnlich wie HISTCONTROL. Nur besteht hierbei die Möglichkeit, Zeilen von der Aufnahme in den History-Puffer auszuschließen. Es können hierbei Ausschlussmuster definiert werden. Alle Zeilen, die diesem Muster entsprechen, werden nicht im History-Puffer gespeichert. Mehrere Muster werden mit einem Doppelpunkt getrennt.

Tabelle 2.9 Vordefinierte Variablen, die nur in der Bash vorhanden sind (Forts.)

Shell-Variable	Bedeutung
history_control	Werte, die gesetzt werden können, siehe HISTCONTROL.
HOSTFILE	Datei, die wie */etc/hosts* zur Vervollständigung des Host-Namens verwendet wird.
HOSTNAME	Name des Rechners
hostname_completion_file	siehe HOSTFILE
IGNOREEOF	Anzahl der EOFs (Strg+D), die eingegeben werden müssen, um die interaktive Bash zu beenden. Der Standardwert ist 10.
INPUTRC	Befindet sich hier eine Datei, dann wird diese zur Konfiguration des Kommandozeileneditors anstelle von ~/.inputrc verwendet.
MACHTYPE	Die CPU-Architektur, auf der das System läuft.
no_exit_on_failed_exec	Ist der Wert dieser Variablen 1, wird die Shell nicht durch ein abgebrochenes, mit exec aufgerufenes Kommando beendet. 0 bewirkt das Gegenteil.
noclobber	Befindet sich hier der Wert 1, können bestehende Dateien nicht durch die Ausgabeumlenkungen `>`, `>&` und `<>` überschrieben werden. Das Anhängen von Daten an eine existierende Datei ist aber auch bei gesetztem noclobber möglich. 0 stellt den alten Zustand wieder her.
nolinks	Soll bei einem Aufruf von cd nicht den symbolischen Links gefolgt werden, setzt man den Wert dieser Variablen auf 1. Der Standardwert ist 0.
notify	Soll bei einem Hintergrundprozess, der sich beendet, die Nachricht sofort und nicht erst bei der nächsten Eingabeaufforderung ausgegeben werden, dann setzt man notify auf 1. Der Standardwert ist 0.
OPTERR	Ist der Wert dieser Variablen 1, werden die Fehlermeldungen der getopts-Shell-Funktion ausgegeben. Enthält sie eine 0, werden die Fehlermeldungen unterdrückt. Der Standardwert ist 1.

Tabelle 2.9 Vordefinierte Variablen, die nur in der Bash vorhanden sind (Forts.)

Shell-Variable	Bedeutung
PIPESTATUS	Es ist recht kompliziert, an den Exit-Status eines einzelnen Kommandos zu kommen, das in einer Pipeline ausgeführt wurde. Ohne PIPESTATUS ist es schwierig, zu ermitteln, ob alle vorhergehenden Kommandos erfolgreich ausgeführt werden konnten. PIPESTATUS ist ein Array, das alle Exit-Codes der einzelnen Befehle des zuletzt ausgeführten Pipe-Kommandos enthält.
PROMPT_DIRTRIM	Nur in der Bash-Version 4. Diese Variable schneidet die angezeigten Verzeichnisse im Pfad des Prompts auf den angegebenen Wert ab. Der Standardwert ist nicht gesetzt.
SHELLOPTS	Liste aller aktiven Shell-Optionen. Hier können Optionen gesetzt werden, mit denen eine neue Shell aufgerufen werden soll.
TIMEFORMAT	Ausgabeformat des time-Kommandos.

Tabelle 2.9 Vordefinierte Variablen, die nur in der Bash vorhanden sind (Forts.)

2.9 Automatische Variablen der Shell

Nach dem Aufruf eines Shellscripts versorgt die Shell Sie außerdem noch durch eine Reihe von Variablen mit Informationen zum laufenden Prozess.

2.9.1 Der Name des Shellscripts – $0

Den Namen des aufgerufenen Shellscripts finden Sie in der Variablen $0. Betrachten Sie beispielsweise folgendes Shellscript:

```
# Name : ichbin
echo "Mein Kommandoname ist $0"
```

Führen Sie dieses Script aus, bekommen Sie folgende Ausgabe zurück:

```
you@host > ./ichbin
Mein Kommandoname ist ./ichbin
you@host > $HOME/ichbin
Mein Kommandoname ist /home/you/ichbin
```

Diese Variable wird häufig für Fehlermeldungen verwendet, zum Beispiel um anzuzeigen, wie man ein Script richtig anwendet bzw. aufruft. Dafür ist selbstverständlich auch der Kommandoname von Bedeutung.

Name des aufgerufenen Shellscripts

Die Formulierung »den Namen des aufgerufenen Shellscripts« vom Beginn dieses Abschnitts trifft die Sache eigentlich nicht ganz genau. Wenn man beispielsweise den Befehl in der Konsole eingibt, bekommt man ja den Namen der Shell zurück. Somit könnte man wohl auch vom Namen des Elternprozesses des ausgeführten Befehls echo sprechen. Aber wir wollen hier nicht kleinlich werden.

Mit dieser Variablen können Sie übrigens auch ermitteln, ob ein Script mit einem vorangestellten Punkt gestartet wurde, und entsprechend darauf reagieren:

```
you@host > . ./ichbin
Mein Kommandoname ist /bin/bash
you@host > sh
sh-2.05b$ . ./ichbin
Mein Kommandoname ist sh
sh-2.05b$ ksh
$ . ./ichbin
Mein Kommandoname ist ksh
```

Wird also ein Shellscript mit einem vorangestellten Punkt aufgerufen, so enthält die Variable $0 den Namen des Kommando-Interpreters.

2.9.2 Die Prozessnummer des Shellscripts – $$

Die Variable $$ wird von der Shell durch die entsprechende Prozessnummer des Shellscripts ersetzt. Betrachten Sie beispielsweise folgendes Shellscript:

```
# Name : mypid
echo "Meine Prozessnummer ($0) lautet $$"
```

Das Shellscript bei der Ausführung:

```
you@host > ./mypid
Meine Prozessnummer (./mypid) lautet 4902
you@host > . ./mypid
Meine Prozessnummer (/bin/bash) lautet 3234
you@host > ps
  PID TTY          TIME CMD
 3234 pts/38   00:00:00 bash
 4915 pts/38   00:00:00 ps
```

Durch ein Voranstellen des Punkte-Operators können Sie hierbei auch die Prozessnummer der ausführenden Shell bzw. des Kommando-Interpreters ermitteln.

2.9.3 Der Beendigungsstatus eines Shellscripts – $?

Diese Variable wurde bereits im Zusammenhang mit exit behandelt. In dieser Variablen finden Sie den Beendigungsstatus des zuletzt ausgeführten Kommandos (oder eben auch Shellscripts).

```
you@host > cat gibtesnicht
cat: gibtesnicht: Datei oder Verzeichnis nicht gefunden
you@host > echo $?
1
you@host > ls -l | wc -l
31
you@host > echo $?
0
```

Ist der Wert der Variablen $? ungleich 0, ist beim letzten Kommandoaufruf ein Fehler aufgetreten. Wenn $? gleich 0 ist, deutet dies auf einen fehlerlosen Kommandoaufruf hin.

2.9.4 Die Prozessnummer des zuletzt gestarteten Hintergrundprozesses – $!

Wenn Sie in der Shell ein Kommando oder ein Shellscript im Hintergrund ausführen lassen (&), wird die Prozessnummer in die Variable $! gelegt. Anstatt also nach der Nummer des zuletzt gestarteten Hintergrundprozesses zu suchen, können Sie auch einfach die Variable $! nutzen. Im folgenden Beispiel wird diese Variable verwendet, um den zuletzt gestarteten Hintergrundprozess zu beenden:

```
you@host > find / -print > ausgabe 2> /dev/null &
[1] 5845
you@host > kill $!
you@host >
[1]+  Beendet                 find / -print >ausgabe 2>/dev/null
```

2.9.5 Weitere vordefinierte Variablen der Shell

Es gibt noch mehr automatische Variablen der Shell, die allerdings erst in Kapitel 3, »Parameter und Argumente«, ausführlicher behandelt werden.

Tabelle 2.10 gibt Ihnen bereits einen Überblick.

Variable(n)	Bedeutung
$1 bis $n	Argumente aus der Kommandozeile
$*	alle Argumente aus der Kommandozeile in einer Zeichenkette
$@	alle Argumente aus der Kommandozeile als einzelne Zeichenketten (Array von Zeichenketten)
$#	Anzahl aller Argumente in der Kommandozeile
$_	(*Bash only*) – letztes Argument in der Kommandozeile des zuletzt aufgerufenen Kommandos

Tabelle 2.10 Automatisch vordefinierte Variablen der Shell

2.9.6 Weitere automatische Variablen für Bash, Korn-Shell und Z-Shell

In diesem Abschnitt finden Sie noch weitere automatische Variablen der Shell. Sicherlich wird sich der eine oder andere dabei fragen, warum wir diese Variablen bei den automatischen und nicht bei den vordefinierten Shell-Variablen aufführen. Der Grund ist relativ einfach: Die folgenden Variablen werden von der Shell ständig neu gesetzt. Diese Variablen stehen Ihnen aber nur für die Bash und die Korn-Shell zur Verfügung. Das beste Beispiel, um Ihnen dieses »ständig neu gesetzt« zu beschreiben, ist die automatische Variable RANDOM, die mit einer Zufallszahl zwischen 0 und 32.767 belegt ist. Wäre dies eine vordefinierte Shell-Variable (wie beispielsweise HOME), würde sich der Wert dieser Variablen ja nicht ändern. Wenn Sie RANDOM erneut verwenden, werden Sie feststellen, dass sich dieser Wert beim nächsten Aufruf in der Shell verändert hat – also wird diese Variable ständig neu gesetzt.

```
you@host > echo $RANDOM
23957
you@host > echo $RANDOM
13451
you@host > echo $RANDOM
28345
you@host > RANDOM=1
you@host > echo $RANDOM
17767
```

Im Folgenden stellen Ihnen die Tabellen 3.11 bis 3.13 hierzu weitere automatische Variablen vor, die ständig von der Shell neu gesetzt werden.

Automatische Variablen

Variable	Bedeutung
`LINENO`	Diese Variable enthält immer die aktuelle Zeilennummer im Shellscript. Wird die Variable innerhalb einer Scriptfunktion aufgerufen, entspricht der Wert von `LINENO` den einfachen Kommandos, die bis zum Aufruf innerhalb der Funktion ausgeführt wurden. Außerhalb von Shellscripts ist diese Variable nicht sinnvoll belegt. Wird die `LINENO`-Shell-Variable mit `unset` gelöscht, kann sie nicht wieder mit ihrer automatischen Funktion erzeugt werden.
`OLDPWD`	Der Wert ist das zuvor besuchte Arbeitsverzeichnis. Wird vom Kommando `cd` gesetzt.
`OPTARG`	Der Wert ist das Argument der zuletzt von `getopts` ausgewerteten Option.
`OPTIND`	Enthält die Nummer (Index) der zuletzt von `getopts` ausgewerteten Option.
`PPID`	Prozess-ID des Elternprozesses (*Parent Process ID* = PPID). Eine Subshell, die als Kopie einer Shell erzeugt wird, setzt PPID nicht.
`PWD`	Aktuelles Arbeitsverzeichnis.
`RANDOM`	Pseudo-Zufallszahl zwischen 0 und 32.767. Weisen Sie `RANDOM` einen neuen Wert zu, führt dies dazu, dass der Zufallsgenerator neu initialisiert wird.
`REPLY`	Wird vom Shell-Kommando `read` gesetzt, wenn keine andere Variable als Rückgabeparameter benannt ist. Bei Menüs (`select`) enthält `REPLY` die ausgewählte Nummer.
`SECONDS`	Enthält die Anzahl von Sekunden, die seit dem Start (Login) der aktuellen Shell vergangen sind. Wird `SECONDS` ein Wert zugewiesen, erhöht sich dieser Wert jede Sekunde automatisch um `1`.

Tabelle 2.11 Ständig neu gesetzte Variablen (Bash und Korn-Shell)

Automatische Variablen nur für die Korn-Shell

Variable	Bedeutung
`ERRNO`	Fehlernummer des letzten fehlgeschlagenen Systemaufrufs

Tabelle 2.12 Ständig neu gesetzte Variable (Korn-Shell only)

Automatische Variablen nur für die Bash und die Z-Shell

Variable	Bedeutung
BASH	Kompletter Pfadname der aktuellen Shell.
BASH_VERSION	Versionsnummer der Shell.
EUID	Beinhaltet die effektive Benutzerkennung des Anwenders. Diese Nummer wird während der Ausführung von Programmen gesetzt, bei denen das SUID-Bit aktiviert ist.
HISTCMD	Enthält die Nummer des aktuellen Kommandos aus der History-Datei.
HOSTTYPE	Typ des Rechners. Für Linux kommen unter anderem die Typen i386 und i486 infrage.
OSTYPE	Name des Betriebssystems. Da allerdings die Variable OSTYPE den aktuellen Wert zum Übersetzungszeitpunkt der Shell anzeigt, ist dieser Wert nicht zuverlässig. Rekompilieren Sie beispielsweise alles neu, ändert sich dieser Wert nicht mehr. Zuverlässiger ist da wohl das Kommando uname.
PROMPT_COMMAND	Hier kann ein Kommando angegeben werden, das vor jeder Eingabeaufforderung automatisch ausgeführt wird.
SHLVL	Steht für den Shell-Level. Bei jedem Aufruf einer neuen Shell in der Shell wird der Shell-Level um eins erhöht; der Wert 2 kann z. B. innerhalb eines Scripts bestehen, das aus einer Login-Shell gestartet wurde. Eine Möglichkeit, zwischen den Levels zu wechseln, gibt es nicht.
UID	Die User-ID des Anwenders. Diese Kennung ist in der Datei /etc/passwd dem Benutzernamen zugeordnet.

Tabelle 2.13 Ständig neu gesetzte Variablen (Bash und Z-Shell)

2.10 Übungen

1. Was passiert mit einer Variablen, wenn Sie eine neue Subshell öffnen?
2. Weisen Sie der Variablen AKTUELLES_DATUM das aktuelle Datum in dem Format »tt.mm.yyyy« zu und sorgen Sie dafür, dass die Variable auch in einer Subshell verfügbar ist.
3. Löschen Sie die gerade erstellte Variable wieder aus der Umgebung.

4. Definieren Sie drei Variablen (`Z1`, `Z2`, `Z3`) als Integer-Variablen und weisen Sie den Variablen die Zahlen 100, 200 und 300 zu. Addieren und multiplizieren Sie die drei Variablen jeweils mit `let`, `expr` und der doppelten Klammerung.
5. Lassen Sie sich alle Benutzernamen aus der Datei */etc/passwd* anzeigen. Verwenden Sie dafür einmal das Kommando `cut` und einmal das Kommando `awk`. Speichern Sie das Ergebnis jeweils in einer Datei.
6. Wandeln Sie die Namen einer der beiden Dateien in Großbuchstaben um und speichern Sie das Ergebnis in einer neuen Datei.
7. Weisen Sie einem Array mit dem Namen `ZOO` die folgenden Tiere zu: Löwe, Tiger, Krokodil, Affe, Pinguin, Delfin. Lassen Sie sich anschließend die Anzahl der Elemente anzeigen.
8. Welche Information erhalten Sie, wenn Sie die Variable `$0` innerhalb eines Scripts abfragen?
9. Wie können Sie sich die Prozessnummer eines Scripts anzeigen lassen?
10. Öffnen Sie eine Z-Shell und lesen Sie alle Zeilen der Datei */etc/passwd* in ein Array ein.

Kapitel 3
Parameter und Argumente

Nachdem Sie sich mit der Ausführung von Shellscripts und den Variablen vertraut machen konnten, folgt in diesem Kapitel die Übergabe von Argumenten an ein Shellscript. Damit wird Ihr Shellscript wesentlich flexibler und vielseitiger.

3.1 Einführung

Das Prinzip der Übergabe von Argumenten stellt eigentlich nichts Neues mehr für Sie dar. Sie verwenden dieses Prinzip gewöhnlich im Umgang mit anderen Kommandos, zum Beispiel:

```
you@host > ls -l /home/you/Shellbuch
```

Hier wurde das Kommando `ls` verwendet. Die Option `-l` beschreibt hierbei, in welcher Form der Inhalt von */home/you/Shellbuch* ausgegeben werden soll. Als Argumente zählen die Option `-l` und die Verzeichnisangabe */home/you/Shellbuch*. Damit legen Sie beim Aufruf fest, womit `ls` arbeiten soll. Würde `ls` kein Argument aus der Kommandozeile entgegennehmen, wäre das Kommando nur auf das aktuelle Verzeichnis anwendbar und somit recht unflexibel.

3.2 Kommandozeilenparameter $1 bis $9

Auf die Argumente, die beim Aufrufen eines Scripts übergeben werden, können Sie ohne Weiteres innerhalb Ihres Shellscripts als Variablen `$1` bis `$9` (auch *Positionsparameter* genannt) zugreifen (siehe Abbildung 3.1). Hierbei werden die Argumente in der Kommandozeile in einzelne Teilstrings zerlegt (ohne den Scriptnamen, der befindet sich weiterhin in `$0`). Als Begrenzungszeichen wird der in der Shell-Variablen `IFS` angegebene Trenner verwendet (mehr zu `IFS` finden Sie in Abschnitt 5.3.6).

Als Beispiel dient uns ein einfaches Shellscript, das die ersten drei Argumente in der Kommandozeile berücksichtigt:

```
# Beachtet die ersten drei Argumente der Kommandozeile
# Name: aargument
```

```
echo "Erstes Argument: $1"
echo "Zweites Argument: $2"
echo "Drittes Argument: $3"
```

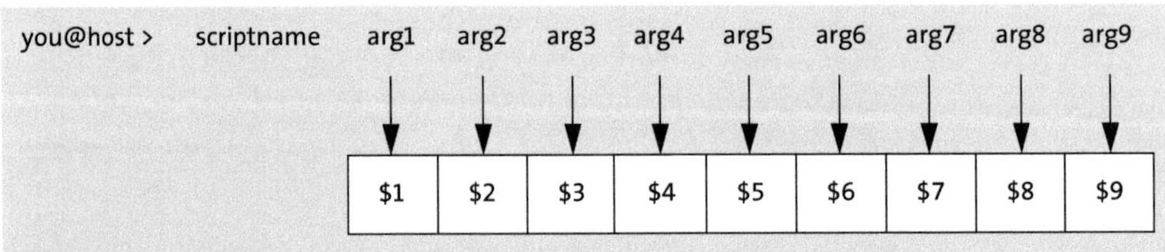

Abbildung 3.1 Die Kommandozeilenparameter (Positionsparameter)

Das Shellscript bei der Ausführung:

```
you@host > ./aargument
Erstes Argument:
Zweites Argument:
Drittes Argument:
you@host > ./aargument test1 test2
Erstes Argument: test1
Zweites Argument: test2
Drittes Argument:
you@host > ./aargument test1 test2 test3
Erstes Argument: test1
Zweites Argument: test2
Drittes Argument: test3
you@host > ./aargument test1 test2 test3 test4
Erstes Argument: test1
Zweites Argument: test2
Drittes Argument: test3
```

Geben Sie weniger oder gar keine Argumente an, ist der jeweilige Positionsparameter mit einem leeren String belegt. Sofern Sie mehr Argumente eingeben, als vom Script berücksichtigt, werden die überflüssigen ignoriert.

3.3 Besondere Parameter

Die hier beschriebenen Variablen wurden zwar bereits kurz in Kapitel 2, »Variablen«, angesprochen, aber sie passen doch eher in dieses Kapitel. Daher werden diese Variablen jetzt genau erläutert.

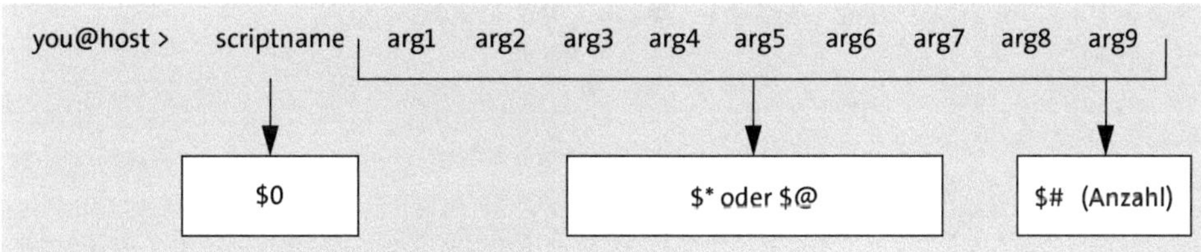

Abbildung 3.2 Weitere Kommandozeilenparameter

3.3.1 Die Variable $*

In der Variablen `$*` werden alle Argumente in der Kommandozeile als eine einzige Zeichenkette gespeichert (ausgenommen der Scriptname = `$0`).

```
# Beachtet alle Argumente der Kommandozeile
# Name: aargumstr

echo "Scriptname                : $0"
echo "Die restlichen Argumente : $*"
```

Das Script bei der Ausführung:

```
you@host > ./aargumstr test1 test2 test3
Scriptname               : ./aargumstr
Die restlichen Argumente : test1 test2 test3
you@host > ./aargumstr Viel mehr Argumente, aber ein String
Scriptname               : ./aargumstr
Die restlichen Argumente : Viel mehr Argumente, aber ein String
```

Die Variable `$*` wird gern bei Shellscripts verwendet, die eine variable Anzahl von Argumenten erwarten. Wenn Sie nicht genau wissen, wie viele Argumente in der Kommandozeile eingegeben werden, müssen Sie Ihr Script immer um die Anzahl der Positionsparameter (`$1` bis `$n`) erweitern. Verwenden Sie hingegen `$*`, ist die Anzahl der Argumente unwichtig, weil hierbei alle in `$*` zusammengefasst werden. Dies lässt sich z. B. hervorragend in einer `for`-Schleife verwenden:

```
# Eine variable Anzahl von Argumenten
# Name: avararg

for i in $*
   do
      echo '$*:' $i
   done
```

Das Script bei der Ausführung:

```
you@host > ./avararg eine variable Anzahl von Argumenten
$*: eine
$*: variable
$*: Anzahl
$*: von
$*: Argumenten
you@host > ./avararg egal wie viele oder wenige
$*: egal
$*: wie
$*: viele
$*: oder
$*: wenige
```

Die for-Schleife wird in Abschnitt 4.9.1 ausführlich behandelt. Beachten Sie aber bei dem Beispiel avararg: Wenn Sie dem Script ein Argument wie folgt übergeben

```
you@host > ./avararg "eine variable Anzahl von Argumenten"
```

sieht die Ausgabe genauso aus wie ohne die doppelten Anführungszeichen, obwohl ja eigentlich nur ein Argument ($1) übergeben wurde. Die Ursache dafür ist die for-Schleife, die das Argument anhand der Variablen IFS (hier anhand der Leerzeichen) auftrennt.

Würden Sie in der for-Schleife die Variable $* in doppelte Anführungszeichen setzen, so würde die anschließende Ausgabe wieder zu einer Zeichenkette zusammengefasst werden:

```
# Eine variable Anzahl von Argumenten
# Name: avararg2

for i in "$*"
   do
      echo '$*:' $i
   done
```

Wenn Sie dies nun mit "$*" anstatt $* ausführen, sieht die Ausgabe wie folgt aus:

```
you@host > ./avararg2 eine variable Anzahl von Argumenten
$*: eine variable Anzahl von Argumenten
```

3.3.2 Die Variable $@

Im Gegensatz zur Variablen $* fasst die Variable $@ die Argumente zu einzelnen Zeichenketten zusammen. Die Funktion wird ähnlich verwendet wie $*, nur mit dem eben erwähnten Unterschied. Das Anwendungsgebiet dieser Variablen liegt ebenfalls vorwiegend in einer Schleife, weshalb wir auf sie nochmals in Kapitel 4, »Kontrollstrukturen«, eingehen.

Merke

Alle Argumente (auch mehr als neun) sind durch $* oder $@ erreichbar. $* liefert sie als ein Wort, verkettet mit Leerzeichen, und $@ liefert sie als ein Argument pro Wort.

3.3.3 Die Variable $#

Die Variable $# enthält die Anzahl der Argumente, die beim Aufruf des Shellscripts mit angegeben wurden. Als Beispiel dient folgendes Shellscript:

```
# Anzahl von Argumenten
# Name: acountarg

echo $*
echo "Das sind $# Argumente"
```

Das Beispiel bei der Ausführung:

```
you@host > ./acountarg
Das sind 0 Argumente
you@host > ./acountarg test1 test2 test3
test1 test2 test3
Das sind 3 Argumente
```

Am häufigsten eingesetzt wird $# bei der if-Entscheidungsanweisung, ob die vorgegebene Anzahl von Argumenten übergeben wurde oder nicht. Wenn nicht, können Sie mit einer Fehlermeldung antworten. Vorweggenommen, ohne genauer darauf einzugehen, finden Sie hier einen typischen Fall:

```
# Überprüft die Anzahl von Argumenten
# Name: achkarg

# Wurden weniger als zwei Argumente eingegeben?
if [ $# -lt 2 ]    # lt = lower then
   then
   echo "Mindestens zwei Argumente erforderlich ..."
   echo "$0 arg1 arg2 ... arg_n"
   exit 1
fi

echo "Anzahl erforderlicher Argumente erhalten"
```

Das Shellscript bei der Ausführung:

```
you@host > ./achckarg
Mindestens zwei Argumente erforderlich ...
./ achkarg arg1 arg2 ... arg_n
you@host > ./achckarg test1 test2
Anzahl erforderlicher Argumente erhalten
```

Mehr zu den Entscheidungsanweisungen mit `if` erfahren Sie in Kapitel 4, »Kontrollstrukturen«.

3.4 Der Befehl shift

Mit `shift` können Sie die Positionsparameter von `$1` bis `$n` jeweils um eine Stelle nach links verschieben. So können Sie die Argumente, die für die weiteren Verarbeitungsschritte nicht mehr benötigt werden, aus der Liste entfernen. Hier sehen Sie die Syntax zu `shift`:

```
shift [n]
```

Wenn Sie `shift` (ohne weitere Argumente) einsetzen, wird beispielsweise der Inhalt von `$2` nach `$1` übertragen. Befand sich in `$3` ein Inhalt, entspricht dieser nun dem Inhalt von `$2`. Es geht immer der erste Wert (`$1`) des Positionsparameters verloren. Sie »schneiden« quasi die Argumente der Kommandozeile von links nach rechts ab, sodass nacheinander alle Argumente zwangsläufig in `$1` landen. Geben Sie hingegen bei `shift` für `n` eine ganze Zahl an, so wird nicht um eine, sondern um `n` Anzahl von Stellen geschoben. Natürlich sind durch einen Aufruf von `shift` auch die Variablen `$*`, `$@` und `$#` betroffen. `$*` und `$@` werden um einige Zeichen erleichtert, und `$#` wird um den Wert `1` dekrementiert.

Eine solche Verarbeitung wird recht gern verwendet, wenn bei Argumenten optionale Parameter angegeben werden dürfen, die sich beispielsweise irgendwo in der Parameterliste befinden. Man kann sie mit `shift` dann einfach an die Position der Parameterliste verschieben.

Hierzu ein Script, das `shift` bei seiner Ausführung demonstriert:

```
# Demonstriert das Kommando shift
# Name: ashifter

echo "Argumente (Anzahl)  : $* ($#)"
echo "Argument $1         : $1"
shift
echo "Argumente (Anzahl)  : $* ($#)"
```

```
echo "Argument $1          : $1"
shift
echo "Argumente (Anzahl)   : $* ($#)"
echo "Argument $1          : $1"
shift
```

Das Script bei der Ausführung:

```
you@host > ./ashifter ein paar Argumente gefällig
Argumente (Anzahl) : ein paar Argumente gefällig (4)
Argument $1        : ein
Argumente (Anzahl) : paar Argumente gefällig (3)
Argument $1        : paar
Argumente (Anzahl) : Argumente gefällig (2)
Argument $1        : Argumente
```

Sicherlich erscheint Ihnen das Ganze nicht sonderlich elegant oder sinnvoll, wenn es aber beispielsweise in Schleifen eingesetzt wird, können Sie hierbei hervorragend alle Argumente der Kommandozeile zur Verarbeitung von Optionen heranziehen. Als Beispiel zeigt ein kurzer theoretischer Codeausschnitt, wie so etwas in der Praxis realisiert werden kann:

```
# Demonstriert das Kommando shift in einer Schleife
# Name: ashifter2

while [ $# -ne 0 ]  # ne = not equal
do
    # Tue was mit dem 1. Parameter
    # Hier einfach eine Ausgabe ...
    echo $1      # immer 1. Parameter verarbeiten
    shift        # weiterschieben ...
done
```

Das Beispiel bei der Ausführung:

```
you@host > ./ashifter2 wieder ein paar Argumente
wieder
ein
paar
Argumente
```

Auch hier haben wir mit `while` wieder auf ein Schleifenkonstrukt zurückgegriffen, dessen Verwendung erst in Kapitel 4, »Kontrollstrukturen«, erläutert wird.

3.5 Argumente und Leerzeichen

Die Shell erkennt anhand der Shell-Variablen IFS, wann ein Argument endet und das nächste beginnt. So weit ist das kein Problem, wenn man nicht für ein Argument zwei oder mehrere Zeichenketten verwenden will. Hier sehen Sie ein einfaches Beispiel, das zeigt, worauf wir hinauswollen:

```
# Argumente mit einem Leerzeichen
# Name: awhitespacer

echo "Vorname : $1"
echo "Name    : $2"
echo "Alter   : $3"
```

Das Script bei der Ausführung:

```
you@host > ./awhitespacer Jürgen von Braunschweig 30
Vorname     : Jürgen
Name        : von
Alter       : Braunschweig
```

Eigentlich war beabsichtigt, dass beim Nachnamen (Argument $2) »von Braunschweig« stehen sollte. Die Shell allerdings behandelt dies richtigerweise als zwei Argumente. Diese »Einschränkung« zu umgehen, ist nicht sonderlich schwer, aber eben eine recht häufig gestellte Aufgabe. Sie müssen nur entsprechende Zeichenketten in zwei doppelte Anführungszeichen setzen. Hier sehen Sie das Script nochmals bei der Ausführung:

```
you@host > ./awhitespacer Jürgen "von Braunschweig" 30
Vorname     : Jürgen
Name        : von Braunschweig
Alter       : 30
```

Jetzt werden die Daten auch korrekt am Bildschirm angezeigt.

3.6 Argumente jenseits von $9

Bisher wurde nur behandelt, wie neun Argumente in der Kommandozeile ausgewertet werden können. Eine simple Technik, die Ihnen in allen Shells zur Verfügung steht, ist der Befehl shift, den Sie ja bereits kennengelernt haben (siehe auch das Script-Beispiel ashifter2 aus Abschnitt 3.4).

Neben shift gibt es noch zwei weitere gängige Methoden, um mit den Variablen $* oder $@ zu arbeiten. Auch hierbei können Sie in einer for-Schleife sämtliche Argumente abgrasen, egal wie viele Argumente vorhanden sind. Wenn Sie sich fragen, wozu das gut sein soll, so viele Argumente zu behandeln, können wir Ihnen als Stichwort »Metazeichen« oder »Datei-Expansion« nennen. Als Beispiel sehen Sie folgendes Script:


```
# Beliebig viele Argumente in der Kommandozeile auswerten
# Name: aunlimited

i=1

for argument in $*
   do
      echo "$i. Argument : $argument"
      i=`expr $i + 1`
   done
```

Das Script bei der Ausführung:

```
you@host > ./aunlimited A B C D E F G H I J K
1. Argument  : A
2. Argument  : B
3. Argument  : C
4. Argument  : D
5. Argument  : E
6. Argument  : F
7. Argument  : G
8. Argument  : H
9. Argument  : I
10. Argument : J
11. Argument : K
```

Das Script arbeitet zwar jetzt beliebig viele Argumente ab, aber es wurde immer noch nicht demonstriert, wofür so etwas gut sein soll. Rufen Sie doch das Script nochmals folgendermaßen auf:

```
you@host > ./aunlimited /usr/include/*.h
1. Argument : /usr/include/af_vfs.h
2. Argument : /usr/include/aio.h
3. Argument : /usr/include/aliases.h
4. Argument : /usr/include/alloca.h
5. Argument : /usr/include/ansidecl.h
...
...
235. Argument : /usr/include/xlocale.h
```

```
236. Argument : /usr/include/xmi.h
237. Argument : /usr/include/zconf.h
238. Argument : /usr/include/zlib.h
239. Argument : /usr/include/zutil.h
```

Das dürfte Ihre Frage nach dem Sinn beantworten. Durch die Datei-Expansion wurden aus einem Argument auf einmal 239 Argumente.

Beliebig viele Argumente

In der Bash, der Z-Shell und der Korn-Shell steht Ihnen noch eine weitere Alternative zur Verfügung, um auf ein Element jenseits von neun zurückzugreifen. Hierbei können Sie alles wie gehabt nutzen (also $1, $2 ... $9), nur dass Sie nach der neunten Position den Wert in geschweifte Klammern (${n}) setzen müssen. Wollen Sie beispielsweise auf das 20. Argument zurückgreifen, gehen Sie folgendermaßen vor:

```
# Argument 20
echo "Das 20. Argument: ${20}"
# Argument 99
echo ${99}
```

3.7 Argumente setzen mit set und Kommando-Substitution

Neben dem Kommandoaufruf haben Sie eine weitere Möglichkeit, die Positionsparameter $1 bis $n mit Werten zu belegen. Dies lässt sich mit dem Kommando set realisieren. Vorwiegend wird diese Technik dazu benutzt, Zeichenketten in einzelne Wörter zu zerlegen. Ein Aufruf von set überträgt die Argumente seines Aufrufs nacheinander an die Positionsparameter $1 bis $n. Dies nehmen selbstverständlich auch die Variablen $#, $* und $@ zur Kenntnis (siehe Abbildung 3.3).

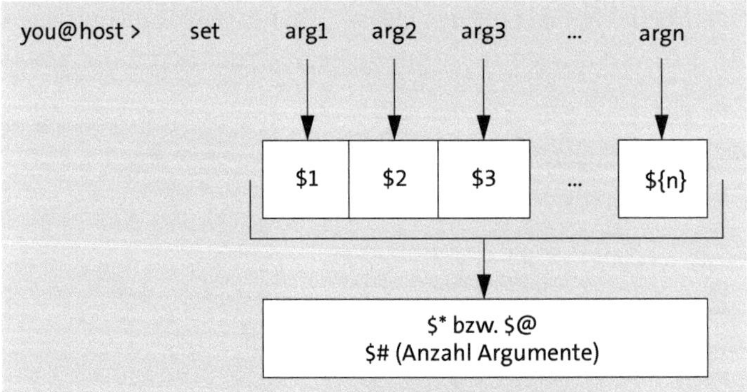

Abbildung 3.3 Positionsparameter setzen mit »set«

Zur Demonstration dient folgender Vorgang in einer Shell:

```
you@host > set test1 test2 test3 test4
you@host > echo $1
test1
you@host > echo $2
test2
you@host > echo $3
test3
you@host > echo $4
test4
you@host > echo $#
4
you@host > echo $*
test1 test2 test3 test4
```

Hier werden die einzelnen Argumente durch den Befehl `set` an die Positionsparameter `$1` bis `$4` übergeben. Als Trenner zwischen den einzelnen Argumenten muss hier mindestens ein Leerzeichen (siehe die Variable `IFS`) verwendet werden.

Nun aber noch zu folgendem Problem:

```
you@host > set -a -b -c
bash: set: -c: invalid option
set: usage: set [--abefhkmnptuvxBCHP] [-o option] [arg ...]
```

Hier hätten wir gern die Optionen `-a`, `-b` und `-c` an `$1`, `$2` und `$3` übergeben. Aber die Shell verwendet hier das Minuszeichen für »echte« Optionen, also Optionen, mit denen Sie das Kommando `set` beeinflussen können. Wollen Sie dem entgegentreten, müssen Sie vor den neuen Positionsparametern zwei Minuszeichen (`--`) angeben:

```
you@host > set -- -a -b -c
you@host > echo $1 $2 $3
-a -b -c
```

Positionsparameter löschen

Bitte beachten Sie, dass Sie mit `set --` ohne weitere Angaben von Argumenten alle Positionsparameter löschen. Dies gilt für alle drei Shells.

Wie bereits erwähnt, erfolgt der Einsatz von `set` eher nicht bei der Übergabe von Parametern, sondern bei der Zerlegung von Zeichenketten, insbesondere der Zeichenketten, die von Kommandos zurückgegeben werden. Im Folgenden sehen Sie ein einfaches Beispiel einer solchen Anwendung (natürlich wird hierzu die Kommando-Substitution herangezogen):

```
# Positionsparameter mit set und Kommando-Substitution
# auserinfo

set `who | grep $1`

echo "User        : $1"
echo "Bildschirm  : $2"
echo "Login um    : $5"
```

Das Script bei der Ausführung:

```
you@host > ./auserinfo you
User        : you
Bildschirm  : tty03
Login um    : 23:05
you@host > ./auserinfo tot
User        : tot
Bildschirm  : :0
Login um    : 21:05
```

Um zu wissen, wie die einzelnen Positionsparameter zustande kommen, muss man selbstverständlich mit dem entsprechenden Kommando vertraut sein. Hier wurde who verwendet. Mit einer Pipe wurde die Standardausgabe auf die Standardeingabe von grep weitergeleitet und filtert hierbei nur noch den entsprechenden String aus, den Sie als erstes Argument beim Aufruf mitgeben. Um zu sehen, welche Parameter set übergeben werden, können Sie einfach mal den Befehl who | grep you eingeben (für »you« geben Sie einen auf Ihrem Rechner vorhandenen Benutzernamen ein). Zwar wurde hierbei der Benutzername verwendet, aber niemand hindert Sie daran, Folgendes zu schreiben:

```
you@host > ./auserinfo 23:*
User        : you
Bildschirm  : tty03
Login um    : 23:05
```

Damit wird nach einem User gesucht, der sich ab 23 Uhr eingeloggt hat.

Zurück zu den Positionsparametern – ein Aufruf von who verschafft Klarheit:

```
you@host > who
tot      :0            Feb 16 21:05 (console)
you      tty03         Feb 16 23:05
```

Daraus ergeben sich folgende Positionsparameter (siehe Abbildung 3.4):

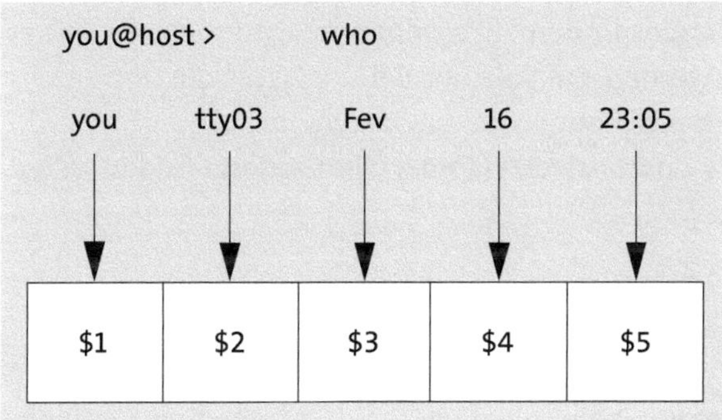

Abbildung 3.4 Positionsparameter nach einer Kommando-Substitution

Durch den Aufruf von

```
set `who | grep $1`
```

werden jetzt die einzelnen Positionsparameter den Variablen `$1` bis `$5` zugewiesen (optional könnten Sie hier mit `console` auch den sechsten Parameter mit einbeziehen), die Sie anschließend in Ihrem Script verarbeiten können – im Beispiel wurde eine einfache Ausgabe mittels `echo` verwendet. Dass dies derart funktioniert, ist immer der Shell-Variablen `IFS` zu verdanken, die das Trennzeichen für solche Aktionen beinhaltet. Sollten bei einem Kommando keine Leerzeichen als Trenner zurückgegeben werden, müssen Sie die Variable `IFS` mit einem neuen Wert versehen.

Ein weiteres simples und häufig zitiertes Beispiel mit `date` ist:

```
you@host > date
Mo Mai 2 01:05:15 CET 2016
you@host > set `date`
you@host > echo "$3.$2.$6 um $4"
2.Mai.2016 um 01:05:22
```

Die Reihenfolge der Positionsparameter bei Befehlen überprüfen

Um die korrekte Reihenfolge der Positionsparameter bei Befehlen zu verwenden, sollten Sie natürlich auch die Ausgabe der Befehle auf Ihrem System kennen und nicht stur die Zeilen im Buch abtippen. So wird beispielsweise das Datum des Befehls `date` unter macOS in einer etwas anderen Reihenfolge ausgegeben, sodass Sie hierbei andere Positionsparameter verwenden müssen (bei uns zum Beispiel: `echo "$2.$3.$4 um $5"`).

3.8 getopts – Kommandozeilenoptionen auswerten

Bei fast allen Linux/UNIX-Kommandos finden Sie sogenannte Optionen, die mit einem Minuszeichen (-) eingeleitet werden. Ein Beispiel: Bei `ls -l` ist `-l` die Option. Um sich um solche Optionen zu kümmern, können Sie die Argumente der Kommandozeile entweder selbst überprüfen und auswerten, oder Sie verwenden den Befehl `getopts`. Hier ist die Syntax zu `getopts`:

```
getopts Optionen Variable [Argumente]
```

Um die Funktion `getopts` richtig einzusetzen, müssen Sie folgende Regeln beachten:

- Auch wenn `getopts` benutzt wird, setzt dies nicht voraus, dass unbedingt Optionen angegeben werden müssen.
- Optionen müssen vor dem Dateinamen bzw. Parameter stehen:

  ```
  kommando -o datei.txt    # Richtig
  kommando datei.txt -o    # Falsch
  ```

- Die Reihenfolge, in der die Optionen angegeben werden, ist unwichtig:

  ```
  kommando -o -x datei.txt # Richtig
  kommando -x -o datei.txt # Auch richtig
  ```

- Optionen können auch zusammengefasst werden:

  ```
  kommando -ox datei.txt # Richtig
  kommando -xo datei.txt # Richtig
  ```

Wird `getopts` aufgerufen, überprüft dieses Kommando, ob sich eine Option (eingeleitet mit einem -) in den Positionsparametern (von links nach rechts) befindet. Der Parameter, der als Nächstes bearbeitet werden soll, wird bei einer Shell in der automatischen Variablen `OPTIND` verwaltet. Der Wert dieser Variablen beträgt beim Aufruf erst einmal `1`, wird aber bei jedem weiteren `getopts`-Aufruf um 1 erhöht. Wenn eine Kommandozeile mehrfach eingelesen werden soll, muss der Index manuell zurückgesetzt werden.

Wird eine Option gefunden, dann wird dieses Zeichen der Variablen `Variable` zugewiesen. In der Zeichenkette `Optionen` werden alle Schalter mit einem Kennbuchstaben angegeben. An Schalter, die zusätzliche Argumente erhalten, wird ein Doppelpunkt angehängt. Die Optionen, die ein weiteres Argument erwarten (also die, die mit einem Doppelpunkt markiert sind), werden in der Shell-Variablen `OPTARG` gespeichert.

Wenn nicht ausdrücklich ein `Argument` beim Aufruf von `getopts` übergeben wird, verwendet das Shell-Kommando die Positionsparameter, also die Argumente von der Kommandozeile des Scripts.

Liefert getopts 0 zurück, deutet dies auf eine gefundene Option hin. Bei einem Wert ungleich 0 wurde das Ende der Argumente erreicht, oder es ist ein Fehler aufgetreten. Wollen Sie eine Fehlermeldungsausgabe vermeiden, können Sie einen Doppelpunkt als erstes Zeichen verwenden oder die Shell-Variable OPTERR auf 0 setzen.

Gewöhnlich wird getopts in einer Schleife mit einer case-Konstruktion ausgewertet. Zwar wurde beides bisher noch nicht behandelt (wir kommen im nächsten Kapitel zu diesem Thema), aber trotzdem wollen wir es an dieser Stelle nicht bei der trockenen Theorie belassen. Hier sehen Sie ein mögliches Beispiel:

```
# Demonstriert getopt
# Name: agetopter

while getopts abc:D: opt
do
   case $opt in
       a) echo "Option a";;
       b) echo "Option b";;
       c) echo "Option c : ($OPTARG)";;
       D) echo "Option D : ($OPTARG)";;
   esac
done
```

Das Script bei der Ausführung:

```
you@host > ./agetopter -a
Option a
you@host > ./agetopter -b
Option b
you@host > ./agetopter -c
./agetopter: option requires an argument -- c
you@host > ./agetopter -c Hallo
Option c : (Hallo)
you@host > ./agetopter -D
./agetopter: option requires an argument -- D
you@host > ./agetopter -D Nochmals
Option D : (Nochmals)
you@host > ./agetopter -ab
Option a
Option b
you@host > ./agetopter -abD
Option a
Option b
./agetopter: option requires an argument -- D
you@host > ./agetopter -abD Hallo
```

```
Option a
Option b
Option D : (Hallo)
you@host > ./agetopter -x
./agetopter: illegal option - x
```

Im Beispiel konnten Sie außerdem auch gleich die Auswirkungen des Doppelpunkts hinter einem Optionszeichen erkennen. Geben Sie bei Verwendung einer solchen Option kein weiteres Argument an, wird eine Fehlermeldung zurückgegeben. Selbst ein falsches Argument wertet getopts hier aus und meldet den Fehler.

Wollen Sie die Fehlerausgabe selbst behandeln, also nicht eine von getopts produzierte Fehlermeldung verwenden, müssen Sie die Ausgabe von getopts in das Datengrab (*/dev/null*) schieben und als weitere Option in case ein Fragezeichen auswerten. Im Fehlerfall liefert Ihnen nämlich getopts ein Fragezeichen zurück. Hier folgt dasselbe Script, jetzt ohne getopts-Fehlermeldungen:

```
# Demonstriert getopt
# Name: agetopter2

while getopts abc:D: opt 2>/dev/null
do
   case $opt in
       a) echo "Option a";;
       b) echo "Option b";;
       c) echo "Option c : ($OPTARG)";;
       D) echo "Option D : ($OPTARG)";;
       ?) echo "($0): Ein Fehler bei der Optionsangabe"
   esac
done
```

Das Script bei einer fehlerhaften Ausführung:

```
you@host > ./agetopter2 -D
(./agetopter2): Ein Fehler bei der Optionsangabe
you@host > ./agetopter2 -x
(./agetopter2): Ein Fehler bei der Optionsangabe
```

3.9 Vorgabewerte für Variablen (Parameter-Expansion)

Da Sie sich nicht immer darauf verlassen können, dass die Anwenderinnen und Anwender Ihrer Scripts schon das Richtige eingeben werden, gibt es sogenannte Vorgabewerte für Variablen. Dass wir hier nicht »Vorgabewerte für Argumente« schreiben, deutet schon darauf hin, dass dieses Anwendungsgebiet nicht nur für die Kommandozeile gilt, sondern für Variablen im Allgemeinen. Neben den Positionsparametern können Sie damit also auch jegliche Art von Benutzereingaben bearbeiten.

Wenn Sie zu Kapitel 4, »Kontrollstrukturen«, kommen, wird Ihnen auffallen, dass die Verwendung von Vorgabewerten den if-then-else-Konstrukten ähnelt. Hierzu ein simples Beispiel: Aus einem Verzeichnis sollen alle Verzeichnisse ausgegeben werden, die sich darin befinden. Nehmen wir als Scriptnamen lsdirs. Rufen Sie dieses Script ohne ein Argument auf, wird durch einen Standardwert (im Beispiel ist er einfach das aktuelle Arbeitsverzeichnis pwd) das aufzulistende Verzeichnis vorgegeben. Hier sehen Sie das Shellscript:

```
# Vorgabewerte setzen
# Name: lsdirs

directory=${1:-`pwd`}

ls -ld $directory | grep ^d
```

Das Script bei der Ausführung:

```
you@host > ./lsdirs
drwxr-xr-x  2 tot users     72 2010-02-07 10:29 bin
drwx------  3 tot users    424 2010-02-07 11:29 Desktop
drwxr-xr-x  2 tot users    112 2010-02-17 08:11 Documents
drwxr-xr-x  4 tot users    208 2010-02-07 10:29 HelpExplorer
drwxr-xr-x  2 tot users     80 2010-02-05 15:03 public_html
drwxr-xr-x  3 tot users    216 2009-09-04 19:55 Setup
drwxr-xr-x  4 tot users    304 2010-02-15 07:19 Shellbuch
you@host > ./lsdirs /home/tot/Shellbuch
drwxr-xr-x  2 tot users   2712 2010-02-09 03:57 chm_pdf
drwxr-xr-x  2 tot users    128 2010-02-05 15:15 Planung
you@host > ./lsdirs /home
drwxr-xr-x  27 tot users  2040 2010-02-18 00:30 tot
drwxr-xr-x  45 you users  2040 2010-01-28 02:32 you
```

Zugegeben, das mit dem grep ^d hätte man auch mit einem einfachen test-Kommando realisieren können, aber hier müssten wir wieder auf ein Thema vorgreifen, das bisher noch nicht behandelt wurde. Durch ^d werden einfach alle Zeilen von ls -ld herausgezogen, die mit einem d (hier für die Dateiart *directory*) anfangen.

Mit der Zeile

```
directory=${1:-`pwd`}
```

übergeben Sie der Variablen `directory` entweder den Wert des Positionsparameters `$1`, oder es wird – wenn diese Variable leer ist – stattdessen eine Kommando-Substitution durchgeführt (hier `pwd`), und deren Wert wird in `directory` abgelegt. Es gibt noch mehr Konstruktionen für Standardwerte von Variablen; im Beispiel haben wir etwa `${var:-wort}` verwendet. Tabelle 3.1 nennt alle Möglichkeiten.

Vorgabewert-Konstrukt	Bedeutung
`${var:-wort}`	Ist `var` mit einem Inhalt besetzt (nicht null), wird `var` zurückgegeben. Ansonsten wird die Variable `wort` verwendet.
`${var:+wort}`	Hier wird `wort` zurückgegeben, wenn `var` nicht (!) leer ist. Ansonsten wird ein Null-Wert zurückgegeben. Das ist praktisch das Gegenteil von `${var:-wort}`.
`${var:=wort}`	Ist `var` nicht gesetzt oder entspricht `var` einem Null-Wert, dann `var=wort` setzen. Ansonsten wird `var` zurückgegeben.
`${var:?wort}`	Gibt `var` zurück, wenn `var` nicht null ist. Ansonsten: Ist ein `wort` gesetzt, dann eben `wort` ausgeben. Wenn kein `wort` angegeben wurde, einen vordefinierten Text verwenden und das Shellscript verlassen.

Tabelle 3.1 Vorgabewerte für Variablen

Weitere Anmerkungen zu Vorgabewerten

`wort` kann hier in allen Ausdrücken entweder ein String sein oder eben ein Ausdruck (wie im Beispiel eine Kommando-Substitution).

Wenn Sie bei diesen Ausdrücken den Doppelpunkt weglassen, ändert sich die erste Abfrage dahin gehend, dass nur überprüft wird, ob diese Variable definiert ist oder nicht.

Zu den Standardvorgabewerten zeigen wir im Folgenden ein einfaches Beispielscript, das die einzelnen Funktionalitäten demonstriert. Das Shellscript und seine Ausführung sollten durch das eben Erläuterte selbsterklärend sein:

```
# Demonstriert Vorgabewerte
# Name: adefaultvar

var2=var2
var4=var4
var5=var5
```

```
# Erstes Argument in der Kommandozeile, falls nicht verwendet
echo ${1:-"Alternatives_erstes_Argument"}
# Hier ist var1 nicht besetzt - also Leerstring zurückgeben
echo ${var1:+"wort1"}
# var2 ist gesetzt ("var2") und wird somit von "wort2"
überschrieben
echo ${var2:+"wort2"}
# Hier ist var3 nicht gesetzt und wird vom String "wort3"
beschrieben
echo ${var3:="wort3"}

# Hier ist var4 besetzt mit "var4" und wird so auch zurückgegeben
echo ${var4:="wort4"}
# var5 ("var5") ist nicht leer und wird somit auch zurückgegeben
echo ${var5:?"wort5"}
# var6 ist leer, und somit wird eine Fehlermeldung mit dem Text
"wort6" ...

# ausgegeben und das Shellscript beendet
echo ${var6:?"wort6"}

echo "Dieser String wird nie ausgegeben"
```

Das Script bei der Ausführung:

```
you@host > ./adefaultvar
Alternatives_erstes_Argument

wort2
wort3
var4
var5
./adefaultvar: line 22: var6: wort6
you@host > ./adefaultvar mein_Argument
mein_Argument

wort2
wort3
var4
var5
./adefaultvar: line 22: var6: wort6
```

3.10 Substring-Expansion

Mit der Substring-Expansion ist es sehr einfach, bestimmte Teilbereiche aus einer Variablen herauszuschneiden. Die Syntax für diese Aufgabe sieht so aus:

```
${Variable:Position:Länge}
```

Wird die Angabe für die Länge weggelassen, wird die gesamte Variable ab der angegebenen Position ausgegeben. Wenn Sie negative Werte übergeben, wird die Zählung am Ende der Variablen weitergeführt. Anschaulicher wird es mit einigen Beispielen dazu:

```
you@host:~$ string=0123456789ABCDEFGHIJKLMNOPQRSTUVWXYZ

you@host:~$ echo $string
0123456789ABCDEFGHIJKLMNOPQRSTUVWXYZ
you@host:~$ echo ${string:7}
789ABCDEFGHIJKLMNOPQRSTUVWXYZ
you@host:~$ echo ${string:7:4}
789A
you@host:~$ echo ${string:12:6}
CDEFGH
you@host:~$ echo ${string: -3:2}
XY
you@host:~$ echo ${string: -3:5}
XYZ
you@host:~$ echo ${string: -9:5}
RSTUV
you@host:~$ echo ${string: -9:-2}
RSTUVWX
```

3.11 Aufgaben

1. Was ist der Unterschied zwischen den Variablen `$*` und `$@`?
2. Schreiben Sie ein Shellscript, dem Sie Ihren Vornamen und Nachnamen als Argument übergeben. Anschließend ermitteln Sie die Anzahl der Zeichen im Vor- und Nachnamen und geben den Wert in einer Meldung aus. Zum Abschluss lassen Sie sich die Anzahl aller Argumente ausgeben.
3. Welchen Wert hat die Variable `$1`, wenn Sie in das Script von Aufgabe 2 am Ende ein `shift` einfügen?
4. Wie können Sie eine Variable mit einem Wert vorbelegen, wenn die Variable keinen Inhalt enthält?

Kapitel 4
Kontrollstrukturen

Um aus der Shell eine »echte« Programmiersprache zu machen, sind sogenannte Kontrollstrukturen erforderlich. Dabei handelt es sich um Entscheidungsverzweigungen oder Schleifen. Eine Programmiersprache ohne Verzweigungen wäre wohl eine Katastrophe. Mit einer Verzweigung können Sie dafür sorgen, dass die weitere Ausführung des Scripts von einer bestimmten Bedingung abhängt und eben entsprechend verzweigt wird. Ebenso sieht es mit den Schleifen aus. Anstatt immer Zeile für Zeile dieselben Anweisungen auszuführen, können Sie diese auch in einer Schleife zusammenfassen.

4.1 Bedingte Anweisung mit if

Die bedingte Anweisung (oder auch Verzweigung) mit `if` verwenden Sie,

- wenn Sie überprüfen wollen, ob eine Eingabe auf der Kommandozeile bzw. über die Tastatur korrekt war (egal ob es sich um eine Zahl oder eine Zeichenkette handelt) oder
- ob das Auslesen einer Datei ein entsprechendes Ergebnis beinhaltet, wenn Sie eine Datei bzw. ein bestimmtes Attribut prüfen müssen oder
- wenn Sie den Erfolg einer Kommandoausführung testen möchten.

Die korrekte Syntax der `if`-Verzweigung sieht wie folgt aus:

```
if Kommando_erfolgreich
then
   # Ja, Kommando war erfolgreich
   # ... hier Befehle für erfolgreiches Kommando verwenden
fi
```

Auf das Schlüsselwort `if` muss ein Kommando oder eine ganze Reihe von Kommandos folgen. Wurde das Kommando (oder die Kommandofolge) erfolgreich ausgeführt, wird als Rückgabewert 0 zurückgegeben (wie dies ja bei Kommandos üblich ist). Im Fall einer erfolgreichen Kommandoausführung werden also die Befehle im darauffolgenden `then` (bis zum `fi`) ausgeführt. Bei einer fehlerhaften Kommandoausführung wird die Ausführung, sofern weitere Kommandos vorhanden sind, hinter dem `fi` fortgesetzt. Oder einfacher gesagt: Falls der Befehl einen Fehler zurückgab, wird der Anweisungsblock in der Verzweigung übersprungen.

`fi` (also ein rückwärts geschriebenes `if`) schließt eine `if`-Anweisung bzw. den Anweisungsblock ab (siehe Abbildung 4.1).

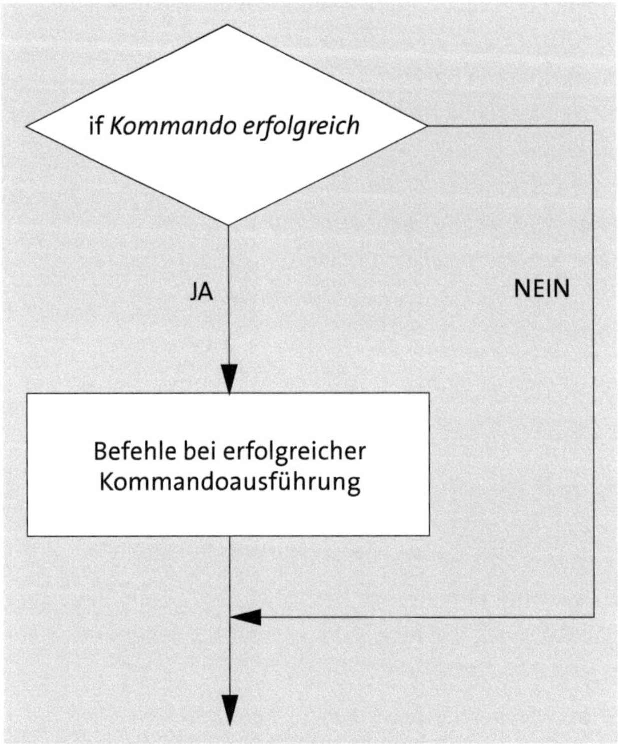

Abbildung 4.1 Bedingte Anweisung mit »if«

Wenn Sie sich schon mal einige Scripts angesehen haben, werden Sie feststellen, dass häufig folgende Syntax bei einer `if`-Verzweigung verwendet wird:

```
if [ bedingung ]
then
   # Ja, Bedingung war erfolgreich
   # ... hier Befehle für erfolgreiche Bedingung verwenden
fi
```

Selbstverständlich dürfen Sie die `if`-Verzweigung zu einem etwas weniger leserlichen Code zusammenpacken, Sie müssen dann aber entsprechend Semikolons zur Trennung einsetzen (diese Schreibweise wird gewöhnlich verwendet, um eine Verzweigung auf der Kommandozeile einzugeben):

```
if [ bedingung ]; then befehl(e) ; fi
```

Bei einer Verwendung von eckigen Klammern handelt es sich um den `test`-Befehl, dessen symbolische Form eben `[ ... ]` ist. Hierauf gehen wir noch recht ausführlich ein. Wir wollen uns jetzt erst einmal weiter mit der `if`-Verzweigung ohne den `test`-Befehl befassen.

Skurriles

Wenn wir hier behaupten, dass die eckigen Klammern eine symbolische Form für `test` sind, stimmt das eigentlich nicht. Wenn Sie mal nach einem Kommando »[« suchen (`which [`), werden Sie überrascht sein, dass es tatsächlich ein »Binary« mit diesem Namen gibt. Genau genommen handelt es sich somit nicht um eine andere Schreibweise von `test`, sondern um ein eigenständiges Programm, das als letzten Parameter die schließende eckige Klammer auswertet.

4.1.1 Kommandos testen mit if

Als Beispiel folgt ein einfaches Shellscript, das das Kommando `grep` auf erfolgreiche Ausführung überprüft. In der Datei */etc/passwd* wird einfach nach einem Benutzer gesucht, den Sie als erstes Argument (Positionsparameter `$1`) in der Kommandozeile angeben (siehe Abbildung 4.2). Je nach Erfolg bekommen Sie eine entsprechende Meldung ausgegeben.

```
# Demonstriert eine Verzweigung mit if
# Name: aif1

# Benutzer in /etc/passwd suchen ...
if grep "^$1" /etc/passwd
then
   # Ja, grep war erfolgreich
   echo "User $1 ist bekannt auf dem System"
   exit 0;  # Erfolgreich beenden ...
fi

# Angegebener User scheint hier nicht vorhanden zu sein ...
echo "User $1 gibt es hier nicht"
```

Das Script bei der Ausführung:

```
you@host > ./aif1 you
you:x:1001:100::/home/you:/bin/bash
User you ist bekannt auf dem System
you@host > ./aif1 tot
tot:x:1000:100:J.Wolf:/home/tot:/bin/bash
```

```
User tot ist bekannt auf dem System
you@host > ./aif1 root
root:x:0:0:root:/root:/bin/bash
User root ist bekannt auf dem System
you@host > ./aif1 rot
User rot gibt es hier nicht
```

Findet grep hier den Benutzer, den Sie als erstes Argument übergeben haben, liefert es den Exit-Status 0 zurück, und somit wird then in der if-Verzweigung ausgeführt. Bei erfolgloser Suche gibt grep einen Wert ungleich 0 zurück, womit nicht in die if-Verzweigung gewechselt, sondern mit der Ausführung hinter dem fi der if-Verzweigung fortgefahren wird.

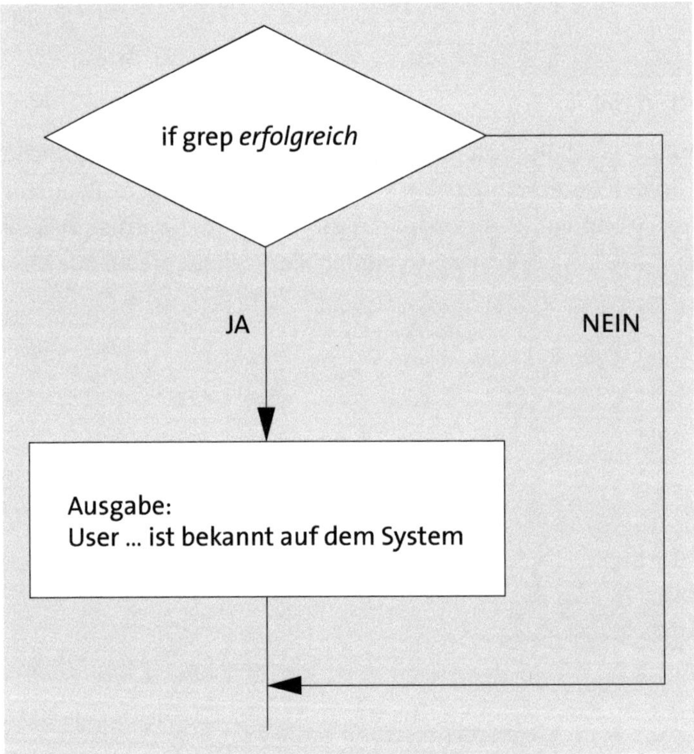

Abbildung 4.2 Bedingte »if«-Anweisung in der Praxis

Was in diesem Beispiel ein wenig stört, ist die Standardausgabe, die hier unerwünscht »hereinplappert«. Um das zu verhindern, lässt sich aber wie in der Kommandozeile eine Umleitung in das Datengrab */dev/null* legen. Hierzu müssen Sie nur die Zeile

```
if grep "^$1" /etc/passwd
```

umändern in:

```
if grep "^$1" /etc/passwd > /dev/null
```

Natürlich kann die Fehlerausgabe (`stderr`) auch noch unterdrückt werden:

```
if grep "^$1" /etc/passwd > /dev/null 2>&1
```


Somit würde die Ausführung des Scripts jetzt wie folgt aussehen:

```
you@host > ./aif1 you
User you ist bekannt auf dem System
you@host > ./aif1 tot
User tot ist bekannt auf dem System
you@host > ./aif1 root
User root ist bekannt auf dem System
you@host > ./aif1 rot
User rot gibt es hier nicht
```

Aus Abschnitt 1.8.9, »Ein Shellscript beenden«, kennen Sie ja bereits den Exit-Status und wissen, wie Sie diesen mit der Variablen `$?` abfragen können. Somit könnten Sie, anstatt – wie im Beispiel geschehen – den Kommandoaufruf mit `if` auf Erfolg zu testen, den Rückgabewert eines Kommandos testen. Allerdings benötigen Sie hierzu wieder das `test`-Kommando oder dessen »alternative« Schreibweise in eckigen Klammern. Zwar haben wir das `test`-Kommando noch nicht behandelt, aber aus Referenzgründen wollen wir Ihnen das Beispiel hier nicht vorenthalten:

```
# Demonstriert eine test-Verzweigung mit if
# Name: aif2

# Benutzer in /etc/passwd suchen ...
grep "^$1" /etc/passwd > /dev/null

# Ist der Exit-Status in $? nicht gleich (not equal) 0 ...
if [ $? -ne 0 ]
   then
   echo "Die Ausführung von grep ist fehlgeschlagen"
   echo "Vermutlich existiert User $1 hier nicht"
   exit 1  # Erfolglos beenden
fi

# grep erfolgreich
echo "User $1 ist bekannt auf dem System"
```

Das Script bei der Ausführung:

```
you@host > ./aif2 you
User you ist bekannt auf dem System
you@host > ./aif2 rot
Die Ausführung von grep ist fehlgeschlagen
Vermutlich existiert User rot hier nicht
```

4.1.2 Kommandoverkettung über Pipes mit if

Wenn bei einer if-Abfrage mehrere Kommandos mit den Pipes verwendet werden, ist der Rückgabewert immer der des letzten Kommandos. Dies scheint auch irgendwie logisch, denn es gibt nur eine Variable für den Exit-Status ($?). Somit wird in einer Kommandoverkettung immer die Variable $? mit einem neuen Exit-Status belegt – bis zum letzten Kommando in der Verkettung.

Trotzdem hat eine solche Kommandoverkettung durchaus ihre Tücken. Denn wem nützt es, wenn das letzte Kommando erfolgreich war, aber eines der vorhergehenden Kommandos einen Fehler produziert hat? Hier sehen Sie ein Beispiel, das zeigt, worauf wir hinauswollen:

```
# Demonstriert eine Kommandoverkettung mit if
# Name: aif3

# In /usr/include nach erstem eingegebenen Argument suchen
if ls -l /usr/include | grep $1 | wc -l
   then
   echo "Suche erfolgreich"
   exit 0
fi

echo "Suche erfolglos"
```

Das Script bei der Ausführung:

```
you@host > ./aif3 l.h
15
Suche erfolgreich
you@host > ./aif3 std
5
Suche erfolgreich
you@host > ./aif3 asdfjklö
0
Suche erfolgreich
you@host > ./aif3
```

```
Aufruf: grep [OPTION]... MUSTER [DATEI]...
"grep --help" gibt Ihnen mehr Informationen.
0
Suche erfolgreich
```

Es gibt bei den letzten zwei Suchanfragen eigentlich keine erfolgreichen Suchergebnisse mehr. Trotzdem wird `Suche erfolgreich` zurückgegeben – was ja auch klar ist, weil die Ausführung des letzten Kommandos `wc -l` keinen Fehler produziert hat und 0 zurückgab. Sie haben zwar jetzt die Möglichkeit, die Standardfehlerausgabe zu überprüfen, aber dies wird mit jedem weiteren Befehl in der Pipe immer unübersichtlicher.

PIPESTATUS auswerten (Bash only)

In der Bash kann Ihnen hierbei die Shell-Variable `PIPESTATUS` helfen. Die Variable `PIPESTATUS` ist ein Array, das die Exit-Status der zuletzt ausgeführten Kommandos enthält. Der Rückgabewert des ersten Befehls steht in `${PIPESTATUS[0]}`, der zweite in `${PIPESTATUS[1]}`, der dritte in `${PIPESTATUS[2]}` usw. Die Anzahl der Befehle, die in einer Pipe ausgeführt wurden, enthält `${#PIPESTATUS[*]}`, und alle Rückgabewerte (getrennt durch ein Leerzeichen) erhalten Sie mit `${PIPESTATUS[*]}`. Hier sehen Sie die Verwendung von `PIPESTATUS` in der Praxis, angewandt auf das Beispiel `aif3`:

```
# Demonstriert die Verwendung von PIPESTATUS in der Bash
# Name: apipestatus

# In /usr/include suchen
ls -l /usr/include | grep $1 | wc -l

# Den kompletten PIPESTATUS in die Variable STATUS legen
STATUS=${PIPESTATUS[*]}

# Die Variable STATUS auf die einzelnen
# Positionsparameter aufteilen
set $STATUS

# Status einzeln zurückgeben
echo "ls    : $1"
echo "grep  : $2"
echo "wc    : $3"

# Fehlerüberprüfungen der einzelnen Werte ...
if [ $1 -ne 0 ]; then
  echo "Fehler bei ls" >&2
fi
```

```
if [ $2 -ne 0 ]; then
  echo "Fehler bei grep" >&2
fi

if [ $3 -ne 0 ]; then
  echo "Fehler bei wc" >&2
fi
```

Das Shellscript bei der Ausführung:

```
you@host > ./apipestatus std
5
ls    : 0
grep  : 0
wc    : 0
you@host > ./apipestatus
Aufruf: grep [OPTION]... MUSTER [DATEI]...
"grep --help" gibt Ihnen mehr Informationen.
0
ls    : 141
grep  : 2
wc    : 0
Fehler bei ls
Fehler bei grep
you@host > ./apipestatus asdf
0
ls    : 0
grep  : 1
wc    : 0
Fehler bei grep
```

Wichtig ist, dass Sie PIPESTATUS unmittelbar nach der Kommandoverkettung abfragen. Führen Sie dazwischen beispielsweise eine echo-Ausgabe durch, finden Sie im Array PIPESTATUS nur noch den Exit-Status des echo-Kommandos.

PIPESTATUS auswerten

Mit einigen Klimmzügen ist es auch möglich, die Auswertung der Exit-Codes aller Kommandos in einer Pipe vorzunehmen. Zuerst werden neue Ausgabekanäle angelegt, und die Ausführung der Pipe muss in einen eval-Anweisungsblock gepackt werden. Leitet man die entsprechenden Kanäle in die richtigen Bahnen, erhält man auch hier sämtliche Exit-Codes einer Pipe. Auf die Funktion eval gehen wir noch in Kapitel 9, »Nützliche Funktionen«, näher ein, aber auch in diesem Fall wollen wir Ihnen vorab ein Beispiel anbieten (auf die test-Überprüfung wurde allerdings verzichtet).

```
# Demonstriert, wie man alle Kommandos einer Pipe ohne
# die Shell-Variable PIPESTATUS ermitteln kann
# Name: apipestatus2

exec 3>&1 # dritten Ausgabekanal öffnen (für stdout)
exec 4>&1 # vierten Ausgabekanal öffnen (für Exit-Status)
eval `
{
    {
        ls -l /usr/include
        echo lsexit=$? >&4;
    } | {
        grep $1
        echo grepexit=$? >&4;
    } | wc -l
} 4>&1 >&3 # Umleitung
`

echo "ls    : $lsexit"
echo "grep  : $grepexit"
echo "wc    : $?"
```

Das Shellscript bei der Ausführung:

```
you@host > ./apipestatus2
Aufruf: grep [OPTION]... MUSTER [DATEI]...
"grep --help" gibt Ihnen mehr Informationen.
0
ls    : 141
grep  : 2
wc    : 0
you@host > ./apipestatus2 std
5
ls    : 0
grep  : 0
wc    : 0
you@host > ./apipestatus2 asdfasf
0
ls    : 0
grep  : 1
wc    : 0
```

4.2 Die else-Alternative für eine if-Verzweigung

Oft will man der if-Verzweigung noch eine Alternative anbieten. Das heißt, wenn die Überprüfung des Kommandos (oder auch der test-Aufruf) fehlgeschlagen ist, soll in einen anderen Codeabschnitt verzweigt werden. Hier sehen Sie die Syntax zur else-Verzweigung:

```
if Kommando_erfolgreich
then
   # Ja, Kommando war erfolgreich
   # ... hier Befehle für erfolgreiches Kommando verwenden
else
   # Nein, Kommando war nicht erfolgreich
   # ... hier die Befehle bei einer erfolglosen
   # Kommandoausführung setzen
fi
```

Gegenüber der if-Verzweigung kommt hier ein alternatives else hinzu. War die Kommandoausführung erfolglos, geht es hinter else bis fi mit der Programmausführung weiter (siehe Abbildung 4.3).

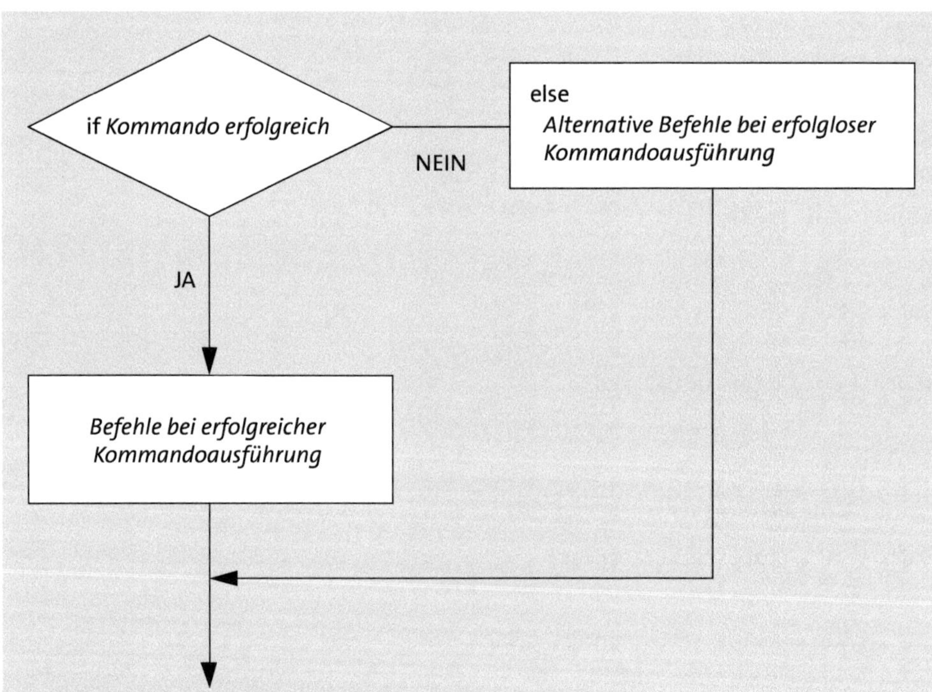

Abbildung 4.3 Die »else«-Alternative

Natürlich können Sie auch hier die weniger leserliche Form der `if-else`-Verzweigung verwenden:

```
if Kommando_erfolgreich ; then befehl(e) ; else befehl(e) ; fi
```

Umgeschrieben auf das Beispiel `aif1` vom Anfang dieses Kapitels, sieht das Script mit `else` folgendermaßen aus:

```
# Demonstriert eine alternative Verzweigung mit else
# Name: aelse
# Benutzer in /etc/passwd suchen ...
if grep "^$1" /etc/passwd > /dev/null
then
   # grep erfolgreich
   echo "User $1 ist bekannt auf dem System"
else
   # grep erfolglos
   echo "User $1 gibt es hier nicht"
fi
```

Siehe dazu auch Abbildung 4.4:

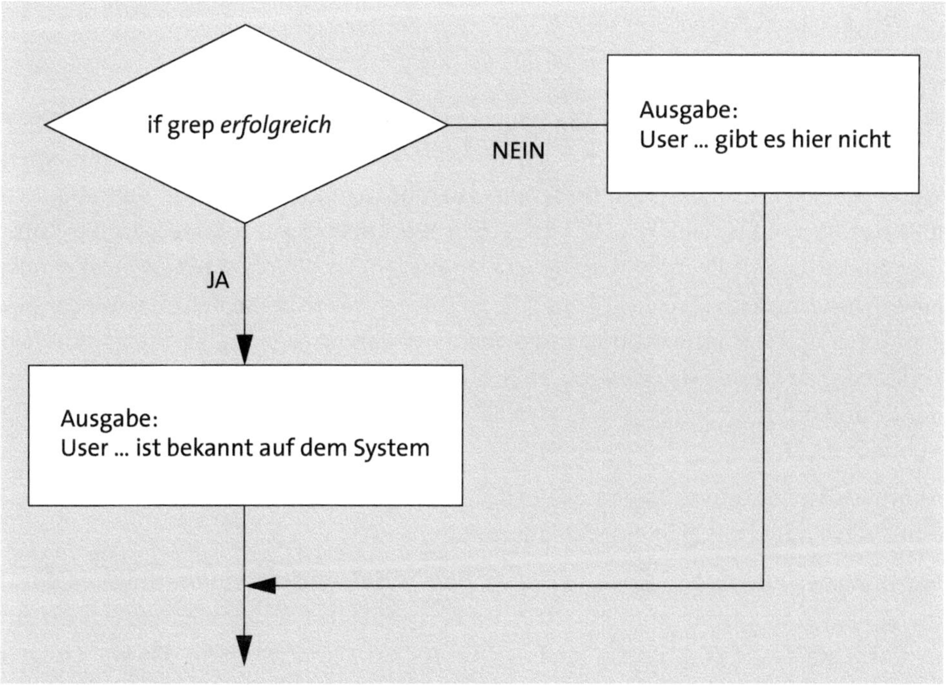

Abbildung 4.4 Die »else«-Alternative in der Praxis

Gegenüber dem Script aif1 hat sich bei der Ausführung nicht viel geändert. Nur wenn grep erfolglos war, kann jetzt in die else-Alternative verzweigt werden, und das Script muss nicht mehr mit exit beendet werden.

4.3 Mehrfache Alternative mit elif

Es ist auch möglich, mehrere Bedingungen zu testen. Hierzu verwendet man elif. Die Syntax sieht so aus:

```
if Kommando1_erfolgreich
then
   # Ja, Kommando1 war erfolgreich
   # ... hier Befehle für erfolgreiches Kommando1 verwenden
elif Kommando2_erfolgreich
then
   # Ja, Kommando2 war erfolgreich
   # ... hier Befehle für erfolgreiches Kommando2 verwenden
else
   # Nein, kein Kommando war erfolgreich
   # ... hier die Befehle bei einer erfolglosen
   # Kommandoausführung setzen
fi
```

Liefert die Kommandoausführung von if 0 zurück, werden wieder entsprechende Kommandos nach then bis zum nächsten elif ausgeführt. Gibt if hingegen einen Wert ungleich 0 zurück, dann findet die Ausführung in der nächsten Verzweigung, hier mit elif, statt. Liefert elif jetzt einen Wert von 0 zurück, werden die Kommandos im darauffolgenden then bis zu else ausgeführt. Gibt elif hingegen ebenfalls einen Wert ungleich 0 zurück, findet die weitere Ausführung in der else-Alternative statt. else ist hier optional und muss nicht verwendet werden. Selbstverständlich können Sie an dieser Stelle beliebig viele elif-Verzweigungen einbauen. Sobald eines der Kommandos erfolgreich war, wird der entsprechende Zweig abgearbeitet (siehe Abbildung 4.5).

Alternativ zu dem etwas längeren elif-Konstrukt wird häufig die case-Fallunterscheidung verwendet (was sehr empfehlenswert ist).

Ein einfaches Anwendungsbeispiel ist es, herauszufinden, ob ein bestimmtes Kommando auf dem System vorhanden ist. Im Beispiel soll ermittelt werden, was für ein make sich auf dem System befindet. Es gibt ja neben make auch gmake, das von einigen Programmen benutzt wird. Auf neueren Systemen ist häufig ein entsprechender symbolischer Link gesetzt. Beim Verwenden von gmake unter Linux wird behauptet, dass dieses Kommando hier tatsächlich existiert.

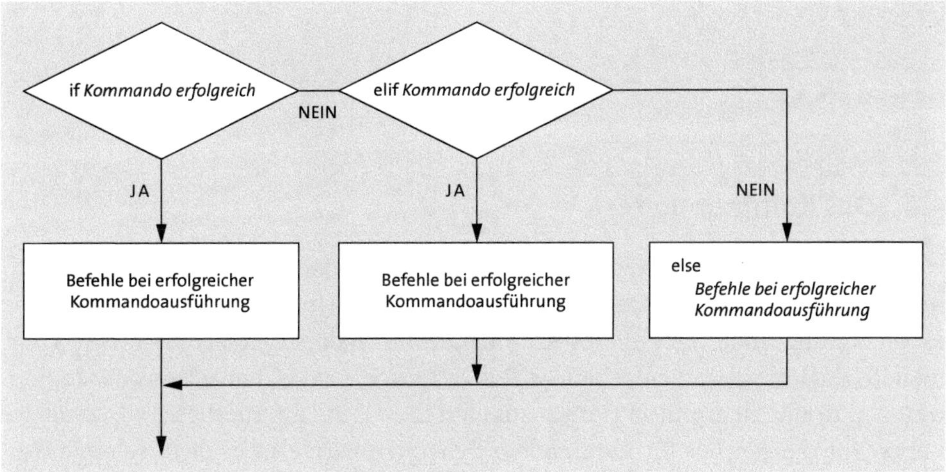

Abbildung 4.5 Mehrere Alternativen mit »elif«

Ein Blick auf das Kommando zeigt uns aber einen symbolischen Link auf `make`:

```
you@host > which gmake
/usr/bin/gmake
you@host > ls -l /usr/bin/gmake
lrwxrwxrwx  1 root root 4 2020-05-03 14:21 /usr/bin/gmake -> make
```

Testen wir, ob das Kommando zum Bauen `xmake` (erfunden), `make` oder `gmake` heißt:

```
# Demonstriert eine elif-Verzweigung
# Name: aelif

if which xmake > /dev/null 2>&1
then
   echo "xmake vorhanden"
   # Hier die Kommandos für xmake
elif which make > /dev/null 2>&1
then
   echo "make vorhanden"
   # Hier die Kommandos für make
elif which gmake > /dev/null 2>&1
then
   echo "gmake vorhanden"
   # Hier die Kommandos für gmake
else
   echo "Kein make auf diesem System vorhanden"
   exit 1
fi
```

Das Script bei der Ausführung:

```
you@host > ./aelif
make vorhanden
```

4.4 Das Kommando test

Wie Sie im Verlauf dieses Kapitels bereits festgestellt haben, scheint das `test`-Kommando das ultimative Werkzeug für viele Shellscripts zu sein. Und in der Tat wäre die Arbeit mit der Shell ohne dieses Kommando nur halb so einfach. Das `test`-Kommando wird überall dort eingebaut, wo ein Vergleich von Zeichenketten oder Zahlenwerten und eine Überprüfung von Zuständen einer Datei erforderlich sind. Da die `if`-Verzweigung eigentlich für Kommandos konzipiert wurde, ist es nicht so ohne Weiteres möglich, einfach zwei Zeichenketten oder Zahlen mit einem `if` zu überprüfen. Würden Sie dies dennoch tun, würde die Shell entsprechende Zeichenketten oder Zahlenwerte als Befehl erkennen und versuchen, diesen auszuführen.

Damit Sie also solche Vergleiche durchführen können, benötigen Sie ein weiteres Kommando, das `test`-Kommando. Erst mit `test` ist es möglich, verschiedene Ausdrücke zu formulieren und auszuwerten. Hier ist die Syntax des `test`-Kommandos:

```
if test Ausdruck
then
   # Ausdruck ist wahr, der Rückgabewert von test ist 0.
   # Hier die weiteren Kommandos bei erfolgreichem Ausdruck
fi
```

Das `test`-Kommando wird vorwiegend in seiner »symbolischen« Form mit den eckigen Klammern eingesetzt.

```
if [ Ausdruck ]
then
   # Ausdruck ist wahr, der Rückgabewert von test ist 0.
   # Hier die weiteren Kommandos bei erfolgreichem Ausdruck
fi
```

Leerzeichen verwenden

Bitte beachten Sie, dass der Befehl `test` Leerzeichen zwischen den einzelnen Ausdrücken erwartet. Dies gilt übrigens auch hinter jedem sich öffnenden `[` und vor jedem schließenden `]`.

Dass bei einem korrekten Ausdruck wieder 0 zurückgegeben wird, liegt daran, dass `test` letztendlich auch nichts anderes als ein Kommando ist.

4.4.1 Ganze Zahlen vergleichen

Um ganze Zahlen mit `test` zu vergleichen, stehen Ihnen die Operatoren aus Tabelle 4.1 zur Verfügung.

Ausdruck	Bedeutung	Liefert wahr (0) zurück, wenn ...
[var1 -eq var2]	(eq = equal)	var1 gleich var2 ist.
[var1 -ne var2]	(ne = not equal)	var1 ungleich var2 ist.
[var1 -lt var2]	(lt = less than)	var1 kleiner als var2 ist.
[var1 -gt var2]	(gt = greater than)	var1 größer als var2 ist.
[var1 -le var2]	(le = less equal)	var1 kleiner oder gleich var2 ist.
[var1 -ge var2]	(ge = greater equal)	var1 größer oder gleich var2 ist.

Tabelle 4.1 Ganze Zahlen mit »test« vergleichen

Hier ist ein einfaches Script, das Ihnen die Zahlenvergleiche in der Praxis demonstriert:

```
# Demonstriert das test-Kommando mit Zahlenwerten
# Name : avalue

a=6; b=7

if [ $a -eq $b ]
then
   echo "\$a ($a) ist gleich wie \$b ($b)"
else
   echo "\$a ($a) ist nicht gleich mit \$b ($b)"
fi

if [ $a -gt $b ]
then
   echo "\$a ($a) ist größer als \$b ($b)"
elif [ $a -lt $b ]
then
   echo "\$a ($a) ist kleiner als \$b ($b)"
else
   echo "\$a ($a) ist gleich wie \$b ($b)"
fi
```

```
if [ $a -ne 5 ]
then
   echo "\$a ($a) ist ungleich 5"
fi

if [ 7 -eq $b ]
then
   echo "\$b ist gleich 7"
fi

if [ 7 -eq $b ]
then
   echo "$b ist gleich 7"
fi
```

Das Script bei der Ausführung:

```
you@host > ./avalue
$a (6) ist nicht gleich $b (7)
$a (6) ist kleiner als $b (7)
$a (6) ist ungleich 5
$b ist gleich 7
```

Dass hier tatsächlich numerische Zahlenvergleiche und keine Stringvergleiche stattfinden, ist den Ausdrücken `-eq`, `-ne`, `-lt`, `-gt`, `-le` und `-ge` zu verdanken.

Steht einer dieser Ausdrücke zwischen zwei Zahlen, wandelt der Befehl `test` die Zeichenketten vorher noch in Zahlen um. Dabei ist das `test`-Kommando sehr »intelligent« und erkennt selbst folgende Werte als Zahlen an:

```
you@host > a="00001"; b=1
you@host > [ $a -eq $b ]
you@host > echo $?
0
you@host > a="          1"; b=1
you@host > [ $a -eq $b ]
you@host > echo $?
0
```

Hier wurden auch die Zeichenketten `"00001"` und `"          1"` von `test` in eine numerische 1 umgewandelt.

Argumente aus der Kommandozeile überprüfen

Eine fast immer verwendete Aktion des `test`-Kommandos ist das Überprüfen, ob die richtige Anzahl von Argumenten in der Kommandozeile eingegeben wurde. Die Anzahl der Argumente finden Sie in der Variablen `$#` – und mit dem `test`-Kommando können Sie jetzt entsprechend reagieren.

```
# Überprüft die richtige Anzahl von Argumenten
# aus der Kommandozeile
# Name: atestarg

if [ $# -ne 2 ]
then
   echo "Hier sind 2 Argumente erforderlich"
   echo "usage: $0 arg1 arg2 ... [arg_n]"
   exit 1
else
   echo "Erforderliche Anzahl Argumente erhalten"
fi
```

Das Script bei der Ausführung:

```
you@host > ./atestarg
Hier sind mindestens 2 Argumente erforderlich
usage: atestarg arg1 arg2 ... [arg_n]
you@host > ./atestarg Hallo Welt
Erforderliche Anzahl Argumente erhalten
```

4.4.2 Ganze Zahlen vergleichen mit let

In der Bash, der Z-Shell und der Korn-Shell steht Ihnen noch eine weitere Alternative zum Vergleichen von Zahlen zur Verfügung. Hier kommen auch die programmiertypischen Operatoren für den Vergleich zum Einsatz (siehe Tabelle 4.2).

Ausdruck	Operator	Liefert wahr (0) zurück, wenn ...
`(( var1 == var2 ))`	`==`	`var1` gleich `var2` ist.
`(( var1 != var2 ))`	`!=`	`var1` ungleich `var2` ist.
`(( var1 < var2 ))`	`<`	`var1` kleiner als `var2` ist.
`(( var1 > var2 ))`	`>`	`var1` größer als `var2` ist.

Tabelle 4.2 Ganze Zahlen mit »let« vergleichen

Ausdruck	Operator	Liefert wahr (0) zurück, wenn ...
((var1 >= var2))	>=	var1 größer oder gleich var2 ist.
((var1 <= var2))	<=	var1 kleiner oder gleich var2 ist.

Tabelle 4.2 Ganze Zahlen mit »let« vergleichen (Forts.)

Wenn Sie sich noch an den let-Abschnitt erinnern (siehe Abschnitt 2.2.2, »Integer-Arithmetik«), dürfte Ihnen auffallen, was wir hier haben – richtig, bei der doppelten Klammerung ((...)) handelt es sich um nichts anderes als um eine symbolische Form für das let-Kommando, das Sie bereits bei den Variablen mit arithmetischen Ausdrücken verwendet haben. Natürlich können Sie hierbei auch anstatt der doppelten Klammerung das Kommando let verwenden. So kann beispielsweise statt

```
if (( $a > $b ))
```

auch let verwendet werden:

```
if let "$a > $b"
```

Anders als bei der Verwendung von -eq, -ne usw. sind die Leerzeichen bei den Zahlenvergleichen hier nicht von Bedeutung und können bei Bedarf unleserlich zusammengequetscht werden. Des Weiteren kann, wie Sie von let vielleicht noch wissen, das $-Zeichen vor den Variablen beim Vergleich in doppelter Klammerung entfallen.

Wollen Sie beispielsweise aus dem Listing atestarg den Test, ob die richtige Anzahl von Argumenten in der Kommandozeile eingegeben wurde, in die alternative Schreibweise von Bash, Korn-Shell oder Z-Shell umsetzen, so müssen Sie nur die Zeile

```
if [ $# -ne 2 ]
```

in Folgendes ändern:

```
if (( $# != 2 ))
```

4.4.3 Zeichenketten vergleichen

Das Vergleichen von Zeichenketten mit test funktioniert ähnlich wie bei Zahlenwerten. Hierbei übergeben Sie dem Kommando test eine Zeichenkette, einen Operanden und eine weitere Zeichenkette. Auch hier müssen Sie wieder jeweils (mindestens) ein Leerzeichen dazwischen einschieben. In Tabelle 4.3 sind die Operatoren zum Vergleichen von Zeichenketten aufgelistet.

Ausdruck	Operator	Liefert wahr (0) zurück, wenn ...
`[ "$var1" = "$var2" ]`	`=`	`var1` gleich `var2` ist.
`[ "$var1" != "$var2" ]`	`!=`	`var1` ungleich `var2` ist.
`[ -z "$var" ]`	`-z`	`var` leer ist.
`[ -n "$var" ]`	`-n`	`var` nicht leer ist.

Tabelle 4.3 Zeichenketten vergleichen

Zeichenketten immer zwischen Anführungszeichen setzen

Auch wenn es nicht vorgeschrieben ist, sollten Sie bei einem `test` mit Zeichenketten diese immer zwischen zwei doppelte Anführungszeichen setzen. Das hilft Ihnen, zu vermeiden, dass beim Vergleich einer Variablen, die nicht existiert oder kein `""` enthält, Fehler auftreten.

Auch hierzu sehen Sie ein einfaches Shellscript, das verschiedene Vergleiche von Zeichenketten durchführt:

```
# Demonstriert einfache Zeichenkettenvergleiche
# ateststring

name1=juergen
name2=jonathan

if [ $# -lt 1 ]
then
   echo "Hier ist mindestens ein Argument erforderlich"
   echo "usage: $0 Zeichenkette"
   exit 1
fi

if [ "$1" = "$name1" ]
then
   echo "Hallo juergen"
elif [ "$1" = "$name2" ]
then
   echo "Hallo jonathan"
else
   echo "Hier wurde weder $name1 noch $name2 verwendet"
fi
```

```
if [ -n "$2" ]
then
   echo "Hier wurde auch ein zweites Argument verwendet ($2)"
else
   echo "Hier wurde kein zweites Argument verwendet"
fi

if [ -z "$name3" ]
then
   echo "Der String $name3 ist leer oder existiert nicht"
elif [ "$name3" != "you" ]
then
   echo "Bei $name3 handelt es sich nicht um \"you\""
else
   echo "Hier ist doch \"you\" gemeint"
fi
```

Das Script bei der Ausführung:

```
you@host > ./ateststring
Hier ist mindestens ein Argument erforderlich
usage: ./ateststring Zeichenkette
you@host > ./ateststring test
Hier wurde weder juergen noch jonathan verwendet
Hier wurde kein zweites Argument verwendet
Der String $name3 ist leer oder existiert nicht
you@host > ./ateststring juergen
Hallo juergen
Hier wurde kein zweites Argument verwendet
Der String $name3 ist leer oder existiert nicht
you@host > ./ateststring juergen wolf
Hallo juergen
Hier wurde auch ein zweites Argument verwendet (wolf)
Der String $name3 ist leer oder existiert nicht
you@host > name3=wolf
you@host > export name3
you@host > ./ateststring jonathan wolf
Hallo jonathan
Hier wurde auch ein zweites Argument verwendet (wolf)
Bei $name3 handelt es sich nicht um "you"
you@host > export name3=you
you@host > ./ateststring jonathan wolf
Hallo jonathan
Hier wurde auch ein zweites Argument verwendet (wolf)
Hier ist doch "you" gemeint
```

Falls Sie jetzt immer noch denken, man könne mit den bisherigen Mitteln kein vernünftiges Shellscript schreiben, stellen wir Ihnen nun ein einfaches Backup-Script vor. Das folgende Script soll Ihnen zwei Möglichkeiten bieten. Zum einen bietet es eine Eingabe wie:


```
you@host > ./abackup1 save $HOME/Shellbuch
```

Hiermit soll der komplette Inhalt des Verzeichnisses *$HOME/Shellbuch* mittels tar archiviert werden (mitsamt den Meldungen des kompletten Verzeichnisbaums). Das Backup soll in einem extra erstellten Verzeichnis mit einem extra erstellten Namen (im Beispiel einfach *TagMonatJahr.tar*, beispielsweise *21Feb2021.tar*) erzeugt werden (natürlich komprimiert).

Zum anderen soll es selbstverständlich auch möglich sein, den Inhalt dieser Meldungen, also der archivierten Backup-Datei, zu lesen, was gerade bei vielen Backup-Dateien auf der Platte unverzichtbar ist. Dies soll mit einem Aufruf wie

```
you@host > ./abackup1 read $HOME/backup/21Feb2016.tar
```

erreicht werden. Mit grep hinter einer Pipe können Sie nun nach einer bestimmten Datei im Archiv suchen. Das könnte man natürlich auch extra in das Script einbauen, aber der Umfang soll ja nicht ins Unermessliche wachsen. Hier sehen Sie ein einfaches, aber anspruchsvolles Backup-Script:

```
# Ein einfaches Backup-Script
# Name: abackup1

# Beispiel: ./abackup1 save Verzeichnis
# Beispiel: ./abackup1 read (backupfile).tar

BACKUPDIR=$HOME/backup
DIR=$2

if [ $# != 2 ]
then
   echo "Hier sind 2 Argumente erforderlich"
   echo "usage: $0 Option Verzeichnis/Backupfile"
   echo
   echo "Mögliche Angaben für Option:"
   echo "save = Führt Backup vom kompletten Verzeichnis durch"
   echo "       Verzeichnis wird als zweites Argument angegeben"
   echo "read = Liest den Inhalt eines Backupfiles"
   echo "       Backupfile wird als zweites Argument angegeben"
   exit 1
fi
```

```
# Falls Verzeichnis für Backup nicht existiert ...
if ls $BACKUPDIR > /dev/null
then
   echo "Backup-Verzeichnis ($BACKUPDIR) existiert"
elif mkdir $BACKUPDIR > /dev/null
then
   echo "Backup-Verzeichnis angelegt ($BACKUPDIR)"
else
   echo "Konnte kein Backup-Verzeichnis anlegen"
   exit 1
fi

# Wurde save oder read als erstes Argument verwendet ...
if [ "$1" = "save" ]
then
   set `date`
   BACKUPFILE="$3$2$6"
   if tar czvf ${BACKUPDIR}/${BACKUPFILE}.tar $DIR
   then
      echo "Backup für $DIR erfolgreich in $BACKUPDIR angelegt"
      echo "Backup-Name : ${BACKUPFILE}.tar"
   else
      echo "Backup wurde nicht durchgeführt !!!"
   fi
elif [ "$1" = "read" ]
then
   echo "Inhalt von $DIR : "
   tar tzf $DIR
else
   echo "Falsche Scriptausführung!!!"
   echo "usage: $0 option Verzeichnis/Backupfile"
   echo
   echo "Mögliche Angaben für Option:"
   echo "save = Führt ein Backup eines kompletten Verzeichnisses
         durch"
   echo "       Verzeichnis wird als zweites Argument angegeben"
   echo "read = Liest den Inhalt eines Backupfiles"
   echo "       Backupfile wird als zweites Argument angegeben"
fi
```

Das Script bei der Ausführung:

```
you@host > ./abackup1 save $HOME/Shellbuch
ls: /home/you/backup: Datei oder Verzeichnis nicht gefunden
Backup-Verzeichnis angelegt (/home/you/backup)
tar: Entferne führende `/' von Archivnamen.
home/you/Shellbuch/
home/you/Shellbuch/Planung_und_Bewerbung/
home/you/Shellbuch/Planung_und_Bewerbung/shellprogrammierung.doc
home/you/Shellbuch/Planung_und_Bewerbung/shellprogrammierung.doc
home/you/Shellbuch/kap004.txt
home/you/Shellbuch/Kap003.txt~
home/you/Shellbuch/kap004.txt~
...
Backup für /home/you/Shellbuch erfolgreich in /home/you/backup
angelegt
Backup-Name : 21Feb2021.tar
you@host > ./abackup1 read $HOME/backup/21Feb2021.tar | \
> grep Kap002
home/tot/Shellbuch/Kap002.doc
home/tot/Shellbuch/Kap002.doc
you@host > ./abackup1 read $HOME/backup/21Feb2021.tar | wc -l
50
```

Hier wurde ein Backup vom kompletten Verzeichnis *$HOME/Shellbuch* durchgeführt. Anschließend wurde mit der Option read und mit grep nach Kap002 gesucht, das hier in zweifacher Ausführung vorhanden ist. Ebenso einfach können Sie hiermit die Anzahl von Dateien in einem Archiv ermitteln. (Das haben wir im Script mit wc -l gemacht).

4.4.4 Alternative Möglichkeiten des Zeichenkettenvergleichs

In der Bash, der Z-Shell und der Korn-Shell stehen Ihnen noch weitere alternative Möglichkeiten zur Verfügung, um Zeichenketten zu vergleichen (siehe Tabelle 4.4). Besonders interessant erscheint uns in diesem Zusammenhang, dass hiermit jetzt auch echte Mustervergleiche möglich sind.

Ausdruck	Operator	Liefert wahr (0) zurück, wenn ...
[["$var1" == "$var2"]]	==	var1 gleich var2 ist.
[["$var1" != "$var2"]]	!=	var1 ungleich var2 ist.

Tabelle 4.4 Zeichenketten vergleichen

Ausdruck	Operator	Liefert wahr (0) zurück, wenn ...
[[-z "$var"]]	-z	var leer ist.
[[-n "$var"]]	-n	var nicht leer ist.
[["$var1" > "$var2"]]	>	var1 alphabetisch größer als var2 ist.
[["$var1" < "$var2"]]	<	var1 alphabetisch kleiner als var2 ist.
[["$var" == pattern]]	==	var dem Muster pattern entspricht.
[["$var" != pattern]]	!=	var nicht dem Muster pattern entspricht.

Tabelle 4.4 Zeichenketten vergleichen (Forts.)

Das wirklich sehr interessante Feature bei den Vergleichen von Zeichenketten in der Bash und der Korn-Shell ist die Möglichkeit, Muster beim Vergleich zu verwenden. Dabei müssen Sie beachten, dass sich das Muster auf der rechten Seite befindet und nicht zwischen Anführungsstrichen stehen darf. Zur Verwendung von Mustern stehen Ihnen wieder die Metazeichen *, ? und [ ] zur Verfügung, deren Bedeutung und Verwendung Sie bereits in Abschnitt 1.10.6 kennengelernt haben. Natürlich können Sie auch die Konstruktionen für alternative Muster nutzen, die Sie in Abschnitt 1.10.8 verwendet haben. Hier sehen Sie ein Beispiel mit einfachen Mustervergleichen:

```
# Demonstriert erweiterte Zeichenkettenvergleiche
# ateststring2
if [ $# -lt 1 ]
then
   echo "Hier ist mindestens ein Argument erforderlich"
   echo "usage: $0 Zeichenkette"
   exit 1
fi

if [[ "$1" = *ist* ]]
then
   echo "$1 enthält die Textfolge \"ist\""
elif [[ "$1" = ?art ]]
then
   echo "$1 enthält die Textfolge \"art\""
elif [[ "$1" = kap[0-9] ]]
then
   echo "$1 enthält die Textfolge \"kap\""
else
   echo "Erfolgloser Mustervergleich"
fi
```

Das Script bei der Ausführung:

```
you@host > ./ateststring2 Bauart
Erfolgloser Mustervergleich
you@host > ./ateststring2 zart
zart enthält die Textfolge "art"
you@host > ./ateststring2 kap7
kap7 enthält die Textfolge "kap"
you@host > ./ateststring2 kapa
Erfolgloser Mustervergleich
you@host > ./ateststring2 Mistgabel
Mistgabel enthält die Textfolge "ist"
```

Eine weitere interessante Neuerung ist der Vergleich auf größer bzw. kleiner als. Hiermit werden Zeichenketten alphabetisch in lexikografischer Anordnung verglichen. Hierzu ein Script:

```
# Demonstriert erweiterte Zeichenkettenvergleiche
# ateststring3

var1=aaa
var2=aab
var3=aaaa
var4=b
if [[ "$var1" > "$var2" ]]
then
   echo "$var1 ist größer als $var2"
else
   echo "$var1 ist kleiner oder gleich $var2"
fi

if [[ "$var2" < "$var3" ]]
then
   echo "$var2 ist kleiner als $var3"
else
   echo "$var2 ist größer oder gleich $var3"
fi

if [[ "$var3" < "$var4" ]]
then
   echo "$var3 ist kleiner als $var4"
else
   echo "$var3 ist größer oder gleich $var4"
fi
```

Das Script bei der Ausführung:

```
you@host > ./ateststring3
aaa ist kleiner oder gleich aab
aab ist größer oder gleich aaaa
aaaa ist kleiner als b
```

An diesem Script können Sie sehr gut erkennen, dass hier nicht die Länge der Zeichenkette über »größer« oder »kleiner« entscheidet, sondern das Zeichen, mit dem die Zeichenkette beginnt. Somit ist laut Alphabet das Zeichen »a« kleiner als das Zeichen »b«. Beginnen beide Zeichenketten mit dem Buchstaben »a«, wird das nächste Zeichen verglichen – eben so, wie Sie dies von einem Lexikon kennen.

4.5 Status von Dateien erfragen

Um den Status von Dateien abzufragen, bietet Ihnen `test` eine Menge Optionen an. Dies ist ebenfalls ein tägliches Geschäft in der Shell-Programmierung. Der Einsatz des `test`-Kommandos in Bezug auf Dateien sieht wie folgt aus:

```
if [ -Operator Datei ]
then
   # ...
fi
```

Die Verwendung ist recht einfach: Einem Operator folgt immer genau ein Datei- bzw. Verzeichnisname. In den Tabelle 4.5 bis Tabelle 4.7 finden Sie einen Überblick über verschiedene Operatoren, mit denen Sie einen Dateitest durchführen können. Aufteilen lassen sich diese Tests in Dateitypen, in Zugriffsrechte auf eine Datei und in charakteristische Dateieigenschaften.

Operator	Bedeutung
`-b DATEI`	Die Datei existiert und ist ein *block special device* (Gerätedatei).
`-c DATEI`	Die Datei existiert und ist ein *character special file* (Gerätedatei).
`-d DATEI`	Die Datei existiert und ist ein Verzeichnis.
`-f DATEI`	Die Datei existiert und ist eine reguläre Datei.
`-h DATEI`	Die Datei existiert und ist ein symbolischer Link (dasselbe wie `-L`).
`-L DATEI`	Die Datei existiert und ist ein symbolischer Link (dasselbe wie `-h`).

Tabelle 4.5 Operatoren zum Testen des Dateityps

Operator	Bedeutung
-p DATEI	Die Datei existiert und ist eine *named pipe*.
-S DATEI	Die Datei existiert und ist ein (UNIX-Domain-)Socket (Gerätedatei im Netzwerk).
-t [FD]	Ein Filedescriptor (FD) ist auf einem seriellen Terminal geöffnet.

Tabelle 4.5 Operatoren zum Testen des Dateityps (Forts.)

Operator	Bedeutung
-g DATEI	Die Datei existiert, und das Setgid-Bit ist gesetzt.
-k DATEI	Die Datei existiert, und das Sticky-Bit ist gesetzt.
-r DATEI	Die Datei existiert und ist lesbar.
-u DATEI	Die Datei existiert, und das Setuid-Bit ist gesetzt.
-w DATEI	Die Datei existiert und ist beschreibbar.
-x DATEI	Die Datei existiert und ist ausführbar.
-O DATEI	Die Datei existiert, und der Benutzer des Scripts ist der Eigentümer (*owner*) der Datei.
-G DATEI	Die Datei existiert, und der Benutzer des Scripts hat dieselbe GID wie die Datei.

Tabelle 4.6 Operatoren zum Testen der Zugriffsrechte auf eine Datei

Operator	Bedeutung
-e DATEI	Die Datei existiert.
-s DATEI	Die Datei existiert und ist nicht leer.
DATEI1 -ef DATEI2	Datei1 und Datei2 haben dieselbe Geräte- und Inode-Nummer und sind somit Hardlinks.
DATEI1 -nt DATEI2	Datei1 ist neueren Datums (Modifikationsdatum, nt = *newer time*) als Datei2.
DATEI1 -ot DATEI2	Datei1 ist älter (Modifikationsdatum, ot = *older time*) als Datei2.

Tabelle 4.7 Operatoren zum Testen von charakteristischen Eigenschaften

Zur Demonstration finden Sie ein Script, das Ihnen die Ausführung einiger Dateitestoperatoren zeigen soll. Hierbei wird einmal eine Datei und einmal ein Verzeichnis angelegt. Damit werden dann einige Tests ausgeführt.

```
# Demonstriert einige Dateitests
# afiletester

file=atestfile.txt
dir=atestdir

# Ein Verzeichnis anlegen
if [ -e $dir ]  # existiert etwas mit dem Namen $dir?
then
   if [ -d $dir ]   # Ja! Und ist es auch ein Verzeichnis?
   then
      echo "$dir existiert bereits und ist auch ein Verzeichnis"
   elif [ -f $dir ] # ... oder ist es eine gewöhnliche Datei?
   then
      echo "$dir existiert bereits, ist aber eine reguläre Datei"
   else
      echo "Eine Datei namens $dir existiert bereits"
   fi
else  # $dir existiert noch nicht, also anlegen
   mkdir $dir
   if [ -e $dir ] # ... jetzt vorhanden?
   then
      echo "Verzeichnis $dir erfolgreich angelegt"
   else
      echo "Konnte Verzeichnis $dir nicht anlegen"
   fi
fi
# Eine Datei anlegen
if [ -e $file ]  # existiert etwas mit dem Namen $file?
then
   echo "$file existiert bereits"
else
   touch $file # Datei anlegen
   if [ -e $file ]
   then
      echo "$file erfolgreich angelegt"
   else
      echo "Konnte $file nicht anlegen"
      exit 1
   fi
```

```
fi

# Zugriffsrechte und Attribute der Datei ermitteln
echo "$file ist ..."
if [ -r $file ]
then
   echo "... lesbar"
else
   echo "... nicht lesbar"
fi

if [ -w $file ]
then
   echo "... schreibbar"
else
   echo "... nicht schreibbar"
fi

if [ -x $file ]
then
   echo "... ausführbar"
else
   echo "... nicht ausführbar"
fi
```

Das Script bei der Ausführung:

```
you@host > ./afiletester
Verzeichnis atestdir erfolgreich angelegt
atestfile.txt erfolgreich angelegt
atestfile.txt ist ...
... lesbar
... schreibbar
... nicht ausführbar
you@host > rm -r atestdir
you@host > touch atestdir
you@host > chmod 000 atestfile.txt
you@host > ./afiletester
atestdir existiert bereits, ist aber eine reguläre Datei
atestfile.txt existiert bereits
atestfile.txt ist ...
... nicht lesbar
... nicht schreibbar
... nicht ausführbar
```

Erweiterte Möglichkeiten der Korn-Shell

In der Korn-Shell besteht auch die Möglichkeit, die doppelten eckigen Klammerungen für den Dateitest zu verwenden (`[[ -option DATEI ]]`).

4.6 Logische Verknüpfung von Ausdrücken

Wie die meisten anderen Programmiersprachen bietet Ihnen auch die Shell logische Operatoren an, mit deren Hilfe Sie mehrere Bedingungen miteinander verknüpfen können. Die in Tabelle 4.8 aufgelisteten logischen Operatoren sind bei allen Shells vorhanden.

Operator	Logischer Wert	Gibt wahr (0) zurück, wenn ...
`ausdruck1 -a ausdruck2`	(*and*) UND	beide Ausdrücke wahr zurückgeben.
`ausdruck1 -o ausdruck2`	(*or*) ODER	mindestens einer der beiden Ausdrücke wahr ist.
`! ausdruck`	Negation	der Ausdruck falsch ist.

Tabelle 4.8 Logische Operatoren

In allen drei Shells finden Sie noch eine andere Syntax für die logischen Operatoren UND und ODER (siehe Tabelle 4.9).

Operator	Logischer Wert	Gibt wahr (0) zurück, wenn ...
`ausdruck1 && ausdruck2`	(*and*) UND	beide Ausdrücke wahr zurückgeben.
`ausdruck1 || ausdruck2`	(*or*) ODER	mindestens einer der beiden Ausdrücke wahr ist.

Tabelle 4.9 Logische Operatoren (Bash und Korn-Shell)

4.6.1 Der Negationsoperator !

Den Negationsoperator `!` können Sie vor jeden Ausdruck setzen. Als Ergebnis des Tests erhalten Sie immer das Gegenteil. Alles, was ohne `!` wahr wäre, ist falsch, und alles, was falsch ist, wäre dann wahr.

```
# Demonstriert Dateitest mit Negation
# anegation

file=atestfile.txt
```

```
if [ ! -e $file ]
then
   touch $file
   if [ ! -e $file ]
   then
      echo "Konnte $file nicht anlegen"
      exit 1
   fi
fi

echo "$file angelegt/vorhanden!"
```

Im Beispiel wird zuerst ausgewertet, ob die Datei *atestfile.txt* bereits existiert. Existiert sie nicht, wird ein Wert ungleich 0 zurückgegeben, und es wird nicht in die `if`-Verzweigung gesprungen. Allerdings wurde hier durch das Voranstellen des Negationsoperators `!` der Ausdruck umgekehrt. Und somit wird in den `if`-Zweig gesprungen, wenn die Datei nicht existiert. Bei Nicht-Existenz der entsprechenden Datei wird diese neu erzeugt (mit `touch`). Anschließend wird die gleiche Überprüfung nochmals durchgeführt.

Negationsoperator in der Bourne-Shell

Bitte beachten Sie, dass die echte Bourne-Shell den Negationsoperator außerhalb des `test`-Kommandos nicht kennt.

4.6.2 Die UND-Verknüpfung (-a und &&)

Bei einer UND-Verknüpfung müssen alle verwendeten Ausdrücke wahr sein, damit der komplette Ausdruck ebenfalls wahr (0) wird. Sobald ein Ausdruck einen Wert ungleich 0 zurückgibt, gilt der komplette Ausdruck als falsch (siehe Abbildung 4.6).

Ein einfaches Beispiel:

```
# Demonstriert die logische UND-Verknüpfung
# aandtest

file=atestfile.txt

# Eine Datei anlegen

if [ -f $file -a -w $file ]
then
   echo "Datei $file ist eine reguläre Datei und beschreibbar"
fi
```

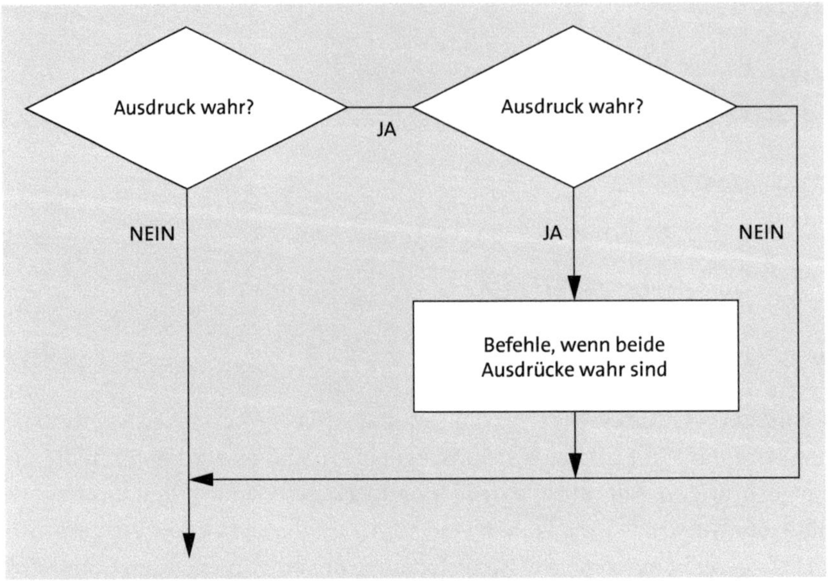

Abbildung 4.6 Die logische UND-Verknüpfung

Hier wird überprüft, ob die Datei *atestfile.txt* eine reguläre Datei UND beschreibbar ist. Mit dem alternativen UND-Operator && wird das Gleiche in der Bash, der Korn-Shell oder der Z-Shell so geschrieben:

```
if [ -f $file ] && [ -w $file ]
```

Wollen Sie überprüfen, ob eine Zahl einen Wert zwischen 1 und 10 besitzt, können Sie den UND-Operator wie folgt verwenden (hier kann der Wert als erstes Argument der Kommandozeile mit übergeben werden, ansonsten wird als Alternative einfach der Wert 5 verwendet):

```
# Demonstriert den UND-Operator
# aandnumber

number=${1:-"5"}

# Eine Datei anlegen

if [ $number -gt 0 -a $number -lt 11 ]
then
   echo "Wert liegt zwischen 1 und 10"
else
   echo "Wert liegt nicht zwischen 1 und 10"
fi
```

Das Script bei der Ausführung:

```
you@host > ./aandnumber 9
Wert liegt zwischen 1 und 10
you@host > ./aandnumber 0
Wert liegt nicht zwischen 1 und 10
you@host > ./aandnumber 11
Wert liegt nicht zwischen 1 und 10
you@host > ./aandnumber 10
Wert liegt zwischen 1 und 10
```

Natürlich dürfen Sie auch hier wieder die alternative Syntax bei allen drei Shells verwenden:

```
if (( $number > 0 )) && (( $number < 11 ))
```

4.6.3 Die ODER-Verknüpfung (-o und ||)

Eine ODER-Verknüpfung liefert bereits »wahr« zurück, wenn nur einer der Ausdrücke innerhalb der Verknüpfung wahr ist (siehe Abbildung 4.7):

```
if (( $number == 1 )) || (( $number == 2 ))
```

Hier wird beispielsweise »wahr« zurückgeliefert, wenn der Wert von `number` 1 oder 2 ist. Das Gleiche schreiben Sie in der Bourne-Shell so:

```
if [ $number -eq 1 -o $number -eq 2 ]
```

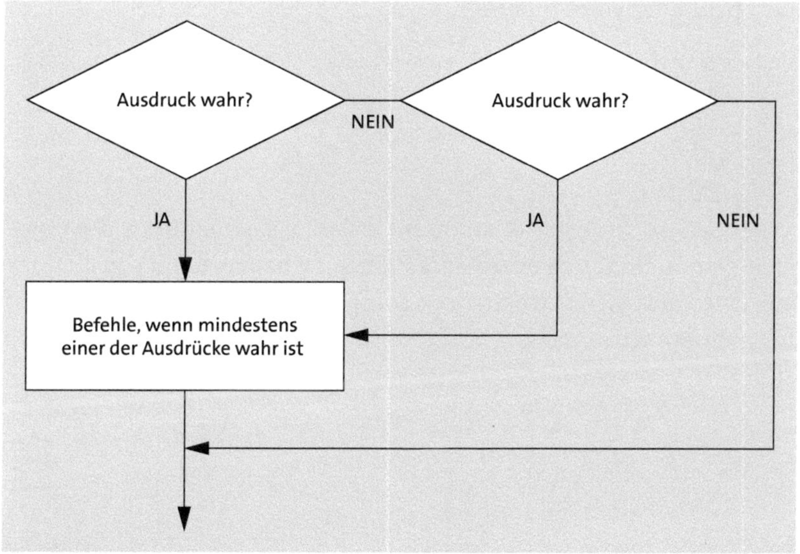

Abbildung 4.7 Die logische ODER-Verknüpfung

Ähnliches wird häufig verwendet, um zu überprüfen, ob ein Anwender »j« oder »ja« bzw. »n« oder »nein« zur Bestätigung einer Abfrage eingegeben hat:

```
if [ $answer = "j" -o $answer = "ja" ]
if [ $answer = "n" -o $answer = "nein" ]
```

Alternativ nutzen Sie für »neuere« Shells:

```
if [[ $answer == "j" ]] || [[ $answer == "ja" ]]
if [[ $answer == "n" ]] || [[ $answer == "nein" ]]
```

4.6.4 Klammerung und mehrere logische Verknüpfungen

Die Auswertung von Ausdrücken kann entweder innerhalb oder außerhalb der Klammern stattfinden. Mithilfe von Klammerungen können Sie die Reihenfolge bei der Auswertung von logischen Ausdrücken bestimmen. Dies funktioniert natürlich nur, solange sich die Ausdrücke innerhalb von doppelten runden (( )), doppelten eckigen [[ ]] oder ganz außerhalb von Klammern befinden.

```
# Klammerung muss außerhalb von [[ ]] stattfinden
if ([[ $var1 == "abc" ]] && [[ $var2 == "cde" ]]) || \
   ( [[ $var3 == "abc" ]] )
```

Hier überprüfen Sie beispielsweise, ob `var1` den Wert `abc` und `var2` den Wert `cde` oder aber `var3` den Wert `abc` enthält. Hier würde also »wahr« zurückgegeben, wenn der erste Ausdruck, der ja in zwei Ausdrücke aufgeteilt wurde, oder der zweite Ausdruck (hinter dem ODER) »wahr« zurückgibt. Natürlich können Sie Gleiches auch mit der Bourne-Shell-Kompatibilität vornehmen:

```
# Innerhalb von eckigen Klammern müssen runde Klammern
# ausgeschaltet werden
if  [ \( "$var1" = "abc" -a  "$var2" = "cde" \)  -o \
    "$var3" = "abc"  ]
```

Hierbei (also innerhalb von eckigen Klammern) müssen Sie allerdings die ungeschützten runden Klammern durch einen Backslash ausschalten, denn sonst würde versucht werden, eine Subshell zu öffnen. Doch sollte nicht unerwähnt bleiben, dass die Klammerung hierbei auch entfallen könnte, da folgende Auswertung zum selben Ziel geführt hätte:

```
if [[ $var1 == "abc" ]] && [[ $var2 == "cde" ]] || \
   [[ $var3 == "abc" ]]

# alle Shells
if  [ "$var1" = "abc" -a  "$var2" = "cde" -o  "$var3" = "abc"  ]
```

Gleiches gilt bei der Klammerung von Zahlenwerten in logischen Ausdrücken:

```
if (( $var1 == 4 )) || ( (( $var2 == 2 )) && (( $var3 == 3 )) )

# alle Shells
if [ $var1 -eq 4 -o \( $var2 -eq 2 -a $var3 -eq 3 \) ]
```

Das Gleiche würde man hier auch ohne Klammerung wie folgt erreichen:

```
if (( $var1 == 4 )) || ( (( $var2 == 2 )) && (( $var3 == 3 )) )

if [ $var1 -eq 4 -o $var2 -eq 2 -a $var3 -eq 3 ]
```

Hier würde der Ausdruck daraufhin überprüft, ob entweder `var1` gleich 4 ist oder `var2` gleich 2 und `var3` gleich 3. Trifft einer dieser Ausdrücke zu, wird »wahr« zurückgegeben.

In Tabelle 4.10 sehen Sie nochmals die Syntax zu den verschiedenen Klammerungen.

Ausdruck für	Ohne Klammern	Klammerung	Shell
Zeichenketten	[[Ausdruck]]	([[Ausdruck]])	Bash, Z-Shell und Korn-Shell
Zeichenketten	[Ausdruck]	[\(Ausdruck \)]	alle Shells
Zahlenwerte	((Ausdruck))	(((Ausdruck)))	Bash, Z-Shell und Korn-Shell
Zahlenwerte	[Ausdruck]	[\(Ausdruck \)]	alle Shells
Dateitest	[Ausdruck]	[\(Ausdruck \)]	alle Shells
Dateitest	[[Ausdruck]]	([[Ausdruck]])	nur Korn-Shell

Tabelle 4.10 Verwendung von Klammern bei Ausdrücken

4.7 Short-Circuit-Tests – ergebnisabhängige Befehlsausführung

Eine sehr interessante Besonderheit vieler Scriptsprachen besteht darin, dass man die logischen Operatoren nicht nur für Ausdrücke verwenden kann, sondern auch zur logischen Verknüpfung von Anweisungen. So wird zum Beispiel bei einer Verknüpfung zweier Anweisungen mit dem ODER-Operator `||` die zweite Anweisung nur dann ausgeführt, wenn die erste fehlschlägt.

Hier sehen Sie ein einfaches Beispiel in der Kommandozeile:

```
you@host > rm afile 2>/dev/null || \
> echo "afile konnte nicht gelöscht werden"
afile konnte nicht gelöscht werden
```

Kann im Beispiel die Anweisung `rm` nicht ausgeführt werden, wird die Anweisung hinter dem ODER-Operator ausgeführt. Ansonsten wird eben nur `rm` zum Löschen der Datei *afile* ausgeführt. Man spricht hierbei von der Short-Circuit-Logik der logischen Operatoren. Beim Short-Circuit wird mit der Auswertung eines logischen Operators aufgehört, sobald das Ergebnis feststeht. Ist im Beispiel oben der Rückgabewert von `rm` wahr (0), steht das Ergebnis bei einer ODER-Verknüpfung bereits fest.

Wenn der erste Befehl jedoch einen Fehler (ungleich 0) zurückliefert, wird ansonsten im Fall einer ODER-Verknüpfung die zweite Anweisung ausgeführt – im Beispiel die Fehlermeldung mittels `echo`. Man nutzt schlicht den Rückgabewert von Kommandos aus, den man verwendet, um Befehle abhängig von deren Ergebnis miteinander zu verknüpfen.

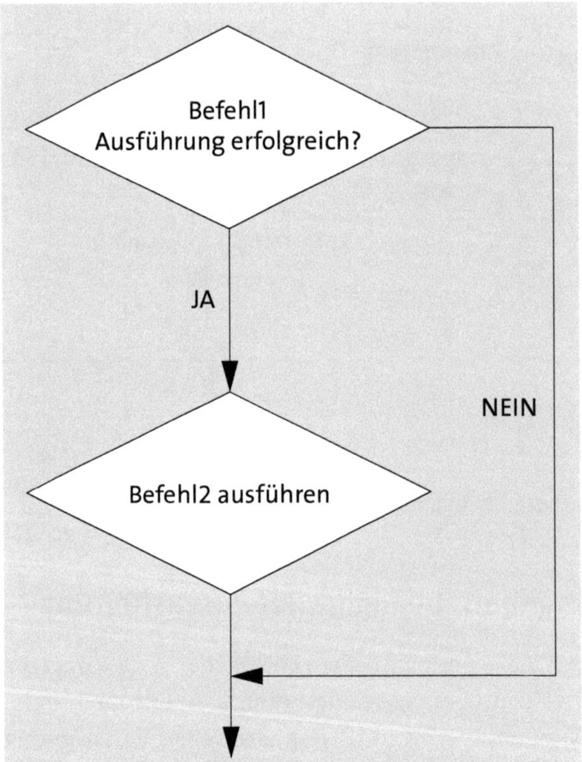

Abbildung 4.8 Ereignisabhängige Befehlsausführung (UND-Verknüpfung)

In Tabelle 4.11 finden Sie die Syntax der ereignisabhängigen Befehlsausführung.

Verknüpfung	Bedeutung
`befehl1 && befehl2`	Hier wird `befehl2` nur dann ausgeführt, wenn `befehl1` erfolgreich ausgeführt wurde, sprich: wenn er den Rückgabewert 0 zurückgegeben hat.
`befehl1 || befehl2`	Hier wird `befehl2` nur dann ausgeführt, wenn beim Ausführen von `befehl1` ein Fehler auftrat, sprich: wenn er einen Rückgabewert ungleich 0 zurückgegeben hat.

Tabelle 4.11 Ereignisabhängige Befehlsausführung (Short-Circuit-Test)

Das Ganze dürfte Ihnen wie bei einer `if`-Verzweigung vorkommen. Und in der Tat können Sie dieses Konstrukt als eine verkürzte `if`-Verzweigung verwenden. Beispielsweise entspricht

```
befehl1 || befehl2
```

diesem Code:

```
if befehl1
then
   # Ja, befehl1 ist es
else
   befehl2
fi
```

Und die ereignisabhängige Verknüpfung

```
befehl1 && befehl2
```

entspricht folgender `if`-Verzweigung:

```
if befehl1
then
   befehl2
fi
```

Ein einfaches Beispiel:

```
you@host > ls atestfile.txt > /dev/null 2>&1 && vi atestfile.txt
```

Hier »überprüfen« Sie praktisch, ob die Datei *atestfile.txt* existiert. Wenn sie existiert, gibt die erste Anweisung 0 bei Erfolg zurück; somit wird auch die zweite Anweisung ausgeführt. Dies wäre das Laden der Textdatei in den Editor *vi*.

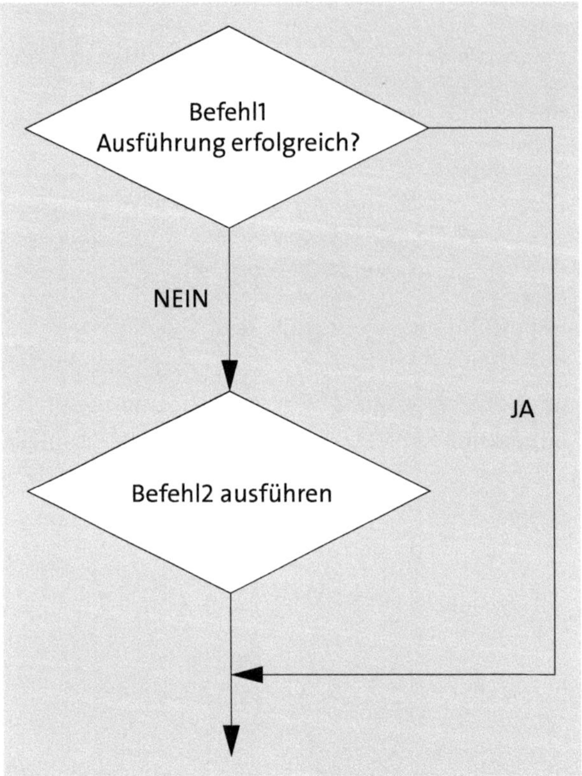

Abbildung 4.9 Ereignisabhängige Befehlsausführung (ODER-Verknüpfung)

Das können Sie nun auch mit dem test-Kommando bzw. seiner symbolischen Form verkürzen:

```
you@host > [ -e atestfile.txt ] && vi atestfile.txt
```

Diese Form entspricht dem Beispiel zuvor. Solche Dateitests werden übrigens sehr häufig in den Shellscripts eingesetzt. Natürlich können Sie hierbei auch eine Flut von && und || starten. Aber der Übersichtlichkeit halber sei von Übertreibungen abgeraten. Unserer Meinung nach wird es bei mehr als drei Befehlen recht unübersichtlich.

```
you@host > who | grep tot > /dev/null && \
> echo "User tot ist aktiv" || echo "User tot ist nicht aktiv"
User tot ist aktiv
```

Dieses Beispiel ist hart an der Grenze des Lesbaren. Bitte bedenken Sie das, bevor Sie anfangen, ganze Befehlsketten-Orgien auszuführen. Im Beispiel haben Sie außerdem gesehen, dass Sie auch && und || mischen können. Aber hier garantieren wir Ihnen ebenfalls, dass Sie bei wilden Mixturen schnell den Überblick verlieren werden. Das Verfahren wird auch sehr gern zum Beenden von Shellscripts eingesetzt:

```
# Datei lesbar... wenn nicht, beenden
[ -r $file ] || exit 1
# Datei anlegen ... wenn nicht, beenden
touch $file || [ -e $file ] || exit 2
```


4.8 Die Anweisung case

Die Anweisung case wird oft als Alternative zu mehreren if-elif-Verzweigungen verwendet. Allerdings überprüft case im Gegensatz zu if oder elif nicht den Rückgabewert eines Kommandos. case vergleicht einen bestimmten Wert mit einer Liste von anderen Werten. Findet hierbei eine Übereinstimmung statt, können einzelne oder mehrere Kommandos ausgeführt werden. Außerdem bietet eine case-Abfrage im Gegensatz zu einer if-elif-Abfrage erheblich mehr Übersicht (siehe Abbildung 4.10). Hier sehen Sie die Syntax, mit der Sie eine Fallunterscheidung mit case formulieren:

```
case "$var" in
   muster1)   kommando
              ...
              kommando ;;
   muster2)   kommando
              ...
              kommando ;;
   mustern)   kommando
              ...
              kommando ;;
esac
```

Die Zeichenkette var nach dem Schlüsselwort case wird nun von oben nach unten mit den verschiedensten Mustern verglichen, bis ein Muster gefunden wird, das auf var passt oder eben nicht. In der Syntaxbeschreibung wird beispielsweise zuerst muster1 mit var verglichen. Stimmt muster1 mit var überein, werden entsprechende Kommandos ausgeführt, die sich hinter dem betroffenen Muster befinden. Stimmt var nicht mit muster1 überein, wird das nächste Muster (muster2) mit var verglichen. Dies geht so lange weiter, bis eine entsprechende Übereinstimmung gefunden wird. Wird keine Übereinstimmung gefunden, werden alle Befehle der case-Anweisung ignoriert, und die Ausführung wird hinter esac fortgeführt.

Eine sehr wichtige Rolle spielen auch die doppelten Semikolons (;;). Denn stimmt ein Muster mit var überein, werden die entsprechenden Befehle dahinter bis zu diesen doppelten Semikolons ausgeführt. Wenn die Shell auf diese Semikolons stößt, wird aus der case-Verzweigung herausgesprungen (oder der Musterbefehlsblock beendet) und hinter esac mit der Scriptausführung fortgefahren.

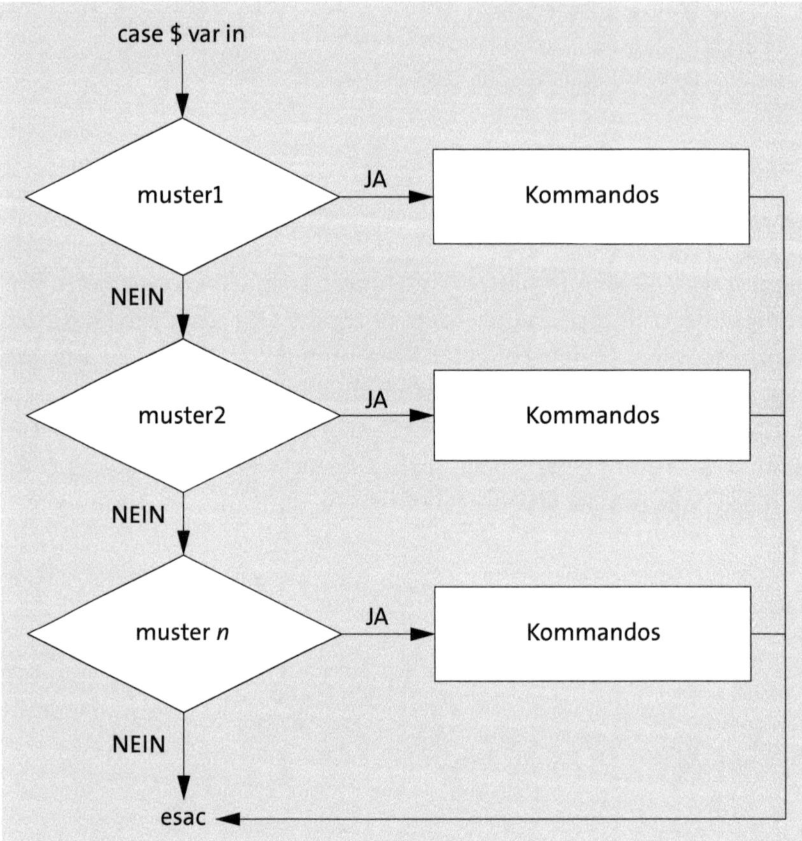

Abbildung 4.10 Die »case«-Anweisung

Würden hier keine doppelten Semikolons stehen, so würde die Bash eine Fehlermeldung erzeugen. Nur beim letzten Muster vor dem esac kann auf das doppelte Semikolon verzichtet werden. Ebenfalls von Bedeutung: Jedes Muster wird mit einer runden Klammer abgeschlossen, um es von den folgenden Kommandos abzugrenzen. Das Muster darf aber auch zwischen zwei Klammern (`muster`) gesetzt werden. Dies verhindert, dass bei Verwendung von case in einer Kommando-Substitution ein Syntaxfehler auftritt. Abgeschlossen wird die ganze case-Anweisung mit esac (case rückwärts geschrieben).

Das Muster selbst kann ein String sein oder eines der bereits bekannten Metazeichen `*`, `?` oder `[ ]`. Ebenso können Sie eine Musteralternative wie `*(...|...|...)`, `@(...|...|...)` usw. der Bash und der Korn-Shell aus Abschnitt 1.10.8 einsetzen. Sollten Sie diese Sonderzeichen in Ihren Mustern setzen, so dürfen die Muster nicht zwischen Anführungszeichen stehen.

Der Wert von var muss nicht zwangsläufig eine Zeichenkette, sondern kann auch ein Ausdruck sein, der eine Zeichenkette zurückliefert. Es empfiehlt sich allerdings immer, var in Double Quotes einzuschließen, um eventuell einen Syntaxfehler bei leeren oder nicht gesetzten Variablen zu vermeiden.

Ein simples Beispiel:

```
# Demonstriert die case-Anweisung
# acase1

tag=`date +%a`

case "$tag" in
  Mo)   echo "Mo : Backup Datenbank machen" ;;
  Di)   echo "Di : Backup Rechner Saurus"   ;;
  Mi)   echo "Mi : Backup Rechner Home"     ;;
  Do)   echo "Do : Backup Datenbank machen" ;;
  Fr)   echo "Fr : Backup Rechner Saurus"   ;;
  Sa)   echo "Sa : Backup Rechner Home"     ;;
  So)   echo "So : Sämtliche Backups auf CD-R sichern" ;;
esac
```

Im Beispiel wurde mit einer Kommando-Substitution der aktuelle Tag an die Variable tag übergeben. Anschließend wird in der case-Anweisung der entsprechende Tag ausgewertet und ausgegeben. Wenn Sie jetzt hierbei statt einer simplen Ausgabe einige sinnvolle Befehle anhängen und jeden Tag den cron-Daemon darüberlaufen lassen, haben Sie ein echtes Backup-Script, das Ihnen Woche für Woche die ganze Arbeit abnimmt. Natürlich muss dies nicht unbedingt ein Backup-Script sein, es können auch bestimmte Logdateien ausgewertet werden.

4.8.1 Alternative Vergleichsmuster

Um gleich wieder auf das Script acase1 zurückzukommen: Bei ihm kann das Problem auftreten, dass die deutsche Schreibweise für den Wochentag verwendet wurde. Was aber, wenn sich die Umgebung in einer englischsprachigen Welt befindet, in der eben die Wochentage »Mon«, »Tue«, »Wed«, »Thu«, »Fri«, »Sat« und »Sun« heißen? Hierzu bietet Ihnen case in der Auswahlliste alternative Vergleichsmuster an. Sie können mehrere Muster zur Auswahl stellen. Die Muster werden mit dem bitweisen ODER-Operator (|) getrennt.

```
case "$var" in
   muster1a|muster1b|muster1c)   kommando
                                 ...
                                 kommando ;;
```

```
   muster2a|muster2b|muster2c)   kommando
                                 ...
                                 kommando ;;
   muster3a|muster3b|muster3c)   kommando
                                 ...
                                 kommando ;;
esac
```

Wenden Sie dies nun auf das Script acase1 an, haben Sie ein Script erstellt, das sowohl die Ausgabe des deutschen als auch des englischsprachigen Wochentags akzeptiert.

```
# Demonstriert die case-Anweisung und die
# alternativen Vergleichsmuster
# acase2

tag=`date +%a`

case "$tag" in
  Mo|Mon)   echo "Mo : Backup Datenbank machen" ;;
  Di|Tue)   echo "Di : Backup Rechner Saurus"   ;;
  Mi|Wed)   echo "Mi : Backup Rechner Home"     ;;
  Do|Thu)   echo "Do : Backup Datenbank machen" ;;
  Fr|Fri)   echo "Fr : Backup Rechner Saurus"   ;;
  Sa|Sat)   echo "Sa : Backup Rechner Home"     ;;
  So|Sun)   echo "So : Sämtliche Backups auf CD-R sichern" ;;
esac
```

Das Beispiel kann man nochmals verkürzen, da ja am Montag und Donnerstag, am Dienstag und Freitag sowie am Mittwoch und Samstag die gleiche Arbeit gemacht wird:

```
# Demonstriert die case-Anweisung und die alternativen
# Vergleichsmuster
# acase3

tag=`date +%a`

case "$tag" in
  Mo|Mon|Do|Thu)   echo "$tag : Backup Datenbank machen" ;;
  Di|Tue|Fr|Fri)   echo "$tag : Backup Rechner Saurus"   ;;
  Mi|Wed|Sa|Sat)   echo "$tag : Backup Rechner Home"     ;;
  So|Sun)   echo "So : Sämtliche Backups auf CD-R sichern" ;;
esac
```

4.8.2 case und Wildcards

Bei den Mustern der case-Anweisung sind auch alle Wildcard-Zeichen erlaubt, die Sie von der Dateinamen-Substitution her kennen. Hier kann wieder z. B. das Script acase3 einspringen. Wenn alle Tage überprüft wurden, ist es eigentlich nicht mehr erforderlich, den Sonntag zu überprüfen. Hierfür könnte man jetzt theoretisch auch das Wildcard-Zeichen * verwenden:

```
# Demonstriert die case-Anweisung und die
# alternativen Vergleichsmuster mit Wildcards
# acase4

tag=`date +%a`

case "$tag" in
  Mo|Mon|Do|Thu)    echo "$tag : Backup Datenbank machen" ;;
  Di|Tue|Fr|Fri)    echo "$tag : Backup Rechner Saurus"   ;;
  Mi|Wed|Sa|Sat)    echo "$tag : Backup Rechner Home"     ;;
  *)   echo "So : Sämtliche Backups auf CD-R sichern" ;;
esac
```

Das Wildcard-Zeichen wird in einer case-Anweisung immer als letztes Alternativmuster eingesetzt, wenn bei den Mustervergleichen zuvor keine Übereinstimmung gefunden wurde. Somit führt der Vergleich mit * immer zum Erfolg und wird folglich auch immer ausgeführt, wenn keiner der Mustervergleiche zuvor gepasst hat. Das * steht im Vergleich zur if-elif-Verzweigung für die else-Alternative.

Die Wildcards [] lassen sich beispielsweise hervorragend einsetzen, wenn Sie nicht sicher sein können, ob der Anwender Groß- und/oder Kleinbuchstaben bei der Eingabe verwendet. Wollen Sie z. B. überprüfen, ob die Benutzerin für eine Ja-Antwort »j«, »J« oder »ja« bzw. »Ja« oder »JA« verwendet hat, können Sie dies folgendermaßen mit den Wildcards [] machen:

```
# Demonstriert die case-Anweisung mit Wildcards
# acase5

# Als erstes Argument angeben
case "$1" in
   [jJ])              echo "Ja!"    ;;
   [jJ][aA])           echo "Ja!"    ;;
   [nN])               echo "Nein!"  ;;
   [nN][eE][iI][nN]) echo "Nein!"  ;;
   *)                  echo "Usage $0 [ja] [nein]" ;;
esac
```

Das Script bei der Ausführung:

```
you@host > ./acase1
Usage ./acase1 [ja] [nein]
you@host > ./acase1 j
Ja!
you@host > ./acase1 jA
Ja!
you@host > ./acase1 nEIn
Nein!
you@host > ./acase1 N
Nein!
you@host > ./acase1 n
Nein!
you@host > ./acase1 Ja
Ja!
```

Das Ganze lässt sich natürlich mit Vergleichsmustern erheblich verkürzen:

```
# Demonstriert die case-Anweisung mit Wildcards und
# alternativen Mustervergleichen
# acase6

# Als erstes Argument angeben
case "$1" in
   [jJ]|[jJ][aA])          echo "Ja!"    ;;
   [nN]|[nN][eE][iI][nN])  echo "Nein!"  ;;
   *)                      echo "Usage $0 [ja] [nein]" ;;
esac
```

4.8.3 case und Optionen

Zu guter Letzt eignet sich case hervorragend zum Auswerten von Optionen in der Kommandozeile. Ein einfaches Beispiel:

```
# Demonstriert die case-Anweisung zum Auswerten von Optionen
# acase7

# Als erstes Argument angeben
case "$1" in
   -[tT]|-test)        echo "Option \"test\" aufgerufen"  ;;
   -[hH]|-help|-hilfe) echo "Option \"hilfe\" aufgerufen" ;;
   *)                  echo "($1) Unbekannte Option aufgerufen!"
esac
```

Das Script bei der Ausführung:

```
you@host > ./acase1 -t
Option "test" aufgerufen
you@host > ./acase1 -test
Option "test" aufgerufen
you@host > ./acase1 -h
Option "hilfe" aufgerufen
you@host > ./acase1 -hilfe
Option "hilfe" aufgerufen
you@host > ./acase1 -H
Option "hilfe" aufgerufen
you@host > ./acase1 -zzz
(-zzz) Unbekannte Option aufgerufen!
```

Sie können hierfür wie gewohnt die Optionen der Kommandozeile mit dem Kommando getopts (siehe Abschnitt 3.8) auswerten, zum Beispiel so:

```
# Demonstriert die case-Anweisung zum Auswerten von
# Optionen mit getopts
# acase8

while getopts tThH opt 2>/dev/null
do
   case $opt in
       t|T) echo "Option test";;
       h|H) echo "Option hilfe";;
       ?) echo "($0): Ein Fehler bei der Optionsangabe"
   esac
done
```

4.8.4 Neuerungen in der Bash 4.x

Auch bei der case-Anweisung hat sich in der Bash-Version 4.x etwas getan. Neben dem schon bekannten Abschluss einer case-Verzweigung mit ;; gibt es die beiden neuen Möglichkeiten ;;& und ;&. Diese sollen im Folgenden anhand von Beispielen erklärt werden.

Der Abschluss ;;&

Nach einem ;;& wird die case-Anweisung nicht wie üblich verlassen, stattdessen werden die anderen Muster in der case-Anweisung auch noch getestet. Sollte ein weiteres Muster passen, wird auch dieser Zweig der case-Anweisung noch ausgeführt. Im folgenden Beispiel wird ein Zeichen als Positionsparameter übergeben und in der case-

Anweisung überprüft, um was für eine Art von Zeichen es sich handelt. Dabei kann ein Zeichen selbstverständlich zu mehreren Kategorien gehören:

```
#!/bin/bash
# Script case-bash4-01.bash
case "$1" in
    [[:print:]] )  echo "$1 ist ein druckbares Zeichen";;&
    # Der ;;& Abschluss sorgt dafür, dass auch der nächste
    # case-Ausdruck geprüft wird.
    [[:alnum:]] )  echo "$1 ist eine Zahl oder ein Buchstabe.";;&
    [[:alpha:]] )  echo "$1 ist ein Buchstabe.";;&
    [[:lower:]] )  echo "$1 ist ein Kleinbuchstabe.";;&
    [[:upper:]] )  echo "$1 ist ein Großbuchstabe.";;&
    [[:digit:]] )  echo "$1 ist eine Zahl.";;&
esac
```

Beim Aufruf des Scripts wird ein Zeichen als Positionsparameter übergeben. Das Zeichen wird dann innerhalb der case-Anweisung überprüft. Alle zutreffenden Anweisungen werden ausgeführt. Das folgende Listing zeigt zwei Beispielaufrufe:

```
you@host > ./case-bash4-01.bash f
f ist ein druckbares Zeichen
f ist eine Zahl oder ein Buchstabe.
f ist ein Buchstabe.
f ist ein Kleinbuchstabe.
you@host > ./case-bash4-01.bash 2
2 ist ein druckbares Zeichen
2 ist eine Zahl oder ein Buchstabe.
2 ist eine Zahl.
```

Je nachdem, welches Zeichen Sie übergeben, werden die entsprechenden Zeilen ausgegeben.

Der Abschluss ;&

Wollen Sie eine Anweisung auf jeden Fall abarbeiten, können Sie den Abschluss ;& verwenden. Denn sobald eine case-Auswahl mit ;& abgeschlossen wird, wird der nächste Zweig auf jeden Fall abgearbeitet, unabhängig davon, ob das Muster zutrifft oder nicht. Im folgenden Listing wird das vorherige Script so verändert, dass am Ende der case-Anweisung eine Zeile Sterne angezeigt wird, wenn das übergebene Zeichen eine Ziffer ist:

```
#!/bin/bash

case "$1" in
```

```
    [[:print:]] )  echo "$1 ist ein druckbares Zeichen";;&.
    [[:alnum:]] )  echo "$1 ist eine Zahl oder ein Buchstabe.";;&
    [[:alpha:]] )  echo "$1 ist ein Buchstabe.";;&
    [[:lower:]] )  echo "$1 ist ein Kleinbuchstabe.";;&
    [[:upper:]] )  echo "$1 ist ein Großbuchstabe.";;&
    [[:digit:]] )  echo "$1 ist eine Zahl.";&
    # Der Abschluss ;& führt die Kommandos des nachfolgenden
    # Musters auf jeden Fall aus, auch wenn das Muster nicht passt
    egal-was    )  echo "********************************";;
esac
```

Auch hier folgen wieder zwei Beispielausgaben:

```
you@host > ./case-bash4-02.bash G
G ist ein druckbares Zeichen
G ist eine Zahl oder ein Buchstabe.
G ist ein Buchstabe.
G ist ein Großbuchstabe.
you@host > ./case-bash4-02.bash 0
0 ist ein druckbares Zeichen
0 ist eine Zahl oder ein Buchstabe.
0 ist eine Zahl.
********************************
```

Mit diesen beiden Möglichkeiten ist die case-Anweisung noch flexibler nutzbar geworden.

4.9 Schleifen

Häufig müssen Sie bei Ihren Shellscripts bestimmte Anweisungen mehrmals ausführen. Damit Sie diese Anweisungen in Ihrem Script nicht mehrfach hintereinander schreiben müssen, stehen Ihnen verschiedene Schleifenkonstrukte zur Verfügung. Mit Schleifen können Sie Anweisungen so lange und so oft ausführen, bis eine bestimmte Bedingung nicht mehr zutrifft oder die vorgegebene Anzahl von Durchläufen erreicht ist. Folgende drei Schleifentypen existieren:

- for-Schleife (Aufzählschleife)
- while-Schleife (Solange-Schleife)
- until-Schleife (Bis-Schleife)

Jedem dieser Schleifentypen ist im Folgenden ein Abschnitt gewidmet.

4.9.1 Die for-Schleife

Die for-Schleife gehört zu der Familie der Aufzählschleifen. Damit wird eine Befehlsfolge für Wörter in einer angegebenen Liste ausgeführt. Das heißt, die for-Schleife benötigt eine Liste von Parametern. Die Anzahl der Wörter in dieser Liste bestimmt dann, wie oft die Schleife ausgeführt bzw. durchlaufen wird. Hier ist zunächst die Syntax der for-Schleife:

```
for var in liste_von_parameter
do
   kommando
   ...
   kommando
done
```

Die Funktionsweise von for ist folgende: Vor jedem Eintritt in die Schleife wird das nächste Wort der Parameterliste in die Variable var gelegt. Die Liste der Parameter hinter dem Schlüsselwort in besteht aus Wörtern, die jeweils von mindestens einem Leerzeichen (bzw. auch abhängig von der Variablen IFS) getrennt sein müssen. Dies kann beispielsweise so aussehen:

```
for var in wort1 wort2 wort3
do
...
done
```

Somit würde beim ersten Schleifendurchlauf der Wert von wort1 in die Variable var übertragen. Jetzt werden die Kommandos zwischen den Schlüsselwörtern do und done ausgeführt. Wurden alle Kommandos abgearbeitet, beginnt der nächste Schleifendurchlauf, bei dem jetzt wort2 in die Variable var übertragen wird. Dieser Vorgang wird so lange wiederholt, bis alle Elemente der Parameterliste abgearbeitet wurden. Anschließend wird mit der Ausführung hinter dem Schlüsselwort done fortgefahren (siehe Abbildung 4.11).

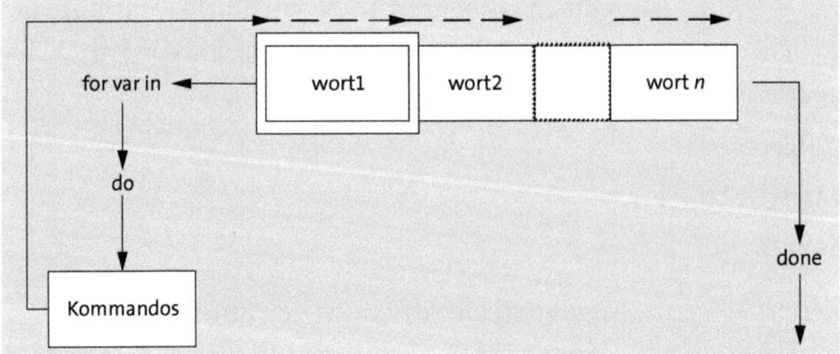

Abbildung 4.11 Die »for«-Schleife

Argumente bearbeiten mit for

Wenn Sie sich die for-Schleife mit der Parameterliste ansehen, dürften Sie wohl gleich auf die Auswertung der Argumente in der Kommandozeile kommen. for scheint wie geschaffen dafür, diese Argumente zu verarbeiten. Hierzu müssen Sie für die Parameterliste lediglich die Variable $@ verwenden. Das folgende Script überprüft alle Dateien, die Sie in der Kommandozeile mit angeben, auf ihren Typ.

```
# Demonstriert die Verwendung von for mit Argumenten
# afor1

for datei in "$@"
do
   [ -f $datei ] && echo "$datei: Reguläre Datei"
   [ -d $datei ] && echo "$datei: Verzeichnis"
   [ -b $datei ] && echo "$datei: Gerätedatei(block special)"
   [ -c $datei ] && echo "$datei: Gerätedatei(character special)"
   [ -t $datei ] && echo "$datei: serielles Terminal"
   [ ! -e $datei ] && echo "$datei: existiert nicht"
done
```

Das Script bei der Ausführung:

```
you@host > ./afor1 Shellbuch backup afor1 /dev/tty \
> /dev/cdrom gibtsnicht
Shellbuch: Verzeichnis
backup: Verzeichnis
afor1: Reguläre Datei
/dev/tty: Gerätedatei (character special)
/dev/cdrom: Gerätedatei (block special)
gibtsnicht: existiert nicht
```

Zwar könnten Sie in Ihrem Script auch die Positionsparameter $1 bis $n verwenden, aber Sie sollten dies wenn möglich vermeiden und stattdessen die Variable $@ benutzen. Damit können Sie sichergehen, dass kein Argument aus der Kommandozeile vergessen wurde.

Eine Besonderheit bezüglich der Variablen $@ in der for-Schleife gibt es dann doch noch. Lassen Sie den Zusatz in "$@" weg, setzt die for-Schleife diesen automatisch ein:

```
# Demonstriert die Verwendung von for mit Argumenten
# afor1
for datei
do
   [ -f $datei ] && echo "$datei: Reguläre Datei"
   [ -d $datei ] && echo "$datei: Verzeichnis"
```

```
    [ -b $datei ] && echo "$datei: Gerätedatei(block special)"
    [ -c $datei ] && echo "$datei: Gerätedatei(character special)"
    [ -t $datei ] && echo "$datei: serielles Terminal"
    [ ! -e $datei ] && echo "$datei: existiert nicht"
done
```

for und die Dateinamen-Substitution

Das Generieren von Dateinamen mit den Metazeichen *, ? und [] kennen Sie ja bereits zur Genüge. Dieser Ersetzungsmechanismus wird standardmäßig von der Shell ausgeführt, sobald ein solches Sonderzeichen erkannt wird.

Diese Dateinamen-Substitution können Sie auch in der for-Schleife verwenden. Dadurch wird eine Liste von Dateinamen für die Parameterliste der for-Schleife erzeugt. Die Frage, wie Sie ein ganzes Verzeichnis auslesen können, wird Ihnen hiermit so beantwortet:

```
# Demonstriert die Verwendung von for und der Datei-Substitution
# afor2

# Gibt das komplette aktuelle Arbeitsverzeichnis aus
for datei in *
do
   echo $datei
done
```

Wenn Sie das Script ausführen, wird das komplette aktuelle Arbeitsverzeichnis ausgegeben. Selbstverständlich können Sie das Ganze auch einschränken. Wollen Sie z. B. nur alle Dateien mit der Endung *.txt* ausgeben, können Sie folgendermaßen vorgehen:

```
# Demonstriert die Verwendung von for und der Datei-Substitution
# afor3

# Gibt alle Textdateien des aktuellen Arbeitsverzeichnisses aus
for datei in *.txt
do
   echo $datei
   [ -r $datei ] && echo "... ist lesbar"
   [ -w $datei ] && echo "... ist schreibbar"
done
```

Sie können alle Metazeichen *, ? und [] verwenden, wie Sie dies von der Shell kennen. Einige Beispiele:

```
# Nur Dateien mit der Endung *.txt und *.c berücksichtigen
for datei in *.txt *.c

# Nur die Dateien log1.txt log2.txt ... log9.txt berücksichtigen
for datei in log[1-9].txt

# Nur versteckte Dateien beachten (beginnend mit einem Punkt)
for datei in .*
```

Kann in der for-Schleife ein Suchmuster nicht aufgelöst werden, führt das Script gewöhnlich keine Aktion durch. Solch einen Fall sollte man aber auch berücksichtigen, sofern Ihr Script benutzerfreundlich sein soll. Hierzu bietet sich eine case-Anweisung an, mit der Sie überprüfen, ob die entsprechende Variable (die in for ihren Wert von der Parameterliste erhält) auf das gewünschte Muster (Parameterliste) passt. Ganz klar, dass auch hierbei das Wildcard-Zeichen * verwendet wird:

```
# Demonstriert die Verwendung von for und der Datei-Substitution
# afor4

# Bei erfolgloser Suche soll ein entsprechender Hinweis
# ausgegeben werden
for datei in *.jpg
do
   case "$datei" in
      \*.jpg)   echo "Keine Datei zum Muster *.jpg vorhanden" ;;
      *)        echo $datei ;;
   esac
done
```

Das Script bei der Ausführung:

```
you@host > ./afor4
Keine Datei zum Muster *.jpg vorhanden
```

Die case-Verzweigung *.jpg) wird immer dann ausgeführt, wenn kein Suchmuster aufgelöst werden konnte. Ansonsten wird die Ausführung bei *) weitergeführt, was hier wieder eine simple Ausgabe des Dateinamens darstellt.

for und die Kommando-Substitution

Mittlerweile dürften Sie schon von dem mächtigen Feature der for-Schleife überzeugt sein. Ein weiteres unverzichtbares Mittel der Shell-Programmierung ist eine for-Schleife, die ihre Parameter aus einer Kommando-Substitution erhält. Dazu könnten Sie die Ausgabe von jedem beliebigen Kommando für die Parameterliste verwenden. Allerdings setzt die Verwendung der Kommando-Substitution immer gute Kenntnisse der entsprechenden Kommandos voraus – insbesondere Kenntnisse über deren Ausgabe.

Im Folgenden sehen Sie ein einfaches Beispiel, in dem Sie mit dem Kommando find alle Grafikdateien im HOME-Verzeichnis mit der Endung *.png* suchen und sie in ein separat dafür angelegtes Verzeichnis kopieren. Dabei sollen auch die Namen der Dateien entsprechend neu durchnummeriert werden.

```
# Demonstriert die Verwendung von for und der Kommando-Substitution

# afor5

count=1
DIR=$HOME/backup_png

# Verzeichnis anlegen
mkdir $DIR 2>/dev/null
# Überprüfen, ob erfolgreich angelegt oder überhaupt
# vorhanden, ansonsten Ende
[ ! -e $DIR ] && exit 1

for datei in `find $HOME -name "*.png" -print 2>/dev/null`
do
   # Wenn Leserecht vorhanden, können wir die Datei kopieren
   if [ -r $datei ]
   then
      # PNG-Datei ins entsprechende Verzeichnis kopieren
      # Als Namen bild1.png, bild2.png ... bildn.png verwenden
      cp $datei $DIR/bild${count}.png
      # Zähler um eins erhöhen
      count=`expr $count + 1`
   fi
done

echo "$count Bilder erfolgreich nach $DIR kopiert"
```

Das Script bei der Ausführung:

```
you@host > ./afor5
388 Bilder erfolgreich nach /home/tot/backup_png kopiert
you@host > ls backup_png
bild100.png  bild15.png   bild218.png  bild277.png  bild335.png
bild101.png  bild160.png  bild219.png  bild278.png  bild336.png
...
```

Da die Parameterliste der `for`-Schleife von der Variablen `IFS` abhängt, können Sie standardmäßig hierbei auch zeilenweise mit dem Kommando `cat` etwas einlesen und weiterverarbeiten – denn in der Variablen `IFS` finden Sie auch das Newline-Zeichen wieder. Gegeben sei beispielsweise folgende Datei namens *.userlist* mit einer Auflistung aller User, die bisher auf dem System registriert sind:


```
you@host > cat .userlist
tot
you
rot
john
root
martin
```

Wollen Sie jetzt an alle User, die hier aufgelistet und natürlich im Augenblick eingeloggt sind, eine Nachricht senden, gehen Sie wie folgt vor:

```
# Demonstriert die Verwendung von for und
# der Kommando-Substitution
# afor6

# Komplette Argumentenliste für News an andere User verwenden
NEU="$*"

for user in `cat .userlist`
do
   if who | grep ^$user > /dev/null
   then
      echo $NEU | write $user
      echo "Verschickt an $user"
   fi
done
```

Das Script bei der Ausführung:

```
you@host > ./afor6 Tolle Neuigkeiten: Der Chef ist weg!
Verschickt an tot
Verschickt an martin
```

Im Augenblick scheinen hierbei die User `tot` und `martin` eingeloggt zu sein. Bei diesen sollte nun in der Konsole Folgendes ausgegeben werden:

```
tot@host >
Message from you@host on pts/40 at 04:33
Tolle Neuigkeiten: Der Chef ist weg!
```

```
EOF
tot@host >
```

Wenn beim anderen User keine Ausgabe erscheint, kann es sein, dass er die entsprechende Option abgeschaltet hat. Damit andere User Ihnen mit dem `write`-Kommando Nachrichten zukommen lassen können, müssen Sie dies mit

```
tot@host > mesg y
```

einschalten. Mit `mesg n` schalten Sie es wieder ab.

Variablen-Interpolation

Häufig werden bei der Kommando-Substitution die Kommandos recht lang und kompliziert, weshalb sich hierfür eine Variablen-Interpolation besser eignen würde. Anstatt also die Kommando-Substitution in die Parameterliste von `for` zu quetschen, können Sie den Wert der Kommando-Substitution auch in einer Variablen abspeichern und diese Variable an `for` übergeben. Um bei einem Beispiel von eben zu bleiben (Listing `afor5`), würde man mit

```
for datei in `find $HOME -name "*.png" -print 2>/dev/null`
do
   ...
done
```

dasselbe erreichen wie mit der folgenden Variablen-Interpolation:

```
PNG=`find $HOME -name "*.png" -print 2>/dev/null`

for datei in $PNG
do
   ...
done
```

Nur hat man hier ganz klar den Vorteil, dass dies übersichtlicher ist als die »direkte« Version.

for und Arrays

Selbstverständlich eignet sich die `for`-Schleife hervorragend für Arrays. Die Parameterliste lässt sich relativ einfach mit `${array[*]}` realisieren:

```
# Demonstriert die Verwendung von for und der Arrays
# afor7

# Liste von Werten in einem Array speichern
# Version: Korn-Shell (auskommentiert)
```

```
#set -A array 1 2 3 4 5 6 7 8 9
# Version: bash und Z-Shell
array=( 1 2 3 4 5 6 7 8 9 )

# Alle Elemente im Array durchlaufen
for value in ${array[*]}
do
   echo $value
done
```

Das Script bei der Ausführung:

```
you@host > ./afor7
1
2
3
4
5
6
7
8
9
```

for-Schleife mit Schleifenzähler (Bash und Z-Shell)

Ab Version 2.0.4 wurde der Bash eine zweite Form der for-Schleife spendiert. Ihre Syntax ist an die der Programmiersprache C angelehnt:

```
for (( var=Anfangswert ; Bedingung ; Zähler ))
do
   kommando1
   ...
   kommando_n
done
```

Diese Form der for-Schleife arbeitet mit einem Schleifenzähler. Bei den einzelnen Parametern handelt es sich um arithmetische Substitutionen. Der erste Wert, hier var, wird gewöhnlich für die Zuweisung eines Anfangswerts an eine Schleifenvariable verwendet. Der Anfangswert (var) wird hierbei nur einmal beim Eintritt in die Schleife ausgewertet. Die Bedingung dient als Abbruchbedingung, und der Zähler wird verwendet, um die Schleifenvariable zu erhöhen oder zu verringern. Die Bedingung wird vor jedem neuen Schleifendurchlauf überprüft. Der Zähler hingegen wird nach jedem Schleifendurchlauf verändert. Den Zähler können Sie wie in Tabelle 4.12 dargestellt ausdrücken.

Zähler verändern	Bedeutung
`var++`	Den Wert nach jedem Schleifendurchlauf um 1 erhöhen (inkrementieren).
`var--`	Den Wert nach jedem Schleifendurchlauf um 1 verringern (dekrementieren).
`((var=var+n))`	Den Wert nach jedem Schleifendurchlauf um `n` erhöhen.
`((var=var-n))`	Den Wert nach jedem Schleifendurchlauf um `n` verringern.

Tabelle 4.12 Zähler einer Schleifenvariablen verändern

Sie können auch andere arithmetische Ausdrücke verwenden. So toll sich das anhört – bedenken Sie dennoch, dass dieses `for`-Konstrukt nur der Bash zur Verfügung steht. Hier sind einige Beispiele dafür, wie Sie diese Form der `for`-Schleife in der Praxis einsetzen können:

```
# Demonstriert die Verwendung einer
# zweiten for-Form (Bash only)
# afor8

[ $# -lt 1 ] && echo "Mindestens ein Argument" && exit 1

# Liste von Argumenten in einem Array speichern
array=( $* )

for((i=0; i<$#; i++))
do
   echo "Argument $i ist ${array[$i]}"
done
# Countdown
for((i=5; i>0; i--))
do
   echo $i
   sleep 1   # Eine Sekunde anhalten
done

echo "...go"

# Auch andere arithmetische Ausdrücke als Zähler möglich
for((i=100; i>0; ((i=i/2)) ))
```

```
do
   echo $i
done
```

Das Script bei der Ausführung:

```
you@host > ./afor8 hallo welt wie gehts
Argument 0 ist hallo
Argument 1 ist welt
Argument 2 ist wie
Argument 3 ist gehts
5
4
3
2
1
...go
100
50
25
12
6
3
1
```

Mehrdimensionale Arrays

Von Haus aus können Sie in der Bash keine mehrdimensionalen Arrays erstellen (auch nicht in Version 5). Aber mithilfe der assoziativen Arrays lässt sich auch diese Aufgabe mit einem kleinen Trick lösen. Im folgenden Script werden die einzelnen Felder automatisch gefüllt. Mit einer verschachtelten for-Schleife wird dann das Array ausgegeben:

```
#!/bin/bash
declare -A MULTI
MULTI[0,0]=0
MULTI[0,1]=1
MULTI[0,2]=2
MULTI[1,0]=3
MULTI[1,1]=4
MULTI[1,2]=5
MULTI[2,0]=6
MULTI[2,1]=7
MULTI[2,2]=8
```

```
for((i=0; i<=2; i++))
do
   for((j=0; j<=2; j++))
   do
      echo -n "${MULTI[$i,$j]} "
   done
   echo
done
```

Wird das Script ausgeführt, erscheint die folgende Ausgabe auf dem Bildschirm:

```
you@host:~$ ./multi-array.bash
0 1 2
3 4 5
6 7 8
```

4.9.2 Die while-Schleife

Wer jetzt ein wenig neidisch auf die zweite Form der `for`-Schleife der Bash geschielt hat, dem sei gesagt, dass sich Gleiches auch mit der `while`-Schleife realisieren lässt (siehe Abbildung 4.12). Die Syntax sieht so aus:

```
while [bedingung] # oder natürlich auch: while-kommando
do
   kommanodo_1
   ...
   kommando_n
done
```

Oder in Kurzform so:

```
while [bedingung] ; do kommando_1 ; kommando_n ; done
```

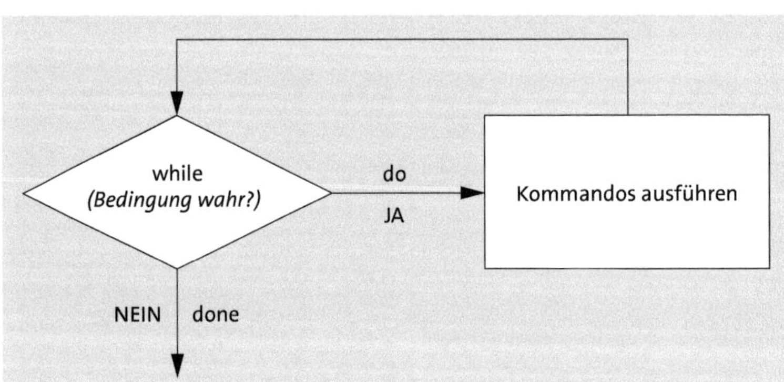

Abbildung 4.12 Die »while«-Schleife

Die einzelnen Kommandos zwischen do und done werden bei der while-Schleife abgearbeitet, solange die Bedingung wahr (0 oder auch true) ist. Trifft die Bedingung nicht mehr zu und ist sie falsch (ungleich 0 oder false), wird die Schleife beendet und die Ausführung des Scripts hinter done fortgeführt.

Hierzu folgt nun das Beispiel, dessen Ausführung dieselbe ist wie schon beim Script afor8, nur dass die Zuweisung des Anfangswerts vor der while-Schleife erfolgt. Die Bedingung wird bei der while-Schleife überprüft. Der Zähler hingegen wird im Anweisungsblock der Schleife erhöht bzw. verringert .

```
# Demonstriert die Verwendung einer while-Schleife
# awhile1

[ $# -lt 1 ] && echo "Mindestens ein Argument" && exit 1

# Liste von Argumenten in einem Array speichern
# Version: Korn-Shell (auskommentiert)
#set -A array $*

# Version: bash und Z-Shell
array=( $* )

i=0
while [ $i -lt $# ]
do
   echo "Argument $i ist ${array[$i]}"
   i=`expr $i + 1`
done

# Countdown
i=5
while [ $i -gt 0 ]
do
   echo $i
   sleep 1          # Eine Sekunde anhalten
   i=`expr $i - 1`
done

echo "...go"

# Auch andere arithmetische Ausdrücke als Zähler möglich
i=100
while [ $i -gt 0 ]
do
```

```
  echo $i
  i=`expr $i / 2`
done
```

Die Ausgabe des Scripts ist dieselbe wie schon beim Script afor8 im Abschnitt zuvor.

Zwar liegt eines der Hauptanwendungsgebiete der while-Schleife im Durchlaufen eines bestimmten Zahlenbereichs, doch häufig wird eine while-Schleife auch für Benutzereingaben verwendet. Im folgenden Beispiel wird das Kommando read eingesetzt, das in Kapitel 5, »Terminal-Ein- und -Ausgabe«, genauer beschrieben wird.

```
# Demonstriert die Verwendung einer while-Schleife mit Benutzereingabe
# awhile2

while [ "$input" != "ende" ]
do
  # eventuell Befehle zum Abarbeiten hierhin ...

  echo "Weiter mit ENTER oder aufhören mit ende"
  read input
done

echo "Das Ende ist erreicht"
```

Das Script bei der Ausführung:

```
you@host > ./awhile2
Weiter mit ENTER oder aufhören mit ende
[↵]
Weiter mit ENTER oder aufhören mit ende
ende
Das Ende ist erreicht
```

Die while-Schleife und assoziative Arrays

Natürlich können Sie die assoziativen Arrays, die wir in Kapitel 2, »Variablen«, besprochen haben, auch über eine Schleife füllen. Das folgende Beispiel soll diesen Vorgang verdeutlichen:

```
#!/bin/bash

declare -A ADRESSEN

while [ -z $NAME ]
do
   echo -n "Bitte Name eingeben : "
```

```
   read NAME
   if [ -z "$NAME" ]
   then
      break
   fi
   echo -n "Bitte Adresse eingeben : "
   read ADR
   if [ -z "$ADR" ]
   then
      echo "Keine Adresse angegeben"
      sleep 2
      continue
   fi
   ADRESSEN[$NAME]=$ADR
   NAME=""
done

while [ -z "$SUCH" ]
do
   echo -n "Bitte zu suchenden Namen eingeben : "
      read SUCH
      if [ -z "$SUCH" ]
      then
         echo Ende
         exit 0
      fi
      echo  Adresse von $SUCH ist ${ADRESSEN[${SUCH}]}
      SUCH=""
done
```

Der erste Teil des Scripts liest Namen und Adressen von der Tastatur in ein Array ein. Dabei wird der Name als Array-Feld verwendet. Nutzen Sie einen Namen ein zweites Mal, wird die Adresse mit dem neuen Wert überschrieben.

Im zweiten Teil kann dann nach Namen gesucht werden.

Das Script dient nur dazu, Ihnen zu verdeutlichen, wie Sie Daten mittels einer Schleife in ein Array einlesen können. Nach Beendigung des Scripts wird das Array gelöscht, und alle Daten gehen verloren. In Kapitel 5, »Terminal-Ein- und -Ausgabe«, wird dann dieses Script so erweitert, dass das Array in eine Datei geschrieben und aus einer Datei wieder gefüllt wird.

4.9.3 Die until-Schleife

Die until-Schleife wird im Gegensatz zur while-Schleife so lange ausgeführt, wie das Kommando in der until-Schleife einen Wert ungleich 0, also falsch (!), zurückgibt. Die Abbruchbedingung der Schleife ist gegeben, wenn das Kommando erfolglos war. Die Syntax lautet:

```
until [bedingung] falsch    # oder auch: until-kommando falsch
do
   kommando1
   ...
   kommandon
done
```

Solange also die Bedingung oder die Kommandoausführung falsch (false oder ungleich 0) hinter until zurückgibt, werden die Kommandos zwischen do und done ausgeführt. Ist der Rückgabewert hingegen wahr (true oder 0), dann wird mit der Ausführung hinter done fortgefahren (siehe Abbildung 4.13).

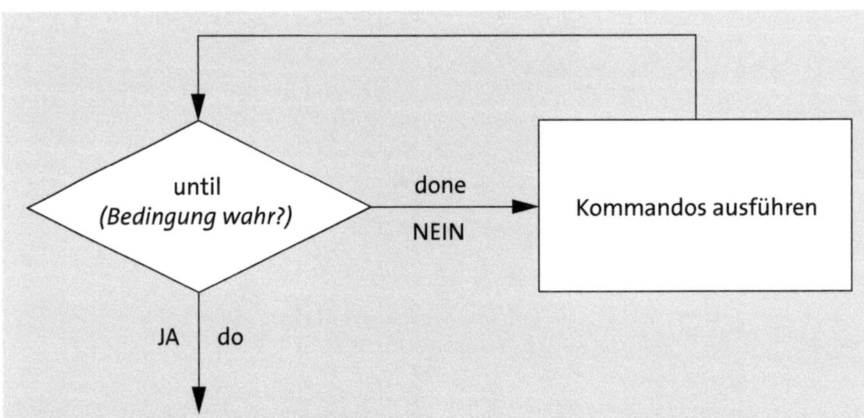

Abbildung 4.13 Die »until«-Schleife

Manch einer wird jetzt nach dem Sinn der until-Schleife fragen, denn alles, was man mit der until-Schleife machen kann, kann man ja auch mithilfe des Negationsoperators ! oder durch Umstellen der Bedingung in einer while-Schleife erreichen, zum Beispiel im Script awhile2:

```
while [ "$input" != "ende" ]
do
   ...
done
```

Schreibt man hierfür

```
while [ ! "$input" = "ende" ]
do
   ...
done
```

hätte man dasselbe erreicht wie mit der folgenden `until`-Schleife:

```
until [ "$input" = "ende" ]
do
   ...
done
```

Ebenso sieht dies beim Durchzählen von Zahlenbereichen aus. Dass es die `until`-Schleife dennoch gibt und dass diese auch nötig ist, liegt daran, dass die echte Bourne-Shell kein `!` kennt. Wenn Sie in der Bourne-Shell Ausdrücke wie `[ ! "$input" = "ende" ]` ausführen, werden diese zwar funktionieren, aber das liegt nur daran, dass Sie hier das `test`-Kommando verwenden. Und `test` wiederum kann etwas mit `!` anfangen. Überprüfen Sie allerdings den Rückgabewert eines Befehls mit `!`, wird sich die echte Bourne-Shell schon bei Ihnen melden.

Hierzu ein einfaches Beispiel: In Ihrem Script benötigen Sie ein Kommando namens »abc«, das aber nicht standardmäßig auf jedem Rechner installiert ist. Anstatt jetzt nur eine Fehlermeldung darüber auszugeben, dass auf dem System das Tool »abc« fehlt, um Ihr Script auszuführen, bieten Sie dem Anwender gleich eine Installationsroutine mit an, beispielsweise indem Sie ein entsprechendes Tool im Quellcode mitliefern und mit entsprechenden Optionen übersetzen lassen sowie installieren. Natürlich können Sie das Paket auch mit einem passenden Paketmanager (beispielsweise `rpm` oder `apt`) vom Netz holen lassen und installieren. Sie müssen aber hier nicht zwangsläufig eine neue Anwendung installieren – häufig will man auch nur ein neues Script in entsprechende Pfade legen.

Hierbei sind Ihnen kaum Grenzen gesetzt. Im Script wird einfach das Kommando `cat` mit `cp` in ein Verzeichnis kopiert. Im Beispiel wurde das Verzeichnis *$HOME/bin* verwendet, das bei uns auch in `PATH` eingetragen ist. Dies ist Voraussetzung, wenn Sie das Kommando anschließend ohne `./` vor dem Kommandonamen aufrufen wollen.

```
# Demonstriert die Verwendung einer until-Schleife
# auntil

# Hier soll ein Kommando namens "abc" installiert werden

until abc /dev/null > /dev/null 2>&1
do
```

```
    echo "Kommando abc scheint hier nicht zu existieren"
    # Jetzt können Sie "abc" selbst nachinstallieren ...
    # Wir verwenden hierbei einfach ein Hauswerkzeug mit cat
    new=`which cat`  # kompletten Pfad zu cat
    cp $new $HOME/bin/abc
done

# ... den eigenen Quellcode ausgeben
abc $0
```

Das Script bei der Ausführung:

```
you@host > ./auntil
 you@host > abc > test.txt
Hallo ein Test
you@host > abc test.txt
Hallo ein Test
```

Dieses Beispiel können Sie auf jeden Fall nicht in einer echten Bourne-Shell mit einer while-Schleife nachbilden. Die Betonung liegt hier auf »echt«, weil es diese Shell unter Linux nicht gibt. Unter Linux führt jede Verwendung der Bourne-Shell zur Bash, und somit kann hierbei auch der Negationsoperator ! verwendet werden.

Weitere typische Beispiele wie das Script auntil sind selbstentpackende Installer, die beim Aufruf den komprimierten Quellcode auspacken und installieren.

4.10 Kontrollierte Sprünge

Es gibt drei Möglichkeiten, eine Ablaufstruktur wie die Schleifen von innen (zwischen do und done) zu regulieren oder unmittelbar zu verlassen. Mit ihnen kann man allerdings nicht in eine bestimmte Anweisung verzweigen, sondern lediglich zur nächsten Ablaufstruktur springen.

- continue – Damit wird der aktuelle Schleifenaufruf beendet, und es wird mit dem nächsten Durchlauf fortgefahren.
- break – Beendet die Schleife. Befindet sich break in mehreren geschachtelten Schleifen, wird nur die innerste verlassen.
- exit – Beendet das komplette Programm.

Es sei angemerkt, dass exit keine schleifentypische Anweisung ist – im Gegensatz zu break und continue. Auf continue und break wollen wir daher etwas genauer eingehen.

4.10.1 Der Befehl continue

Der Befehl `continue` beendet nur die aktuelle Schleifenausführung. Das bedeutet, dass ab dem Aufruf von `continue` im Anweisungsblock der Schleife alle anderen Anweisungen übersprungen werden und die Programmausführung zur Schleife mit der nächsten Ausführung zurückspringt.


```
# Demonstriert die Verwendung von continue
# acontinue1

i=1
while [ $i -lt 20 ]
do
   j=`expr $i % 2`
   if [ $j -ne 0 ]
   then
      i=`expr $i + 1`
      continue
   fi
   echo $i
   i=`expr $i + 1`
done
```

Das Script bei der Ausführung:

```
you@host > ./acontinue1
2
4
6
8
10
12
14
16
18
```

Dieses Script prüft, ob es sich bei der Variablen `i` um eine ungerade Zahl handelt. Wenn `i` *modulo* 2 nicht 0 ist, also ein Rest zurückgegeben wird, handelt es sich um eine ungerade Zahl. Wir wollen aber nur gerade Zahlen ausgeben lassen, weshalb im `if`-Anweisungsblock zwischen `then` und `fi` eine `continue`-Anweisung ausgeführt wird. Dabei wird die `echo`-Ausgabe auf dem Bildschirm ausgelassen, und es geht unmittelbar mit dem nächsten Schleifendurchlauf weiter (hier: mit der nächsten Überprüfung). Hiermit haben Sie sich die `else`-Alternative gespart.

Modulo-Operator

Mit dem Modulo-Operator % wird der Rest einer ganzzahligen Division ermittelt.

Natürlich lässt sich continue auch mit jeder anderen Schleife verwenden. Wollen Sie beispielsweise alle Argumente der Kommandozeile daraufhin prüfen, ob etwas Brauchbares dabei ist, könnten Sie folgendermaßen vorgehen:

```
# Demonstriert die Verwendung von continue acontinue2

# Durchläuft alle Argumente der Kommandozeile und sucht nach dem \
# Wort "automatik"

for var in "$@"
do
   if [ "$var" != "automatik" ]
   then
      continue
   fi
   echo "Ok, \"$var\" vorhanden ...!"
done
```

Das Script bei der Ausführung:

```
you@host > ./acontinue2 test1 test2 test3 test4
you@host > ./acontinue2 test1 test2 test3 test4 automatik \
> test5 testx
Ok, "automatik" vorhanden ...!
```

In diesem Beispiel wird Argument für Argument aus der Kommandozeile durchlaufen, und es wird überprüft, ob sich darin eine Zeichenkette befindet, die »automatik« enthält. Handelt es sich beim aktuellen Argument nicht um das entsprechende Wort, wird mit continue wieder zur nächsten Schleifenanweisung hochgesprungen.

4.10.2 Der Befehl break

Im Gegensatz zu continue können Sie mit break eine Schleife vorzeitig beenden, sodass die Programmausführung unverzüglich hinter dem Schlüsselwort done ausgeführt wird. Man spricht hierbei von einem kontrollierten Schleifenabbruch. break setzt man immer dann, wenn man mit einer Schleife ein bestimmtes Ziel schon vorzeitig erreicht hat oder ein unerwarteter Fehler aufgetreten ist – sich eine weitere Ausführung des Scripts also nicht mehr lohnt –, und natürlich bei einer Endlosschleife.

Um auf das Script acontinue2 zurückzukommen, könnte man hier beispielsweise break hinter der echo-Ausgabe setzen, sofern man mit einer gefundenen Zeichenkette zufrieden ist. Damit kann man sich sparen, dass alle Argumente durchlaufen werden, obwohl das benötigte Argument längst gefunden wurde. Hier sehen Sie das Script mit break:

```
# Demonstriert die Verwendung von break
# abreak
# Durchläuft alle Argumente der Kommandozeile und sucht nach
# dem Wort "automatik"

for var in "$@"
do
   if [ "$var" = "automatik" ]
   then
      echo "Ok, \"$var\" vorhanden ...!"
      break
   fi
done

# Hier geht es nach einem break weiter ...
```

Natürlich kann break wie continue in jeglicher Art von Schleifen eingesetzt werden. Häufig wird der Fehler gemacht, break in einer verschachtelten Schleife zu setzen. Wenn break in der innersten Schleife verwendet wird, wird auch nur diese Schleife abgebrochen. Zwar ist es aus Gründen der Übersichtlichkeit nicht ratsam, mehrere Schleifen zu verschachteln, aber da es sich häufig nicht vermeiden lässt, wollen wir dennoch darauf hinweisen. Hier sehen Sie ein Beispiel:

```
# Demonstriert die Verwendung von break in einer Verschachtelung
# abreak2

i=1

for var in "$@"
do
   while [ $i -lt 5 ]
   do
      echo $i
      i=`expr $i + 1`
      break
      echo "Wird nie ausgegeben"
   done
   echo $var
done
```

Das Script bei der Ausführung:

```
you@host > ./abreak2 test1 test2 test3 test4
1
test1
2
test2
3
test3
4
test4
```

Obwohl hier ein `break` verwendet wurde, werden alle Kommandozeilenargumente ausgegeben. Dass `break` dennoch funktioniert, beweist die Nicht-Ausgabe von `Wird nie ausgegeben`. Die Anweisung `break` gilt hier nur innerhalb der `while`-Schleife und bricht somit auch nur diese ab.

4.11 Endlosschleifen

Manchmal benötigt man ein Konstrukt, das endlos ausgeführt wird. Hierzu verwendet man gewöhnlich Endlosschleifen. In einer Endlosschleife werden die Kommandos zwischen `do` und `done` endlos ausgeführt, ohne dass die Schleife abgebrochen wird. Sie sollten also bedenken, dass sich das Script hiermit niemals mehr beenden wird und deswegen nicht zur aufrufenden Shell zurückkehrt. Daher werden gewöhnlich Scripts mit einer Endlosschleife im Hintergrund mit `&` ausgeführt, also mit dem Aufruf `./scriptname &`.

Um eine Endlosschleife zu erzeugen, gibt es verschiedene Möglichkeiten. Letztendlich muss nur die Bedingung bei einer Überprüfung gegeben sein. Folglich müsste die Bedingung bei einer `while`-Schleife immer wahr und bei einer `until`-Schleife immer falsch sein. Zu diesem Zweck hat man die Kommandos `true` (für wahr) und `false` (für falsch) eingeführt. Mit `while` erreichen Sie so folgendermaßen eine Endlosschleife:

```
while true
do
   # Kommandos der Endlosschleife
done
```

Gleiches geht mit `until`:

```
until false
do
   # Kommandos der Endlosschleife
done
```

Hier sehen Sie eine Endlosschleife in der Praxis:

```
# Demonstriert eine Endlosschleife mit while
# aneverending

while true
do
   echo "In der Endlosschleife"
   sleep 5    # 5 Sekunden warten
done
```

Das Script bei der Ausführung:

```
you@host > ./aneverending
In der Endlosschleife
In der Endlosschleife
In der Endlosschleife
[Strg]+[C]
you@host >
```

Dieses Script müssen Sie mit dem Signal `SIGINT`, das Sie durch die Tastenkombination [Strg]+[C] generieren, quasi mit Gewalt beenden.

Richtig eingesetzt werden Endlosschleifen in Scripts, mit denen man bestimmte Dienste überwacht oder in gewissen Zeitabständen (beispielsweise mit `sleep`) Aktionen ausführen will, wie z. B. das Überprüfen des Mailpostfachs oder die Verfügbarkeit eines Servers. In der Praxis werden Endlosschleifen recht gern eingesetzt, wobei hier auch mit dem Befehl `break` gearbeitet werden sollte. Sind zum Beispiel irgendwelche Grenzen oder Fehler (bzw. Bedingungen) aufgetreten, wird `break` verwendet, wodurch die Endlosschleife beendet wird. Häufig wird dies dann so erreicht:

```
while true
do
   # Viele Kommandos

   if [ Bedingung ]
   then
      break
   fi
done

# eventuell noch einige Aufräumarbeiten ...
```

Probleme mit der Variablen IFS

In diesem Kapitel haben wir viele Beispiele verwendet, in denen Dateien kopiert oder ausgelesen werden. Es sollte noch erwähnt werden, dass es hierbei häufig zu Problemen mit der Variablen IFS kommen kann (siehe Abschnitt 5.3.6), weil viele Benutzer gern Dateinamen oder Verzeichnisse mit einem Leerzeichen trennen. Dies ist ein Ärgernis, das schwer zu kontrollieren ist. Eine mögliche Lösung des Problems finden Sie im Praxisteil des Buchs (siehe Abschnitt 15.2.1, »Leerzeichen im Dateinamen ersetzen«). Das Abfangen dieses Fehlers ist sehr wichtig, um ein inkonsistentes Backup zu vermeiden.

4.12 Aufgaben

1. Schreiben Sie ein Script, das als Argument Ihren Vor- und Nachnamen erwartet. Wenn beim Aufruf des Scripts kein Argument oder zu wenige oder zu viele Argumente übergeben werden, soll eine Fehlermeldung ausgegeben und das Script mit dem Errorcode 1 beendet werden. Nach der Prüfung soll der Nachname in Großbuchstaben umgewandelt werden. Anschließend soll eine Begrüßung mit Vor- und Nachname und der aktuellen Uhrzeit ausgegeben werden.
2. Schreiben Sie ein Script, dem drei Zahlen übergeben werden sollen. Die Zahlen sollen in dem Bereich von 5 bis 25 liegen. Als Erstes speichern Sie die Argumente in neuen Variablen, die Sie vorher als Integer-Variablen definiert haben. Wenn keine oder zu wenige Argumente übergeben wurden oder Werte außerhalb des Bereichs liegen, sollen die nicht oder falsch gesetzten Variablen mit den Werten 5, 10, 15 belegt werden. Wenn die erste Zahl kleiner als die zweite Zahl ist, multiplizieren Sie die beiden Zahlen, sonst addieren Sie die beiden Zahlen. Wenn das Ergebnis der Multiplikation oder der Addition größer als 40 ist, subtrahieren Sie die dritte Zahl vom Ergebnis. Ist das Ergebnis kleiner als 40, multiplizieren Sie das Ergebnis mit der dritten Zahl. Verwenden Sie für die Rechenoperationen einmal das Kommando exec und einmal die doppelte Klammerung. Geben Sie das Ergebnis auf dem Bildschirm aus.
3. Schreiben Sie ein Script, dem Sie einen Dateinamen als Argument übergeben. Das Script soll dann prüfen, ob die Datei vorhanden ist und ob Sie die Datei lesen, schreiben oder ausführen können. Geben Sie die Ergebnisse auf dem Bildschirm aus.
4. Schreiben Sie ein Script, das prüft, ob es Vormittag (06:00 Uhr bis 12:00 Uhr), Nachmittag (13:00 Uhr bis 18:00 Uhr), Abend (19:00 Uhr bis 22:00 Uhr) oder Nacht (23:00 Uhr bis 05:00 Uhr) ist. Aufgrund des Ergebnisses soll anschließend eine entsprechende Meldung ausgegeben werden.

Kapitel 5
Terminal-Ein- und -Ausgabe

Bisher haben wir die Ausgabe auf dem Bildschirm immer verwendet, ohne jemals näher darauf einzugehen. Zur perfekten Interaktion gehört neben der Bildschirmausgabe aber auch die Benutzereingabe. In diesem Kapitel werden Sie alles Nötige zur Ein- und Ausgabe erfahren. Außerdem werden wir den Begriff »Terminal« genauer erläutern.

5.1 Von Terminals zu Pseudo-Terminals

Obwohl in der Praxis heute eigentlich keine echten Terminals mehr verwendet werden, ist von ihnen immer noch die Rede. Terminals selbst sahen in der Regel wie gewöhnliche Desktop-Computer aus, meist mit einem schwarz-weißen (bzw. schwarz-grünen) Bildschirm, obwohl für ein Terminal nicht zwangsläufig ein Monitor genutzt werden musste. Solche Terminals waren über eine Leitung direkt mit einem UNIX-Rechner verbunden – also sind (bzw. waren) Terminals niemals Bestandteil des Betriebssystems selbst. Ein Betriebssystem lief auch ohne Terminal weiter (ähnlich wie Ihr System auch ohne eine Internetverbindung läuft). Wenn ein solches Terminal eingeschaltet wurde, wartete schon ein Prozess namens `getty` (*Get Terminal*) »horchend« darauf und öffnete eine neue Session (Sitzung). Wir haben bereits erwähnt, dass eine Session nichts anderes ist als die Zeit, ab der sich ein Benutzer mit einer Login-Shell eingeloggt hat, und die endet, wenn der Benutzer sich wieder vom System verabschiedet.

Heute werden kaum noch echte Terminals (im eigentlichen Sinne) eingesetzt, sondern vorzugsweise Terminal-Emulationen. Terminal-Emulationen wiederum sind Programme, die vorgeben, ein Terminal zu sein.

Unter den meisten Linux/UNIX-Systemen stehen Ihnen mehrere »virtuelle« Terminals zur Verfügung, die Sie mit den Tastenkombinationen [Strg]+[Alt]+[F1] bis meistens [Strg]+[Alt]+[F7] erreichen können. Wenn Ihr System hochgefahren wird, bekommen Sie in der Regel als erstes Terminal [Strg]+[Alt]+[F1] zu Gesicht. Arbeiten Sie ohne grafische Oberfläche, zum Beispiel auf einem Server, so ist dies gewöhnlich auch Ihre Login-Shell. Bei einer grafischen Oberfläche wird zumeist ein anderes Terminal (unter Linux beispielsweise [Strg]+[Alt]+[F7]) benutzt.

Virtuelle Terminals bei Linux-Distributionen

Nicht alle Linux-Distributionen stellen alle »virtuellen« Terminals zur Verfügung. Es kann daher sein, dass Sie nur mit einer der Tastenkombinationen [Strg]+[Alt]+[F3] bis [Strg]+[Alt]+[F6] eine »echte« Login-Shell bekommen.

Virtuelles Terminal bei macOS

Unter macOS gibt es kein »virtuelles« Terminal. Allerdings verwendet macOS standardmäßig eine »echte« Login-Shell. Wenn Sie macOS rein mit der Konsole steuern wollen, müssen Sie SSH dafür verwenden, und auf dem Rechner muss ein SSH-Daemon installiert sein.

Auf jeder dieser Textkonsolen ([Strg]+[Alt]+[F1] bis [Strg]+[Alt]+[Fn]) »horchen« die getty-Prozesse, bis sich ein Benutzer einloggt, so zum Beispiel:

```
you@host > ps -e | grep getty
 3092 tty1     00:00:00 getty
 3093 tty2     00:00:00 getty
 3095 tty4     00:00:00 getty
 3096 tty5     00:00:00 getty
 3097 tty6     00:00:00 getty
```

Unter Linux werden Sie hierbei statt getty vermutlich den Namen agetty vorfinden. Im Beispiel fällt außerdem auf, dass die Textkonsolen tty0 und tty3 fehlen. Dies kann nur bedeuten, dass sich hier jemand eingeloggt hat:

```
you@host > who | grep tty3
tot      tty3        Mar  1 23:28
```

Sobald der User tot seine Session wieder beendet, wird ein neuer getty-Prozess gestartet, der horchend darauf wartet, dass sich erneut jemand in der Textkonsole tty3 einloggt.

Die Textfenster grafischer Oberflächen werden als *Pseudo-Terminals* bezeichnet (abgekürzt »pts« oder auch »ttyp« – das ist betriebssystemspezifisch). Im Gegensatz zu einer Terminal-Emulation verläuft die Geräteeinstellung zu den Pseudo-Terminals dynamisch. Das bedeutet: Ein Pseudo-Terminal existiert nur dann, wenn eine Verbindung besteht. In welchem Pseudo-Terminal Sie sich gerade befinden, sofern Sie unter einer grafischen Oberfläche eine Konsole geöffnet haben, können Sie mit dem Kommando tty ermitteln:

```
[ --- unter Linux --- ]
you@host > tty
/dev/pts/40
```

```
[ --- unter FreeBSD --- ]
you@host > tty
/dev/ttyp1
[ --- unter macOS--- ]
you@host > tty
/dev/ttys000
```

Der Name eines solchen Pseudo-Terminals ist eine Zahl im Verzeichnis */dev/pts*. Die Namensvergabe beginnt gewöhnlich bei 0 und wird automatisch erhöht. Einen Überblick darüber, welche Pseudo-Terminals gerade für welche User bereitgestellt werden, finden Sie im entsprechenden Verzeichnis:

```
you@host > ls -l /dev/pts
insgesamt 0
crw--w----  1 tot tty 136, 37 2010-03-01 22:46 37
crw-------  1 tot tty 136, 38 2010-03-01 22:46 38
crw-------  1 tot tty 136, 39 2010-03-01 22:46 39
crw-------  1 you tty 136, 40 2010-03-02 00:35 40
```

Hier finden Sie insgesamt vier Pseudo-Terminal-Einträge: drei für den User tot und einen für you.

Das Gleiche finden Sie auch unter BSD-UNIX (und recht ähnlich bei macOS) mit:

```
you@host > ls -l /dev/ttyp*
crw-rw-rw-  1 root    wheel    5,   0 22 Mär 21:54 /dev/ttyp0
crw--w----  1 martin  tty      5,   1 13 Mai 08:58 /dev/ttyp1
crw--w----  1 martin  tty      5,   2 13 Mai 07:43 /dev/ttyp2
crw--w----  1 martin  tty      5,   3 13 Mai 08:48 /dev/ttyp3
crw-rw-rw-  1 root    wheel    5,   4 13 Mai 08:48 /dev/ttyp4
crw-rw-rw-  1 root    wheel    5,   5 12 Mai 16:31 /dev/ttyp5
crw-rw-rw-  1 root    wheel    5,   6 12 Mai 23:01 /dev/ttyp6
crw-rw-rw-  1 root    wheel    5,   7 12 Mai 14:37 /dev/ttyp7
crw-rw-rw-  1 root    wheel    5,   8 12 Mai 14:22 /dev/ttyp8
crw-rw-rw-  1 root    wheel    5,   9 12 Mai 14:26 /dev/ttyp9
crw-rw-rw-  1 root    wheel    5,  10 12 Mai 17:20 /dev/ttypa
crw-rw-rw-  1 root    wheel    5,  11 23 Apr 11:23 /dev/ttypb
...
```

Hier gibt es nur den Unterschied, dass bei der Namensvergabe der Wert nach 9 (ttyp9) nicht mehr um 1 inkrementiert wird, sondern dass mit dem ersten Buchstaben des Alphabets fortgefahren wird.

Pseudo-Terminals können neben den normalen Terminalverbindungen auch im Netzwerk (TCP/IP) eingesetzt werden. Dies ist möglich, weil der X-Server für grafische Anwendungen auch über ein Netzwerkprotokoll verfügt und damit verbunden ist.

5.1.1 Terminalprogramme

Wenn Sie nicht gerade auf einem Server ohne grafische Oberfläche arbeiten, werden Sie wahrscheinlich ein Pseudo-Terminal eines Terminalprogramms nutzen. Es gibt auf den verschiedenen Betriebssystemen unzählige Programme dazu. In den meisten Linux-Distributionen ist ein Standardterminalprogramm bereits installiert, das mit der Tastenkombination `Strg`+`Alt`+`T` gestartet werden kann. Diese bieten die Möglichkeit, die Fenstergröße und die Position des Terminals beliebig anzupassen. Außerdem können die Maus sowie die Zwischenablage (Copy-and-paste) genutzt werden.

Die beliebten Desktops KDE und Gnome bringen ihre eigenen Terminals mit, nämlich das *Gnome-Terminal* und die *Konsole*. Zusätzlich gibt es eine Fülle guter, moderner Terminals wie beispielsweise *Sakura*, *Terminator*, *Kitty* und *Alacritty*. Unter macOS wird gerne *iTerm2* genutzt, und schließlich hat auch Microsoft nachgezogen und mit dem neuen *Windows Terminal* (endlich) eine zeitgemäße Alternative für die alte *cmd.exe* geschaffen. Das neue Windows Terminal war im Frühjahr 2022 nur als Preview verfügbar, die jedoch schon die meisten komfortablen Funktionen mitbringt, die Linuxer von ihren Terminals bereits kennen. Wenn Sie über das *Windows Subsystem for Linux* einen Linux-Kernel auf Ihrem Windows-System installiert haben, können Sie so sehr einfach eine Linux-Shell starten.

5.2 Ausgabe

Auf den folgenden Seiten gehen wir etwas umfangreicher auf die Ausgabefunktionen ein, von denen Sie bei Ihren Scripts noch regen Gebrauch machen werden.

5.2.1 Der echo-Befehl

Den `echo`-Befehl haben Sie bisher sehr häufig eingesetzt, und im Prinzip gibt es auch nicht mehr allzu viel zu ihm zu sagen. Allerdings ist der `echo`-Befehl unter den verschiedenen Shells inkompatibel. Die Syntax zu `echo` ist:

```
echo [-option] argument1 argument2 ... argument_n
```

Die Argumente, die Sie `echo` übergeben, müssen durch mindestens ein Leerzeichen getrennt werden. Bei der Ausgabe auf dem Bildschirm verwendet `echo` dann ebenfalls ein Leerzeichen als Trennung zwischen den Argumenten. Abgeschlossen wird eine Ausgabe von echo mit einem Newline-Zeichen. Wollen Sie das Newline-Zeichen ignorieren, können Sie die Option -n zum Unterdrücken verwenden:

```
# Demonstriert den echo-Befehl
# aecho1

echo -n "Hier wird das Newline-Zeichen unterdrückt"
echo ":TEST"
```

Das Script bei der Ausführung:

```
you@host > ./aecho1
Hier wird das Newline-Zeichen unterdrückt:TEST
```

So weit ist dies in Ordnung, nur dass eben die »echte« Bourne-Shell überhaupt keine Optionen für echo kennt. Das stellt aber kein Problem dar, denn Sie können hierfür die Escape-Sequenz \c verwenden. \c unterdrückt ebenfalls das abschließende Newline-Zeichen. Hier sehen Sie dasselbe Script nochmals:

```
# Demonstriert den echo-Befehl
# aecho2

echo "Hier wird das Newline-Zeichen unterdrückt\c"
echo ":TEST"
```

In der Z- und der Korn-Shell scheint die Welt jetzt in Ordnung zu sein, nur die Bash gibt hier Folgendes aus:

```
you@host > ./aecho2
Hier wird das Newline-Zeichen unterdrückt\c
:TEST
```

Die Bash scheint die Escape-Sequenz nicht zu verstehen. Damit dies trotzdem funktioniert, müssen Sie die Option -e verwenden:

```
# Demonstriert den echo-Befehl
# aecho3

echo -e "Hier wird das Newline-Zeichen unterdrückt\c"
echo ":TEST"
```

Es ist also nicht möglich, auf diesem Weg ein portables echo für alle Shells zu verwenden. Folgende Regeln müssen Sie beachten:

- Die Z-Shell und die Korn-Shell kennen die Optionen -e und -n und verstehen auch die Escape-Sequenzen. Beachten Sie aber, dass nur neuere Versionen der Korn-Shell die Optionen -e und -n kennen.
- Die Bash kennt die Optionen -e und -n, versteht aber die Escape-Sequenzen nur dann, wenn echo mit der Option -e verwendet wird.

Steuerzeichen und Escape-Sequenzen

Sie kennen den Vorgang, dass nach dem Drücken einer Taste das Zeichen an der Position des Cursors bzw. »Prompts« ausgegeben wird. Das Terminal bzw. die Terminal-Emulation setzt den Cursor dann automatisch um eine Position weiter. Anders verhält sich das Ganze aber beispielsweise bei einem Zeilenwechsel oder einem Tabulatorenschritt. Solche Zeichen sind ja nicht direkt auf dem Bildschirm sichtbar, sondern steuern die Ausgabe, weshalb hier auch der Name »Steuerzeichen« einleuchtet. Im ASCII-Zeichencode sind diese Steuerzeichen mit den Codewerten 0 bis 31 reserviert (siehe Tabelle 5.1).

Dez	Hex	Kürzel	ASCII	Bedeutung
0	0	NUL	^@	keine Verbindung
1	1	SOH	^A	Anfang Kopfdaten
2	2	STX	^B	Textanfang
3	3	ETX	^C	Textende
4	4	EOT	^D	Ende der Übertragung
5	5	ENQ	^E	Aufforderung
6	6	ACK	^F	erfolgreiche Antwort
7	7	BEL	^G	Signalton (Beep)
8	8	BS	^H	Rückschritt (Backspace)
9	9	HT	^I	Tabulatorenschritt (horizontal)
10	A	NL	^J	Zeilenvorschub (Newline)
11	B	VT	^K	Tabulatorenschritt (vertikal)
12	C	NP	^L	Seitenvorschub (NewPage)
13	D	CR	^M	Wagenrücklauf

Tabelle 5.1 Steuerzeichen im ASCII-Zeichencode

Dez	Hex	Kürzel	ASCII	Bedeutung
14	E	SO	^N	Dauerumschaltung
15	F	SI	^O	Rückschaltung
16	10	DLE	^P	Umschaltung der Verbindung
17	11	DC1	^Q	Steuerzeichen 1 des Geräts
18	12	DC2	^R	Steuerzeichen 2 des Geräts
19	13	DC3	^S	Steuerzeichen 3 des Geräts
20	14	DC4	^T	Steuerzeichen 4 des Geräts
21	15	NAK	^U	erfolglose Antwort
22	16	SYN	^V	Synchronmodus
23	17	ETB	^W	Blockende
24	18	CAN	^X	Zeichen für »ungültig«
25	19	EM	^Y	Mediumende
26	1A	SUB	^Z	Ersetzung
27	1B	ESCAPE	ESC	Umschaltung
28	1C	FS	^\	Dateitrennzeichen
29	1D	GS	^]	Gruppentrennzeichen
30	1E	RS	^~	Satztrennzeichen
31	1F	US	^/	Worttrennzeichen

Tabelle 5.1 Steuerzeichen im ASCII-Zeichencode (Forts.)

Welches Steuerzeichen hier jetzt auch wirklich die angegebene Wirkung zeigt, hängt stark vom Terminaltyp (`TERM`) und der aktuellen Systemkonfiguration ab. Wenn Sie im Text ein Steuerzeichen verwenden wollen, so ist dies mit [↵] und der [⇆]-Taste kein Problem, weil hierfür ja Tasten vorhanden sind. Andere Steuerzeichen hingegen werden mit einer Tastenkombination aus [Strg] + *Buchstabe* ausgelöst. So könnten Sie statt mit [↵] auch mit der Tastenkombination [Strg]+[J] einen Zeilenvorschub auslösen. Andererseits lösen Sie mit der Tastenkombination [Strg]+[C] das Signal `SIGINT` aus, mit dem Sie z. B. einen Schreibprozess abbrechen würden.

Zum Glück unterstützen Kommandos wie unter anderem `echo` die Umschreibung solcher Steuerzeichen durch Escape-Sequenzen (was übrigens nichts mit dem Zeichen

Esc zu tun hat). Eine Escape-Sequenz besteht aus zwei Zeichen, von denen das erste Zeichen immer mit einem Backslash beginnt (siehe Tabelle 5.2).

Escape-Sequenz	**Bedeutung**
\a	Alarmton (Beep)
\b	Backspace; ein Zeichen zurück
\c	continue; das Newline-Zeichen unterdrücken
\f	Form Feed; einige Zeilen weiterspringen
\n	Newline; Zeilenumbruch
\r	return; zurück zum Anfang der Zeile
\t	Tabulator (horizontal)
\u	Unicode ausgeben
\v	Tabulator (vertikal); meistens eine Zeile vorwärts
\	Backslash-Zeichen ausgeben
\\0nnn	ASCII-Zeichen in oktaler Form (nur zsh und ksh); Beispiel: Aus \\0102 wird B (dezimal 66).
\nnn	ASCII-Zeichen in oktaler Form (nur Bash); Beispiel: Aus \102 wird B (dezimal 66).

Tabelle 5.2 Escape-Sequenzen

Escape-Sequenzen mit »echo«

Wie bereits erwähnt wurde, beachtet die Bash diese Escape-Sequenzen mit echo nur, wenn Sie die Option -e mit angeben.

Ein weiteres Beispiel zu den Escape-Sequenzen ist:

```
# Demonstriert den echo-Befehl
# aecho4

echo "Mehrere Newline-Zeichen\n\n\n"
echo "Tab1\tTab2\tEnde"
echo "bach\bk"
# Alternativ für die bash mit Option -e
```

```
# echo -e "Mehrere Newline-Zeichen\n\n"
# echo -e "Tab1\tTab2\tEnde"
# echo -e "bach\bk"
```

Das Script bei der Ausführung:

```
you@host > ./aecho4
Mehrere Newline-Zeichen


Tab1    Tab2    Ende
zurück
```


Zeichenkettenerweiterung in geschweiften Klammern

Mit der Bash-Version 4 können Sie Zeichen und Zahlen automatisch erweitern. So müssen Sie nicht mehr ganze Zahlenketten eingeben, sondern Sie definieren den Anfang und das Ende einer Zahlenreihe und die Schrittweite. Den Rest erledigt die Shell für Sie. Im folgenden Listing sehen Sie ein Beispiel:

```
you@host > echo {40..60..2}
40 42 44 46 48 50 52 54 56 58 60
```

Hier werden alle geraden Zahlen zwischen 40 und 60 ausgegeben. Das Erweitern der Klammern funktioniert auch mit Buchstaben, wie das nächste Beispiel zeigt:

```
you@host > echo {a..k}
a b c d e f g h i j k
```

Hier werden alle kleinen Buchstaben von a bis k ausgegeben. So können Sie zum Beispiel eine Zählschleife bilden. Das folgende Script zeigt ein Beispiel dazu:

```
#!/bin/bash

for i in $(echo {1..10..1})
do
   echo $i
done

for j in $(echo {A..z})
do
   echo -n $j
done
echo
```

Bei den Buchstaben sehen Sie, dass Sie beliebige Bereiche des ASCII-Zeichensatzes angeben können.

Auch führende Nullen können Sie bei der Ausgabe mit angeben. Im folgenden Listing sehen Sie ein Beispiel dazu:

```
you@host:~$ echo {0000..40..5}
0000 0005 0010 0015 0020 0025 0030 0035 0040
```

5.2.2 print (Korn-Shell und Z-Shell)

Die Korn-Shell bietet mit print (nicht zu verwechseln mit printf) eine fast gleiche Funktion wie echo, allerdings bietet print einige Optionen mehr an. Tabelle 5.3 enthält die Optionen zur Funktion print in der Korn-Shell und der Z-Shell.

Option	Bedeutung
n	Newline unterdrücken.
r	Escape-Sequenzen ignorieren.
u n	Die Ausgabe von print erfolgt auf den Filedescriptor *n*.
p	Die Ausgabe von print erfolgt auf den Co-Prozess.
-	Argumente, die mit - beginnen, werden nicht als Option behandelt.
R	Wie -, mit Ausnahme der Angabe von -n.

Tabelle 5.3 Optionen für den »print«-Befehl (Korn-Shell und Z-Shell)

5.2.3 Der Befehl printf

Falls Sie schon einmal mit der C-Programmierung in Kontakt gekommen sind, haben Sie bereits mehr als einmal mit dem printf-Befehl zur formatierten Ausgabe zu tun gehabt. Allerdings ist dieses printf im Gegensatz zum printf der C-Bibliothek ein echtes Programm und unabhängig von der Shell (also kein Builtin-Kommando). Die Syntax lautet:

```
printf format argument1 argument2 ... argument_n
```

format ist hierbei der Formatstring, der beschreibt, wie die Ausgaben der Argumente argument1 bis argument_n zu formatieren sind. Somit ist der Formatstring im Endeffekt eine Schablone für die Ausgabe, die vorgibt, wie die restlichen Parameter (argument1 bis argument_n) ausgegeben werden sollen. Befindet sich im Formatstring ein bestimmtes Zeichenmuster (beispielsweise %s für eine Zeichenkette [s = String]), wird dies durch das erste Argument (argument1) von printf ersetzt und formatiert ausgegeben. Befindet sich ein zweites Zeichenmuster im Formatstring, wird dies durch das zweite Argument (argument2) hinter dem Formatstring von printf ersetzt usw. Werden mehr Zeichenmuster im Formatstring angegeben, als Argumente vorhanden sind, werden die restlichen Zeichenketten mit " " formatiert.

Ein Zeichenmuster wird durch das Zeichen % eingeleitet und mit einem weiteren Buchstaben abgeschlossen. Mit dem Zeichenmuster %s geben Sie etwa an, dass hier eine Zeichenkette mit beliebiger Länge ausgegeben wird. Welche Zeichenmuster es gibt und wie diese aussehen, können Sie Tabelle 5.4 entnehmen.

Zeichenmuster	Typ	Beschreibung
%c	Zeichen	Gibt ein Zeichen entsprechend dem Parameter aus.
%s	Zeichenkette	Gibt eine Zeichenkette beliebiger Länge aus.
%d oder %i	Ganzzahl	Gibt eine Ganzzahl mit Vorzeichen aus.
%u	Ganzzahl	Gibt eine positive Ganzzahl aus. Negative Werte werden dann in der positiven CPU-Darstellung ausgegeben.
%f	Reelle Zahl	Gibt eine Gleitpunktzahl aus.
%e oder %E	Reelle Zahl	Gibt eine Gleitpunktzahl in der Exponentialschreibweise aus.
%x oder %X	Ganzzahl	Gibt eine Ganzzahl in hexadezimaler Form aus.
%g oder %G	Reelle Zahl	Ist der Exponent kleiner als –4, wird das Format %e verwendet, ansonsten %f.
%%	Prozentzeichen	Gibt das Prozentzeichen aus.

Tabelle 5.4 Zeichenmuster für »printf« und deren Bedeutung

Hier sehen Sie ein einfaches Beispiel dafür, wie Sie eine Textdatei mit dem Format

```
you@host > cat bestellung.txt
J.Wolf::10::Socken
P.Weiss::5::T-Shirts
U.Hahn::3::Hosen
Z.Walter::6::Handschuhe
```

in lesbarer Form formatiert ausgeben lassen können:

```
# Demonstriert den printf-Befehl
# aprintf1
```

```
FILE=bestellung.txt
TRENNER=::
for data in `cat $FILE`
do
   kunde=`echo $data | tr $TRENNER ' '`
   set $kunde
   printf "Kunde: %-10s Anzahl: %-5d Gegenstand: %15s\n" $1 $2 $3
done
```

Das Script liest zunächst zeilenweise den Inhalt mit `cat` aus der Textdatei *bestellung.txt* ein. Nach `do` werden die Trennzeichen `::` durch ein Leerzeichen ersetzt und mit `set` auf die einzelnen Positionsparameter `$1`, `$2` und `$3` verteilt. Diese Positionsparameter werden anschließend mit `printf` als Argument für die Zeichenmuster verwendet. Hier sehen Sie das Script bei der Ausführung:

```
you@host > ./aprintf1
Kunde: J.Wolf     Anzahl: 10    Gegenstand:          Socken
Kunde: P.Weiss    Anzahl: 5     Gegenstand:        T-Shirts
Kunde: U.Hahn     Anzahl: 3     Gegenstand:           Hosen
Kunde: Z.Walter   Anzahl: 6     Gegenstand:      Handschuhe
```

Wie Sie im Beispiel außerdem sehen, können hierbei auch die Escape-Sequenzen wie `\n` usw. im Formatstring verwendet werden. Ein Vorteil ist es zugleich, dass Sie in der Bash die Escape-Zeichen ohne eine Option wie `-e` bei `echo` anwenden können.

Im Beispiel wurde beim Formatstring das Zeichenmuster mit einer erweiterten Angabe formatiert. So können Sie zum Beispiel durch eine Zahlenangabe zwischen `%` und dem Buchstaben für das Format die minimale Breite der Ausgabe bestimmen. Besitzt ein Argument weniger Zeichen, als Sie mit der minimalen Breite vorgegeben haben, so werden die restlichen Zeichen mit einem Leerzeichen aufgefüllt.

Auf welcher Seite hier mit Leerzeichen aufgefüllt wird, hängt davon ab, ob sich vor der Ganzzahl noch ein Minuszeichen befindet. Setzen Sie nämlich noch ein Minuszeichen vor die Breitenangabe, wird die Ausgabe linksbündig justiert.

Hier können Sie die Feldbreite noch näher spezifizieren, indem Sie einen Punkt hinter der Feldbreite verwenden, gefolgt von einer weiteren Ganzzahl. Dann können Sie die Feldbreite von der Genauigkeit trennen (siehe das anschließende Beispiel). Bei einer Zeichenkette definieren Sie dabei die Anzahl von Zeichen, die maximal ausgegeben werden. Bei einer Fließkommazahl wird hiermit die Anzahl der Ziffern nach dem Komma definiert und bei Ganzzahlen die minimale Anzahl von Ziffern, die ausgegeben werden sollen – wobei Sie niemals eine Ganzzahl wie etwa 1234 durch `%.2d` auf zwei Ziffern kürzen können. Verwenden Sie hingegen eine größere Ziffer, als die Ganzzahl Stellen erhält, werden die restlichen Ziffern mit Nullen aufgefüllt. Hier folgt ein Script, das die erweiterten Formatierungsmöglichkeiten demonstrieren soll:

```
# Demonstriert den printf-Befehl
# aprintf2

text=Kopfstand
a=3
b=12345

printf "|01234567890123456789|\n"
printf "|%s|\n" $text
printf "|%20s|\n" $text
printf "|%-20s|\n" $text
printf "|%20.4s|\n" $text
printf "|%-20.4s|\n\n" $text

printf "Fließkommazahl: %f\n" $a
printf "gekürzt       : %.2f\n" $a
printf "Ganzzahl      : %d\n" $b
printf "gekürzt       : %.2d\n"; $b
printf "erweitert     : %.8d\n" $b
```

Das Script bei der Ausführung:

```
you@host > ./aprintf2
|01234567890123456789|
|Kopfstand|
|           Kopfstand|
|Kopfstand           |
|                Kopf|
|Kopf                |

Fließkommazahl: 3,000000
gekürzt       : 3,00
Ganzzahl      : 12345
gekürzt       : 12345
erweitert     : 00012345
```

5.2.4 Der Befehl tput – Terminalsteuerung

Häufig will man neben der gewöhnlichen Ausgabe auch das Terminal oder den Bildschirm steuern: etwa den Bildschirm löschen, Farben verwenden oder die Höhe und Breite des Bildschirms ermitteln. Dies und noch vieles mehr können Sie mit `tput` realisieren. `tput` ist übrigens auch ein eigenständiges Programm (kein Builtin) und somit unabhängig von der Shell. Zum Glück kennt `tput` die Terminalbibliothek `terminfo` (früher auch */etc/termcap*), in der viele Attribute zur Steuerung des Terminals abgelegt sind. Dort finden Sie eine Menge Funktionen, von denen Sie hier nur die nötigsten kennenlernen. Einen umfassenderen Einblick können Sie über die entsprechende Manualpage von `terminfo` gewinnen.

Wie sieht ein solcher Eintrag in `terminfo` aus? Verwenden wir doch als einfachstes Beispiel `clear`, womit Sie den Bildschirm des Terminals löschen können:

```
you@host > tput clear | tr '\\033' 'X' ; echo
X[HX[2J
```

Hier erhalten Sie die Ausgabe der Ausführung von `clear` im Klartext. Allerdings muss das Escape-Zeichen (`\\033`) durch ein »X« oder Ähnliches ausgetauscht werden, weil ein Escape-Zeichen nicht darstellbar ist. Somit lautet der Befehl zum Löschen des Bildschirms hier:

```
\\033[H\\033[2J
```

Mit folgender Eingabe könnten Sie den Bildschirm löschen:

```
you@host > echo '\\033[H\\033[2J'
```

oder in der Bash:

```
you@host > echo -en '\\033[H\\033[2J'
```

Allerdings gilt dieses Beispiel nur, wenn `echo $TERM` den Wert `xterm` zurückgibt. Es gibt nämlich noch eine Reihe weiterer Terminaltypen, weshalb Sie mit dieser Methode wohl nicht sehr weit kommen werden – und dies ist auch gar nicht erforderlich, da es hierfür ja die Bibliothek `terminfo` mit der Funktion `tput` gibt. Die Syntax von `tput` lautet:

```
tput Terminaleigenschaft
```

Wenn Sie sich die Mühe machen, die Manualpage von `terminfo` durchzublättern, so finden Sie neben den Informationen zum Verändern von Textattributen und einigen steuernden Terminaleigenschaften auch Kürzel, mit denen Sie Informationen zum aktuellen Terminal abfragen können (siehe Tabelle 5.5).

Kürzel	Bedeutung
`cols`	aktuelle Anzahl der Spalten
`lines`	aktuelle Anzahl der Zeilen

Tabelle 5.5 Informationen zum laufenden Terminal

Kürzel	Bedeutung
colors	aktuelle Anzahl der Farben, die das Terminal unterstützt
pairs	aktuelle Anzahl der Farbenpaare (Schriftfarbe und Hintergrund), die dem Terminal zur Verfügung stehen

Tabelle 5.5 Informationen zum laufenden Terminal (Forts.)

Diese Informationen lassen sich in einem Script folgendermaßen ermitteln:

```
# Demonstriert den tput-Befehl
# tput1

spalten=`tput cols`
zeilen=`tput lines`
farben=`tput colors`
paare=`tput pairs`

echo "Der Typ des Terminals $TERM hat im Augenblick"
echo " + $spalten Spalten und $zeilen Zeilen"
echo " + $farben Farben und $paare Farbenpaare"
```

Das Script bei der Ausführung:

```
you@host > ./tput1
Der Typ des Terminals xterm hat im Augenblick
 + 80 Spalten und 29 Zeilen
 + 8 Farben und 64 Farbenpaare
```

Zum Verändern der Textattribute finden Sie in tput ebenfalls einen guten Partner. Ob hervorgehoben, invers oder unterstrichen, auch dies ist mit der Bibliothek terminfo möglich. Tabelle 5.6 nennt hierzu einige Kürzel und deren Bedeutung.

Kürzel	Bedeutung
bold	etwas hervorgehobenere (fette) Schrift
boldoff	Fettschrift abschalten
blink	Text blinken lassen
rev	inverse Schrift verwenden
smul	Text unterstreichen

Tabelle 5.6 Verändern von Textattributen

Kürzel	Bedeutung
rmul	Unterstreichen abschalten
sgr0	alle Attribute wiederherstellen (also normale Standardeinstellung)

Tabelle 5.6 Verändern von Textattributen (Forts.)

Auch zu den Textattributen soll ein Shellscript geschrieben werden:

```
# Demonstriert den tput-Befehl
# tput2

fett=`tput bold`
invers=`tput rev`
unterstrich=`tput smul`
reset=`tput sgr0`

echo "Text wird ${fett}Hervorgehoben${reset}"
echo "Oder gerne auch ${invers}Invers${reset}"
echo "Natürlich auch mit ${unterstrich}Unterstrich${reset}"
```

Das Script bei der Ausführung sehen Sie in Abbildung 5.1.

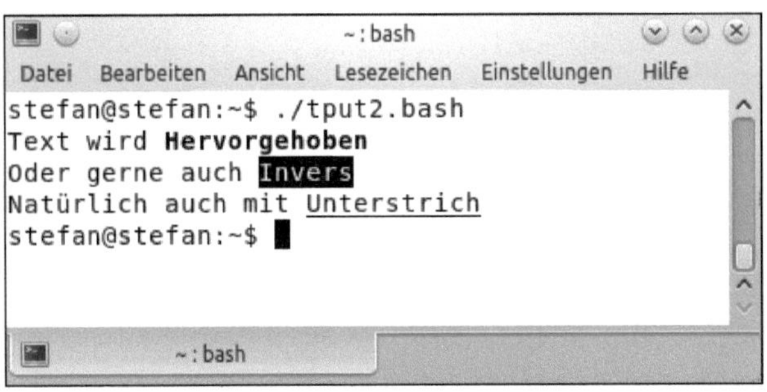

Abbildung 5.1 Ein Script mit veränderten Textattributen

Wenn `tput colors` Ihnen mehr als den Wert 1 zurückgibt, können Sie auch auf Farben zurückgreifen. Meistens handelt es sich dabei um acht Farben. Je acht Farben für den Hintergrund und acht für den Vordergrund ergeben zusammen 64 mögliche Farbenpaare, die Sie mit

```
# Vordergrundfarbe setzen
tput setf Nummer

# Hintergrundfarbe setzen
tput setb Nummer
```

aktivieren können. Für `Nummer` können Sie einen Wert zwischen 0 und 7 verwenden, wobei die einzelnen Nummern gewöhnlich den in Tabelle 5.7 aufgelisteten Farben entsprechen.

Nummer	Farbe
0	Schwarz
1	Blau
2	Grün
3	Gelb
4	Rot
5	Lila
6	Cyan
7	Grau

Tabelle 5.7 Farbwerte für den Vorder- und Hintergrund

In der Praxis können Sie die Farben zum Beispiel dann so einsetzen:

```
# Demonstriert den tput-Befehl
# tput3

Vgruen=`tput setf 2`
Vblau=`tput setf 1`
Hschwarz=`tput setb 0`
Hgrau=`tput setb 7`
reset=`tput sgr0`

# Farbenpaar Schwarz-Grün erstellen
Pschwarzgruen=`echo ${Vgruen}${Hschwarz}`

echo  $Pschwarzgruen
echo "Ein klassischer Fall von Schwarz-Grün"
echo  ${Vblau}${Hgrau}
echo "Ein ungewöhnliches Blau-Grau"
# Alles wieder rückgängig machen
echo $reset
```

Natürlich finden Sie in der Bibliothek `terminfo` auch steuernde Terminaleigenschaften, nach denen häufig bevorzugt gefragt wird. Mit steuernden Eigenschaften sind hier Kürzel in `terminfo` gemeint, mit denen Sie die Textausgabe auf verschiedensten Positionen des Bildschirms erreichen können.

Kürzel	Bedeutung
`home`	Cursor auf die linke obere Ecke des Bildschirms setzen
`cup n m`	Cursor auf die *n*-te Zeile in der *m*-ten Spalte setzen
`dl1`	aktuelle Zeile löschen
`il1`	Zeile an aktueller Position einfügen
`dch1`	ein Zeichen in der aktuellen Position löschen
`clear`	Bildschirm löschen

Tabelle 5.8 Steuernde Terminaleigenschaften

Zu guter Letzt folgt noch ein Shellscript, das Ihnen diese Funktionen zum Steuern des Terminals demonstrieren soll:

```
# Demonstriert den tput-Befehl
# tput4

Dline=`tput dl1`      # Zeile löschen
Iline=`tput il1`      # Zeile einfügen
Dscreen=`tput clear` # Bildschirm löschen

# Bildschirm löschen
echo $Dscreen

tput cup 9 10
echo "-----------------------------"
tput cup 10 10
printf "|%28s|" ""
tput cup 11 10
printf "|%5s Ein Teststring %7s|" " " " "
tput cup 12 10
printf "|%28s|" ""
tput cup 13 10
echo "-----------------------------"

# Kurze Pause
sleep 2
```

```
tput cup 11 10
# Zeile löschen
echo $Dline

sleep 2

tput cup 11 10

printf "${Iline}|%7s neuer String %7s|" " " " "

sleep 2
echo $Dscree
```


> **Funktionen von »terminfo«**
>
> Dieser Abschnitt bietet natürlich nur einen kurzen Einblick in die Funktionen von terminfo. Die Funktionsvielfalt (bei einem Blick auf die Manualpage) ist erschlagend, dennoch werden Sie in der Praxis das meiste nicht benötigen, und für den Hausgebrauch sind Sie hier schon recht gut gerüstet.

5.3 Eingabe

Neben der Ausgabe werden Sie relativ häufig auch die Benutzereingaben benötigen, um ein Script entsprechend zu steuern. Darauf soll jetzt näher eingegangen werden.

5.3.1 Der Befehl read

Mit dem Befehl read können Sie die (Standard-)Eingabe von der Tastatur lesen und in einer Variablen abspeichern. Selbstverständlich wird bei einem Aufruf von read die Programmausführung angehalten, bis die Eingabe erfolgt ist und mit [↵] betätigt wurde. Die Syntax für read sieht so aus:

```
# Eingabe von Tastatur befindet sich in der variable
read variable
```

Beispielsweise:

```
you@host > read myname
Jürgen
you@host > echo $myname
Jürgen
you@host > read myname
```

```
Jürgen Wolf
you@host > echo $myname
Jürgen Wolf
```

Hier sehen Sie auch gleich, dass read die komplette Eingabe bis zum [↵] einliest, also inklusive Leerzeichen (Tab-Zeichen werden durch ein Leerzeichen ersetzt). Wollen Sie aber anstatt wie hier (Vorname, Nachname) die beiden Angaben in einer separaten Variablen speichern, müssen Sie read folgendermaßen verwenden:

```
read variable1 variable2 ... variable_n
```

read liest hierbei für Sie die Zeile ein und trennt die einzelnen Wörter anhand des Trennzeichens in der Variablen IFS auf. Wenn mehr Wörter eingegeben wurden, als Variablen vorhanden sind, bekommt die letzte Variable den Rest einer Zeile zugewiesen, zum Beispiel:

```
you@host > read vorname nachname
Jürgen Wolf
you@host > echo $vorname
Jürgen
you@host > echo $nachname
Wolf
you@host > read vorname nachname
Jürgen Wolf und noch mehr Text
you@host > echo $vorname
Jürgen
you@host > echo $nachname
Wolf und noch mehr Text
```

Sie haben außerdem die Möglichkeit, read mit einer Option zu verwenden:

```
read -option variable
```

Hierzu stehen Ihnen sehr interessante Optionen zur Verfügung, die in Tabelle 5.9 aufgelistet sind.

Option	Bedeutung
-n anzahl	Hier muss die Eingabe nicht zwangsläufig mit [↵] abgeschlossen werden. Wenn die anzahl Zeichen erreicht wurde, wird auch ohne [↵] in die Variable geschrieben.
-s	(-s = silent) Hierbei ist die Eingabe am Bildschirm nicht sichtbar, wie dies etwa bei einer Passworteingabe der Fall ist.

Tabelle 5.9 Optionen für das Kommando »read«

Option	Bedeutung
-t sekunden	Hiermit können Sie ein Timeout für die Eingabe vorgeben. Wenn read binnen Anzahl sekunden keine Eingabe erhält, wird das Programm fortgesetzt. Der Rückgabewert bei einer Eingabe ist 0. Wurde innerhalb der vorgegebenen Zeit keine Eingabe vorgenommen, wird 1 zurückgegeben. Hierfür können Sie zur Überprüfung die Variable $? verwenden.
-N anzahl	Diese Option gibt es nur in der Bash-Version 4.x. Auch hier wird nur die vorgegebene Anzahl an Zeichen in eine Variable eingelesen.

Tabelle 5.9 Optionen für das Kommando »read« (Forts.)

Wenn Sie die folgenden Seiten lesen, werden Sie verblüfft sein, wie vielseitig das Kommando read wirklich ist. Für die Eingabe (nicht nur) von der Tastatur ist read somit fast das Nonplusultra.

5.3.2 (Zeilenweises) Lesen einer Datei mit read

Eine wirklich bemerkenswerte Funktion erfüllt read mit dem zeilenweisen Auslesen von Dateien, beispielsweise:

```
you@host > cat zitat.txt
Des Ruhmes Würdigkeit verliert an Wert,
wenn der Gepriesene selbst mit Lob sich ehrt.
you@host > read variable < zitat.txt
you@host > echo $variable
Des Ruhmes Würdigkeit verliert an Wert,
```

Damit hierbei allerdings auch wirklich alle Zeilen ausgelesen werden (Sie ahnen es schon), ist eine Schleife erforderlich. Trotzdem sieht die Verwendung von read garantiert anders aus, als Sie jetzt sicher vermuten:

```
while read var < datei
do
 ...
done
```

Würden Sie read auf diese Weise verwenden, wäre es wieder nur eine Zeile, die gelesen wird. Hier müssen Sie die Datei in das komplette while-Konstrukt umleiten:

```
while read var
do
 ...
done < datei
```

Ohne großen Aufwand können Sie so zeilenweise eine Datei einlesen:

```
# Demonstriert den Befehl read zum zeilenweisen Lesen einer Datei
# Name : areadline

if [ $# -lt 1 ]
then
   echo "usage: $0 datei_zum_lesen"
   exit 1
fi

# Argument $1 soll zeilenweise eingelesen werden
while read variable
do
   echo $variable
done < $1
```

Das Script bei der Ausführung:

```
you@host > ./areadline zitat.txt
Des Ruhmes Würdigkeit verliert an Wert,
wenn der Gepriesene selbst mit Lob sich ehrt.
```

Diese Methode wird sehr häufig verwendet, um aus größeren Dateien einzelne Einträge herauszufiltern. Des Weiteren ist sie eine tolle Möglichkeit, um die Variable IFS in Schleifen zu überlisten. Damit können Sie Schleifen nicht mehr einmal pro Wort, sondern einmal pro Zeile ausführen lassen. Es ist der Hack schlechthin, wenn Sie etwa Dateien verarbeiten wollen, deren Namen ein Leerzeichen enthalten.

Selbstverständlich kann der Inhalt einer Datei auch zeilenweise in ein Array geschrieben werden. Dazu erstellen Sie eine Datei mit dem folgenden Inhalt:

```
you@host:~$ cat tiere
hund
katze
maus
löwe
tiger
affe
```

Diese Datei dient im nächsten Beispiel als Eingabe.

Jetzt wird das folgende Script erstellt:

```
#!/bin/bash

DATEI="$1"
COUNT=0
while read line
do
   ZEILE[$COUNT]=$line
   let COUNT++
done < "$DATEI"
let COUNT--
for (( i=0 ; i<=$COUNT; i++))
do
   echo ${ZEILE[$i]}
done
```

In der ersten Schleife wird die Datei zeilenweise in ein Array eingelesen, und im zweiten Teil wird das Array wieder ausgegeben.

Für diese Art des Einlesens gibt es in der Bash 4.x eine einfachere Lösung, nämlich das Kommando `mapfile`:

```
#!/bin/bash

DATEI="$1"
mapfile -n 0 ZEILEN < "$DATEI"
for (( i=0 ; i<$(echo ${#ZEILEN[*]}); i++))
do
   echo $i ${ZEILEN[$i]}
done
```

Der Vorteil dieser Variante ist, dass selbst dann, wenn die letzte Zeile einer Datei nicht mit Return abgeschlossen wurde, die gesamte Datei inklusive der letzten Zeile eingelesen wird. Bei dem ersten Beispiel ginge die letzte Zeile verloren, da `read` zum Abschluss immer ein Return erwartet.

5.3.3 Zeilenweise mit einer Pipe aus einem Kommando lesen (read)

Wenn das Umlenkungszeichen (wie Sie im Abschnitt zuvor gesehen haben) in einer Schleife mit `read` funktioniert, um zeilenweise aus einer Datei zu lesen, sollte Gleiches auch mit einer Pipe vor einer Schleife und einem Kommando gelingen. Sie schieben so quasi die Standardausgabe eines Kommandos in die Standardeingabe der Schleife

– immer vorausgesetzt natürlich, dass hier read verwendet wird, das ja auch etwas von der Standardeingabe erwartet. Und auch hier funktioniert das Prinzip so lange, bis read keine Zeile mehr lesen kann und somit 1 zurückgibt, was gleichzeitig das Ende der Schleife bedeutet. Hier sehen Sie die Syntax eines solchen Konstrukts:

```
kommando | while read line
do
   # Variable line bearbeiten
done
```

Wenn wir beim Beispiel areadline aus dem vorigen Abschnitt bleiben, sieht das Script mit einer Pipe nun wie folgt aus:

```
# Demonstriert den Befehl read zum zeilenweisen Lesen einer Datei
# Name : areadline2

if [ $# -lt 1 ]
then
   echo "usage: $0 datei_zum_lesen"
   exit 1
fi

# Argument $1 soll zeilenweise eingelesen werden
cat $1 | while read variable
do
   echo $variable
done
```

Ausgeführt, macht das Beispiel dasselbe wie schon das Script areadline zuvor. Beachten Sie allerdings, dass nach jedem erneuten Schleifendurchlauf die Pipe geschlossen und die Variable somit verworfen wird.

5.3.4 Here-Dokumente (Inline-Eingabeumleitung)

Bisher sind wir noch nicht auf das Umleitungszeichen << eingegangen.

Sie kennen bereits das Umleitungszeichen <, mit dem Sie die Standardeingabe umlenken können. Das Umlenkungssymbol >> der Ausgabe hat die Ausgabedateien ans Ende einer Datei gehängt. Bei der Standardeingabe macht so etwas keinen Sinn. Mit einfachen Worten ist es kompliziert, diese Umlenkung zu beschreiben, daher zeigen wir hier zunächst einmal die Syntax:

```
kommando <<TEXT_MARKE
...
TEXT_MARKE
```

Das Kommando nutzt in diesem Fall durch das doppelte Umlenkungszeichen alle nachfolgenden Zeilen für die Standardeingabe. Dies geschieht so lange, bis es auf das Wort trifft, das hinter dem Umlenkungszeichen << folgt (in der Syntaxbeschreibung ist dies das Wort TEXT_MARKE). Beachten Sie außerdem, dass beide Textmarken absolut identisch sein müssen.

Ein Beispiel:

```
# Demonstriert die Verwendung von Here-Dokumenten
# Name : ahere1

cat <<TEXT_MARKE
Heute ist `date`,
Sie befinden sich im Verzeichnis `pwd`. Ihr
aktuelles Terminal ist `echo -n $TERM` und
Ihr Heimverzeichnis befindet sich in $HOME.
TEXT_MARKE
```

Das Script bei der Ausführung:

```
you@host > ./ahere1
Heute ist Mo Mai 2 00:36:37 CET 2022,
Sie befinden sich im Verzeichnis /home/tot. Ihr
aktuelles Terminal ist xterm und
Ihr Heimverzeichnis befindet sich in /home/you.
```

In diesem Beispiel liest das Kommando cat so lange die nachfolgenden Zeilen, bis es auf das Wort TEXT_MARKE stößt. Hierbei können auch Kommando-Substitutionen (was durchaus ein anderes Shellscript sein darf) und Variablen innerhalb des Textes verwendet werden. Die Shell kümmert sich um eine entsprechende Ersetzung.

Der Vorteil von »Here-Dokumenten« ist, dass Sie einen Text direkt an Befehle weiterleiten können, ohne diesen vorher in einer Datei unterbringen zu müssen. Gerade bei der Ausgabe von etwas umfangreicheren Texten oder Fehlermeldungen fällt einem die Ausgabe hier wesentlich leichter.

Wollen Sie allerdings nicht, dass eine Kommando-Substitution erfolgt oder eine Variable von der Shell interpretiert wird, müssen Sie nur zwischen dem Umlenkungszeichen << und der Textmarke einen Backslash setzen:

```
# Demonstriert die Verwendung von Here-Dokumenten
# Name : ahere2

cat <<\TEXT_MARKE
Heute ist `date`,
Sie befinden sich im Verzeichnis `pwd`. Ihr
```

```
aktuelles Terminal ist `echo -n $TERM` und
Ihr Heimverzeichnis befindet sich in $HOME.
TEXT_MARKE
```

Dann sieht die Ausgabe folgendermaßen aus:

```
you@host > ./ahere2
Heute ist `date`,
Sie befinden sich im Verzeichnis `pwd`. Ihr
aktuelles Terminal ist `echo -n $TERM` und
Ihr Heimverzeichnis befindet sich in $HOME.
```

Neben der Möglichkeit des Backslashs zwischen dem Umlenkungszeichen << und der Textmarke existiert auch die Variante, die Textmarke zwischen Single Quotes zu stellen:

```
kommando <<'MARKE'
...
MARKE
```

Befinden sich außerdem im Text führende Leer- oder Tabulatorzeichen, können Sie diese mit einem Minuszeichen zwischen dem Umlenkungszeichen und der Textmarke entfernen (<<-MARKE).

Nichts hält Sie übrigens davon ab, die Standardeingabe mittels << an eine Variable zu übergeben:

```
# Demonstriert die Verwendung von Here-Dokumenten
# Name : ahere3

count=`cat <<TEXT_MARKE
\`ls -l | wc -l\`

TEXT_MARKE`

echo "Im Verzeichnis $HOME befinden sich $count Dateien"
```

Das Script bei der Ausführung:

```
you@host > ./ahere3
Im Verzeichnis /home/tot befinden sich 40 Dateien
```

Damit in der Variablen `count` nicht die Textfolge `ls -l | wc -l` steht, sondern auch wirklich eine Kommando-Substitution durchgeführt wird, müssen Sie die Kommandos durch einen Backslash schützen, weil hier bereits die Ausgabe der »Textmarke« als Kommando-Substitution verwendet wird.

Wir persönlich nutzen diese Inline-Eingabeumleitung gern in Verbindung mit Fließkommaberechnungen und dem Kommando bc (siehe auch Abschnitt 2.2.3). Verwenden Sie hierbei zusätzlich noch eine Kommando-Substitution, können Sie das Ergebnis der Berechnung in einer Variablen speichern, wie Sie dies von expr kennen. Außerdem können Sie durch Verwendung der mathematischen Bibliothek (die Sie mit der Option -l aufrufen) noch weitere Winkelfunktionen mit z. B. Sinus (s()) oder Kosinus (c()) nutzen. Hier sehen Sie das Script dazu, womit Berechnungen komplexer Ausdrücke jetzt nichts mehr im Wege steht:


```
# Demonstriert die Verwendung von Here-Dokumenten
# Name : ahere4

if [ $# == 0 ]
then
   echo "usage: $0 Ausdruck"
   exit 1
fi

# Option -l für die mathematische Bibliothek
bc -l <<CALC
$*
quit
CALC
```

Das Script bei der Ausführung:

```
you@host > ./ahere4 123.12/5
24.62400000000000000000
you@host > ./ahere4 1234.3*2
2468.6
you@host > ./ahere4 '(12.34-8.12)/2'
2.11000000000000000000
you@host > ./ahere4 sqrt\(24\)
4.89897948556635619639
you@host > var=`./ahere4 1234.1234*2*1.2`
you@host > echo $var
2961.89616
```

5.3.5 Here-Dokumente mit read verwenden

Wie beim Auslesen einer Datei mit read können Sie selbstverständlich auch Here-Dokumente verwenden. Dies verhält sich dann so, als würde zeilenweise aus einer Datei gelesen. Und damit nicht nur die erste Zeile gelesen wird, geht man exakt genau so vor wie beim zeilenweisen Einlesen einer Datei. Hier ist die Syntax:

```
while read line
do
   ...
done <<TEXT_MARKE
line1
line2
...
line_n
TEXT_MARKE
```

In der Praxis lässt sich diese Inline-Umlenkung mit `read` folgendermaßen einsetzen:

```
# Demonstriert die Verwendung von Here-Dokumenten und read
# Name : ahere5

i=1

while read line
do
   echo "$i. Zeile : $line"
   i=`expr $i + 1`
done <<TEXT
Eine Zeile
`date`
Homeverzeichnis $HOME
Das Ende
TEXT
```

Das Script bei der Ausführung:

```
you@host > ./ahere5
1. Zeile : Eine Zeile
2. Zeile : Mo Mai 2 03:23:22 CET 2022
3. Zeile : Homeverzeichnis /home/tot
4. Zeile : Das Ende
```

5.3.6 Die Variable IFS

Die Variable `IFS` (*Internal Field Separator*) aus Ihrer Shell-Umgebung haben wir in den letzten Abschnitten schon öfter erwähnt. Insbesondere scheint `IFS` eine spezielle Bedeutung bei der Ein- und Ausgabe von Daten als Trennzeichen zu haben. Wenn Sie allerdings versuchen, den Inhalt der Variablen mit echo auszugeben, werden Sie wohl nicht besonders schlau daraus. Für Abhilfe kann hierbei das Kommando od sorgen, mit dem Sie den Inhalt der Variablen in hexadezimaler oder ASCII-Form betrachten können:

```
you@host > echo -n "$IFS" | od -x
0000000 0920 000a
0000003
```

0000000 ist hierbei das Offset der Zahlenreihe, in der sich drei hexadezimale Werte befinden, die IFS beinhaltet. Damit das Newline von echo nicht mit enthalten ist, wurde hier die Option -n verwendet. Die Werte sind:

```
09 20 00 0a
```

Der Wert 00 hat hier keine Bedeutung. Werfen Sie einmal einen Blick auf eine ASCII-Tabelle, um festzustellen, für welches Sonderzeichen diese hexadezimalen Werte stehen:

- 09 = Tabulator
- 20 = Leerzeichen
- 0a = Newline-Zeichen (neue Zeile)

Das Ganze gelingt mit od auch im ASCII-Format, nur dass das Leerzeichen als ein »Leerzeichen« angezeigt wird:

```
you@host > echo -n "$IFS" | od -c
0000000       \t  \n
0000003
```

Diese voreingestellten Trennzeichen der Shell dienen zur Trennung der Eingabe für den Befehl read, zur Variablen- sowie auch zur Kommando-Substitution. Wenn Sie also z. B. read so verwenden

```
you@host > read nachname vorname alter
Wolf Jürgen 30
you@host > echo $vorname
Jürgen
you@host > echo $nachname
Wolf
you@host > echo $alter
30
```

dann verdanken Sie es der Variablen IFS, dass hierbei die entsprechenden Eingaben an die dafür vorgesehenen Variablen übergeben wurden.

Häufig war aber in den Kapiteln zuvor die Rede davon, die Variable IFS an die eigenen Bedürfnisse anzupassen – sprich: das oder die Trennzeichen zu verändern. Wollen Sie beispielsweise, dass bei der Eingabe von read ein Semikolon statt eines Leerzeichens als Trennzeichen dient, so lässt sich dies einfach erreichen:

```
you@host > BACKIFS="$IFS"
you@host > IFS=\;
you@host > echo -n "$IFS" | od -c
0000000   ;
0000001
you@host > read nachname vorname alter
Wolf;Jürgen;30
you@host > echo $vorname
Jürgen
you@host > echo $nachname
Wolf
you@host > echo $alter
30
you@host > IFS=$BACKIFS
```

Zuerst wurde hier eine Sicherung der Variablen IFS in BACKIFS vorgenommen. Der Vorgang, ein Backup von IFS zu erstellen, und das anschließende Wiederherstellen sind wichtiger, als dies auf den ersten Blick scheint. Unterlässt man es, kann man sich auf das aktuelle Terminal nicht mehr verlassen, da einige Programme nur noch Unsinn fabrizieren.

Als Nächstes übergeben Sie im Beispiel der Variablen IFS ein Semikolon (geschützt mit einem Backslash). Daraufhin folgt dasselbe Beispiel wie zuvor, nur mit einem Semikolon als Trennzeichen. Am Ende stellen wir den ursprünglichen Wert von IFS wieder her.

Natürlich spricht auch nichts dagegen, IFS mit mehr als einem Trennzeichen zu versehen, beispielsweise:

```
you@host > IFS=$BACKIFS
you@host > IFS=:,
you@host > read nachname vorname alter
Wolf,Jürgen:30
you@host > echo $vorname
Jürgen
you@host > echo $nachname
Wolf
you@host > echo $alter
30
you@host > IFS=$BACKIFS
```

Im Beispiel wurde IFS mit den Trennzeichen : und , definiert. Wollen Sie bei einer Eingabe mit read, dass IFS nicht immer die führenden Leerzeichen (falls vorhanden) entfernt, müssen Sie IFS nur mittels IFS= auf »leer« setzen:

```
you@host > IFS=$BACKIFS
you@host > read var
          Hier sind führende Leerzeichen vorhanden
you@host > echo $var
Hier sind führende Leerzeichen vorhanden
you@host > IFS=
you@host > read var
          Hier sind führende Leerzeichen vorhanden
you@host > echo $var
          Hier sind führende Leerzeichen vorhanden
you@host > IFS=$BACKIFS
```

Gleiches wird natürlich auch gern bei einer Variablen-Substitution verwendet. Im folgenden Beispiel wird die Variable durch ein Minuszeichen als Trenner zerteilt und mit set auf die einzelnen Positionsparameter verteilt:

```
# Demonstriert die Verwendung von IFS
# Name : aifs1

# IFS sichern
BACKIFS="$IFS"
# Minuszeichen als Trenner
IFS=-

counter=1

var="Wolf-Jürgen-30-Bayern"
# var anhand von Trennzeichen in IFS auftrennen
set $var

# Ein Zugriff auf $1, $2, ... wäre hier auch möglich

for daten in "$@"
do
   echo "$counter. $daten"
   counter=`expr $counter + 1`
done

IFS=$BACKIFS
```

Das Script bei der Ausführung:

```
you@host > ./aifs1
1. Wolf
2. Jürgen
3. 30
4. Bayern
```

Wenn Sie das Script ein wenig umschreiben, können Sie hiermit zeilenweise alle Einträge der Shell-Variablen PATH ausgeben lassen, die ja durch einen Doppelpunkt getrennt werden:

```
# Demonstriert die Verwendung von IFS
# Name : aifs2

# IFS sichern
BACKIFS="$IFS"
# Doppelpunkt als Trenner
IFS=:

# PATH anhand von Trennzeichen in IFS auftrennen
set $PATH

for path in "$@"
do
   echo "$path"
done

IFS=$BACKIFS
```

Das Script bei der Ausführung:

```
you@host > ./aifs2
/home/tot/bin
/usr/local/bin
/usr/bin
/bin
/usr/games
/opt/gnome/bin
/opt/kde3/bin
/usr/lib/java/jre/bin
```

Natürlich hätte man dies wesentlich effektiver mit folgender Zeile lösen können:

```
you@host > echo $PATH | tr ':' '\n'
```

Zu guter Letzt sei erwähnt, dass die Variable IFS noch recht häufig in Verbindung mit einer Kommando-Substitution verwendet wird. Wollen Sie etwa mit grep nach einem bestimmten User in */etc/passwd* suchen, wird meistens eine Ausgabe wie diese genutzt:

```
you@host > grep you /etc/passwd
you:x:1001:100::/home/you:/bin/bash
```

Dies in die Einzelteile zu zerlegen, sollte Ihnen jetzt mit der Variablen IFS nicht mehr schwerfallen:

```
# Demonstriert die Verwendung von IFS
# Name : aifs3

# IFS sichern
BACKIFS="$IFS"
# Doppelpunkt als Trenner
IFS=:

if [ $# -lt 1 ]
then
   echo "usage: $0 User"
   exit 1
fi

# Ausgabe anhand von Trennzeichen in IFS auftrennen
set `grep ^$1 /etc/passwd`

echo "User             : $1"
echo "User-Nummer      : $3"
echo "Gruppen-Nummer   : $4"
echo "Home-Verzeichnis : $6"
echo "Start-Shell      : $7"

IFS=$BACKIFS
```

Das Script bei der Ausführung:

```
you@host > ./aifs3 you
User             : you
User-Nummer      : 1001
Gruppen-Nummer   : 100
Home-Verzeichnis : /home/you
Start-Shell      : /bin/bash
```

```
you@host > ./aifs3 tot
User             : tot
User-Nummer      : 1000
Gruppen-Nummer   : 100
Home-Verzeichnis : /home/tot
Start-Shell      : /bin/ksh
you@host > ./aifs3 root
User             : root
User-Nummer      : 0
Gruppen-Nummer   : 0
Home-Verzeichnis : /root
Start-Shell      : /bin/ksh
```

5.3.7 Arrays einlesen mit read

Arrays lassen sich genauso einfach einlesen wie normale Variablen, nur dass man hier den Index beachten muss. Hierzu zeigen wir Ihnen nur ein Script. Arrays haben wir bereits in Abschnitt 2.5 ausführlich behandelt.

```
# Demonstriert die Verwendung von read mit Arrays
# Name : ararray

typeset -i i=0
while [ $i -lt 5 ]
do
   printf "Eingabe machen : "
   read valarr[$i]
   i=i+1
done

echo "Hier, die Eingaben ..."
i=0
while [ $i -lt 5 ]
do
   echo ${valarr[$i]}
   i=i+1
done
```

Das Script bei der Ausführung:

```
you@host > ./ararray
Eingabe machen : Testeingabe1
Eingabe machen : Noch eine Eingabe
Eingabe machen : Test3
```

```
Eingabe machen : Test4
Eingabe machen : Und Ende
Hier, die Eingaben ...
Testeingabe1
Noch eine Eingabe
Test3
Test4
Und Ende
```


Selbstverständlich lassen sich Arrays ganz besonders im Zusammenhang mit dem zeilenweisen Einlesen aus einer Datei mit read (siehe Abschnitt 5.3.2) verwenden:

```
typeset -i i=0

while read vararray[$i]
do
   i=i+1
done < datei_zum_einlesen
```

Damit können Sie anschließend bequem mithilfe des Feldindex auf den Inhalt einzelner Zeilen zugreifen und diesen weiterverarbeiten.

In der Bash haben Sie außerdem die Möglichkeit, mit read einzelne Zeichenketten zu zerlegen und diese Werte direkt in eine Variable zu legen. Die einzelnen Zeichenketten (abhängig wieder vom Trennzeichen IFS) werden dann in extra Feldern in einem Array aufgeteilt. Hierfür müssen Sie read allerdings mit der Option -a aufrufen:

```
read -a array <<TEXTMARKE
$variable
TEXTMARKE
```

Mit diesem Beispiel können Sie ganze Zeichenketten in ein Array aufsplitten (immer abhängig davon, welche Trennzeichen Sie verwenden).

5.3.8 Shell-abhängige Anmerkungen zu read

Da read ein Builtin-Kommando der Shell ist, gibt es bei diesem Befehl zwischen den einzelnen Shells noch einige unterschiedliche Funktionalitäten.

Ausgabetext in »read« integrieren (Bash)

Verwenden Sie bei der Funktion read die Option -p, können Sie den Ausgabetext (für die Frage) direkt in die read-Abfrage integrieren. Die Syntax lautet:

```
read -p Ausgabetext var1 var2 var3 ... var_n
```

In der Praxis sieht dies so aus:

```
you@host > read -p "Ihr Vorname : " vorname
Ihr Vorname : Jürgen
you@host > echo $vorname
Jürgen
```

Ausgabetext in read integrieren (Korn-Shell)

Auch die Korn-Shell bietet Ihnen die Möglichkeit, eine Benutzerabfrage direkt in den `read`-Befehl einzubauen:

```
read var?"Ausgabetext"
```

In der Praxis:

```
you@host > read name?"Ihr Name bitte: "
Ihr Name bitte: Jürgen Wolf
you@host > echo $name
Jürgen Wolf
```

Default-Variable für read

Verwenden Sie `read` ohne eine Variable als Parameter, wird die anschließende Eingabe in der Default-Variablen `REPLY` gespeichert:

```
you@host > read
Jürgen Wolf
you@host > echo $REPLY
Jürgen Wolf
```

5.3.9 Ein einzelnes Zeichen abfragen

Eine häufig gestellte Frage lautet, wie man einen einzelnen Tastendruck abfragen kann, ohne [↵] zu drücken. Das Problem an dieser Sache ist, dass ein Terminal gewöhnlich zeilengepuffert ist. Bei einer Zeilenpufferung wartet das Script z. B. bei einer Eingabeaufforderung mit `read` so lange mit der Weiterarbeit, bis die Zeile mit einem [↵] bestätigt wird.

Da ein Terminal mit unzähligen Eigenschaften versehen ist, ist es am einfachsten, all diese Parameter mit dem Kommando `stty` und der Option `-raw` auszuschalten. Damit schalten Sie Ihr Terminal in einen rohen Modus, in dem Sie praktisch »nackte« Zeichen behandeln können.

Sobald Sie damit fertig sind, ein Zeichen einzulesen, sollten Sie diesen Modus auf jeden Fall wieder mit `-raw` verlassen!

Wenn Sie Ihr Terminal in einen rohen Modus geschaltet haben, benötigen Sie eine Funktion, die ein einzelnes Zeichen lesen kann. Die Funktion read fällt wegen der Zeilenpufferung aus. Die einzige Möglichkeit ist das Kommando dd (*Dump Disk*), auf das man zunächst gar nicht kommen würde. dd liest eine Datei und schreibt den Inhalt mit wählbarer Blockgröße und verschiedenen Konvertierungen. Anstatt für eine Datei kann dd genauso gut für das Kopieren der Standardeingabe in die Standardausgabe verwendet werden. Hierzu reicht es, die Anzahl der Datensätze (count hier 1) anzugeben und festzulegen, welche Blockgröße Sie in Bytes verwenden wollen (bs, auch hier 1 Byte). Da dd für seine Meldung die Standardfehlerausgabe nutzt, können Sie diese Ausgabe ins Datengrab schicken.

Hier sehen Sie ein Script, das unermüdlich auf den Tastendruck [Q] für »Quit« zum Beenden einer Schleife wartet:

```
# Demonstriert das Einlesen einzelner Zeichen
# Name : areadchar

echo "Bitte eine Taste betätigen - mit q beenden"
char=''
# Terminal in den "rohen" Modus schalten
stty raw -echo

# In Schleife überprüfen, ob 'q' gedrückt wurde
while [ "$char" != "q" ]
do
   char=`dd bs=1 count=1 2>/dev/null`
done
# Den "rohen" Modus wieder abschalten
stty -raw echo

echo "Die Taste war $char"
```

Das Script bei der Ausführung:

```
you@host > ./areadchar
Bitte eine Taste betätigen - mit q beenden [Q]
Die Taste war q
```

Einzelne ASCII-Zeichen in der Bash einlesen

In der Bash können Sie auch die Abfrage einzelner Zeichen mit read und der Option -n vornehmen. Schreiben Sie etwa read -n 1 var, befindet sich in var das einzelne Zeichen. Allerdings unterstützt dies nur darstellbare ASCII-Zeichen. Bei Zeichen mit Escape-Folgen (siehe nächsten Abschnitt) taugt auch dieses Vorgehen nicht mehr.

5.3.10 Einzelne Zeichen mit Escape-Sequenzen abfragen

Im Beispiel zuvor haben Sie gesehen, wie Sie einzelne Tastendrücke mithilfe der Kommandos stty und dd abfragen können. Aber sobald Sie hierbei Tastendrücke wie [F1], [F2], [Esc], [↑], [↓] usw. abfragen wollen, wird dies nicht mehr funktionieren. Testen Sie am besten selbst unser abgespecktes Script von eben:

```
# Demonstriert das Einlesen einzelner Zeichen
# Name : areadchar2

echo "Bitte eine Taste betätigen"

stty raw -echo
char=`dd bs=1 count=1 2>/dev/null`
stty -raw echo

echo "Die Taste war $char"
```

Das Script bei der Ausführung:

```
you@host > ./areadchar2
Bitte eine Taste betätigen [A]
Die Taste war A
you@host > ./areadchar2
Bitte eine Taste betätigen [Esc]
Die Taste war
you@host > ./areadchar2
Bitte eine Taste betätigen [F1]
Die Taste war
[A
```

Das Problem mit den Pfeil- oder Funktionstasten ist nun mal, dass Escape-Folgen zurückgegeben werden. Schlimmer noch: Die Escape-Folgen sind häufig unterschiedlich lang und – um es noch schlimmer zu machen – abhängig vom Typ des Terminals und zusätzlich auch noch abhängig von nationalen Besonderheiten (Umlauten und Ähnlichem).

Somit scheint eine portable Lösung des Problems fast unmöglich, es sei denn, man kennt sich ein bisschen mit C aus. Da wir dies nicht voraussetzen können, geben wir Ihnen hier ein einfaches Rezept an die Hand, das Sie bei Bedarf erweitern können.

Escape-Sequenzen des Terminals ermitteln

Zuerst müssen Sie sich darum kümmern, wie die Escape-Sequenzen für entsprechende Terminals aussehen. Welches Terminal Sie im Augenblick nutzen, können Sie mit echo $TERM in Erfahrung bringen. Im nächsten Schritt können Sie den Befehl infocmp verwenden, um vom entsprechenden Terminaltyp Informationen zu den Tasten zu erhalten.

```
you@host > echo $TERM
xterm
you@host > infocmp
#       Reconstructed via infocmp from file: /usr/share/terminfo/x/xterm
        xterm|xterm terminal emulator (X Window System),
        am, bce, km, mc5i, mir, msgr, npc, xenl,
        colors#8, cols#80, it#8, lines#24, pairs#64,
        bel=^G, blink=\E[5m, bold=\E[1m, cbt=\E[Z, civis=\E[?25l,
        clear=\E[H\E[2J, cnorm=\E[?12l\E[?25h, cr=^M,
        csr=\E[%i%p1 %d;%p2 %dr, cub=\E[%p1 %dD, cub1=^H,
        cud=\E[%p1 %dB, cud1=^J, cuf=\E[%p1 %dC, cuf1=\E[C,
        cup=\E[%i%p1 %d;%p2 %dH, cuu=\E[%p1 %dA, cuu1=\E[A,
        cvvis=\E[?12;25h, dch=\E[%p1 %dP, dch1=\E[P, dl=\E[%p1 %dM,
        dl1=\E[M, ech=\E[%p1 %dX, ed=\E[J, el=\E[K, el1=\E[1K,
        enacs=\E(B\E)0, flash=\E[?5h$<100/>\E[?5l, home=\E[H,
        hpa=\E[%i%p1 %dG, ht=^I, hts=\EH, ich=\E[%p1 %d@,
        il=\E[%p1 %dL, il1=\E[L, ind=^J, indn=\E[%p1 %dS,
        invis=\E[8m, is2=\E[!p\E[?3;4l\E[4l\E>, kDC=\E[3;2~,
        kEND=\E[1;2F, kHOM=\E[1;2H, kIC=\E[2;2~, kLFT=\E[1;2D,
        kNXT=\E[6;2~, kPRV=\E[5;2~, kRIT=\E[1;2C, kb2=\EOE,
        kbs=\177, kcbt=\E[Z, kcub1=\EOD, kcud1=\EOB, kcuf1=\EOC,
        kcuu1=\EOA, kdch1=\E[3~, kend=\EOF, kent=\EOM, kf1=\EOP,
        kf10=\E[21~, kf11=\E[23~, kf12=\E[24~, kf13=\EO2P,
        ...
```

Hierbei wird Ihnen zunächst eine Menge Informationen serviert, die auf den ersten Blick wie Zeichensalat wirken. Bei genauerem Hinsehen aber können Sie alte Bekannte aus Abschnitt 5.2.4 zur Steuerung des Terminals mit tput wiederentdecken.

Das »ncurses«-Paket wird für »infocmp« benötigt

Wenn Sie über kein infocmp auf Ihrem Rechner verfügen, liegt das wahrscheinlich daran, dass das *ncurses-devel*-Paket nicht installiert ist. Diesem Paket liegt auch infocmp bei.

infocmp gibt Ihnen Einträge wie

```
cuu1=\E[A
```

zurück. Dass man daraus nicht sonderlich schlau wird, leuchtet ein. Daher sollten Sie die Manualpage von terminfo(5) danach befragen (oder genauer absuchen), wofür denn hier cuu1 steht:

```
you@host > man 5 terminfo | grep cuu1
Formatiere terminfo(5) neu, bitte warten...
       cursor_up                cuu1   up   up one line
       key_up                   kcuu1  ku   up-arrow key
       micro_up                 mcuu1  Zd   Like cursor_up in
             kcuf1=\E[C, kcuu1=\E[A, kf1=\E[M, kf10=\E[V,
```

Das heißt: Wir haben hier die [↑]-Taste (cursor_up). Und diese wird bei xterm mit \E[A »dargestellt«. Das \E ist hierbei das Escape-Zeichen und besitzt den ASCII-Codewert 27. Somit sieht der C-Quellcode zum Überprüfen der [↑]-Taste so aus (fett hervorgehoben ist hier die eigentliche Überprüfung, die Sie bei Bedarf erweitern können):

```
/* getkey.c */
#include <stdio.h>
#include <stdlib.h>
#include <string.h>
#include <unistd.h>
#include <termios.h>

enum { ERROR=-1, SUCCESS, ONEBYTE };
/*Altes Terminal wiederherstellen*/
static struct termios BACKUP_TTY; /*Altes Terminal wiederherstellen*/

/* Eingabekanal wird so umgeändert, dass die Tasten einzeln */
/* abgefragt werden können */
int new_tty(int fd) {
   struct termios buffer;

/* Wir fragen nach den Attributen des Terminals und übergeben  */
/* diese dann an buffer. BACKUP_TTY dient bei Programmende zur */
/* Wiederherstellung der alten Attribute und bleibt unberührt. */
   if((tcgetattr(fd, &BACKUP_TTY)) == ERROR)
      return ERROR;
   buffer = BACKUP_TTY;

/* Lokale Flags werden gelöscht :                */
/*      ECHO = Zeichenausgabe auf Bildschirm     */
/*      ICANON = Zeilenorientierter Eingabemodus */
/*      ISIG = Terminal-Steuerzeichen            */
   buffer.c_lflag = buffer.c_lflag & ~(ECHO|ICANON|ISIG);
```

```
/* VMIN=Anzahl der Bytes, die gelesen werden müssen, bevor    */
/* read() zurückkehrt. In unserem Beispiel 1 Byte für 1 Zeichen */
   buffer.c_cc[VMIN] = 1;

/* Wir setzen jetzt die von uns gewünschten Attribute */
   if((tcsetattr(fd, TCSAFLUSH, &buffer)) == ERROR)
      return ERROR;

   return SUCCESS;
}

/* Ursprüngliches Terminal wiederherstellen */
int restore_tty(int fd) {
   if((tcsetattr(fd, TCSAFLUSH, &BACKUP_TTY)) == ERROR)
      return ERROR;
   return SUCCESS;
}

int main(int argc, char **argv) {
   int rd;
   char c, buffer[10];

/* Setzen des neuen Modus */
   if(new_tty(STDIN_FILENO) == ERROR) {
      printf("Fehler bei der Funktion new_tty()\n");
      exit(EXIT_FAILURE);
   }

/* Erste Zeichen lesen */
   if(read(STDIN_FILENO, &c, 1) < ONEBYTE) {
      printf("Fehler bei read()\n");
      restore_tty(STDIN_FILENO);
      exit(EXIT_FAILURE);
   }

/* Haben wir ein ESC ('\E') gelesen? */
   if(c == 27) {
/* Ja, eine Escape-Sequenz, wir wollen den Rest */
/* der Zeichen auslesen                          */
      rd=read(STDIN_FILENO, buffer, 4);
      /*String terminieren*/
      buffer[rd]='\\0';
```

```
/* Hier erfolgt die Überprüfung des Tastendrucks*/
/* War es der Pfeil-nach-oben \E[A    */
      if(strcmp(buffer,"[A") == SUCCESS)
         printf("Pfeil-nach-oben betätigt\n");
/* Nein, keine Escape-Sequenz */
   }
   else {
      if((c < 32) || (c == 127))
         printf("--> %d\n",c); /* Numerischen Wert ausgeben */
      else
         printf("--> %c\n",c); /* Zeichen ausgeben */
   }
   restore_tty(STDIN_FILENO);
   return EXIT_SUCCESS;
}
```

Wird das Programm kompiliert, übersetzt und anschließend ausgeführt, erhalten Sie folgende Ausgabe:

```
you@host > gcc -Wall -o getkey getkey.c
you@host > ./getkey
[1] --> 1
you@host > ./getkey
[A] --> A
you@host > ./getkey
[↑] Pfeil-nach-oben betätigt
```

So, wie Sie jetzt im Beispiel vorgegangen sind, können Sie auch mit anderen Pfeil- und Funktionstasten vorgehen. Den [→] implementieren Sie so:

```
      if(strcmp(buffer,"[D") == SUCCESS)
         printf("Pfeil-nach-rechts\n");
```

Aber statt einer Ausgabe empfehlen wir Ihnen, einen Rückgabewert mittels `return` zu verwenden, etwa so:

```
...
/* Hier erfolgt die Überprüfung des Tastendrucks*/
/* War es der Pfeil-nach-oben \E[A    */
      if(strcmp(buffer,"[A") == SUCCESS) {
         restore_tty(STDIN_FILENO);
         return 10; /* Rückgabewert für unser Shellscript */
      }
```

```
/* War es der Pfeil-nach-links */
      if(strcmp(buffer,"[D") == SUCCESS) {
         restore_tty(STDIN_FILENO);
         return 11;  /* Rückgabewert für unser Shellscript */
      }
...
```


Damit können Sie das Beispiel auch mit einem Shellscript verwenden, indem Sie die Variable $? abfragen. Hier das Script:

```
# Demonstriert das Einlesen einzelner Zeichen
# Name : areadchar3

echo "Bitte eine Taste betätigen"
./getkey
ret=$?
if [ $ret -eq 0 ]
then
   echo "Keine Pfeiltaste"
fi

if [ $ret -eq 10 ]
then
   echo "Die Pfeil-nach-oben-Taste war es"
fi

if [ $ret -eq 11 ]
then
   echo "Die Pfeil-nach-links-Taste war es"
 fi
```

Übersetzen Sie das C-Programm von Neuem mit den geänderten Codezeilen, und führen Sie das Shellscript aus:

```
you@host > ./areadchar3
Bitte eine Taste betätigen
[D]--> d
Keine Pfeiltaste
you@host > ./areadchar3
Bitte eine Taste betätigen
[↑] Die Pfeil-nach-oben-Taste war es
you@host > ./areadchar3
Bitte eine Taste betätigen
[←] Die Pfeil-nach-links-Taste war es
```

Mit dem C-Programm haben Sie quasi Ihr eigenes Tool geschrieben, das Sie am besten in ein PATH-Verzeichnis kopieren. Somit können Sie jederzeit darauf zurückgreifen, und Sie können bzw. sollen es natürlich erweitern.

Eigene Tools in C programmieren

Natürlich haben wir das Thema hier nur gestreift. Es würde keinen Sinn ergeben, noch tiefer einzusteigen, da wir von Ihnen nicht auch noch C-Kenntnisse verlangen können. Aber Sie konnten hierbei schon sehen, dass Sie mit zusätzlichen Programmierkenntnissen noch viel weiter kommen können: Fehlt ein bestimmtes Tool, programmiert man eben selbst eins.

Buch-Tipp zur C-Programmierung

Haben Sie Lust auf die C-Programmierung bekommen? Wir könnten Ihnen Jürgens Buch »C von A bis Z« empfehlen oder etwas zur Linux/UNIX-Programmierung. Auch hierzu finden Sie ein Buch aus seiner Feder (»Linux-Unix-Programmierung«). Beide Bücher sind im Rheinwerk Verlag erschienen.

5.3.11 Passworteingabe

Wollen Sie in Ihrem Script eine Passworteingabe vornehmen und darauf verzichten, dass die Eingabe auf dem Bildschirm mit ausgegeben wird, können Sie auch hierfür stty verwenden. Dabei reicht es aus, die Ausgabe (echo) abzuschalten und nach der Passworteingabe wieder zu aktivieren.

```
stty -echo
# Passwort einlesen
stty echo
```

Ein Script als Beispiel:

```
# Demonstriert das Einlesen einzelner Zeichen
# Name : anoecho

printf "Bitte Eingabe machen: "
# Ausgabe auf dem Bildschirm abschalten
stty -echo
read passwort
# Ausgabe auf dem Bildschirm wieder einschalten
stty echo
printf "\nIhre Eingabe lautete : %s\n" $passwort
```

Das Script bei der Ausführung:

```
you@host > ./anoecho
Bitte Eingabe machen:
Ihre Eingabe lautete: k3l5o6i8
```


5.4 Umlenken mit dem Befehl exec

Mit dem Befehl exec können Sie sämtliche Ein- bzw. Ausgaben von Kommandos eines Shellscripts umleiten. Die Syntax lautet:

```
# Standardausgabe nach Ausgabedatei umlenken
exec >Ausgabedatei

# Standardausgabe nach Ausgabedatei umlenken
# und ans Ende der Datei anfügen
exec >>Ausgabedatei

# Standardfehlerausgabe nach Ausgabedatei umlenken
exec 2>Fehler_Ausgabedatei

# Standardfehlerausgabe nach Ausgabedatei umlenken
# und ans Ende der Datei anfügen
exec 2>>Fehler_Ausgabedatei

# Standardeingabe umlenken
exec <Eingabedatei
```

Hierzu ein einfaches Beispiel:

```
# Demonstriert eine Umlenkung mit exec
# aexec1

# Wird noch auf dem Bildschirm ausgegeben
echo "$0 wird ausgeführt"

exec >ausgabe.txt

# Alle Ausgaben ab hier in die Datei "ausgabe.txt"
val=`ls -l | wc -l`
echo "Im Verzeichnis $HOME befinden sich $val Dateien"
echo "Hier der Inhalt: "
ls -l
```

Das Script bei der Ausführung:

```
you@host > ./aexec1
./aexec1 wird ausgeführt
you@host > cat ausgabe.txt
Im Verzeichnis /home/tot befinden sich 44 Dateien
Hier der Inhalt:
insgesamt 1289
-rwxr--r--  1 tot users     188 2016-02-24 04:31 acase1
-rw-r--r--  1 tot users     277 2016-02-24 02:44 acase1~
-rwxr--r--  1 tot users     314 2016-03-06 11:17 aecho1
...
```

Die Ausführung des Scripts ist einfach. Die komplette Standardausgabe wird hier mittels

```
exec >ausgabe.txt
```

in die Datei *ausgabe.txt* umgeleitet. Alles, was sich vor dieser Zeile befindet, wird noch wie gewöhnlich auf dem Bildschirm ausgegeben. Wollen Sie im Beispiel eventuell auch auftretende Fehlermeldungen in eine Datei umleiten, können Sie exec wie folgt erweitern:

```
exec >ausgabe.txt 2>fehlerausgabe.txt
```

Jetzt werden auftretende Fehlermeldungen ebenfalls in eine separate Datei namens *fehlerausgabe.txt* geschrieben.

Die Umlenkung der Eingabe erfolgt nach demselben Schema. Alle entsprechenden Eingabekommandos erhalten dann ihre Daten aus einer entsprechenden Datei:

```
# Demonstriert eine Umlenkung mit exec
# aexec2

# Alle Eingaben im Script werden hier von data.dat entnommen
exec <data.dat

printf "%-15s %-15s %-8s\n" "Nachname" "Vorname" "Telefon"
printf "+%-15s+%-15s+%-8s\n" "--------" "-------" "-------"

while read vorname nachname telefon
do
   printf " %-15s  %-15s  %-8d\n" $nachname $vorname $telefon
done
```

Das Script bei der Ausführung:

```
you@host > cat data.dat
Jürgen Wolf 1234
Frank Zane 3213
Mike Katz 3213
Mike Mentzer 1343
you@host > ./aexec2
Nachname        Vorname         Telefon
+--------       +-------        +-------
 Wolf             Jürgen          1234
 Zane             Frank           3213
 Katz             Mike            3213
 Mentzer          Mike            1343
```

Bitte beachten Sie aber, dass jedes Kommando an der Position des letzten Lesekommandos fortfährt. Würden Sie z. B. im Script aexec2 beim ersten Schleifendurchlauf abbrechen und anschließend einen erneuten Durchlauf starten, so würde der zweite Durchlauf dort weitermachen, wo sich der erste Durchlauf beendet hat. Beispielsweise würden Sie mit dem leicht modifizierten Script aexec3 dasselbe erreichen wie mit aexec2:

```
# Demonstriert eine Umlenkung mit exec
# aexec3

# Wird noch auf dem Bildschirm ausgegeben
echo "$0 wird ausgeführt"
# Alle Eingaben im Script werden hier von data.dat entnommen
exec <data.dat

printf "%-15s %-15s %-8s\n" "Nachname" "Vorname" "Telefon"
printf "+%-15s+%-15s+%-8s\n" "--------" "-------" "-------"

while read vorname nachname telefon
do
   printf " %-15s  %-15s  %-8d\n" $nachname $vorname $telefon
   break # Hier wird testweise nach einem Durchlauf abgebrochen
done

while read vorname nachname telefon
do
   printf " %-15s  %-15s  %-8d\n" $nachname $vorname $telefon
done
```

Dass dies so ist, liegt am Filedescriptor, der in seinem Dateitabelleneintrag unter anderem auch die aktuelle Lese-/Schreibposition enthält. Zu den Filedescriptoren kommen wir gleich im nächsten Abschnitt.

Den Vorteil der Verwendung von exec kann man hier zwar nicht auf den ersten Blick erkennen. Doch spätestens bei etwas längeren Scripts, bei denen Sie angesichts vieler Befehle eine Umlenkung der Ausgabe vornehmen müssen bzw. wollen, sparen Sie sich mit exec eine Menge Tipparbeit. Anstatt hinter jede Befehlszeile das Umlenkungszeichen für die Standard- und die Fehlerausgabe zu setzen, können Sie mit einem einfachen exec-Aufruf einen Filedescriptor während der Scriptausführung komplett in eine andere Richtung umlenken.

5.5 Filedescriptoren

Der exec-Befehl ist der Grundstein für diesen Abschnitt. Ein Filedescriptor ist ein einfacher ganzzahliger Wert, der sich in einer bestimmten Tabelle von geöffneten Dateien befindet und der vom Kernel für jeden Prozess bereitgestellt wird. Die Werte 0, 1 und 2 sind vorbelegte Filedescriptoren und Verweise auf die Standardeingabe (stdin), Standardausgabe (stdout) und Standardfehlerausgabe (stderr). Diese drei Filedescriptoren sind meist mit dem Terminal (TTY) des Anwenders verbunden und können natürlich auch umgeleitet werden, was Sie ja schon des Öfteren getan haben.

Somit haben Sie also auch schon mit Filedescriptoren (ob nun bewusst oder unbewusst) gearbeitet. Haben Sie z. B. eine Umlenkung wie

```
ls -l > Ausgabedatei
```

vorgenommen, dann haben Sie praktisch den Kanal 1 oder, genauer gesagt, den Filedescriptor 1 für die Standardausgabe in die entsprechende Ausgabedatei umgeleitet. Ähnlich war dies auch bei der Standardeingabe mit dem Kanal 0, genauer gesagt dem Filedescriptor mit der Nummer 0:

```
write user <nachricht
```

In beiden Fällen hätten Sie auch die alternative Schreibweise

```
ls -l 1> Ausgabedatei
write user 0<nachricht
```

verwenden können, aber dies ist bei den Kanälen 0 und 1 nicht erforderlich und optional, da diese vom System bei Verwendung ohne eine Ziffer mit entsprechenden Werten belegt werden. Aber ab Kanal 2, der Standardfehlerausgabe, muss schon die Filedescriptoren-Nummer mit angegeben werden, da das System sonst statt Kanal 2 den Kanal 1 verwenden würde. Es hindert Sie aber niemand, statt der Standardausgabe (Kanal 1) die Standardfehlerausgabe (Kanal 2) zu verwenden. Hierzu müssen Sie nur den entsprechenden Ausgabebefehl anweisen, seine Standardausgabe auf den Kanal 2 vorzunehmen:

```
you@host > echo "Hallo Welt auf stderr" >&2
Hallo Welt auf stderr
```


Gleiches haben Sie ja schon öfter mit der Standardfehlerausgabe mittels 2>&1 vorgenommen. Hierbei wurde die Standardfehlerausgabe (Kanal 2) auf den Filedescriptor 1 umgelenkt. Damit hatten die Fehlerausgabe und die Standardausgabe dasselbe Ziel. Somit lautet die Syntax, um aus einer Datei bzw. einem Filedescriptor zu lesen oder zu schreiben, wie folgt:

```
# Lesen aus einer Datei bzw. aus einem Filedescriptor
kommando <&fd

# Schreiben in eine Datei bzw. in einen Filedescriptor
kommando >&fd

# Anhängen an eine Datei bzw. an einen Filedescriptor
kommando >>&fd
```

5.5.1 Einen neuen Filedescriptor verwenden

Selbstverständlich können Sie neben den Standardkanälen weitere Filedescriptoren erzeugen. Als Namen stehen Ihnen hierzu die Nummern 3 bis 9 zur Verfügung. Dabei wird der exec-Befehl folgendermaßen verwendet (für fd steht Ihnen eine Zahl zwischen 3 und 9 zur Verfügung):

```
# Zusätzlicher Ausgabekanal
exec fd> ziel

# Zusätzlicher Ausgabekanal zum Anhängen
exec fd>> ziel

# Zusätzlicher Eingabekanal
exec fd< ziel
```

Im folgenden Beispiel erzeugen wir einen neuen Ausgabekanal für die aktuelle Konsole mit der Nummer 3:

```
you@host > exec 3> `tty`
you@host > echo "Hallo neuer Kanal" >&3
Hallo neuer Kanal
```

Wenn Sie einen Filedescriptor nicht mehr benötigen, sollten Sie ihn wieder freigeben. Auch hierbei wird wieder das exec-Kommando genutzt:

```
exec fd>&-
```

Auf den Filedescriptor 3 bezogen, den Sie eben erzeugt haben, sieht dieser Vorgang wie folgt aus:

```
you@host > exec 3>&-
you@host > echo "Hallo neuer Kanal" >&3
bash: 3: Ungültiger Dateideskriptor
```

Neuer Kanal auch für die Subshells

Behalten Sie immer im Hinterkopf, dass ein neu von Ihnen erzeugter Kanal auch den weiteren Subshells zur Verfügung steht.

»exec« ohne Angabe eines Kanals verwenden

Verwenden Sie exec >&- ohne die Angabe eines Kanals, wird hier die Standardausgabe geschlossen. Gleiches gilt auch für Kanal 0 und 2 mit exec <&- (schließt die Standardeingabe) und exec 2>&- (schließt die Standardfehlerausgabe).

Wir haben bereits im Abschnitt zuvor erwähnt, dass jedes Kommando an der Position des letzten Lese-/Schreibzugriffs fortfährt. Diesen Sachverhalt nutzt man in der Praxis in vier Hauptanwendungsgebieten:

- zum Offenhalten von Dateien
- zum Lesen aus mehreren Dateien
- zum Lesen von der Standardeingabe und einer Datei
- zum Schreiben eines Arrays in eine Datei

Offenhalten von Dateien

Wenn Sie z. B. zweimal über eine Umlenkung etwas von einer Datei oder Kommando-Substitution lesen, würde zweimal dasselbe eingelesen, beispielsweise:

```
you@host > who
you      tty2         Mar  6 14:09
tot      :0           Mar  5 12:21 (console)
you@host > who > user.dat
you@host > read user1 <user.dat
you@host > read user2 <user.dat
you@host > echo $user1
```

```
you tty2 Mar 6 14:09
you@host > echo $user2
you tty2 Mar 6 14:09
```

Hier war wohl nicht beabsichtigt, dass zweimal derselbe User eingelesen wird. Verwenden Sie hingegen einen neuen Kanal, bleibt Ihnen die aktuelle Position des Lesezeigers erhalten. Dasselbe sieht mit einem neuen Filedescriptor so aus:


```
you@host > who > user.dat
you@host > exec 3< user.dat
you@host > read user1 <&3
you@host > read user2 <&3
you@host > echo $user1
you tty2 Mar 6 14:09
you@host > echo $user2
tot :0 Mar 5 12:21 (console)
```

Lesen aus mehreren Dateien

Das Prinzip ist recht einfach: Sie verwenden einfach mehrere Filedescriptoren, lesen die Werte jeweils zeilenweise in eine Variable ein (am besten in einer Schleife) und werten dann entsprechende Daten aus (beispielsweise einen Durchschnittswert).

```
...
exec 3< file1
exec 4< file2
exec 5< file3
exec 6< file4

while true
do
   read var1 <&3
   read var2 <&4
   read var3 <&5
   read var4 <&6

   # Hier die Variablen überprüfen und verarbeiten

done
```

Lesen von der Standardeingabe und einer Datei

Dies ist ein häufiger Anwendungsfall. Wurde eine Datei zum Lesen geöffnet und stellt man gleichzeitig auch Anfragen an den Benutzer, würde bei einer Verwendung von `read` sowohl von der Datei als auch von der Benutzereingabe gelesen, z. B.:

```
# Demonstriert eine Umlenkung mit exec
# aexec4

exec 3< $1

while read line <&3
do
   echo $line
   printf "Eine weitere Zeile einlesen? [j/n] : "
   read
   [ "$REPLY" = "n" ] && break
done
```

Das Script bei der Ausführung:

```
you@host > ./aexec4 zitat.txt
Des Ruhmes Würdigkeit verliert an Wert,
Eine weitere Zeile einlesen? [j/n] : n
```

Ohne einen neuen Filedescriptor würde im eben gezeigten Beispiel beim Betätigen von [j] immer wieder mit der ersten Zeile der einzulesenden Datei begonnen. Testen Sie es am besten selbst.

Fehlerauswertung mithilfe eines Filedescriptors

Natürlich lässt sich mit einem Filedescriptor noch mehr anstellen, als wir hier beschrieben haben, doch dürften dies schon die Hauptanwendungsgebiete sein. Ein weiteres Beispiel haben wir Ihnen bereits bei der Fehlerauswertung von mehreren Befehlen in einer Kommandoverkettung bei einer Pipe demonstriert (siehe Abschnitt 4.1.2).

Schreiben eines Arrays in eine Datei

In Kapitel 4, »Kontrollstrukturen«, haben wir ein Script erstellt, mit dem Namen und Adressen in ein assoziatives Array geschrieben wurden. In diesem Abschnitt soll jetzt das Array in eine Datei geschrieben werden. Der Nutzer soll nach einem Dateinamen gefragt werden. Wenn die Datei nicht vorhanden ist, soll sie erzeugt werden und sollen Namen mit Adressen in die neue Datei geschrieben werden. Der Name soll von der Adresse mit einem Komma getrennt in der Datei abgelegt werden. Ist die Datei vorhanden, soll sie in ein Array gelesen werden, das anschließend durchsucht werden kann.

Das Script dient nur als Beispiel für das Ein- und Auslesen aus Dateien; Anwenderfehler werden deshalb nicht abgefangen.

```
#!/bin/bash

declare -A ADRESSEN

while [ -z "$DATEI" ]
do
   echo -n "Welche Datei soll verwendet werden : "
   read DATEI
done
if [ ! -f $DATEI ]
then
   #Oeffnen einer Datei
   exec 3> $DATEI

   while [ -z $NAME ]
   do
      echo -n "Bitte Name eingeben : "
      read NAME
      if [ -z "$NAME" ]
      then
         break
      fi
      echo -n "Bitte Adresse eingeben : "
      read ADR
      if [ -z "$ADR" ]
      then
         echo "Keine Adresse angegeben"
         sleep 2
         continue
      fi
      ADRESSEN[$NAME]=$ADR
      NAME=""
   done
   # Schreiben der Adressen in die Datei
   for i in "${!ADRESSEN[@]}"
   do
      echo $i,${ADRESSEN[$i]} >&3
   done
   # Schliessen der Datei
   exec 3>&-
else
   while read LINE
   do
```

```
      NAME=$(echo $LINE | cut -d, -f1 )
      ADR=$(echo $LINE | cut -d, -f2)
      ADRESSEN[$NAME]=$ADR
   done < $DATEI
   while [ -z "$SUCH" ]
   do
      echo -n "Bitte zu suchenden Namen eingeben : "
         read SUCH
         if [ -z "$SUCH" ]
         then
            echo Ende
            exit 0
         fi
      echo  Adresse von $SUCH ist ${ADRESSEN[${SUCH}]}
      SUCH=""
   done
fi
```

5.5.2 Die Umlenkung <>

Neben den bisher bekannten Umlenkungszeichen gibt es noch ein etwas anderes, das sich hier in Verbindung mit den Filedescriptoren und dem exec-Befehl etwas einfacher erklären lässt. Mit der Umlenkung <> wird eine Datei sowohl zum Lesen als auch zum Schreiben geöffnet, und dies ist auch das Besondere daran: Die Ausgabe wird exakt an derjenigen Stelle fortgeführt, an der sich im Augenblick der Lesezeiger befindet. Ebenso sieht es beim Schreiben aus – alle geschriebenen Daten landen genau dort, wo sich der Schreibzeiger im Augenblick befindet. Es werden dabei genau so viele Zeichen ab der Stelle ersetzt, wie geschrieben werden. Das bedeutet also: Der aktuelle Inhalt wird überschrieben, und zwar um genau die Anzahl an Zeichen, die Sie einfügen.

Hier folgt ein einfaches Beispiel, das demonstriert, wie Sie einen Filedescriptor mit <> gleichzeitig zum Lesen und zum Schreiben verwenden können:

```
# Demonstriert eine Umlenkung mit exec und <>
# aexec5

exec 3<> $1

while read line <&3
do
   echo $line
   printf "Hier eine neue Zeile einfügen? [j/n] : "
```

```
   read
   [ "$REPLY" = "j" ] && break
done

printf "Bitte hier die neue Zeile eingeben : "
read
echo $REPLY >&3
```

Das Script bei der Ausführung:

```
you@host > ./aexec5 zitat.txt
Des Ruhmes Würdigkeit verliert an Wert,
Hier eine neue Zeile einfügen? [j/n] : j
Bitte hier die neue Zeile eingeben : Hier eine neue Zeile
you@host > cat zitat.txt
Ruhmes Würdigkeit verliert an Wert,
Hier eine neue Zeile
ich ehrt.
```

Hier sehen Sie, dass genau die Anzahl an Zeichen überschrieben wird, die als neue Zeile angegeben wurde.

5.6 Named Pipes

Mit der Named Pipe steht Ihnen in der Kommandozeile der Shell ein recht selten verwendetes Konzept zur Verfügung. Named Pipes sind den normalen Pipes sehr ähnlich, nur haben sie einen entscheidenden Vorteil: Mit Named Pipes kann eine schon existierende Pipe von beliebigen Prozessen genutzt werden. Vereinfacht ausgedrückt: Eine Named Pipe ist eine Konstruktion, die die Ausgabe eines Prozesses als Eingabe zur Verfügung stellt. Bei normalen Pipes mussten die Prozesse vom selben Elternprozess abstammen (um an die Dateideskriptoren heranzukommen).

Um eine Named Pipe anzulegen, verwenden Sie das Kommando `mknod` oder `mkfifo`:

```
mknod name p
mkfifo name
```

Da beim Kommando `mknod` auch mehrere Arten von Dateien angelegt werden können, muss hier die gewünschte Art durch einen Buchstaben gekennzeichnet werden. Bei einer Named Pipe ist dies ein `p`. Named Pipes werden häufig auch als FIFOs bezeichnet, weil sie nach dem *First-In-First-Out*-Prinzip arbeiten. Jedoch tun dies normale (temporäre) Pipes auch, weshalb hier eine unterscheidende Bezeichnung nicht passen würde.

```
you@host > mknod apipe p
you@host > ls -l apipe
prw-r--r--  1 tot users 0 2016-05-03 06:10 apipe
```

Beim Dateityp taucht die Named Pipe mit einem p auf. In die Named Pipe können Sie etwas einfügen mit:

```
you@host > echo "Hallo User" > apipe
```

Ein anderer Prozess könnte die Pipe jetzt wie folgt wieder auslesen:

```
tot@linux > tail -f apipe
Hallo User
```

Wie Ihnen hierbei sicherlich auffällt, kann der erste Prozess, der in die Pipe schreibt, erst dann weiterarbeiten, wenn ein zweiter Prozess aus dieser Pipe liest, also ein weiterer Prozess die Leseseite einer Pipe öffnet.

Die Named Pipe existiert natürlich weiter, bis sie wie eine gewöhnliche Datei gelöscht wird. Damit neben anderen Prozessen auch noch andere User auf eine Named Pipe lesend und schreibend zugreifen können, müssen Sie die Zugriffsrechte anpassen, denn standardmäßig verfügt nur der Eigentümer über das Schreibrecht (abhängig von umask). Im Unterschied zu einer normalen Pipe, die in einem Schritt erzeugt wird (ein Inode-Eintrag, zwei Dateiobjekte und die Speicherseite) und sofort zum Lesen und Schreiben bereitsteht, werden die Named Pipes von den Prozessen im Userspace geöffnet und geschlossen. Dabei beachtet der Kernel, dass eine Pipe zum Lesen geöffnet ist, bevor etwas hineingeschrieben wird, sowie dass eine Pipe zum Schreiben geöffnet ist, bevor sie auch zum Lesen geöffnet wird. Auf Kernel-Ebene entspricht das in etwa dem Erzeugen einer Gerätedatei (*Device File*)

Zwar ist es auch hier möglich, dass mehrere Prozesse dieselbe Named Pipe benutzen, allerdings können Daten nur in einer 1:1-Beziehung ausgetauscht werden. Das heißt, Daten, die ein Prozess in die Pipe schreibt, können nur von einem Prozess gelesen werden. Die entsprechenden Zeilen werden hierbei in der Reihenfolge der Ankunft gespeichert, und die älteste Zeile wird an den nächsten lesenden Prozess vermittelt (eben das FIFO-Prinzip).

Beachten Sie außerdem, dass sich eine Pipe schließt, wenn einer der Prozesse (auch echo und read) abgeschlossen ist. Dies macht sich besonders dann bemerkbar, wenn Sie vorhaben, aus einem Script mehrere Zeilen in eine Pipe zu schieben bzw. mehrere Zeilen daraus zu lesen. Um dieses Problem zu umgehen, müssen Sie eine Umleitung am Ende einer Schleife verwenden, so zum Beispiel:

```
# Demonstriert das Lesen mehrerer Zeilen aus einer Named Pipe
# areadpipe
```

```
while read zeile
do
   echo $zeile
done < apipe
```

Das Gegenstück:


```
# Demonstriert das Schreiben mehrerer Zeilen in eine Named Pipe
# awritepipe
while true
do
   echo "Ein paar Zeilen für die Named Pipe"
   echo "Die zweite Zeile soll auch ankommen"
   echo "Und noch eine letzte Zeile"
   break
done > apipe
```

Das Script bei der Ausführung:

```
you@host > ./awritepipe
--- [Andere Konsole] ---
tot@linux > ./areadpipe
Ein paar Zeilen für die Named Pipe
Die zweite Zeile soll auch ankommen
Und noch eine letzte Zeile
```

5.7 Menüs mit select

Die Bash, die Z-Shell und die Korn-Shell stellen Ihnen mit der `select`-Anweisung ein bequemes Konstrukt zum Erzeugen von Auswahlmenüs zur Verfügung. Der Befehl funktioniert ähnlich wie die `for`-Schleife, nur dass hierbei statt des Schlüsselworts `for` eben `select` steht:

```
select variable in menü_punkte
do
   kommando1
   ...
   kommandon
done
```

`select` führt dabei die Anzeige der Menüpunkte und deren Auswahl automatisch durch und gibt den ausgewählten Menüpunkt zurück. Hierbei können Sie die Menüpunkte wie bei `for` entweder in einer Liste mit Werten angeben, oder Sie geben direkt die einzelnen Menüpunkte an. Werte und Menüpunkte sollten dabei jeweils durch mindestens ein Leerzeichen getrennt aufgeführt werden (bei Werten: abhängig von IFS). Selbstverständlich können Sie auch die Argumente aus der Kommandozeile ($*) verwenden, sofern dies sinnvoll ist. Nach dem Aufruf von select wird eine Liste der Menüpunkte auf die Standardfehlerausgabe (!) in einer fortlaufenden Nummerierung (1 bis *n*) ausgegeben. Dann können Sie die Auswahl anhand dieser Nummerierung bestimmen. Der entsprechend ausgewählte Menüpunkt wird dann in variable gespeichert. Falls Sie die benötigte Nummer ebenfalls erhalten möchten, finden Sie diese in der Variablen REPLY. Bei einer falschen Eingabe wird variable auf leer gesetzt.

Wenn nach der Auswahl entsprechende Kommandos zwischen do und done ausgeführt wurden, wird die Eingabeaufforderung der select-Anweisung erneut angezeigt. Bei select handelt es sich somit um eine Endlosschleife, die Sie nur mit der Tastenkombination [Strg]+[D] (EOF) oder den Befehlen exit bzw. break innerhalb von do und done beenden können (siehe Abbildung 5.2).

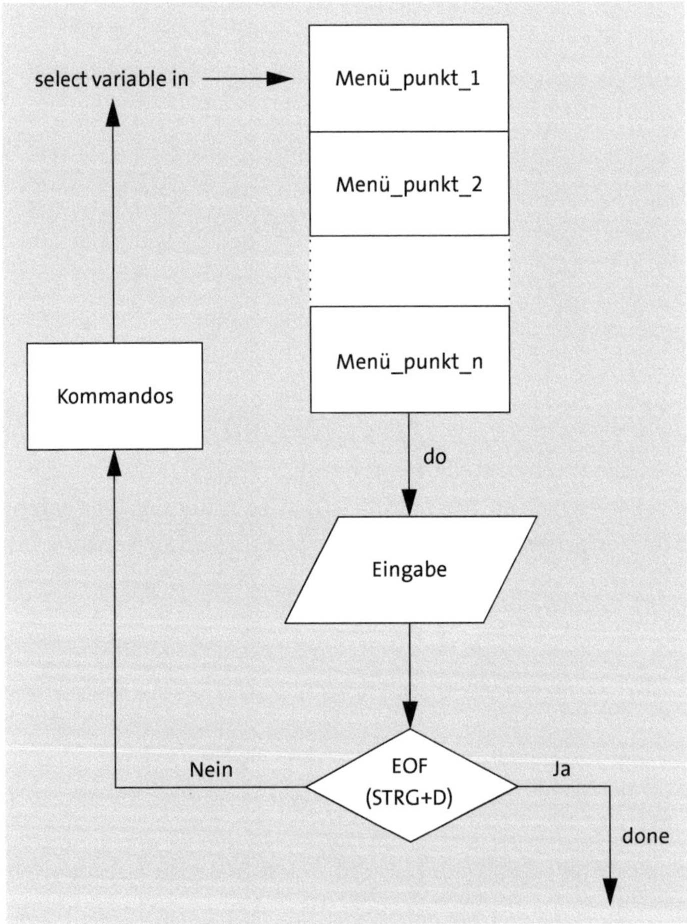

Abbildung 5.2 Der Ablauf der »select«-Anweisung

Hierzu ein einfaches Script:

```
# Demonstriert die select-Anweisung
# aselect1

select auswahl in Punkt1 Punkt2 Punkt3 Punkt4
do
   echo "Ihre Auswahl war : $auswahl"
done
```

Das Script bei der Ausführung:

```
you@host > ./aselect1
1) Punkt1
2) Punkt2
3) Punkt3
4) Punkt4
#? 1
Ihre Auswahl war : Punkt1
#? 2
Ihre Auswahl war : Punkt2
#? 3
Ihre Auswahl war : Punkt3
#? 4
Ihre Auswahl war : Punkt4
#? 0
Ihre Auswahl war :
#? [Strg]+[D]
you@host >
```

Als Prompt wird hier immer der Inhalt der Variablen PS3 angezeigt, der bei den Shells meistens mit #? vorbelegt ist. Wollen Sie einen anderen Prompt nutzen, müssen Sie diese Variable lediglich neu besetzen.

Natürlich eignet sich das Script aselect1 nur zu Demonstrationszwecken. Bei einer echten Menüauswahl will man schließlich die Auswahl auch auswerten und entsprechend reagieren. Was eignet sich dazu besser als eine case-Anweisung?

```
# Demonstriert die select-Anweisung
# aselect2

# Ein neuer Auswahl-Prompt
PS3="Ihre Wahl : "

select auswahl in Punkt1 Punkt2 Punkt3 Punkt4 Ende
```

```
do
   case "$auswahl" in
      Ende)  echo "Ende"; break ;;
        "")  echo "Ungültige Auswahl" ;;
         *)  echo "Sie haben $auswahl gewählt"
   esac
done
```

Das Script bei der Ausführung:

```
you@host > ./aselect2
1) Punkt1
2) Punkt2
3) Punkt3
4) Punkt4
5) Ende
Ihre Wahl : 1
Sie haben Punkt1 gewählt
Ihre Wahl : 4
Sie haben Punkt4 gewählt
Ihre Wahl : 5
Ende
```

Mit `select` können Sie außerdem wie bei der `for`-Schleife auch die Liste der Menüpunkte mit den Wildcard-Zeichen *, ? und [ ] (Datennamengenerierung) oder mit einer Kommando-Substitution erzeugen lassen. Hier sehen Sie einige Beispiele:

```
# Listet alle Dateien mit der Endung *.c auf
select var in *.c
# Listet alle Dateien mit der Endung *.c, *.sh und *.txt auf
select var in *.c *.sh *.txt
# Listet alle aktiven User-Namen auf
select var in `who | cut -c1-8 | grep -v $LOGNAME`
# Listet alle Dateien im aktuellen Verzeichnis auf,
# die mit a beginnen
select var in `ls a*`
```

Hierzu noch ein relativ praktisches Beispiel. Mithilfe des Wildcard-Zeichens * werden alle Dateien ausgegeben, die sich im aktuellen Verzeichnis befinden. Anschließend werden Sie nach einer Datei gefragt, die Sie editieren wollen. Die Datei wird daraufhin mit einem Editor Ihrer Wahl (hier *vi*) geöffnet, und Sie können sie dann bearbeiten. Dieses Script ist natürlich stark ausbaufähig:

```
# Demonstriert die select-Anweisung
# aselect3

# Ein neuer Auswahl-Prompt
PS3="Datei zum Editieren auswählen : "
# Hier den Editor Ihrer Wahl angeben
EDIT=vi

select auswahl in * Ende
do
   case "$auswahl" in
      Ende) echo "Ende" ; break ;;
        "") echo "$REPLY: Ungültige Auswahl" ;;
         *) [ -d "$auswahl" ] && \
            echo "Verzeichnis kann nicht editiert werden" &&\
            continue
            $EDIT $auswahl
            break ;;
   esac
done
```

Das Script bei der Ausführung:

```
you@host > ./aselect3
 1) 1                          27) awritepipe~
 2) acase1                     28) bestellung.txt
 3) acase1~                    29) bin
 4) aecho1                     30) data.dat
...                            ...
23) avalue~                    49) user.dat
24) awhile1                    50) zitat.txt
25) awhile1~                   51) zitat.txt~
26) awritepipe                 52) Ende
Datei zum Editieren auswählen : 2
```

Und zu guter Letzt können Sie mit select auch Untermenüs erzeugen, sprich: mehrere select-Anweisungen verschachteln. Wollen Sie hierbei einen anderen Prompt verwenden, müssen Sie allerdings PS3 in der Verschachtelung mit einem neuen Inhalt versehen. Hier folgt ein Beispiel eines solchen Untermenüs:

```
# Demonstriert die select-Anweisung
# aselect4

# Ein neuer Auswahl-Prompt
```

```
PS3="Bitte wählen : "

select auswahl in A B C Ende
do
   case "$auswahl" in
      Ende)  echo "Ende" ; break ;;
        "")  echo "$REPLY: Ungültige Auswahl" ;;
         A)  select auswahla in A1 A2 A3
             do
                echo "Auswahl $auswahla"
             done ;;
         *)  echo "Ihre Auswahl war : $auswahl" ;;
   esac
done
```

Das Script bei der Ausführung:

```
you@host > ./aselect4
1) A
2) B
3) C
4) Ende
Bitte wählen : 1
1) A1
2) A2
3) A3
Bitte wählen : 2
Auswahl A2
Bitte wählen : ...
```

5.8 Aufgaben

1. Schreiben Sie ein Shellscript, das das copy-Kommando für den Benutzer vereinfacht. Der Anwender soll nach der Quelle gefragt werden, und eine Leereingabe soll zur Wiederholung der Abfrage führen. Prüfen Sie dann, ob der Anwender die benötigten Rechte an der Datei hat. Wenn es sich bei der Quelle um ein Verzeichnis handelt, soll das Verzeichnis rekursiv kopiert werden.

   Fragen Sie den Anwender nach dem Zielverzeichnis. Auch hier soll eine Leereingabe zur Wiederholung der Abfrage führen. Prüfen Sie, ob der Benutzer am Ziel das Schreibrecht hat. Wenn alle Bedingungen für das Kopieren erfüllt sind, soll die Quelle an das Ziel kopiert werden.

2. Lesen Sie die Datei */etc/passwd* zeilenweise aus und speichern Sie die Felder mit dem Benutzernamen, der UID, der GID und der Login-Shell in der Datei *user.txt*. Anschließend geben Sie die Datei *user.txt* formatiert mit entsprechenden Überschriften auf dem Bildschirm aus.
3. Schreiben Sie ein Script, das eine Anwenderin auffordert, zwei Zahlen ungleich 0 einzugeben. Nachdem Sie getestet haben, ob die beiden Zahlen gültig sind, soll sich ein Menü aufbauen, in dem die Anwenderin gefragt wird, welche der vier Grundrechenarten sie ausführen will. Verwenden Sie für die Berechnung das Kommando bc. Wenn das Ergebnis positiv ist, soll es in Grün angezeigt werden, wenn das Ergebnis negativ ist, in Rot. Das Menü soll nur über einen extra Punkt »ENDE« verlassen werden können.
4. Schreiben Sie ein Script, das die Datei */etc/passwd* auswertet und den Benutzernamen zusammen mit der UID des Benutzers in ein assoziatives Array schreibt und dieses anschließend so wie im Beispiel formatiert ausgibt:

```
you@host:~$ ./pass-array.bash
|             Username|    UserID|
|------------------------------|
|      systemd-resolve|       102|
|                 uucp|        10|
|                  you|      1001|
|        avahi-autoipd|       107|
|                games|         5|
.
.
.
|                statd|       106|
|     systemd-timesync|       100|
|                 sync|         4|
```

Kapitel 6
Funktionen

Je länger die Shellscripts in den vorangegangenen Kapiteln wurden, umso unübersichtlicher wurden sie. Verwendete man dann auch noch die Routinen mehrmals im Script, so steigerte sich der Umfang weiter. In solch einem Fall (und eigentlich fast immer) sind Funktionen die Lösung. Mit Funktionen fassen Sie mehrere Befehle in einem Block zwischen geschweiften Klammern zusammen und rufen sie bei Bedarf mit einem von Ihnen definierten Funktionsnamen auf. Eine einmal definierte Funktion können Sie jederzeit in Ihrem Script mehrmals aufrufen und verwenden. Funktionen sind somit auch Scripts, die in der laufenden Umgebung des Shell-Prozesses immer präsent sind, und verhalten sich folglich, als seien sie interne Shell-Kommandos.

6.1 Allgemeine Definition

Wenn Sie eine Shell-Funktion schreiben, wird diese zunächst nicht vom Shell-Prozess ausgeführt, sondern in der laufenden Umgebung gespeichert (genauer gesagt, die Funktion wird hiermit definiert). Mit folgender Syntax können Sie eine Funktion definieren:

```
funktions_name() {
   kommando1
   kommando2
   ...
   kommando_n
}
```

Sie geben nach einem frei wählbaren Funktionsnamen runde Klammern an. Die nun folgenden Kommandos, die diese Funktion ausführen soll, werden zwischen geschweifte Klammern gesetzt. Folgende Aspekte müssen Sie allerdings bei der Definition einer Funktion beachten:

- Der `funktions_name` und die Klammerung () (bzw. das gleich anschließend gezeigte Schlüsselwort `function` und `funktions_name`) müssen in einer Zeile stehen.
- Vor der sich öffnenden geschweiften Klammer { muss sich mindestens ein Leerzeichen oder ein Newline-Zeichen befinden.

- Vor einer sich schließenden geschweiften Klammer } muss sich entweder ein Semikolon oder ein Newline-Zeichen befinden.

Somit lässt sich eine Funktion wie folgt auch als Einzeiler definieren:

```
funktions_name() { kommando1 ; kommando2 ; ... ; kommando_n ; }
```

6.1.1 Definition

In der Bash, der Z-Shell und der Korn-Shell steht Ihnen mit dem Schlüsselwort `function` noch die folgende Syntax zur Verfügung, um eine Funktion zu definieren:

```
function funktions_name {
   kommando1
   kommando2
   ...
   kommando_n
}
```

Im Unterschied zur herkömmlichen Syntax, die für alle Shells gilt, fallen beim Schlüsselwort `function` die runden Klammern hinter dem Funktionsnamen weg.

6.1.2 Funktionsaufruf

Funktionen müssen logischerweise immer vor dem ersten Aufruf definiert sein, da ein Script ja auch von oben nach unten Zeile für Zeile abgearbeitet wird. Daher befindet sich die Definition einer Funktion immer am Anfang des Scripts bzw. vor dem Hauptprogramm. Wird im Hauptprogramm die Funktion aufgerufen, was durch die Notierung des Funktionsnamens geschieht, werden die einzelnen Befehle im Funktionsblock ausgeführt.

```
# Demonstriert einen einfachen Funktionsaufruf
# Name: afunc1

# Die Funktion hallo
hallo() {
   echo "In der Funktion hallo()"
}

# Hier beginnt das Hauptprogramm
echo "Vor der Ausführung der Funktion ..."

# Jetzt wird die Funktion aufgerufen
hallo
```

```
# Nach einem Funktionsaufruf
echo "Weiter gehts im Hauptprogramm"
```

Das Script bei der Ausführung:

```
you@host > ./afunc1
Vor der Ausführung der Funktion ...
In der Funktion hallo()
Weiter gehts im Hauptprogramm
```


Die Shell-Funktion wird von der laufenden Shell ausgeführt und ist somit auch Bestandteil des aktuellen Prozesses (es wird keine Subshell verwendet). Im Unterschied zu vielen anderen Programmiersprachen ist der Zugriff auf die Variablen innerhalb eines Shellscripts auch in Funktionen möglich, obwohl sie hier nicht definiert wurden. Dies bedeutet auch: Wird eine Variable in der Funktion modifiziert, gilt diese Veränderung ebenso für das Hauptprogramm. Das folgende Script demonstriert dies:

```
# Demonstriert einen einfachen Funktionsaufruf
# Name: afunc2

# Die Funktion print_var
print_var() {
   echo $var              # test
   var=ein_neuer_Test     # var bekommt neuen Wert
}

var=test

echo $var    # test
print_var    # Funktionsaufruf
echo $var    # ein_neuer_Test
```

Das Script bei der Ausführung:

```
you@host > ./afunc2
test
test
ein_neuer_Test
```

Weil eine Shell-Funktion dem eigenen Prozess zugeteilt ist, können Sie sie genauso wie eine Variable mit `unset` wieder entfernen:

```
# Demonstriert einen einfachen Funktionsaufruf
# Name: afunc3
```

```
# Die Funktion print_var
print_var() {
   echo $var              # test
   var=ein_neuer_Test     # var bekommt neuen Wert
}

var=test

echo $var        # test
print_var        # Funktionsaufruf
echo $var        # ein_neuer_Test
unset print_var  # Funktion löschen
print_var        # Fehler!!!
```

Das Script bei der Ausführung:

```
you@host > ./afunc3
test
test
ein_neuer_Test
./afunc1: line 16: print_var: command not found
```

> **Löschen von Funktionen und Variablen**
>
> Bei der Korn-Shell und der Bash müssen Sie mit unset zum Löschen der Funktionen die Option -f verwenden, weil hier Funktionen und Variablen denselben Namen haben dürfen. Existiert hier eine Variable mit dem gleichen Namen, wird die Variable gelöscht und nicht – wie vielleicht beabsichtigt – die Funktion. Die Bourne-Shell hingegen erlaubt keine gleichnamigen Bezeichnungen von Funktionen und Variablen.

6.1.3 Funktionen exportieren

Wenn Funktionen wie einfache Variablen mit unset wieder gelöscht werden können, werden Sie sich sicherlich fragen, ob man Funktionen auch in Subprozesse exportieren kann. Allgemein gibt es keine Möglichkeit, Shell-Funktionen zu exportieren. Eine Ausnahme bildet wieder die Bash: Hier können Sie mit export -f functions_name eine Funktion zum Export freigeben.

Die Z-Shell und die Korn-Shell hingegen können keine Funktionen exportieren. Wenn Sie diese Shells nutzen, steht Ihnen nur der Umweg über den Punkteoperator mittels

```
. functions_name
```

zur Verfügung. Dabei muss die Funktion in einer Datei geschrieben und mit `. functions_name` (oder auch `source functions_name`) eingelesen werden. Ein Beispiel:

```
# Name: afunc_ex

echo "Rufe eine externe Funktion auf ..."
. funktionen
echo "... ich bin fertig"
```

Im Beispiel wird die Datei *funktionen* in das Script (keine Subshell) eingelesen und ausgeführt. Die Datei und Funktion sehen wie folgt aus:

```
# Name: funktionen

# Funktion localtest
afunction() {
   echo "Ich bin eine Funktion"
}
```

Das Script bei der Ausführung:

```
you@host > ./afunc_ex
Rufe eine externe Funktion auf ...
... ich bin fertig
```

Funktionen für den Elternprozess

Auch wenn mit der Z-Shell und der Korn-Shell keine echten Exporte umsetzbar sind, so stehen den Subshells, die durch eine Kopie des Elternprozesses entstehen, auch die Funktionen des Elternprozesses zur Verfügung und werden mitkopiert. Eine solche Subshell wird mit `` `...` ``, `(...)` und einem direkten Scriptaufruf erstellt. Natürlich setzt ein direkter Scriptaufruf voraus, dass keine Shell vorangestellt wird (beispielsweise `ksh scriptname`) und dass sich auch in der ersten Zeile nichts befindet, was sich auf eine andere Shell bezieht (z. B. `#!/bin/ksh`). Bei der Korn-Shell müssen Sie außerdem noch `typeset -fx functions_name` angeben, damit den Subshells auch hier die aktuellen Funktionen des Elternprozesses zur Verfügung stehen. Die Z-Shell kennt diese Funktion nicht.

Funktionsbibliotheken

Der Vorgang, der Ihnen eben mit dem Punkteoperator demonstriert wurde, wird ebenso verwendet, wenn Sie eine Funktionsbibliothek erstellen wollen, in der sich immer wiederkehrende kleine Routinen ansammeln. Damit können Sie mit Ihrem Script die gewünschte Bibliotheksdatei einlesen und so auf alle darin enthaltenen

Funktionen zugreifen. Der Aufruf erfolgt dabei aus Ihrem Script mit (der Bibliotheksname sei *stringroutinen.bib*):

```
. stringroutinen.bib
```

Hier wird natürlich davon ausgegangen, dass sich die Script-Bibliotheksdatei im selben Verzeichnis wie das laufende Script befindet. Nach diesem Aufruf im Script stehen Ihnen die Funktionen von *stringroutine.bib* zur Verfügung.

Eigene Bibliotheken erstellen

Wenn Sie jetzt motiviert sind, eigene Bibliotheken zu schreiben, denken Sie bitte an den Umfang einer solchen Datei. Schließlich muss die komplette Bibliotheksdatei eingelesen werden, nur um meistens ein paar darin enthaltene Funktionen auszuführen. Daher kann es manchmal ratsam sein, eher über *Copy-and-paste* die nötigen Funktionen in das aktuelle Script einzufügen – was allerdings dann wiederum den Nachteil hat, dass Änderungen an der Funktion an mehreren Orten vorgenommen werden müssen.

6.1.4 Aufrufreihenfolge

Sollten Sie einmal aus Versehen oder mit Absicht eine Funktion schreiben, zu der es ebenfalls ein internes Shell-Kommando oder gar ein externes Kommando gibt, richtet sich die Shell nach folgender Aufrufreihenfolge: Existiert eine selbst geschriebene Shell-Funktion mit entsprechenden aufgerufenen Namen, wird sie ausgeführt. Gibt es keine Shell-Funktion, wird das interne Shell-Kommando (Builtin) bevorzugt. Gibt es weder eine Shell-Funktion noch ein internes Shell-Kommando, so wird nach einem externen Kommando in den Suchpfaden (PATH) gesucht. Hier sehen Sie nochmals die Reihenfolge:

1. Shell-Funktion
2. internes Shell-Kommando
3. externes Kommando (in PATH)

6.1.5 Who is who

Wissen Sie nicht genau, um was es sich bei einem Kommando denn nun handelt, können Sie dies mit `type` abfragen, beispielsweise so:

```
you@host > hallo() {
> echo "Hallo"
> }
```

```
you@host > type hallo
hallo is a function
hallo ()
{
    echo "Hallo"
}
you@host > type echo
echo is a shell builtin
you@host > type ls
ls is aliased to `/bin/ls $LS_OPTIONS`
you@host > type ps
ps is hashed (/bin/ps)
you@host > type type
type is a shell builtin
```


6.1.6 Aufruf selbst bestimmen

Haben Sie zum Beispiel eine Funktion, von der Sie eine Shell-Funktion, ein internes Shell-Kommando und ein externes Kommando auf Ihrem Rechner kennen, können Sie auch hierbei selbst bestimmen, was ausgeführt werden soll. Das einfachste Beispiel ist echo, von dem sowohl ein Shell-internes als auch ein externes Kommando existieren. Schreiben Sie beispielsweise noch eine eigene echo-Funktion, hätten Sie hierbei drei verschiedene Varianten auf Ihrem System zur Verfügung.

Der Aufrufreihenfolge nach wird ja die selbst geschriebene Shell-Funktion bevorzugt, sodass Sie sie weiterhin mit dem einfachen Aufruf ausführen können. Wollen Sie allerdings jetzt das interne Shell-Kommando (Builtin) verwenden, müssen Sie dies der Shell mit dem Schlüsselwort builtin mitteilen, damit nicht die Shell-Funktion ausgeführt wird:

```
you@host > builtin echo "Hallo Welt"
Hallo Welt
```

Wollen Sie hingegen das externe Kommando echo aufrufen, müssen Sie den absoluten Pfad zu echo verwenden:

```
you@host > /bin/echo "Hallo Welt"
Hallo Welt
```

Warum sollten Sie bei echo das externe Kommando verwenden, wo beide doch dieselbe Funktionalität haben? Versuchen Sie einmal, das interne Kommando mit -help um Hilfe zu bitten, und versuchen Sie es dann beim externen.

6.1.7 Funktionen auflisten

Wenn Sie auflisten wollen, welche Funktionen in der laufenden Shell zurzeit definiert sind, können Sie sich mit `set` oder `typeset` einen Überblick verschaffen (siehe Tabelle 6.1).

Kommando	Shell	Bedeutung
set	zsh, ksh, bash	Gibt alle Variablen und Funktionen mit kompletter Definition aus.
typeset f	ksh, bash	Listet alle Funktionen mit kompletter Definition auf.
typeset F	ksh, bash	Listet alle Funktionen ohne Definition auf.

Tabelle 6.1 Auflisten definierter Funktionen

6.2 Funktionen, die Funktionen aufrufen

Selbstverständlich kann eine Funktion auch eine andere Funktion aufrufen – man spricht hier vom *Schachteln der Funktionen*. Es spielt dabei eigentlich keine Rolle, in welcher Reihenfolge Sie die einzelnen Funktionen aufrufen, da alle Funktionen ohnehin erst vom Hauptprogramm aufgerufen werden. Die Hauptsache ist (wie gehabt), dass alle Funktionen vor der Hauptfunktion definiert sind.

```
# Demonstriert verschachtelte Funktionsaufrufe
# Name: afunc4

# Die Funktion func1
func1() {
   echo "Ich bin func1 ..."
}

# Die Funktion func2
func2() {
   echo "Ich bin func2 ..."
}

# Die Funktion func3
func3() {
   echo "Ich bin func3 ..."
   func1
   func2
   echo "func3 ist fertig"
}
```

```
# Das Hauptprogramm
func3
```

Das Script bei der Ausführung:

```
you@host > ./afunc4
Ich bin func3 ...
Ich bin func1 ...
Ich bin func2 ...
func3 ist fertig
```


Natürlich können Sie in der Shell auch Funktionen schreiben, die sich wieder selbst aufrufen. Bei diesem Konzept handelt es sich nicht um eines der Shell, sondern um ein Konzept der Programmierung im Allgemeinen. Es wird als *Rekursion* bezeichnet. Eine Rekursion verwendet man, indem man mehrmals einen Codeabschnitt (genauer eine Funktion) wiederholt. Hierbei übergibt man das Ergebnis eines Funktionsaufrufs als Argument an den nächsten sich selbst aufrufenden Funktionsaufruf. Allerdings werden Sie als Systemadministratorin oder -administrator wohl eher selten auf Rekursionen treffen. Vorwiegend werden mit Rekursionen mathematische Probleme aller Art gelöst. Das folgende Beispiel demonstriert die Berechnung der Fakultät in rekursiver Form. (Hier nehmen wir wieder einige Dinge vorweg, die wir aber in diesem Kapitel noch näher erläutert werden.)

```
# Demonstriert die Verwendung von Rekursionen
# Name: afakul

fakul() {
   value=$1  # erstes Argument des Funktionsaufrufs an value
   # Wenn value kleiner als 1 ist, den Wert 1 ausgeben und
   # beenden
   [ $((value)) -le 1 ] && { echo 1; return; }
   # Ansonsten mit einem rekursiven Aufruf fortfahren
   echo $(($((value)) * `fakul $value-1` ))
}

fakul $1
```

Das Script bei der Ausführung:

```
you@host > ./afakul 20
200
you@host > ./afakul 9
45
```

Wenn Sie Funktionen rekursiv oder von unterschiedlichen Stellen im Script aus aufrufen, möchten Sie im Fehlerfall wissen, von wo aus die Funktion aufgerufen wurde. Hierzu können Sie in der Bash die Funktion `caller` nutzen.

```
# Demonstriert bash builtin Kommando caller
# Name : afunc4-caller

# Die Funktion func1
func1() {
   echo "Ich bin func1 ..."
   echo "Aufgerufen von $(caller)"
}

# Die Funktion func2
func2() {
   echo "Ich bin func2 ..."
   echo "Aufgerufen von $(caller)"
}

# Die Funktion func3
func3() {
   echo "Ich bin func3 ..."
   echo "Aufgerufen von $(caller)"
   func1
   func2
   echo "func3 ist fertig"
}

# Das Hauptprogramm
func3
func1
func2
```

Das Script bei der Ausführung:

```
you@host > ./afunc4
afunc4-caller
Ich bin func3 ...
Aufgerufen von 26 afunc4-caller
Ich bin func1 ...
Aufgerufen von 20 afunc4-caller
Ich bin func2 ...
Aufgerufen von 21 afunc4-caller
func3 ist fertig
```

```
Ich bin func1 ...
Aufgerufen von 27 afunc4-caller
Ich bin func2 ...
Aufgerufen von 28 afunc4-caller
```

Wie Sie sehen, gibt `caller` die Zeilennummer und den Namen des aufrufenden Scripts aus.

6.3 Parameterübergabe

Da Sie nun wissen, dass Funktionen wie gewöhnliche Kommandos ausgeführt werden, stellt sich die Frage, ob dies auch für die Argumente gilt. Und in der Tat erfolgt die Übergabe von Argumenten an eine Funktion nach demselben Schema wie schon bei den gewöhnlichen Kommandos bzw. Scriptaufrufen:

```
functions_name arg1 arg2 arg3 ... arg_n
```

Und so, wie Sie es schon von den Argumenten auf der Kommandozeile her kennen, können Sie auch in der Funktion auf die einzelnen Variablen mit den Positionsparametern `$1`, `$2` bis `$9` bzw. `${n}` zugreifen. Genauso sieht dies auch mit `$@` und `$*` aus, worin Sie alle übergebenen Argumente in Form einer Liste bzw. Zeichenkette wiederfinden. Die Anzahl der Parameter finden Sie in der Funktion ebenfalls wieder, und zwar mit der Variablen `$#`. Allerdings bleibt der Positionsparameter `$0` weiterhin dem Scriptnamen vorbehalten und nicht dem Funktionsnamen.

```
# Demonstriert die Verwendung von Parametern
# Name: afunc5

# Funktion readarg
readarg() {
   i=1

   echo "Anzahl der Parameter, die übergeben wurden : $#"

   for var in $*
   do
      echo "$i. Parameter : $var"
      i=`expr $i + 1`
   done

   # Oder via Positionsparameter; die ersten drei
   echo $1:$2:$3
}
```

```
# Hauptprogramm
printf "Ein paar Argumente bitte : "
read
readarg $REPLY
```

Das Script bei der Ausführung:

```
you@host > ./afunc5
Ein paar Argumente bitte : eins zwei drei vier
Anzahl der Parameter, die übergeben wurden : 4
1. Parameter : eins
2. Parameter : zwei
3. Parameter : drei
4. Parameter : vier
eins:zwei:drei
```

Um keine Missverständnisse aufkommen zu lassen: Die Parameter, die Sie an die Funktionen übergeben, haben nichts mit den Kommandozeilenparametern des Scripts zu tun, auch wenn eine Funktion nach demselben Schema arbeitet. Würden Sie die Kommandozeilenparameter eines Scripts einfach in einer Funktion verwenden, würde die Funktion diese nicht sehen, weil sie von den eigentlichen Funktionsparametern überdeckt werden. Hier sehen Sie ein Beispiel, das zeigt, worauf wir hinauswollen:

```
# Demonstriert die Verwendung von Parametern
# Name: afunc6

# Funktion readcmd
readcmd() {
   i=1
   echo "Anzahl der Parameter in der Kommandozeile : $#"

   for var in $*
   do
      echo "$i. Parameter : $var"
      i=`expr $i + 1`
   done
}

# Hauptprogramm
echo "Vor der Funktion ..."
readcmd
echo "... nach der Funktion"
```

Das Script bei der Ausführung:

```
you@host > ./afunc6 eins zwei drei vier
Vor der Funktion ...
Anzahl der Parameter in der Kommandozeile : 0
... nach der Funktion
```

Wollen Sie die Kommandozeilenparameter in einer Funktion verwenden, müssen Sie die entsprechenden Parameter auch als Argument beim Funktionsaufruf mit angeben:


```
# Demonstriert die Verwendung von Parametern
# Name: afunc7

# Funktion readcmd
readcmd() {
   i=1
   echo "Anzahl der Parameter in der Kommandozeile : $#"

   for var in $*
   do
      echo "$i. Parameter : $var"
      i=`expr $i + 1`
   done
}

# Hauptprogramm
echo "Vor der Funktion ..."
readcmd $*
echo "... nach der Funktion"
```

Das Script bei der Ausführung:

```
you@host > ./afunc7 eins zwei drei vier
Vor der Funktion ...
Anzahl der Parameter in der Kommandozeile : 4
. Parameter : eins
1. Parameter : zwei
2. Parameter : drei
3. Parameter : vier
... nach der Funktion
```

Natürlich können Sie auch einzelne Kommandozeilenparameter an eine Funktion übergeben, z. B.:

```
# Positionsparameter 1 und 3 an die Funktion übergeben
readcmd $1 $3
```

6.3.1 FUNCNAME (Bash only)

In der Bash ab Version 2.04 wird Ihnen eine Variable namens FUNCNAME angeboten, in der sich der Name der aktuell ausgeführten Funktion befindet.

```
# Demonstriert die Verwendung von Parametern
# Name: afunc8

# Funktion myname
myname() {
   echo "Ich bin die Funktion: $FUNCNAME"
}

# Funktion andmyname
andmyname() {
   echo "Und ich heiße $FUNCNAME"
}

# Hauptprogramm
echo "Vor der Funktion ..."
myname
andmyname
echo "... nach der Funktion"
```

Das Script bei der Ausführung:

```
you@host > ./afunc8
Vor der Funktion ...
Ich bin die Funktion: myname
Und ich heiße andmyname
... nach der Funktion
```

Im Hauptprogramm des Scripts ist diese Variable allerdings leer (""). Hierbei steht Ihnen ja weiterhin $0 zur Verfügung. Wollen Sie jedoch den Funktionsnamen innerhalb der Funktion löschen (warum auch immer), dann können Sie dies mit unset FUNCNAME erreichen.

6.4 Rückgabewert aus einer Funktion

Sie haben verschiedene Möglichkeiten, ein Ergebnis von einer Funktion zu erhalten:

- Mit dem Schlüsselwort return.
- Mit globalen Variablen.

- Mit echo wird das Ergebnis in die Standardausgabe ausgegeben und in der Hauptfunktion eine Kommando-Substitution vorgenommen.

6.4.1 Rückgabewert mit return

Wird der Befehl return innerhalb einer Funktion ausgeführt, wird die Funktion verlassen und der Wert *n* als Ganzzahl zurückgegeben. Die Syntax lautet:

```
return [n]
```

Wird hierbei nicht der Parameter *n* verwendet, dann wird der Rückgabewert des zuletzt ausgeführten Kommandos zurückgegeben. Für *n* können Sie einen Wert zwischen 0 bis 255 angeben. Negative Werte sind ebenfalls möglich. Den Rückgabewert von return wird im Hauptprogramm des Scripts mit der Variablen $? ausgewertet.

> **Den Rückgabewert von Funktionen ohne »return« auswerten**
>
> Verwendet man kein return innerhalb einer Funktion, kann man dennoch die Variable $? auswerten. Allerdings befindet sich darin dann der Exit-Status des zuletzt ausgeführten Kommandos in der Funktion.

```
# Demonstriert die Verwendung von Parametern
# Name: afunc9

# Funktion usage
usage() {
   if [ $# -lt 1 ]
   then
      echo "usage: $0 datei_zum_lesen"
      return 1   # return-Code 1 zurückgeben : Fehler
   fi
   return 0      # return-Code 0 zurückgeben : Ok
}

# Hauptprogramm
usage $*
# Wurde 1 aus usage zurückgegeben ...
if [ $? -eq 1 ]
then
   printf "Bitte Datei zum Lesen eingeben : "
   read file
else
   file=$1
```

```
fi

echo "Datei $file wird gelesen"
```

Das Script bei der Ausführung:

```
you@host > ./afunc9
usage: ./afunc1 datei_zum_lesen
Bitte Datei zum Lesen eingeben : testfile.dat
Datei testfile.dat wird gelesen
you@host > ./afunc9 testfile.dat
Datei testfile.dat wird gelesen
```

Im Script gibt die Funktion usage den Rückgabewert 1 zurück, wenn keine Datei als Argument zum Lesen angegeben wurde. Im Hauptprogramm werten wir dann die Variable $? aus. Befindet sich hier der Wert 1 (von der Funktion usage), wird der Anwender erneut aufgefordert, eine Datei zum Lesen einzugeben.

6.4.2 Rückgabewert mit echo und einer Kommando-Substitution

Sicherlich wird sich der eine oder andere hier fragen, wie man denn nun tatsächlich »echte« Werte wie Ergebnisse mathematischer Berechnungen oder Zeichenketten aus einer Funktion zurückgeben kann. Hierfür kommt nur die bereits bekannte Kommando-Substitution infrage. Das Prinzip ist einfach: Sie geben das Ergebnis in der Funktion mittels echo auf die Standardausgabe aus, und im Hauptprogramm leiten Sie diese Daten mit einer Kommando-Substitution in eine Variable um.

```
variable=`functions_name arg1 arg2 ... arg_n`
```

Hierzu ein Beispiel:

```
# Demonstriert die Verwendung von Parametern
# Name: afunc10
# Funktion verdoppeln
verdoppeln() {
   val=`expr $1 \* 2`
   echo $val
}

#Funktion halbieren
halbieren() {
   val=`expr $1 / 2`
   echo $val
}
```

```
# Alle Kleinbuchstaben in Großbuchstaben umwandeln
upper() {
   echo $string | tr 'a-z' 'A-Z'
}

# Alle Großbuchstaben in Kleinbuchstaben umwandeln
lower() {
   echo $string | tr 'A-Z' 'a-z'
}

# Hauptprogramm

val=`verdoppeln 25`
echo "verdoppeln 25 = $val"

# So geht es auch ...
echo "halbieren  20 = `halbieren 20`"

string="Hallo Welt"
ustring=`upper $string`
echo "upper $string = $ustring"

string="Hallo Welt"
echo "lower $string = `lower $string`"
```

Das Script bei der Ausführung:

```
you@host > ./afunc10
verdoppeln 25 = 50
halbieren  20 = 10
upper Hallo Welt = HALLO WELT
lower Hallo Welt = hallo welt
```

Rückgabe mehrerer Werte aus einer Funktion

Mit derselben Methode, die eben verwendet wurde, ist es auch möglich, mehrere Werte aus einer Funktion zurückzugeben. Hierzu müssen Sie nur alle Variablen als eine Zeichenkette mittels echo auf die Standardausgabe schreiben und in der Hauptfunktion diese Zeichenkette mittels set wieder auf die einzelnen Positionsparameter aufsplitten. Hier sehen Sie ein Beispiel dazu:

```
# Demonstriert die Verwendung von Parametern
# Name: afunc11
```

```
# Funktion verdoppeln
verdoppeln_und_halbieren() {
   val1=`expr $1 \* 2`
   val2=`expr $1 / 2`
   echo $val1 $val2
}

# Hauptprogramm
val=`verdoppeln_und_halbieren 20`

# Aufsplitten auf die einzelnen Positionsparameter
set $val

echo "verdoppeln 20 = $1"
echo "halbieren  20 = $2"
```

Das Script bei der Ausführung:

```
you@host > ./afunc11
verdoppeln 20 = 40
halbieren  20 = 10
```

6.4.3 Rückgabewert ohne eine echte Rückgabe (lokale Variable)

Die letzte Methode besteht darin, eine Variable aus einer Funktion, also auch in der Hauptfunktion, zu verwenden. Für jemanden, der schon in anderen Programmiersprachen Erfahrungen gesammelt hat, dürfte dies recht ungewohnt sein, weil es von der üblichen Struktur der Programmierung abweicht. Da aber alle Funktionen auf alle Variablen des Hauptprogramms zugreifen können, ist dies hier möglich. Ein Beispiel:

```
# Demonstriert die Verwendung von Parametern
# Name: afunc12

# Funktion verdoppeln
verdoppeln_und_halbieren() {
   val1=`expr $1 \* 2`
   val2=`expr $1 / 2`
}

# Hauptprogramm
verdoppeln_und_halbieren 20

echo "verdoppeln 20 = $val1"
echo "halbieren  20 = $val2"
```

6.4.4 Funktionen und exit

Beachten Sie bitte: Wenn Sie eine Funktion mit exit schließen, beenden Sie hiermit das komplette Script bzw. die Subshell. Der exit-Befehl versetzt das komplette Script in den Beendigungsstatus. Dies kann beispielsweise gewollt sein, wenn eine Funktion bzw. ein Script nicht die Daten (Argumente) erhält, die für ein sinnvolles Weiterarbeiten erforderlich wären. Ein Beispiel ist die Übergabe von Argumenten aus der Kommandozeile:


```
# Demonstriert die Verwendung von Parametern
# Name: afunc13

# Funktion usage
usage() {
   if [ $# -lt 1 ]
   then
      echo "usage: $0 datei_zum_lesen"
   exit 1
   fi
}

# Hauptprogramm
echo "Vor der Funktion ..."
usage $*
echo "... nach der Funktion"
```

Das Script bei der Ausführung:

```
you@host > ./afunc13
Vor der Funktion ...
usage: ./afunc12 datei_zum_lesen
you@host > echo $?
1
you@host > ./afunc13 test
Vor der Funktion ...
... nach der Funktion
you@host > echo $?
0
```

6.5 Lokale kontra globale Variablen

In Abschnitt 6.4.3 konnten Sie bereits sehen, dass man ohne Probleme von der Hauptfunktion aus auf Variablen einer Funktion zugreifen kann. Dabei handelt es sich um globale Variablen. Aber wie »global« eigentlich globale Variablen in einer Funktion sind, soll Ihnen das folgende Beispiel zeigen:

```
# Demonstriert die Verwendung von Parametern
# Name: afunc14

# Funktion value1
value1() {
   val1=10
}

# Hauptprogramm
echo $val1
```

In diesem Beispiel gibt `val` nicht wie erwartet den Wert 10 aus, sondern einen leeren String. Die globale Variable `val1` steht Ihnen erst zur Verfügung, wenn Sie die Funktion `value1` aufrufen, da erst durch den Aufruf der Funktion `value1` die Variable `val1` mit einem Wert belegt wird.

```
# Demonstriert die Verwendung von Parametern
# Name: afunc15

# Funktion value1
value1() {
   val1=10
}
# Hauptprogramm
value1
echo $val1
```

Jetzt wird auch der Wert von `val1` gleich 10 ausgegeben. Wünschen Sie aber eine globale Variable, die auch sofort der Hauptfunktion zur Verfügung steht, dann müssen Sie diese eben noch vor der ersten Verwendung außerhalb einer Funktion definieren:

```
# Demonstriert die Verwendung von Parametern
# Name: afunc16

# Globale Variable
val1=11

# Funktion value1
value1() {
   val1=10
}

# Hauptprogramm
echo $val1
value1
echo $val1
```

Das Script bei der Ausführung:

```
you@host > ./afunc16
11
10
```

Sie müssen sich immer vor Augen halten, dass sich jede Veränderung einer globalen Variablen auch auf diese Variable bezieht. Des Weiteren sind globale Variablen bei immer länger werdenden Scripts eher kontraproduktiv, da man schnell die Übersicht verlieren kann. Besonders bei häufig verwendeten Variablennamen wie `i`, `var`, `file`, `dir` usw. kann es schnell passieren, dass man dieselbe Variable im Script in einer anderen Funktion nochmals verwendet.

Solche Dopplungen wurden früher (und werden heute immer noch) in den Shells durch spezielle Variablennamen vermieden. Hieß beispielsweise die Funktion `readcmd`, verwendete man Variablen mit dem Präfix `read_var1`, `read_var2` usw. Dadurch, dass man dem Variablennamen ein paar Buchstaben des Funktionsnamens voranstellt, lassen sich viele Fehler vermeiden. Ein Beispiel:

```
# Funktion connect
connect {
   con_file=$1
   con_pass=$2
   con_user=$3
   con_i=0
   ...
}

# Funktion insert
insert {
   ins_file=$1
   ins_pass=$2
   ins_user=$3
   ins_i=0
   ...
}
...
```

6.5.1 Lokale Variablen

In der Bash, der Z-Shell und der Korn-Shell können Sie lokale Variablen innerhalb von Funktionen (und nur dort) definieren. Hierzu müssen Sie nur der Variablen bei der Definition das Schlüsselwort `local` voranstellen:

```
local var=wert
```

Eine so definierte Variable hat ihre Lebensdauer somit auch nur innerhalb der Funktion, in der sie erzeugt wurde. Beendet sich die Funktion, verliert die Variable ebenfalls ihre Gültigkeit und zerfällt. Da macht es auch nichts mehr aus, wenn Sie in Ihrem Script eine globale Variable mit demselben Namen verwenden, wie ihn die lokale Variable hat. Mithilfe von lokalen Variablen können Sie eine Variable in einer Funktion vor dem Rest des Scripts verstecken.

Hier sehen Sie ein Beispiel, das den Einsatz von lokalen Variablen demonstriert:

```
# Demonstriert die Verwendung von Parametern
# Name: afunc17

# Globale Variable
var="ich bin global"


# Funktion localtest
localtest() {
   local var="ich bin local"
   echo $var
}

# Hauptfunktion
echo $var
localtest
echo $var
```

Das Script bei der Ausführung:

```
you@host > ./afunc17
ich bin global
ich bin local
ich bin global
```

Hätten Sie das Schlüsselwort `local` nicht verwendet, würde die Ausgabe des Scripts wie folgt aussehen:

```
you@host > ./afunc17
ich bin global
ich bin local
ich bin local
```

Rufen Sie aus einer Funktion eine weitere Funktion auf, steht dieser Funktion ebenfalls die lokale Variable zur Verfügung – auch wenn eine gleichnamige globale Variable hierzu existieren würde:

```
# Demonstriert die Verwendung von Parametern
# Name: afunc18

# Globale Variable
var="ich bin global"

# Funktion localtest
localtest() {
   local var="ich bin local"
   alocaltest
}

#Funktion alocaltest
alocaltest() {
   echo $var
}

# Hauptfunktion
localtest
```

Das Script bei der Ausführung:

```
you@host > ./afunc18
ich bin local
```

6.6 alias und unalias

In den Shells gibt es die Möglichkeit, einen Alias für beliebige Befehle zu definieren. Mit einem Alias teilt man dem System mit, dass ein Befehl auch unter einem anderen Namen ausgeführt werden soll.

> **Das Kommando »alias« und Aliasse im Finder bei macOS**
>
> Der Befehl `alias` hat unter macOS nichts mit den Aliassen gemeinsam, die als Verweise auf Dateien und Ordner im Finder verwendet werden.

Aliasse werden eigentlich nicht direkt in der Shell-Programmierung verwendet, aber sie stellen doch irgendwie kleine Funktionen dar. Die Syntax lautet:

```
# Definition eines Alias
alias name=definition

# Löschen einer Alias-Definition
```

```
unalias name

# Anzeigen aller gesetzten Aliasse
alias
```

Durch Eingabe von name werden die in der definition enthaltenen Kommandos ausgeführt. Meistens finden Sie auf den Systemen schon eine Menge vordefinierter Aliasse, die Sie mit einem einfachen alias auflisten lassen können:

```
you@host > alias
alias +='pushd .'
alias -='popd'
alias ..='cd ..'
alias ...='cd ../..'
...
alias which='type -p'
```

Eigene Aliasse werden vorwiegend erzeugt, wenn der Befehl zu lang oder zu kryptisch erscheint. Hier sehen Sie ein einfaches Beispiel:

```
you@host > alias xpwd="du -sh ."
you@host > xpwd
84M     .
you@host > cd $HOME
you@host > xpwd
465M    .
```

Anstatt ständig die Befehlsfolge du -sh . einzugeben, um die Größe des aktuellen Arbeitsverzeichnisses anzuzeigen, haben Sie einen Alias mit xpwd angelegt. Durch den Aufruf von xpwd wird nun die Befehlsfolge du -sh . gestartet. Wollen Sie den Alias wieder entfernen, müssen Sie nur unalias verwenden:

```
you@host > unalias xpwd
you@host > xpwd
bash: xpwd: command not found
```

Auf der einen Seite mögen solche Aliasse sehr bequem sein, aber bedenken Sie, dass Ihnen der eine oder andere Befehl nicht zur Verfügung steht, wenn Sie auf verschiedenen Systemen arbeiten. Auf der anderen Seite können solche Aliasse gerade über System- und Distributionsgrenzen hinweg sehr nützlich sein. So befindet sich z. B. die Stelle für das Einhängen (*Mounten*) diverser Datenträger – etwa von CD-ROMs – in vielen Systemen ganz woanders. Bei Debian liegt diese Stelle im Verzeichnis */cdrom*, bei SuSE finden Sie sie unter */media/cdrom*, und bei anderen Systemen kann es wieder anders sein. Hier ist ein Alias der folgenden Art sehr nützlich:

```
you@host > alias mcdrom="mount /media/cdrom"
you@host > alias ucdrom="umount /media/cdrom"
```

Aliasse und die Sicherheit

Aliasse sind vom Benutzer und dessen Account abhängig. Somit kann nur der Eigentümer eines Accounts auf seine Aliasse zugreifen, aber keine andere Person. Dies sollte aus Sicherheitsgründen erwähnt werden, da so kein anderer User den Alias eines Benutzers manipulieren kann, etwa um böswillige Absichten zu verfolgen – übrigens ein weiterer Grund dafür, ein gutes Passwort zu verwenden und es an niemanden weiterzugeben. Aliasse sind auch die Grundlage vieler Rootkits. Oft wird ein Alias auf `ls` oder ähnlich definiert oder – noch schlimmer – das `ls`-Binary mit einem anderen überschrieben. Bei Letzterem wurde das System schon übernommen, und dem Angreifer geht es nur noch darum, möglichst lange unentdeckt zu bleiben.

Natürlich kann man mit Aliassen auch eine Folge von Befehlen verwenden. Mehrere Befehle werden hierbei durch jeweils ein Semikolon getrennt in eine Zeile geschrieben. Sie können auch eine Pipe oder die Umleitungszeichen verwenden:

```
you@host > alias sys="ps -ef | more"
```

Sind Sie sich nicht ganz sicher, ob Sie ein Kommando oder nur einen Alias verwenden, können Sie mit `type` nachfragen:

```
you@host > type dir
dir is aliased to `ls -l'
```

Wollen Sie Ihre alten DOS-Gewohnheiten ablegen, dann schreiben Sie:

```
you@host > alias dir="echo Dies hier ist kein DOS, verwenden \
> Sie ls :-\)"
you@host > dir
Dies hier ist kein DOS, verwenden Sie ls :-)
```

Alias-Definitionen werden außerdem immer als Erstes interpretiert, also noch vor den eingebauten Shell-Kommandos (Builtins) und den externen Kommandos in `PATH`. Dadurch können Sie gegebenenfalls auch ein Kommando umdefinieren, das unter dem gleichen Namen existiert. Alias-Definitionen, die Sie zur Laufzeit festlegen, sind nach einem Neustart des Systems allerdings nicht mehr vorhanden. Die Aliasse, die Ihnen nach dem Einloggen in der untergeordneten Shell zur Verfügung stehen, sind meistens in Dateien wie beispielsweise *.bashr*, *.cshrc*, *.kshrc* oder *.myalias* eingetragen. Wollen Sie einen Alias definieren, der Ihnen gleich nach dem Einloggen zur Verfügung steht, müssen Sie ebenfalls hier Ihren Eintrag hinzufügen. Auf Dateien, bei denen Sie etwas finden und verändern können, gehen wir noch in Abschnitt 8.9, »Startprozess- und Profildaten der Shell«, ein.

6.7 Autoload (Korn-Shell und Z-Shell)

In der Korn-Shell und in der Z-Shell steht Ihnen eine Möglichkeit zur Verfügung, aus jeder Funktion, die Sie geschrieben haben, eine Datei zu erstellen, ohne dass diese Datei ausführbar sein muss. Wo ist hier der Vorteil gegenüber dem Starten einer Funktion mit dem Punkteoperator? Vorwiegend geht es hier um die Geschwindigkeit. Bisher konnten Sie Funktionsbibliotheken nur komplett einlesen – auch wenn Sie aus einer Bibliothek nur eine Funktion benötigten. Mit dem Autoload-Mechanismus können Sie wirklich nur diese eine Funktion laden, egal ob sich Hunderte anderer Funktionen in der Datei aufhalten.

Hierzu müssen Sie lediglich die Variable FPATH auf das Verzeichnis oder die Verzeichnisse lenken, in denen die Funktionsdateien enthalten sind. Anschließend müssen Sie FPATH exportieren:

```
FPATH="$FPATH:/pfad/zur/funktionsdatei"
export FPATH
```

Als Beispiel verwenden wir einfach folgende Datei mit einigen Funktionen:

```
# Name: funktionen

afunction1() {
   echo "Ich bin eine Funktion"
}

afunction2() {
   echo "Ich bin auch eine Funktion"
}
```

Diese Datei müssen Sie nun der Variablen FPATH bekannt machen und exportieren:

```
you@host > FPATH=$HOME/funktionen
you@host > export FPATH
```

Jetzt müssen Sie diesen Dateinamen nur noch mit

```
autoload funktionen
```

bekannt geben. Nun stehen Ihnen nach einmaligem Aufruf des Namens der Funktionen alle Funktionen zur Verfügung. Verwenden Sie beim Schreiben nur den Funktionsrumpf allein, haben Sie gegenüber dem Schreiben von Funktionen den Vorteil, dass diese sofort ausgeführt werden können. autoload-Funktionen müssen nämlich zunächst einmal aufgerufen werden, damit ihr Rumpf bekannt ist.

6.8 Besonderheiten bei der Z-Shell

Auf der Z-Shell gibt es einige vordefinierte Funktionen, die spezielle Aufgaben erledigen können. Diese Funktionen können Sie zum Beispiel in Ihre *.zshrc* eintragen.

6.8.1 Chpwd

Wenn Sie diese Funktion nutzen, wird sie bei jedem Wechsel in ein anderes Verzeichnis ausgeführt. Im folgenden Beispiel wird eine Meldung ausgegeben und angezeigt, in welches Verzeichnis gewechselt wird:

```
you@host ~ % chpwd(){echo "Verzeichnis wird gewechselt nach `pwd`";}
you@host ~ % cd daten
Verzeichnis wird gewechselt nach /home/stefan/daten
you@host ~/daten % cd ..
Verzeichnis wird gewechselt nach /home/stefan
```

6.8.2 Precmd

Nach jedem Programmaufruf wird diese Funktion ausgeführt, bevor der Prompt wieder angezeigt wird:

```
you@host ~ % precmd(){echo "Das Kommando hat den Endstatus $? "; }
Das Kommando hat den Endstatus 0
you@host ~ % ls
case.zsh  daten  gedicht.txt  pipestatus.zsh
Das Kommando hat den Endstatus 0
you@host ~ % ls -ö
ls: Ungültige Option -- ö
"ls --help" liefert weitere Informationen.
Das Kommando hat den Endstatus 2
```

6.8.3 Preexec

Diese Funktion wird immer ausgeführt, bevor ein Kommando abgearbeitet wird. So können Sie zum Beispiel vor jedem Kommando eine Meldung ausgeben:

```
you@host ~ % preexec(){echo "Kommando $1 wird ausgeführt " ; }
Kommando preexec wird ausgeführt
```

```
Das Kommando hat den Endstatus 0
you@host ~ % ls
Kommando ls wird ausgeführt
case.zsh  daten  gedicht.txt  pipestatus.zsh
Das Kommando hat den Endstatus 0
```

Hier sehen Sie eine weitere Möglichkeit, die Sie mit allen Sonderfunktionen der Z-Shell nutzen können. Die gesamte Kommandozeile des Kommandos wird in der Variablen `$1` an die Funktion übergeben. Damit können Sie innerhalb der Funktion eine weitere Auswertung der Kommandozeile durchführen.

6.8.4 Zshexit

Diese Funktion wird immer dann ausgeführt, wenn Sie eine Z-Shell beenden:

```
you@host ~ % zshexit(){ echo "Danke, dass Sie zsh genutzt haben"; }
you@host ~ % exit
Danke, dass Sie zsh genutzt haben
you@host ~ %
```

Die Funktion wird nur auf der Shell ausgeführt, auf der sie definiert wurde.

Wir haben Ihnen hier nur kurze Beispiele dafür gezeigt, wie Sie die Funktionen nutzen können. Selbstverständlich können Sie in den Funktionen komplexe Befehle mit Schleifen und Bedingungen einbetten, die dann zu dem entsprechenden Zeitpunkt abgerufen werden.

6.9 Aufgaben

1. Ändern Sie das Script aus Abschnitt 5.3 so, dass nach jeder Anzeige des Ergebnisses eine Pause mit der Meldung `Weiter mit RETURN` auf dem Bildschirm erscheint. Erstellen Sie für die Pause am Anfang des Scripts eine Funktion. Die Berechnungen der Ergebnisse sollen in Funktionen ausgelagert werden. Die Prüfung, ob die eingegebenen Werte am Anfang korrekt sind, soll in eine Funktion ausgelagert werden.
2. Schreiben Sie ein Script, dem beliebig viele Dateien als Positionsparameter übergeben werden können. Schreiben Sie alle Dateinamen in ein Array. Übergeben Sie das Array an eine Funktion. In der Funktion sollen die Rechte der Datei in ein weiteres Array eingelesen werden. (Hinweis: Verwenden Sie `cut`.) Anschließend soll das Ergebnis formatiert mit Überschriften ausgegeben werden. Bei allen nicht vorhandenen Dateinamen soll in dem Array für die Rechte der Hinweis »KEINE DATEI« geschrieben werden.

Kapitel 7
Signale

Signale werden zur Steuerung von Prozessen verwendet. Wie ein Prozess auf ein bestimmtes Signal reagiert, können Sie entweder dem System überlassen oder selbst festlegen.

7.1 Grundlagen zu den Signalen

Bei Signalen handelt es sich um asynchrone Ereignisse, die eine Unterbrechung (genauer gesagt: eine Interrupt-Anforderung) auf der Prozessebene bewirken können. Dabei handelt es sich um ein einfaches Kommunikationsmittel zwischen zwei Prozessen (Interprozesskommunikation), mit dem ein Prozess einem anderen eine Nachricht senden kann. Bei den Nachrichten selbst handelt es sich wiederum um einfache Ganzzahlen, die aber auch mit einem symbolischen (aussagekräftigen) Namen verwendet werden können (auch *Makro* genannt).

Vorwiegend werden Signale verwendet zur Synchronisation, zum Ausführen von vordefinierten Aktionen oder zum Beenden bzw. Unterbrechen von Prozessen. Generell lassen sich Signale in drei Kategorien einordnen (die Bedeutung der einzelnen Signale erfahren Sie am Abschnittsende):

- Systemsignale (Hardware- und Systemfehler, ILL, TRAP, BUS, FPE, KILL, SEGV, XCPU, XFSZ, IO)
- Gerätesignale (HUP, INT, PIPE, ALRM, CHLD, CONT, STOP, TTIN, TTOU, URG, WINCH, IO)
- benutzerdefinierte Signale (QUIT, ABRT, USR1, USR2, TERM)

Wenn ein Prozess ein bestimmtes Signal erhält, wird dieses Signal in einem sogenannten Prozesstabelleneintrag hinterlegt. Sobald diesem Prozess Rechenzeit der CPU zur Verfügung steht, um seine Befehle abzuarbeiten, wird der Kernel aktiv und sieht nach, wie auf das Signal reagiert werden soll (das ist alles natürlich ein wenig vereinfacht erklärt). Hier können Sie jetzt ins Geschehen eingreifen und auf das Eintreten eines Signals reagieren. Sofern Sie gar nichts unternehmen, führt der Kernel die Standardaktion für das entsprechende Signal aus. Was die Standardaktion ist, hängt vom jeweiligen Signal ab. Meistens handelt es sich dabei um die Beendigung des Prozesses. Einige Signale erzeugen auch einen Core-Dump (Speicherabbild eines Prozesses), der zum Debuggen verwendet werden kann.

Sofern Sie nicht wollen, dass die Standardaktion beim Auftreten eines Signals ausgeführt wird (und darum geht es auch in diesem Kapitel), können Sie das Signal abfangen und entsprechend darauf reagieren oder es sogar vollständig ignorieren. Wenn Sie ein Signal ignorieren, kommt es gar nicht erst bei dem Prozess an.

Für die Reaktion auf Signale stehen Ihnen drei Möglichkeiten zur Verfügung, von denen Sie zwei selbst beeinflussen können (siehe Abbildung 7.1):

- Sie reagieren gar nicht und lassen die vom Kernel vordefinierte Standardaktion ausführen.
- Sie ignorieren das Signal, damit es gar nicht erst beim Prozess ankommt (was allerdings bei den Signalen `SIGKILL` und `SIGSTOP` nicht möglich ist).
- Sie fangen das Signal ab und reagieren mit einer entsprechenden Routine darauf.

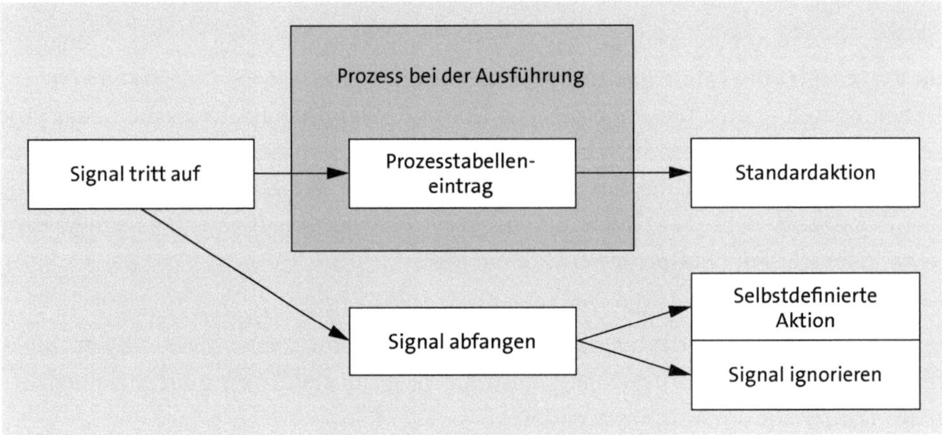

Abbildung 7.1 Mögliche Reaktionen beim Auftreten eines Signals

Signale treten vorwiegend bei Programmfehlern (unerlaubtem Speicherzugriff mit einem Zeiger, ungültigen Instruktionen, Division durch null ...) auf oder werden vom Benutzer selbst ausgelöst. Beispielsweise können Sie mit der Tastenkombination `Strg`+`C` (= `SIGINT`) oder `Strg`+`Z` (= `SIGTSTP`) einen Prozess in der aktuellen Shell beenden bzw. anhalten.

Tastenbelegung beim Mac

Beachten Sie bitte, dass Sie beim Mac statt der `cmd`-Taste die `Ctrl`-Taste verwenden müssen. `SIGINT` lösen Sie hier also beispielsweise mit `Ctrl`+`C` aus.

Einen Überblick über die Signale auf Ihrem System erhalten Sie in der Kommandozeile mit `kill -l` (kleines L). In den Tabelle 7.1 bis Tabelle 7.7 finden Sie eine Auflistung der Signale (mitsamt deren Nummern und Standardaktionen) und ihrer Bedeutung. Die Tabellen sind übrigens nach den Themen der Signale aufgeteilt.

Allerdings gilt die hier gezeigte Übersicht nur für Intel- und PPC-Prozessor-Systeme. Sparc- und Alpha- oder MIPS-Prozessor-basierte Systeme haben zumindest zum Teil eine andere Signalnummer. Die Nummern weichen auch unter FreeBSD ab – hier scheinen die Entwickler der Systeme eigene Süppchen zu kochen. Dies ist ein weiterer Grund dafür, den symbolischen Namen statt der Nummer zu verwenden.

Name	Nr.	Aktion	Verfügbar	Bedeutung
SIGILL	4	Core & Ende	POSIX	Eine ungültige Instruktion wurde ausgeführt.
SIGTRAP	5	Core & Ende		Unterbrechung (Einzelschrittausführung)
SIGABRT	6	Core & Ende	POSIX	abnormale Beendigung
SIGBUS	7	Core & Ende		Fehler auf dem System-Bus
SIGFPE	8	Core & Ende	POSIX	Problem bei einer Gleitkommaoperation (z. B. Teilung durch null)
SIGSEGV	11	Core & Ende	POSIX	Speicherzugriff auf unerlaubtes Speichersegment
SIGSYS	31	Core & Ende		ungültiges Argument bei System-Call
SIGEMT		Ende		Emulations-Trap
SIGIOT		Core & Ende		wie SIGABRT

Tabelle 7.1 Signale, die meist bei Programmfehlern auftreten

Name	Nr.	Aktion	Verfügbar	Bedeutung
SIGHUP	1	Ende	POSIX	Abbruch einer Dialogstationsleitung bzw. Konfiguration neu laden für Daemons
SIGINT	2	Ende	POSIX	Interrupt der Dialogstation (Strg+C)
SIGQUIT	3	Core & Ende	POSIX	das Signal quit von einer Dialogstation
SIGKILL	9	Ende	POSIX	das Signal kill

Tabelle 7.2 Signale, die den Prozess beenden

Name	Nr.	Aktion	Verfügbar	Bedeutung
SIGTERM	15	Ende	POSIX	Programme, die SIGTERM abfangen, bieten meistens einen »Soft Shutdown« an.

Tabelle 7.2 Signale, die den Prozess beenden (Forts.)

Name	Nr.	Aktion	Verfügbar	Bedeutung
SIGALRM	14	Ende	POSIX	Zeituhr ist abgelaufen – alarm().
SIGVTALRM	26	Ende	BSD, SVR4	Der virtuelle Wecker ist abgelaufen.
SIGPROF	27	Ende		Der Timer zur Profileinstellung ist abgelaufen.

Tabelle 7.3 Signale, die bei Beendigung eines Timers auftreten – Alarm

Name	Nr.	Aktion	Verfügbar	Bedeutung
SIGURG	23	Ignoriert	BSD, SVR4	Ein dringender Socket-Status ist eingetreten.
SIGIO	29	Ignoriert	BSD, SVR4	Socket-E/A ist möglich.
SIGPOLL		Ende	SVR4	Ein anstehendes Ereignis bei Streams wird signalisiert.

Tabelle 7.4 Asynchrone E/A-Signale

Name	Nr.	Aktion	Verfügbar	Bedeutung
SIGCHLD	17	Ignoriert	POSIX	Der Kindprozess wurde beendet oder angehalten.
SIGCONT	18	Ignoriert	POSIX	Ein angehaltener Prozess soll weiterlaufen.
SIGSTOP	19	Anhalten	POSIX	Der Prozess wurde angehalten.
SIGTSTP	20	Anhalten	POSIX	Der Prozess wurde »von Hand« mit STOP angehalten.

Tabelle 7.5 Signale zur Prozesskontrolle

Name	Nr.	Aktion	Verfügbar	Bedeutung
SIGTTIN	21	Anhalten	POSIX	Der Prozess wollte aus einem Hintergrundprozess der Kontrolldialogstation lesen.
SIGTTOU	22	Anhalten	POSIX	Der Prozess wollte in einem Hintergrundprozess der Kontrolldialogstation schreiben.
SIGCLD		Ignoriert		Wie SIGCHLD.

Tabelle 7.5 Signale zur Prozesskontrolle (Forts.)

Name	Nr.	Aktion	Verfügbar	Bedeutung
SIGPIPE	13	Ende	POSIX	Es wurde in eine Pipe geschrieben, aus der niemand liest. Es wurde versucht, in eine Pipe mit O_NONBLOCK zu schreiben, aus der keiner liest.
SIGLOST		Ende		Eine Dateisperre ging verloren.
SIGXCPU	24	Core & Ende	BSD, SVR4	Maximale CPU-Zeit wurde überschritten.
SIGXFSZ	25	Core & Ende	BSD, SVR4	Maximale Dateigröße wurde überschritten.

Tabelle 7.6 Signale, die bei Fehlern einer Operation ausgelöst werden

Name	Nr.	Aktion	Verfügbar	Bedeutung
SIGUSR1 SIGUSR2	10, 12	Ende	POSIX	frei zur eigenen Benutzung
SIGWINCH	28	Ignoriert	BSD	Die Window-Größe hat sich verändert.

Tabelle 7.7 Die restlichen Signale

7.2 Signale senden – kill

Mit dem Kommando `kill` können Sie einem oder mehreren Prozessen aus der Kommandozeile oder einem Script heraus ein Signal senden:

```
kill -SIGNAL PID [ PID ... ]
```

Als `SIGNAL` verwendet man entweder den Namen, beispielsweise `HUP`, oder (sofern man diese kennt) die entsprechende Nummer (unter Linux beispielsweise hat `HUP` die Nummer 1). Den Signalnamen können Sie entweder in vorschriftsmäßiger Form (ohne `SIG`) oder mit dem Präfix `SIG` verwenden. Der Signalname muss hierbei in Großbuchstaben gesetzt werden. Dahinter wird der Prozess (oder werden die Prozesse) mit seiner Prozess-ID (`PID`) angegeben. Somit sind folgende Angaben identisch und erfüllen denselben Zweck:

```
kill -9 1234
kill -KILL 1234
kill -SIGKILL 1234
```

Alle hier verwendeten Angaben beenden den Prozess mit der ID 1234 mit dem Signal `SIGKILL`. Nutzen Sie hingegen `kill` ohne Angabe eines Signals bzw. einer Signalnummer, wird standardmäßig das Signal `SIGTERM` (Nr. 15) an den angegebenen Prozess gesendet.

Die harte oder die sanfte Methode

Sofern Sie beabsichtigen, einen Prozess mit `SIGKILL` (bzw. Nr. 9) »abzuschießen«, sei Ihnen empfohlen, es doch lieber zunächst etwas sanfter mit `SIGTERM` (bzw. Nr. 15) zu versuchen.

Empfängt ein Prozess das Signal `SIGTERM`, versucht er, all seine Ressourcen wieder freizugeben und sich normal zu beenden. Zeigt `SIGTERM` keine Wirkung mehr, können Sie immer noch den Holzhammer (`SIGKILL`) auspacken.

Des Weiteren können Sie nur denjenigen Prozessen ein Signal senden, deren Eigentümer Sie sind (bzw. die Sie gestartet haben). Sie können also nicht einfach den Prozess eines anderen Benutzers auf dem Rechner abschießen – es sei denn, Sie haben Superuser- bzw. Root-Rechte auf dem System, was gewöhnlich nur beim Systemadministrator der Fall sein sollte.

7.3 Eine Fallgrube für Signale – trap

Das Kommando `trap` ist das Gegenstück zu `kill`. Mit ihm können Sie in Ihren Shellscripts auf Signale reagieren (bzw. sie abfangen), um so den Programmabbruch zu verhindern.

```
trap 'kommando1; ... ; kommando_n' Signalnummer
```

Dem Kommandonamen `trap` folgt hier ein Befehl oder eine Liste von Befehlen, die ausgeführt werden sollen, wenn das Signal mit `Signalnummer` eintrifft. Die Befehle werden zwischen einfache Single Quotes geschrieben. Trifft beim ausführenden Script ein Signal ein, wird die Ausführung an der aktuellen Position unterbrochen, und die angegebenen Befehle der `trap`-Anweisung werden ausgeführt. Danach wird mit der Ausführung des Scripts an der unterbrochenen Stelle wieder fortgefahren (siehe Abbildung 7.2).

Ein einfaches Beispiel:

```
# Demonstriert die Funktion trap zum Abfangen von Signalen
# Name: trap1

# Signal SIGINT (2) (Strg+C)
trap 'echo SIGINT erhalten' 2

i=0
while [ $i -lt 5 ]
do
   echo "Bitte nicht stören!"
   sleep 2
   i=`expr $i + 1`
done
```

Das Script bei der Ausführung:

```
you@host > ./trap1
Bitte nicht stören!
Bitte nicht stören! [Strg]+[C]
SIGINT erhalten
Bitte nicht stören!
Bitte nicht stören! [Strg]+[C]
SIGINT erhalten
Bitte nicht stören!
you@host >
```

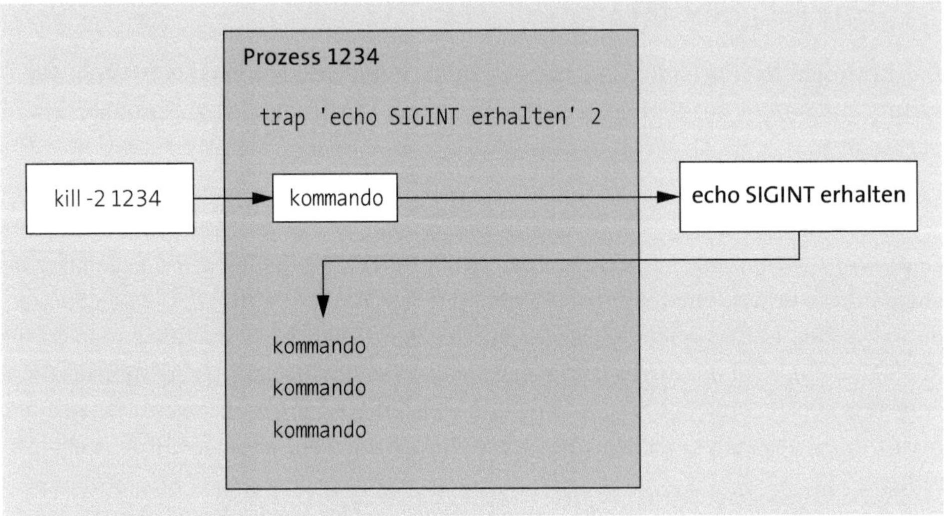

Abbildung 7.2 Abfangen von Signalen mit »trap«

Mit der trap-Anweisung zu Beginn des Scripts sorgen Sie dafür, dass beim Eintreffen des Signals SIGINT – das entweder durch die Tastenkombination [Strg]+[C] oder mit kill -SIGINT PID_von_trap1 ausgelöst wird – der echo-Befehl ausgeführt wird. Würden Sie hier keine trap-Anweisung verwenden, würde das Script beim ersten [Strg]+[C] (SIGINT) beendet werden.

Natürlich können Sie in einem Script auch mehrere Signale abfangen:

```
# Demonstriert die Funktion trap zum Abfangen von Signalen
# Name: trap2

# Signal SIGINT (2) (Strg+C)
trap 'echo SIGINT erhalten' 2
# Signal SIGTERM (15) kill -TERM PID_of_trap2
trap 'echo SIGTERM erhalten' 15
i=0
while [ $i -lt 5 ]
do
   echo "Bitte nicht stören! ($$)"
   sleep 5
   i=`expr $i + 1`
done
```

Das Script bei der Ausführung:

```
you@host > ./trap2
Bitte nicht stören! (10175) [Strg]+[C]
SIGINT erhalten
Bitte nicht stören! (10175)
Bitte nicht stören! (10175)
SIGTERM erhalten
Bitte nicht stören! (10175)
Bitte nicht stören! (10175)
you@host >
```


Bei der Ausführung von trap2 wurde das Signal SIGTERM hier aus einer anderen Konsole wie folgt an das Script gesendet:

```
you@host > kill -TERM 10175
```

Sie müssen allerdings nicht für jedes Signal eine extra trap-Anweisung verwenden, sondern können hinter der Signalnummer weitere Signalnummern – getrennt durch mindestens ein Leerzeichen – anfügen und somit auf mehrere Signale mit denselben Befehlen reagieren:

```
# Demonstriert die Funktion trap zum Abfangen von Signalen
# Name: trap3

# Signale SIGINT und SIGTERM abfangen
trap 'echo Ein Signal \(SIGINT/SIGTERM\) erhalten' 2 15

i=0
while [ $i -lt 5 ]
do
   echo "Bitte nicht stören! ($$)"
   sleep 5
   i=`expr $i + 1`
done
```

An diesem Beispiel können Sie auch erkennen, warum es nicht möglich ist und auch niemals möglich sein darf, dass das Signal SIGKILL (Nr. 9) ignoriert oder als nicht unterbrechbar eingerichtet wird.

Stellen Sie sich jetzt noch eine Endlosschleife vor, die ständig Daten in eine Datei schreibt. Würde hierbei das Signal SIGKILL ausgeschaltet, würden ewig Daten in die Datei geschrieben, bis das System oder der Plattenplatz schlappmacht, und nicht mal mehr der Systemadministrator könnte das Script unterbrechen.

7.3.1 Einen Signalhandler (Funktion) einrichten

In der Praxis werden Sie beim Auftreten eines bestimmten Signals gewöhnlich keine einfache Ausgabe vornehmen. Meistens werden Sie mit Dingen wie dem »Saubermachen« von Datenresten beschäftigt sein – oder aber Sie richten sich hierzu einen eigenen Signalhandler (Funktion) ein, der auf ein bestimmtes Signal reagieren soll:

```
# Demonstriert die Funktion trap zum Abfangen von Signalen
# Name: trap4

sighandler_INT() {
   printf "Habe das Signal SIGINT empfangen\n"
   printf "Soll das Script beendet werden (j/n) : "
   read
   if [[ $REPLY = "j" ]]
   then
      echo "Bye!"
      exit 0;
   fi
}

# Signale SIGINT abfangen
trap 'sighandler_INT' 2

i=0
while [ $i -lt 5 ]
do
   echo "Bitte nicht stören! ($$)"
   sleep 3
   i=`expr $i + 1`
done
```

Das Script bei der Ausführung:

```
you@host > ./trap4
Bitte nicht stören! (4843)
Bitte nicht stören! (4843) [Strg]+[C]
Habe das Signal SIGINT empfangen
Soll das Script beendet werden (j/n) : n
Bitte nicht stören! (4843)
Bitte nicht stören! (4843)
Bitte nicht stören! (4843)
you@host > ./trap4
Bitte nicht stören! (4854) [Strg]+[C]
```

```
Habe das Signal SIGINT empfangen
Soll das Script beendet werden (j/n) : n
Bitte nicht stören! (4854) Strg+C
Habe das Signal SIGINT empfangen
Soll das Script beendet werden (j/n) : j
Bye!
you@host >
```


Unterschiede in der Korn-Shell

Verwenden Sie in der Korn-Shell innerhalb von Funktionen die trap-Anweisung, dann sind die mit ihr eingerichteten Signale nur innerhalb dieser Funktion gültig.

Ein eigener Signalhandler (bzw. eine Funktion) wird häufig eingerichtet, um eine Konfigurationsdatei neu einzulesen. Bestimmt haben Sie schon einmal bei einem Daemon - oder Serverprogramm die Konfigurationsdatei Ihren Bedürfnissen angepasst. Damit die aktuellen Änderungen aktiv werden, mussten Sie die Konfigurationsdatei mittels

```
kill -HUP PID_of_dämon_oder_server
```

neu einlesen. Wie Sie dies in Ihrem Script erreichen können, haben Sie eben mit dem Script trap4 in ähnlicher Weise gesehen. Ein einfaches Beispiel auch hierzu:

```
# Demonstriert die Funktion trap zum Abfangen von Signalen
# Name: trap5

# Signal SIGHUP empfangen
trap 'readconfig' 1

readconfig() {
   . aconfigfile
}

a=1
b=2
c=3

# Endlosschleife
while [ 1 ]
do
   echo "Werte (PID:$$)"
   echo "a=$a"
   echo "b=$b"
```

```
   echo "c=$c"
   sleep 5
done
```

Die Datei *aconfigfile* sieht wie folgt aus:

```
# Konfigurationsdatei für trap5
# Name: aconfigfile
# Hinweis: Um hier vorgenommene Änderungen umgehend zu
# aktivieren, müssen Sie lediglich die
# Konfigurationsdatei aconfigfile mittels
# kill -HUP PID_of_trap5
# neu einlesen.

a=3
b=6
c=9
```

Das Script bei der Ausführung:

```
###--- tty1 ---###
you@host > ./trap5
Werte (PID:6263)
a=1
b=2
c=3
Werte (PID:6263)
a=1
b=2
c=3

###--- tty2 ---###
you@host > kill -HUP 6263

###--- tty1 ---###
Werte (PID:6263)
a=3
b=6
c=9 [Strg]+[C]
you@host >
```

7.3.2 Mit Signalen Schleifendurchläufe abbrechen

Genauso einfach können Sie auch Signale verwenden, um Schleifen abzubrechen. Hierzu müssen Sie nur in den Befehlen von `trap` die Anweisung `break` eintragen, dann wird beim Auftreten eines gewünschten Signals eine Schleife abgebrochen:

```
# Demonstriert die Funktion trap zum Abfangen von Signalen
# Name: trap6

# Signale SIGINT und SIGTERM abfangen
trap 'break' 2

i=1
while [ $i -lt 10 ]
do
   echo "$i. Schleifendurchlauf"
   sleep 1
   i=`expr $i + 1`
done

echo "Nach dem $i Schleifendurchlauf abgebrochen"
echo "--- Hinter der Schleife ---"
```

Das Script bei der Ausführung:

```
you@host > ./trap6
1. Schleifendurchlauf
2. Schleifendurchlauf
3. Schleifendurchlauf
4. Schleifendurchlauf
5. Schleifendurchlauf [Strg]+[C]


Nach dem 5. Schleifendurchlauf abgebrochen
--- Hinter der Schleife ---
you@host >
```

7.3.3 Mit Signalen das Script beenden

Bitte beachten Sie, dass Sie mit einem abgefangenen Signal keinen Programmabbruch erreichen. Haben Sie zunächst mit der `trap`-Anweisung ein Signal abgefangen, müssen Sie sich gegebenenfalls selbst um die Beendigung eines Prozesses kümmern. Diese Methode wird recht häufig eingesetzt, wenn der Anwender ein Signal an den Prozess sendet, dieser aber den Datenmüll vorher noch entsorgen soll. Hierzu setzen

Sie den Befehl `exit` an das Ende der Kommandofolge, die Sie in der `trap`-Anweisung angegeben haben, beispielsweise:

```
trap 'rm atempfile.tmp ; exit 1' 2
```

Hier wird beim Auftreten von `SIGINT` zunächst die temporäre Datei *atempfile.tmp* gelöscht, bevor im nächsten Schritt mittels `exit` das Script beendet wird.

7.3.4 Das Beenden der Shell (oder eines Scripts) abfangen

Wollen Sie, dass beim Verlassen der Shell oder eines Scripts noch eine andere Datei bzw. ein anderes Script ausgeführt wird, können Sie das Signal 0 (`EXIT`) abfangen. Dieses Signal wird beim normalen Beenden einer Shell oder eines Scripts oder über den Befehl `exit` gesendet, mit dem ein Script oder eine Shell vorzeitig beendet wird. Nicht abfangen können Sie hingegen mit dem Signal 0 Abbrüche, die durch `kill` von außen herbeigeführt wurden. Hier sehen Sie ein einfaches Beispiel, das das Ende einer (echten) Shell abfängt:

```
# Name: dasEnde
# Befehle, die beim Beenden einer Shell ausgeführt werden

cat <<MARKE
**********************************************
*   Hier könnten noch einige nützliche       *
*   Befehle zur Beendigung der Shell stehen.  *
**********************************************
MARKE
echo "Alles erledigt - Shell mit ENTER beenden"
read
```

Zunächst müssen Sie in Ihrer Shell das Signal `EXIT` abfangen und die Datei *dasEnde* aufrufen. Steht die »Falle« für das Signal `EXIT`, können Sie die Shell verlassen:

```
you@host > trap '$SHELL $HOME/dasEnde' 0
you@host > exit
logout
**********************************************
*   Hier könnten noch einige nützliche       *
*   Befehle zur Beendigung der Shell stehen.  *
**********************************************
Alles erledigt - Shell mit ENTER beenden
[↵]

login :
```

Damit die Datei *dasEnde* mit wichtigen Hinweisen in Zukunft nach jedem Verlassen einer Shell dauerhaft zur Verfügung steht, sollten Sie die Zeile

```
trap '$SHELL $HOME/dasEnde' 0
```

in die Datei `.profile` eintragen.

Gleiches lässt sich auch in einem Shellscript verwenden:

```
# Demonstriert die Funktion trap zum Abfangen von Signalen
# Name: trap7

# Signal EXIT abfangen
trap 'exithandler' 0

exithandler() {
   echo "Das Script wurde vorzeitig mit exit beendet!"
   # Hier noch anfallende Aufräumarbeiten ausführen
}

# Hauptfunktion
echo "In der Hauptfunktion" && exit 1
echo "Wird nicht mehr ausgeführt"
```

Das Script bei der Ausführung:

```
you@host > ./trap7
In der Hauptfunktion
Das Script wurde vorzeitig mit exit beendet!
you@host >
```

Im Gegensatz zum Vorgehen in Abschnitt 7.3.3 müssen Sie jetzt kein zusätzliches `exit` bei den Kommandos von `trap` angeben. Hier halten Sie das Script nur beim wirklichen Ende kurz auf.

7.3.5 Signale ignorieren

Wenn Sie in der Liste von Befehlen bei `trap` keine Angaben vornehmen, also leere Single Quotes verwenden, werden die angegebenen Signale (bzw. Signalnummern) ignoriert. Die Syntax lautet:

```
trap '' Signalnummer
```

Somit würden Sie praktisch mit der Angabe von

```
trap '' 2
```

das Signal SIGINT beim Auftreten ignorieren. Das völlige Ignorieren von Signalen kann bei extrem kritischen Datenübertragungen sinnvoll sein. So können Sie zum Beispiel verhindern, dass beim Schreiben kritischer Systemdaten der Anwender mit einem unbedachten SIGINT dazwischenpfuscht. Natürlich gilt hier weiterhin, dass die Signale SIGKILL und SIGSTOP nicht ignoriert werden können.

Undefiniertes Verhalten

Laut POSIX ist das weitere Verhalten von Prozessen undefiniert, wenn die Signale SIGFPE, SIGILL und SIGSEGV ignoriert werden und auch nicht durch einen manuellen Aufruf von kill ausgelöst wurden.

7.3.6 Signale zurücksetzen

Wenn Sie die Reaktion von Signalen mit trap einmal verändert haben, können Sie durch einen erneuten Aufruf von trap den Standardzustand der Signale wiederherstellen. Hierbei reicht lediglich der Aufruf von trap und der Signalnummer (bzw. den Signalnummern), die Sie wieder auf den ursprünglichen Zustand zurücksetzen wollen. Mehrere Signalnummern werden wieder mit mindestens einem Leerzeichen von der vorangegangenen Signalnummer getrennt.

```
trap Signalnummer
```

Das Zurücksetzen von Signalen ist sinnvoll, wenn man die Signale nur bei einem bestimmten Codeausschnitt gesondert behandeln will:

```
# Demonstriert die Funktion trap zum Abfangen von Signalen
# Name: trap8

# Signal SIGINT ignorieren
trap '' 2

i=0
while [ $i -lt 5 ]
do
   echo "Hier kein SIGINT möglich ..."
   sleep 1
   i=`expr $i + 1`
done

# Signal SIGINT wieder zurücksetzen
trap 2
```

```
i=0
while [ $i -lt 5 ]
do
   echo "SIGINT wieder möglich ..."
   sleep 1
   i=`expr $i + 1`
done
```

Das Script bei der Ausführung:

```
you@host > ./trap8
Hier kein SIGINT möglich ...
Hier kein SIGINT möglich ... Strg+C
Hier kein SIGINT möglich ... Strg+C
Hier kein SIGINT möglich ...
Hier kein SIGINT möglich ...
SIGINT wieder möglich ...
SIGINT wieder möglich ...  Strg+C
you@host >
```

»trap« ohne Argumente aufrufen

Wollen Sie wissen, welche Signale für eine bestimmte Routine mit `trap` abgefangen werden, können Sie das Kommando `trap` ohne jegliches Argument verwenden.

7.4 Aufgabe

Schreiben Sie ein Script, das Nachname und Telefonnummer in eine temporäre Datei einliest. Der Dateiname soll automatisch erzeugt werden. Nutzen Sie für die Erstellung des Dateinamens das Kommando `mktemp`. Das Signal Strg+C soll dabei so abgefangen werden, dass der Anwender gefragt wird, ob er das Script beenden will. Wenn er `n` eingibt, soll das Script fortgeführt werden. Gibt er `j` ein, soll die Datei noch einmal ausgegeben werden. Anschließend soll der Anwender nach einem Dateinamen gefragt werden, unter dem die temporäre Datei gespeichert werden soll. Nachdem die Datei gespeichert wurde, soll die temporäre Datei gelöscht werden. Das Abfangen von Strg+C soll in einer Funktion realisiert werden. Die Tastenkombination Strg+Z soll mit einer Meldung ganz verboten werden.

Kapitel 8
Rund um die Ausführung von Scripts und Prozessen

Es reicht einfach nicht aus, nur zu wissen, wie man ein Shellscript schreibt, man muss auch wissen, wie man ein Shellscript ausführen kann. Ein Script ausführen im herkömmlichen Sinn kann jeder – doch gibt es verschiedene Möglichkeiten, wie ein oder mehrere Scripts ausgeführt werden können. Viele der hier genannten Themen wurden zwar bereits das eine oder andere Mal angesprochen, jedoch ohne ins Detail zu gehen.

8.1 Prozessprioritäten

Bei einem modernen Multitasking-Betriebssystem sorgt ein sogenannter Scheduling-Algorithmus (gewöhnlich ein prioritätsgesteuerter Algorithmus) dafür, dass jedem Prozess eine gewisse Zeit lang die CPU zur Verfügung steht, um seine Arbeit auszuführen – schließlich kann eine CPU letztendlich zeitgleich immer nur einen Prozess bearbeiten (auch wenn der Eindruck entsteht, hier würden unzählig viele Prozesse auf einmal verarbeitet). Natürlich hat nicht jeder Prozess die gleiche Priorität. Wenn zum Beispiel ein Prozess eine Systemfunktion aufruft, besitzt er immer eine höhere Priorität. Bei diesem Prozess handelt es sich übrigens um einen Systemprozess, und auf Systemprozesse haben Sie keinen Einfluss.

Neben den Systemprozessen, deren Priorität Sie nicht beeinflussen können, gibt es noch die Timesharing-Prozesse. Bei ihnen wird versucht, die CPU-Zeit möglichst gleichmäßig auf alle anderen Prozesse zu verteilen – unter Beachtung der Priorität. Damit es keine Ungerechtigkeiten gibt, wird die Priorität der Prozesse nach einer gewissen Zeit neu berechnet. Beeinflussen können Sie die Scheduling-Priorität mit dem Kommando `nice` oder `renice`.

Wenn Sie beispielsweise die Prozesse mit `ps -l` auflisten lassen, finden Sie darin einen Wert `NI` (*nice*). Diesen Wert können Sie mit einer Priorität belegen: –20 steht für die höchste und +19 für die niedrigste Priorität. Bei einer Priorität von –20 nimmt ein Prozess die CPU bedeutend länger in Anspruch als ein Prozess mit der Priorität +19. Befehle, die von der Shell gestartet werden, übernehmen dieselbe Priorität wie die Shell.

Wollen Sie beispielsweise dem Prozess ein_prozess, der die PID 1234 besitzt, eine niedrigere Priorität geben, können Sie wie folgt vorgehen:

```
you@host > renice +10 1234
1234: Alte Priorität: 0, neue Priorität: 10
```

Um dem Prozess eine höhere Priorität zuzuweisen (egal ob man ihn vorher selbst heruntergesetzt hat), benötigt man Superuser-Rechte. Man kann sich selbst degradieren, aber nicht wieder aufsteigen. Dem Linux-Kernel fehlt ein Feld in der Prozesstabelle, das es erlauben würde, erneut bis zur Originalpriorität aufzusteigen. Wollen Sie die Priorität des Prozesses 1234 wieder erhöhen, könnten Sie so vorgehen (Superuser-Rechte vorausgesetzt):

```
you@host > sudo renice -5 1234
Password:********
1234: Alte Priorität: 10, neue Priorität: -5
```

Anzahl der Prozesse und CPU-Leistung

Außer von der aktuellen Priorität ist die Rechenzeit, die ein Prozess zur Ausführung erhält, auch von der Anzahl der Prozesse abhängig, die »gleichzeitig« auf dem Rechner ausgeführt werden – und natürlich von der Leistung der CPU.

Echtzeitprozesse

Neben den Systemprozessen und den Timesharing-Prozessen gibt es noch die Echtzeitprozesse (Real-Time). Diese werden bei besonders zeitkritischen Prozessen eingesetzt, sodass diese dann eine höhere Priorität als die Timesharing-Prozesse besitzen.

8.2 Warten auf andere Prozesse

Wollen Sie mit Ihrem Script auf die Beendigung eines anderen Prozesses warten, können Sie die Funktion wait verwenden:

```
wait PID
```

Bauen Sie wait in Ihr Script ein, wird die Ausführung so lange angehalten, bis ein Prozess mit der Prozess-ID PID beendet wurde. Außerdem können Sie aus wait gleich den Rückgabewert des beendeten Prozesses entnehmen. Ist der Rückgabewert von wait gleich 127, so bedeutet dies, dass auf einen Prozess gewartet wurde, der nicht mehr existiert. Ansonsten ist der Rückgabewert gleich der PID des Prozesses, auf den wait gewartet hat. Rufen Sie wait ohne einen Parameter auf, wartet wait auf aktive Kindprozesse. Hierbei ist der Rückgabewert dann immer 0.

8.3 Hintergrundprozess wieder hervorholen

Was ein Hintergrundprozess ist und wie Sie einen solchen starten können, haben wir bereits in Abschnitt 1.8.4 beschrieben. Der Vorteil eines Hintergrundprozesses ist, dass der laufende Prozess die Shell nicht mehr blockiert. Allerdings ist es auch nicht mehr möglich, die Standardeingabe bei Hintergrundprozessen zu verwenden. Die Standardeingabe wird bei ihnen einfach ins Datengrab (*/dev/null*) gelenkt. Zwar können Sie den Inhalt einer Datei mit

```
kommando < file &
```


umlenken, aber sobald hier etwas von der Tastatur gelesen werden soll, hält der Prozess an und wartet korrekterweise auf eine Eingabe. Ein einfaches Beispiel:

```
# Name bg1

printf "Eingabe machen : "
read
echo "Ihre Eingabe lautet $REPLY"
```

Führen Sie dieses Script jetzt im Hintergrund aus, passiert Folgendes:

```
you@host > ./bg1 &
[1] 7249
you@host > Eingabe machen :

[1]+  Stopped                 ./bg1
```

Das Script wird angehalten, denn es wartet ja auf eine Eingabe von der Tastatur. Ein Blick auf die laufenden Prozesse mit `ps` bestätigt dies auch:

```
7249 pts/41   T      0:00 /bin/bash
```

Bei einem gestoppten Prozess steht `T` (*Traced*) in der Prozessliste. Damit Sie diesen Prozess jetzt weiterarbeiten lassen können, müssen Sie ihn in den Vordergrund holen. Dies können Sie mit dem Kommando `fg %1` (für *foreground*) erreichen:

```
you@host > fg %1
./bg1
hallo
Ihre Eingabe lautet hallo
you@host >
```

Genaueres zu `fg` (und zum Gegenstück `bg`) erfahren Sie in Abschnitt 8.7, in dem es um die Jobverwaltung geht.

8.4 Hintergrundprozess schützen

Wenn Sie Ihre Shell-Sitzung beenden, wird den Prozessen häufig ein SIGHUP-Signal gesendet. Bei Prozessen, die Sie im Hintergrund gestartet haben, bedeutet dies, dass der Prozess unweigerlich abgeschossen wird.

Systemabhängig

Beim Testen auf verschiedenen Systemen ist uns allerdings aufgefallen, dass dieser Effekt nicht überall auftrat. Bei openSUSE 11.0 beispielsweise liefen nach Abmeldung und erneutem Anmelden die Hintergrundprozesse immer noch. Im Gegensatz dazu wurde bei einem Solaris-System der Kindprozess (hier der Hintergrundprozess) beim Beenden der laufenden Shell mitgerissen und beendet.

Somit scheint diese Schwierigkeit ein wenig system- bzw. distributionsabhängig zu sein. Sofern Sie das Problem haben, dass Prozesse, die im Hintergrund laufen, beendet werden, wenn sich der Benutzer ausloggt oder ein Elternprozess an alle Kindprozesse das Signal SIGHUP sendet und diese somit beendet werden, können Sie das Kommando nohup verwenden. Allerdings scheint es auch hier wieder keine Einheitlichkeit zu geben: Auf dem einen System ist nohup ein binäres Programm und auf dem anderen wiederum ein einfaches Shellscript, das das Signal 1 (SIGHUP) mit trap auffängt. Die Syntax lautet:

```
nohup Kommando [Argument ...]
```

Natürlich wird mit der Verwendung von nohup der Prozess nicht automatisch in den Hintergrund gestellt, sondern Sie müssen auch hier wieder am Ende der Kommandozeile das & setzen. Und das passiert, wenn Sie einen Prozess mit nohup in den Hintergrund schicken:

- Der Prozess erhält ausreichend Priorität, um im Hintergrund zu laufen. Genauer gesagt: Der Prozess wird bei nohup um den Prioritätswert 5 erhöht.
- Der Prozess wird vor dem SIGHUP-Signal geschützt. Gleiches könnten Sie auch realisieren, indem Sie mit trap das Signal 1 abfangen.
- Wenn das Kommando die Standardausgabe und die Standardfehlerausgabe des laufenden Terminals benutzt, wird die Ausgabe des Kommandos in die Datei *nohup.out* umgeleitet. Sollte das nicht funktionieren, wird versucht, die Ausgabe in die Datei *$HOME/nohup.out* umzuleiten (das ist meistens der Fall). Lässt sich die Datei *nohup.out* überhaupt nicht anlegen, verweigert nohup seine Ausführung.

Als Rückgabewert liefert Ihnen die Funktion nohup den Fehlercode des Kommandos zurück. Sollte der Fehlercode allerdings den Wert 126 oder 127 haben, bedeutet dies, dass nohup das Kommando gefunden hat, aber nicht starten konnte (126), oder dass nohup das Kommando gar nicht finden konnte (127).

Hier sehen Sie einige Beispiele:

```
you@host > find / -user $USER -print > out.txt 2>&1 &
[2] 4406
you@host > kill -SIGHUP 4406
you@host >
[2]+  Aufgelegt           find / -user $USER -print >out.txt 2>&1
you@host > nohup find / -user $USER -print > out.txt 2>&1 &
[1] 4573
you@host > kill -SIGHUP 4573
you@host > ps | grep find
 4573 pts/40   00:00:01 find
you@host > nohup find / -user $USER -print &
[1] 10540
you@host > nohup: hänge Ausgabe an nohup.out an
you@host > exit

### --- Nach neuem Login ---- ####
you@host > cat nohup.out
...
/home/tot/HelpExplorer/uninstall.sh
/home/tot/HelpExplorer/EULA.txt
/home/tot/HelpExplorer/README
/home/tot/HelpExplorer/starthelp
/home/tot/.fonts.cache-1
...
```

8.5 Subshells

Zwar war schon häufig von einer Subshell die Rede, aber wir sind nie richtig darauf eingegangen, wie Sie explizit eine Subshell in Ihrem Script starten können. Die Syntax sieht so aus:

```
(
   kommando1
   ...
   kommando_n
)
```

Sie können das auch als Einzeiler schreiben (beachten Sie aber dann bitte die Leerzeichen):

```
( kommando1 ; ... ; kommando_n )
```

Eine Subshell erstellen Sie, wenn Sie Kommandos zwischen runden Klammern gruppieren. Hierbei startet das Script einfach eine neue Shell, die die aktuelle Umgebung mitsamt den Variablen übernimmt. Die neue Shell führt die Befehle aus, beendet sich dann bei der Ausführung des letzten Kommandos wieder und kehrt zum Script zurück. Als Rückgabewert wird der Exit-Code des zuletzt ausgeführten Kommandos zurückgegeben.

Die Variablen, die Sie in einer Subshell verändern oder hinzufügen, haben keine Auswirkungen auf die Variablen des laufenden Scripts. Sobald sich die Subshell also beendet, verlieren die Werte in der Subshell ihre Bedeutung, und dem laufenden Script (bzw. der laufenden Shell) steht nach wie vor die Umgebung zur Verfügung, die vor dem Starten der Subshell vorlag. Diese Technik nutzt die Shell unter anderem auch mit dem Here-Dokument aus.

Ein einfaches Beispiel:

```
# Name: subshell

a=1
b=2
c=3

echo "Im Script: a=$a; b=$b; c=$c"

# Eine Subshell starten
(
   echo "Subshell : a=$a; b=$b; c=$c"
   # Werte verändern
   a=3 ; b=6 ; c=9
   echo "Subshell : a=$a; b=$b; c=$c"
)

# Nach der Subshell wieder ...
echo "Im Script: a=$a; b=$b; c=$c"
```

Das Script bei der Ausführung:

```
you@host > ./subshell
Im Script: a=1; b=2; c=3
Subshell : a=1; b=2; c=3
Subshell : a=3; b=6; c=9
Im Script: a=1; b=2; c=3
```

Aber Achtung: Häufig wird eine Subshell, die zwischen runden Klammern steht, irrtümlicherweise mit den geschweiften Klammern gleichgestellt. Kommandos, die zwischen geschweiften Klammern stehen, werden als eine Gruppe zusammengefasst, wodurch Funktionen ja eigentlich erst ihren Sinn bekommen. Befehlsgruppen, die in geschweiften Klammern stehen, laufen in derselben Umgebung (also auch in der Shell) ab, in der auch das Script ausgeführt wird.

8.6 Mehrere Scripts verbinden und ausführen (Kommunikation zwischen Scripts)

Im Laufe der Zeit werden Sie eine Menge Scripts schreiben und sammeln. Häufig werden Sie auch gern das eine oder andere aus einem anderen Script einsetzen wollen. Entweder verwenden Sie dann Copy-and-paste, oder Sie rufen das Script aus dem Haupt-Script auf. Da es nicht immer ganz einfach ist, Scripts miteinander zu verbinden und die Datenübertragung zu behandeln, gehen wir im folgenden Abschnitt ein wenig genauer darauf ein.

8.6.1 Datenübergabe zwischen Scripts

Zur Übergabe von Daten an das neue Script gibt es mehrere gängige Möglichkeiten. Eine einfache ist das Exportieren der Daten, bevor das zweite Script aufgerufen wird. Der Einfachheit halber werden wir hier von `script1` und `script2` sprechen und diese in der Praxis auch mehrmals verwenden. Hier sehen Sie die Möglichkeit, Daten mit `export` an ein anderes Script zu übergeben:

```
# Name script1

a=1
b=2
c=3

export a b c
./script2
```

Jetzt folgt `script2`:

```
# Name : script2

echo "$0 : a=$a; b=$b; c=$c"
```

Die Datenübergabe bei der Ausführung:

```
you@host > ./script1
./script2 : a=1; b=2; c=3
```

Eine weitere Möglichkeit ist die Übergabe als Argument, wie Sie dies von der Kommandozeile her kennen. Dem aufgerufenen Script stehen dann die einzelnen Variablen mit den Positionsparametern `$1` bis `$9` bzw. `${n}` zur Verfügung. Auch hierzu zeigen wir wieder die beiden Scripts:

```
# Name script1

a=1
b=2
c=3

./script2 $a $b $c
```

Und `script2`:

```
# Name : script2

echo "$0 : a=$1; b=$2; c=$3"
```

Die Ausführung entspricht der im Beispiel mit `export`.

Sobald allerdings der Umfang der Daten zunimmt, werden Sie mit diesen beiden Möglichkeiten recht schnell an Grenzen stoßen. Hier würde sich die Verwendung einer temporären Datei anbieten: Ein Prozess schreibt etwas in die Datei, und ein anderer liest wieder daraus.

```
# Name script1

IFS='\n'
for var in `ls -l`
do
   echo $var
done > file.tmp
./script2
```

Und `script2`:

```
# Name : script2

while read line
do
   echo $line
done < file.tmp
```

Im Beispiel liest `script1` zeilenweise von `` `ls -l` `` ein und lenkt die Standardausgabe von `echo` auf die temporäre Datei *file.tmp* um. Am Ende wird `script2` gestartet. `script2` wiederum liest zeilenweise über eine Umlenkung von der Datei *file.tmp* ein und gibt dies ebenfalls zeilenweise mit `echo` auf dem Bildschirm aus. Das Ganze könnten Sie auch ohne eine temporäre Datei erledigen, indem Sie beide Scripts mit einer Pipe starten, da hier ja ein Script die Daten auf die Standardausgabe ausgibt und ein anderes Script die Daten von der Standardeingabe erhält:

```
you@host > ./script1 | ./script2
```


Damit dies auch funktioniert, müssen Sie in den beiden Scripts lediglich die Umlenkungen und den Scriptaufruf entfernen. Somit sieht `script1` wie folgt aus:

```
# Name script1

IFS='\n'
for var in `ls -l`
do
   echo $var
done
```

Das gleiche Bild bietet sich bei `script2`:

```
# Name : script2

while read line
do
   echo $line
done
```

8.6.2 Rückgabe von Daten an andere Scripts

Der gängigste Weg, um Daten aus einem Script an ein anderes zurückzugeben, ist eigentlich die Kommando-Substitution. Ein simples Beispiel:

```
# Name : script1

var=`./script2`
echo "var=$var"
```

Und `script2`:

```
# Name : script2

echo "Hallo script1"
```

script1 bei der Ausführung:

```
you@host > ./script1
var=Hallo script1
```

Das Gleiche funktioniert auch, wenn das Script mehrere Werte zurückgibt. Hierzu würde sich etwa das Aufsplitten der Rückgabe mittels set anbieten:

```
# Name script1

var=`./script2`
set $var

echo "$1; $2; $3"
```

Jetzt noch script2:

```
# Name : script2

var1=wert1
var2=wert2
var3=wert3

echo $var1 $var2 $var3
```

Hier sehen Sie script1 bei der Ausführung:

```
you@host > ./script1
wert1; wert2; wert3
```

Sollten Sie allerdings nicht wissen, wie viele Werte ein Script zurückgibt, können Sie das Ganze auch in einer Schleife abarbeiten:

```
# Name script1

var=`./script2`

i=1
for wert in $var
do
   echo "$i: $wert"
   i=`expr $i + 1`
done
```

Trotzdem sollten Sie bedenken, dass mit steigendem Umfang der anfallenden Datenmenge auch hier nicht so vorgegangen werden kann. In einer Variablen Daten von mehreren Megabytes zu speichern, ist nicht mehr sehr sinnvoll. Hier bleibt Ihnen nur noch die Alternative, eine temporäre Datei zu verwenden, wie Sie sie schon in Abschnitt 8.6.1 verwendet haben. Allerdings besteht auch hier ein Problem, wenn beispielsweise script1 die Daten aus der temporären Datei lesen will, die script2 hineinschreibt, aber script2 die Daten nur scheibchenweise oder eben permanent in die temporäre Datei hineinschreibt. Dann wäre eine Lösung mit einer Pipe die bessere Alternative. Auch hierzu müssten Sie nur script1 verändern:

```
# Name script1

./script2 | while read wert
do
   for val in $wert
   do
      echo "$val"
   done
done
```

Named Pipe

Ein weiteres sehr interessantes Mittel zur Datenübertragung zwischen mehreren Scripts haben Sie in Abschnitt 5.6 mit den Named Pipes (FIFOs) kennengelernt. Der Vor- bzw. auch Nachteil (je nach Anwendungsfall) ist hierbei, dass ein Prozess, der etwas in eine Pipe schreibt, so lange blockiert wird, bis auf der anderen Seite ein Prozess vorhanden ist, der etwas daraus liest. Umgekehrt gilt natürlich derselbe Fall. Ein typischer Anwendungsfall wäre ein sogenannter Server, der Daten von beliebigen Clients einliest, die ihm etwas durch die Pipe schicken:

```
# Name: PipeServer

mknod meine_pipe p

while true
do
   # Wartet auf Daten aus der Pipe
   read zeile < meine_pipe
   echo $zeile
done
```

Statt einer Ausgabe auf dem Bildschirm können Sie mit diesem Server munter Daten von beliebig vielen anderen Scripts sammeln. Der Vorteil: Die anderen Scripts, die Daten in diese Pipe schicken, werden nicht blockiert, weil immer auf der anderen Seite des »Rohrs« der Server PipeServer darauf wartet.

8.6.3 Scripts synchronisieren

Spätestens dann, wenn Ihre Scripts dauerhaft laufen sollen, benötigen Sie eine Prozess-Synchronisation. Fallen hierbei dann mehr als zwei Scripts an und wird außerdem in eine Datei geschrieben und wird sie gelesen, haben Sie schnell Datensalat. Eine recht einfache und zuverlässige Synchronisation zweier oder auch mehrerer Scripts erreichen Sie beispielsweise mit den Signalen. Richten Sie hierzu einfach einen Signalhandler mit `trap` ein, der auf ein bestimmtes Signal reagiert und ein weiteres Script aufruft – beispielsweise so:

```
# Name: script1

trap './script2' SIGUSR1

while true
do
   echo "Lies Daten ..."
   sleep 5
   echo "Starte script2 ..."
   kill -SIGUSR1 $$
done
```

Und `script2`:

```
# Name: script2

trap './script1' SIGUSR2

while true
do
   echo "Schreibe Daten ..."
   sleep 5
   echo "Starte script1 ..."
   kill -SIGUSR2 $$
done
```

Die Scripts bei der Ausführung:

```
you@host > ./script1
Lies Daten ...
Starte script2 ...
Schreibe Daten ...
Starte script1 ...
Lies Daten ...
Starte script2 ...
Schreibe Daten ...
```

```
Starte script1 ...
Lies Daten ...
Starte script2 ...
Schreibe Daten ...
```

Eine weitere Möglichkeit zur Synchronisation von Scripts besteht darin, eine Datei zu verwenden. Hierbei wird in einer Endlosschleife immer überprüft, ob eine bestimmte Bedingung erfüllt ist. Je nach Bedingung wird dann ein entsprechendes Script ausgeführt. Hierzu werden alle Scripts aus einem Haupt-Script gesteuert. Was Sie dabei alles überprüfen, bleibt Ihnen überlassen. Häufig verwendet werden die Existenz, das Alter, die Größe oder die Zugriffsrechte auf eine Datei – eben alles, was sich mit dem Kommando `test` realisieren lässt. Natürlich sollten Sie in einem Haupt-Script weiterhin die Steuerung übernehmen. Ein Beispiel:


```
# Name: mainscript

FILE=tmpfile.tmp
rm $FILE
touch $FILE

while true
do
  # Ist die Datei lesbar?
  if [ -r $FILE ]
  then
     echo "Datei wird gelesen ..."
     sleep 1
     #./script_zum_Lesen
     # Freigeben zum Schreiben
     chmod 0200 $FILE;
  fi
  if [ -w $FILE ]
  then
     echo "Datei ist bereit zum Schreiben ..."
     sleep 1
     #./script_zum_Schreiben
     # Freigeben zum Lesen
     chmod 0400 $FILE
  fi
  sleep 1
done
```

Hier wird in einer Endlosschleife immer überprüft, ob eine Datei lesbar oder schreibbar ist, und dann werden entsprechende Aktionen ausgeführt. Selbiges könnten Sie übrigens auch ohne eine extra Datei mit einer globalen Variablen erledigen. Sie überprüfen in einer Endlosschleife ständig den Wert der globalen Variablen und führen entsprechende Aktionen aus. Nach der Ausführung einer Aktion verändern Sie die globale Variable so, dass eine weitere Aktion ausgeführt werden kann.

8.7 Jobverwaltung

Mit dem Job-Control-System können Sie Prozesse, die im Hintergrund laufen, in den Vordergrund holen. Dadurch können Sie Prozesse, die eventuell im Hintergrund »Amok laufen« (und die kompletten Ressourcen aufbrauchen) oder etwa auf eine Eingabe von `stdin` warten, hervorholen und unterbrechen oder gegebenenfalls wieder in den Hintergrund schicken und weiterlaufen lassen. Sie kennen das ja mittlerweile: Wenn Sie einen Hintergrundprozess gestartet haben, werden die PID und eine Nummer in eckigen Klammern angezeigt. Bei dieser Nummer handelte es sich stets um die Jobnummer.

```
you@host > sleep 10 &
[1] 5915
you@host > sleep 5 &
[2] 5916
```

Hier wurden mit `sleep` also zwei Prozesse in den Hintergrund geschickt. Der Prozess mit der Nummer 5915 hat hier die Jobnummer 1, und Prozess Numero 5916 hat die Nummer 2. Um sich jetzt einen Überblick über alle Prozesse zu verschaffen, die im Hintergrund ablaufen, können Sie das Kommando `jobs` verwenden:

```
you@host > jobs
[1]-  Running                 sleep 10 &
[2]+  Running                 sleep 5 &
```

Das Kommando `jobs` zeigt Ihnen neben den Prozessen, die im Hintergrund laufen, auch den aktuellen Zustand an (hier mit `Running`). Ein Beispiel:

```
you@host > du /
...
...
Strg+Z
[1]+  Stopped                 du /
```

Der Prozess hat Ihnen einfach zu lange gedauert, und Sie haben ihm zwangsläufig mit Strg+Z das Signal `SIGSTOP` geschickt, womit der Prozess angehalten wurde. Jetzt haben Sie einen gestoppten Prozess in Ihrer Prozessliste:

```
you@host > ps -l | grep du
+0 T  1000  6235  3237  0 78   0 -   769 pts/40   00:00:00 du
```

Anhand des T (für *Traced*) können Sie den Prozess erkennen. Auch ein Blick mit jobs zeigt Ihnen den Zustand des gestoppten Prozesses an:

```
you@host > jobs
[1]+  Stopped                 du /
```

SIGSTOP an den Hintergrundprozess

Natürlich hat man gerade bei einem Hintergrundprozess keine Möglichkeit mehr, mit der Tastatur das Signal SIGSTOP (mit [Strg]+[Z]) an den laufenden Hintergrundprozess zu schicken, weil hier ja die Standardeingabe nach */dev/null* umgelenkt wird. Aber Sie können von der Kommandozeile das Signal mittels kill an den entsprechenden Prozess schicken, sofern Sie diesen nicht gleich ganz beenden wollen.

Da Sie jetzt einen angehaltenen Prozess haben, können Sie unterschiedlich darauf reagieren:

- Sie senden dem angehaltenen Prozess das Signal SIGCONT, mit dem er seine Ausführung fortsetzt. Allerdings müssen Sie hier nicht zwangsläufig die Prozess-ID mit angeben, sondern können auch das Prozentzeichen %, gefolgt von der Jobnummer, verwenden:

  ```
  you@host > kill -SIGCONT %1
  ```

  Damit wird der Job mit der Nummer 1 wieder fortgesetzt (SIGCONT = *continue*).

- Sie beenden den angehaltenen Prozess. Hier gehen Sie ebenso vor, wie wir es schon mit SIGCONT gezeigt haben, nur dass Sie eben das Signal SIGTERM oder, falls das nicht mehr geht, SIGKILL schicken:

  ```
  you@host > kill %1
  [1]+  Beendet                 du /
  ```

- Sie schieben einen angehaltenen Job mit bg (*background*) in den Hintergrund, wo dieser dann munter weiterläuft. Auch hierzu müssen Sie das Prozentzeichen und die entsprechende Jobnummer verwenden:

  ```
  you@host > bg %1
  ```

  Geben Sie bg ohne Prozentzeichen an, wird der einzige Job, der möglich ist, in den Hintergrund geschickt. Verwenden Sie das Prozentzeichen ohne Jobnummer, bezieht sich die Angabe immer auf den aktuellen Job (*current job*).

- Sie lassen den Job mit fg (*foreground*) im Vordergrund weiterlaufen. Dies würde in etwa dem Fall von SIGCONT entsprechen, nur wäre es eben etwas komfortabler (kürzer). `fg` verwendet man genauso wie `bg`. Auf die Angabe des Prozentzeichens folgt die Jobnummer oder auch abgekürzt nur das Prozentzeichen, was den aktuellen Job (*current job*) im Vordergrund weiterlaufen lässt.

Tabelle 8.1 gibt nochmals einen Überblick über die Funktionen der Jobverwaltung.

Job-Befehl	Bedeutung
`fg %jobnr`	Holt sich einen Job in den Vordergrund, wo dieser weiterläuft.
`bg %jobnr`	Schiebt einen angehaltenen Job in den Hintergrund, wo dieser weiterläuft.
Ctrl+Z	Hält einen Prozess auf, der sich im Vordergrund aufhält (suspendiert diesen).
`kill %jobnr`	Beendet einen Prozess.
`kill -SIGCONT %jobnr`	Setzt die Ausführung eines angehaltenen Prozesses fort (egal ob im Hinter- oder Vordergrund).

Tabelle 8.1 Kommandos zur Jobverwaltung

Das folgende Script soll Ihnen den Sinn von `fg` näher demonstrieren:

```
# Name: ascript

echo "Das Script wird gestartet ..."
printf "Warte auf Eingabe: "
read input
echo "Script ist fertig ..."
```

Das Script bei einer Ausführung im Hintergrund:

```
you@host > ./ascript &
[1] 7338
[1]+  Stopped                 ./script1
you@host > fg %
./script1
Das Script wird gestartet ...
Warte auf Eingabe: Hallo
Script ist fertig ...
you@host >
```

Hier hat das Script von selbst angehalten, weil sich darin eine Eingabeaufforderung mittels `read` befand. Deshalb wurde das Script mittels `fg` in den Vordergrund geholt, um dieser Aufforderung nachzukommen. Anschließend wurde das Script weiter abgearbeitet.

8.8 Shellscripts zeitgesteuert ausführen

In der Systemadministration oder als Webmaster werden Sie zwangsläufig mit folgenden Wartungstätigkeiten konfrontiert:

- Sichern von Daten (Backup)
- Konsistenzüberprüfung
- »Rotieren« von Logfiles

Solange Sie auf einem Einzelplatzrechner arbeiten, können Sie hin und wieder solche Scripts, die diese Aufgaben erledigen, selbst von Hand starten (wobei dies auf Dauer auch sehr mühsam erscheint). Allerdings hat man es in der Praxis nicht nur mit einem Rechner zu tun, sondern mit einer ganzen Horde. Sie werden sich wohl kaum auf einem Dutzend Rechner einloggen, um jedes Mal ein Backup-Script von Hand zu starten.

Für solche Aufgaben wurden unter Linux/UNIX *Daemons* (Abkürzung für *disk and execution monitors*) eingeführt. Daemons (die auch häufig als *Dämonen* oder *Geister* bezeichnet werden) sind Prozesse, die zyklisch oder ständig im Hintergrund ablaufen und auf Aufträge warten. Auf Ihrem System läuft wahrscheinlich ein gutes Dutzend solcher Daemons. Die meisten werden beim Start des Systems vom Übergang in den Multi-User-Modus automatisch gestartet. In unserem Fall geht es vorwiegend um den `cron`-Daemon.

8.8.1 cron

»cron« kommt aus dem Griechischen (*chronos*) und bedeutet »Zeit«. Bei dem `cron`-Daemon definieren Sie eine Aufgabe und delegieren sie dann an den Daemon. Dies realisieren Sie durch einen Eintrag in der `crontab`, einer Tabelle, in der festgelegt wird, wann welche Jobs ausgeführt werden sollen. Es ist logisch, dass der Rechner (sowie der `cron`-Daemon) zu der Zeit laufen muss, zu der ein entsprechender Job ausgeführt wird. Dass dies nicht immer möglich ist, leuchtet ein (besonders bei einem Heimrechner). Damit aber trotzdem gewährleistet wird, dass die Jobs in der Tabelle `crontab` ausgeführt werden, bieten einige Distributionen zusätzlich den Daemon `anacron` an. Dieser tritt immer an die Stelle von `cron` und stellt sicher, dass die Jobs regelmäßig zu einer bestimmten Zeit ausgeführt werden – also auch, wenn der Rechner nicht eingeschaltet ist. Der Job wird dann zeitnah nach dem nächsten Einschalten ausgeführt.

crond macht also in der Praxis nichts anderes, als in bestimmten Zeitintervallen (Standard: eine Minute) die Tabelle crontab einzulesen und entsprechende Jobs auszuführen. Somit müssen Sie, um den cron-Daemon zu verwenden, nichts anderes tun, als in der crontab einen entsprechenden Eintrag zu hinterlegen. Bevor Sie erfahren, wie Sie dies praktisch anwenden, müssen wir noch einige Anmerkungen zu Ihren Scripts machen, die mit dem cron-Daemon gestartet werden sollen.

Wenn Sie ein Script mit dem cron-Daemon starten lassen, sollten Sie sich immer vor Augen halten, dass Ihr Script keine Verbindung mehr zum Bildschirm und zur Tastatur hat. Damit sollte Ihnen klar sein, dass eine Benutzereingabeaufforderung mit read genauso sinnlos ist wie eine Ausgabe mittels echo. In beiden Fällen sollten Sie die Ein- bzw. Ausgabe umlenken. Die Ausgaben werden meist per Mail an den Eigentümer der crontab geschickt.

Ebenso sieht dies mit den Umgebungsvariablen aus. Sie haben in den Kapiteln zuvor recht häufig die Umgebungsvariablen verändert und verwendet, allerdings können Sie sich niemals zum Zeitpunkt der Ausführung eines Scripts, das vom cron-Daemon gestartet wurde, darauf verlassen, dass die Umgebung derjenigen entspricht, die vielleicht beim Testen des Shellscripts vorlag. Daher werden auch in der crontab-Datei entsprechende Umgebungsvariablen belegt. Wird ein cron-Job ausgeführt, wird die Umgebung des cron-Daemons verwendet. LOGNAME (oder auch USER) wird auf den Eigentümer der crontab-Datei gesetzt und HOME auf dessen Verzeichnis, so wie dies bei /etc/passwd der Fall ist. Allerdings können Sie nicht alle Umgebungsvariablen in der crontab-Datei neu setzen. Was mit SHELL und HOME kein Problem ist, ist mit LOGNAME bzw. USER nicht möglich. Sicherstellen sollten (müssen) Sie auch, dass PATH genauso aussieht wie in der aktuellen Shell – sonst kann es passieren, dass einige Kommandos gar nicht ausgeführt werden können. Programme und Scripts sollten bei cron-Jobs möglichst mit absoluten Pfaden angegeben werden, um den etwaigen Problemen mit PATH vorzubeugen.

Möchten Sie wissen, ob Ihr Script jetzt im Hintergrund läuft oder nicht (wegen der Ein-/Ausgabe), können Sie dies im Script tty überprüfen. Wenn das Script nicht im Hintergrund läuft, gibt tty /dev/tty oder Ähnliches zurück. Läuft das Script allerdings im Hintergrund, gibt es keinen Bildschirm zur Ausgabe, und tty gibt einen Fehlerstatus (ungleich 0) wie 1 zurück. Natürlich sollten Sie diese Überprüfung im Stillen ausführen, damit im Fall der Fälle keine störende Ausgabe auf dem Bildschirm erfolgt. Dies können Sie mit der Option -s (*silence*) erreichen:

```
you@host > tty
/dev/pts/39
you@host > tty -s
you@host > echo $?
0
```

Ebenso können Sie die Shell-Variable PS1 überprüfen, die gewöhnlich nur bei der interaktiven Shell gesetzt wird.

Der cron-Daemon speichert seine Einträge in der crontab-Datei. Dieser Pfad befindet sich gewöhnlich im */etc*-Verzeichnis. Allerdings handelt es sich hierbei um die cron-Jobs von root. Natürlich hat auch jeder andere Benutzer auf dem System seine eigene crontab-Datei, die sich für gewöhnlich im Verzeichnis */var/spool/cron/* befindet.

Zum Modifizieren der crontab-Datei genügt ein einfaches crontab mit der Option -e (*edit*). Normalerweise öffnet sich die crontab-Datei mit dem Standardeditor (meistens *vi*). Wollen Sie einen anderen Editor verwenden (beispielsweise nano, pico, joe ...), müssen Sie die Variable VISUAL oder EDITOR ändern und exportieren (export VISUAL='*editor_ihrer_wahl*'). Gewöhnlich ist die Datei, die sich in *vi* öffnet, leer (bei der ersten Verwendung von cron als normaler Benutzer).

Was aber schreibt man in eine solche crontab-Datei? Natürlich die Jobs, und zwar mit der einfachen Syntax aus Tabelle 8.2.

Minuten	Stunden	Tage	Monate	Wochentage	[User]	Befehl
0–59	0–23	1–31	1–12	0–7	*Name*	kommando_ oder_script

Tabelle 8.2 Ein Eintrag in die »crontab«-Datei

Praktisch besteht jede einzelne Zeile aus sechs (bzw. sieben) Spalten, in denen ein Auftrag festgelegt wird. Die Spalten werden durch ein Leer- bzw. ein Tabulatorzeichen voneinander getrennt. In der ersten Spalte werden die Minuten (0–59) angegeben, in der zweiten die Stunden (0–23), in der dritten die Tage (1–31), in der vierten die Monate (1–12), in der fünften die Wochentage (0–7; 0 und 7 stehen hierbei für Sonntag), und in der sechsten Spalte wird das Kommando bzw. Script angegeben, das zum gegebenen Zeitpunkt ausgeführt werden soll. In der Syntax finden Sie noch eine Spalte »User« (die sechste), die allerdings beim normalen User entfällt. Diese Spalte ist root vorbehalten; er kann hier einen cron-Job für bestimmte User einrichten. Somit besteht eine Zeile (ein Auftrag) einer crontab-Datei für den normalen Benutzer aus sechs und für den root aus sieben Spalten.

Natürlich können Sie auch Kommentare bei der crontab-Datei hinzufügen. Diese werden mit der Shellscript-üblichen Raute # eingeleitet. Sie können bei den Zeitangaben statt Zahlen auch einen Stern (*) verwenden, was für »Erster bis Letzter« steht – also für »immer«. Somit würde folgender Eintrag das Script meinscript jede Minute ausführen:

```
# Führt das Script jede Minute aus
* * * * * $HOME/meinscript
```

Es sind auch Zahlenbereiche erlaubt. So kann z. B. ein Bereich durch einen Bindestrich von einem anderen getrennt werden. Die Zahlen zwischen den Bereichen sind immer inklusive. Somit bedeutet folgender Eintrag, dass das Script `meinscript` jeden Tag um 10, 11, 12, 13 und 14 Uhr ausgeführt wird:

```
0 10-14 * * * $HOME/meinscript
```

Listen können ebenfalls verwendet werden, bei denen Nummern oder auch Zahlenbereiche von Nummern durch Kommata getrennt werden:

```
0 10-12,16,20-23 * * * $HOME/meinscript
```

Hier würde jeden Tag um 10, 11, 12, 16, 20, 21, 22 und 23 Uhr das Script `meinscript` ausgeführt. In solch einer Liste dürfen keine Leerzeichen vorkommen, da das Leerzeichen ja das Trennzeichen für den nächsten Eintrag ist.

Es sind außerdem Aufträge in bestimmten Schritten möglich. So könnten Sie die Aufgabe, alle vier Stunden ein bestimmtes Script auszuführen, so schreiben:

```
0 0,4,8,12,16,20 * * * $HOME/meinscript
```

oder dies mit `0-23/4` oder `*/4` verkürzen:

```
0 */4 * * * $HOME/meinscript
```

Hier sehen Sie einige Beispiele zum besseren Verständnis:

```
# Jeden Tag um 11 Uhr das Script meinscript ausführen
0 11 * * * $HOME/meinscript
# Jeden Dienstag und Freitag um 23 Uhr das Script
# meinscript ausführen
0 23 * * 2,5 $HOME/meinscript
# Jeden zweiten Tag das Script meinscript um 23 Uhr ausführen
0 23 * * 0-6/2 $HOME/meinscript
# Achtung: Das Script wird an jedem 15. eines Monats UND jeden
# Samstag um 23 Uhr ausgeführt
0 23 15 * 6 $HOME/meinscript
```

Gewöhnlich wird Ihre `crontab`-Datei auf Dauer immer umfangreicher. Sofern Sie `crontab` zur Fernwartung einsetzen, können Sie sich die Ausgabe Ihres Scripts per E-Mail zuschicken lassen. Hierzu müssen Sie die Variable `MAILTO` (standardmäßig ist sie meist auf *user@host* gesetzt) in der `crontab` mit Ihrer E-Mail-Adresse versehen. Mit einem leeren `MAILTO` (`""`) können Sie dies wieder abschalten. Es kann auch sinnvoll sein, die `SHELL` entsprechend zu verändern, da standardmäßig häufig die Bourne-Shell verwendet wird. Da die Korn-Shell, die Bash und die Z-Shell oft beim Thema »Builtins« und einigen weiteren Funktionen überlegen sind, sollten Sie hier eine entsprechende Shell eintragen, da ansonsten die Scripts nicht richtig laufen könnten. Unter Linux ist dies allerdings – wie wir schon einige Male erwähnt haben – zweitrangig, da es hier keine echte Bourne-Shell gibt und alles ein Link auf die Bash ist. Hier soll jetzt eine einfache crontab-Datei erstellt werden:

```
you@host > crontab -e

### ---vi startet--- ###
SHELL=/bin/ksh
MAILTO=tot
# Alle zwei Minuten "Hallo Welt" an die Testdatei hängen
*/2 * * * * echo "Hallo Welt" >> $HOME/testdatei

###--- Abspeichern und Quit (:wq)---###
crontab: installing new crontab
you@host >
```


Wollen Sie einen Überblick über alle cron-Jobs gewinnen, müssen Sie nur crontab mit der Option -l (für *list*) aufrufen. Die vollständige Tabelle können Sie mit der Option -r (*remove*) löschen.

```
you@host > crontab -l
# DO NOT EDIT THIS FILE - edit the master and reinstall.
# (/tmp/crontab.8999 installed on Mon Mar 29 19:07:50 2020)
# (Cron version -- $Id: crontab.c,v 2.13 1994/01/17 03:20:37 vixie Exp $)
SHELL=/bin/bash
MAILTO=tot
# Alle zwei Minuten "Hallo Welt" an die Testdatei hängen
*/2 * * * * echo "Hallo Welt" >> $HOME/testdatei
you@host > crontab -r
you@host > crontab -l
no crontab for you
```

Aufruf	Bedeutung
crontab -e	Die crontab-Datei editieren.
crontab -l	Alle cron-Jobs auflisten.
crontab -r	Alle cron-Jobs löschen.

Tabelle 8.3 Optionen für »crontab« und deren Bedeutung

So weit, so gut: Alles hier Beschriebene (siehe Tabelle 8.3) gilt für den cron-Daemon unter Linux. Es gibt allerdings drei Versionen des cron-Daemons: eine BSD-Variante, eine SYS-V-Version und die Linux-Variante. So ist beispielsweise MAILTO rein Linuxspezifisch und funktioniert eventuell nirgendwo sonst. Auch ist die Zuweisung von Variablen in der `crontab`-Datei kein Standard, der überall funktionieren muss. Und das Wichtigste: Es kann sein, dass auf einigen Systemen die einzelnen Spalten durch ein Tabulatorzeichen getrennt sein müssen, auf einem anderen System aber durch ein Leerzeichen. Linux wiederum kennt beides. Daher sollten Sie immer erst die Manualpage ansteuern, um hundertprozentig sicherzugehen.

8.8.2 anacron

Wie schon erwähnt, startet `cron` einzelne `cron`-Jobs immer nur zu den eingetragenen Zeiten. Auf Systemen, die rund um die Uhr laufen (also auf Servern), ist das keine Problem. Wenn Ihr Rechner zu dem angegebenen Zeitpunkt jedoch nicht angeschaltet ist, wird der `cron`-Job nicht ausgeführt. Dürfen `cron`-Jobs auf gar keinen Fall verpasst werden, bietet sich die `cron`-Ergänzung `anacron` an. `anacron` kann Programme stündlich, täglich, wöchentlich oder monatlich ausführen. Es wird nicht über die `crontab`-Datei verwaltet, sondern über vier Verzeichnisse gesteuert, in denen Sie für die unterschiedlichen Zeiten (stündlich, täglich, wöchentlich und monatlich) Scripts ablegen. Wie das genau funktioniert, entnehmen Sie der Dokumentation.

8.9 Startprozess- und Profildaten der Shell

Beim Start liest die Shell – noch vor der ersten Benutzereingabe – eine Reihe von Konfigurationsdateien ein, interpretiert den Inhalt und übernimmt bestimmte Einstellungen. Mit einer solchen Konfigurationsdatei wird das Verhalten einer Shell eingestellt, Voreinstellungen werden getroffen, und die Benutzerumgebung wird individuell konfiguriert. Allerdings kann der Start einer Shell auf viele unterschiedliche Weisen erfolgen:

Konfigurationsdateien verschiedener Distributionen

Gleich zu Beginn müssen wir darauf hinweisen, dass das Thema »Konfigurationsdateien« eine ziemlich knifflige Sache ist, da viele Distributionen hier ihr eigenes Süppchen kochen. »Knifflig« sind die Standardeinstellungen, die sich bei den Distributionen unterscheiden. Es handelt sich dabei aber um ein grundsätzliches Prinzip, anhand dessen Sie bestimmte Funktionsweisen einer Shell verstehen können.

- Eine Shell kann *interaktiv* (interaktive Subshell) sein und Eingaben von der Kommandozeile lesen und ausführen (wie Sie dies vom täglichen Gebrauch Ihrer Shell her kennen).
- Eine Shell kann *nicht interaktiv* (nicht interaktive Subshell) sein, so wie dies beispielsweise beim Starten Ihrer Shellscripts der Fall ist.

- Eine Shell kann als *Login-Shell* gestartet werden (wird also für den Benutzer als Erstes nach seiner Anmeldung gestartet).
- Eine Shell kann als *zusätzliche Shell* gestartet werden.

Da hier viele verschiedene Start- bzw. Anwendungsformen vorhanden sind, durchläuft die Shell für jeden Modus unterschiedliche Konfigurationsdateien, sofern diese vorhanden sind.

Shell-Initialisierungsdateien verschiedener Distributionen

Mittlerweile gibt es eine Menge Linux/UNIX-Systeme (Distributionen) und auch Shells, sodass diese Shell-Initialisierungsdateien recht unterschiedlich sein können. Das kann bedeuten, dass auf manchen Systemen noch mehr solcher Konfigurationsdateien vorhanden sind, als hier beschrieben werden, oder dass sich die Konfigurationsdatei eventuell in einem anderen Verzeichnis (sogar mit anderem Namen) befindet.

8.9.1 Arten von Initialisierungsdateien

Das Einlesen von Initialisierungsdateien wird häufig recht komplex und umständlich erklärt, aber im Prinzip müssen Sie hierbei nur zwei unterschiedliche Arten solcher Dateien auseinanderhalten:

- **Systemweite Initialisierungsdateien** – Systemweite Einstellungen finden Sie gewöhnlich im Verzeichnis */etc* (beispielsweise */etc/profile*) oder manchmal noch in */usr/etc*. Einige Programme (nicht nur Shells verwenden Initialisierungsdateien) legen ihre systemweiten Konfigurationsdateien auch in */usr/share/packet/xxxrc* ab. (Die Endung `rc` steht für *read command.*)
- **Benutzer- bzw. individuelle Initialisierungsdateien** – Diese Initialisierungsdateien finden Sie für gewöhnlich im `HOME`-Verzeichnis des Benutzers als versteckte Datei (d. h., der Dateiname beginnt mit einem Punkt).

8.9.2 Ausführen von Profildateien beim Start einer Login-Shell

Beim Ausführen von Profildateien gehen die Shells teilweise unterschiedliche Wege (abgesehen von der systemweiten Initialisierungsdatei */etc/profile*), weshalb wir hier auch die einzelnen Shells berücksichtigen.

Systemweite Einstellungen

Beim Anmelden an einer interaktiven Login-Shell wird die systemweite Profildatei */etc/profile* ausgeführt. Diese systemweiten Einstellungen kann ein normaler Benutzer allerdings nicht editieren. Hier kann beispielsweise der Systemadministrator weitere Shell-Variablen definieren oder Umgebungsvariablen überschreiben. Meistens werden aus */etc/profile* weitere Initialisierungsdateien aufgerufen.

Hinweis

Woher kommen bei einer Login-Shell die Umgebungsvariablen? Wenn Sie sich als Benutzer anmelden, startet `login` eine Shell. Welche das ist, steht in der *passwd*-Datei im letzten Feld. Diese Shell erzeugt nun eine Umgebung mit einer Reihe von Variablen. Die meisten dieser Werte werden automatisch auf einen Standardwert gesetzt, trotzdem gibt es auch einige benutzerspezifische Werte, wie etwa `HOME`, in denen sich das Heimverzeichnis des eben eingeloggten Benutzers befindet.

Benutzerspezifische Einstellungen

Wurden die systemspezifischen Konfigurationsdateien abgearbeitet, haben Sie die Möglichkeit, die Umgebung an die eigenen Bedürfnisse (bzw. für jeden Benutzer auf dem System) anzupassen. Hier enden dann auch die Gemeinsamkeiten der verschiedenen Shells. Im Folgenden müssen wir also auf die einzelnen Shells eingehen.

Bourne-Shell

In der Bourne-Shell wird die lokale benutzerindividuelle Konfigurationsdatei *.profile* (im Heimverzeichnis des Benutzers *$HOME/.profile*) für eine interaktive Login-Shell eingelesen und interpretiert. Für die Bourne-Shell wäre der Login-Prozess somit abgeschlossen (siehe Abbildung 8.1).

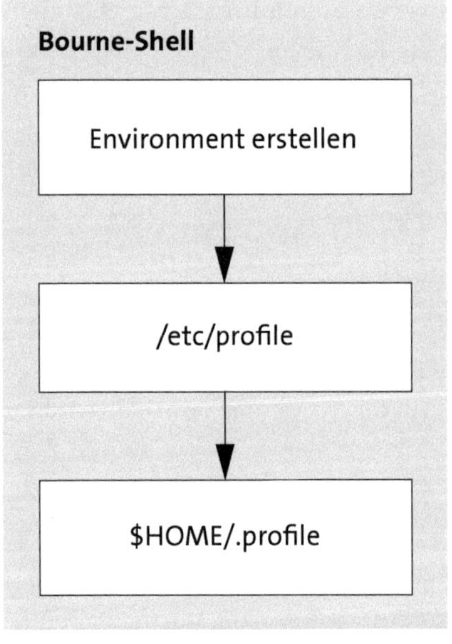

Abbildung 8.1 Start einer Login-Shell (Bourne-Shell)

Hinweis

Wenn Sie in der Bash die Bourne-Shell (sh) aufrufen, wird nach */etc/profile* nur noch die Datei *.profile* durchlaufen.

Bash

In der Bash wird im Heimverzeichnis des Benutzers zunächst nach der Datei *.bash_profile* gesucht. *.bash_profile* ist die lokale benutzerindividuelle Konfigurationsdatei für eine interaktive Login-Shell in der Bash. Existiert die Datei *.bash_profile* nicht, wird nach der Datei *.bash_login* (ebenfalls im Heimverzeichnis) gesucht. Konnte weder eine *.bash_profile*- noch eine *.bash_login*-Datei gefunden werden, wird wie schon bei der Bourne-Shell nach der Datei *.profile* Ausschau gehalten und diese ausgeführt (siehe Abbildung 8.2). Als Alternative zu *.bash_profile* findet man auf vielen Systemen auch die Datei *.bashrc* (mehr zu *.bashrc* folgt in Abschnitt 8.9.3).

8

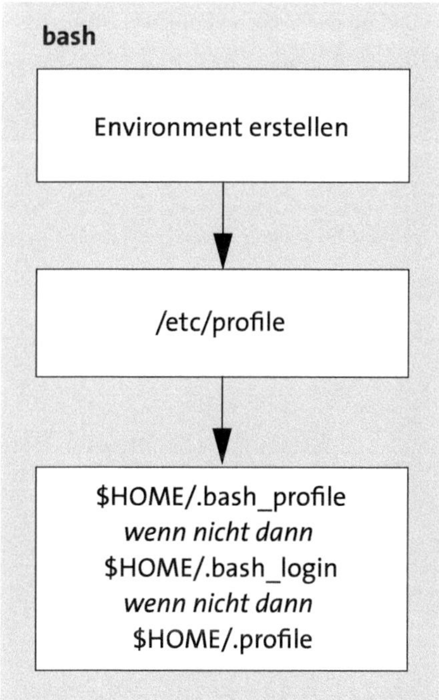

Abbildung 8.2 Start einer Login-Shell (Bash)

Korn-Shell

Die Korn-Shell startet zunächst wie die Bourne-Shell die Datei *.profile ($HOME/.profile)* aus dem Heimverzeichnis des Benutzers. Jetzt wird noch eine weitere Datei ausgeführt, die zusätzliche Parameter für die laufende Sitzung setzt. Diese Datei startet die Shell jedes Mal neu, wenn Sie eine weitere Shell aufrufen. Die Datei, die ausgeführt werden soll, findet die Korn-Shell in der Umgebungsvariablen ENV, die bei einer der Profildateien zuvor (*/etc/profile* oder *.profile*) definiert und exportiert wurde. In der Regel handelt es sich hierbei um die Datei *.kshrc* im Heimverzeichnis des Benutzers.

In dieser Datei findet man typischerweise alle Shell-Optionen, Funktionen und Aliasse, die man nicht exportieren kann – daher wird auch bei jeder neuen Shell diese Datei neu ausgeführt (siehe Abbildung 8.3). Sie werden anschließend gleich feststellen, dass die Bash ohne eine Login-Shell auch nichts anderes macht und ebenfalls eine weitere Datei beim Start einer neuen Subshell aufruft.

Hinweis

Bei den Dateien, die bei einer Anmeldung aufgerufen werden, handelt es sich wieder um das knifflige Thema, das am Anfang des Abschnitts angesprochen wurde. Auf einer BSD-Maschine findet man nur *.cshrc*, auf einem Debian-System wiederum findet man weder *.cshrc* noch *.kshrc* – ebenso wenig wie unter anderen Linux-Systemen (Fedora, SuSE). Aber auf einem Solaris-Rechner scheint die Welt wieder in Ordnung zu sein: Hier ist *.kshrc* vorhanden (weil ja auch standardmäßig die Korn-Shell installiert wird).

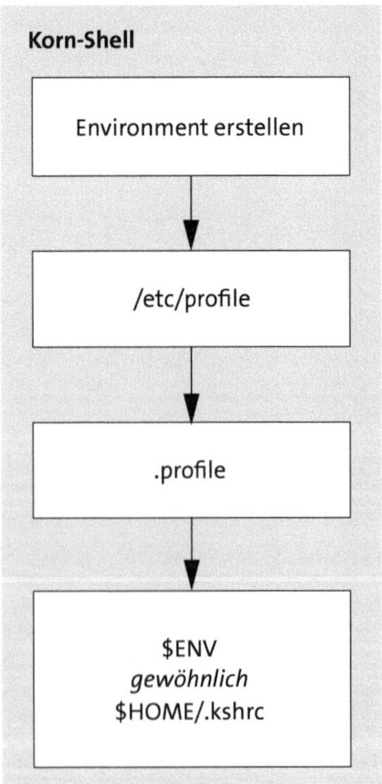

Abbildung 8.3 Start einer Login-Shell (Korn-Shell)

8.9.3 Ausführen von Profildateien beim Start einer Nicht-Login-Shell

Gerade *Linux-User*, die den Abschnitt oben zu den Profildateien zur geliebten Bash gelesen haben, werden sich fragen, wo denn nun entsprechende Dateien sind. Häufig findet der User beim Hausgebrauch gerade mal die Datei *.profile* wieder. Ein Eintrag in diese Datei zeigt zunächst, dass sich in einer »xterm« hier gar nichts rührt.

Sie können testweise eine einfache `export`-Anweisung in die Profildateien einfügen und mittels `echo` ausgeben lassen. Erst wenn eine echte Login-Shell (beispielsweise mit `Strg`+`Alt`+`F1`) geöffnet wird und sich der Benutzer in diese einloggt, werden die Einträge in *.profile* aktiv. Das ist auch kein Wunder, denn alles zuvor Beschriebene galt für eine echte Login-Shell (das Thema wurde bereits in Abschnitt 8.9.2 behandelt).

Sobald Sie allerdings ein Pseudo-Terminal (`pts` bzw. `ttyp`) öffnen, haben Sie aber keine Login-Shell mehr, sondern eine neue Subshell (bzw. eine interaktive Shell). Eine Subshell starten Sie

- beim Aufruf des Scripts mit `sh ascript`, `ksh ascript`, `bash ascript` oder `zsh ascript` oder einfach nur mit `ascript` und natürlich mit der Angabe der Shell in der ersten Zeile des Shellscripts (beispielsweise `#!/bin/ksh` ...).
- beim direkten Aufruf einer Shell mit `sh`, `ksh`, `zsh` oder `bash`.

Nun benötigt auch die Bash eine Startdatei, wie dies bei der Korn-Shell mit *.kshrc* standardmäßig der Fall ist. Der Grund ist hier derselbe wie schon bei der Korn-Shell. Auch hier ist es unmöglich, die Aliasse, Shell-Optionen und Funktionen zu exportieren. Beim Starten einer Subshell zeigen also die Profildateien keine Wirkung mehr. Ganz einfach: Gäbe es hier keine weitere Startdatei, so gäbe es in der Subshell keine Aliasse, Shell-Optionen und Funktionen, die Sie vielleicht sonst so regelmäßig einsetzen.

In der Korn-Shell, das haben Sie bereits erfahren, heißt die Startup-Datei *.kshrc* – bzw. es ist die Datei, die in der Variablen `ENV` abgelegt wurde. Die Bash geht den gleichen Weg und führt gewöhnlich die Datei *.bashrc* im Heimverzeichnis des Benutzers aus. Allerdings gibt es in der Bash zwei Möglichkeiten:

- Wird eine neue Subshell im interaktiven Modus erzeugt (also einfach in der Arbeits-Shell durch einen Aufruf von `bash`), so wird die Datei *.bashrc* ausgeführt.
- Wird hingegen ein neues Script gestartet, wird die Datei gestartet, die sich in der Umgebungsvariablen `BASH_ENV` befindet. Sofern Sie allerdings `BASH_ENV` nicht selbst anpassen und eine andere Datei starten wollen, wird `BASH_ENV` gewöhnlich auch nur mit *.bashrc* belegt.

Hinweis

Die Bourne-Shell führt keine Startdatei beim Aufrufen einer neuen Subshell aus.

Ausnahmen

Es gibt allerdings noch zwei Ausnahmen, bei denen zwar eine Subshell erzeugt, aber nicht die Startup-Datei *.bashrc* bzw. *.kshrc* ausgeführt wird. Und zwar ist dies der Fall beim Starten einer Subshell zwischen runden Klammern (...) (siehe Abschnitt 8.5) und bei der Verwendung einer Kommando-Substitution. Hierbei erhält die Subshell immer jeweils eine exakte Kopie der Eltern-Shell mit allen Variablen. Und natürlich wird auch keine Startup-Datei ausgeführt (auch keine Subshell), wenn Sie ein Script in der aktuellen Shell mit einem Punkt aufrufen.

8.9.4 Zusammenfassung aller Profil- und Startup-Dateien

Tabelle 8.4 bietet zum Schluss noch einen kurzen Überblick über die Dateien (und Variablen), die in Hinblick auf die Initialisierung für Shells und Shellscripts bedeutend sind.

> **Dateien für die Z-Shell**
>
> Alle Dateien, die beim Start der Z-Shell aufgerufen werden, finden Sie in Kapitel 1.

Datei	sh	ksh	bash	Bedeutung
/etc/profile	✓	✓	✓	Diese Datei wird von einer interaktiven Login-Shell abgearbeitet und setzt systemweite Einstellungen, die ein normaler Benutzer nicht verändern kann. Hier werden häufig weitere Initialisierungsdateien aufgerufen.
$HOME/ .profile	✓	✓	✓	Diese Datei ist die lokale benutzerdefinierte Konfigurationsdatei für eine interaktive Login-Shell, die der Benutzer an die eigenen Bedürfnisse anpassen kann.
$HOME/ .bash_profile			✓	Diese Datei ist die lokale benutzerdefinierte Konfigurationsdatei für eine interaktive Login-Shell, die der Benutzer an die eigenen Bedürfnisse anpassen kann. (Sie wird gegenüber *.profile* bevorzugt behandelt und verwendet.)
$HOME/ .bash_login			✓	Wie *.bash_profile*. Wird verwendet, wenn *.bash_profile* nicht existiert; ansonsten wird sie danach ausgeführt.

Tabelle 8.4 Wichtige Profil- und Startup-Dateien

Datei	sh	ksh	bash	Bedeutung
$HOME/ .bashrc			✓	Diese Datei ist die lokale benutzerdefinierte Konfigurationsdatei für jede interaktive Shell, die keine Login-Shell ist, die der Benutzer den eigenen Bedürfnissen entsprechend anpassen kann.
$HOME/ .kshrc		✓		Diese Datei ist die lokale benutzerdefinierte Konfigurationsdatei für jede interaktive Shell, die keine Login-Shell ist. Der Benutzer kann sie an die eigenen Bedürfnisse anpassen.
$BASH_ENV			✓	Die Startup-Datei, die beim Ausführen einer nicht interaktiven Shell (beispielsweise eines Shellscripts) zusätzlich ausgeführt wird. Meistens mit *.bashrc* belegt.
$ENV		✓		Die Startup-Datei, die von der Korn-Shell bei jeder weiteren Shell gestartet wird. Der Wert ist meistens mit der Datei *.kshrc* belegt.
$HOME/ .bash_logout			✓	Diese Datei kann bei einer Beendigung bzw. Abmeldung aus einer Login-Shell für Aufräumarbeiten verwendet werden.
/etc/inputrc			✓	In dieser Datei wird die systemweite Vorbelegung der Tastatur für die Bash und andere Programme definiert, die die C-Funktion `readline` zum Lesen der Eingabe verwenden. Veränderungen sind dem Systemadministrator (root) vorbehalten.
$HOME/ .inputrc			✓	Wie */etc/inputrc*, nur dass hier der normale Benutzer eigene Einstellungen vornehmen darf.

Tabelle 8.4 Wichtige Profil- und Startup-Dateien (Forts.)

8.10 Ein Shellscript bei der Ausführung

In diesem Abschnitt fassen wir kurz zusammen, wie ein Shellscript arbeitet. Gewöhnlich starten Sie ein Shellscript so, dass die aktuelle Shell eine neue Subshell öffnet. Diese Subshell ist für die Ausführung des Shellscripts verantwortlich. Sofern das Script in der aktuellen Shell nicht im Hintergrund ausgeführt wird, wartet die Shell auf die Beendigung der Subshell. Ansonsten, also bei einem im Hintergrund gestarteten Script, steht die aktuelle Shell gleich wieder zur Verfügung. Wird das Script hingegen mit einem Punkt gestartet, wird keine Subshell gestartet, stattdessen ist dann die laufende Shell für die Ausführung des Scripts verantwortlich.

Vereinfacht gesagt, läuft die Ausführung eines Scripts in drei Schritten ab, und zwar so:

- Syntaxüberprüfung
- Expansionen
- Kommandoausführungen

8.10.1 Syntaxüberprüfung

Bei der Syntaxüberprüfung wird das Shellscript Zeile für Zeile eingelesen. Daraufhin wird jede einzelne Zeile auf die richtige Syntax überprüft. Ein Syntaxfehler tritt auf, wenn ein Schlüsselwort oder eine Folge von Schlüsselwörtern und weitere Tokens nicht der Regel entsprechen.

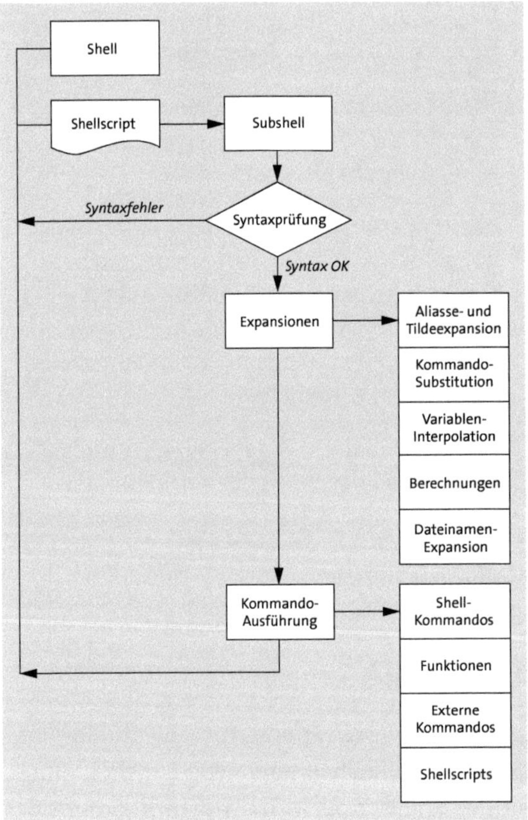

Abbildung 8.4 Ein Shellscript bei der Ausführung

8.10.2 Expansionen

Jetzt folgt eine Reihe von verschiedenen Expansionen:

- Aliasse- und Tilde-Expansion
- Kommando-Substitution
- Variablen-Interpolation
- Berechnungen
- Dateinamen-Expansionen

8.10.3 Kommandos

Zu guter Letzt werden die Kommandos ausgeführt. Hier gibt es auch eine bestimmte Reihenfolge, die einzuhalten ist:

1. Funktionen
2. Builtin-Kommandos der Shell (Shell-Funktionen)
3. externes Kommando (in PATH) oder ein binäres Programm

Und natürlich können auch noch weitere Shellscripts aus einem Script gestartet werden (siehe Abbildung 8.4).

8.11 Shellscripts optimieren

Diese Überschrift täuscht ein wenig. Im Vergleich zu anderen Programmiersprachen ist es schwer, ein Shellscript bzw. eine interpretierte Programmiersprache während der Laufzeit zu optimieren. Trotzdem gibt es einige Ratschläge, die Sie befolgen können, damit Ihre Scripts mindestens doppelt bis teilweise zehnmal so schnell laufen können.

Verwenden Sie wenn möglich Builtin-Kommandos (eine Übersicht finden Sie in Anhang A) der Shell statt externer Kommandos, da Builtins immer wesentlich schneller interpretiert werden können als externe Kommandos (weil sie ja in der Shell eingebaut sind).

Des Weiteren sollten Sie bei der Auswahl des Kommandos immer auf die einfachere Version zurückgreifen. So ist zum Beispiel das Lesen von Daten mit cat fast zehnmal so schnell wie das Lesen von Daten mit awk und hundertmal (!) schneller als das Einlesen mit read. Hier gilt es, zwischendurch mal einen Vergleich anzustellen und die Performance der einzelnen Kommandos zu testen.

Grundsätzlich sollten Sie es vermeiden, eine große Datenmenge über read einzulesen – ganz besonders in einer Schleife. read eignet sich hervorragend zur Benutzereingabe oder vielleicht noch für eine kleine Datei, aber ansonsten sind hier Kommandos wie cat, grep, sed oder awk zu bevorzugen. Allerdings sollten Sie überlegen, ob Sie eigentlich alle Daten benötigen, die sich in einer sehr großen Datei befinden. Wenn nicht, sollten Sie über grep, sed oder awk die für Sie wichtigen Zeilen herausfiltern und in einer temporären Datei für die spätere Weiterarbeit abspeichern. Auch bei der Verwendung von awk in Schleifen sollten Sie eher ein komplettes awk-Script in Erwägung ziehen. Dabei muss awk nicht jedes Mal von Neuem aufgerufen und gestartet werden.

Ein gutes Beispiel für die Optimierung von Shellscripts ist die Berechnung von Integer-Werten. Für die Berechnung stehen die externen Kommandos let, expr, bc zur Verfügung und die interne Shell-Routine $((...)). Mithilfe des Kommandos time können Sie deutlich den Unterschied in der Berechnung sehen.

In den folgenden Beispielen haben wir die externen Kommandos und die Shell-interne Routine miteinander verglichen:

- let

  ```
  you@host > time let wert=5*5*9999/4*12

  real    0m0.001s
  user    0m0.000s
  sys     0m0.000s
  ```

- expr

  ```
  you@host > time expr 5 \* 5 \* 9999 / 4 \* 12
  749916

  real    0m0.010s
  user    0m0.001s
  sys     0m0.003s
  ```

- bc

  ```
  you@host > time echo  5 \* 5 \* 9999 / 4 \* 12 | bc
  749916

  real    0m0.016s
  user    0m0.002s
  sys     0m0.009s
  ```

- $((...))

  ```
  you@host > time echo $((5 * 5 * 9999 / 4 * 12))
  749916

  real    0m0.000s
  ```

```
user    0m0.000s
sys     0m0.000s
```

Sie sehen an den Beispielen, wie sich die Verwendung der verschiedenen Möglichkeiten auf die Laufzeit auswirkt. Selbst wenn Sie die einzelnen Kommandos mehrfach wiederholen, werden Sie feststellen, dass der Einsatz der internen Routine immer die schnellste Variante ist.

Beherzigen Sie in Zukunft folgende Tipps:

- Bevorzugen Sie Builtin-Kommandos gegenüber externen Kommandos.
- Bevorzugen Sie die Korn-Shell und die Bash gegenüber der Bourne-Shell.
- Verwenden Sie immer die einfachste Version eines Kommandos.
- Vermeiden Sie `read` beim Einlesen größerer Datenmengen.
- Filtern Sie immer nur die benötigten Daten aus einer Datei heraus.
- Verwenden Sie `awk` nicht in umfangreichen Schleifen, sondern setzen Sie stattdessen ein `awk`-Script ein.

8.12 Aufgaben

1. In welchem Bereich können Sie den `nice`-Wert für Prozesse verändern? Welcher `nice`-Wert gibt dem Prozess die höchste und welcher die niedrigste Priorität? Welcher Benutzer kann die Priorität eines Prozesses über den `nice`-Wert erhöhen?
2. Wie können Sie ein Script im Hintergrund starten und anschließend in den Vordergrund holen? Und wenn das Script dann im Vordergrund läuft: Wie bekommen Sie das Script wieder in den Hintergrund?
3. Über den `cron`-Daemon können Sie Scripts zu verschiedenen Zeiten starten. Zu welchen Zeiten starten die Scripts in den folgenden Beispielen?

```
*/5  *    *     * *  /home/you/skript.bash
10   */2  *     * 7  /home/you/skript.bash
0    14   1,15  * *  /home/you/skript.bash
0    10   13    * 5  /home/you/skript.bash
```

Kapitel 9
Nützliche Funktionen

In diesem Kapitel zeigen wir Ihnen einige sehr hilfreiche Funktionen, auf die wir bisher nicht eingehen konnten. Natürlich stellt dies noch lange nicht den kompletten Funktionsumfang der Shell-Funktionen dar, weshalb Sie neben der Linux/UNIX-Kommandoreferenz in Kapitel 14 in Anhang A noch einen Überblick über alle »Builtins« für die jeweilige Shell finden.

9.1 Der Befehl eval

Ein auf den ersten Blick etwas ungewöhnliches Kommando ist eval. Die Syntax lautet:

```
eval Kommandozeile
```

Mit eval können Sie Kommandos ausführen, als würden Sie diese in der Kommandozeile per Tastatur eingeben. Schreiben Sie eval vor einem Kommando in die Kommandozeile, wird das Kommando oder die Kommandofolge zweimal ausgeführt. Im Fall einer einfachen Kommandoausführung oder -folge ohne eval ist eine doppelte Auswertung nicht sinnvoll:

```
you@host > eval ls -l | sort -r
...
```

Anders hingegen sieht es aus, wenn Sie eine Befehlsfolge in einer Variablen abspeichern wollen, um diese daraufhin ausführen zu lassen:

```
you@host > LSSORT="ls -l | sort -r"
you@host > $LSSORT
ls: |: Datei oder Verzeichnis nicht gefunden
ls: sort: Datei oder Verzeichnis nicht gefunden
```

Sicherlich haben Sie etwas Derartiges schon einmal ausprobiert. Wollen Sie die Befehlsfolge, die Sie in der Variablen LSSORT gespeichert haben, jetzt ausführen, ist das Kommando eval erforderlich. Die anschließende Fehlermeldung sagt alles. Verwenden Sie hier am besten mal set -x und sehen Sie sich an, was die Shell aus der Variablen $LSSORT macht:

```
you@host > set -x
you@host > $LSSORT
+ ls -l '|' sort -r
ls: |: Datei oder Verzeichnis nicht gefunden
ls: sort: Datei oder Verzeichnis nicht gefunden
```

Das Problem ist hierbei also das Pipe-Zeichen. Dieses müsste von der Shell ein zweites Mal ausgewertet werden, aber stattdessen wird die Befehlsfolge gleich ausgeführt, sodass hier das Pipe-Zeichen als Argument von `ls` bewertet wird. Sie können die Variable `LSSORT` drehen und wenden, wie Sie wollen, die Shells verwenden grundsätzlich einen Ausdruck nur einmal. Hier greift `eval` mit seiner doppelten Ausführung ein:

```
you@host > eval $LSSORT
...
```

Schalten Sie wieder die Option `-x` ein, können Sie erkennen, dass mithilfe von `eval` die Variable `LSSORT` zweimal ausgeführt wird:

```
you@host > eval $LSSORT
+ eval ls -l '|' sort -r
++ /bin/ls -l
++ sort -r
...
```

`eval` eignet sich also in Shellscripts für die Ausführung von Kommandos, die nicht im Script enthalten sind, sondern erst während der Laufzeit des Scripts festgelegt werden. Sinnvoll ist dies beispielsweise, wenn Sie in Ihrem Script ein Kommando verwenden, das es auf einem bestimmten System nicht gibt. So können Sie dem etwas erfahreneren Anwender eine Möglichkeit geben, sich sein Kommando selbst zusammenzubasteln:

```
# Name: aeval

while true
do
   printf "Kommando(s) : "
   read
   eval $REPLY
done
```

Das Script bei der Ausführung:

```
you@host > ./aeval
Kommando(s) : var=hallo
Kommando(s) : echo $var
```

```
hallo
Kommando(s) : who
you      :0          Mar 30 14:45 (console)
Kommando(s) : echo `expr 5 + 11`
16
Kommando(s) : asdf
./script1: line 1: asdf: command not found
Kommando(s) : ps
  PID TTY          TIME CMD
 3242 pts/41   00:00:00 bash
 4719 pts/41   00:00:00 bash
 4720 pts/41   00:00:00 ps
Kommando(s) : echo $$
4719
Kommando(s) : exit
you@host > echo $$
3242
```

Man könnte meinen, man hätte eine eigene Shell vor sich.

Es gibt noch einen besonders überzeugenden Anwendungsfall von eval. Mit eval haben Sie die Möglichkeit, indirekt auf eine Variable zuzugreifen. Alte C-Fanatiker werden feuchte Augen bekommen, da sich das Ganze wie bei den Zeigern in C anhört. Das Prinzip ist eigentlich einfach, aber nicht sofort durchschaubar. Daher ein kleines Beispiel:

```
# Name: aeval_cool

Mo=backup1
Di=backup2
Mi=backup3
Do=backup4
Fr=backup5
Sa=backup6
So=backup7

tag=`date +"%a"`

eval backup=\$$tag

echo "Heute wird das Backup-Script $backup ausgeführt"
./$backup
```

Das Script bei der Ausführung (an einem Mittwoch):

```
you@host > ./aeval_cool
Heute wird das Backup-Script backup3 ausgeführt
./backup3
```

Durch die Kommando-Substitution wurde veranlasst, dass sich in der Variablen tag die ersten zwei Zeichen des Wochentags befinden. Im Beispiel war es Mittwoch, daher ist tag=Mi. Danach wird es ein wenig seltsam, aber durchaus logisch:

```
eval backup=$$tag
```

Wollen Sie wissen, was da in den zwei Durchläufen passiert, verwenden Sie doch einfach wieder die Option -x:

```
set -x
eval backup=$$tag
set +x
```

Ein erneuter Aufruf des Shellscripts:

```
you@host > ./aeval_cool
++ eval 'backup=$Mi'
+++ backup=backup3
...
```

Im ersten Durchlauf wird aus $$tag die Zeichenfolge $Mi. Die Variable Mi hat ja den Wert backup3, was korrekterweise im zweiten Durchlauf an die Variable backup übergeben wird. Also wird im ersten Durchlauf der Ausdruck backup=$$tag zu backup=$Mi. Die Zeichenfolge Mi hatten Sie zuvor aus der Kommando-Substitution erhalten.

Anschließend durchläuft eval den Ausdruck backup=$Mi nochmals, sodass daraus backup=backup3 wird. Das erste Dollarzeichen wurde im ersten Durchlauf mit einem Backslash maskiert und somit vor einem Zugriff der Shell geschützt. Dadurch blieb im zweiten Durchlauf das Dollarzeichen bestehen, sodass hier tatsächlich eine Variable an eine andere Variable überwiesen wurde. Versuchen Sie doch einmal, das Ganze ohne eval-Anweisung so kurz und bündig zu gestalten.

9.2 xargs

Unter Linux/UNIX kann man fast alle Befehle auf einzelne Dateien oder auch eine ganze Liste von Dateien anwenden. Wenn dies nicht möglich sein sollte oder sich eine Dateiliste nicht mit einer Wildcard erstellen lässt, könnten Sie das Kommando xargs verwenden. xargs erwartet als Parameter ein Kommando, das dann auf alle Dateien einer Liste angewandt wird, die von der Standardeingabe gelesen werden. Die Syntax lautet:

```
kommando1 xargs kommando2
```

Hierbei rufen Sie kommando2 mit den Argumenten auf, die kommando1 in der Standardausgabe erstellt. Das Prinzip ist recht einfach. Das Script sucht in einer Schleife mit find nach allen Dateien im aktuellen Arbeitsverzeichnis (mit Unterverzeichnissen), die die Endung *.tmp* aufweisen.

```
# Name: aremover1

for var in `find . -name "*.tmp"`
do
   rm $var
done
```

Der Shell-Guru wird hier gleich Einspruch erheben und sagen: »Das geht noch kürzer.« Zum Beispiel so:

```
find . -name "*.tmp" -exec rm {} \;
```

Wir erheben auch keinen Einspruch; beide Lösungen dürften bezüglich der Laufzeit gleich schlecht sein. Was aber ist so schlecht an diesem Beispiel? Stellen Sie sich vor, Ihr Script findet eine Datei mit der Endung *.tmp* gleich 1.000-mal im aktuellen Arbeitsverzeichnis. Dann wird nach jedem gefundenen Ergebnis das rm-Kommando gestartet. Es werden also 1.000 Prozesse hintereinander gestartet und wieder beendet. Für einen Multi-User-Rechner kann das eine ziemliche Last sein. Besser wäre es doch, wenn man dem Kommando rm all diese Dateien als Argument übergibt und somit einen einzigen rm-Aufruf vornimmt. Und genau das ist der Sinn von xargs. Also sieht die Verwendung mit xargs wie folgt aus:

```
you@host > find . -name "*.tmp" -print | xargs rm
```

Jetzt werden alle aufgelisteten Files auf einmal über die Pipe an xargs weitergeleitet. xargs übernimmt diese Argumente in einer Liste und verwendet sie wiederum für den rm-Aufruf. Leider treten hier gleich wieder Probleme auf, wenn in einem Dateinamen Leerzeichen enthalten sind, wie dies häufig beispielsweise bei MP3-Musik- und MS-Windows-Dateien der Fall ist. Das Problem ist hier nämlich, dass xargs die Dateien anhand der Leerzeichen teilt.

Deswegen können Sie xargs mit dem Schalter -0 verwenden. Dann wird die Zeichenfolge nicht mehr aufgrund eines Leerzeichens getrennt, sondern nach einer binären 0. Allerdings bestünde nun noch das Problem mit find, das Sie ebenfalls mit einem

Schalter -print0 vermeiden können. So werden mit folgender Kommandoangabe auch diejenigen Dateien gelöscht, bei denen sich ein Leerzeichen im Namen befindet:

```
you@host > find . -name "*.tmp" -print0 | xargs -0 rm
```

Aber nicht immer stehen – wie hier bei rm – die eingelesenen Listen, die in den Linux/UNIX-Befehl eingefügt werden sollen, an der richtigen Stelle. So lautet z. B. die Syntax zum Verschieben von Dateien mittels mv:

```
mv Dateiname Zielverzeichnis
```

In diesem Fall können Sie die Zeichenkette {} für die Dateinamen verwenden. Diese Zeichenfolge wird als Platzhalter für die Liste von Argumenten genutzt. Wollen Sie also, wie im Beispiel oben, nicht die Dateien mit der Endung *.tmp* löschen, sondern diese zur Sicherheit erst einmal in ein separates Verzeichnis verschieben, lässt sich dies mit dem Platzhalterzeichen wie folgt erledigen:

```
you@host > find . -name "*.tmp" -print0 | \
> xargs -0 mv {} $HOME/backups
```

Natürlich lässt sich mit xargs und den entsprechenden Optionen noch eine Menge mehr anfangen, weshalb das Lesen der Manualpage sehr empfehlenswert ist.

9.3 dirname und basename

Mit dem Kommando dirname können Sie von einem Dateinamen den Pfadanteil lösen, und mit basename – dem Gegenstück zu dirname – können Sie den reinen Dateinamen ohne Pfadanteil ermitteln. Die Syntax lautet:

```
basename Dateiname [Suffix]
dirname  Dateiname
```

Geben Sie bei basename noch ein Suffix an, können Sie eine eventuell vorhandene Dateiendung entfernen. Ein einfaches Beispiel:

```
# Name: abasedir

echo "Scriptname : $0"
echo "basename   : `basename $0`"
echo "dirname    : `dirname $0`"

# ... oder die Endung entfernen
basename $HOME/Kap005graf.zip .zip
basename $HOME/meinText.txt .txt
```

Das Script bei der Ausführung:

```
you@host > $HOME/abasedir
Scriptname : /home/tot/abasedir
basename   : abasedir
dirname    : /home/tot
Kap005graf
meinText
```

9.4 umask

Das Kommando `umask` wird verwendet, um die Benutzerrechte (Lesen [`r`], Schreiben [`w`] und Ausführen [`x`]) für den Benutzer (die ersten drei `rwx`), für die Gruppe (die nächsten drei `rwx`) und für alle anderen (die letzten drei `rwx`) einzuschränken, denn standardmäßig würden Dateien mit den Rechten `rw-rw-rw--` (oktal 666) und Verzeichnisse mit `rwxrwxrwx` (oktal 0777) erstellt.

```
umask MASKE
```

Mit dem Kommando `umask` schränken Sie diese Rechte ein, indem Sie vom Standardwert einen entsprechenden `umask`-Wert abziehen (subtrahieren).

Hierbei müssen Sie beachten, dass keine Ziffer in `umask` den Wert 7 überschreitet. Ist etwa eine `umask` von 26 gesetzt, so würde sich dies beim Erzeugen einer Datei wie folgt auswirken:

```
Datei    :  666
umask    :  026
---------------
Rechte   :  640
```

Die Datei würde hier praktisch mit den Rechten 640 (`rw-r-----`) erzeugt.

Bitte beachten Sie außerdem, dass immer nur der Wert des zugehörigen oktalen Satzes subtrahiert wird. Eine `umask` von 27 hat also nicht den Effekt, dass der Rest von 6 minus 7 von den Rechten für alle anderen in die Gruppe übertragen wird. Bei einer `umask` von 27 wären die Rechte, mit denen die Datei angelegt wird, dieselben wie mit 26.

Standardmäßig ist `umask` bei vielen Distributionen auf 0022 eingestellt. Mittlerweile gibt es aber schon Distributionen, die den Benutzer bei der Installation nach einem `umask`-Wert fragen. Selbstverständlich kann der Wert auch zur Laufzeit auf Benutzerebene verändert werden:

```
you@host > umask
0022
```

```
you@host > touch afil1
you@host > ls -l afil1
-rw-r--r--  1 tot users 0 2010-03-31 07:51 afil1
you@host > umask 0177
you@host > umask
0177
you@host > touch afil2
you@host > ls -l afil2
-rw-------  1 tot users 0 2010-03-31 07:52 afil2
```

Hinweis

Wenn Sie beim Anlegen eines Verzeichnisses zuvor die umask verändert haben, setzen Sie beim Verzeichnis die Ausführrechte (x), da Sie sonst nicht mehr auf das Verzeichnis zugreifen können.

Die Veränderung der umask gilt allerdings nur für die Sitzung der laufenden Shell (oder auch des laufenden Pseudo-Terminals). Wollen Sie die Maske dauerhaft verändern, müssen Sie die entsprechende Profil- bzw. Startprozedurdatei verändern. Finden Sie nirgendwo anders einen Eintrag, gilt der Eintrag in */etc/profile* (bei FreeBSD */etc/login.conf*):

```
you@host > grep umask /etc/profile
umask 022
```

Ansonsten hängt es davon ab, ob Sie eine echte Login-Shell verwenden (*.profile*) oder eben ein *xterm* mit der Bash (beispielsweise *.bashrc*) bzw. mit der Korn-Shell (*.kshrc*) oder der Z-Shell (*.zshrc*).

9.5 ulimit (Builtin)

Mit ulimit können Sie den Wert einer Ressourcengrenze ausgeben lassen oder neu setzen. Die Syntax lautet:

```
ulimit [Optionen] [n]
```

Wird n angegeben, wird eine Ressourcengrenze auf n gesetzt. Hierbei können Sie entweder harte (-H) oder weiche (-S) Ressourcengrenzen setzen. Standardmäßig setzt ulimit beide Grenzen fest oder gibt die weiche Grenze aus. Mit Optionen legen Sie fest, welche Ressource bearbeitet werden soll. Tabelle 9.1 nennt die Optionen, die hierzu verwendet werden können.

Option	Bedeutung
-H	Harte Grenze. Alle Benutzer dürfen eine harte Grenze herabsetzen, aber nur privilegierte Benutzer können sie erhöhen.
-S	Weiche Grenze. Sie muss unterhalb der harten Grenze liegen.
-a	Gibt alle Grenzwerte aus.
-c	Maximale Größe der Speicherabzüge (core-File).
-d	Maximale Größe eines Datensegments oder Heaps in Kilobyte.
-f	Maximale Anzahl an Dateien (Standardoption).
-m	Maximale Größe des physischen Speichers in Kilobyte.
-n	Maximale Anzahl Filedescriptoren (plus 1).
-p	Größe der Pipe (meistens 512 Bytes).
-s	Maximale Größe eines Stacksegments in Kilobyte.
-t	Maximale CPU-Zeit in Sekunden.
-u	Maximale Anzahl von User-Prozessen.
-v	Maximale Größe des virtuellen Speichers in Kilobyte.

Tabelle 9.1 Optionen für »ulimit«

Einen Überblick darüber, welche Grenzen auf Ihrem System vorhanden sind, können Sie sich mit `ulimit` und der Option `-a` verschaffen:

```
you@host > ulimit -a
core file size        (blocks, -c) 0
data seg size         (kbytes, -d) unlimited
file size             (blocks, -f) unlimited
max locked memory     (kbytes, -l) unlimited
max memory size       (kbytes, -m) unlimited
open files                    (-n) 1024
pipe size          (512 bytes, -p) 8
stack size            (kbytes, -s) unlimited
cpu time             (seconds, -t) unlimited
max user processes            (-u) 2046
virtual memory        (kbytes, -v) unlimited
```

Folgende `ulimit`-Werte werden z. B. gern eingesetzt, um primitive DOS-(*Denial of Service*-)Angriffe zu erschweren (natürlich sind die Werte auch abhängig von der Anwendung eines Rechners). Am besten trägt man solche Werte in */etc/profile* ein (dabei sind auch die anderen Profil- und Startup-Dateien in Erwägung zu ziehen). Hier sehen Sie einen Eintrag in */etc/profile*, um dem DOS-Angreifer eine höhere Hürde zu setzen:

```
# Core-Dumps verhindern
ulimit -c 0
# keine Dateien größer 512 MB zulassen
ulimit -f 512000
# weiches Limit von max. 250 Filedescriptoren
ulimit -S -n 250
# weiches Maximum von 100 Prozessen
ulimit -S -u 100
# Speicherbenutzung max. 50 MB
ulimit -H -v 50000
# weiches Limit der Speichernutzung 20 MB
ulimit -S -v 20000
```

9.6 time

Mit dem Kommando `time` können Sie die Zeit ermitteln, die ein Script oder ein Kommando zur Ausführung benötigt hat: `time Kommando`

Ein Beispiel:

```
you@host > time sleep 3

real    0m3.029s
user    0m0.002s
sys     0m0.002s
you@host > time find $HOME  -user tot
...
real    0m1.328s
user    0m0.046s
sys     0m0.113s
```

Die erste Zeit (`real`) zeigt Ihnen die komplette Zeit vom Start bis zum Ende eines Scripts bzw. Kommandos an. Die zweite Zeit (`user`) zeigt die Zeit an, die das Script bzw. das Kommando im eigentlichen User-Modus verbracht hat, und die dritte Zeit (`sys`) ist die CPU-Zeit, die der Kommandoaufruf oder das Script im Kernel-Modus (Festplattenzugriff, System-Calls usw.) benötigt hat. Für die `real`-Zeit können Sie nicht einfach `user` + `sys` rechnen, denn es gibt auch noch andere Prozesse, die während der Ausführung gestartet werden und so das Ergebnis der Gesamtzeit beeinflussen. Das zeigt das Beispiel deutlich.

9.7 typeset

Das Kommando typeset haben wir bereits mehrfach eingesetzt. Trotzdem wollen wir es nicht versäumen, es hier nochmals mitsamt seinen Optionen zu erwähnen. Sie wissen ja aus Kapitel 2, »Variablen«, dass diese zunächst immer vom Typ *String*, also eine Zeichenkette, sind und dass es egal ist, ob Sie jetzt Zahlen speichern oder nicht.

```
typset [option] [variable] [=wert]
```

typeset definiert dabei die Eigenschaft option für die Variable variable und setzt gegebenenfalls gleich auch den Wert, sofern dieser angegeben wurde. Die Bash bietet auch das Kommando declare an, das denselben Zweck wie typeset erfüllt. declare ist nicht in der Korn-Shell vorhanden, weshalb man allein schon aus Kompatibilitätsgründen dem Kommando typeset den Vorzug geben sollte. Um die entsprechende Eigenschaft für eine Variable zu setzen, muss man das Minuszeichen verwenden. Beispielsweise definieren Sie mit

```
typeset -i var=1
```

die Variable var als eine Integer-Variable. Abschalten können Sie das Ganze wieder mit dem Pluszeichen:

```
typeset +i var
```

Nach dieser Kommandoausführung wird var erneut wie jede andere normale Variable behandelt und ist kein Integer mehr. Tabelle 9.2 listet die Optionen auf, die Ihnen hierbei zur Verfügung stehen.

Option	Bash/zsh	ksh	Bedeutung
A	✓		Array
I	✓	✓	Integer-Variable
R	✓	✓	Konstante (Readonly-Variable)
X	✓	✓	Variable exportieren.
F	✓	✓	Zeigt Funktionen mit ihrer Definition an.
fx	✓	✓	Exportiert eine Funktion.
+f		✓	Zeigt Funktionen ohne ihre Definition an.
F	✓		Zeigt Funktionen ohne ihre Definition an.

Tabelle 9.2 Optionen für »typeset«

Option	Bash/zsh	ksh	Bedeutung
fu		✓	Deklariert Funktionen im Autoload-Mechanismus.
l		✓	Inhalt von Variablen in Kleinbuchstaben umwandeln.
u		✓	Inhalt von Variablen in Großbuchstaben umwandeln.
Ln		✓	linksbündige Variable der Länge *n*
Rn		✓	rechtsbündige Variable der Länge *n*
Zn		✓	Rechtsbündige Variable der Länge *n*, leerer Raum wird mit Nullen gefüllt.

Tabelle 9.2 Optionen für »typeset« (Forts.)

Einen Sonderfall gibt es bei den Parametern noch auf der Z-Shell: Wenn Sie dort `typeset -F VAR` setzen, dann wird bei der Variablen `VAR` der Typ `float` gesetzt. Geben Sie keinen Zahlenwert an, werden zehn Nachkommastellen ausgegeben. Ein `typeset -F4 VAR` würde vier Nachkommstellen ausgeben.

9.8 Aufgabe

Schreiben Sie ein Script, mit dem der Anwender Dateien verschieben kann. Die Dateien sollen als Positionsparameter übergeben werden. Der letzte Positionsparameter gibt immer das Ziel an, an das die anderen Dateien verschoben werden sollen. Es müssen also immer mindestens zwei Positionsparameter übergeben werden. Vor dem Verschieben prüfen Sie, ob der Anwender die benötigten Rechte an der Quelle und dem Ziel hat. Denken Sie daran, dass der Benutzer für das Verschieben sowohl in dem Verzeichnis, in dem sich die Datei befindet, als auch im Zielverzeichnis das Schreibrecht benötigt.

Kapitel 10
Fehlersuche und Debugging

Sicherlich haben Sie im Verlauf der vielen Kapitel beim Tippen und Schreiben von Scripts genauso viele Fehler gemacht wie wir und sich gefragt: »Was passt denn jetzt wieder nicht?« Auch hier gilt, dass Fehler beim Lernen nichts Schlechtes sind. Aber sobald Sie Ihre Scripts auf mehreren oder fremden Rechnern ausführen, sollten Fehler nicht mehr vorkommen. Daher finden Sie in diesem Kapitel einige Hinweise dazu, wie Sie Fehler vermeiden können und – wenn sie bereits aufgetreten sind – wie Sie ihnen auf die Schliche kommen.

10.1 Strategien zum Vermeiden von Fehlern

Sicherlich, Fehler gänzlich vermeiden können Sie wohl nie, aber es gibt immer ein paar grundlegende Dinge, die Sie beherzigen können, um wenigstens den Überblick zu behalten.

10.1.1 Planen Sie Ihr Script

Zugegeben, bei einem Mini-Script von ein paar Zeilen werden Sie wohl kaum das Script planen. Allerdings haben wir persönlich schon die Erfahrung gemacht, dass ein geplantes Script wesentlich schneller erstellt ist als ein aus dem Kopf geschriebenes. Eine solche Planung hängt natürlich vom entsprechenden »Kopf« ☺ und dem Anwendungsfall ab. Aber das Prinzip ist einfach. Zuerst schreiben Sie auf (oder kritzeln hin), was das Script machen soll.

Ein Beispiel: Das Script soll auf mehreren Rechnern eingesetzt werden und ein Backup der Datenbank erstellen. Das Backup soll hierbei in einem separaten Verzeichnis gespeichert werden, und bei mehr als zehn Backup-Dateien soll immer die älteste gelöscht werden.

Auch wenn man sich bei den ersten Gedanken noch gar nicht vorstellen kann, wie das Script funktionieren bzw. aussehen soll, kann man trotzdem schon mit der Planung beginnen. Zwar haben Sie jetzt noch keine Zeile Code geschrieben, doch Sie werden feststellen, dass diese Liste schon die halbe Miete ist. Wenn Sie dann merken, dass Sie das Script mit dem derzeitigen Wissensstand nicht realisieren können, wissen Sie wenigstens, wo sich Ihre Wissenslücken befinden, und können entsprechend nachhelfen.

```
#-----------------------------------------------------------------#
Plan zum Backup-Script:

1.) Prüfen, ob das Verzeichnis für das Backup existiert (test), und
    gegebenenfalls das Verzeichnis neu anlegen (mkdir).
2.) Da mehrere Dateinamen (zehn) in einem Verzeichnis verwendet
    werden, einen entsprechenden Namen zur Laufzeit mit 'date'
    erstellen und in einer Variablen speichern (date).
3.) Einen Dump der Datenbank mit mysqldump und den entsprechenden
    Optionen erstellen (mysqldump).
4.) Den Dump gleich in das entsprechende Verzeichnis packen und
    archivieren (tar oder cpio).    !!! Dateinamen beachten !!!
5.) Gegebenenfalls Datenreste löschen.
6.) Verzeichnis auf Anzahl von Dateien überprüfen (ls -l | wc -l)
    und gegebenenfalls die älteste Datei löschen.

Notizen: Bei Fertigstellung crontab aktivieren - täglich um
         01.00 Uhr ein Backup erstellen.
#-----------------------------------------------------------------#
```

10.1.2 Testsystem bereitstellen

Bevor Sie Ihr Script nach der Fertigstellung dem Ernstfall überlassen, sollten Sie auf jeden Fall das Script lokal oder auf einem Testsystem testen. Gerade Operationen auf einer Datenbank oder schreibende Zugriffe auf Dateien sollte man möglichst vorsichtig behandeln. Denn wenn irgendetwas schiefläuft, ist dies auf Ihrem Testsystem nicht so schlimm, aber bei einem oder gar mehreren Rechnern könnte solch ein Fehler Ihnen eine Menge Ärger einbringen sowie Zeit und vor allem Nerven kosten.

Es wäre auch sinnvoll, wenn Sie mehrere verschiedene Testsysteme zum Ausprobieren hätten – denn was auf Ihrer Umgebung läuft, muss nicht zwangsläufig auch auf einer anderen Umgebung laufen. Gerade wenn man häufig zwischen Linux und UNIX wechselt, gibt es hier und da doch einige Differenzen. Mit den heute zur Verfügung stehenden Rechnern und Virtualisierungslösungen kann man selbst auf einem Notebook problemlos verschiedenen Testumgebungen mit unterschiedlichen Betriebssystemen aufsetzen.

10.1.3 Ordnung ist das halbe Leben

Dass sich nicht alle an das Motto aus unserer Überschrift halten, zeigt folgendes Script:

```
# Eine Datei anlegen
# Name: creatfile

CreatFile=atestfile.txt

if [ ! -e $CreatFile ]
then
touch $CreatFile
if [ ! -e $CreatFile ] ; then
echo "Konnte $CreatFile nicht anlegen" ; exit 1
fi
fi

echo "$CreatFile angelegt/vorhanden!"
```


Zugegeben, das Script ist kurz und im Prinzip auch verständlich, doch wenn Sie solch einen Programmierstil über längere Scripts beibehalten, werden Sie allein bei der Fehlersuche keine große Freude haben. Folgende Punkte fallen auf den ersten Blick negativ auf:

- Es gibt keine Einrückungen bei den `if`-Anweisungen; es fehlt einfach an Struktur.
- Mehrere Befehle stehen in einer Zeile. Bei einer Fehlermeldung wird die Zeilennummer mit ausgegeben. Befinden sich darin mehrere Kommandos, wird die Fehlersuche erschwert.
- In diesem Script wurde die MS-übliche *ungarische Notation* verwendet, die in der Praxis sehr fehleranfällig sein kann. Hat man vergessen, wie die Variable `CreatFile` geschrieben wurde, und schreibt `creatfile` oder `creat_file`, ergibt sich bereits ein Fehler. Wer schon einmal die Win32-API zur Programmierung verwendet hat, der weiß, was wir meinen.
- Die Faulheit hat gesiegt; der Anwender weiß nach dem Script immer noch nicht, ob eine Datei angelegt wurde oder bereits vorhanden ist.
- Kommentarlose Scripts sind schwer zu pflegen. Schreiben Sie besser den einen oder anderen (vielleicht überflüssigen) Kommentar hin als gar keinen.

Hier sehen Sie das Script in einem etwas lesbareren Stil:

```
# Eine Datei anlegen
# Name: creatfile2
```

```
# Datei, die angelegt werden soll
creatfile=atestfile.txt

# Existiert diese Datei bereits ...
if [ ! -e $creatfile ]
then                      # Nein ...
   touch $creatfile       # Datei anlegen ...
   # Jetzt nochmals überprüfen ...
   if [ ! -e $creatfile ]
   then
      echo "Konnte $creatfile nicht anlegen"
      exit 1   # Script erfolglos beenden
   else
      echo "$creatfile erfolgreich angelegt"
   fi
fi

echo "$creatfile vorhanden!"
```

Das sieht doch schon viel besser aus. Natürlich kann Ihnen niemand vorschreiben, in welchem Stil Sie Ihre Scripts schreiben, dennoch wollen wir Ihnen hier einige Hinweise ans Herz legen, mit denen Sie (gerade wenn Sie vielleicht noch Anfänger sind) ein friedlicheres Shell-Leben führen können.

Variablen und Konstanten

Verwenden Sie einen sinnvollen Namen für eine Variable – mit `x`, `y` oder `z` kann niemand so recht etwas anfangen. Verwenden Sie beispielsweise Variablen in einer Funktion namens `removing()`, könnten Sie Variablen wie `rem_source`, `rem_dest` oder `rem_temp` verwenden. Hier gibt es viele Möglichkeiten, nur sollten Sie immer versuchen, dass Sie einer Variablen einen Namen geben, an dem man erkennt, was sie bedeutet – eine Variable benötigt also ein klar zu erkennendes Merkmal.

Außerdem sollten Sie Konstanten und Variablen auseinanderhalten. Wir bezeichnen hier Konstanten nicht als Variablen, die mit `typeset` als »readonly« markiert wurden, sondern meinen Variablen, die sich zur Laufzeit des Scripts nicht mehr ändern. Ein guter Stil wäre es beispielsweise, Variablen, die sich im Script nicht mehr ändern, großzuschreiben (wer hat hier was von C gesagt?) und normale Variablen klein. So kann man im Script schnell erkennen, welche Werte sich ohnehin nicht verändern und welche Werte variabel sind. Dies kann die Fehlersuche eingrenzen, weil konstante Variablen nicht verändert werden und man in diesen auch keine falschen Werte vermutet (es sei denn, man gibt diesen Variablen gleich zu Beginn einen falschen Wert).

Stil und Kommentare

Hier gibt es nur eines zu sagen: Es hat noch niemandem geschadet, einmal mehr auf [↵] und eventuell mal auf die (häufig noch wie neue) [⇆]-Taste zu drücken. Wir empfehlen Ihnen, eine Anweisung bzw. ein Schlüsselwort pro Zeile zu verwenden. Dies hilft Ihnen, bei einer Fehlermeldung gleich die entsprechende Zeile anzuspringen und zu lokalisieren. Ebenfalls sollten Sie der Übersichtlichkeit zuliebe Anweisungs- oder Funktionsblöcke einrücken.

Das Problem mit einem kaum kommentierten Code kennt man zur Genüge. Jürgen hatte zum Beispiel früher sehr viel mit Perl zu tun. Nach einem Jahr Abstinenz (und vielen anderen Programmiersprachen) benötigte er nur ein paar Zeilen aus einem Script, das er mal geschrieben hatte. Leider hatte er den Code nicht kommentiert, und so gestaltete sich das »Entschlüsseln« etwas länger – Jürgen benötigte wieder den Rat anderer Personen. Durch die Verwendung von Kommentaren hätte er einiges an Zeit gespart. Bei der Shellscript-Programmierung ist das genauso. Sie werden schließlich noch etwas anderes zu tun haben, als immer nur Shellscripts zu schreiben.

Und: Es gibt auch noch das Backslash-Zeichen, von dem Sie immer dann Gebrauch machen sollten, wenn eine Zeile mal zu lang wird oder wenn Sie Ketten von Kommandos mit Pipes verwenden. Dies erhöht die Übersicht ebenfalls enorm.

10.2 Fehlerarten

Wenn das Script fertiggestellt ist und Fehler auftreten, unterscheidet man gewöhnlich zwischen mehreren Fehlerarten:

- **Syntaxfehler** – Der wohl am häufigsten auftretende Fehler ist ein Syntaxfehler. Hierbei reicht ein einfacher Tippfehler beispielsweise in einem Schlüsselwort aus. Wenn Sie einmal `thn` statt `then` schreiben, haben Sie schon einen Syntaxfehler. Leider lassen sich solche Fehler häufig nicht so einfach finden. Beispielsweise gibt bei uns ein Script, in dem `then` falsch geschrieben ist, folgende Fehlermeldung aus:

  ```
  you@host > ./script1
  ./script1: line 19: syntax error near unexpected token `fi'
  ./script1: line 19: `fi'
  ```

  Ein Syntaxfehler, der sehr häufig vorkommt, ist die Verwendung von ' anstelle eines ` bei einer Kommando-Substitution.

- **Logische Fehler** – Bei logischen Fehlern hat sich ein Denkfehler eingeschlichen. Das Script wird zwar ohne eine Fehlermeldung ausgeführt, führt aber nicht zum gewünschten Ergebnis. Ein einfaches Beispiel:

```
if [ ! -e $creatfile ]
then                        # Nein ...
   touch $creatfile         # Datei anlegen ...
   # Jetzt nochmals überprüfen ...
   if [ -e $creatfile ]
   then
      echo "Konnte $creatfile nicht anlegen"
      exit 1   # Script erfolglos beenden
   else
      echo "$creatfile erfolgreich angelegt"
   fi
fi
```

Sofern die Datei `$creatfile` nicht existiert, gibt das Script Folgendes aus:

```
you@host > ./createfile2
Konnte atestfile.txt nicht anlegen
```

Und das, obwohl die Datei angelegt wurde. Hier haben Sie es nicht – wie man häufig vermutet – mit mangelnden Rechten zu tun, sondern mit einem vergessenen Negationszeichen (`!`) in der zweiten `if`-Anweisung.

```
# Jetzt nochmals überprüfen ...
if [ ! -e $creatfile ]
```

Ein einfacher Fehler, der aber häufig nicht gleich gefunden wird.

- **Fehler der Shell oder der Kommandos** – Dies wird wohl der seltenste Fall eines Fehlers sein. Dabei handelt es sich um einen Fehler, der nicht Ihre Schuld ist, sondern die der Person, die Shell oder Kommando programmiert hat. Hier bleibt Ihnen nichts anderes übrig, als den Autor des Kommandos zu kontaktieren und ihm diesen Fehler mitzuteilen oder auf ein anderes Kommando auszuweichen.

10.3 Fehlersuche

Wenn der Fehler aufgetreten ist, bietet Ihnen die Shell einige Optionen, die Ihnen bei der Fehlersuche helfen. Aber egal welche Fehler denn nun aufgetreten sind, als Erstes sollten Sie die Fehlermeldung lesen und auch verstehen können. Das ist plausibel, aber leider werden immer wieder Fragen danach gestellt, warum dies oder jenes falsch läuft, obwohl die Antwort zum Teil schon eindeutig der Fehlermeldung zu entnehmen ist. Ganz klar im Vorteil sind Sie, wenn Sie das Buch durchgearbeitet und die Scripts abgetippt und ausprobiert haben. Durch »Trial and Error« haben Sie eine Menge Fehler produziert; Sie haben aber auch gelernt, wann welche Fehlermeldung ausgegeben wird.

10.3.1 Tracen mit set -x

Den Trace-Modus (*trace* = verfolgen, untersuchen), den man mit `set -x` setzt, haben Sie schon des Öfteren in diesem Buch eingesetzt, etwa als es darum ging, zu sehen, wie das Script bzw. die Befehle ablaufen. Die Option `-x` wurde bereits in Abschnitt 1.8.9, »Ein Shellscript beenden«, ausführlich behandelt. Trotzdem muss noch erwähnt werden, dass die Verwendung der Trace-Option nur in der aktuellen Shell aktiv ist. Nehmen wir an, Sie wollen wissen, was beim folgenden Script passiert:

```
# Name: areweroot

if [ $UID = 0 ]
then
   echo "Wir sind root!"
   renice -5 $$
else
   echo "Wir sind nicht root!"
   sudo renice -5 $$
fi
```

Wenn Sie das Script jetzt tracen wollen, genügt es nicht, einfach vor seiner Verwendung die Option `-x` zu setzen:

```
you@host > ./areweroot
+ ./areweroot
Wir sind nicht root!
Password:********
8967: Alte Priorität: 0, neue Priorität: -5
```

Das ist ein häufiges Missverständnis. Sie müssen die Option selbstverständlich an der entsprechenden Stelle (oder am Anfang des Scripts) setzen:

```
# Name: areweroot2

# Trace-Modus einschalten
set -x

if [ $UID = 0 ]
then
   echo "Wir sind root!"
   renice -5 $$
else
   echo "Wir sind nicht root!"
   sudo renice -5 $$
fi
```

Das Script bei der Ausführung:

```
you@host > ./areweroot2
+ ./areweroot
++ '[' 1000 = 0 ']'
++ echo 'Wir sind nicht root!'
Wir sind nicht root!
++ su -c 'renice -5 $$'
Password:*******
9050: Alte Priorität: 0, neue Priorität: -5
you@host > su
Password:********
# ./areweroot2
++ '[' 0 = 0 ']'
++ echo 'Wir sind root!'
Wir sind root!
++ renice -5 9070
9070: Alte Priorität: 0, neue Priorität: -5
```

Tracen mit Shell-Aufruf

Alternativ bietet sich hier auch die Möglichkeit, die Option `-x` an das Script mit einem Shell-Aufruf zu übergeben, z. B. `bash -x ./script` oder `ksh -x ./script`, wodurch sich eine Modifikation am Script vermeiden lässt. Oder Sie verwenden die Shebang-Zeile:

```
#!/usr/bin/bash -x
```

Häufig finden Sie mehrere Pluszeichen am Anfang einer Zeile. Dies zeigt an, wie tief die Verschachtelungsebene ist, in der die entsprechende Zeile ausgeführt wird. Jedes weitere Zeichen bedeutet »eine Ebene tiefer«. So verwendet beispielsweise folgendes Script drei Schachtelungsebenen:

```
# Name: datum

# Trace-Modus einschalten
set -x

datum=`date`
echo "Heute ist $datum"
```

Das Script bei der Ausführung:

```
you@host > ./datum
+./script1
+++ date
```

```
++ datum=Mi Mai  4 10:26:25 CEST 2016
++ echo 'Heute ist Mi Mai  4 10:26:25 CEST 2016'
Heute ist Mi Mai  4 10:26:25 CEST 2016
```

10.3.2 Das DEBUG- und das ERR-Signal

Für alle Shells gibt es mit dem DEBUG-Signal eine echte Debugging-Alternative. Das ERR-Signal hingegen ist nur der Korn-Shell vorbehalten. Angewendet werden diese Signale genauso, wie Sie dies von den Signalen her kennen. Sie richten sich hierbei einen Handler mit trap ein:

```
trap 'Kommando(s)' DEBUG
# nur für die Korn-Shell
trap 'Kommando(s)' ERR
```


Im folgenden Beispiel haben wir ein Script, das ständig in einer Endlosschleife läuft, aber wir sind zu blind, um den Fehler zu erkennen:

```
# Name: debug1

val=1

while [ "$val" -le 10 ]
do
   echo "Der ${val}. Schleifendurchlauf"
   i=`expr $val + 1`
done
```

Jetzt wollen wir in das Script mit trap einen »Entwanzer« einbauen:

```
# Name: debug1

trap 'printf "$LINENO :-> " ; read line ; eval $line' DEBUG

val=1

while [ "$val" -le 10 ]
do
   echo "Der ${val}. Schleifendurchlauf"
   i=`expr $val + 1`
done
```

Beim Entwanzen wird gewöhnlich das Kommando eval verwendet, mit dem Sie im Script Kommandos so ausführen können, als wären diese Teil des Scripts (siehe Abschnitt 9.1):

```
trap 'printf "$LINENO :-> " ; read line ; eval $line' DEBUG
```

Mit DEBUG wird nach jedem Ausdruck ein DEBUG-Signal gesendet, das Sie »trap(pen)« können, um eine bestimmte Aktion auszuführen. Im Beispiel wird zunächst die Zeilennummer des Scripts ausgegeben, gefolgt von einem Prompt. Anschließend können Sie einen Befehl einlesen und mit eval ausführen lassen (beispielsweise Variablen erhöhen oder reduzieren, Datei(en) anlegen, löschen, verändern, auflisten, überprüfen etc.). Das Script bei der Ausführung:

```
you@host > ./debug1
5 :->[↵]
7 :->[↵]
9 :->[↵]
Der 1. Schleifendurchlauf
10 :-> echo $val
1
7 :->[↵]
9 :->[↵]
Der 1. Schleifendurchlauf
10 :-> echo $val
1
7 :->[↵]
9 :->[↵]
Der 1. Schleifendurchlauf
10 :-> val=`expr $val + 1`
7 :-> echo $val
2
9 :->[↵]
Der 2. Schleifendurchlauf
10 :->[↵]
7 :->[↵]
9 :->[↵]
Der 2. Schleifendurchlauf
10 :-> exit
```

Der Fehler ist gefunden: Die Variable val wurde nicht hochgezählt, und ein Blick auf die Zeile 10 zeigt Folgendes:

```
i=`expr $val + 1`
```

Hier haben wir i statt val verwendet. Etwas störend ist allerdings, dass nur die Zeilennummer ausgegeben wird. Bei längeren Scripts ist es schwer bzw. umständlich, die Zeilennummer parallel zum Debuggen zu behandeln. Daher ist es sinnvoll, wenn auch hier die entsprechende Zeile mit ausgegeben wird, die ausgeführt wird bzw. wurde. Dies ist im Grunde kein Problem, da die DEBUG-Signale in allen drei Shells vorhanden sind, weshalb auch gleich das komplette Script in ein Array eingelesen werden kann. Für den Index nutzen Sie wieder die Variable LINENO. Die Zeile eval zum Ausführen von Kommandos packen Sie einfach in eine separate Funktion, die beliebig viele Befehle aufnehmen kann, bis eben [↵] gedrückt wird.

```
# Name: debug2

# ------- DEBUG Anfang --------- #

# Die übliche eval-Funktion
debugging() {
   printf "STOP > "
   while true
   do
      read line
      [ "$line" = "" ] && break
      eval $line
      printf " > "
   done
}

typeset -i index=1

# Das komplette Script in ein Array einlesen
while read zeile[$index]
do
   index=index+1
done<$0

trap 'echo "${zeile[$LINENO]}" ; debugging' DEBUG

# ------- DEBUG Ende    --------- #

typeset -i val=1

while (( $val <= 10 ))
do
```

```
   echo "Der ${val}. Schleifendurchlauf"
   val=val+1
done
```

Das Script bei der Ausführung:

```
you@host > ./debug2
typeset -i val=1
STOP >[↵]
while (( $val <= 10 ))
STOP > echo $val
1
 > val=7
 > echo $val
7
 >[↵]
echo "Der $val Schleifendurchlauf"
STOP >[↵]
Der 7. Schleifendurchlauf
val=val+1
STOP >[↵]
while (( $val <= 10 ))
STOP >[↵]
echo "Der $val Schleifendurchlauf"
STOP >[↵]
Der 8. Schleifendurchlauf
val=val+1
STOP >[↵]
while (( $val <= 10 ))
STOP >[↵]
echo "Der $val Schleifendurchlauf"
STOP >[↵]
Der 9. Schleifendurchlauf
val=val+1
STOP >exit
you@host >
```

Shells ohne DEBUG-Signal

Auch in der Bourne-Shell oder in anderen Shells, die eben nicht das DEBUG-Signal unterstützen, können Sie die Funktion debugging() hinzufügen. Nur müssen Sie diese Funktion mehrmals hinter oder/und vor den Zeilen einsetzen, von denen Sie vermuten, dass das Script nicht richtig funktioniert. Natürlich sollten Sie es nicht versäumen, sie aus Ihrem fertigen Script wieder zu entfernen.

In der Korn-Shell finden Sie auch das Signal ERR, das Sie ebenfalls mit trap einfangen können. Allerdings handelt es sich hierbei eher um ein Pseudo-Signal, denn das Signal bezieht sich immer auf den Rückgabewert eines Kommandos. Ist dieser ungleich 0, wird das Signal ERR gesendet. Allerdings lässt sich dies nicht dort verwenden, wo bereits der Exit-Code eines Kommandos abgefragt wird (beispielsweise if, while ...). Auch hierzu zeigen wir Ihnen ein simples Script, das das Signal ERR abfängt:

```
# Name: debugERR

error_handling() {
   echo "Fehler: $ERRNO Zeile: $LINENO"
   printf "Beenden (j/n) : " ; read
   [ "$REPLY" = "j" ] && exit 1
}

trap 'error_handling' ERR

echo "Testen des ERR-Signals"
# Sollte dem normalen Benutzer untersagt sein
cat > /etc/profile
echo "Nach dem Testen des ERR-Signals"
```


Das Script bei der Ausführung:

```
you@host > ksh ./debugERR
Testen des ERR-Signals
Fehler: Permission denied  Zeile: 4
Beenden (j/n) : j
```

Das Signal ERR in der Bash

Zwar wird die Bash beim Signal ERR in den Dokumentationen nicht erwähnt, aber beim Testen hat es auch unter der Bash funktioniert, nur dass es eben in der Bash nicht die Variable ERRNO gibt.

10.3.3 Variablen und Syntax überprüfen

Um wirklich sicherzugehen, dass Sie nicht auf eine nicht gesetzte Variable zugreifen, können Sie set mit der Option -u verwenden. Wird hierbei auf eine nicht definierte Variable zugegriffen, wird eine entsprechende Fehlermeldung ausgegeben. Mit +u schalten Sie diese Option wieder ab.

```
# Name: aunboundvar

# Keine undefinierten Variablen zulassen
set -u

var1=100
echo $var1 $var2
```

Das Script bei der Ausführung:

```
you@host > ./aunboundvar
./aunboundvar: line 7: var2: unbound variable
```

Wollen Sie ein Script nicht ausführen, sondern nur dessen Syntax überprüfen lassen, können Sie die Option -n verwenden. Mit +n schalten Sie diese Option wieder aus.

10.3.4 Eine Debug-Ausgabe hinzufügen

Die primitivste Form aller Debugging-Techniken ist gleichzeitig wohl die am meisten eingesetzte Variante – nicht nur in der Shell-Programmierung. Sie setzen überall dort, wo Sie einen Fehler vermuten, eine echo-Ausgabe über den Zustand der Daten ein (beispielsweise ermitteln Sie, welchen Wert eine Variable hat). Gibt das Script sehr viel auf dem Bildschirm aus, kann man auch einfach hier und da mal ein einfaches read einbauen, wodurch auf einen [↵]-Tastendruck gewartet wird, ehe die Ausführung des Scripts weiter fortfährt, oder man kann auch die eine oder andere störende Ausgabe kurzzeitig ins Datengrab */dev/null* schicken. Ein einfaches Beispiel:

```
# Name: maskieren

nobody() {
   echo "Die Ausgabe wollen wir nicht!!!"
}

echo "Ausgabe1"
exec 1>/dev/null
nobody
exec 1>`tty`
echo "Ausgabe2"
```

Hier interessieren wir uns nicht für die Ausgabe der Funktion nobody und schicken die Standardausgabe ins Datengrab. Natürlich müssen Sie das Ganze wieder rückgängig machen. Wir erreichen das mit einer Umleitung auf das aktuelle Terminal (das Kommando tty übernimmt das für uns).

10.3.5 Debugging-Tools

Wenn Sie ein fertiges Debugging-Tool suchen, dann seien Ihnen für die Bash der Debugger `bashdb` (*http://bashdb.sourceforge.net*) und für die Korn-Shell `kshdb` ans Herz gelegt. Der Bash-Debugger ist nichts anderes als eine gepatchte Version der Bash, die ein besseres Debugging ebenso wie eine verbesserte Fehlerausgabe unterstützt.

Für die Z-Shell gibt es ebenfalls einen Debugger, nur ist er nicht Bestandteil der Z-Shell. Sie müssen sich den `zshdb` aus den Git-Quellen selbst bauen. Wenn Sie den `zshdb` nutzen wollen, finden Sie Informationen unter *https://github.com/rocky/zshdb*.

Auch für Entwicklungswerkzeuge wie Visual Studio Code und Atom gibt es integrierte Debugger als Zusatzmodule. Bei sehr umfangreichen Scripts ist es ratsam, auf die Best Practices der Softwareentwicklung zurückzugreifen und die entsprechenden Werkzeuge zu benutzen.

10.4 Fehlerbehandlung

Auch wenn Sie Ihre Anwendung geplant und getestet haben, werden Sie doch feststellen, dass man vor Fehlern nie ganz geschützt ist. Nicht immer liegt es, wenn es zu Fehlern kommt, an der Person, die programmiert hat. Eventuell wurde ein Verzeichnis umbenannt oder gelöscht, die Datenbank für das Backup existiert nicht mehr, oder Ihr Script muss auf einem System mit einer anderen Shell laufen: Es lauern viele Unwegsamkeiten im System. Sie sollten versuchen, solche Probleme bereits beim Entwickeln zu berücksichtigen und abzufangen, damit es nicht zu ungewollten Ergebnissen kommt.

Mit dem Kommando `test` aus Abschnitt 4 können Sie den Status von Dateien und Verzeichnissen sowie die entsprechenden Zugriffsrechte abfragen. Damit ist es möglich, Fehler, die bei dem weiteren Einsatz des Shellscripts eintreten, abzufangen und entsprechende Maßnahme einzuleiten.

Für den Fall, dass es doch zu einem Fehler kommt, sollten Sie eine Notbremse einbauen. Das gilt besonders für Shellscripts, die im Hintergrund laufen.

Angenommen, Sie hätten ein Shellscript, das täglich bestimmte Dateien kopiert, mit dem Jahr und dem Tag des Jahres nummeriert (Sicherung/Versionierung) und anschließend löscht.

```
# kopiere Datei
cp ~/Datenbank/dummy.db ~/Sicherung/dummy.db-$(date '+%Y-%j')
# löschen Datei
rm ~/Datenbank/dummy.db
```

Die Sicherung der Daten würde nicht klappen, da der Zielordner nicht (mehr) existiert. Das Shellscript läuft aber weiter und löscht die Datei. Es würden also keine Sicherungen der Datei mehr vorhanden sein.

Nutzen Sie daher unbedingt den Befehl `set -e`, der bewirkt, dass ein Script sofort beendet wird, wenn ein Fehler auftritt.

```
set -e
# kopiere Datei
cp ~/Datenbank/dummy.db ~/Sicherung/dummy.db-$(date '+%Y-%j')
# löschen Datei
rm ~/Datenbank/dummy.db
```

In diesem Beispiel wäre es natürlich besser, bereits vorab zu prüfen, ob das Verzeichnis und die Quelldatei existieren.

```
# Demonstriert sicherung/kopieren einer Datei
# afilesave
set -e

file=dummy.db                           # zu sichernde Datei
qdir=~/Datenbank                        # Quellverzeichnis
zdir=~/Sicherung                        # Zielverzeichnis

if [ -f $qdir/$file ]                   # existiert die Datei dummy1
then                                    # Ja!
   if [ -d $zdir ]                      # gibt es das Zielverzeichnis?
   then
      cp $qdir/$file $zdir/$file-$(date '+%Y-%j') # kopiere die Datei
      rm $qdir/$file                    # lösche Datei
   else
      echo "Das Zielverzeichnis $zdir ist nicht vorhanden"
      # weitere Maßnahmen
   fi
  else
  echo "$qdir/$file existiert nicht"
  # weitere Maßnahmen
fi
```

Das Zielverzeichnis könnte aber im Netzwerk liegen, und die Verbindung wird unterbrochen – in diesen Fall greift dann `set -e`.

Kapitel 11
Reguläre Ausdrücke und grep

Die Verwendung von regulären Ausdrücken und grep zählt zum Grundwissen eines jeden Linux/UNIX-Anwenders und einer jeden -Anwenderin. In der Systemadministration ist sie sowieso unerlässlich, denn es gibt kein vernünftiges System, in dem reguläre Ausdrücke nicht vorkommen. Eine kurze Einführung zu den regulären Ausdrücken wie auch zum Tool grep (und seinen Nachkommen wie beispielsweise egrep und fgrep) erscheint uns daher notwendig.

11.1 Reguläre Ausdrücke – die Theorie

Reguläre Ausdrücke (engl. *regular expressions*) sind eine leistungsfähige formale Sprache, mit der sich eine bestimmte (Unter-)Menge von Zeichenketten beschreiben lässt. Es muss allerdings gleich erwähnt werden, dass reguläre Ausdrücke kein Tool und keine Sammlung von Funktionen sind, die von einem Betriebssystem abhängig sind; stattdessen handelt es sich in der Tat um eine echte Sprache mit einer formalen Grammatik, in der jeder Ausdruck eine präzise Bedeutung hat.

Reguläre Ausdrücke werden von sehr vielen Texteditoren und Programmen eingesetzt. Meistens verwendet man sie, um bestimmte Muster zu suchen und diese dann durch etwas anderes zu ersetzen. In der Linux/UNIX-Welt werden reguläre Ausdrücke vorwiegend in Programmen wie *grep*, *sed* und *awk* oder den Texteditoren *vi* und *Emacs* verwendet. Aber auch viele Programmiersprachen, unter anderem Perl, Java, Python, Tcl, PHP oder Ruby, bieten reguläre Ausdrücke an.

Die Entstehungsgeschichte der regulären Ausdrücke ist schnell erzählt. Den Grundstein hat ein Mathematiker und Logiker, Stephen Kleene, gelegt. Er gilt übrigens auch als Mitbegründer der theoretischen Informatik, besonders der hier behandelten formalen Sprachen und der Automatentheorie. Stephen Kleene verwendete eine Notation, die er selbst *reguläre Menge* nannte. Später verwendete dann Ken Thompson (der Miterfinder der Programmiersprache C) diese Notationen für eine Vorgängerversion des UNIX-Editors *ed* und für das Werkzeug *grep*. Nach der Fertigstellung von *grep* wurden die regulären Ausdrücke in sehr vielen Programmen implementiert. Viele davon benutzen die mittlerweile sehr bekannte Bibliothek `regex` von Henry Spencer.

Die Grenzen von grep

Sofern Sie Erweiterungen wie Rückwärtsreferenzen verwenden wollen, sei Ihnen Perl empfohlen, weil *grep* hier an seine Leistungsgrenzen kommt. Inzwischen unterscheidet man übrigens verschiedene *regexes* (POSIX-RE, Extended-RE und *pcre*). Die Unterschiede sind in den Manuals *regex* und *perlre* zu finden. Ein Großteil der Scriptsprachen und Programme stützt sich auf die Variante *pcre* (Perl Compatible Regular Expressions), die mittlerweile als die leistungsfähigste gilt. Mit der Option `-P` können Sie die erweiterten Features der *pcre* auch mit *grep* nutzen.

11.1.1 Elemente für reguläre Ausdrücke (POSIX-RE)

Vorwiegend werden reguläre Ausdrücke dazu verwendet, bestimmte Zeichenketten in einer Menge von Zeichen zu suchen und zu finden. Die nun folgende Beschreibung ist eine sehr häufig verwendete Konvention, die von fast allen Programmen, die reguläre Ausdrücke verwenden, so eingesetzt wird. Gewöhnlich wird dabei ein regulärer Ausdruck aus den Zeichen des Alphabets in Kombination mit den Metazeichen gebildet. (Die Metazeichen werden hier gleich vorgestellt.).

Zeichenliterale

Als Zeichenliterale bezeichnet man die Zeichen, die wörtlich übereinstimmen müssen. Diese werden im regulären Ausdruck direkt (als Wort) notiert. Hierbei besteht je nach System auch die Möglichkeit, alles in hexadezimaler oder oktaler Form anzugeben.

Beliebiges Zeichen

Für ein einzelnes beliebiges Zeichen verwendet man einen Punkt. Dieser Punkt kann dann für fast beliebige Zeichen stehen.

Zeichenauswahl

Die Zeichenauswahl mit den eckigen Klammern `[auswahl]` kennen Sie ebenfalls bereits von der Shell (siehe Abschnitt 1.10.6, »Ersatzmuster (Wildcards)«). Alles, was Sie in die eckigen Klammern schreiben, gilt dann exakt für ein Zeichen aus dieser Auswahl. Beispielsweise steht `[axz]` für eines der Zeichen »a«, »x« oder »z«. Dies lässt sich natürlich auch in Bereiche aufteilen. So besteht bei der Angabe von `[2-7]` der Bereich aus den Ziffern 2 bis 7. Mit dem Zeichen ^ innerhalb der Zeichenauswahl können Sie auch Zeichen ausschließen. Beispielsweise schließen Sie mit `[^a-f]` die Zeichen »a«, »b«, »c«, »d«, »e« und »f« aus.

Vordefinierte Zeichenklassen

Manche Implementationen von regulären Ausdrücken bieten auch vordefinierte Zeichenklassen an. Sofern Sie keine solch vordefinierten Zeichenklassen finden, können Sie die Zeichenauswahl auch selbst in eckigen Klammern beschreiben. Die vordefinierten Zeichenklassen sind letztendlich auch nur eine Kurzform der Zeichenklassen. Tabelle 11.1 führt einige bekannte vordefinierte Zeichenklassen auf.

Vordefiniert	Bedeutung	Selbst definiert
`\d`	eine Zahl	`[0-9]`
`\D`	keine Zahl	`[^0-9]`
`\w`	ein Buchstabe, eine Zahl oder der Unterstrich	`[a-zA-Z_0-9]`
`\W`	kein Buchstabe, keine Zahl und kein Unterstrich	`[^a-zA-Z_0-9]`
`\s`	Whitespace-Zeichen	`[ \f\n\r\t\v]`
`\S`	alle Zeichen außer Whitespace-Zeichen	`[^\f\n\r\t\v]`

Tabelle 11.1 Vordefinierte Zeichenklassen

Quantifizierer

Als Quantifizierer bzw. Quantoren bezeichnet man Elemente, die es erlauben, den vorherigen Ausdruck in unterschiedlicher Vielfalt in einer Zeichenkette zuzulassen (siehe Tabelle 11.2).

Quantifizierer	Bedeutung
`?`	Der Ausdruck, der voransteht, ist optional, d. h., er kann einmal vorkommen, muss aber nicht. Der Ausdruck kommt also entweder null- oder einmal vor.
`+`	Der Ausdruck muss mindestens einmal vorkommen, darf aber auch mehrmals vorhanden sein.
`*`	Der Ausdruck darf beliebig oft oder auch gar nicht vorkommen.
`{min,}`	Der voranstehende Ausdruck muss mindestens *min*-mal vorkommen.
`{min,max}`	Der voranstehende Ausdruck muss mindestens *min*-mal, darf aber nicht mehr als *max*-mal vorkommen.
`{n}`	Der voranstehende Ausdruck muss genau *n*-mal vorkommen.

Tabelle 11.2 Quantifizierer

Gruppierung

Ausdrücke können auch zwischen runden Klammern gruppiert werden. Einige Tools speichern diese Gruppierung ab und ermöglichen so eine Wiederverwendung im regulären Ausdruck bzw. bei der Textersetzung über `\1`. Es lassen sich hiermit bis zu neun Muster abspeichern (`\1`, `\2` ... `\9`). Beispielsweise würde man mit

```
s/\(string1\) \(string2\) \(string3\)/\3 \2 \1/g
```

erreichen, dass in einer Textdatei alle Vorkommen von

```
string1 string2 string3
```

umgeändert werden in:

```
string3 string2 string1
```

`\1` bezieht sich also immer auf das erste Klammernpaar, `\2` auf das zweite usw.

Alternativen

Selbstverständlich lassen sich auch Alternativen definieren. Hierfür wird das Zeichen | verwendet. Beispielsweise bedeutet

```
(asdf|ASDF)
```

dass nach »asdf« oder »ASDF« gesucht wird, nicht aber nach »AsDf« oder »asdF«.

Sonderzeichen

Da viele Tools direkt auf Textdateien zugreifen, sind gewöhnlich noch die in Tabelle 11.3 aufgelisteten Sonderzeichen definiert.

Sonderzeichen	Bedeutung
`^`	Steht für den Zeilenanfang.
`$`	Steht für das Zeilenende.
`\b`	Steht für die leere Zeichenkette am Wortanfang oder am Wortende.
`\B`	Steht für die leere Zeichenkette, die nicht den Anfang oder das Ende eines Worts bildet.
`\<`	Steht für die leere Zeichenkette am Wortanfang.
`\>`	Steht für die leere Zeichenkette am Wortende.

Tabelle 11.3 Sonderzeichen bei regulären Ausdrücken

Sonderzeichen	Bedeutung
\d	Ziffer
\D	keine Ziffer
\s	Whitespace
\S	kein Whitespace
.	Zeichen
+	voriger Ausdruck mindestens einmal
*	voriger Ausdruck beliebig oft
?	voriger Ausdruck null- oder einmal

Tabelle 11.3 Sonderzeichen bei regulären Ausdrücken (Forts.)

Jedes dieser Metazeichen lässt sich auch mit dem Backslash (\) maskieren.

11.1.2 Zusammenfassung

Grau ist alle Theorie, und trotzdem ließe sich zu den regulären Ausdrücken noch viel mehr schreiben. Damit das hier Beschriebene für Sie kein Buch mit sieben Siegeln bleibt, greifen wir im nächsten Abschnitt mit grep darauf zurück. Auch in den Kapiteln zu sed und awk hilft Ihnen das Wissen über reguläre Ausdrücke weiter.

Mehr zu den oben aufgeführten regulären Ausdrücken finden Sie im Internet unter der Adresse *https://www.lrz.de/services/schulung/unterlagen/regul/*.

11.2 grep

Um in Dateien nach bestimmten Mustern zu suchen, wird häufig grep verwendet. grep steht für »Global search for a Regular Expression and Print out matched lines«. Es gibt mittlerweile mehrere verschiedene solcher grep-Kommandos:

- grep – der Klassiker.
- egrep – Kurzform für »Extended Grep«, also ein erweitertes grep, das im Gegensatz zu grep noch mehr reguläre Ausdrücke versteht.
- fgrep – Kurzform für »Fixed Grep« (oder gern auch »Faster Grep«). fgrep versteht weniger reguläre Ausdrücke als grep und ist dadurch erheblich schneller bei der Suche in großen Dateien als grep oder egrep.

- rgrep – Kurzform für »Rekursive Grep«. rgrep wird für die rekursive Suche in Unterverzeichnissen verwendet. Es muss allerdings erwähnt werden, dass rgrep die Unterverzeichnisse auch komplett durchläuft.
- agrep – Kurzform für »Approximatives Grep«. Damit ist es möglich, eine unscharfe Suche durchzuführen. agrep findet auch Beinahe-Treffer, sofern die Unterschiede unter einer vorgegebenen Schwelle liegen

11.2.1 Wie arbeitet grep?

Das grep-Kommando sucht nach einem Muster von Zeichen in einer oder mehreren Datei(en). Enthält das Muster *Whitespace*, muss es entsprechend gequotet werden. Das Muster ist also entweder eine gequotete Zeichenkette oder ein einfaches Wort. Alle anderen Wörter hinter dem Muster werden von grep dann als Datei(en) verwendet, in denen nach dem Muster gesucht wird. Die Ausgabe sendet grep an die Standardausgabe (meistens ist das der Bildschirm). grep nimmt auch keinerlei Änderung an der Eingabedatei vor. Die Syntax lautet:

`grep wort datei1 [datei2] ... [datein]`

Ein viel zitiertes Beispiel ist:

```
you@host > grep john /etc/passwd
john:x:1002:100:Jonathan Wolf:/home/john:/bin/csh
```

grep sucht hier nach dem Muster »john« in der Datei */etc/passwd*. Bei Erfolg wird die entsprechende Zeile auf dem Bildschirm ausgegeben. Wird das Muster nicht gefunden, gibt es keine Ausgabe und auch keine Fehlermeldung. Existiert die Datei nicht, wird eine Fehlermeldung auf dem Bildschirm ausgegeben.

Als Rückgabewert von grep erhalten Sie bei einer erfolgreichen Suche den Wert 0. Wird ein Muster nicht gefunden, gibt grep 1 als Exit-Code zurück, und wird die Datei nicht gefunden, wird 2 zurückgegeben. Der Rückgabewert von grep ist in den Shellscripts häufig von Bedeutung, da Sie relativ selten die Ausgaben auf dem Bildschirm machen werden. Und vom Exit-Code hängt es häufig auch ab, wie Ihr Script weiterlaufen soll.

grep gibt den Exit-Code 0 zurück, also wurde ein Muster gefunden:

```
you@host > grep you /etc/passwd > /dev/null
you@host > echo $?
0
```

grep gibt den Exit-Code 1 zurück, somit wurde kein übereinstimmendes Muster gefunden:

```
you@host > grep gibtsnicht /etc/passwd > /dev/null
you@host > echo $?
1
```

grep gibt den Exit-Code 2 zurück – die Datei scheint nicht zu existieren (oder wurde, wie hier, falsch geschrieben):

```
you@host > grep you /etc/PASSwd > /dev/null 2>&1
you@host > echo $?
2
```

grep kann seine Eingabe neben Dateien auch von der Standardeingabe oder einer Pipe erhalten:

```
you@host > grep echo < script1
echo "Ausgabe1"
echo "Ausgabe2"
you@host > cat script1 | grep echo
echo "Ausgabe1"
echo "Ausgabe2"
```

Auch grep kennt eine ganze Menge regulärer Ausdrücke. Metazeichen helfen Ihnen dabei, sich mit grep ein Suchmuster zu erstellen. Und natürlich unterstützt auch grep viele Optionen, die Sie dem Kommando mitgeben können. Auf einige dieser Features gehen wir in den folgenden Abschnitten ein.

11.2.2 grep mit regulären Ausdrücken

Dass grep eines der ältesten Programme ist, das reguläre Ausdrücke kennt, haben wir bereits gesagt. Welche das sind, wird in Tabelle 11.4 aufgelistet. Allerdings kennt grep nicht alle regulären Ausdrücke, weshalb es außerdem das Kommando egrep gibt, das noch einige mehr versteht (siehe Tabelle 11.5).

Zeichen	Funktion	Beispiel	Bedeutung
^	Anfang der Zeile	'^wort'	Gibt alle Zeilen aus, die mit »wort« beginnen.
$	Ende der Zeile	'wort$'	Gibt alle Zeilen aus, die mit »wort« enden.
^$	Komplette Zeile	'^wort$'	Gibt alle vollständigen Zeilen mit dem Muster »wort« aus.

Tabelle 11.4 Reguläre Ausdrücke von »grep«

Zeichen	Funktion	Beispiel	Bedeutung
.	Beliebiges Zeichen	'w.rt'	Gibt alle Zeilen aus, die ein »w«, einen beliebigen Buchstaben und »rt« enthalten (beispielsweise »wort«, »wert«, »wirt«, »wart«).
*	Beliebig oft	'wort*'	Gibt alle Zeilen aus mit beliebig vielen (oder auch gar keinen) Vorkommen des vorangegangenen Zeichens.
.*	Beliebig viele	'wort.*wort'	Die Kombination .* steht für beliebig viele Zeichen.
[]	Ein Zeichen aus dem Bereich	'[Ww]ort'	Gibt alle Zeilen aus, die Zeichen im angegebenen Bereich (im Beispiel »Wort« oder »wort«) enthalten.
[^]	Kein Zeichen aus dem Bereich	'[^A-VX-Za-z]ort'	Die Zeichen, die im angegebenen Bereich stehen, werden nicht beachtet. (Im Beispiel kann »Wort« gefunden werden, nicht aber »Tort« oder »Sort« und auch nicht »wort«.)
\<	Anfang eines Worts	'\<wort'	Findet hier alles, was mit »wort« beginnt (beispielsweise »wort«, »wortreich«, aber nicht »Vorwort« oder »Nachwort«).
\>	Ende eines Worts	'wort\>'	Findet alle Zeilen, die mit »wort« enden (beispielsweise »Vorwort« oder »Nachwort«, nicht aber »wort« oder »wortreich«).
\<\>	Ein Wort	'\<wort\>'	Findet exakt »wort« und nicht »Nachwort« oder »wortreich«.
\(...\)	Backreferenz	'\(wort\)'	Merkt sich die eingeschlossenen Muster vor, um darauf später über \1 zuzugreifen. Bis zu neun Muster können auf diese Weise gespeichert werden.
x\{m\}	Exakte Wiederholung des Zeichens	x\{3\}	Exakt 3-maliges Auftreten des Zeichens »x«.

Tabelle 11.4 Reguläre Ausdrücke von »grep« (Forts.)

Zeichen	Funktion	Beispiel	Bedeutung
`x\{m,\}`	Mindestens Wiederholung des Zeichens	`x\{3,\}`	Mindestens ein 3-maliges Auftreten des Zeichens »x«.
`x\{m,n\}`	Mindeste bis maximale Wiederholung des Zeichens	`x\{3,6\}`	Mindestens ein 3-maliges Auftreten des Zeichens »x« bis maximal 6-maliges Auftreten (nicht mehr).

Tabelle 11.4 Reguläre Ausdrücke von »grep« (Forts.)

Zusätzlich zu diesen regulären Ausdrücken kennt egrep noch folgende:

Zeichen	Funktion	Beispiel	Bedeutung
+	Mindestens einmal	'wort[0-9]+'	Es muss mindestens eine Ziffer aus dem Bereich vorkommen.
?	Null- oder einmal	'wort[0-9]?'	Eine Ziffer aus dem Bereich darf, muss aber nicht vorkommen.
|	Alternativen	'worta|wortb'	Das Wort »worta« oder »wortb«.

Tabelle 11.5 Weitere reguläre Ausdrücke von »egrep«

Hier folgen jetzt einige Beispiele zu den regulären Ausdrücken mit grep. Wir nutzen dazu die Datei mit dem folgenden Muster:

```
you@host > cat mrolympia.dat
Larry Scott USA 1965 1966
Sergio Oliva USA 1967 1968 1969
Arnold Schwarzenegger Österreich 1970 1971 1972 1973 1974 1975
Franco Columbu Argentinien 1976 1981
Chris Dickerson USA 1982
Samir Bannout Libanon 1983
Lee Haney USA 1984 1985 1986 1987 1988 1989 1990 1991
Dorian Yates Grossbritannien 1992 1993 1994 1995 1996 1997
Ronnie Coleman USA 1998 1999 2000 2001 2002 2003 2004
```

Einfachstes Beispiel:

```
you@host > grep Libanon mrolympia.dat
Samir Bannout Libanon 1983
```

Hierbei werden alle Zeilen ausgegeben, die den regulären Ausdruck »Libanon« in der Datei *mrolympia.dat* enthalten.

Nächstes Beispiel:

```
you@host > grep '^S' mrolympia.dat
Sergio Oliva USA 1967 1968 1969
Samir Bannout Libanon 1983
```

Hiermit werden alle Zeilen ausgegeben, die mit dem Zeichen »S« beginnen. Das Caret-Zeichen (^) steht immer für den Anfang einer Zeile.

Nächstes Beispiel:

```
you@host > grep '1$' mrolympia.dat
Franco Columbu Argentinien 1976 1981
Lee Haney USA 1984 1985 1986 1987 1988 1989 1990 1991
```

Es werden alle Zeilen ausgegeben, die mit dem Zeichen »1« enden. Das Dollarzeichen steht hierbei für das Ende einer Zeile.

Nächstes Beispiel:

```
you@host > grep Sergio Yates mrolympia.dat
grep: Yates: Datei oder Verzeichnis nicht gefunden
mrolympia.dat:Sergio Oliva USA 1967 1968 1969
```

Hier wurde ein Fehler gemacht, da grep das dritte Argument, den Namen »Yates«, bereits als eine Dateiangabe behandelt, in der nach einem Muster gesucht wird. Einen Namen wie »Sergio Yates« gibt es nämlich nicht in dieser Datei. Damit das Muster komplett zum Vergleich für grep verwendet wird, müssen Sie es zwischen Single Quotes stellen:

```
you@host > grep 'Sergio Yates' mrolympia.dat
you@host > echo $?
1
```

Das nächste Beispiel:

```
you@host > grep '197.' mrolympia.dat
Arnold Schwarzenegger Österreich 1970 1971 1972 1973 1974 1975
Franco Columbu Argentinien 1976 1981
```

Wer war in den 1970er-Jahren am besten? Damit geben Sie alle Zeilen aus, in denen sich das Muster »197« und ein weiteres beliebiges einzelnes Zeichen befindet. Sofern Sie wirklich nach einem Punkt suchen, müssen Sie einen Backslash davor setzen. Dies gilt übrigens für alle Metazeichen.

Nächstes Beispiel:

```
you@host > grep '^[AS]' mrolympia.dat
Sergio Oliva USA 1967 1968 1969
Arnold Schwarzenegger Österreich 1970 1971 1972 1973 1974 1975
Samir Bannout Libanon 1983
```

Hier wird jede Zeile ausgegeben, die jeweils mit dem Zeichen »A« oder »S« beginnt.

Nächstes Beispiel:

```
you@host > grep '^[^AS]' mrolympia.dat
Larry Scott USA 1965 1966
Franco Columbu Argentinien 1976 1981
Chris Dickerson USA 1982
Lee Haney USA 1984 1985 1986 1987 1988 1989 1990 1991
Dorian Yates Grossbritannien 1992 1993 1994 1995 1996 1997
Ronnie Coleman USA 1998 1999 2000 2001 2002 2003 2004
```

Jetzt werden alle Zeilen ausgegeben, die nicht ([^AS]) mit dem Zeichen »A« oder »S« beginnen.

Nächstes Beispiel:

```
you@host > grep '^S.*Libanon' mrolympia.dat
Samir Bannout Libanon 1983
```

Hier liefert grep die Zeile zurück, die mit einem Zeichen »S« beginnt, gefolgt von beliebig vielen Zeichen, und die die Zeichenfolge »Libanon« enthält.

Nächstes Beispiel:

```
you@host > grep '^S.*196.' mrolympia.dat
Sergio Oliva USA 1967 1968 1969
```

Ähnlich wie im Beispiel zuvor werden die Zeilen ausgegeben, die mit dem Zeichen »S« beginnen und die Textfolge »196« mit einem beliebigen weiteren Zeichen enthalten.

Nächstes Beispiel:

```
you@host > grep '[a-z]\{14\}' mrolympia.dat
Arnold Schwarzenegger Österreich 1970 1971 1972 1973 1974 1975
Dorian Yates Grossbritannien 1992 1993 1994 1995 1996 1997
```

Gibt alle Zeilen aus, in denen 14 Buchstaben hintereinander Kleinbuchstaben sind.

Nächstes Beispiel:

```
you@host > grep '\<Col' mrolympia.dat
Franco Columbu Argentinien 1976 1981
Ronnie Coleman USA 1998 1999 2000 2001 2002 2003 2004
```

Hier werden alle Zeilen ausgegeben, in denen sich ein Wort befindet, das mit »Col« beginnt.

Nächstes Beispiel:

```
you@host > grep 'A\>' mrolympia.dat
Larry Scott USA 1965 1966
Sergio Oliva USA 1967 1968 1969
Chris Dickerson USA 1982
Lee Haney USA 1984 1985 1986 1987 1988 1989 1990 1991
Ronnie Coleman USA 1998 1999 2000 2001 2002 2003 2004
```

Das Gegenteil vom Beispiel zuvor: Hier werden alle Zeilen ausgegeben, in denen sich ein Wort befindet, das mit »A« endet.

Nächstes Beispiel:

```
you@host > grep '\<Coleman\>' mrolympia.dat
Ronnie Coleman USA 1998 1999 2000 2001 2002 2003 2004
```

Hierbei wird nach einem vollständigen Wort »Coleman« gesucht, also nicht nach »AColeman« und auch nicht nach »Colemann«.

Nächstes Beispiel:

```
you@host > grep '\<.*ien.*\>' mrolympia.dat
Franco Columbu Argentinien 1976 1981
Dorian Yates Grossbritannien 1992 1993 1994 1995 1996 1997
```

Hier werden alle Zeilen ausgegeben, die ein Wort mit der Zeichenfolge »ien« enthalten. Davor und danach können sich beliebig viele Zeichen befinden.

Nächstes Beispiel:

```
you@host > grep '\<[G].*ien\>' mrolympia.dat
Dorian Yates Grossbritannien 1992 1993 1994 1995 1996 1997
```

Hier wird nach einem Wort gesucht, das mit dem Großbuchstaben »G« beginnt und mit der Zeichenfolge »ien« endet. Dazwischen können sich beliebig viele Zeichen befinden.

Natürlich können Sie `grep` auch dazu verwenden, in einem ganzen Verzeichnis die Dateien nach einem bestimmten Muster abzusuchen. Sie können wieder das Metazeichen * als Platzhalter für alle Dateien im Verzeichnis einsetzen:

```
you@host > grep 'echo' *
...
```

Hier werden im aktuellen Arbeitsverzeichnis alle Dateien nach dem Muster »echo« durchsucht.

11.2.3 grep mit Pipes

Häufig wird grep in Verbindung mit einer Pipe verwendet. Hierbei übergeben Sie grep dann statt einer Datei als drittes Argument für die Eingabe die Daten durch eine Pipe von der Standardausgabe eines anderen Kommandos. Beispielsweise bekommen Sie mit

```
you@host > ps -ef | grep $USER
```


alle Prozesse aufgelistet, deren Eigentümer der aktuelle User ist bzw. die dieser gestartet hat. Dabei gibt ps seine Ausgabe durch die Pipe an die Standardeingabe von grep. grep wiederum sucht dann in der entsprechenden Ausgabe nach dem passenden Muster und gibt gegebenenfalls die Zeile(n) aus, die mit dem Muster übereinstimmen. Natürlich können Sie hierbei auch, wie schon gehabt, die regulären Ausdrücke verwenden. Die Syntax lautet:

```
kommando | grep muster
```

Ebenfalls relativ häufig wird grep mit ls zur Suche bestimmter Dateien verwendet:

```
you@host > ls | grep '^scr.*'
script1
script1~
script2
script2~
```

Im Abschnitt zuvor haben Sie mit

```
you@host > grep 'echo' *
```

alle Dateien nach dem Muster »echo« durchsucht. Meistens – uns ging es zumindest so – haben Sie neben einfachen Scripts auch eine Menge Dokumentationen im Verzeichnis herumliegen. Wollen Sie jetzt auch noch die Dateinamen mithilfe regulärer Ausdrücke eingrenzen, können Sie die Ausgabe von grep an die Eingabe eines weiteren grep-Aufrufs hängen:

```
you@host > grep 'echo' * | grep 'scrip.*'
...
```

Jetzt wird in allen Dateien des aktuellen Verzeichnisses nach dem Muster »echo« gesucht (erstes grep), und anschließend (zweites grep) werden nur die Dateien berücksichtigt, die mit der Zeichenfolge »scrip« beginnen, gefolgt von beliebig vielen weiteren Zeichen.

11.2.4 grep mit Optionen

Natürlich bietet grep Ihnen neben den regulären Ausdrücken auch noch eine Menge weiterer Optionen an, mit denen Sie das Verhalten, insbesondere der Standardausgabe, steuern können. In diesem Abschnitt finden Sie eine Liste mit den interessantesten und gängigsten Optionen (was bedeutet, dass dies längst nicht alle sind). Reichen Ihnen diese Optionen nicht aus, müssen Sie in den Manualpages blättern. Als Beispiel dient wieder unsere Datei *mrolympia.dat*:

```
you@host > cat mrolympia.dat
Larry Scott USA 1965 1966
Sergio Oliva USA 1967 1968 1969
Arnold Schwarzenegger Österreich 1970 1971 1972 1973 1974 1975
Franco Columbu Argentinien 1976 1981
Chris Dickerson USA 1982
Samir Bannout Libanon 1983
Lee Haney USA 1984 1985 1986 1987 1988 1989 1990 1991
Dorian Yates Grossbritannien 1992 1993 1994 1995 1996 1997
Ronnie Coleman USA 1998 1999 2000 2001 2002 2003 2004
```

- **-*n*** – Damit wird die Zeile zurückgegeben, in der das Suchmuster gefunden wurde, und zwar mit zusätzlich *n* Zeilen vor und nach dieser Zeile. In der Praxis:

  ```
  you@host > grep -1 Sergio mrolympia.dat
  Larry Scott USA 1965 1966
  Sergio Oliva USA 1967 1968 1969
  Arnold Schwarzenegger Österreich 1970 1971 1972 1973 1974 1975
  ```

  Hierbei wurde vor und nach der gefundenen Zeile jeweils eine zusätzliche Zeile ausgegeben. Dies ist in der Praxis bei einem etwas längeren Text mit mehreren Abschnitten sehr sinnvoll, da man häufig mit einem ausgegebenen Teilsatz aus Zeile 343 nicht viel anfangen kann.
- **-A** *anzahl* – ähnlich wie -*n*, nur dass noch zusätzlich *anzahl* Zeilen mit ausgegeben werden, die nach der Zeile enthalten sind.
- **-B** *anzahl* – wie -A *anzahl*, nur dass *anzahl* Zeilen ausgegeben werden, die vor der Zeile enthalten sind, in der der reguläre Ausdruck abgedeckt wurde.
- **-c** (für *count*) – Damit wird nur die Anzahl von Zeilen ausgegeben, die durch den regulären Ausdruck abgedeckt werden:

```
you@host > grep -c '.*' mrolympia.dat
9
you@host > grep -c 'USA' mrolympia.dat
5
```

Hier wurden zum Beispiel die Daten aller Sportler ausgegeben und beim nächsten Ausdruck nur noch die Teilnehmer aus den USA. 5 von den 9 ehemaligen Titelträgern kamen also aus den USA.

- `-h` – Bei dieser Option wird der Dateiname, in dem der Suchstring gefunden wurde, nicht vor den Zeilen mit ausgegeben:

```
you@host > grep 'Ausgabe1' *
script1:echo "Ausgabe1"
script1~:echo "Ausgabe1"
you@host > grep -h 'Ausgabe1' *
echo "Ausgabe1"
echo "Ausgabe1"
```

- `-i` – Es wird nicht zwischen Groß- und Kleinschreibung unterschieden. Ein Beispiel:

```
you@host > grep 'uSa' mrolympia.dat
you@host > grep -i 'uSa' mrolympia.dat
Larry Scott USA 1965 1966
Sergio Oliva USA 1967 1968 1969
Chris Dickerson USA 1982
Lee Haney USA 1984 1985 1986 1987 1988 1989 1990 1991
Ronnie Coleman USA 1998 1999 2000 2001 2002 2003 2004
```

- `-l` – Bei dieser Option werden nur die Dateinamen aufgelistet, in denen eine Zeile mit dem entsprechenden Suchmuster gefunden wurde:

```
you@host > grep -l echo *
Kap 1 bis 9.doc
ksh.2010-02-02.linux.i386
script1
script1~
script2
script2~
```

- `-n` – Hiermit wird vor jeder gefundenen Zeile in der Datei die laufende Zeilennummer mit ausgegeben, beispielsweise so:

```
you@host > grep -n echo *
script1:4:   echo "Die Ausgabe wollen wir nicht!!!"
script1:7:echo "Ausgabe1"
script1:11:echo "Ausgabe2"
...
```

```
script2:9:   echo "Starte script1 ..."
script2~:7:   echo "Warte ein wenig ..."
script2~:9:   echo "Starte script1 ..."
```

- **-q** – Bei Verwendung dieser Option erfolgt keine Ausgabe, sondern es wird 0 zurückgegeben, wenn ein Suchtext gefunden wurde, oder 1, wenn die Suche erfolglos war. Diese Option wird gewöhnlich in Shellscripts verwendet, bei denen man sich meistens nur dafür interessiert, ob eine Datei einen Suchtext enthält oder nicht.
- **-s** – Mit dieser Option werden keine Fehlermeldungen ausgegeben, wenn eine Datei nicht existiert.

```
you@host > grep test /etc/gibtsnicht
grep: /etc/gibtsnicht: Datei oder Verzeichnis nicht gefunden
you@host > grep -s test /etc/gibtsnicht
you@host >
```

- **-v** – Damit werden alle Zeilen ausgegeben, die nicht durch den angegebenen regulären Ausdruck abgedeckt werden:

```
you@host > grep -v 'USA' mrolympia.dat
Arnold Schwarzenegger Österreich 1970 1971 1972 1973 1974 1975
Franco Columbu Argentinien 1976 1981
Samir Bannout Libanon 1983
Dorian Yates Grossbritannien 1992 1993 1994 1995 1996 1997
```

- **-w** – ist eine Abkürzung für \<wort\>. Damit wird nach ganzen Wörtern im Suchtext gesucht:

```
you@host > grep 'Lib' mrolympia.dat
Samir Bannout Libanon 1983
you@host > grep -w 'Lib' mrolympia.dat
you@host >
```

11.2.5 grep in Kombination mit anderen Programmen

Eine häufig genutzte Einsatzmöglichkeit von grep ist die Kombination mit anderen Programmen wie find oder ls.

```
find ~ -type f -exec grep -q Suchmuster {} \; -print
```

Mit diesem Befehl werden alle Dateien ab dem Home-Verzeichnis ~ an grep übergeben und nach dem Suchmuster durchsucht. Wenn das erfolgreich ist, wird der Dateiname ausgegeben. Das Kommando durchsucht alle regulären Dateien, also auch Bilder und Audiodateien nach der Zeichenfolge. Es kann daher sein, dass Ihnen in diesem »Binärmüll« Treffer angezeigt werden.

11.2.6 egrep (extended grep)

Wie Sie bereits erfahren haben, lassen sich mit egrep erweiterte und weitaus komplexere reguläre Ausdrücke bilden. Allerdings werden Otto Normalverbraucherinnen und -verbraucher (wie auch die meisten Systemadministratoren) mit grep mehr als zufrieden sein. Komplexere reguläre Ausdrücke gehen natürlich enorm auf Kosten der Ausführgeschwindigkeit. Übrigens können Sie einen egrep-Aufruf auch mit grep und der Option -E realisieren:

```
grep -E regex Datei
```

Einige Beispiele mit egrep:

```
you@host > egrep 'Colombo|Columbu' mrolympia.dat
Franco Columbu Argentinien 1976 1981
you@host > egrep 'Colombo|Columbu|Col' mrolympia.dat
Franco Columbu Argentinien 1976 1981
Ronnie Coleman USA 1998 1999 2000 2001 2002 2003 2004
```

Wissen Sie nicht genau, wie man einen bestimmten Namen schreibt, können Sie mit | mehrere Suchmuster miteinander verknüpfen. Im Beispiel wird nach »Colombo« oder »Columbu« und im zweiten Beispiel noch zusätzlich nach einer Zeichenfolge »Col« gesucht. Kennen Sie mehrere Personen mit dem Namen »Oliva« und wollen Sie nach einem »Sergio Oliva« und einem »Gregor Oliva« suchen, können Sie das Ganze folgendermaßen definieren:

```
egrep '(Sergio|Gregor) Olivia' mrolympia.dat
```

Nächstes Beispiel:

```
you@host > egrep 'y+' mrolympia.dat
Larry Scott USA 1965 1966
Lee Haney USA 1984 1985 1986 1987 1988 1989 1990 1991
```

Mit dem + wird nach mindestens einem »y«-Zeichen gesucht. Wollen Sie beispielsweise alle Zeilen einer Datei ausgeben, die mit mindestens einem oder mehreren Leerzeichen beginnen, können Sie dies folgendermaßen definieren:

```
you@host > egrep '^ +' mrolympia.dat
```

Nächstes Beispiel:

```
you@host > egrep 'US?' mrolympia.dat
Larry Scott USA 1965 1966
Sergio Oliva USA 1967 1968 1969
```

```
Chris Dickerson USA 1982
Lee Haney USA 1984 1985 1986 1987 1988 1989 1990 1991
Ronnie Coleman USA 1998 1999 2000 2001 2002 2003 2004
```

Wenn Sie jetzt nicht wissen, ob die Zeichenfolge für die USA »USA« oder »US« lautet, können Sie das Fragezeichen verwenden. Damit legen Sie fest, dass hier ein Zeichen vorkommen darf, aber nicht vorkommen muss. Somit wird sowohl die Zeichenfolge »US« als auch die Zeichenfolge »USA« gefunden.

11.2.7 fgrep (fixed oder fast grep)

`fgrep` wird vorwiegend für »schnelle greps« verwendet (`fgrep` = *fast grep*). Allerdings ist nur eine Suche nach einfachen Zeichenketten möglich. Reguläre Ausdrücke gibt es hierbei nicht – ein Vorteil, wenn Sie nach Zeichenfolgen suchen, die Metazeichen enthalten.

11.2.8 rgrep

Weil `grep` nur im aktuellen Verzeichnis sucht, wurde `rgrep` entwickelt. `rgrep` sucht mit einer rekursiven Suche in Unterverzeichnissen nach entsprechenden Mustern. Bei einer großen Verzeichnistiefe kann dies allerdings problematisch werden. Wenn Sie beispielsweise nur das aktuelle Verzeichnis und die direkten Unterverzeichnisse durchsuchen wollen, würde auch ein `grep` wie

```
grep regex */*
```

ausreichen. Mehr zu `rgrep` entnehmen Sie bitte der Manualpage.

11.3 Aufgaben

1. Mit welchem Kommando können Sie sich anzeigen lassen, welche Benutzer in der Datei */etc/passwd* die `bash` als Standard-Shell eingetragen haben?
2. Sie haben eine Datei, in der es viele Leerzeilen zwischen dem Text gibt und an manchen Stellen auch mehr als ein Leerzeichen zwischen den Wörtern. Wie können Sie diese Datei so formatieren, dass alle Leerzeilen und alle doppelten Leerzeichen aus ihr entfernt werden?
3. Suchen Sie in der Datei *mrolympia.dat* nach allen Zeilen, in denen die Jahreszahlen 1990 bis 1999 vorkommen.
4. Lassen Sie sich von Ihrer ersten Netzwerkkarte nur die IP-Adresse aus der Information von `ifconfig eth0` anzeigen.

Kapitel 12
Der Stream-Editor sed

sed ist ein relativ altes Tool, wird aber immer noch vielfach eingesetzt, etwa um Zeilen einer Datei oder eines Datenstroms zu manipulieren. Besonders häufig und gern wird sed zum Suchen und Ersetzen von Zeichenfolgen verwendet.

12.1 Funktions- und Anwendungsweise von sed

Bevor Sie sich mit dem Editor sed auseinandersetzen, möchten wir Ihnen zunächst die grundlegende Funktionsweise des sed-Kommandos beschreiben. sed wurde bereits in den 1970er-Jahren von Lee E. McMahon in den Bell Labs entwickelt. Der Name »sed« steht für *Stream EDitor*. Natürlich ist sed als Editor nicht vergleichbar mit den Ihnen vielleicht bekannten Editoren *vim* oder *Emacs*. Die Grundfunktionen hat sed vom Editor ed geerbt, einem der ältesten UNIX-Programme, das sich seit Anfang der 1970er-Jahre nicht wesentlich verändert hat und auf allen unixoiden Systemen verfügbar ist.

12.1.1 Grundlegende Funktionsweise

Mittlerweile hat jede Linux- bzw. UNIX-Distribution eine eigene sed-Version. Linux verwendet gewöhnlich GNU-sed, was eine erweiterte Variante des Ur-sed ist. Beispielsweise bietet GNU-sed sogenanntes In-Place-Editing, womit eine Änderung direkt im Eingabefilter möglich ist. Solaris wiederum bietet gleich drei Versionen von sed an: eine von AT&T abgeleitete, eine von BSD UNIX und eine weitere, die dem XPG4-Standard entspricht (natürlich kann unter Solaris und BSD auch GNU-sed verwendet werden). Generell unterscheiden sich die einzelnen Versionen in der Funktionsvielfalt, was hier allerdings kein Problem sein sollte, da wir vorwiegend auf die grundlegenden Funktionen von sed eingehen, die jedes sed kennen sollte.

sed bekommt seine Kommandos entweder aus einer Datei oder von der Kommandozeile. Meistens handelt es sich aber um eine Datei. Diese Datei (bzw. das Kommando aus der Kommandozeile) liest sed Zeile für Zeile von der Standardeingabe ein und kopiert das Eingelesene in einen extra dafür angelegten Puffer (in den sogenannten *Patternspace*), bearbeitet diesen Puffer nach einer von Ihnen bestimmten Regel und gibt den veränderten Puffer anschließend wieder auf die Standardausgabe aus. Bei dem

Puffer handelt es sich um eine Kopie einer jeden Zeile. Das heißt, jegliche Kommandoausführung von sed bezieht sich von nun an auf diesen Puffer. Die Quelldatei bleibt hierbei immer unverändert. Es sollte hier klar geworden sein, dass sed zeilenweise arbeitet – eine Zeile wird eingelesen, bearbeitet und wieder ausgegeben. Natürlich findet dieser ganze Arbeitsvorgang in einer Schleife statt (siehe Abbildung 12.1).

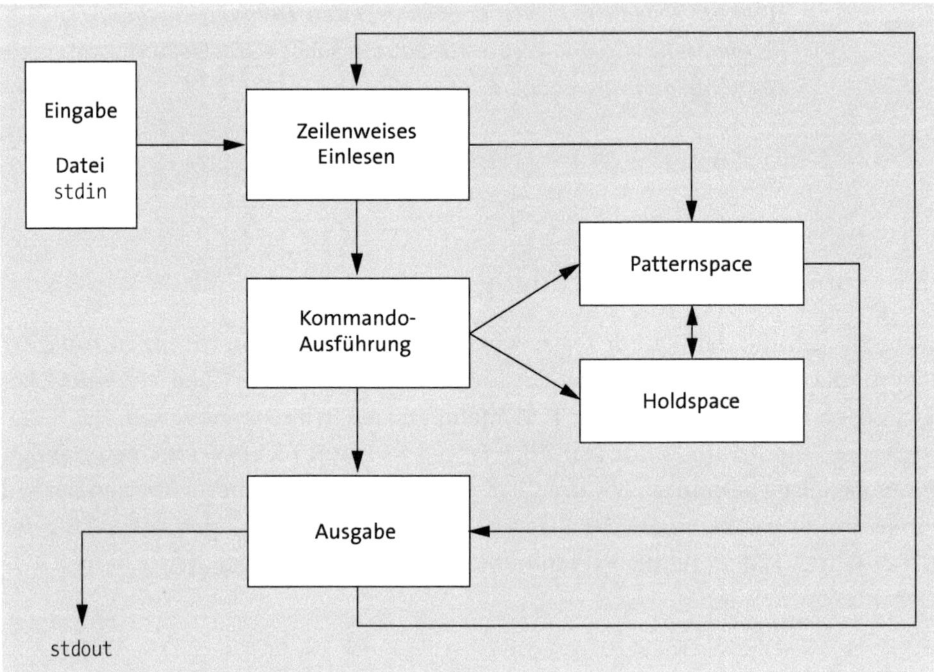

Abbildung 12.1 Die Arbeitsweise von »sed«

> **Die Quelldatei bleibt unverändert**
>
> Dass die Quelldatei unverändert bleibt, sorgt immer wieder für Verwirrung. Aber eigentlich ist dies logisch, denn es ist nun mal nicht möglich, gleichzeitig aus einer Datei zu lesen und in sie hineinzuschreiben. Man muss also die Ausgabe in einer temporären Datei speichern, sie zurückkopieren und die temporäre Datei wieder löschen.

Neben dem Puffer Patternspace gibt es noch einen zweiten Puffer, den *Holdspace*. Diesen können Sie mit speziellen Kommandos verwenden, um Daten untereinander (zwischen dem Pattern- und dem Holdspace) auszutauschen. Die Puffergröße (oder auch die Zeichen, die pro Zeile aufgenommen werden können) ist bei moderneren sed-Versionen unbegrenzt. Bei älteren Versionen gibt es häufig noch eine Begrenzung auf 8.192 Zeichen.

Die Syntax zu sed lautet:

```
sed [-option] Kommando [Datei] ... [Datei_n]
sed -f Kommandodatei [Datei] ... [Datei_n]
```

Damit die Kommandos nicht mit der fleißigen Shell und deren Mühen, Metazeichen vorher zu interpretieren, kollidieren, sollten Sie die sed-Kommandos zwischen Single Quotes setzen:

```
sed [-option] 'Kommando' [Datei] ... [Datei_n]
```

Natürlich können Sie auch mehrere Kommandos auf einmal verwenden. Hierzu müssen Sie entweder die einzelnen Kommandos mit einem Semikolon voneinander trennen, oder Sie schreiben in jede Zeile ein Kommando:

```
sed 'Kommando1 ; Kommando2 ; Kommando3' Datei

sed 'Kommando1
> Kommando2
> Kommando3' Datei
```


Hier sehen Sie als Beispiel drei verschiedene sed-Kommandos, die alle drei zum selben Ziel führen:

```
you@host > sed -n  '/Scott/p' mrolympia.dat
Larry Scott USA 1965 1966
you@host > sed -n  '/Scott/p' < mrolympia.dat
Larry Scott USA 1965 1966
you@host > cat mrolympia.dat | sed -n '/Scott/p'
Larry Scott USA 1965 1966
```

sed liest immer von der Standardeingabe und schreibt standardmäßig auf die Standardausgabe. Mit dem letzten Parameter können Sie einen oder auch mehrere Dateinamen angeben, von denen sed aus dem Eingabestrom lesen soll. Wie Sie im Beispiel sehen konnten, können Sie sich hier auch der Umlenkungszeichen (<, >, |) bedienen. Die nähere Bedeutung der sed-Befehle, die im Beispiel oben verwendet wurden, werden Sie in den folgenden Abschnitten kennenlernen.

12.1.2 Wohin mit der Ausgabe?

Wenn Sie den sed-Editor verwenden, werden Sie wohl im seltensten Fall eine Ausgabe auf dem Bildschirm haben wollen. Es gibt drei gängige Anwendungsmöglichkeiten, um die Ausgabe von sed in die richtigen Bahnen zu lenken.

In diesem Abschnitt behandeln wir erst einmal die gängigsten Methoden von sed, ohne bereits auf die einzelnen Optionen bzw. Features von sed einzugehen.

> **Hinweis**
>
> Die Ausgabe von sed erfolgt auf den Standardausgabekanal, Fehlermeldungen erfolgen auf den Standardfehlerkanal. Der Rückgabewert von sed ist dabei ungleich (meistens größer als) 0.

Mehrere Dateien bearbeiten

Wenn Sie mehrere Dateien auf einmal mit sed bearbeiten wollen bzw. müssen, kann es sinnvoll sein, anstatt eines Kommandos eine Kommandodatei zu verwenden – Sie dürfen hierzu gern auch »sed-Script« sagen. Der Vorteil: Diese Kommandodatei können Sie jederzeit wiederverwenden. Anstatt also eine Datei wie folgt mit sed zu bearbeiten:

```
sed -n 'kommando ; kommando; kommando' Datei > Zieldatei
```

können Sie ein sed-Script verwenden:

```
sed -f ased_script.sed Datei > Zieldatei
```

Damit können Sie de facto mehrere Dateien komfortabel mit einem sed-Script bearbeiten. Theoretisch könnten Sie hierbei vorgefertigte sed-Scripts einsetzen, ohne dass Sie überhaupt Kenntnisse von sed haben müssen (was allerdings nicht sehr empfehlenswert ist). Wie Sie eigene sed-Scripts schreiben, erfahren Sie in Abschnitt 12.5. Gewöhnlich werden Sie das sed-Script auf mehrere Dateien auf einmal in einem Shellscript ansetzen. Dies können Sie dann beispielsweise folgendermaßen machen:

```
# Alle Dateien im aktuellen Verzeichnis
for file in *
do
   sed -f ased_script.sed $file > temp
   # Achtung, hier wird das Original verändert!
   mv tmp $file
done
```

Direkt aus einem Kommando bearbeiten

Im Beispiel oben wurden mehrere Dateien neu bearbeitet. Wenn Sie ein wenig vorausschauender arbeiten, könnten Sie diesen Schritt auch auslassen, indem Sie gleich von vornherein darauf achten, dass man die Datei gar nicht bearbeiten muss (natürlich ist das nicht immer möglich). Dies lässt sich wieder mit einer Pipe realisieren:

```
kommando | sed -f ased_script.sed > Datei
kommando | sed -n 'kommando' > Datei
shellscript | sed -f ased_script.sed > Datei
shellscript | sed -f 'Kommando' > Datei
```

Hierbei schreibt ein Prozess (ein Kommando oder auch ein Shellscript) seine Daten in die Standardausgabe durch die Pipe. Auf der anderen Seite der Pipe wartet sed mit der Standardeingabe auf diese Daten und verarbeitet sie zeilenweise mit dem sed-Script. Die Ausgabe wird mit einer Umlenkung in eine Datei geschrieben.

Direkt aus einer Datei bearbeiten

Selbstverständlich können Sie mit sed auch einen Text aus einer Datei extrahieren, zerlegen und in eine neue Zieldatei speichern, ohne die Originaldatei zu verändern:

```
sed -n '/ein_wort/p' Datei > Zieldatei
```

Damit extrahiert sed alle Zeilen mit dem Wort »ein_wort« aus der *Datei* und schreibt diese Zeilen in die *Zieldatei*.

12

12.2 Der sed-Befehl

Ein sed-Befehl sieht auf den ersten Blick etwas undurchsichtig aus, ist aber einfacher, als man vermuten würde. Hier ist ein solch typischer sed-Befehl im Rohformat:

```
sed '[adresse1[,adresse2]]kommando' [datei(en)]
```

Alle Argumente, bis auf kommando, sind erst mal optional. Jeder sed-Aufruf benötigt also mindestens einen Kommandoaufruf. Die Operation kommando bezieht sich auf einen bestimmten Bereich bzw. eine bestimmte Adresse einer Datei (solche Adressen werden im nächsten Abschnitt behandelt). Den Bereich können Sie mit adresse1 bestimmen. Geben Sie hierbei noch adresse2 an, so erstreckt sich der Bereich von der Zeile adresse1 bis zur Zeile adresse2. Sie können diesen Bereich auch negieren, indem Sie hinter adresse1 und adresse2 ein !-Zeichen setzen. Dann bezieht sich kommando nur auf den Bereich, der nicht von adresse1 bis adresse2 abgedeckt wird. Ein einfaches Beispiel:

```
you@host > sed -n 'p' file.dat
```

Hiermit geben Sie praktisch die komplette Datei *file.dat* auf dem Bildschirm aus. Das Kommando p steht für *print*, also für die Ausgabe (auf den Bildschirm). Damit sed die Zeile(n) nicht doppelt ausgibt, wurde die Option -n verwendet. Näheres dazu folgt später.

12.3 Adressen

Adressen sind, wie eben erwähnt, entweder fixe Zeilen, ganze Bereiche oder aber Zeilen, die auf einen bestimmten regulären Ausdruck passen. Hier sehen Sie einige Beispiele dafür, wie Sie bestimmte Adressen definieren und welche Zeilen Sie damit selektieren. Zur Demonstration wird immer die Option `-n` verwendet, mit der Sie den Default Output von `sed` abschalten, sowie das Kommando `p`, mit dem Sie die selektierte(n) Zeile(n) auf dem Bildschirm ausgeben lassen können.

Hier wird nur die vierte Zeile der Datei *file.dat* selektiert und ausgegeben:

```
you@host > sed -n '4p' file.dat
```

Nachfolgend werden die Zeilen 4, 5, 6 und 7 aus der Datei *file.dat* selektiert und ausgegeben. Wenn Sie für die »bis«-Adresse einen niedrigeren Wert angeben als für die »von«-Adresse, wird dieser Wert ignoriert:

```
you@host > sed -n '4,7p' file.dat
```

Hiermit werden alle Zeilen von Zeile 4 bis zum Ende der Datei ausgegeben – das Dollarzeichen steht für die letzte Zeile:

```
you@host > sed -n '4,$p' file.dat
```

Damit werden alle Zeilen selektiert und ausgegeben, in denen sich das Wort »wort« befindet:

```
you@host > sed -n '/wort/p' file.dat
```

Hier werden alle Zeilen ausgegeben, die die Zeichenfolge »197« und eine beliebige Zahl von 0 bis 9 enthalten (1970, 1971 ... 1979):

```
you@host > sed -n '/197[0-9]/p' file.dat
```

Neben den Möglichkeiten mit

```
[Adresse1, Adresse2]Kommando
```

und

```
[Adresse]Kommando
```

gibt es auch noch eine dritte Möglichkeit, wie Sie Adressen angeben können. Man kann nämlich durch die Verwendung von geschweiften Klammern mehrere Kommandos zusammenfassen:

```
Adresse{
   Kommando1
   Kommando2
}
```

Oder auch als Einzeiler:

```
Adresse{ Kommando1 ;  Kommando2 ; ... }
```

Beispiel:

```
you@host > sed -n '1{p ; s/USA/ASU/g ; p }' mrolympia.dat
Larry Scott USA 1965 1966
Larry Scott ASU 1965 1966
```

Hiermit bearbeiten Sie die erste Zeile der Datei *mrolympia.dat*. Zuerst geben Sie diese Zeile aus, anschließend führen Sie mit s/.../.../g eine globale (g) Ersetzung mittels s (*substitute*) der Zeichenfolge »USA« durch »ASU« durch und geben daraufhin diese Zeile (gegebenenfalls verändert) nochmals aus. Natürlich können Sie eine solche Ersetzung auch ohne Angabe einer Adresse auf die ganze Datei ausdehnen:

12

```
you@host > sed -n '{/USA/p ; s/USA/ASU/g ; /ASU/p; }' mrolympia.dat
```

Da hierbei keine direkte Adressierung verwendet wird, können Sie das Ganze auch gleich ohne geschweifte Klammern schreiben:

```
you@host > sed -n '/USA/p ; s/USA/ASU/g ; /ASU/p' mrolympia.dat
```

Natürlich können Sie mit den geschweiften Klammern auch einen Adressbereich verwenden:

```
you@host > sed -n '1,5{/USA/p ; s/USA/ASU/g ; /ASU/p; }' \
> mrolympia.dat
```

Hierbei wurden die Zeilen 1 bis 5 zusammengefasst, um alle Kommandos in den geschweiften Klammern darauf auszuführen.

12.4 Kommandos, Substitutionsflags und Optionen von sed

In den obigen Beispielen haben Sie bisher immer die Option -n und das Kommando p verwendet. sed bietet neben p eine interessante Fülle von Kommandos an. Bevor Sie die einzelnen Kommandos und Optionen in der Praxis einsetzen, sollten Sie sich die Tabelle 12.1 bis Tabelle 12.3 ansehen, die die Optionen, die Kommandos und die sogenannten Substitutionsflags zusammenfassen.

Tabelle 12.1 listet die wichtigsten Kommandos von sed auf.

Kommando	Bedeutung
a	(für *append*) Fügt eine oder mehrere Zeilen an die selektierte Zeile an.
c	(für *change*) Ersetzt die selektierte Zeile durch eine oder mehrere neue.
d	(für *delete*) Löscht Zeile(n).
g	(für *get »buffer«*) Kopiert den Inhalt des temporären Puffers (*Holdspace*) in den Arbeitspuffer (*Patternspace*).
G	(für *GetNewline*) Fügt den Inhalt des temporären Puffers (*Holdspace*) an den Arbeitspuffer (*Patternspace*) an.
h	(für *hold »buffer«*) Gegenstück zu g. Kopiert den Inhalt des Arbeitspuffers (*Patternspace*) in den temporären Puffer (*Holdspace*).
H	(für *HoldNewline*) Gegenstück zu G. Fügt den Inhalt des Arbeitspuffers (*Patternspace*) an den temporären Puffer (*Holdspace*) an.
i	(für *insert*) Fügt eine neue Zeile vor der selektierten Zeile ein.
l	(für *listing*) Zeigt nicht druckbare Zeichen an.
n	(für *next*) Wendet das nächste Kommando statt des aktuellen Kommandos auf die nächste Zeile an.
p	(für *print*) Gibt die Zeilen aus.
q	(für *quit*) Beendet sed.
r	(für *read*) Datei integrieren; liest Zeilen aus einer Datei ein.
s	(für *substitute*) Ersetzt eine Zeichenfolge durch eine andere.
x	(für *eXchange*) Vertauschen des temporären Puffers (*Holdspace*) mit dem Arbeitspuffer (*Patternspace*).
y	(für *yank*) Zeichen aus einer Liste ersetzen; Ersetzen eines Zeichens durch ein anderes.
w	(für *write*) Schreibt Zeilen in eine Datei.
!	Negation; wendet die Kommandos auf Zeilen an, die nicht zutreffen.

Tabelle 12.1 Gängige Basiskommandos von »sed«

Wenn Sie eine Substitution mittels s/.../.../ verwenden möchten, können Sie zusätzliche Flags (Substitutionsflags) angeben, die am Ende des Befehls notiert werden. Beispielsweise findet mit s/.../.../g eine globale Ersetzung statt. Das heißt, es werden alle Vorkommen eines Musters in einer Zeile ersetzt. Ohne g würde nur das erste Vorkommen ersetzt. Tabelle 12.2 enthält einige dieser Flags und deren Bedeutung.

Flag	Bedeutung
g	Globale Ersetzung (aller Vorkommen eines Musters in der Zeile).
p	Ausgabe der Zeile.
w	Tauscht den Inhalt des Zwischenspeichers gegen die aktuell selektierte Zeile aus.

Tabelle 12.2 Einige Substitutionsflags

Tabelle 12.3 enthält die Schalter-Optionen, die Sie mit sed verwenden können.

Option	Bedeutung
-n	Schaltet »Default Output« aus. Mit dem Default Output ist die Ausgabe des Puffers (*Patternspace*) gemeint.
-e	Mehrere Befehle nacheinander ausführen. Man gibt praktisch ein Script bzw. die Kommandos direkt in der Kommandozeile ein.
-f	Die sed-Befehle in einem Script (sed-Script) zusammenfassen und dieses Script mittels -f übergeben. Praktisch wie die Option -e, nur dass hier anstatt des Scripts bzw. Kommandos in der Kommandozeile der Name eines Scriptfiles angegeben wird.

Tabelle 12.3 Gängige Schalter-Optionen für »sed«

Noch mehr Optionen

Die meisten sed-Versionen (GNU-sed, BSD-sed, FreeBSD-sed und ssed) bieten neben diesen Optionen noch einige weitere an, deren Bedeutung Sie bei Bedarf der Manualpage von sed entnehmen können.

Wie grep versteht auch sed eine Menge regulärer Ausdrücke. Auch hier bieten die unterschiedlichen sed-Versionen die eine oder andere Erweiterung an. Allerdings begnügen wir uns hier wieder mit den grundlegenden Ausdrücken. Die regulären Ausdrücke, die sed versteht, sind in Tabelle 12.4 aufgelistet.

Ausdruck	Bedeutung	Beispiel	Erklärung
`^`	Anfang einer Zeile	`/^wort/`	Behandelt alle Zeilen, die mit der Zeichenfolge `wort` beginnen.
`$`	Ende einer Zeile	`/wort$/`	Behandelt alle Zeilen, die mit der Zeichenfolge `wort` enden.
`*`	Keine, eine oder mehrere Wiederholungen des vorhergehenden Zeichens (oder Gruppe)	`/*wort/`	Behandelt alle Zeilen, in denen vor `wort` kein, ein oder mehrere Zeichen stehen.
`.`	Ein Zeichen	`/w.rt/`	Behandelt alle Zeilen mit den Zeichenfolgen `wort`, `wert`, `wirt`, `wart` etc. (Ausnahme ist das Newline-Zeichen.)
`[]`	Ein Zeichen aus der Menge	`/[Ww]ort/`	Behandelt alle Zeilen mit der Zeichenfolge `wort` oder `Wort`.
`[^]`	Kein Zeichen aus der Menge	`/[^Ww]ort/`	Behandelt alle Zeilen, die nicht die Zeichenfolge `wort` oder `Wort` enthalten.
`\(...\)`	Speichern eines enthaltenen Musters	`S/\(wort\)a/\1b/`	Die Zeichenfolge `wort` wird in `\1` gespeichert. Diese Referenz auf das Muster `wort` verwenden Sie nun, um in der Zeichenfolge `worta` das Wort `wortb` zu ersetzen. Damit lassen sich bis zu 9 solcher Referenzen definieren, auf die Sie mit `\1`, ... `\9` zugreifen können.
`&`	Enthält das Suchmuster	`S/wort/Ant&en/`	Das Ampersand-Zeichen repräsentiert den Suchstring. Im Beispiel wird jeder Suchstring `wort` durch `Antworten` ersetzt.

Tabelle 12.4 Grundlegende reguläre Ausdrücke, die »sed« versteht

Ausdruck	Bedeutung	Beispiel	Erklärung
\<	Wortanfang	/\<wort/	Findet alle Zeilen mit einem String, der mit wort beginnt, also wortreich, wortarm, nicht aber Vorwort oder Nachwort.
\>	Wortende	/wort\>/	Findet alle Zeilen mit einem Wort, das mit wort endet, also Vorwort, Nachwort, nicht aber wortreich oder wortarm.
x\{m\}	m-fache Wiederholung des Zeichens x		
x\{m,\}	mindestens m-fache Wiederholung des Zeichens x		
x\{m,n\}	mindestens m-, maximal n-fache Wiederholung des Zeichens x		

Tabelle 12.4 Grundlegende reguläre Ausdrücke, die »sed« versteht (Forts.)

Nachdem Sie bisher eine Menge Theorie und viele Tabellen gesehen haben, folgt nun ein Praxisteil zu der Verwendung der einzelnen Kommandos von sed. Als Beispiel nutzen wir wieder die Datei *mrolympia.dat*:

```
you@host > cat mrolympia.dat
Larry Scott USA 1965 1966
Sergio Oliva USA 1967 1968 1969
Arnold Schwarzenegger Österreich 1970 1971 1972 1973 1974 1975
Franco Columbu Argentinien 1976 1981
Chris Dickerson USA 1982
Samir Bannout Libanon 1983
Lee Haney USA 1984 1985 1986 1987 1988 1989 1990 1991
Dorian Yates Großbritannien 1992 1993 1994 1995 1996 1997
Ronnie Coleman USA 1998 1999 2000 2001 2002 2003 2004
```

Des Weiteren muss erwähnt werden, dass alle Beispiele auf dem Patternspace-Puffer ausgeführt werden. Somit bezieht sich die Änderung nur auf die Ausgabe auf dem Bildschirm (Standardausgabe). Sofern Sie hier gern eine bleibende Änderung vornehmen wollen (was in der Regel der Fall sein sollte), können Sie sich auf Abschnitt 12.1.2 beziehen. Die einfachste Lösung dürfte hier wohl die Verwendung des Umlenkungszeichens am Ende des sed-Befehls sein.

12.4.1 Das a-Kommando – Zeile(n) anfügen

Die Syntax lautet:

```
a\
neue Zeile
# oder in neueren sed-Versionen auch
a neue Zeile
```

Mit dem a-Kommando (*append*) können Sie eine neue Zeile hinter einer gefundenen Zeile einfügen, beispielsweise so:

```
you@host > sed '/2004/ a Jay Cutler 2005' mrolympia.dat
...
Samir Bannout Libanon 1983
Lee Haney USA 1984 1985 1986 1987 1988 1989 1990 1991
Dorian Yates Großbritannien 1992 1993 1994 1995 1996 1997
Ronnie Coleman USA 1998 1999 2000 2001 2002 2003 2004
Jay Cutler 2005
```

Sollte die Zeile länger werden, können Sie der Übersichtlichkeit zuliebe einen Backslash verwenden:

```
you@host > sed '/2004/ a\
> Prognose für 2005: J.Cutler; R.Coleman; M.Rühl' mrolympia.dat
...
Dorian Yates Großbritannien 1992 1993 1994 1995 1996 1997
Ronnie Coleman USA 1998 1999 2000 2001 2002 2003 2004
Prognose für 2005: J.Cutler; R.Coleman; M.Rühl'
```

Das Kommando »a« bei älteren sed-Versionen

Dass das Kommando a und die neue Zeile in derselben Zeile stehen, ist eine Erweiterung neuerer sed-Versionen. Ältere sed-Programme kennen häufig nur das a-Kommando, gefolgt von einem Backslash, und die *neue Zeile* folgt dann in der nächsten Zeile. Dies sollten Sie wissen, falls Sie auf einem etwas betagteren Rechner mit sed arbeiten müssen.

Beachten Sie außerdem, dass jedes Whitespace nach dem a-Kommando hinter dem Backslash ebenfalls als ein Zeichen interpretiert und verwendet wird.

12.4.2 Das c-Kommando – Zeilen ersetzen

Die Syntax lautet:

```
c\
neuer Text
# oder in neueren sed-Versionen
c neuer Text
```

Wollen Sie eine gefundene Zeile komplett durch eine neue Zeile ersetzen, können Sie das c-Kommando (*change*) verwenden. Die Funktionsweise entspricht der des a-Kommandos.

```
you@host > sed '/\<Oliva\>/ c \
> Sergio Oliva Cuba 1967 1968 1969' mrolympia.dat
Larry Scott USA 1965 1966
Sergio Oliva Cuba 1967 1968 1969
...
```


Im Beispiel wurden alle Zeilen mit dem Vorkommen des Worts »Oliva« durch die in der darauffolgenden Zeile vorgenommene Eingabe ersetzt. Hier wurde etwa die Nationalität verändert. Dem c-Kommando müssen wie beim a-Kommando ein Backslash und ein Newline-Zeichen folgen – obgleich auch hier die neueren sed-Versionen ohne Backslash und Newline-Zeichen auskommen.

12.4.3 Das d-Kommando – Zeilen löschen

Zum Löschen von Zeilen wird das d-Kommando (*delete*) verwendet. Damit wird die entsprechende Adresse im Puffer gelöscht. Im Folgenden sehen Sie ein paar Beispiele.

- Löscht die fünfte Zeile:

  ```
  you@host > sed '5d' mrolympia.dat
  ```

- Löscht ab der fünften bis zur neunten Zeile:

  ```
  you@host > sed '5,9d' mrolympia.dat
  ```

- Löscht alle Zeilen ab der fünften Zeile bis zum Ende der Datei:

  ```
  you@host > sed '5,$d' mrolympia.dat
  ```

- Löscht alle Zeilen, die das Muster »USA« enthalten:

  ```
  you@host > sed '/USA/d' mrolympia.dat
  ```

- Löscht alle Zeilen, die nicht das Muster »USA« enthalten:

  ```
  you@host > sed '/!USA/d' mrolympia.dat
  ```

12.4.4 Die Kommandos h, H, g, G und x – Arbeiten mit den Puffern

Mit den Kommandos g (*get*), G (*GetNewline*), h (*hold*), H (*HoldNewline*) und x (*eXchange*) können Sie mit den Puffern (Patternspace und Holdspace) arbeiten.

Mit dem Kommando h können Sie den aktuellen Inhalt des Zwischenpuffers (Patternspace) in einen anderen Puffer (Holdspace) sichern. Mit H hängen Sie ein Newline-Zeichen an das Ende des Puffers, gefolgt vom Inhalt des Zwischenpuffers.

Mit g, dem Gegenstück zu h, ersetzen Sie die aktuelle Zeile des Zwischenpuffers durch den Inhalt des Puffers, den Sie zuvor mit h gesichert haben. Mit G hängen Sie ein Newline-Zeichen an das Ende des Zwischenpuffers, gefolgt vom Inhalt des Puffers.

Mit dem Kommando x hingegen tauschen Sie den Inhalt des Zwischenpuffers gegen den Inhalt des anderen Puffers aus.

Ein Beispiel:

```
you@host > sed -e '/Sergio/{h;d}' -e '$G' mrolympia.dat
```

Hierbei führen Sie zunächst eine Suche nach dem Muster Sergio in der Datei *mrolympia.dat* durch. Wird eine entsprechende Zeile gefunden, legen Sie diese in den Holdspace zum Zwischenspeichern (Kommando h). Im nächsten Schritt löschen Sie diese Zeile (Kommando d). Anschließend führen Sie (Option -e) das nächste Kommando aus. Hier hängen Sie praktisch die Zeile im Holdspace (G) mit einem beginnenden Newline-Zeichen an das Ende des Patternspace. Diese Zeile wird an das Ende angehängt ($-Zeichen). Wollen Sie diese Zeile beispielsweise in die fünfte Zeile platzieren, gehen Sie wie folgt vor:

```
you@host > sed -e '/Sergio/{h;d}' -e '5G' mrolympia.dat
Larry Scott USA 1965 1966
Arnold Schwarzenegger Österreich 1970 1971 1972 1973 1974 1975
Franco Columbu Argentinien 1976 1981
Chris Dickerson USA 1982
Sergio Oliva USA 1967 1968 1969
Samir Bannout Libanon 1983
Lee Haney USA 1984 1985 1986 1987 1988 1989 1990 1991
Dorian Yates Großbritannien 1992 1993 1994 1995 1996 1997
Ronnie Coleman USA 1998 1999 2000 2001 2002 2003 2004
```

Bitte beachten Sie, dass hierbei die gelöschte Zeile beim Einfügen mitberechnet wird. Was passiert nun, wenn Sie die Zeile im Holdspace ohne Newline-Zeichen, wie dies mit g der Fall ist, im Patternspace einfügen? Es geschieht Folgendes:

```
you@host > sed -e '/Sergio/{h;d}' -e '5g' mrolympia.dat
Larry Scott USA 1965 1966
Arnold Schwarzenegger Österreich 1970 1971 1972 1973 1974 1975
```

```
Franco Columbu Argentinien 1976 1981
Sergio Oliva USA 1967 1968 1969
Samir Bannout Libanon 1983
Lee Haney USA 1984 1985 1986 1987 1988 1989 1990 1991
Dorian Yates Großbritannien 1992 1993 1994 1995 1996 1997
Ronnie Coleman USA 1998 1999 2000 2001 2002 2003 2004
```

Hier wird praktisch gnadenlos eine Zeile (hier »Chris Dickerson«) überschrieben. Beachten Sie dies bitte bei der Verwendung von g und G bzw. h und H.

Noch ein Beispiel zum Kommando x:

```
you@host > sed -e '/Sergio/{h;d}' -e '/Dorian/x' \
> -e '$G' mrolympia.dat
Larry Scott USA 1965 1966
Arnold Schwarzenegger Österreich 1970 1971 1972 1973 1974 1975
Franco Columbu Argentinien 1976 1981
Chris Dickerson USA 1982
Samir Bannout Libanon 1983
Lee Haney USA 1984 1985 1986 1987 1988 1989 1990 1991
Sergio Oliva USA 1967 1968 1969
Ronnie Coleman USA 1998 1999 2000 2001 2002 2003 2004
Jay Cutler 2005
Dorian Yates Großbritannien 1992 1993 1994 1995 1996 1997
```

Hier suchen Sie zunächst nach dem Muster Sergio, legen dieses in den Holdspace (Kommando h) und löschen daraufhin die Zeile im Patternspace (Kommando d). Dann suchen Sie nach dem Muster Dorian und tauschen den Inhalt des Patternspace (Zeile mit »Dorian«) gegen den Inhalt des Holdspace (Zeile mit »Sergio«) aus. Jetzt befindet sich im Holdspace die Zeile mit »Dorian«. Diese hängen Sie mit einem weiteren Befehl (Option -e) an das Ende des Patternspace.

12.4.5 Das Kommando i – Einfügen von Zeilen

Die Syntax:

```
i\
Text zum Einfügen
# oder bei neueren sed-Versionen
i Text zum Einfügen
```

Bei diesem Kommando gilt all das, was schon zum Kommando a gesagt wurde. Damit können Sie eine neue Zeile vor der gefundenen Zeile einfügen.

```
you@host > sed '/Franco/ i \
> ---Zeile---' mrolympia.dat
Larry Scott USA 1965 1966
Sergio Oliva USA 1967 1968 1969
Arnold Schwarzenegger Österreich 1970 1971 1972 1973 1974 1975
---Zeile---

Franco Columbu Argentinien 1976 1981
Chris Dickerson USA 1982
...
```

12.4.6 Das p-Kommando – Patternspace ausgeben

Dieses Kommando wurde schon zur Genüge verwendet. Mit p geben Sie den Patternspace aus. Wollen Sie beispielsweise einfach eine komplette Datei ausgeben lassen, können Sie folgendermaßen vorgehen:

```
you@host > sed -n 'p' mrolympia.dat
```

Die Option -n ist hierbei nötig, da sonst neben dem Patternspace-Puffer auch noch der Default Output mit ausgegeben würde und Sie somit eine doppelte Ausgabe hätten. Mit -n schalten Sie den Default Output aus. Dies wird häufig vergessen und führt zu Fehlern. Wollen Sie beispielsweise die letzte Zeile in einer Datei ausgeben lassen und vergessen dabei, den Default Output abzuschalten, bekommen Sie folgende Ausgabe zurück:

```
you@host > sed '$p' mrolympia.dat
Larry Scott USA 1965 1966
Sergio Oliva USA 1967 1968 1969
Arnold Schwarzenegger Österreich 1970 1971 1972 1973 1974 1975
Franco Columbu Argentinien 1976 1981
Chris Dickerson USA 1982
Samir Bannout Libanon 1983
Lee Haney USA 1984 1985 1986 1987 1988 1989 1990 1991
Dorian Yates Großbritannien 1992 1993 1994 1995 1996 1997
Ronnie Coleman USA 1998 1999 2000 2001 2002 2003 2004
Ronnie Coleman USA 1998 1999 2000 2001 2002 2003 2004
```

Hier wird trotzdem die komplette Datei ausgegeben, da der Default Output weiterhin über den Bildschirm rauscht. Die letzte Zeile hingegen ist doppelt vorhanden, weil hier zum einen der Default Output seine Arbeit gemacht hat und zum anderen das p-Kommando auch noch einmal die letzte Zeile mit ausgibt. Richtig wäre hier also:

```
you@host > sed -n '$p' mrolympia.dat
Ronnie Coleman USA 1998 1999 2000 2001 2002 2003 2004
```

Im Folgenden sehen Sie noch einige typische Beispiele mit dem p-Kommando:

```
you@host > sed -n '4p' mrolympia.dat
Franco Columbu Argentinien 1976 1981
```

Hier wird die vierte Zeile ausgegeben.

```
you@host > sed -n '4,6p' mrolympia.dat
Franco Columbu Argentinien 1976 1981
Chris Dickerson USA 1982
Samir Bannout Libanon 1983
```

Hiermit werden die Zeilen 4 bis 6 ausgegeben.


```
you@host > sed -n '/USA/p' mrolympia.dat
Larry Scott USA 1965 1966
Sergio Oliva USA 1967 1968 1969
Chris Dickerson USA 1982
Lee Haney USA 1984 1985 1986 1987 1988 1989 1990 1991
Ronnie Coleman USA 1998 1999 2000 2001 2002 2003 2004
```

Hierbei werden alle Zeilen mit der Textfolge »USA« ausgegeben.

12.4.7 Das Kommando q – Beenden

Mit dem Kommando q können Sie das laufende sed-Script durch eine Verzweigung zum Scriptende beenden. Vorher wird aber noch der Patternspace ausgegeben. Ein einfaches Beispiel:

```
you@host > sed -n '/USA/{p;q}' mrolympia.dat
Larry Scott USA 1965 1966
```

Hier wird der sed-Befehl nach dem ersten gefundenen Muster »USA« beendet. Zuvor wird noch der Inhalt des Patternspace ausgegeben.

12.4.8 Die Kommandos r und w

Mit dem Kommando r können Sie einen Text aus einer Datei einschieben. In den seltensten Fällen werden Sie einen Text in nur einer Datei einfügen wollen. Hierzu sei folgende einfache Textdatei gegeben:

```
you@host > cat header.txt
--------------------------------
Vorname Name Nationalität Jahr(e)
--------------------------------
```

Der Inhalt dieser Datei soll jetzt mit dem Kommando r in die letzte Zeile eingefügt werden:

```
you@host > sed '$r header.txt' mrolympia.dat
Larry Scott USA 1965 1966
Sergio Oliva USA 1967 1968 1969
Arnold Schwarzenegger Österreich 1970 1971 1972 1973 1974 1975
...
Dorian Yates Großbritannien 1992 1993 1994 1995 1996 1997
Ronnie Coleman USA 1998 1999 2000 2001 2002 2003 2004
Jay Cutler 2005
--------------------------------
Vorname Name Nationalität Jahr(e)
--------------------------------
```

Natürlich können Sie auch die Zeilennummer oder ein Muster als Adresse für das Einfügen verwenden:

```
you@host > sed -e '/Arnold/r header.txt' mrolympia.dat
Larry Scott USA 1965 1966
Sergio Oliva USA 1967 1968 1969
Arnold Schwarzenegger Österreich 1970 1971 1972 1973 1974 1975
--------------------------------
Vorname Name Nationalität Jahr(e)
--------------------------------
Franco Columbu Argentinien 1976 1981
Chris Dickerson USA 1982
Samir Bannout Libanon 1983
...
```

Ebenso können Sie mehr als nur eine Datei mithilfe der -e-Option aus einer Datei einlesen lassen und in die entsprechenden Zeilen einfügen:

```
you@host > sed -e '3r file1.dat' -e '7r file2.dat' mrolympia.dat
Larry Scott USA 1965 1966
Sergio Oliva USA 1967 1968 1969
Arnold Schwarzenegger Österreich 1970 1971 1972 1973 1974 1975
----------Ich bin file1------------
Franco Columbu Argentinien 1976 1981
Chris Dickerson USA 1982
```

```
Samir Bannout Libanon 1983
Lee Haney USA 1984 1985 1986 1987 1988 1989 1990 1991
---------Ich bin file2-----------
Dorian Yates Großbritannien 1992 1993 1994 1995 1996 1997
Ronnie Coleman USA 1998 1999 2000 2001 2002 2003 2004
```

Das entsprechende Gegenstück zum Kommando r erhalten Sie mit dem Kommando w, mit dem Sie das Ergebnis von sed in einer Datei speichern können:

```
you@host > sed -n '/USA/w USA.dat' mrolympia.dat
you@host > cat USA.dat
Larry Scott USA 1965 1966
Sergio Oliva USA 1967 1968 1969
Chris Dickerson USA 1982
Lee Haney USA 1984 1985 1986 1987 1988 1989 1990 1991
Ronnie Coleman USA 1998 1999 2000 2001 2002 2003 2004
```


12.4.9 Das Kommando s – substitute

Bei dem s-Kommando handelt es sich wohl um das meistverwendete Kommando in sed, und es ist auch einer der Hauptgründe, sed überhaupt zu verwenden. Die Syntax lautet:

```
sed -e 's/altes_Muster/neues_Muster/flag' datei
sed -e 's?altes_Muster?neues_Muster?flag' datei
```

Damit können Sie das Muster »altes_Muster« (im Patternspace) von *datei* durch »neues_Muster« ersetzen. Als Trennzeichen (hier je einmal mit / und ?) können Sie praktisch jedes beliebige Zeichen verwenden (außer den Backslash und das Newline-Zeichen), es darf nur nicht Bestandteil des Musters sein.

In der Grundform, ohne Angabe von flag, ersetzt das Kommando s nur das erste Vorkommen eines Musters pro Zeile. Somit können Sie mit der Angabe von flag auch das Verhalten von s verändern. Am häufigsten verwendet wird wohl das Flag g, mit dem alle Vorkommen eines Musters in einer Zeile nacheinander ersetzt werden – also eine globale Ersetzung. Mit dem Flag p wird nach der letzten Ersetzung der Patternspace ausgegeben, und mit dem Flag w können Sie den Patternspace in die angegebene Datei schreiben. Allerdings muss diese Option die letzte im Flag sein, da der Dateiname bis zum Ende der Zeile geht.

Selbstverständlich werden gerade zu diesem Kommando jetzt massenhaft Beispiele folgen:

```
you@host > sed 's/USA/Amerika/g' mrolympia.dat
Larry Scott Amerika 1965 1966
Sergio Oliva Amerika 1967 1968 1969
Arnold Schwarzenegger Österreich 1970 1971 1972 1973 1974 1975
Franco Columbu Argentinien 1976 1981
Chris Dickerson Amerika 1982
Samir Bannout Libanon 1983
Lee Haney Amerika 1984 1985 1986 1987 1988 1989 1990 1991
Dorian Yates Großbritannien 1992 1993 1994 1995 1996 1997
Ronnie Coleman Amerika 1998 1999 2000 2001 2002 2003 2004
```

Hier wurden global alle Zeichenfolgen »USA« durch »Amerika« ersetzt. Natürlich können Sie hierbei auch einzelne Zeilen mithilfe einer Adresse verändern:

```
you@host > sed '/Oliva/ s/USA/Cuba/' mrolympia.dat
Larry Scott USA 1965 1966
Sergio Oliva Cuba 1967 1968 1969
Arnold Schwarzenegger Österreich 1970 1971 1972 1973 1974 1975
Franco Columbu Argentinien 1976 1981
...
```

Hier wurde nur die Zeile ersetzt (»USA« durch »Cuba«), in der sich die Textfolge »Oliva« befindet. Wollen Sie nicht, dass hier die komplette Datei ausgegeben wird, sondern nur die Zeile(n), die ersetzt wurde(n), müssen Sie das Flag p (mit der Option -n) verwenden:

```
you@host > sed -n '/Oliva/ s/USA/Cuba/p' mrolympia.dat
Sergio Oliva Cuba 1967 1968 1969
```

Das nächste Beispiel sieht so aus:

```
you@host > sed 's/[12][90]/-/' mrolympia.dat
Larry Scott USA -65 1966
Sergio Oliva USA -67 1968 1969
Arnold Schwarzenegger Österreich -70 1971 1972 1973 1974 1975 1980
Franco Columbu Argentinien -76 1981
Chris Dickerson USA -82
Samir Bannout Libanon -83
Lee Haney USA -84 1985 1986 1987 1988 1989 1990 1991
Dorian Yates Großbritannien -92 1993 1994 1995 1996 1997
Ronnie Coleman USA -98 1999 2000 2001 2002 2003 2004
```

Hier konnten Sie zum ersten Mal den Einfluss des g-Flags erkennen. Es sollten wohl alle Zeichenfolgen »19« und »20« durch ein Minuszeichen ersetzt werden. Dasselbe nochmals mit dem Flag g:

```
you@host > sed 's/[12][90]/-/g' mrolympia.dat
Larry Scott USA -65 -66
Sergio Oliva USA -67 -68 -69
Arnold Schwarzenegger Österreich -70 -71 -72 -73 -74 -75 -80
Franco Columbu Argentinien -76 -81
Chris Dickerson USA -82
Samir Bannout Libanon -83
Lee Haney USA -84 -85 -86 -87 -88 -89 -90 -91
Dorian Yates Großbritannien -92 -93 -94 -95 -96 -97
Ronnie Coleman USA -98 -99 -00 -01 -02 -03 -04
```

Hier werden auch die Zeichenfolgen »10«, »20« und »29« beachtet. Wollen Sie statt einer Ersetzung eine Ergänzung vornehmen, können Sie das Ampersand-Zeichen (&) beim Ersetzungsstring verwenden:

```
you@host > sed -n 's/Franco Columbu/Dr. &/p' mrolympia.dat
Dr. Franco Columbu Argentinien 1976 1981
```


Hier wurde der Suchstring »Franco Columbu« exakt an der Position des Ampersand-Zeichens beim Ersetzungsstring verwendet und ein Titel davor gesetzt. Sofern Sie etwas Derartiges global durchführen müssen und nur die ersetzten Pattern ausgeben wollen, können Sie auch die Flags g und p gleichzeitig verwenden:

```
you@host > sed -n 's/USA/& (Amerika)/gp' mrolympia.dat
Larry Scott USA (Amerika) 1965 1966
Sergio Oliva USA (Amerika) 1967 1968 1969
Chris Dickerson USA (Amerika) 1982
Lee Haney USA (Amerika) 1984 1985 1986 1987 1988 1989 1990 1991
Ronnie Coleman USA (Amerika) 1998 1999 2000 2001 2002 2003 2004
```

Mit der Option -e können Sie mehrere Ersetzungen auf einmal durchführen lassen:

```
you@host > sed -e 's/USA/& (Amerika)/g' \
> -e 's/[12][90]/-/g'  mrolympia.dat
Larry Scott USA (Amerika) -65 -66
Sergio Oliva USA (Amerika) -67 -68 -69
Arnold Schwarzenegger Österreich -70 -71 -72 -73 -74 -75 -80
Franco Columbu Argentinien -76 -81
Chris Dickerson USA (Amerika) -82
Samir Bannout Libanon -83
Lee Haney USA (Amerika) -84 -85 -86 -87 -88 -89 -90 -91
Dorian Yates Großbritannien -92 -93 -94 -95 -96 -97
Ronnie Coleman USA (Amerika) -98 -99 -00 -01 -02 -03 -04
```

Gleiches können Sie übrigens auch mit einer Referenz wie folgt machen:

```
you@host > sed -n 's/\(USA\)/\1 (Amerika)/gp' mrolympia.dat
Larry Scott USA (Amerika) 1965 1966
Sergio Oliva USA (Amerika) 1967 1968 1969
Chris Dickerson USA (Amerika) 1982
Lee Haney USA (Amerika) 1984 1985 1986 1987 1988 1989 1990 1991
Ronnie Coleman USA (Amerika) 1998 1999 2000 2001 2002 2003 2004
```

Hier wird \1 als Referenz auf »USA« beim Ersetzungsstring verwendet.

Betrachten Sie mal folgendes Beispiel:

```
you@host > sed -n 's/\([12][90]\)\(..\)/\/\1\2\//gp' \
> mrolympia.dat
```

Beim Anblick dieser Zeile fällt es schon schwer, den Überblick zu behalten. Hier sollen alle Jahreszahlen zwischen zwei Schrägstriche gesetzt werden (/2000/, /2001/ etc). Bei derartigen Zeichenorgien empfiehlt es sich, häufiger mal ein anderes Trennzeichen zu verwenden:

```
you@host > sed -n 's#\([12][90]\)\(..\)#\/\1\2\/#gp' \
> mrolympia.dat
```

Jetzt kann man wenigstens leichter zwischen dem Such- und dem Ersetzungsstring unterscheiden.

Man könnte noch extremere Auswüchse zum Suchen und Ersetzen mit sed schreiben, doch erscheint es uns an dieser Stelle wichtiger, ein Problem mit den regulären Ausdrücken zu erwähnen, das Jürgen zur Weißglut gebracht hat, als er einen Artikel zur Verwendung von sed in Verbindung mit HTML-Seiten schrieb. Erst ein Artikel im Internet, den Thomas Pircher (*https://tty1.net/sed-tutorium_de.html*) verfasste, hat dann für klare Verhältnisse gesorgt. Das Problem: Ein regulärer Ausdruck sucht sich immer den längsten passenden String. Nehmen wir als Beispiel diese Textfolge in einem HTML-Dokument:

```
Dies ist eine <strong>verflixte</strong> Stelle in einem
<strong>verflixten</strong> HTML-Dokument.
```

Jürgen wollte alle HTML-Tags aus dem Dokument entfernen, um so eine normale Textdatei daraus zu machen. Mit folgendem Konstrukt wollte er dies realisieren:

```
sed -e 's/<.*>//g' index.html
```

Das Ergebnis sah so aus:

```
Das ist ein HTML-Dokument.
```

Leider hatte Jürgen vergessen, dass .* so gefräßig ist (eigentlich war es ihm aus Perl bekannt), dass es die längste Zeichenfolge sucht, also alles von

```
<strong>verflixte</strong> Stelle in einem <strong>verflixten
</strong>
```

haben will. Um aber nur die Zeichen bis zum ersten Auftreten des Zeichens > zu löschen, muss man mit folgender Bereichsangabe arbeiten:

```
sed -e 's/<[^>]*>//g' index.html
```

Hieran können Sie erkennen, dass die Verwendung regulärer Ausdrücke recht kompliziert werden kann und dass man häufig um eine intensivere Beschäftigung mit ihnen nicht herumkommt. Gerade wenn Sie reguläre Ausdrücke beim Suchen und Ersetzen mehrerer Dateien verwenden, sollten Sie wissen, was Sie tun, und gegebenenfalls einen Probelauf vornehmen bzw. ein Backup zur Hand haben. Zum Glück – und vielleicht auch deswegen – wurde sed so konzipiert, dass die Manipulation erst mal nicht an der Originaldatei vorgenommen wird.

Manch einer mag jetzt fragen, wie man Dateien vom DOS-Format ins UNIX-Format und umgekehrt konvertieren kann. Mit sed ist dies leichter, als Sie denken. Gehen wir davon aus, dass eine DOS-Zeile mit CR und LF endet. Wir haben dieses Beispiel der sed-FAQ von Eric Pement (*http://sed.sourceforge.net/sedfaq.html*) entnommen:

```
# 3. Under UNIX: convert DOS newlines (CR/LF) to Unix format
sed 's/.$//' file    # assumes that all lines end with CR/LF
sed 's/^M$// file    # in bash/tcsh, press Ctrl-V then Ctrl-M
```

Allerdings stellt sich die Frage, ob Sie hierbei nicht lieber auf die Tools dos2unix bzw. unix2dos zurückgreifen. Beim vim können Sie auch mittels set (set fileformat=dos oder set fileformat=unix) das Dateiformat angeben.

Konvertierung von DOS-Zeilen in UNIX-Zeilen

Vielleicht fragen Sie sich, warum in diesem Beispiel zur Konvertierung von DOS-Zeilen in UNIX-Zeilen nicht folgendes Konstrukt verwendet wurde:

```
's/\r\n/\n/g'
```

Die Antwort ist: Weil es so nicht überall (beispielsweise bei Debian) zu funktionieren scheint.

12

12.4.10 Das Kommando y

Ein weiteres Kommando, das neben dem Kommando s gern verwendet wird, ist y (*yank*), mit dem Sie eine Ersetzung von Zeichen aus einer Liste vornehmen können. Die Syntax lautet:

```
y/Quellzeichen/Zielzeichen/
```

Hiermit werden alle Zeichen in Quellzeichen in die entsprechenden Zeichen in Zielzeichen umgewandelt. Ist eine der Listen leer oder unterschiedlich lang, wird sed mit einem Fehler beendet. Natürlich können Sie auch (wie schon beim Kommando s) als Trenner ein anderes Zeichen als / verwenden. Beispielsweise können Sie mit folgendem sed-Befehl eine Datei nach der »rot-13«-Methode verschlüsseln (hier nur auf die Kleinbuchstaben beschränkt):

```
you@host > cp mrolympia.dat mrolympia.bak
you@host > sed -e \
> 'y/abcdefghijklmnopqrstuvwxyz/nopqrstuvwxyzabcdefghijklm/' \
> mrolympia.bak > mrolympia.dat
you@host > cat mrolympia.dat
Lneel Spbgg USA 1965 1966
Sretvb Oyvin USA 1967 1968 1969
Aeabyq Spujnemrarttre Öfgrervpu 1970 1971 1972 1973 1974 1975
Fenapb Cbyhzoh Aetragvavra 1976 1981
...
```

Hiermit werden alle (Klein-)Buchstaben um 13 Zeichen verschoben. Aus »a« wird dadurch »n«, aus »b« wird »o«, aus »c« wird »p« usw. Wollen Sie das Ganze wieder rückgängig machen, brauchen Sie Quellzeichen und Zielzeichen aus dem Beispiel nur auszutauschen:

```
you@host > cp mrolympia.dat mrolympia.bak
you@host > sed -e \
> 'y/nopqrstuvwxyzabcdefghijklm/abcdefghijklmnopqrstuvwxyz/' \
> mrolympia.bak > mrolympia.dat
you@host > cat mrolympia.dat
Larry Scott USA 1965 1966
Sergio Oliva USA 1967 1968 1969
Arnold Schwarzenegger Österreich 1970 1971 1972 1973 1974 1975
Franco Columbu Argentinien 1976 1981
...
```

12.5 sed-Scripts

Neben der Methode, den sed-Befehl in den Shellscripts wie einen üblichen Befehl oder sed in der Kommandozeile zu verwenden, haben Sie noch eine dritte Möglichkeit, nämlich echte sed-Scripts zu schreiben. Der Vorteil ist, dass Sie so immer wieder verwendete sed-Kommandos gleich zur Hand haben und vor allem bei etwas längeren sed-Kommandos den Überblick behalten. Das sed-Script können Sie natürlich trotzdem in einem Shellscript nutzen, nur benötigen Sie dann neben dem Shellscript auch noch das sed-Script.

Damit sed weiß, dass es sein Kommando aus einer Datei erhält, müssen Sie die Option -f (*file*) verwenden. Die Syntax lautet:

```
sed -f sed_script.sed Datei
```

Folgendes müssen Sie beim Verwenden von sed-Scripts beachten:

- Mehrere Kommandos in einer Zeile müssen durch ein Semikolon getrennt werden.
- Es dürfen keine Leerzeichen, Tabulatoren etc. vor und nach den Kommandos stehen.
- Eine Zeile, die mit # beginnt, wird als Kommentar behandelt.

Hier sehen Sie ein einfaches sed-Script, mit dem Sie eine Textdatei in eine HTML-Datei einbetten können:

```
# Name: text2html.sed

# Sonderzeichen '<', '>' und '&' ins HTML-Format
s/&/\&amp;/g
s/</\&lt;/g
s/>/\&gt;/g

# Zeile 1 selektieren wir mit insert für den HTML-Header
1 i\
<!DOCTYPE html PUBLIC "-//W3C//DTD XHTML 1.0 Transitional//EN"\
"http://www.w3.org/TR/xhtml1/DTD/xhtml1-transitional.dtd">\
<html>\
<head>\
<title>\
Converted with txt2html.sed\
</title>\
</head>\
<body>\
<pre>
```

```
# Hier kommt der Text der Datei hin

# Mit append hängen wir den Footer ans Ende
$ a\
</pre>\
</body>\
</html>
```

Dieses Script können Sie nun wie folgt anwenden:

```
you@host > sed -f text2html.sed mrolympia.dat > mrolympia.html
you@host > cat mrolympia.html
<head>
<title>
Converted with txt2html.sed
</title>
</head>
<body>
<pre>
Larry Scott USA 1965 1966
Sergio Oliva USA 1967 1968 1969
Arnold Schwarzenegger Österreich 1970 1971 1972 1973 1974 1975
Franco Columbu Argentinien 1976 1981
Chris Dickerson USA 1982
Samir Bannout Libanon 1983
Lee Haney USA 1984 1985 1986 1987 1988 1989 1990 1991
Dorian Yates Großbritannien 1992 1993 1994 1995 1996 1997
Ronnie Coleman USA 1998 1999 2000 2001 2002 2003 2004
</pre>
</body>
</html>
```

Dieses HTML-Dokument können Sie sich jetzt mit einem beliebigen Webbrowser Ihrer Wahl ansehen. In einem Shellscript mit vielen Dateien auf einmal können Sie das Ganze wie folgt realisieren:

```
# Alle Dateien aus der Kommandozeile; alternativ könnte hier auch
# das Metazeichen * verwendet werden, sodass alle Dateien aus dem
# aktuellen Verzeichnis bearbeitet werden
for file in "$@"
do
   sed -f txt2html.sed $file > temp
   # Achtung, hier wird das Original verändert!
   mv tmp $file
done
```

Die Eingabe überschreibt die Ausgabe

An dieser Stelle müssen wir nochmals darauf hinweisen, dass eine Umleitung wie `sed -f script datei > datei` deshalb nicht funktioniert, weil die Eingabe die Ausgabe überschreiben würde.

Jetzt haben Sie noch eine weitere Möglichkeit, `sed` zu verwenden, und zwar als eigenständiges Programm. Hierzu müssen Sie nur die Ausführrechte entsprechend setzen und in der ersten Zeile Folgendes eingeben:

```
#!/usr/bin/sed -f
```

Jetzt können Sie (im Beispiel verwenden wir nochmals das `text2html`-Script) das `sed`-Script wie ein gewöhnliches Shellscript ausführen:

```
you@host > chmod u+x text2html.sed
you@host > ./text2html.sed mrolympia.dat > mrolympia.html
```


Sammlungen von sed-Scripts

Eine interessante Sammlung von `sed`-Scripts (auch von weiteren Dokumentationen, Links etc.) finden Sie unter *http://sed.sourceforge.net/grabbag/*.

Sprungziele mit sed verwenden

`sed` unterstützt übrigens auch Sprungziele (`label`) – und zwar einen unbedingten Sprung (es wird also immer gesprungen). Diesen Hinweis wollten wir geben, falls Sie sich noch intensiver mit den `sed`-Scripts auseinandersetzen wollen.

12.6 Aufgaben

1. Ermitteln Sie mithilfe von `who` und `sed` die Anmeldenamen aller momentan angemeldeten Benutzer.
2. Erstellen Sie mithilfe von `sed` eine Liste aller Einträge mit den Berechtigungen in Ihrem Heimatverzeichnis. Es sollen nur die Rechte und der Dateiname angezeigt werden.
3. Lassen Sie sich mithilfe von `sed` die PID des `sshd` anzeigen.
4. Erstellen Sie ein `sed`-Kommando, mit dem Sie sich alle Kommentare aus einem Shellscript anzeigen lassen können. Denken Sie daran, dass Kommentare sowohl in einer ganzen Zeile stehen können als auch nur am Zeilenende nach dem Shell-Befehl.

Kapitel 13
awk-Programmierung

Zwar haben Sie mit der Shell-Programmierung einen Trumpf in der Hand, mit dem Sie wohl fast alle Probleme lösen können. Trotzdem kommt man manchmal an einen Punkt, an dem sich die Lösung als nicht mehr so einfach und relativ umständlich erweist. Hier empfiehlt es sich häufig, auf andere Werkzeuge umzusteigen oder – sofern die Kenntnisse vorhanden sind – sich ein solches Werkzeug (beispielsweise in C) selbst zu programmieren. Allerdings hat man oft nicht die Zeit und die Lust, gleich wieder etwas Neues zu erfinden. Wenn Sie also mit der Shell am Limit sind, ist ein Umstieg auf andere »Werkzeuge« wie awk oder auch Perl sinnvoll.

13.1 Einführung und Grundlagen von awk

Wir wollen es gar nicht leugnen: Mit Perl hätten Sie das ultimative Werkzeug für eigentlich (fast) alle Probleme, aber auch bei Perl sind die Einarbeitungsphase und die erforderliche Lernzeit relativ lang, wenn man von null anfangen muss (auch wenn bei Perl die Lernkurve recht steil ist). Mit awk hingegen haben Sie einen »kleineren«, aber schnell erlernbaren Interpreter. Wir fassen uns kurz; für eine Einführung in awk genügen 50 Seiten, für eine Einführung in Perl wäre dieser Umfang ein Witz.

Die Hauptaufgaben von awk glichen zu Beginn der Entwicklung denen von sed. awk wurde als ein Programm entwickelt, das als Reportgenerator dienen sollte. Allerdings entwickelte sich awk binnen kurzer Zeit zu einer echten Programmiersprache. Die Syntax von awk gleicht der von C, ja man kann fast meinen, einen C-Interpreter vor sich zu haben. Allerdings hat awk gegenüber C den Vorteil, dass Sie sich nicht mit all den ungemütlichen Features von C befassen müssen.

Somit wurde awk im Anfangsstadium als Programm eingesetzt, mit dem Dateien zeilenweise eingelesen und in einzelne Felder (bzw. Wörter) zerlegt wurden. Daraus entstand dann eine benutzerdefinierte Ausgabe – im Prinzip also wie bei sed. Allerdings wurde awk in kurzer Zeit enorm erweitert. Heute bietet awk alle Konstrukte an, die von (fast) jeder modernen Programmiersprache verwendet werden: angefangen bei einfachen Variablen über Arrays sowie die verschiedenen Kontrollstrukturen bis hin zu Funktionen (auch den benutzerdefinierten).

13.1.1 History und Versionen von awk

Der Name awk leitet sich von den Anfangsbuchstaben seiner Entwickler (aus dem Jahr 1977) Aho, Weinberger und Kernighan ab.

Allerdings existieren mittlerweile drei Hauptzweige von awk-Versionen. Das Ur-awk (das auch unter dem Namen oawk – für *old awk* – bekannt ist) stammt von den eben genannten Entwicklern. Daneben gibt es das erweiterte nawk (*new awk*) von 1985 und die GNU-Version gawk (GNU awk), die wiederum eine Erweiterung von nawk darstellt.

Linux, FreeBSD und NetBSD benutzen hierbei standardmäßig gawk, und die meisten UNIX-Varianten (Solaris, HP-UX etc.) verwenden in der Regel nawk, wobei auch hier GNU-awk nachinstalliert werden kann. Das Ur-awk wird eigentlich nicht mehr eingesetzt, und es gibt auch keinen Grund mehr, es zu verwenden, da hier die Unterschiede zu nawk und gawk erheblich sind.

Diese fangen damit an, dass beim Ur-awk einige Schlüsselwörter (delete, do, function, return), vordefinierte Funktionen, spezielle Variablen und noch einiges mehr fehlen.

Falls Sie irgendwo einen Uralt-Rechner verwalten müssen, führen wir in der folgenden Liste auf, was das Ur-awk nicht kann bzw. nicht kennt:

- die Schlüsselwörter delete, do, function und return
- die vordefinierten Funktionen atan2, close, cos, gsub, match, rand, sin, srand, sub, system, tolower und toupper
- die speziellen Variablen ARGC, ARGV, FNR, FS, RSTART, RLENGTH und SUBSEP. Die spezielle Variable ENVIRON ist beim alten awk nicht vordefiniert.
- Operatoren für Ausdrücke ?, :, , und ^
- Es sind nicht mehrere -f-Schalter erlaubt.

Aber eigentlich müssen Sie sich keine Gedanken darüber machen, solange Sie nawk bzw. gawk verwenden. Allerdings erscheint es uns sinnvoll, dass Sie hier für einen gleichen Kommandoaufruf sorgen. Meistens (unter Linux) ist dies jedoch von Haus aus der Fall. Ein Aufruf von awk führt unter Linux beispielsweise dank eines symbolischen Links zu gawk:

```
you@host > ls -l /usr/bin/awk
lrwxrwxrwx  1 root root 8 2020-02-05 /usr/bin/awk -> /bin/awk
you@host > ls -l /bin/awk
lrwxrwxrwx  1 root root 4 2020-02-05 /bin/awk -> gawk
```

Unter diversen UNIX-Varianten werden Sie nicht so komfortabel weitergeleitet. Allerdings können Sie auch hier selbst einen symbolischen Link setzen:

```
you@host > ln -s /bin/nawk /bin/awk
```

Damit führt jeder Aufruf von awk nach nawk. Wenn Sie hierbei auf mehreren Systemen arbeiten, müssen Sie sich zumindest keine Gedanken um den Aufruf von awk machen, weil Sie so immer awk eingeben und dadurch eine entsprechende awk-Variante nutzen.

Achtung bei symbolischen Links

Denken Sie aber an Folgendes: Wenn Sie einen symbolischen Link auf ein anderes Programm (wie hier mit awk auf nawk) erstellen und wirklich einmal ein entsprechendes Paket nachinstallieren sollten, wäre die Folge, dass das Originalprogramm (hier beispielsweise nawk) überschrieben würde. Schlimmer noch: Das System registriert beide Pakete als installiert und wäre somit inkonsistent.

Die »awk«-Version in diesem Buch

Im weiteren Verlauf des Buchs werden wir immer awk nutzen bzw. den Aufruf oder die Syntaxbeschreibung awk verwenden. Damit ist immer nawk oder gawk gemeint (abhängig vom System), aber niemals das alte Ur-awk (*oawk*)!

13.1.2 Die Funktionsweise von awk

awk wartet auf Daten vom Eingabestrom, die von der Standardeingabe oder aus Dateien kommen können. Gewöhnlich werden hierbei die Dateien, die in der Kommandozeile angegeben wurden, eine nach der anderen geöffnet. Anschließend arbeitet awk Zeile für Zeile bis zum Dateiende ab oder – falls die Daten von der Standardeingabe kommen – bis [Strg]+[D] (EOF) gedrückt wurde. Bei der Abarbeitung werden die einzelnen Zeilen in einzelne Felder (bzw. Wörter) zerlegt. Als Trennzeichen gilt hier meistens auch dasjenige Zeichen, das in der Variablen IFS steht (wobei diese Variable in awk FS heißt), ein Leerzeichen oder/und ein Tabulatorzeichen.

Anschließend wird für gewöhnlich jede Zeile mit einem Muster bzw. regulären Ausdruck verglichen und bei gefundenen Übereinstimmungen eine bestimmte Aktion ausgeführt – eben ähnlich wie bei sed, nur dass die Aktionen hier wesentlich komplexer sein können bzw. dürfen.

Syntaxanalyse

Natürlich führt awk auch eine Syntaxanalyse dahin gehend durch, ob die Kommandos sprachlich korrekt verwendet wurden, und gibt bei einem Fehler eine entsprechende Meldung aus.

13.2 Aufruf von awk-Programmen

Auch hier stellt sich die Frage, wie man awk aufrufen kann. Zunächst empfiehlt es sich, den Programmteil von awk in einzelne Anführungsstriche zu setzen, um Konflikte mit der Shell zu vermeiden. Die Syntax lautet:

```
awk 'Programm' Datei [Datei] ...

awk 'Programm
Programm
Programm' Datei [Datei] ...

awk -f Programmdatei Datei [Datei]
```

Sie haben wieder die beiden Möglichkeiten, entweder alle awk-Kommandos direkt zwischen die Single Quotes zu schreiben oder auch hier die Option -f (für *file*, wie bei sed) zu verwenden, um alle Befehle von awk in eine Programmdatei (awk-Script) zu schreiben und anschließend diese Programmdatei beim Start von awk auf die Datei(en) bzw. den Eingabestrom anzuwenden.

13.2.1 Grundlegender Aufbau eines awk-Kommandos

Im Abschnitt zuvor war die Rede von awk-Kommandos. Wie sehen solche Befehle aus? Ein reguläres awk-Kommando besteht aus mindestens einer Zeile:

```
Muster { Aktion }
```

Der Aktionsteil kann hierbei mehrere Befehle beinhalten und muss in geschweifte Klammern gesetzt werden. Nur so kann awk den Muster- und den Aktionsteil voneinander unterscheiden. Wenn Sie die geschweiften Klammern vergessen, erhalten Sie ohnehin eine Fehlermeldung.

Wenn nun eine Datei geladen wurde, wird sie zeilenweise eingelesen und anhand eines Musters verglichen. Trifft das entsprechende Muster zu, wird der Aktionsteil ausgeführt. Beachten Sie bitte, dass nicht zwangsläufig ein Muster und ein Aktionsteil angegeben werden müssen. Hier sehen Sie ein einfaches Beispiel (ich hoffe, Sie haben noch die Datei *mrolympia.dat*):

```
you@host > awk '$1 ~ "Samir"' mrolympia.dat
Samir Bannout Libanon 1983
```

Hier wurde als Muster der Name »Samir« verwendet, der im ersten Feld einer Zeile stehen muss ($1). Findet awk ein entsprechendes Muster, wird die Zeile ausgegeben. Wollen Sie hier nur die Nationalität ausgeben, benötigen Sie auf jeden Fall einen Aktionsteil:

```
you@host > awk ' $1 ~ "Samir" { print $3 }' mrolympia.dat
Libanon
```

Hier wird wiederum nach dem Muster »Samir« gesucht, das sich im ersten Feld einer Zeile befinden muss ($1). Aber anstatt die komplette Zeile auszugeben, wird hier nur das dritte Feld (bzw. Wort) ausgegeben ($3).

Andererseits müssen Sie auch nicht unbedingt ein Muster verwenden, um mit awk irgendetwas bewirken zu können. Sie können hierbei auch Folgendes schreiben:

```
you@host > awk '{ print }' mrolympia.dat
Larry Scott USA 1965 1966
Sergio Oliva USA 1967 1968 1969
Arnold Schwarzenegger Österreich 1970 1971 1972 1973 1974 1975
...
```

Damit gibt awk den vollständigen Inhalt einer Datei aus. Wollen Sie nur die Nationalität (drittes Feld) ausgeben, müssen Sie Folgendes schreiben:

```
you@host > awk '{ print $3 }' mrolympia.dat
USA
USA
Österreich
Argentinien
USA
Libanon
USA
Großbritannien
USA
```

In der Praxis könnten Sie die einzelnen Nationalitäten jetzt zählen und der Rangfolge oder dem Alphabet nach ausgeben lassen. Aber bis dahin ist es noch ein etwas längerer (Lern-)Weg.

Natürlich ist es auch möglich, dass ein awk-Kommando aus mehreren Muster- und Aktionsteilen besteht. Jedes dieser Teile wird pro eingelesene Zeile einmal ausgeführt, wenn ein Muster zutrifft – vorausgesetzt, es wurde ein Muster angegeben.

```
Muster { Aktion }
Muster { Aktion }
Muster { Aktion }
```

Wurden alle Muster-Aktion-Teile ausgeführt, liest awk die nächste Zeile ein und beginnt damit, alle Muster-Aktion-Teile zu durchlaufen, wieder von vorn.

13.2.2 Die Kommandozeilenoptionen von awk

awk bietet nicht sehr viele Kommandozeilenoptionen an. Wenn Sie wissen wollen, welche dies sind, müssen Sie awk ohne jegliche Argumente in der Kommandozeile eingeben:

```
you@host > awk
Anwendung: awk [POSIX- oder GNU-Optionen] -f PROGRAM [--] Datei
Anwendung: awk [POSIX- oder GNU-Optionen] -- 'PROGRAM' Datei ...
POSIX-Optionen          GNU-Optionen (lang):
        -f PROGRAM              --file=PROGRAM
        -F Feldtrenner          --field-separator=Feldtrenner
        -v var=Wert             --assign=var=Wert
        -W compat               --compat
        -W copyleft             --copyleft
...
```

awk selbst verfügt eigentlich nur über die drei Optionen -F, -f und -v. Alle anderen Optionen mit -W sind GNU-spezifische Optionen, die nur gawk zur Verfügung stehen. Falls Sie gawk verwenden, stehen Ihnen jedoch zwei sehr interessante Schalter zur Verfügung, mit denen Sie einen Kompatibilitätsmodus einschalten können (siehe Tabelle 13.1).

Option	Bedeutung
-W compat	gawk verhält sich wie ein UNIX-awk. Damit werden alle GNU-Erweiterungen ausgeschaltet.
-W posix	gawk hält sich an den POSIX-Standard.

Tabelle 13.1 GNU-spezifische Optionen für »gawk« (nicht für »nawk«)

Die weiteren Optionen, die allen Varianten von awk zur Verfügung stehen, sind in Tabelle 13.2 aufgeführt.

Option	Bedeutung
-F	Damit können Sie das (bzw. die) Trennzeichen angeben, anhand dessen (bzw. deren) awk eine Zeile in einzelne Felder zerlegen soll. So verändern Sie die spezielle Variable FS.
-f	Angabe einer Datei (awk-Script) mit awk-Anweisungen.
-v	Damit erzeugen Sie eine Variable mit einem vorbelegten Wert, der dem awk-Programm gleich zum Programmstart zur Verfügung steht.

Tabelle 13.2 Standardoptionen für »awk«

13.2.3 awk aus der Kommandozeile aufrufen

Die einfachste Methode, awk zu verwenden, ist gleichzeitig auch die unpraktischste – nämlich aus der Kommandozeile. Unpraktisch ist sie dann, wenn Sie regelmäßig diverse Kommandos wiederholen bzw. immer wieder verwenden. Auch bei sogenannten Einzeilern lohnt es sich, sie in einer Programmdatei abzuspeichern.

awk wurde bereits aus der Kommandozeile verwendet:

```
you@host > awk -F: '{print $3}' /etc/passwd
```

So legen Sie zuerst mit -F als Trennzeichen den Doppelpunkt fest. Anschließend filtern Sie mit awk alle User-IDs aus der Datei */etc/passwd* heraus und geben diese auf die Standardausgabe aus.

Damit können Sie wohl in der Praxis nicht viel anfangen. Warum also nicht die User-ID eines bestimmten Users ausfiltern? Mit grep und einer Pipe sollte dies nicht schwer sein:

```
you@host > grep you /etc/passwd | awk -F: '{print $3}'
1001
```


Sie haben erst mit grep nach einer Zeile in */etc/passwd* mit der Textfolge »you« gesucht und die Ausgabe durch die Pipe an die Eingabe von awk weitergeleitet. awk filtert aus dieser Zeile nur noch die User-ID (Feld $3) aus.

13.2.4 awk in Shellscripts aufrufen

Die bei der Shell-Programmierung wohl gängigste Methode dürfte die Verwendung von awk in Shellscripts sein. Hierbei werden Sie entweder die einzelnen Befehle von awk direkt ins Script schreiben oder aber wiederum ein weiteres awk-Script mit dem Schalter -f ausführen lassen. Ein einfaches Beispiel:

```
# Name : who_uid

# Argumente vorhanden ... ?
usage() {
   if [ $# -lt 1 ]
   then
      echo "usage: $0 user"
      exit 1
   fi
}

usage $*
uid=`grep $1 /etc/passwd | awk -F: '{ print $3 }'`
echo "Der User $1 hat die ID $uid"
```

Das Script bei der Ausführung:

```
you@host > ./who_uid tot
Der User tot hat die ID 1000
you@host > ./who_uid you
Der User you hat die ID 1001
you@host > ./who_uid root
Der User root hat die ID 0
```

Hier wurde mit einer einfachen Kommando-Substitution die User-ID wie im Abschnitt zuvor ermittelt und an eine Variable übergeben. Natürlich lassen sich auch ohne Weiteres Shell-Variablen in awk verwenden:

```
# Name : readfield

printf "Welche Datei wollen Sie verwenden : "
read datei
printf "Welches Feld wollen Sie hierbei ermitteln : "
read feld

awk '{ print $'$feld' }' $datei
```

Das Script bei der Ausführung:

```
you@host > ./readfield
Welche Datei wollen Sie verwenden : mrolympia.dat
Welches Feld wollen Sie hierbei ermitteln : 2
Scott
Oliva
Schwarzenegger
...
```

13.2.5 awk als eigenes Script ausführen

awk-Scripts können Sie – wie auch viele andere Programme – mit der Shebang-Zeile (#!) selbstständig laufen lassen. Sie müssen nur am Anfang Ihres awk-Scripts folgende Zeile einfügen:

```
#!/usr/bin/gawk -f
```

Wichtig ist hierbei die Option -f, denn nur dadurch wird das Script als auszuführende Programmdatei an awk übergeben. Hierzu zeigen wir Ihnen ein simples awk-Script:

```
#!/usr/bin/awk -f

# Name :  awkargs

 BEGIN  {
      print "Anzahl Argumente: ", ARGC;
      for (i=0; i < ARGC; i++)
          print i, ". Argument: ", ARGV[i];
 }
```

Hier sehen Sie das awk-Script (sein Name sei awkargs) bei der Ausführung:

```
you@host > chmod u+x awkargs
you@host > ./awkargs Hallo awk wie gehts
Anzahl Argumente:  5
0 . Argument:  awk
1 . Argument:  Hallo
2 . Argument:  awk
3 . Argument:  wie
4 . Argument:  gehts
```


Nachdem Sie das awk-Script ausführbar gemacht haben, zählt dieses Script alle Argumente der Kommandozeile zusammen und gibt die einzelnen Argumente auf dem Bildschirm aus. Natürlich können Sie awk-Scripts auch aus Ihren Shellscripts heraus starten. Dabei ist wie bei einem gewöhnlichen Kommando vorzugehen.

13.3 Grundlegende awk-Programme und -Elemente

Wenn man noch nie einen Baum gepflanzt hat, wird man keine ganzen Wälder anlegen. Daher erläutern wir hier zunächst die grundlegenden Elemente bzw. die einfachen Anwendungen von awk. Was man für awk zuallererst benötigt, ist die Ausgabe von Zeilen und von allem, was mit den Zeilen zu tun hat, sowie die Verwendung von Feldern (bzw. Wörtern) und die formatierte Ausgabe bzw. die Ausgabe in eine Datei.

13.3.1 Ausgabe von Zeilen und Zeilennummern

Am besten fangen wir mit dem Einfachsten an:

```
you@host > awk '{print}'
Ein Test
Ein Test
Noch einer
Noch einer
```

Dieser Einzeiler macht nichts anderes, als alle Eingaben, die Sie mit [↵] abgeschlossen haben, wieder auf dem Bildschirm auszugeben – und zwar so lange, bis Sie die Tastenkombination [Strg]+[D] (für EOF) drücken. Im Prinzip funktioniert dies wie bei einem einfachen cat. Wenn Sie jetzt einen Dateinamen hinter das awk-Programm schreiben, wie in

```
you@host > awk '{print}' mrolympia.dat
...
```

erhält awk seine Eingabe nicht mehr von der Tastatur, sondern entnimmt sie zeilenweise der Datei. Aber so ein einfaches cat ist awk auch wieder nicht. Wollen Sie, dass awk bestimmte Wörter von der Tastatur herausfiltert, können Sie hierzu ein Muster verwenden:

```
you@host > awk '!/mist/ {print}'
Dies ist kein Mist
Dies ist kein Mist
Aber hier ist ein mist!
Ende
Ende
```

Hiermit wird jede Zeile, die die Textfolge »mist« enthält, nicht ausgegeben.

Benötigen Sie die laufende Zeilennummer, steht Ihnen die awk-interne Variable NR zur Verfügung, die sich immer die aktuelle Nummer der Eingabezeile merkt:

```
you@host > awk '{print NR " : " $0}' mrolympia.dat
1 : Larry Scott USA 1965 1966
2 : Sergio Oliva USA 1967 1968 1969
...
...
8 : Dorian Yates Großbritannien 1992 1993 1994 1995 1996 1997
9 : Ronnie Coleman USA 1998 1999 2000 2001 2002 2003 2004
```

Hiermit geben Sie die komplette Datei *mrolympia.dat* mitsamt den Zeilennummern auf dem Bildschirm aus. Eine weitere Besonderheit ist hier die Variable $0, die immer automatisch mit der gesamten eingelesenen Zeile belegt ist. Wollen Sie mit awk nach einem bestimmten Muster suchen und hierbei die entsprechende Zeile bei Übereinstimmung mit ausgeben, kann dies wie folgt realisiert werden:

```
you@host > awk '/Lee/ {print NR " : " $0}' mrolympia.dat
7 : Lee Haney USA 1984 1985 1986 1987 1988 1989 1990 1991
```

Es wird nach dem Muster »Lee« in der Datei *mrolympia.dat* gesucht, und dieses wird dann mitsamt der Zeilennummer ausgegeben.

Zeilen zählen mit »awk«

Sie können mit awk noch einen Schritt weiter gehen, wenn Sie nicht die Variable NR verwenden wollen, indem Sie die Zeilen selbst hochzählen. Hierzu müssen Sie nur eine Variable extra einsetzen und diese hochzählen:

```
awk '{print ++i, " : " $0}' mrolympia.dat
```

13.3.2 Felder

Die nächstkleinere Einheit nach den Zeilen sind die einzelnen Felder bzw. Wörter (abhängig von FS), in die jede Eingabezeile zerlegt wird. Allerdings ist es im Grunde falsch, bei awk von Wörtern zu sprechen, vielmehr sind es Felder. Standardmäßig werden die einzelnen Zeilen durch Leerzeichen und Tabulatorzeichen aufgetrennt und jeweils in eine eigene Variable gespeichert. Die Namen der Variablen entsprechen den Positionsparametern der Shell: $1, $2, $3 ...

Damit ist es ohne größeren Umweg möglich, einzelne Spalten aus einer Datei zu extrahieren, was unter anderem auch ein Hauptanwendungsgebiet von awk ist. So können Sie z. B. ohne Probleme den Inhalt der Spalten 3 und 2 einer Datei ausgeben lassen:

```
you@host > awk '{print $3, $2}' mrolympia.dat
USA Scott
USA Oliva
Österreich Schwarzenegger
Argentinien Columbu
USA Dickerson
Libanon Bannout
USA Haney
Großbritannien Yates
USA Coleman
```

Wollen Sie jetzt noch wissen, wie viele Titel einer der Teilnehmer gewonnen hat, können Sie die Variable NF (*Number of Fields*) verwenden:

```
you@host > awk '{print $3, $2, NF-3}' mrolympia.dat
USA Scott 2
USA Oliva 3
Österreich Schwarzenegger 7
Argentinien Columbu 2
USA Dickerson 1
Libanon Bannout 1
USA Haney 8
```

```
Großbritannien Yates 6
USA Coleman 7
```

Hier wurde von NF der Wert 3 subtrahiert, da die ersten drei Spalten eine andere Bedeutung haben. Wir können uns schon denken, wie Ihre nächste Frage lauten könnte: Wie kann man dies jetzt noch nach der Anzahl von Titeln sortieren? Hier gibt es immer mehrere Wege – wir könnten folgenden anbieten:

```
you@host > awk '{print NF-3, $3, $2}' mrolympia.dat | sort -r
8 USA Haney
7 USA Coleman
7 Österreich Schwarzenegger
6 Großbritannien Yates
3 USA Oliva
2 USA Scott
2 Argentinien Columbu
1 USA Dickerson
1 Libanon Bannout
```

Wenn Sie NF mit einem Dollarzeichen davor ($NF) verwenden, befindet sich darin immer das letzte Wort der Zeile. Das vorletzte Wort würden Sie mit $(NF-1) erreichen:

```
you@host > awk '{print $NF, $(NF-1)}' mrolympia.dat
1966 1965
1969 1968
1980 1975
1981 1976
1982 USA
1983 Libanon
1991 1990
1997 1996
2004 2003
you@host > awk '{print "Zeile " NR, "enthält " NF " Worte \
> (letztes Wort: " $NF "; vorletztes: " $(NF-1) ")"}' \
> mrolympia.dat
Zeile  1 enthält 5 Worte (letztes Wort: 1966 ; vorletztes: 1965)
Zeile  2 enthält 6 Worte (letztes Wort: 1969 ; vorletztes: 1968
Zeile  3 enthält 10 Worte (letztes Wort: 1980 ; vorletztes: 1975)
Zeile  4 enthält 5 Worte (letztes Wort: 1981 ; vorletztes: 1976)
Zeile  5 enthält 4 Worte (letztes Wort: 1982 ; vorletztes: USA)
Zeile  6 enthält 4 Worte (letztes Wort: 1983 ; vorletztes: Libanon)
Zeile  7 enthält 11 Worte (letztes Wort: 1991 ; vorletztes: 1990)
Zeile  8 enthält 9 Worte (letztes Wort: 1997 ; vorletztes: 1996)
Zeile  9 enthält 10 Worte (letztes Wort: 2004 ; vorletztes: 2003)
```

Und natürlich gehört es grundsätzlich zu der Arbeit mit Feldern, den Feldtrenner zu verändern. Dies kann über den Schalter -F oder in einem awk-Script über die Variable FS geschehen.

Formatierte Ausgabe und Dateiausgabe

Zur formatierten Ausgabe wurde bisher immer print verwendet, das ähnlich wie echo in der Shell funktioniert. Da ja die einzelnen Felder anhand von Leerzeichen und Tabulatorzeichen getrennt werden, sollte es einleuchtend sein, dass bei der folgenden Ausgabe die Wörter nicht voneinander getrennt werden:

```
you@host > awk '{print $1 $2 }' mrolympia.dat
LarryScott
SergioOliva
...
...
DorianYates
RonnieColeman
```

Man kann entweder das Leerzeichen (oder auch ein anderes Zeichen bzw. eine andere Zeichenfolge) in Double Quotes eingeschlossen einfügen:

```
you@host > awk '{print $1 " " $2 }' mrolympia.dat
```

Oder aber man trennt die einzelnen Felder voneinander durch ein Komma:

```
you@host > awk '{print $1, $2 }' mrolympia.dat
```

Meistens reicht die Ausgabe von print. Aber auch hier haben Sie mit printf die Möglichkeit, Ihre Ausgabe erweitert zu formatieren. printf funktioniert hier genauso, wie es schon für die Shell beschrieben wurde, weshalb wir an dieser Stelle auf Tabellen mit den Typzeichen (s für String, d für Dezimal, f für Float usw.) verzichten können. Bei Bedarf werfen Sie bitte einen Blick in Abschnitt 5.2.3. Gleiches gilt übrigens auch für die Escape-Sequenzen (alias Steuerzeichen, siehe Tabelle 13.2). Der einzige Unterschied im Gegensatz zum printf der Shell besteht darin, dass die Argumente am Ende durch ein Komma getrennt werden müssen. Hier sehen Sie ein einfaches Beispiel der formatierten Ausgabe mit printf:

```
you@host > awk ' \
> {printf "%-2d Titel\tLand: %-15s\tName: %-15s\n",NF-3,$3,$2}'\
> mrolympia.dat | sort -r
8  Titel      Land: USA             Name: Haney
7  Titel      Land: USA             Name: Coleman
7  Titel      Land: Österreich      Name: Schwarzenegger
6  Titel      Land: Großbritannien  Name: Yates
```

```
3 Titel         Land: USA             Name: Oliva
2 Titel         Land: USA             Name: Scott
2 Titel         Land: Argentinien     Name: Columbu
1 Titel         Land: USA             Name: Dickerson
1 Titel         Land: Libanon         Name: Bannout
```

Zur Ausgabe in eine Datei wird für gewöhnlich eine Umlenkung verwendet:

```
you@host > awk \
> '{printf "%-2d Titel\tLand: %-15s\tName: %-15s\n",NF-3,$3,$2}'\
> mrolympia.dat > olymp.dat
you@host > cat olymp.dat
2 Titel         Land: USA             Name: Scott
3 Titel         Land: USA             Name: Oliva
7 Titel         Land: Österreich      Name: Schwarzenegger
2 Titel         Land: Argentinien     Name: Columbu
1 Titel         Land: USA             Name: Dickerson
1 Titel         Land: Libanon         Name: Bannout
8 Titel         Land: USA             Name: Haney
6 Titel         Land: Großbritannien  Name: Yates
7 Titel         Land: USA             Name: Coleman
```

Es ist auch möglich, innerhalb von awk – im Aktionsteil – in eine Datei zu schreiben:

```
you@host > awk '/USA/{ print > "usa.dat"}' mrolympia.dat
you@host > cat usa.dat
Larry Scott USA 1965 1966
Sergio Oliva USA 1967 1968 1969
Chris Dickerson USA 1982
Lee Haney USA 1984 1985 1986 1987 1988 1989 1990 1991
Ronnie Coleman USA 1998 1999 2000 2001 2002 2003 2004
```

Im Beispiel wurden alle Zeilen mit einer Zeichenfolge »USA« in die Datei *usa.dat* geschrieben. Dies ist zum Beispiel sinnvoll, wenn Sie mehrere Muster-Aktion-Teile verwenden und nicht jede Ausgabe gleich in eine Datei geschrieben werden soll.

Um dem Ganzen die Krone aufzusetzen, zeigen wir Ihnen folgendes Beispiel:

```
you@host > awk '$3 {print >> $3}' mrolympia.dat
```

Hier schreiben Sie für jedes Land den Inhalt des entsprechenden Eintrags ans Ende einer Datei mit dem entsprechenden Landesnamen. Genauer gesagt: Für jedes Land wird eine extra Datei angelegt, in der die einzelnen Teilnehmer immer am Ende der Datei angehängt werden. Führen Sie das mal in einer anderen Sprache mit einer Zeile durch!

```
you@host > ls -l
-rw-------  1 tot users    37 2010-04-11 15:34 Argentinien
-rw-------  1 tot users    58 2010-04-11 15:34 Großbritannien
-rw-------  1 tot users    27 2010-04-11 15:34 Libanon
-rw-------  1 tot users   381 2010-04-08 07:32 mrolympia.dat
-rw-------  1 tot users    68 2010-04-11 15:34 Österreich
-rw-------  1 tot users   191 2010-04-11 15:34 USA
you@host > cat Libanon
Samir Bannout Libanon 1983
you@host > cat Österreich
Arnold Schwarzenegger Österreich 1970 1971 1972 1973 1974 1975
```

Natürlich können Sie das noch ganz anders erreichen:

```
you@host > awk '$3 {print $2, $1, $3 >> $3}' mrolympia.dat
```

Hier machen Sie das Gleiche, hängen jedoch nur den Inhalt der Felder $2, $3 und $1 an die entsprechende Landesdatei. In Verbindung mit einer umfangreichen Datenbank ist das wirklich mächtig. Doch im Prinzip ist das noch gar nichts – awk ist bei richtiger Anwendung zu viel mehr imstande.

Natürlich können Sie awk auch cat-ähnlich verwenden, um alle Eingaben von der Tastatur in eine Datei zu schreiben:

```
you@host > awk '{print > "atextfile"}'
Hallo Textdatei
Das steht drin
[Strg]+[D]
you@host > cat atextfile
Hallo Textdatei
Das steht drin
```

13.4 Muster (bzw. Adressen) von awk-Scripts

Wie schon mit sed können Sie mit awk Adressen bzw. Muster benennen, die als Suchkriterium angegeben werden. Ein Muster dient auch hier dazu, den Programmfluss von awk zu steuern. Stimmt der Inhalt der zu bearbeitenden Zeile mit dem angegebenen Muster überein, wird der entsprechende Aktionsteil ausgeführt.

Um solche Muster in awk darzustellen, haben Sie mehrere Möglichkeiten. Welche dies sind und wie Sie sie verwenden können, erfahren Sie in den folgenden Unterabschnitten.

13.4.1 Zeichenkettenvergleiche

Am einfachsten und gleichzeitig auch am häufigsten werden Muster bei Zeichenvergleichen eingesetzt. Diese Verwendung sieht folgendermaßen aus:

```
you@host > awk '/Jürgen Wolf/'
Hallo Jürgen
Hallo Wolf
Mein Name ist Jürgen Wolf
Mein Name ist Jürgen Wolf
[Strg]+[D]
```

Hier wird nur die Eingabe von der Tastatur wiederholt, wenn in $0 die Textfolge »Jürgen Wolf« enthalten ist. Auf eine Datei wird der Zeichenkettenvergleich ähnlich ausgeführt:

```
you@host > awk '/Samir/' mrolympia.dat
Samir Bannout Libanon 1983
```

Hier erhält awk die Eingabezeile aus der Datei *mromypia.dat*, sucht nach einem Muster und gibt gegebenenfalls die komplette Zeile der Fundstelle auf den Bildschirm aus. Hier fällt außerdem auf, dass awk auch ohne den Aktionsteil und den Befehl print die komplette Zeile auf den Bildschirm ausgibt. Natürlich werden auch Teil-Textfolgen gefunden, sprich, es müssen nicht zwangsläufig ganze Wörter sein:

```
you@host > awk '/ie/' mrolympia.dat
Franco Columbu Argentinien 1976 1981
Dorian Yates Großbritannien 1992 1993 1994 1995 1996 1997
Ronnie Coleman USA 1998 1999 2000 2001 2002 2003 2004
```

13.4.2 Vergleichsausdrücke

awk bietet auch Vergleichsausdrücke in den Mustern an. Hierzu werden die in vielen Programmiersprachen üblichen Vergleichsoperatoren verwendet. Ist ein Vergleichsausdruck (also das Muster) wahr, wird der entsprechende Aktionsteil ausgeführt. In Tabelle 13.3 sind alle Vergleichsoperatoren aufgelistet.

Operator	Bedeutung	Beispiel
<	kleiner als	x < y
<=	kleiner als oder gleich	x <= y
==	Gleichheit	x == y

Tabelle 13.3 Vergleichsoperatoren von »awk«

Operator	Bedeutung	Beispiel
!=	Ungleichheit	x != y
>=	größer als oder gleich	x >= y
>	größer als	x > y
~	Mustervergleich	x ~ /y/
!~	negierter Mustervergleich	x !~ /y/

Tabelle 13.3 Vergleichsoperatoren von »awk« (Forts.)

Ein Vergleichsausdruck lässt sich dabei sowohl auf Zahlen als auch auf Zeichenketten anwenden. Ein Beispiel:

```
you@host > awk '$4 > 1990' mrolympia.dat
Dorian Yates Großbritannien 1992 1993 1994 1995 1996 1997
Ronnie Coleman USA 1998 1999 2000 2001 2002 2003 2004
```

Hier geben Sie alle Teilnehmer aus, die ihren ersten Wettkampf nach 1990 gewonnen haben. Es werden also sämtliche Zeilen ausgegeben, bei denen der Wert des vierten Feldes größer als 1990 ist. Ein weiteres Beispiel:

```
you@host > awk '$2 < "H"' mrolympia.dat
Franco Columbu Argentinien 1976 1981
Chris Dickerson USA 1982
Samir Bannout Libanon 1983
Ronnie Coleman USA 1998 1999 2000 2001 2002 2003 2004
```

Hiermit werden alle Werte (Namen) der zweiten Spalte ausgegeben, deren Anfangsbuchstabe kleiner als "H" ist. Gemeint ist hier der ASCII-Wert! »C« ist zum Beispiel kleiner als »H« in der ASCII-Tabelle usw. Natürlich lässt sich dies auch auf eine ganze Zeichenkette anwenden:

```
you@host > awk '$1 > "Dorian" ' mrolympia.dat
Larry Scott USA 1965 1966
Sergio Oliva USA 1967 1968 1969
Franco Columbu Argentinien 1976 1981
Samir Bannout Libanon 1983
Lee Haney USA 1984 1985 1986 1987 1988 1989 1990 1991
Ronnie Coleman USA 1998 1999 2000 2001 2002 2003 2004
```

Hier werden alle Vornamen ausgegeben, die im ersten Feld nicht größer als (das heißt: nicht länger als) »Dorian« sind – auch wenn es in diesem Beispiel wenig Sinn macht. Interessant ist auch der Vergleichsoperator für Mustervergleiche, beispielsweise:

```
you@host > awk '$3 ~ /USA/ ' mrolympia.dat
Larry Scott USA 1965 1966
Sergio Oliva USA 1967 1968 1969
Chris Dickerson USA 1982
Lee Haney USA 1984 1985 1986 1987 1988 1989 1990 1991
Ronnie Coleman USA 1998 1999 2000 2001 2002 2003 2004
```

Hier werden alle Zeilen selektiert, in denen sich in der dritten Spalte das Muster »USA« befindet. Damit können Sie das exakte Vorkommen eines Musters in der entsprechenden Spalte bestimmen. Natürlich können Sie dies auch negieren (verneinen):

```
you@host > awk '$3 !~ /USA/ ' mrolympia.dat
Arnold Schwarzenegger Österreich 1970 1971 1972 1973 1974 1975
Franco Columbu Argentinien 1976 1981
Samir Bannout Libanon 1983
Dorian Yates Großbritannien 1992 1993 1994 1995 1996 1997
```

Jetzt werden alle Zeilen ausgegeben, bei denen sich in der dritten Spalte nicht das Muster »USA« befindet.

Wenn Sie jetzt zum Beispiel wissen, dass 1988 ein US-Amerikaner den Wettkampf gewonnen hat, aber nicht genau wissen, welcher es war, dann formulieren Sie dies mit awk folgendermaßen:

```
you@host > awk '$3 ~ /USA/ && /1988/' mrolympia.dat
Lee Haney USA 1984 1985 1986 1987 1988 1989 1990 1991
```

Damit wählen Sie die Zeile(n) aus, bei denen sich in der dritten Spalte das Muster »USA« befindet und irgendwo in der Zeile das Jahr 1988. Hier wurde mit dem && eine logische UND-Verknüpfung vorgenommen, auf die noch in Abschnitt 13.4.4 eingegangen wird.

Wollen Sie nur die ersten fünf Zeilen einer Datei ausgeben lassen? Nichts ist leichter als das:

```
you@host > awk 'NR <=5' mrolympia.dat
Larry Scott USA 1965 1966
Sergio Oliva USA 1967 1968 1969
Arnold Schwarzenegger Österreich 1970 1971 1972 1973 1974 1975
Franco Columbu Argentinien 1976 1981
Chris Dickerson USA 1982
```

Wenn Sie jeden Datensatz ausgeben lassen wollen, der weniger als fünf Felder enthält, dann machen Sie dies mit awk so:

```
you@host > awk 'NF < 5' mrolympia.dat
Chris Dickerson USA 1982
Samir Bannout Libanon 1983
```

13.4.3 Reguläre Ausdrücke

Natürlich stehen Ihnen auch mit awk wieder die regulären Ausdrücke zur Verfügung, mit denen Sie Ihre Muster formulieren können. Hierzu folgt ein kurzer Überblick über die Metazeichen und ihre Bedeutungen, die Sie für reguläre Ausdrücke mit awk heranziehen können. Da die regulären Ausdrücke ja bereits einige Male behandelt wurden, finden Sie in Tabelle 13.4 allerdings nur einen kurzen Überblick, da die meisten Zeichen auch hier ihre bereits bekannte Funktion erfüllen.

Zeichen	Bedeutung
^	Anfang einer Zeile oder Zeichenkette
$	Ende einer Zeile oder Zeichenkette
.	jedes Zeichen außer einem Zeilenumbruch
*	null, eines oder mehrere Vorkommen
[]	ein Zeichen aus der Menge enthalten
[^]	kein Zeichen aus der Menge enthalten
re1|re2	ODER; entweder Muster re1 oder re2 enthalten
re1&re2	UND; Muster re1 und Muster re2 enthalten
+	eines oder mehrere Vorkommen
(ab)+	mindestens ein Auftreten der Menge »ab«
?	null- oder einmaliges Vorkommen
&	enthält das Suchmuster des Ersetzungsstrings

Tabelle 13.4 Metazeichen für reguläre Ausdrücke in »awk«

Auch zur Verwendung muss wohl nicht mehr allzu viel geschrieben werden, da Sie ja bereits zuhauf Beispiele in sed gesehen haben. Trotzdem wollen wir hierzu einige Beispiele mit regulären Ausdrücken zeigen:

```
you@host > awk '/[0-9]+/ { print $0 ": eine Zahl" } \
> /[A-Za-z]+/ { print $0 ": ein Wort" }'
Hallo
Hallo: ein Wort
1234
1234: eine Zahl
```

Hier können Sie ermitteln, ob es sich bei der Eingabe von der Tastatur um ein Wort oder um eine Zahl handelt. Allerdings funktioniert dieses Script nur so lange, wie es in einer Umgebung eingesetzt wird, in der sich derselbe Zeichensatz befindet wie beim Entwickler. Um hier wirklich Kompatibilität zu erreichen, sollten Sie in einem solchen Fall vordefinierte Zeichenklassen verwenden (siehe Abschnitt 1.10.6 und dort Tabelle 1.5). In der Praxis sollte diese Zeile daher folgendermaßen aussehen:

```
you@host > awk '/[[:digit:]]+/ { print $0 ": eine Zahl" } \
> /[[:alpha:]]+/ { print $0 ": ein Wort" }'
```

Im Zusammenhang mit den regulären Ausdrücken wird zudem häufig der Match-Operator (~) eingesetzt, mit dem Sie ermitteln, ob ein bestimmtes Feld in einer Zeile einem bestimmten Muster (regulären Ausdruck) entspricht:

```
you@host > awk '$1 ~ /^[A-D]/' mrolympia.dat
Arnold Schwarzenegger Österreich 1970 1971 1972 1973 1974 1975
Chris Dickerson USA 1982
Dorian Yates Großbritannien 1992 1993 1994 1995 1996 1997
```

Hier werden zum Beispiel alle Zeilen ausgegeben, bei denen in der ersten Spalte der erste Buchstabe in der Zeile ein »A«, »B«, »C« oder »D« ist. Das Gegenteil erreichen Sie mit:

```
you@host > awk '$1 ~ /^[^A-D]/' mrolympia.dat
Larry Scott USA 1965 1966
Sergio Oliva USA 1967 1968 1969
Franco Columbu Argentinien 1976 1981
...
```

Hierbei lässt sich allerdings auch erkennen, dass reguläre Ausdrücke in Verbindung mit awk zum einen sehr leistungsstark sind, zum anderen aber auch sehr »kryptisch« werden können. Hier sehen Sie zu Rezept-Zwecken einige weitere awk-Beispiele mit regulären Ausdrücken:

```
awk '$0 !~ /^$/' datei.dat
```

Damit »löschen« Sie alle leeren Zeilen in einer Datei (*datei.dat*). (Das Wort »löschen« trifft die Sache eigentlich nicht genau, vielmehr löscht man die Zeilen nicht in einer Datei, sondern gibt alles, was nicht leer ist, auf dem Bildschirm aus.)

$0 steht für die komplette Zeile und schließt alle Muster aus (!~), die eine leere Zeile enthalten. ^ steht für den Anfang und $ für das Ende einer Zeile.

Nächstes Beispiel:

```
you@host > awk '$2 ~ /^[CD]/ { print $3 }' mrolympia.dat
Argentinien
USA
USA
```

Hier suchen Sie nach allen Zeilen, bei denen sich in der zweiten Spalte ein Wort befindet, das mit dem Buchstaben »C« oder »D« beginnt, und geben bei Erfolg das dritte Feld der Zeile aus.

Noch ein Beispiel:

```
you@host > awk '$3 ~ /Argentinien|Libanon/' mrolympia.dat
Franco Columbu Argentinien 1976 1981
Samir Bannout Libanon 1983
```

13

Hier werden alle Zeilen ausgegeben, die in der dritten Spalte die Textfolge »Argentinien« oder »Libanon« enthalten.

13.4.4 Zusammengesetzte Ausdrücke

Es ist ebenso möglich, mehrere Ausdrücke zu einem Ausdruck zusammenzusetzen. Hierzu werden die üblichen Verknüpfungen UND (&&) und ODER (||) zwischen den Ausdrücken verwendet. So gilt bei einer UND-Verknüpfung von zwei Ausdrücken, dass der Aktionsteil bzw. der Ausdruck wahr ist, wenn beide Ausdrücke zutreffen, zum Beispiel:

```
you@host > awk '$3 ~ /USA/ && $2 ~ /Dickerson/' mrolympia.dat
Chris Dickerson USA 1982
```

Hier wird nur die Zeile ausgegeben, die die Textfolge »USA« in der dritten Spalte als Ausdruck UND die Textfolge »Dickerson« in der zweiten Spalte enthält. Wird keine Zeile gefunden, die mit beiden Ausdrücken übereinstimmt, wird nichts ausgegeben.

Auf der anderen Seite können Sie mit einer ODER-Verknüpfung dafür sorgen, dass nur einer der Ausdrücke zutreffen muss:

```
you@host > awk '$3 ~ /USA/ || $2 ~ /Yates/' mrolympia.dat
Larry Scott USA 1965 1966
Sergio Oliva USA 1967 1968 1969
Chris Dickerson USA 1982
```

```
Lee Haney USA 1984 1985 1986 1987 1988 1989 1990 1991
Dorian Yates Großbritannien 1992 1993 1994 1995 1996 1997
Ronnie Coleman USA 1998 1999 2000 2001 2002 2003 2004
```

Hierbei werden alle Zeilen ausgegeben, bei denen das Muster »USA« in der dritten Spalte ODER das Muster »Yates« in der zweiten Spalte enthalten ist.

Natürlich lassen sich mehr als nur zwei Ausdrücke verknüpfen, und Sie können auch die ODER- bzw. UND-Verknüpfungen mischen. Doch auch dabei gilt: Übertreiben Sie es nicht, um den Überblick zu wahren.

13.4.5 BEGIN und END

Mit BEGIN und END haben Sie zwei Muster, die vollkommen unabhängig von der Eingabezeile sind. Sie können sich dies wie bei einer Schleife vorstellen. Alles, was sich vor dem eigentlichen awk-Script noch abspielen soll, können Sie in einen BEGIN-Block schreiben:

```
BEGIN { Aktionsteil }
```

Hier können Sie beispielsweise eine Vorverarbeitung für den eigentlichen Hauptteil von awk festlegen. Allerdings ist damit nicht die Vorverarbeitung der Eingabezeile gemeint, da diese zu dem Zeitpunkt, zu dem der BEGIN-Block ausgeführt wird, noch gar nicht eingelesen wurde. Der Aktionsteil kann genauso wie schon bei den »normalen« Mustern verwendet werden.

```
you@host > awk 'BEGIN { print "Vorname    Name       Land" }
> /USA/ { printf "%-10s %-10s %-5s\n", $1, $2, $3 }' \
> mrolympia.dat
Vorname    Name       Land
Larry      Scott      USA
Sergio     Oliva      USA
Chris      Dickerson  USA
Lee        Haney      USA
Ronnie     Coleman    USA
```

Wenn der BEGIN-Block vor der Verarbeitung der Eingabezeile ausgeführt wird, werden Sie sich sicherlich wohl denken können, dass sich der END-Block auf die Ausführung nach der Verarbeitung einer Eingabezeile bezieht. Wenn also alle Zeilen im Hauptblock ausgeführt wurden, kann am Ende noch zur Nachbearbeitung ein END-Block angehängt werden. Der END-Block wird ausgeführt, nachdem die letzte Zeile einer Datei abgearbeitet wurde oder nachdem bei der Eingabe von der Tastatur [Strg]+[D] gedrückt wurde. Hier sehen Sie das Beispiel mit dem BEGIN-Block, erweitert um einen END-Block:

```
you@host > awk 'BEGIN { print "\nVorname     Name        Land" } \
> /USA/ { printf "%-10s %-10s %-5s\n", $1, $2, $3 } \
> END { print "---------Ende-----------" } ' mrolympia.dat

Vorname    Name       Land
Larry      Scott      USA
Sergio     Oliva      USA
Chris      Dickerson  USA
Lee        Haney      USA
Ronnie     Coleman    USA
---------Ende-----------
```

Hier wird zuerst der BEGIN-Block ausgeführt – im Beispiel nichts anderes als eine einfache Ausgabe auf dem Bildschirm. Anschließend werden die einzelnen Zeilen der Datei *mrolympia.dat* eingelesen und alle Zeilen, die das Muster »USA« enthalten, formatiert mit printf ausgegeben. Am Ende wird der END-Block ausgeführt, was hier nur eine einfache Textausgabe auf dem Bildschirm bedeutet. Ein END-Block setzt übrigens in keiner Weise einen BEGIN-Block voraus und kann immer auch nach einem Hauptteil verwendet werden – oder natürlich ganz allein:


```
you@host > awk '{ print } END { print "Tschüssss..." }'
Hallo
Hallo
Welt
Welt
[Strg]+[D]
Tschüssss...
```

Hier liest awk Zeile für Zeile von der Kommandozeile ein und gibt diese im Hauptblock mit print zurück. Dies geht so lange, bis Sie [Strg]+[D] drücken. Nach dem Beenden mit [Strg]+[D] wird noch der END-Block ausgeführt.

13.5 Die Komponenten von awk-Scripts

Die Verwendung von awk haben wir bisher vorwiegend mit Einzeilern demonstriert, was häufig für den Hausgebrauch in Shellscripts ausreicht. So haben Sie die Mächtigkeit von awk schon näher kennengelernt. Allerdings haben wir bereits erwähnt, dass awk eher eine Programmiersprache als ein Tool ist, weshalb wir nun näher auf die Eigenheiten von awk als Programmiersprache eingehen. Natürlich können Sie die awk-Scripts auch in Ihren Shellscripts einsetzen, womit Sie sich bedeutendes Know-how aneignen und sich gern als Guru bezeichnen dürfen.

Gewöhnlich verwendet man beim Erstellen eigener awk-Scripts das Verfahren mit der Shebang-Zeile (#!) in der ersten Zeile:

```
#!/usr/bin/awk -f
```

Kommentare können Sie in gleicher Weise wie schon bei den Shellscripts mit # kennzeichnen:

```
#!/usr/bin/awk -f
#
# Programmname: programmname.awk
# Erstellt    : J.Wolf
# Datum       : ...
# ...
```

Eine Dateiendung ist genauso unnötig wie in Shellscripts. Trotzdem wird hierbei relativ häufig die Endung *.awk* verwendet, damit Anwender wissen, worum es sich bei diesem Script handelt. Man kann die Aktionen in einem awk-Script in eine Zeile schreiben, wobei dann jede Aktion durch ein Semikolon getrennt werden muss:

```
# Anfang des Haupt-Aktionsteils eines awk-Scripts
{
   aktion ; aktion ; aktion
}
# Ende des Haupt-Aktionsteils eines awk-Scripts
```

Oder aber, was empfehlenswerter ist, man schreibt jede Aktion in eine Extra-Zeile:

```
# Anfang des Haupt-Aktionsteils eines awk-Scripts
{
   aktion
   aktion
   aktion
}
# Ende des Haupt-Aktionsteils eines awk-Scripts
```

13.5.1 Variablen

Neben den dynamisch angelegten Feldvariablen stehen Ihnen in awk auch benutzerdefinierte Variablen zur Verfügung. Die Variablen werden mit derselben Syntax wie schon in der Shell definiert und behandelt. Bei der Verwendung wird jedoch vor die Variable kein Dollarzeichen ($) gestellt, weil dieses Zeichen für die einzelnen Felder (bzw. Wörter) reserviert ist. Zahlen können Sie einfach ohne weitere Vorkehrungen übergeben:

```
# val1 mit dem Wert 1234 definieren
val1=1234
# val2 mit dem Wert 1234.1234 definieren
val2=1234.1234
```

Zeichenketten müssen Sie allerdings zwischen doppelte Hochkommata schreiben:

```
# string1 mit einer Zeichenkette belegen
string1="Ich bin ein String"
```

Machen Sie dies nicht wie im folgenden Beispiel:

```
string2=teststring
```

So weist `awk` der Variablen `string2` nicht die Zeichenkette `teststring` zu, sondern die Variable `teststring` – was allerdings an dieser Stelle keinen Fehler auslöst, da auch hier, wie schon in der Shell, nicht definierte Werte automatisch mit 0 bzw. "" vorbelegt sind.

Im Folgenden sehen Sie ein einfaches Beispiel, in dem die Anzahl der Zeilen einer Datei hochgezählt wird, die Sie als Argumente in der Kommandozeile mit angeben:

```
#!/usr/bin/awk -f
#
# Programmname: countline.awk

BEGIN {
   count=0
}

# Haupt-Aktionsteil
{
  count++
}

END {
   printf "Anzahl Zeilen : %d\n" , count
}
```

Das Script bei der Ausführung:

```
you@host > chmod u+x countline.awk
you@host > ./countline.awk countline.awk
Anzahl Zeilen : 15
```

Zwar lässt sich dieses Beispiel einfacher mit der Variablen NR ausführen, aber hier geht es um die Demonstration von Variablen. Zuerst wird der BEGIN-Block ausgeführt, in dem die Variable count mit dem Wert 0 definiert wurde. Variablen, die Sie mit dem Wert 0 vorbelegen, könnten Sie sich sparen, da diese bei der ersten Verwendung automatisch mit 0 (bzw. "", abhängig vom Kontext) definiert würden. Allerdings ist es hilfreich, eine solche Variable trotzdem im BEGIN-Block zu definieren – der Übersichtlichkeit zuliebe.

Im Haupt-Aktionsteil wird nur der Wert der Variablen count um 1 inkrementiert (erhöht). Hierzu wird der Inkrementoperator (++) in der Postfix-Schreibweise verwendet. Wenn alle Zeilen der als erstes Argument angegebenen Datei durchlaufen wurden (wo jeweils pro Zeile der Haupt-Aktionsteil aktiv war), dann wird der END-Block ausgeführt und gibt die Anzahl der Zeilen aus. Hier kann übrigens durchaus mehr als nur eine Datei in der Kommandozeile angegeben werden:

```
you@host > ./countline.awk countline.awk mrolympia.dat
Anzahl Zeilen : 25
```

Das awk-Script können Sie übrigens auch wie ein wc -l benutzen. Beispiel:

```
you@host > ls -l | wc -l
26
you@host > ls -l | ./counterline.awk
Anzahl Zeilen : 26
```

Aber wie bereits erwähnt wurde, können Sie dieses Script mit der Variablen NR erheblich abkürzen, und zwar bis auf den END-Block:

```
#!/usr/bin/awk -f
#
# Programmname: countline2.awk

END {
   printf "Anzahl Zeilen : %d\n", NR
}
```

Kommandozeilenargumente

Für die Argumente aus der Kommandozeile stehen Ihnen ähnlich wie in C die beiden Variablen ARGC und ARGV zur Verfügung. ARGC (*ARGument Counter*) enthält die Anzahl der Argumente in der Kommandozeile inklusive des Programmnamens awk (!), und ARGV (*ARGument Vector*) ist ein Array, in dem sich die einzelnen Argumente der Kommandozeile befinden (allerdings ohne Optionen von awk). Hierzu zeigen wir Ihnen nochmals ein Script, das die Anzahl der Argumente sowie jedes einzelne Argument ausgibt (im Beispiel wurde die for-Schleife vorgezogen, die gleich näher beschrieben wird).

```
#!/usr/bin/awk -f
#
# Programmname: countarg.awk

BEGIN {
   print "Anzahl Argumente in ARGC : " , ARGC
   # einzelne Argumente durchlaufen
   for(i=0; i < ARGC; i++)
      printf "ARGV[%d] = %s\n", i, ARGV[i]
}
```

Das Script bei der Ausführung:

```
you@host > ./countarg.awk eine Zeile mit vielen Argumenten
Anzahl Argumente in ARGC :  6
ARGV[0] = awk
ARGV[1] = eine
ARGV[2] = Zeile
ARGV[3] = mit
ARGV[4] = vielen
ARGV[5] = Argumenten
```


Vordefinierte Variablen

In awk existiert eine interessante Auswahl an vordefinierten Variablen, von denen Sie ja bereits mit NR, NF, ARGC, ARGV, FS, $0, $1 ... schon einige kennengelernt haben.

In Tabelle 13.5 finden Sie einen Überblick über die vordefinierten Variablen sowie eine kurze Beschreibung ihrer Funktionen.

Variable	Bedeutung
ARGC	Anzahl der Argumente aus der Kommandozeile (+1).
ARGV	Array mit dem Inhalt der Kommandozeilenargumente.
ENVIRON	Enthält ein Array mit allen momentanen Umgebungsvariablen.
FILENAME	Name der aktuellen Eingabedatei. Bei einer Eingabe von der Tastatur steht hier der Wert '-'.
FNR	Zeilennummer der Eingabe aus der aktuellen Datei.

Tabelle 13.5 Vordefinierte Variablen in »awk«

Variable	Bedeutung
FS	Das oder die Trennzeichen für die Zerlegung der Eingabezeile. Standardmäßig befindet sich hier das Leerzeichen.
NF	Anzahl der Felder der aktuellen Zeile. Felder werden anhand von FS getrennt.
NR	Anzahl der bisher eingelesenen Zeilen.
OFMT	Ausgabeformat für Fließkommazahlen.
OFS	Ausgabetrennzeichen für einzelne Felder. Auch hier steht standardmäßig das Leerzeichen.
ORS	Ausgabetrennzeichen für neue Datensätze (Zeilen). Standardmäßig wird hierbei das Newline-Zeichen verwendet.
RLENGTH	Gibt im Zusammenhang mit der Funktion match die Länge der übereinstimmenden Teilzeichenkette an.
RS	Das Eingabetrennzeichen für neue Datensätze (Zeilen); standardmäßig das Newline-Zeichen.
RSTART	Gibt im Zusammenhang mit der Zeichenkettenfunktion match den Index des Beginns der übereinstimmenden Teilzeichenkette an.
SUBSEP	Das Zeichen, das in Arrays die einzelnen Elemente trennt. Vorgabe ist das nicht druckbare Sonderzeichen \034, das nie in der Eingabe vorkommen sollte.
$0	Enthält immer den kompletten Datensatz (Eingabezeile).
$1, $2, ...	Die einzelnen Felder (Wörter) der Eingabezeile, die nach dem Trennzeichen in der Variablen FS getrennt wurden.

Tabelle 13.5 Vordefinierte Variablen in »awk« (Forts.)

Hierzu folgt ein Beispiel, das einige der vordefinierten Variablen demonstriert:

```
#!/usr/bin/awk -f
#
# Programmname: vars.awk

BEGIN {
   count=0
   # Ausgabetrennzeichen: Minuszeichen
   OFS="-"
}
```

```
/USA/ {
 print $1, $2, $3
 count++
}

END {
   printf "%d Ergebnisse (von %d Zeilen) gefunden in %s\n",
      count, NR, FILENAME
   printf "Datei %s befindet sich in %s\n",
      FILENAME, ENVIRON["PWD"]
}
```

Das Script bei der Ausführung:

```
you@host > ./vars.awk mrolympia.dat
Larry-Scott-USA
Sergio-Oliva-USA
Chris-Dickerson-USA
Lee-Haney-USA
Ronnie-Coleman-USA
5 Ergebnisse (von 9 Zeilen) gefunden in mrolympia.dat
Datei mrolympia.dat befindet sich in /home/you
```

13.5.2 Arrays

Arrays stehen Ihnen in awk gleich in zweierlei Form zur Verfügung: zum einen als »gewöhnliche« Arrays und zum anderen als assoziative Arrays. Die »normalen« Arrays werden genau so verwendet, wie Sie dies schon in Abschnitt 2.5 bei der Shell-Programmierung gesehen haben. Verwenden können Sie die Arrays wie gewöhnliche Variablen, nur benötigen Sie hier den Indexwert (eine Ganzzahl), um auf die einzelnen Elemente zuzugreifen. Hier sehen Sie ein einfaches Script zur Demonstration:

```
#!/usr/bin/awk -f
#
# Programmname: playarray.awk

{
   # komplette Zeile in das Array mit dem Index NR ablegen
   line[NR]=$0
   # Anzahl der Felder (Wörter) in das Array
   # fields mit dem Index NR ablegen
   fields[NR]=NF
}
```

```
END {
   for(i=1; i <=NR; i++) {
      printf "Zeile %2d hat %2d Felder:\n", i, fields[i]
      print line[i]
   }
}
```

Das Script bei der Ausführung:

```
you@host > ./playarray.awk mrolympia.dat
Zeile  1 hat  5 Felder:
Larry Scott USA 1965 1966
Zeile  2 hat  6 Felder:
Sergio Oliva USA 1967 1968 1969
...
Zeile  9 hat 10 Felder:
Ronnie Coleman USA 1998 1999 2000 2001 2002 2003 2004
```

Hier wurden im Haupt-Aktionsteil die einzelnen Zeilen im Array `line` gespeichert. Als Indexnummer wird die vordefinierte Variable `NR` verwendet. Ebenfalls wurde die Anzahl von Feldern (Wörtern) dieser Zeile in einem Extra-Array (`fields`) gespeichert.

Neben den »gewöhnlichen« Arrays kennt `awk` auch noch assoziative Arrays. Dies sind Arrays, die neben Zahlen als Indexwert auch Zeichenketten zulassen. Somit sind folgende Werteübergaben möglich:

```
array["Wolf"]=10
array["ION"]=1234

array["WION"] = array["Wolf"]
array["GESAMT"] = array["Wolf"] + array["ION"]
```

Diese Variante der Arrays zu verwenden, ist wirklich außergewöhnlich. Allerdings stellen Sie sich sicherlich zunächst die Frage, wie man wieder an die einzelnen Werte kommt – also: Welchen Index verwendet man hierzu? Zum einen haben Sie natürlich die Möglichkeit, auf die einzelnen Werte zuzugreifen, wenn Sie das `["Wort"]` des Indexwerts kennen. Aber wenn Sie nicht vorhersehen können, welche Wörter hier stehen, hilft Ihnen eine spezielle, zum Arbeiten mit assoziativen Arrays gedachte Variante der `for`-Schleife:

```
for (indexwort in array)
```

Mit diesem Konstrukt wird das komplette assoziative Array durchlaufen. Und was eignet sich besser zur Demonstration von assoziativen Arrays als das Zählen von Wörtern einer Datei bzw. Eingabe?

```
#!/usr/bin/awk -f
#
# Programmname: countwords.awk

{
   # Durchläuft alle Felder einer Zeile
   for(f=1; f <= NF; ++f)
     field[$f]++
}

END {
   for(word in field)
      print word, field[word]
}
```

Das Script bei der Ausführung:

```
you@host > ./countwords.awk mrolympia.dat
Dorian 1
2000 1

2001 1
USA 5
...
```


Im Beispiel durchlaufen wir mit einer for-Schleife die komplette Zeile anhand der einzelnen Felder (NF). Jedes Wort wird hier als Wortindex für ein Array benutzt und inkrementiert (um 1 erhöht). Existiert ein solcher Index noch nicht, wird dieser neu erzeugt und um den Wert 1 erhöht. Existiert bereits ein entsprechender »Wortindex«, so wird nur die Speicherstelle zum zugehörigen Wort um 1 erhöht.

Im END-Block wird dann das spezielle for-Konstrukt der assoziativen Arrays für die Ausgabe verwendet. Dabei wird zuerst der Indexname (also das Wort selbst) und dann dessen Häufigkeit ausgegeben.

Die Zuweisung von Werten eines Arrays ist etwas umständlich, da die Werte häufig einzeln übergeben werden müssen. Einfacher gelingt dies mit der Funktion split. split zerlegt ein Array automatisch in die einzelnen Bestandteile (anhand der Variablen FS).

Ein Beispiel:

```
#!/usr/bin/awk -f
#
# Programmname: splitting.awk
```

```
/Coleman/ {
   # Durchläuft alle Felder einer Zeile
   split($0, field)
}

END {
   for(word in field)
      print field[word]
}
```

Das Script bei der Ausführung:

```
you@host > ./splitting.awk mrolympia.dat
1998
1999
2000
2001
2002
2003
2004
Ronnie
Coleman
USA
```

Hier wird die Zeile mit der Textfolge »Coleman« in die einzelnen Bestandteile zerlegt und an das assoziative Array `field` übergeben. Sofern Sie ein anderes Zeichen zur Trennung verwenden wollen, müssen Sie die vordefinierte Variable `FS` entsprechend anpassen.

13.5.3 Operatoren

Im Großen und Ganzen werden Sie in diesem Abschnitt nicht viel Neues erfahren, da Operatoren meistens in allen Programmiersprachen dieselbe Bedeutung haben. Trotzdem stellt sich zunächst die Frage, wie `awk` einen Wert einer Variablen oder Konstanten typisiert. In der Regel versucht `awk`, bei einer Berechnung beispielsweise die Typen aneinander anzupassen. Somit hängt der Typ eines Ausdrucks vom Kontext der Benutzung ab. So kann ein String `"100"` einmal als String verwendet werden und ein anderes Mal als die Zahl 100. Zum Beispiel stellt

```
print "100"
```

eine Ausgabe einer Zeichenkette dar. Hingegen wird

```
print "100"+0
```

als Zahl präsentiert – auch wenn jeweils immer »nur« 100 ausgegeben wird. Man spricht hierbei vom Erzwingen eines numerischen bzw. Stringkontexts.

Einen numerischen Kontext können Sie erzwingen, wenn der Typ des Ergebnisses eine Zahl ist. Befindet sich ein String in der Berechnung, wird dieser in eine Zahl umgewandelt. Ein Beispiel:

```
print "100Wert"+10
```

Hier ist das Ergebnis der Ausgabe 110 – das Suffix `Wert` wird ignoriert. Würde sich hier ein ungültiger Wert befinden, so wird dieser in 0 umgewandelt:

```
print "Wert"+10
```

Als Ergebnis würden Sie den Wert 10 zurückbekommen.

Einen Stringkontext erzwingen Sie, wenn der Typ des Ergebnisses ein String ist. Somit könnten Sie z. B. eine Zahl in einen String umwandeln, wenn Sie etwa eine *Konkatenation* (das Anhängen mehrerer Zeichenketten) vornehmen oder wenn Vergleichsoperatoren einen String erwarten.

13

Leider ist es nicht immer so eindeutig, ob ein String als fester String oder als eine Zahl repräsentiert wird. So würde beispielsweise folgender Vergleich fehlschlagen:

```
if( 100=="00100" )
        ...
```

Er schlägt deshalb fehl, weil hier folgende Regel in Kraft tritt: »Sobald eines der Argumente ein String ist, wird auch das andere Argument als String behandelt.« Daher würden Sie hier folgenden Vergleich durchführen:

```
if ( "100"=="00100" )
...
```

Anders hingegen sieht dies aus, wenn Sie z. B. eine Feldvariable (beispielsweise $1) mit dem Wert »00100« vergleichen würden:

```
if (100==$1)
...
```

Hier würde der Vergleich *wahr* zurückgeben. Wie dem auch sei: Sie sehen, dass es hier zu einigen Ungereimtheiten kommen kann. Zwar könnten wir Ihnen jetzt auflisten, in welchem Fall ein String als numerischer String behandelt wird und wann er als nicht numerischer String behandelt wird. Allerdings ist es mühsam, sich dies zu merken, weshalb man – sofern man Strings mit Zahlen vermischt – hier auf Nummer sicher gehen und die Umwandlung in eine Zahl bzw. in einen String selbst vornehmen sollte. Eine erzwungene Umwandlung eines Strings können Sie wie folgt durchführen:

```
variable = variable ""
```

Jetzt können Sie sicher sein, dass variable ein String ist. Wollen Sie hingegen, dass variable eine Zahl ist, können Sie diese Umwandlung wie folgt erzwingen:

```
variable = variable + 0
```

Hiermit haben Sie in variable immer eine Zahl. Befindet sich in der Variablen ein sinnloser Wert, so wird durch die erzwungene Umwandlung eben der Wert 0 aus der Variablen. Zugegeben, das ist viel Theorie, aber sie ist erforderlich, um auch zu den gewünschten Ergebnissen zu kommen.

Arithmetische Operatoren

In awk finden Sie wieder die üblichen arithmetischen Operatoren wie in anderen Programmiersprachen auch. Ebenso existieren hier die kombinierten Zuweisungen, mit denen Sie Berechnungen wie var=var+5 durch var+=5 abkürzen können. Tabelle 13.6 enthält alle arithmetischen Operatoren, die es in awk gibt.

Operator	Bedeutung
+	Addition
	Subtraktion
*	Multiplikation
/	Division
%	Modulo (Rest einer Division)
^	Exponentation; beispielsweise x^y ist x hoch y
+=	Abkürzung für var=var+x; gleichwertig zu var+=x
=	Abkürzung für var=varx; gleichwertig zu var=x
*=	Abkürzung für var=var*x; gleichwertig zu var*=x
/=	Abkürzung für var=var/x; gleichwertig zu var/=x
%=	Abkürzung für var=var%x; gleichwertig zu var%=x
^=	Abkürzung für var=var^x; gleichwertig zu var^=x

Tabelle 13.6 Arithmetische Operatoren

Ein einfaches Beispiel:

```
#!/usr/bin/awk -f
#
# Programmname: countfields.awk

{
   field[FILENAME]+=NF
}

END {
   for(word in field)
      print "Anzahl Felder in " word " : " field[word]
}
```

Das Script bei der Ausführung:

```
you@ghost > ./countfields.awk mrolympia.dat USA.dat Argentinien
Anzahl Felder in Argentinien : 5
Anzahl Felder in USA.dat : 15
Anzahl Felder in mrolympia.dat : 64
```


In diesem Beispiel werden alle Felder einer Datei gezählt. Da wir nicht wissen können, wie viele Dateien der Anwender in der Kommandozeile eingibt, verwenden wir gleich ein assoziatives Array mit dem entsprechenden Dateinamen als Feldindex.

Logische Operatoren

Die logischen Operatoren wurden bereits verwendet. Hier haben Sie die Möglichkeit einer logischen UND- und einer logischen ODER-Verknüpfung. Das Prinzip der beiden Operatoren wurde schon bei der Shell-Programmierung erklärt. Auch hier gilt: Verknüpfen Sie zwei Ausdrücke mit einem logischen UND, wird *wahr* zurückgegeben, wenn beide Ausdrücke zutreffen. Bei einer logischen ODER-Verknüpfung hingegen genügt es, wenn einer der Ausdrücke *wahr* zurückgibt. Und natürlich steht Ihnen in awk auch der Negationsoperator (!) zur Verfügung, mit dem Sie alles Wahre unwahr und alles Unwahre wahr machen können.

Operator	Bedeutung
||	logisches ODER
&&	logisches UND
!	logische Verneinung

Tabelle 13.7 Logische Operatoren in »awk«

Das folgende Script gibt alle Gewinner der 1980er-Jahre aus der Datei *mrolympia.dat* zurück:

```
#!/usr/bin/awk -f
#
# Programmname: winner80er.awk

{
   for(i=4; i<=NF; i++) {
      if( $i >= 1980 && $i < 1990 ) {
         print $0
         # gefunden -> Abbruchbedingung für for
         i=NF;
      }
   }
}
```

Das Script bei der Ausführung:

```
you@host > ./winner80er.awk mrolympia.dat
Arnold Schwarzenegger Österreich 1970 1971 1972 1973 1974 1980
Franco Columbu Argentinien 1976 1981
Chris Dickerson USA 1982
Samir Bannout Libanon 1983
Lee Haney USA 1984 1985 1986 1987 1988 1989 1990 1991
```

Der Bedingungsoperator

Auch `awk` unterstützt den ternären Bedingungsoperator `?:` von C. Dieser Operator stellt eine verkürzte `if`-Anweisung dar. So können Sie statt

```
if ( Bedingung )
   anweisung1
else
   anweisung2
```

den ternären Operator `?:` wie folgt einsetzen:

```
Bedingung ?anweisung1 :anweisung2
```

Auch hier gilt wie in der `if`-Anweisung: Ist die Bedingung wahr, wird `anweisung1` ausgeführt, ansonsten wird `anweisung2` verwendet. Zwar mag dieser ternäre Operator eine Verkürzung des Programmcodes bedeuten, doch der Übersichtlichkeit halber verwenden wir immer noch lieber das `if-else`-Konstrukt (auch in C) – aber dies ist letztendlich Geschmackssache.

Der Inkrement- und der Dekrementoperator

Den Inkrementoperator ++ haben Sie bereits verwendet. Dabei handelt es sich um einen Zähloperator, der den Inhalt einer Variablen um 1 erhöht – also ist var++ eine Abkürzung für var=var+1. Gleiches erreichen Sie mit dem Dekrementoperator --. Damit reduzieren Sie den Wert einer Variablen um 1. Allerdings ist es entscheidend, ob Sie den Operator vor oder nach der Variablen schreiben. In Verbindung mit einer Variablen kann dabei folgender (Neben-)Effekt auftreten:

```
var=1
wert=var++
print wert i # wert=1, i=2
```

Hier wurde die Postfix-Schreibweise mit var++ verwendet. In diesem Beispiel wird zuerst der Variablen wert der Inhalt von var zugewiesen, und anschließend wird inkrementiert. Somit bekommt wert den Inhalt 1. Wollen Sie, dass wert hier 2 erhält, müssen Sie var in der Präfix-Schreibweise erhöhen:


```
var=1
wert=++var
print wert i # wert=2, i=2
```

Jetzt wird der Inhalt von var zuerst inkrementiert und dann an wert übergeben. Gleiches gilt natürlich auch bei dem Dekrementoperator. Relativ häufig werden diese Operatoren in Zählschleifen verwendet.

Der Leerzeichen- und der Feldzugriffsoperator

Zwar würde man das Leerzeichen nicht als Operator bezeichnen, aber zwischen zwei Strings dient es dazu, diese miteinander zu verbinden – sprich zu einer neuen Zeichenkette zu verbinden. Folgendes Script soll uns als Beispiel dienen:

```
#!/usr/bin/awk -f
#
# Programmname: names.awk

{
   string = string $2 " "
}

END {
   print string
}
```

Das Script bei der Ausführung:

```
you@host > ./names.awk mrolympia.dat
Scott Oliva Schwarzenegger Columbu Dickerson Bannout Haney Yates
```

In diesem Script wurden alle Nachnamen (zweite Spalte – `$2`) zu einem String verbunden. Ohne das Leerzeichen wäre dies nicht möglich.

Des Weiteren steht Ihnen noch der Feldzugriffsoperator `$` zur Verfügung. Sie können ihn, im Gegensatz zum Positionsparameter der Shell, relativ flexibel einsetzen:

```
#!/usr/bin/awk -f
#
# Programmname: names2.awk

BEGIN {
   i=2
}

{
   string = string $i " "
}

END {
   print string
}
```

Das Script macht dasselbe wie schon das Script zuvor: Es verwendet alle Felder der zweiten Spalte und fügt sie zu einem String zusammen. Allerdings wurde hier der Feldzugriffsoperator mit `$i` verwendet. i wurde im `BEGIN`-Block mit dem Wert 2 belegt. Dies macht den Zugriff auf die einzelnen Felder erheblich flexibler, besonders in Verbindung mit einer Schleife:

```
#!/usr/bin/awk -f
#
# Programmname: winner.awk

{
   for(i=4; i<=NF; i++)
      string[$2]= string[$2] $i "-"
}

END {
   for(word in string)
      print "Titel von " word " in den Jahren : " string[word]
}
```

Das Script bei der Ausführung:

```
you@host > ./winner.awk mrolympia.dat
Titel von Bannout in den Jahren : 1983-
Titel von Columbu in den Jahren : 1976-1981-
...
Titel von Yates in den Jahren : 1992-1993-1994-1995-1996-1997-
Titel von Dickerson in den Jahren : 1982-
```

Hier wurden alle Jahre, in denen ein Wettkämpfer gesiegt hat, in ein assoziatives Array gespeichert. Die einzelnen Jahre wurden mit dem Zugriffsoperator auf Felder ($) dem Array zugewiesen.

13.5.4 Kontrollstrukturen

Mit den Kontrollstrukturen lernen Sie eigentlich nichts Neues mehr, da Sie hier auf alle alten Bekannten wie `if`, `for`, `while` und Co. stoßen werden, die Sie bereits in Kapitel 4, »Kontrollstrukturen«, zur Shell-Programmierung kennengelernt haben. Leider können wir das Thema nicht ganz so schnell überfliegen, weil bei `awk` die Syntax ein wenig anders als bei der Shell-Programmierung ist. Falls Sie bereits C-erprobt sind (oder sich mit den C-Shells befasst haben), sind Sie fein raus, da die Syntax der Kontrollstrukturen in `awk` exakt derjenigen von C entspricht.

13

if-Verzweigungen

Mit der `if`-Verzweigung können Sie (wie gewohnt) eine bestimmte Bedingung testen. Trifft die Bedingung zu, wird *wahr* (TRUE), ansonsten *falsch* (FALSE) zurückgegeben. Optional können Sie auch hier einer `if`-Verzweigung ein `else`-Konstrukt folgen lassen. Die Syntax lautet:

```
if( Bedingung )
   # Bedingung-ist-wahr-Zweig
else
   # Bedingung-ist-falsch-Zweig (optional)
```

Besteht die Anweisung einer Verzweigung aus mehr als nur einer Anweisung, müssen Sie diese in einem Anweisungsblock zwischen geschweiften Klammern zusammenfassen:

```
if( Bedingung ) {
   # Bedingung-ist-wahr-Zweig
   anweisung1
   anweisung2
}
```

```
else {
   # Bedingung-ist-falsch-Zweig (optional)
   anweisung1
   anweisung2
}
```

Und selbstverständlich gibt es in awk auch das else if-Konstrukt (gleich folgt mehr zu elif in der Shell-Programmierung):

```
if( Bedingung1 ) {
   # Bedingung-ist-wahr-Zweig
   anweisung1
   anweisung2
}
else if( Bedingung2 ) {
   # Bedingung2-ist-wahr-Zweig (optional)
   anweisung1
   anweisung2
}
else {
   # Bedingung1-und-Bedingung2-ist-falsch-Zweig (optional)
   anweisung1
   anweisung2
}
```

Ein einfaches Bespiel:

```
#!/usr/bin/awk -f
#
# Programmname: findusa.awk

{
   if( $0 ~ /USA/ )
      print "USA gefunden in Zeile " NR
   else
      print "USA nicht gefunden in Zeile "   NR
}
```

Das Script bei der Ausführung:

```
you@host > ./findusa.awk mrolympia.dat
USA gefunden in Zeile 1
USA gefunden in Zeile 2
USA nicht gefunden in Zeile 3
...
```

for-Schleifen

for-Schleifen wurden auf den vorangegangenen Seiten recht häufig eingesetzt. Die Syntax zur klassischen for-Schleife sieht wie folgt aus:

```
for( Initialisierung; Bedingung; Zähler )
   anweisung
```

Folgen auch hierbei mehrere Anweisungen, müssen Sie diese in einem Anweisungsblock zwischen geschweiften Klammern zusammenfassen:

```
for( Initialisierung; Bedingung; Zähler ) {
   anweisung1
   anweisung2
}
```

Der erste Ausdruck (Initialisierung) der for-Schleife wird nur ein einziges Mal beim Starten der for-Schleife ausgeführt. Hier wird häufig eine Variable mit Startwerten initialisiert. Anschließend folgt ein Semikolon, gefolgt von einer Überprüfung der Bedingung. Ist diese wahr, werden die Anweisungen ausgeführt. Ist die Bedingung nicht wahr, wird die Schleife beendet, und das Script fährt mit seiner Ausführung hinter der Schleife fort. Sofern die Bedingung wahr ist und die Anweisungen ausgeführt wurden, wird der dritte Ausdruck in der for-Schleife – hier der Zähler – aktiv. Hierbei wird häufig ein bestimmter Wert, der entscheidend für die Abbruchbedingung des zweiten Ausdrucks der for-Schleife ist, erhöht bzw. heruntergesetzt. Anschließend wird wieder die Bedingung überprüft usw.

Auch die zweite Form der for-Schleife haben Sie schon des Öfteren verwendet. Sie wird in Verbindung mit assoziativen Arrays eingesetzt (siehe Abschnitt 13.5.2). Die Syntax lautet:

```
for(indexname in array)
   anweisung
```

oder bei mehreren Anweisungen:

```
for(indexname in array) {
   anweisung1
   anweisung2
}
```

Mit dieser for-Schleife wird das assoziative Array Element für Element durchlaufen. Das Indexwort steht Ihnen hierbei in indexname zur Verfügung, sodass es im Schleifenkörper weiterverwendet werden kann.

while- und do-while-Schleifen

Die `while`-Schleife kennen Sie ebenfalls aus der Shell-Programmierung. Sie führt die Anweisungen in einem Befehlsblock so lange aus, wie die Bedingung zwischen den runden Klammern erfüllt wird. Die Syntax lautet:

```
while( Bedingung )
  anweisung
```

Oder, wenn mehrere Anweisungen folgen:

```
while( Bedingung ) {
   anweisung1
   anweisung2
}
```

Hier sehen Sie ein einfaches Anwendungsbeispiel zur `while`-Schleife:

```
#!/usr/bin/awk -f
#
# Programmname: countfl.awk

{
   while( i <=NF  ) {
      fields++
      i++
   }
   i=0
   lines++
}

END {
   print "Anzahl Felder in " FILENAME ": " fields
   print "Anzahl Zeilen in " FILENAME ": " lines
}
```

Das Script bei der Ausführung:

```
you@host > ./countfl.awk mrolympia.dat
Anzahl Felder in mrolympia.dat: 73
Anzahl Zeilen in mrolympia.dat: 9
```

Das Script macht nichts anderes, als die Anzahl der Felder und Zeilen zu zählen. Die `while`-Schleife durchläuft hierbei jedes einzelne Feld einer Zeile. In der `while`-Schleife werden die Variablen `fields` und `i` (die als Abbruchbedingung für die `while`-Schleife dient) inkrementiert. Am Ende einer Zeile trifft die Abbruchbedingung zu, und die while-Schleife ist fertig. Daher wird hinter der while-Schleife i wieder auf 0 gesetzt und der Zähler für die Zeilen inkrementiert. Jetzt ist die while-Schleife für die neue Zeile bereit, da i wieder 0 ist.

In awk steht Ihnen auch eine zweite Form der while-Schleife mit do-while zur Verfügung. Der Unterschied zur herkömmlichen while-Schleife besteht darin, dass die do-while-Schleife die Bedingung erst nach der Ausführung aller Anweisungen überprüft. Die Syntax lautet:

```
do {
   anweisung1
   anweisung2
} while( Bedingung)
```

Umgeschrieben auf das Beispiel der while-Schleife, würde dieselbe Programmausführung wie folgt aussehen:

```
#!/usr/bin/awk -f
#
# Programmname: countfl2.awk

{
   do {
      fields++
      i++
   } while (i<=NF)
   i=0
   lines++
}

END {
   print "Anzahl Felder in " FILENAME ": " fields
   print "Anzahl Zeilen in " FILENAME ": " lines
}
```

13

Sprungbefehle – break, continue, exit, next

Zur Steuerung von Schleifen können Sie auch bei awk auf die Befehle break und continue (siehe Abschnitt 4.10.1 und Abschnitt 4.10.2) wie in der Shell-Programmierung zurückgreifen. Mit break können Sie somit aus einer Schleife herausspringen und mit continue den aktuellen Schleifendurchgang abbrechen und mit dem nächsten fortfahren.

exit ist zwar nicht direkt ein Sprungbefehl im Script, aber man kann es hier hinzufügen. Mit exit beenden Sie das komplette awk-Script. Gewöhnlich wird exit in awk-

Scripts eingesetzt, wenn die Weiterarbeit keinen Sinn mehr ergibt oder ein unerwarteter Fehler aufgetreten ist. exit kann hier mit oder ohne Rückgabewert verwendet werden. Der Rückgabewert kann dann in der Shell zur Behandlung des aufgetretenen Fehlers bearbeitet werden.

```
while ( Bedingung ) {
   ...
   if( Bedingung )
      break    # while-Schleife beenden
   if( Bedingung )
      continue # hochspringen zum nächsten Schleifendurchlauf
   if( Bedingung )
      exit 1   # Schwerer Fehler - Script beenden
   ...
}
```

Ein für Sie wahrscheinlich etwas unbekannterer Befehl ist next. Mit ihm können Sie die Verarbeitung der aktuellen Zeile unterbrechen und mit der nächsten Zeile fortfahren. Dies kann zum Beispiel sinnvoll sein, wenn Sie eine Zeile bearbeiten, die zu wenige Felder enthält:

```
...
# weniger als 10 Felder -> überspringen
if( NF < 10 ) next
```

13.6 Funktionen

awk ist ohnehin ein mächtiges Werkzeug. Doch mit den Funktionen, die awk Ihnen zusätzlich anbietet, können Sie es noch mehr erweitern. Und sollten Ihnen die Funktionen, die awk mitliefert, nicht ausreichen, können Sie immer noch eigene benutzerdefinierte Funktionen hinzufügen.

13.6.1 Mathematische Funktionen

Tabelle 13.8 liefert Ihnen zunächst einen Überblick über alle arithmetischen Funktionen, die awk Ihnen zur Verfügung stellt.

Funktion	Bedeutung
atan2(x,y)	Arkustangens von x/y in Radian.
cos(x)	Liefert den Kosinus in Radian.

Tabelle 13.8 Mathematische Builtin-Funktionen von »awk«

Funktion	Bedeutung
exp(x)	Exponentialfunktion.
int(x)	Abschneiden einer Zahl zu einer Ganzzahl.
log(x)	Natürlicher Logarithmus zur Basis *e*.
rand()	(Pseudo-)Zufallszahl zwischen 0 und 1.
sin(x)	Liefert den Sinus in Radian.
sqrt(x)	Quadratwurzel.
srand(x)	Setzt einen Startwert für Zufallszahlen. Bei keiner Angabe wird die aktuelle Zeit verwendet.

Tabelle 13.8 Mathematische Builtin-Funktionen von »awk« (Forts.)

Zwar werden Sie als Systemadministratorin oder -administrator seltener mit komplizierten arithmetischen Berechnungen konfrontiert sein, dennoch soll hier auf einige Funktionen eingegangen werden, mit denen Sie es als Nicht-Mathematiker häufiger zu tun bekommen. Sehen wir uns zum Beispiel die Funktion int an, mit der Sie aus einer Gleitpunktzahl eine Ganzzahl machen, indem die Nachkommastellen abgeschnitten werden. Ein Beispiel:

```
you@host > awk 'END { print 30/4 }' datei
7,5
you@host > awk 'END { print int(30/4) }' datei
7
```

Neben dem Abschneiden von Gleitpunktzahlen benötigt man manchmal auch eine Zufallszahl. Die Funktionen rand und srand bieten Ihnen eine Möglichkeit, Zufallszahlen zu erzeugen:

```
you@host > awk 'END { print rand() }' datei
0,237788
```

Hier haben Sie mit der Verwendung von rand eine Zufallszahl zwischen 0 und 1 erzeugt. Wenn Sie allerdings rand erneut aufrufen, ergibt sich dasselbe Bild:

```
you@host > awk 'END { print rand() }' datei
0,237788
```

Die Zufallsfunktion rand bezieht sich auf einen Startwert, mit dem sie eine (Pseudo-) Zufallszahl generiert. Diesen Startwert können Sie mit der Funktion srand verändern:

```
you@host > awk 'BEGIN { print srand() }; { print rand() }' datei
0,152827
you@host > awk 'BEGIN { print srand() }; { print rand() }' datei
0,828926
```

Mit der Funktion srand ohne Angabe eines Parameters wird jedes Mal die Funktion rand verwendet, um einen neuen Startwert zu setzen. Dadurch ist die Verwendung von rand schon wesentlich effektiver und zufälliger (wenn auch nicht perfekt).

13.6.2 Funktionen für Zeichenketten

Die Funktionen für Zeichenketten dürften diejenigen Funktionen sein, die Sie bei der Shell-Programmierung am häufigsten einsetzen. Oft werden Sie hierbei kein extra awk-Script schreiben, sondern die allseits beliebten Einzeiler verwenden. Trotzdem sollten Sie immer Folgendes bedenken: Wenn Sie awk-Einzeiler in Ihrem Shellscript in einer Schleife mehrmals aufrufen, bedeutet dies jedes Mal den Start eines neuen (awk-)Prozesses. Die Performance könnte darunter erheblich leiden. Bei häufigen awk-Aufrufen in Schleifen sollten Sie daher in Erwägung ziehen, ein awk-Script zu schreiben. Wie dies geht, haben Sie ja in diesem Kapitel erfahren. Die Syntax eines solchen Einzeilers in einem Shellscript sieht häufig wie folgt aus:

```
echo string | awk '{ print string_funktion($0) }'
```

oder so:

```
cat datei | awk '{ print string_funktion($0) }'
```

(Globale) Ersetzung mit sub und gsub

Die Syntax lautet:

```
sub (regulärer_Ausdruck, Ersetzungs_String);
sub (regulärer_Ausdruck, Ersetzungs_String, Ziel_String)

gsub (regulärer_Ausdruck, Ersetzungs_String);
gsub (regulärer_Ausdruck, Ersetzungs_String, Ziel_String)
```

Mit beiden Funktionen wird das Auftreten von regulärer_Ausdruck durch Ersetzungs_String ersetzt. Wird kein Ziel_String mit angegeben, so wird $0 verwendet. Der Rückgabewert ist die Anzahl erfolgreicher Ersetzungen. Der Unterschied zwischen gsub und sub besteht darin, dass mit gsub (*global substitution*) eine globale Ersetzung und mit sub eine Ersetzung des ersten Vorkommens durchgeführt wird.

```
you@host > awk '{ gsub(/USA/, "Amerika"); print }' mrolympia.dat
Larry Scott Amerika 1965 1966
Sergio Oliva Amerika 1967 1968 1969
...
```

Hier werden alle Textfolgen »USA« in der Datei *mrolympia.dat* durch »Amerika« ersetzt. Wollen Sie nur das erste Vorkommen ersetzen, müssen Sie sub verwenden. Es kann nun sein, dass sich in einer Zeile mehrmals die Textfolge »USA« befindet, Sie aber nur eine bestimmte Spalte ersetzen wollen. Dann können Sie das dritte Argument von gsub bzw. sub verwenden:

```
you@host > awk '{ gsub(/USA/, "Amerika", $3); print }' mrolympia.dat
Larry Scott Amerika 1965 1966
Sergio Oliva Amerika 1967 1968 1969
...
```

Hier legen Sie explizit fest, dass nur dann, wenn die dritte Spalte die Textfolge »USA« enthält, diese durch die Textfolge »Amerika« zu ersetzen ist.

13

Einfache Beispiele

Zu Demonstrationszwecken werden keine komplizierten regulären Ausdrücke verwendet, sondern immer einfache Textfolgen. Hier geht es lediglich um eine Funktionsbeschreibung der Zeichenkettenfunktionen von awk.

Position einer Zeichenkette ermitteln – index

Die Syntax lautet:

```
index(string, substring)
```

Diese Funktion gibt die erste Position der Zeichenkette substring in string zurück. 0 wird zurückgegeben, wenn keine Übereinstimmung gefunden wurde. Folgendes Beispiel gibt alle Zeilen mit der Textfolge »USA« mitsamt ihren Positionen zurück:

```
you@host > awk '{ i=index($0, "USA"); if(i) print NR ":" i }' \
> mrolympia.dat
1:13
2:14
5:17
7:11
9:16
```

Länge einer Zeichenkette ermitteln – length

Die Syntax lautet:

```
length(string)
```

Mit dieser Funktion können Sie die Länge der Zeichenkette `string` ermitteln. Nehmen Sie für `string` keine Angabe vor, wird `$0` verwendet.

Folgendes Beispiel gibt die Länge der jeweils ersten Spalten einer jeden Zeile aus, und das darauffolgende Beispiel gibt die Länge einer kompletten Zeile aus (`$0`):

```
you@host > awk '{ print NR ":" length($1) }' mrolympia.dat
1:5
2:6
3:6
...
you@host > awk '{ print NR ":" length }' mrolympia.dat
1:25
2:31
3:67
...
```

Suchen nach Mustern – match

Die Syntax lautet:

```
match(string, regulärer_Ausdruck)
```

Mit `match` suchen Sie nach dem Muster `regulärer_Ausdruck` in `string`. Wird ein entsprechender Ausdruck gefunden, wird die Position zurückgegeben, ansonsten – bei erfolgloser Suche – lautet der Rückgabewert 0. Die Startposition des gefundenen (Teil-)Strings `regulärer_Ausdruck` finden Sie in `RSTART` und die Länge des Teilstücks in `RLENGTH`. Ein Beispiel:

```
you@host > awk '{ i=match($0, "Yates"); \
> if(i) print NR, RSTART, RLENGTH }' mrolympia.dat
8 8 5
```

Hier wird nach der Zeichenfolge »Yates« gesucht, und bei Erfolg werden die Zeile, die Position in der Zeile und die Länge zurückgegeben.

Zeichenkette zerlegen – split

Die Syntax lautet:

```
split (string, array, feld_trenner)
split (string, array)
```

Mit dieser Funktion zerlegen Sie die Zeichenkette string und teilen die einzelnen Stücke in das Array array auf. Standardmäßig werden die einzelnen Zeichenketten anhand von FS (standardmäßig ein Leerzeichen) »zersplittet«. Allerdings können Sie dieses Verhalten optional über den dritten Parameter mit feld_trenner verändern. Als Rückgabewert erhalten Sie die höchste Indexnummer des erzeugten Arrays. Ein Beispiel zu dieser Funktion haben wir bereits in Abschnitt 13.5.2 gegeben.

Eine Zeichenkette erzeugen – sprintf

Die Syntax lautet:

```
string=sprintf(fmt, exprlist)
```

Mit sprintf erzeugen Sie eine Zeichenkette und liefern diese zurück. Der Formatstring fmt und die Argumente exprlist werden genauso verwendet wie bei printf für die Ausgabe. Ein einfaches Beispiel:

```
you@host > awk '{ \
> line=sprintf("%-10s\t%-15s\t%-15s", $1, $2, $3); print line }'\
> mrolympia.dat
Larry      Scott          USA
Sergio     Oliva          USA
Arnold     Schwarzenegger Österreich
Franco     Columbu        Argentinien
...
```

Teilstück einer Zeichenkette zurückgeben – substr

Die Syntax lautet:

```
substr(string, start_position)
substr(string, start_position, länge)
```

Die Funktion gibt einen Teil einer Zeichenkette string ab der Position start_position entweder bis zur Länge länge oder bis zum Ende zurück:

```
you@host > awk '{ print substr($0, 5, 10)}' mrolympia.dat
y Scott US
io Oliva U
ld Schwarz
co Columbu
...
```

In diesem Beispiel wird (auch wenn es hier keinen Sinn ergibt) aus jeder Zeile der Datei *mrolympia.dat* eine Textfolge von Position 5 bis Position 10 ausgegeben (oder auch ausgeschnitten).

Groß- und Kleinbuchstaben – toupper und tolower

Die Syntax lautet:

```
toupper(string)
tolower(string)
```

Mit der Funktion toupper werden alle Kleinbuchstaben in string in Großbuchstaben und mit tolower alle Großbuchstaben in Kleinbuchstaben umgewandelt. Ein Beispiel:

```
you@host > awk '{ print toupper($0)}' mrolympia.dat
LARRY SCOTT USA 1965 1966
SERGIO OLIVA USA 1967 1968 1969
ARNOLD SCHWARZENEGGER ÖSTERREICH 1970 1971 1972 1973 1974 1975
...
you@host > awk '{ print tolower($0)}' mrolympia.dat
larry scott usa 1965 1966
sergio oliva usa 1967 1968 1969
arnold schwarzenegger österreich 1970 1971 1972 1973 1974 1975
...
```

13.6.3 Funktionen für die Zeit

In awk existieren auch zwei Funktionen für eine Zeitangabe: zum einen die Funktion systime (der UNIX-Timestamp), die die aktuelle Tageszeit als Anzahl der Sekunden zurückgibt, die seit dem 1.1.1970 vergangen sind.

Zum anderen existiert noch die Funktion strftime, die einen Zeitwert nach Maßangaben einer Formatanweisung (ähnlich wie bei dem Kommando date) formatiert. Diese Funktion ist außerdem der Funktion strftime() aus C nachgebildet, und auch die Formatanweisungen haben dieselbe Bedeutung. Die Syntax zu strftime lautet:

```
strftime( format, timestamp );
```

Die möglichen Formatanweisungen von format finden Sie in Tabelle 13.9. Den timestamp erhalten Sie aus dem Rückgabewert der Funktion systime. Zunächst werden die Formatanweisungen für strftime aufgeführt.

Format	... wird ersetzt durch ...	Beispiel
%a	Wochenname (gekürzt)	Mon
%A	Wochenname (ausgeschrieben)	Monday
%b	Monatsname (gekürzt)	Jan

Tabelle 13.9 (Zeit-)Formatanweisungen für »strftime«

Format	... wird ersetzt durch ...	Beispiel
%B	Monatsname (ausgeschrieben)	January
%c	entsprechende lokale Zeit- und Datumsdar stellung	Mon Jan 22 22:22:22 MET 2018
%d	Monatstag (1–31)	22
%H	Stunde im 24-Stunden-Format (0–23)	23
%I	Stunde im 12-Stunden-Format (1–12)	5
%j	Tag des Jahres (1–366)	133
%m	Monat (1–12)	5
%M	Minute (0–59)	40
%p	AM- oder PM-Zeitangabe; Indikator für das 12-Stunden-Format (USA)	PM
%S	Sekunden (0–69)	55
%U	Wochennummer (0–53; Sonntag gilt als erster Tag der Woche)	33
%w	Wochentag (0–6, Sonntag = 0)	3
%W	Wochennummer (0–53; Montag gilt als erster Tag der Woche)	4
%x	lokale Datumsdarstellung	02/20/18
%X	lokale Zeitdarstellung	20:15:00
%y	Jahreszahl (ohne Jahrhundertzahl 0–99)	01 (2018)
%Y	Jahreszahl (mit Jahrhundertzahl YYYY)	2018
%Z, %z	Zeitzone (gibt nichts aus, wenn die Zeitzone unbekannt ist)	MET
%%	Prozentzeichen	%

Tabelle 13.9 (Zeit-)Formatanweisungen für »strftime« (Forts.)

Hier folgt ein simples Anwendungsbeispiel, das alle Zeilen einer Datei auf dem Bildschirm und am Ende einen Zeitstempel ausgibt – eine einfache Demonstration der Funktionen `systime` und `strftime`:

```
#!/usr/bin/awk -f
#
# Programmname: timestamp.awk

BEGIN {
    now = systime()
    # macht eine Ausgabe à la date
    timestamp = strftime("%a %b %d %H:%M:%S %Z %Y", now)
}

{
   print
}

END {
   print timestamp
}
```

Das Script bei der Ausführung:

```
you@host > ./timestamp.awk mrolympia.dat
Larry Scott USA 1965 1966
Sergio Oliva USA 1967 1968 1969
...
Ronnie Coleman USA 1998 1999 2000 2001 2002 2003 2004
So Apr 15 07:48:35 CEST 2018
```

Funktion »systime« nicht definiert

Obwohl systime ein Builtin-Kommando ist, gibt es Systeme, auf denen eine Fehlermeldung wie "awk: Function systime is not defined" zurückgegeben wird. Unter Solaris beispielsweise ist awk ein Link auf oawk, wo systime nicht als Builtin vorhanden ist. Auch andere UNIX-Systeme, wie macOS oder verschiedene BSD-Versionen, verwenden häufig kein GNU-awk und somit kein erweitertes awk auf dem System. Nur Linux verwendet gewöhnlich standardmäßig ein (erweitertes) GNU-awk. Allerdings ist es kein großer Aufwand, GNU-awk auf den anderen Systemen nachzuinstallieren (zum Beispiel über die Ports) und zu verwenden.

13.6.4 Systemfunktionen

Sofern Sie reine awk-Scripts schreiben und awk nicht in ein Shellscript einbauen, aber einen UNIX-Befehl ausführen wollen, gibt es hierfür die Funktion system:

```
system("Befehl")
```

Damit können Sie jeden Befehl wie in der Kommandozeile ausführen. Sofern Sie die Ausgabe des Befehls abfangen wollen, müssen Sie getline (siehe Abschnitt 13.6.6) dazu verwenden:

```
"Befehl" | getline
```

13.6.5 Ausgabefunktionen

Die eigentlichen Ausgabefunktionen print und printf haben Sie bereits kennengelernt. Tabelle 13.10 zeigt, wie Sie die Ausgabe anwenden können.

Verwendung	Bedeutung
print	Ausgabe der aktuellen Zeile (Datensatz); gleichwertig mit print $0.
print /regulärer Ausdruck/	Hier können Sie beispielsweise testen, ob der Ausdruck in der entsprechenden Zeile zutrifft. Trifft der Ausdruck nicht zu, wird 0, ansonsten 1 zurückgegeben. Beispielsweise gibt awk '{ print /USA/ }' mrolympia.dat in jeder Zeile, in der die Textfolge »USA« enthalten ist, 1 zurück und sonst 0.
print Ausdrucksliste	Ausgabe aller in Ausdrucksliste angegebenen Werte. Hierbei können Konstanten, berechnete Werte, Variablen- oder Feldwerte enthalten sein.
print Ausdrucksliste > datei	Die Ausgabe aller in Ausdrucksliste angegebenen Werte wird in *datei* geschrieben. Dabei kann es sich durchaus um einen berechneten Wert handeln.
print Ausdrucksliste >> datei	Wie eben, nur dass hierbei die Ausgabe aller in Ausdrucksliste enthaltenen Werte ans Ende von datei gehängt wird.

Tabelle 13.10 Mögliche »print«-Ausgaben

Für printf gilt das Gleiche, nur dass die Ausgabe formatiert erfolgt.

13.6.6 Eingabefunktion

Der eine oder andere mag sich darüber wundern, aber awk unterstützt auch eine Eingabefunktion mit getline. getline ist ein sehr vielseitiges Kommando. Diese Funktion liefert im Fall eines Fehlers –1, bei Dateiende oder [Strg]+[D] 0 und bei erfolgreichem Lesen 1 zurück. Sie liest eine Zeile von der Eingabezeile, was stdin oder eine Datei sein kann, und speichert diese entweder in $0 oder in einer separat angegebenen Variablen.

Verwendung	Bedeutung
`getline`	Verwenden Sie `getline` ohne Argumente, wird vom aktuellen Eingabekanal der nächste Datensatz (Zeile) eingelesen und in `$0` gespeichert.
`getline var`	Liest die nächste Zeile vom aktuellen Eingabekanal und speichert diese Zeile in `var`. Wichtig: `NR` und `FNR` werden hochgezählt, aber `NF` wird nicht belegt, weil hier keine Auftrennung in Wörter (Felder) erfolgt!
`getline < datei`	Liest die nächste Zeile von einer Datei, die geöffnet wird und am Ende mittels `close()` selbst geschlossen werden muss! Die Zeile befindet sich in `$0`.
`getline var < datei`	Liest die nächste Zeile von einer Datei, die geöffnet wird und am Ende mittels `close()` selbst geschlossen werden muss, in die Variable `var` ein. Hierbei werden allerdings `NF`, `NR` und `FNR` nicht verändert.
`string | getline`	Liest die nächste Zeile von der Pipe (hier dem String `string`) ein. Die eingelesene Zeile wird in `$0` gespeichert.
`"kommando" | getline var`	Hier wird die nächste Zeile von einem Kommando eingelesen, und zwar in `var`.

Tabelle 13.11 Die »getline«-Eingabefunktion

Bei der Verwendung von `getline` war in Tabelle 13.11 auch die Rede von der Funktion `close`, mit der Sie eine Datei oder eine geöffnete Pipe wieder schließen müssen. Der Dateiname kann hierbei als eine Stringkonstante vorliegen oder eine Variable sein.

```
close(Dateinamen)
```

Datei geöffnet?

Möglicherweise ist dies etwas verwirrend, weil in `awk` die Datei zwar automatisch geöffnet wird, aber sobald man mit `getline` etwas daraus liest, soll sie wieder von Hand mit `close` geschlossen werden. Gerade wenn man andere Programmiersprachen verwendet, kennt man doch die Logik, ein Programm manuell zu öffnen und es auch wieder manuell zu schließen.

Hierzu ein einfaches Beispiel: Im Script werden Sie gefragt, wonach und in welcher Datei Sie suchen wollen. Mit `getline` lesen Sie dann Zeile für Zeile in die `while`-Schleife ein. Anschließend wird die Zeile mit dem eingegebenen Suchstring verglichen und bei Übereinstimmung ausgegeben.

```
#!/usr/bin/awk -f
#
# Programmname: search.awk

BEGIN {
   # Suchstring eingeben
   print "Wonach suchen Sie : "
   getline searchstring
   # Datei zum Suchen eingeben
   print "In welcher Datei  : "
   getline file
   # Zeilenweise aus der Datei lesen
   while( getline < file ) {
      if($0 ~ searchstring) {
         print
      }

   }
   close(file)
}
```

Datei vorhanden?

In der Praxis sollten Sie natürlich überprüfen, ob die Datei zum Öffnen überhaupt existiert oder/und lesbar ist, und gegebenenfalls abbrechen.

Das Script bei der Ausführung:

```
you@host > ./search.awk
Wonach suchen Sie : USA
In welcher Datei  : mrolympia.dat
Larry Scott USA 1965 1966
Sergio Oliva USA 1967 1968 1969
Chris Dickerson USA 1982
Lee Haney USA 1984 1985 1986 1987 1988 1989 1990 1991
Ronnie Coleman USA 1998 1999 2000 2001 2002 2003 2004
you@host > ./search.awk
Wonach suchen Sie : ien
In welcher Datei  : mrolympia.dat
Franco Columbu Argentinien 1976 1981
Dorian Yates Großbritannien 1992 1993 1994 1995 1996 1997
```

```
you@host > ./search.awk
Wonach suchen Sie : Samir
In welcher Datei  : mrolympia.dat
Samir Bannout Libanon 1983
```

Hier soll auch noch ein weiteres gängiges und mächtiges Feature von `getline` vorgestellt werden, und zwar die Möglichkeit, ein (Linux/UNIX-)Kommando nach `getline` zu »pipen«. Das folgende Script gibt die größte Datei aus. Die Größe einer Datei finden Sie mit `ls -l` in der fünften Spalte.

```
#!/usr/bin/awk -f
#
# Programmname: bigfile.awk

{
   my_ls="/bin/ls -ld '" quoting($0) "' 2>/dev/null"
   if( my_ls | getline ) {
      if( $5 > filesize ) {
         filename=$8
         filesize=$5
      }
   }
   close(my_ls)
}

END {
   if( filename )
     print "Größte Datei ist " filename " mit " filesize " Bytes"
   else
      print "Konnte keine größte Datei ermitteln.
}

function quoting(s, n) {
   n=s
   gsub(/'/, "'\"'\"'", n)
   return n
}
```

Das Script bei der Ausführung:

```
you@host > find $HOME -print | ./bigfile.awk
Größte Datei ist ~/Desktop/Trash/Trailer.mpg mit 91887620 Byte
```

Im Script wurde auch eine Funktion zum Schutz für Dateien mit einfachen Anführungszeichen (Single Quotes) verwendet. Mehr zu den selbst definierten Funktionen erfahren Sie gleich.

13.6.7 Benutzerdefinierte Funktionen

Als Programmiererin oder Programmierer von Shellscripts dürften Sie mit dem awk-Wissen, das Sie jetzt haben, mehr als zufrieden sein. Aber neben der Verwendung von Builtin-Funktionen von awk haben Sie außerdem die Möglichkeit, eigene Funktionen zu schreiben. Daher liefern wir hier noch eine kurze Beschreibung, wie Sie auch dies realisieren können. Der Ort einer Funktionsdefinition ist nicht so wichtig, obgleich es sich eingebürgert hat, diese am Ende des Scripts zu definieren.

```
function functions_name( parameter ) {
   # Anweisungen
}
```


Dem Schlüsselwort function, das Sie immer verwenden müssen, folgt der Funktionsname. Erlaubt sind hier alle Kombinationen aus Buchstaben, Ziffern und einem Unterstrich – einzig am Anfang darf keine Ziffer stehen. Variablen und Funktionen dürfen in einem Script allerdings nicht denselben Namen haben. Als Argumente können Sie einer Funktion beliebig viele oder auch gar keine Parameter mitgeben. Mehrere Argumente werden mit einem Komma getrennt. Die Anweisungen einer Funktion werden zwischen geschweiften Klammern (im Anweisungsblock) zusammengefasst.

Um eine Funktion aufzurufen, müssen Sie den Funktionsnamen angeben, auf den runde Klammern und eventuell einzelne Parameter folgen. Beachten Sie außerdem, dass sich zwischen dem Funktionsnamen und der sich öffnenden Klammer kein Leerzeichen befinden darf. Werden weniger Parameter angegeben, als in der Funktionsdefinition definiert sind, führt dies nicht zu einem Fehler. Nicht angegebene Parameter werden – abhängig vom Kontext – als 0 oder als eine leere Zeichenkette interpretiert.

Anders sieht dies allerdings aus, wenn Sie einer Funktion einen Parameter übergeben, obwohl in der Funktionsdefinition keinerlei Argumente enthalten sind. Dann wird awk das Script mit einer Fehlermeldung abbrechen.

Alle Variablen einer Funktion sind global, abgesehen von den Variablen in den runden Klammern. Deren Gültigkeitsbereich ist nur auf die Funktion allein beschränkt.

Um Werte aus einer Funktion zurückzugeben, wird auch hierbei der return-Befehl verwendet, auf den der Wert folgt, beispielsweise so:

```
function functions_name( parameter ) {
   # Anweisungen
   ...
   return Wert
}
```

Mehrere Werte können Sie auch hier, wie in der Shell, zu einem String zusammenfassen und im Hauptteil wieder splitten:

```
function functions_name( parameter ) {
   # Anweisungen
   ...
   return Wert1 " " Wert2 " " Wert3
}

...

ret=functions_name( param )
split(ret, array)
...
print array[1]
```

Hier konnten Sie auch gleich sehen, wie Sie im Hauptteil den Rückgabewert auffangen können.

Die Übergabe von Variablen erfolgt in der Regel *by value*, sprich: Die Werte des Funktionsaufrufs werden in die Argumente der Funktion kopiert, sodass jede Veränderung des Werts nur in der Funktion gültig ist. Anders hingegen werden Arrays behandelt. Diese werden *by reference*, also als Speicheradresse auf den ersten Wert des Arrays, übergeben. Dies erscheint sinnvoll, denn müsste ein Array mit mehreren Hundert Einträgen erst kopiert werden, wäre ein Funktionsaufruf wohl eine ziemliche Bremse. Somit bezieht sich allerdings eine Veränderung des Arrays in der Funktion auch auf das Original.

Dazu sehen Sie ein einfaches Beispiel mit einer selbst definierten Funktion:

```
#!/usr/bin/awk -f
#
# Programmname: FILEprint.awk

{
  FILEprint($0)
}

function FILEprint( line ) {
```

```
   if(length(line) == 0)
      return "Leerer String"
   else
      print FILENAME "(" NR ") : " line

}
```

Das Script bei der Ausführung:

```
you@host > ./FILEprint.awk mrolympia.dat
mrolympia.dat(1) : Larry Scott USA 1965 1966
mrolympia.dat(2) : Sergio Oliva USA 1967 1968 1969
mrolympia.dat(3) : Arnold Schwarzenegger Österreich 1970 1971 1972
...
...
```

Hier haben Sie eine einfache benutzerdefinierte `print`-Funktion, die am Anfang einer Zeile jeweils den Dateinamen und die Zeilennummer mit ausgibt.

13.7 Empfehlung

Sie haben in diesem Kapitel eine Menge zu awk gelernt, und doch lässt sich nicht alles hier unterbringen. Gerade was die Praxis betrifft, mussten wir Sie leider das eine oder andere Mal mit einem extrem kurzen Code abspeisen. Allerdings würde eine weitere Ausweitung des Kapitels dem eigentlichen Thema des Buchs nicht gerecht.

Wenn Sie sich wirklich noch intensiver mit awk befassen wollen oder müssen, sei Ihnen das Original-awk-Buch von Aho, Weinberger und Kernighan empfohlen, in dem Sie einen noch tieferen und fundierteren Einblick in awk erhalten. Dort wird unter anderem auch demonstriert, wie man mit awk eine eigene Programmiersprache realisieren kann.

13.8 Aufgaben

1. Werten Sie mithilfe von awk die Ausgabe von `ifconfig` aus und ermitteln Sie die IP-Adresse der Netzwerkkarte.
2. Schreiben Sie ein awk-Script, mit dessen Hilfe Sie die Datei */etc/passwd* auswerten können und den Benutzernamen, die UID und die GID ausgeben lassen. Lassen Sie sich am Ende die Anzahl der Einträge anzeigen.
3. Ändern Sie das Script aus Aufgabe 2 so, dass die Daten formatiert und mit Überschrift in eine andere Datei geschrieben werden. Speichern Sie nur die UIDs, die

über 1000 liegen, in der Datei. Zusätzlich zu der Gesamtzahl aller Einträge soll jetzt noch die Anzahl der Benutzer mit einer UID ≥ 1000 ausgegeben werden.

4. Schreiben Sie ein `awk`-Script, das aus der Datei */var/log/syslog* ausliest, wie oft Meldungen zum `kernel` und zum `dhclient` gespeichert wurden. Lassen Sie sich am Ende des Scripts die Anzahl der Vorkommen anzeigen. Verwenden Sie Arrays, um die Informationen zu speichern. Achten Sie auf die unterschiedlichen Schreibweisen und auf den Aufbau der Datei */var/log/syslog* bei den verschiedenen Distributionen.

Kapitel 14
Linux/UNIX-Kommandoreferenz

Zwar besitzen Sie nun sehr fundierte Kenntnisse rund um die Shell-Programmierung – doch benötigen Sie für den Feinschliff auch noch die Möglichkeit, Ihr Wissen umzusetzen. Sie haben im Verlauf des Buchs viele Kommandos kennengelernt, Linux/UNIX bietet jedoch noch eine Menge mehr.

Wie Sie dieses Kapitel verwenden, bleibt zunächst Ihnen überlassen. Sie können entweder alle Kommandos durcharbeiten und am besten ein wenig damit herumexperimentieren, oder aber Sie kommen zu gegebener Zeit (wenn Sie ein Kommando verwenden) auf dieses Kapitel zurück. Alle Kommandos sind nach Themengebieten sortiert. Fakt ist auf jeden Fall, dass Sie ohne Kenntnis dieser Kommandos in der Shell-Programmierung nicht sehr weit kommen werden oder dass Ihr Weg häufig umständlicher sein wird als nötig.

Kommando(s) nachinstallieren

In der Regel sind alle hier beschriebenen Kommandos bei Linux standardmäßig installiert. Bei UNIX-Systemen wie macOS oder BSD-Varianten kann es sein, dass Sie das eine oder andere Kommando nachinstallieren müssen. Jedes UNIX-System (speziell die BSD-Varianten) bietet hierzu spezielle Ports an, wo Sie die Kommandos mit einer einfachen Befehlszeile nachinstallieren können. Für Mac-Anwender handelt es sich dabei gewöhnlich um die MacPorts (ehemals DarwinPorts). Abhängig von der BSD-Variante stehen hier die FreeBSD-Ports, NetBSD-pkgsrc oder OpenBSD-Ports zur Verfügung.

Die Beschreibung der einzelnen Kommandos beschränkt sich im Folgenden auf das Nötigste bzw. Gängigste. Sofern es uns sinnvoll erscheint, finden Sie hier und da einige Beispiele zum entsprechenden Kommando, die zeigen, wie es recht häufig in der Praxis verwendet wird. Auf Kommandos, die im Buch bereits intensiver eingesetzt wurden, gehen wir nur noch in einer kurzen Form ein (mit einem entsprechenden Querverweis).

Die Beschreibung der einzelnen Tools stellt in keiner Weise einen Ersatz für die unzähligen Manual- und Infoseiten dar, die sich auf jedem Linux/UNIX-Rechner befinden. Für tiefgründige Recherchen sind die Manual- und Infoseiten nicht wegzudenken. Besonders auf die vielen Optionen und Schalter der einzelnen Kommandos können wir hier aus Platzgründen kaum eingehen.

Des Weiteren ist anzumerken, dass viele Befehle zum Teil betriebssystem- oder distributionsspezifisch sind. Andere Kommandos wiederum unterscheiden sich hier und da geringfügig in der Funktionalität und der Verwendung der Optionen. Einzig unter Linux kann man behaupten, dass all die hier erwähnten Kommandos auf jeden Fall vorhanden sind und auch so funktionieren wie beschrieben.

14.1 Kurzübersicht

Tabelle 14.1 zeigt eine Übersicht über alle Kommandos, die in diesem Kapitel kurz beschrieben werden (in alphabetischer Reihenfolge).

Kommando	Bedeutung
`a2ps`	Textdatei nach PostScript umwandeln
`accept`	Druckerwarteschlange auf »empfangsbereit« setzen
`afio`	Ein `cpio` mit zusätzlicher Komprimierung
`alias`	Kurznamen für Kommandos vergeben
`apropos`	Nach Schlüsselwörtern in Manpages suchen
`arp`	MAC-Adressen ausgeben
`at`	Kommando zu einem bestimmten Zeitpunkt ausführen lassen
`badblocks`	Überprüft, ob ein Datenträger defekte Sektoren beinhaltet (betriebssystemspezifisch).
`basename`	Gibt den Dateianteil eines Pfadnamens zurück.
`batch`	Kommando irgendwann später ausführen lassen
`bc`	Taschenrechner
`bg`	Einen angehaltenen Prozess im Hintergrund fortsetzen
`bzcat`	Ausgabe von bzip2-komprimierten Dateien
`bzip2` `bunzip2`	(De-)Komprimieren von Dateien
`cal`	Zeigt einen Kalender an.

Tabelle 14.1 Kurzüberblick über viele gängige Kommandos

Kommando	Bedeutung
cancel	Druckaufträge stornieren
cat	Anzeigen von Dateiinhalten
cd	Verzeichnis wechseln
cdrecord	Daten auf eine CD brennen
cfdisk	Partitionieren von Festplatten (betriebssystemspezifisch)
chgrp	Gruppe von Dateien oder Verzeichnissen ändern
chmod	Zugriffsrechte von Dateien oder Verzeichnissen ändern
chown	Eigentümer von Dateien oder Verzeichnissen ändern
cksum sum	Eine Prüfsumme für eine Datei ermitteln
clear	Löschen des Bildschirms
cmp	Dateien miteinander vergleichen
comm	Zwei sortierte Textdateien miteinander vergleichen
compress uncompress	(De-)Komprimieren von Dateien
cp	Dateien kopieren
cpio	Dateien und Verzeichnisse archivieren
cron crontab	Programme in bestimmten Zeitintervallen ausführen lassen
crypt	Dateien verschlüsseln
csplit	Dateien zerteilen (kontextabhängig)
curl	Dateien von oder zu einem Server übertragen
cut	Zeichen oder Felder aus Dateien herausschneiden
date	Datum und Uhrzeit
dd	Datenblöcke zwischen Devices (Low Level) kopieren (und konvertieren) oder auch von einem Device in eine Datei und umgekehrt
dd_rescue	Datenblöcke fehlertolerant (Low Level) kopieren (und konvertieren)

Tabelle 14.1 Kurzüberblick über viele gängige Kommandos (Forts.)

Kommando	Bedeutung
`df`	Erfragen, wie viel Speicherplatz die Filesysteme benötigen
`diff`	Vergleicht zwei Dateien.
`diff3`	Vergleicht drei Dateien.
`dig`	DNS-Server abfragen
`dirname`	Verzeichnisanteil eines Pfadnamens zurückgeben
`disable`	Drucker deaktivieren
`dos2unix`	Dateien vom DOS- ins UNIX-Format umwandeln
`du`	Größe eines Verzeichnisbaums ermitteln
`dump`	Vollsicherung eines Dateisystems
`dumpe2fs`	Zeigt Informationen über ein ext2/ext3-Dateisystem an (betriebssystemspezifisch).
`dvips`	DVI-Dateien nach PostScript umwandeln
`e2fsck`	Repariert ein ext2/ext3-Dateisystem.
`enable`	Drucker aktivieren
`enscript`	Textdatei nach PostScript umwandeln
`exit`	Eine Session (Sitzung) beenden
`expand`	Tabulatoren in Leerzeichen umwandeln
`fdisk`	Partitionieren von Festplatten (unterschiedliche Verwendung bei verschiedenen Betriebssystemen)
`fg`	Einen angehaltenen Prozess im Vordergrund fortsetzen
`file`	Den Dateityp ermitteln
`find`	Suchen nach Dateien und Verzeichnissen
`finger`	Informationen zu anderen Benutzern abfragen
`fold`	Einfaches Formatieren von Dateien
`free`	Verfügbaren Speicherplatz (RAM und Swap) anzeigen (betriebssystemspezifisch)

Tabelle 14.1 Kurzüberblick über viele gängige Kommandos (Forts.)

Kommando	Bedeutung
fsck	Reparieren und Überprüfen von Dateisystemen (betriebssystemabhängig)
ftp	Dateien von und zu einem anderen Rechner übertragen
groupadd	Eine neue Gruppe anlegen (distributionsabhängig)
groupdel	Löschen einer Gruppe (distributionsabhängig)
groupmod	Group-ID und/oder Name ändern (distributionsabhängig)
groups	Gruppenzugehörigkeit ausgeben
growisofs	Frontend für mkisofs zum Brennen von DVDs
gs	PostScript- und PDF-Dateien konvertieren
gzip gunzip	(De-)Komprimieren von Dateien
halt	Alle laufenden Prozesse beenden (Shortcut auf shutdown, wobei die Argumente unter verschiedenen Betriebssystemen differieren)
hd	Datei hexadezimal bzw. oktal ausgeben
head	Anfang einer Datei ausgeben
hostname	Name des Rechners ausgeben
html2ps	Umwandeln von HTML-Dateien nach PostScript
id	Eigene Benutzer- und Gruppen-ID ermitteln
ifconfig	Netzwerkzugang konfigurieren
info	GNU-Online-Manual
init	Runlevel wechseln (System-V-Systeme)
ip	Netzwerk konfigurieren (moderner Ersatz für ifconfig, route usw.)
jobs	Angehaltene bzw. im Hintergrund laufende Prozesse anzeigen
kill	Signale an Prozesse mit einer Prozessnummer senden
killall	Signale an Prozesse mit einem Prozessnamen senden
last	An- und Abmeldezeit eines Benutzers ermitteln

Tabelle 14.1 Kurzüberblick über viele gängige Kommandos (Forts.)

Kommando	Bedeutung
`less`	Datei(en) seitenweise ausgeben
`ln`	Links auf eine Datei erzeugen
`logname`	Name des aktuellen Benutzers anzeigen
`logout`	Eine Session (Sitzung) beenden
`lp`	Ausgabe auf dem Drucker mit dem Print-Spooler (drucksystemabhängig)
`lpadmin`	Verwaltungsprogramm für das CUPS-Print-Spooler-System
`lpc`	Steuerung von Druckern (drucksystemabhängig)
`lphelp`	Optionen eines Druckers ausgeben (drucksystemabhängig)
`lpmove`	Druckerauftrag zu einem anderen Drucker verschieben (drucksystemabhängig)
`lpq`	Druckerwarteschlange anzeigen (drucksystemabhängig)
`lpr`	Dateien auf den Drucker ausgeben (drucksystemabhängig)
`lprm`	Druckaufträge in der Warteschlange stornieren (drucksystemabhängig)
`lpstat`	Status der Aufträge anzeigen (drucksystemabhängig)
`ls`	Verzeichnisinhalt auflisten
`lsblk`	Informationen zu Blockgeräten, ...
`lscpu`	... der CPU,
`lshw`	... der allgemeinen Hardware,
`lsusb`	... den USB-Geräten und
`lspci`	... den PCI-Geräten
`mail` `mailx`	E-Mails schreiben und empfangen (und auswerten)
`man`	Die traditionelle Online-Hilfe für Linux
`md5sum`	Eine Prüfsumme für eine Datei ermitteln (unter FreeBSD lautet der Name `md5`)

Tabelle 14.1 Kurzüberblick über viele gängige Kommandos (Forts.)

Kommando	Bedeutung
mesg	Nachrichten auf der Dialogstation zulassen oder unterbinden
mkdir	Ein Verzeichnis anlegen
mkfs	Dateisystem einrichten (betriebssystemabhängig; bei FreeBSD heißt es beispielsweise newfs)
mkisofs	Erzeugt ein ISO-9660/Joliet/HFS-Dateisystem.
mkswap	Eine Swap-Partition einrichten (betriebssystemabhängig)
more	Datei(en) seitenweise ausgeben
mount	Einbinden eines Dateisystems
mt	Streamer steuern
mv	Datei(en) und Verzeichnisse verschieben oder umbenennen
netstat	Statusinformationen über das Netzwerk
newgrp	Gruppenzugehörigkeit kurzzeitig wechseln
nice	Prozesse mit anderer Priorität ausführen lassen
nl	Datei mit Zeilennummer ausgeben
nohup	Prozesse beim Beenden einer Sitzung weiterlaufen lassen
notify	Meldung bei neuer eingehender E-Mail
nslookup	DNS-Server abfragen (verwenden Sie aber besser dig)
od	Datei(en) hexadezimal bzw. oktal ausgeben
pack unpack	(De-)Komprimieren von Dateien
parted	Partitionen anlegen, verschieben, vergrößern oder verkleinern
passwd	Passwort ändern bzw. vergeben
paste	Dateien spaltenweise verknüpfen
patch	Pakete upgraden
pcat	Ausgabe von pack-komprimierten Dateien
pdf2ps	Umwandeln von PDF nach PostScript

Tabelle 14.1 Kurzüberblick über viele gängige Kommandos (Forts.)

Kommando	Bedeutung
pgrep	Prozesse über ihren Namen finden (unterschiedliche Verwendung bei verschiedenen OS)
ping	Verbindung zu anderem Rechner testen
printenv	Umgebungsvariablen anzeigen
ps	Prozessinformationen anzeigen (unterschiedliche Verwendung bei verschiedenen OS)
ps2ascii	Umwandeln von PostScript nach ASCII
ps2pdf	Umwandeln von PostScript nach PDF
pstree	Prozesshierarchie in Baumform ausgeben
psutils	Paket zur Bearbeitung von PostScript-Dateien
pwd	Ausgeben des aktuellen Arbeitsverzeichnisses
rcp	Dateien im Netz kopieren
rdev	Kernel-Datei verändern (betriebssystemspezifisch)
reboot	Alle laufenden Prozesse beenden und System neu starten (Abkürzung von shutdown -r)
reject	Warteschlange für weitere Aufträge sperren
renice	Priorität laufender Prozesse verändern
reset	Zeichensatz für ein Terminal wiederherstellen
restore	Einzelne Dateien oder ganze Dateisysteme wiederherstellen
rlogin	Auf anderem Netzrechner einloggen
rm	Dateien und Verzeichnisse löschen
rmail	Eingeschränkte Form von mail
rmdir	Ein leeres Verzeichnis löschen
rsh	Programme auf entferntem Rechner ausführen
rsync	Replizieren von Dateien und Verzeichnissen
setterm	Terminaleinstellung verändern

Tabelle 14.1 Kurzüberblick über viele gängige Kommandos (Forts.)

Kommando	Bedeutung
shutdown	System herunterfahren
sleep	Prozesse suspendieren (schlafen legen)
sort	Dateien sortieren
split	Dateien in mehrere Teile zerlegen
ssh	Sichere Shell auf anderem Rechner starten
stty	Terminaleinstellung abfragen oder setzen
su	Ändern der Benutzerkennung (ohne Neuanmeldung)
sudo	Ein Programm als anderer Benutzer ausführen
swap	Swap-Space anzeigen (betriebssystemabhängig)
swapoff	Swap-Datei oder Partition deaktivieren (betriebssystemabhängig)
swapon	Swap-Datei oder Partition aktivieren (betriebssystemabhängig)
sync	Alle gepufferten Schreiboperationen ausführen
tac	Dateien rückwärts ausgeben
tail	Ende einer Datei ausgeben
tar	Dateien und Verzeichnisse archivieren
tee	Ausgabe duplizieren
time	Zeitmessung für Prozesse
top	Prozesse nach CPU-Auslastung anzeigen (unterschiedliche Verwendung bei verschiedenen Betriebssystemen)
touch	Dateien anlegen oder Zeitstempel verändern
tput	Terminal- und Cursorsteuerung
tr	Zeichen ersetzen bzw. Dateien umformen
traceroute	Route zu einem Rechner verfolgen
tsort	Dateien topologisch sortieren
tty	Den Terminalnamen erfragen
type	Kommandos bzw. Dateien klassifizieren

Tabelle 14.1 Kurzüberblick über viele gängige Kommandos (Forts.)

Kommando	Bedeutung
`ufsdump` `ufsrestore`	Sichern und Wiederherstellen ganzer Dateisysteme (betriebssystemspezifisch)
`umask`	Dateierstellungsmaske ändern bzw. ausgeben
`umount`	Ein Dateisystem aushängen
`unalias`	Einen Kurznamen löschen
`uname`	Den Rechnernamen, die Architektur und das OS ausgeben
`uniq`	Doppelte Zeilen nur einmal ausgeben
`unix2dos`	Dateien vom UNIX- ins DOS-Format umwandeln
`uptime`	Laufzeit des Rechners
`useradd` `adduser`	Einen neuen Benutzer anlegen (distributionsspezifisch)
`userdel` `deluser`	Einen Benutzer löschen (distributionsspezifisch)
`usermod`	Eigenschaften eines Benutzers ändern (distributionsspezifisch)
`uudecode`	Binärdatei in Textdatei konvertieren
`uuencode`	Textdatei in Binärdatei konvertieren
`wall`	Nachrichten an alle Benutzer verschicken
`wc`	Zeichen, Wörter und Zeichen einer Datei zählen
`wget`	Dateien aus dem Internet abrufen
`whatis`	Kurzbeschreibung zu einem Kommando
`whereis`	Innerhalb von `PATH` nach Dateien suchen
`who`	Eingeloggte Benutzer anzeigen
`whoami`	Den Namen des aktuellen Benutzers anzeigen
`write`	Nachrichten an andere Benutzer verschicken
`watch`	Programme wiederholt ausführen
`zcat`	Ausgabe von `gunzip`-komprimierten Dateien

Tabelle 14.1 Kurzüberblick über viele gängige Kommandos (Forts.)

Kommando	Bedeutung
`zip` `unzip`	Dateien (de-)komprimieren
`zless`	`gunzip`-komprimierte Dateien seitenweise mit `less` ausgeben
`zmore`	`gunzip`-komprimierte Dateien seitenweise mit `more` ausgeben

Tabelle 14.1 Kurzüberblick über viele gängige Kommandos (Forts.)

Auf den kommenden Seiten sind diese Kommandos in folgende Themenschwerpunkte aufgeteilt:

- dateiorientierte Kommandos
- verzeichnisorientierte Kommandos
- Verwaltung von Benutzern und Gruppen
- Programm- und Prozessverwaltung
- Speicherplatzinformationen
- Dateisystemkommandos
- Archivierung und Backup
- Systeminformationen
- Systemkommandos
- Druckeradministration
- Netzwerkbefehle
- Benutzerkommunikation
- Bildschirm- und Terminalkommandos
- Online-Hilfen
- alles rund um PostScript-Kommandos
- gemischte Kommandos

14.2 Dateiorientierte Kommandos

14.2.1 bzcat – Ausgabe von bzip2-komprimierten Dateien

Mit `bzcat` können Sie die Inhalte von `bzip2`-komprimierten Dateien ausgeben, ohne dass Sie hierbei die komprimierte Datei dekomprimieren müssen. Dies ist z. B. auch ein Grund, warum Sie mit einem Dateibrowser den Inhalt einer Datei sehen und sogar lesen können, obwohl Sie diese noch gar nicht dekomprimiert haben. Ansonsten funktioniert `bzcat` wie `cat`.

14.2.2 cat – Datei(en) nacheinander ausgeben

cat wurde bereits mehrfach in diesem Buch verwendet und auch beschrieben. Mit diesem Kommando werden gewöhnlich Dateien ausgegeben. Wenn Sie cat beim Aufruf keine Dateien zum Lesen als Argument mitgeben, liest cat so lange aus der Standardeingabe, bis Strg+D (EOF) betätigt wurde.

Verwendung	Bedeutung
cat file	Gibt den Inhalt von file aus.
cat file | kommando	Gibt den Inhalt von file via Pipe an die Standardeingabe von kommando weiter.
cat file1 file2 > file_all	Dateien aneinanderhängen
cat > file	Schreibt alle Zeilen, die von der Tastatur eingegeben wurden, in die Datei file, bis Strg+D betätigt wird.

Tabelle 14.2 Anwendungen von »cat«

Der Befehl cat wurde bereits separat in Abschnitt 1.7.2, »Der Umgang mit Dateien«, behandelt..

14.2.3 chgrp – Gruppenzugehörigkeit ändern

Mit chgrp ändern Sie die Gruppenzugehörigkeit einer Datei oder eines Verzeichnisses. Dieses Kommando bleibt somit nur dem Eigentümer einer Datei bzw. eines Verzeichnisses oder dem Superuser vorbehalten. Als Eigentümer können Sie außerdem nur diejenigen Dateien oder Verzeichnisse einer bestimmten Gruppe zuordnen, der Sie selbst auch angehören. Wollen Sie die Gruppenzugehörigkeit aller Dateien in einem Verzeichnis mit allen Unterverzeichnissen ändern, dann bietet sich hierzu die Option -R (für rekursiv) an.

14.2.4 cksum/md5sum/sum – eine Prüfsumme für eine Datei ermitteln

Mit diesen Funktionen errechnet man die CRC-(*Cyclic Redundancy Check*-)Prüfsumme und die Anzahl der Bytes (die Anzahl der Bytes gilt nur für cksum) für eine Datei. Wird keine Datei angegeben, liest cksum die Zeilen aus der Standardeingabe, bis Strg+D betätigt wurde, und berechnet hieraus die Prüfsumme.

Diese Kommandos werden häufig eingesetzt, um festzustellen, ob zwei Daten identisch sind. So kann z. B. überprüft werden, ob eine Datei, die Sie aus dem Netz geladen haben, auch korrekt übertragen wurde. Voraussetzung hierfür ist natürlich, dass Sie die Prüfsumme der Quelle kennen. Häufig findet man dieses Vorgehen beim Herunterladen von ISO-Distributionen. Ein anderer Anwendungsfall ist das Überprüfen auf Virenbefall. Hiermit kann ermittelt werden, ob sich jemand an einer Datei zu schaffen gemacht hat, beispielsweise so:

```
you@host > cksum data.conf
2935371588 51 data.conf
you@host > cksum data.conf
2935371588 51 data.conf
you@host > echo Hallo >> data.conf
you@host > cksum data.conf
966396470 57 data.conf
```

Hier haben wir eine Konfigurationsdatei `data.conf`, bei der zweimal mit `cksum` derselbe Wert berechnet wurde (nur zur Demonstration). Kurz darauf wurde am Ende dieser Datei ein Text angehängt und erneut `cksum` ausgeführt. Jetzt erhalten Sie eine andere Prüfsumme. Eine Voraussetzung dafür, dass dieses Prinzip funktioniert, ist natürlich eine Datei oder Datenbank, die solche Prüfsummen zu den entsprechenden Dateien speichert. Dabei können Sie auch zwei Dateien auf einmal eingeben, um die Prüfsummen zu vergleichen:


```
you@host > cksum data.conf data.conf~bak
966396470 57 data.conf
2131264154 10240 data.conf~bak
```

`cksum` ist gegenüber `sum` zu bevorzugen, da diese Version neuer ist und auch dem POSIX.2-Standard entspricht. Beachten Sie allerdings, dass alle drei Versionen zum Berechnen von Prüfsummen (`sum`, `cksum` und `md5sum`) untereinander inkompatibel sind und andere Prüfsummen als Ergebnis liefern:

```
you@host > sum data.conf
20121     1
you@host > cksum data.conf
966396470 57 data.conf
you@host > md5sum data.conf
5a04a9d083bc0b0982002a2c8894e406  data.conf
```

Kein »md5sum« auf UNIX?

`md5sum` gibt es unter verschiedenen UNIX-Varianten wie macOS oder BSD-Systemen nicht. Hier heißt es `md5`.

Noch ein beliebter Anwendungsfall von `md5sum` (bzw. `md5`) ist:

```
cd /bin; md5 `ls -R /bin` | md5
```

Wenn sich jetzt jemand am Verzeichnis */bin* zu schaffen gemacht hat, merkt man dies relativ schnell. Am besten lässt man hierbei einen cron-Job laufen und lässt sich gegebenenfalls täglich per E-Mail benachrichtigen.

14.2.5 chmod – Zugriffsrechte von Dateien oder Verzeichnissen ändern

Mit chmod setzen oder verändern Sie die Zugriffsrechte auf Dateien oder Verzeichnisse. Die Benutzung von chmod ist selbstverständlich nur den Dateieigentümerinnen und -eigentümern sowie dem Superuser gestattet. Die Bedienung von chmod muss eigentlich allen in der Systemadministration geläufig sein, weil es ein sehr häufig verwendetes Kommando ist. chmod kann zum Glück sehr flexibel eingesetzt werden. Man kann einen numerischen Wert wie folgt verwenden:

```
chmod 755 file
```

oder:

```
chmod 0755 file
```

Einfacher anzuwenden ist chmod über eine symbolische Angabe wie:

```
chmode u+x file
```

Hier bekommt der User (u; Eigentümer) der Datei file das Ausführrecht (+x) erteilt. Mit

```
chmod g-x file
```

wurde der Gruppe (g) das Ausführrecht entzogen (-x). Wollen Sie hingegen allen Teilnehmenden (a) ein Ausführrecht erteilen, dann geht dies so:

```
chmod a+x file
```

Mit chmod können Sie auch die Spezialbits setzen (SUID=4000, SGUID=2000 oder Sticky=1000). Wollen Sie z. B. für eine Datei das *setuid-(Set User ID-)*Bit setzen, funktioniert dies folgendermaßen:

```
chmod 4744 file
```

Das *setgid-(Set Group ID-)*Bit hingegen setzen Sie 2xxx.

Zu erwähnen ist auch die Option -R, mit der Sie ein Verzeichnis rekursiv durchlaufen und alle Dateien, die sich darin befinden, entsprechend den neu angegebenen Rechten ändern.

14.2.6 chown – Eigentümer von Dateien oder Verzeichnissen ändern

Mit `chown` können Sie den Eigentümer von Dateien oder Verzeichnissen ändern. Als neuen Eigentümer kann man entweder den Login-Namen oder die User-ID angeben. Der Name oder die Zahl muss selbstverständlich in der Datei */etc/passwd* vorhanden sein. Dieses Kommando kann wiederum nur vom Eigentümer selbst oder vom Superuser aufgerufen und auf Dateien bzw. Verzeichnisse angewendet werden.

Mit

```
chown john file1 file2
```

wird der User `john` Eigentümer der Dateien `file1` und `file2`. Wollen Sie auch hier ein komplettes Verzeichnis mitsamt den Unterverzeichnissen erfassen, können Sie die Option `-R` verwenden.

Möchten Sie sowohl den Eigentümer als auch die Gruppe einer Datei ändern, nutzen Sie folgende Syntax:

```
chown john:user file1 file2
```


14.2.7 cmp – Dateien miteinander vergleichen

Mit der Funktion `cmp` vergleichen Sie zwei Dateien Byte für Byte miteinander und erhalten die dezimale Position und Zeilennummer des ersten Bytes zurück, bei dem sich beide Dateien unterscheiden. `cmp` vergleicht auch Binärdateien. Sind beide Dateien identisch, erfolgt keine Ausgabe.

```
you@host > cmp out.txt textfile.txt
out.txt textfile.txt sind verschieden: Byte 28, Zeile 1.
```

Alle Unterschiede in den Dateien werden mit dem Parameter `-l` ausgegeben.

```
you@host > cmp -l out.txt textfile.txt
 28 153 143
188 303 163
189 237 163
```

Ausgegeben wird die Stelle innerhalb der Datei mit ihrem ASCII-Code.

14.2.8 comm – zwei sortierte Textdateien miteinander vergleichen

Mit `comm` vergleichen Sie zwei sortierte Dateien und geben die gemeinsamen und die unterschiedlichen Zeilen jeweils in Spalten aus, indem die zweite und die dritte Spalte von einem bzw. zwei Tabulatorenvorschüben angeführt werden.

```
comm [-123] file1 file2
```

Die erste Spalte enthält die Zeilen, die nur in der Datei file1 enthalten sind. Die zweite Spalte hingegen beinhaltet die Zeilen, die in der zweiten Datei file2 enthalten sind, und die dritte Spalte listet die Zeilen auf, die in beiden Dateien enthalten sind.

```
you@host > cat file1.txt
# wichtige Initialisierungsdatei
# noch eine Zeile
Hallo
you@host > cat file2.txt
# wichtige Initialisierungsdatei
# noch eine Zeile
Hallo
you@host > comm file1.txt file2.txt
                # wichtige Initialisierungsdatei
                # noch eine Zeile
                Hallo
you@host > echo "Neue Zeile" >> file2.txt
you@host > comm file1.txt file2.txt
                # wichtige Initialisierungsdatei
                # noch eine Zeile
                Hallo
        Neue Zeile
you@host > comm -3 file1.txt file2.txt
        Neue Zeile
```

In der letzten Zeile ist außerdem zu sehen, wie Sie mit dem Schalter -3 die Ausgabe der dritten Spalte ganz abschalten, um nur die Differenzen beider Dateien zu erkennen. comm arbeitet zeilenweise, weshalb hier keine Vergleiche mit binären Dateien möglich sind. Weitere Schalterstellungen und ihre Bedeutung sind:

Verwendung	Bedeutung
-23 file1 file2	Es werden nur Zeilen ausgegeben, die in file1 vorkommen.
-123 file1 file2	Es wird keine Ausgabe erzeugt.

Tabelle 14.3 Optionen für »comm«

14.2.9 cp – Dateien kopieren

Den Befehl cp zum Kopieren von Dateien und Verzeichnissen haben Sie schon des Öfteren verwendet, daher folgt hier nur noch eine Auflistung der gängigsten Verwendungszwecke.

Verwendung	Bedeutung
cp file newfile	Mit newfile wird eine Kopie von file erzeugt.
cp -p file newfile	newfile erhält dieselben Zugriffsrechte, Eigentümer und Zeitstempel.
cp -r dir newdir	Es wird ein komplettes Verzeichnis rekursiv (-r) kopiert.
cp file1 file2 file3 dir	Es werden mehrere Dateien in ein Verzeichnis kopiert.

Tabelle 14.4 Anwendungen von »cp«

Der Befehl cp wurde bereits separat in Abschnitt 1.7.2 beschrieben.

14.2.10 csplit – Zerteilen von Dateien (kontextabhängig)

Mit csplit können Sie eine Datei in mehrere Teile aufteilen. Als Trennstelle kann hierbei ein Suchmuster, also auch ein regulärer Ausdruck angegeben werden. Dabei werden aus einer Eingabedatei mehrere Ausgabedateien erzeugt, deren Inhalt vom Suchmuster abhängig gemacht werden kann. Ein Beispiel:

14

```
csplit Kapitel20.txt /Abschnitt 1/ /Abschnitt 2/ /Abschnitt 3/
```

Hier wird Kapitel20.txt in vier Teile aufgeteilt – zunächst vom Anfang bis Abschnitt 1, als Nächstes von Abschnitt 1 bis Abschnitt 2, dann von Abschnitt 2 bis Abschnitt 3 und zu guter Letzt von Abschnitt 3 bis Abschnitt 4. Sie können allerdings auch einzelne Zeilen angeben, ab denen Sie eine Datei teilen wollen:

```
csplit -f Abschnitt Kapitel20.txt 20 40
```

Mit der Option -f haben Sie veranlasst, dass anstelle eines Dateinamens wie xx01, xx02 usw. mit dem darauffolgenden Namen eine Datei wie Abschnitt01, Abschnitt02 usw. erzeugt wird. Hier zerteilen Sie die Datei Kapitel20.txt in drei Dateien: Abschnitt01 (Zeile 1–20), Abschnitt02 (Zeile 21–40) und Abschnitt03 (Zeile 41 bis zum Ende). Sie können mit {n} am Ende auch angeben, dass ein bestimmter Ausdruck *n*-mal angewendet werden soll, beispielsweise so:

```
csplit -k /var/spool/mail/$LOGNAME /^From / {100}
```

Hier zerteilen Sie in Ihrer Mailbox die einzelnen E-Mails in die Dateien xx01, xx02 ... xx99. Jeder Brief einer E-Mail im *mbox*-Format beginnt mit »From«, weshalb dies als Trennzeichen für die einzelnen Dateien dient. Weil Sie wahrscheinlich nicht genau wissen, wie viele Mails in Ihrer Mailbox liegen, können Sie durch die Angabe einer relativ hohen Zahl zusammen mit der Option -k erreichen, dass alle Mails getrennt werden und dass nach einem eventuell vorzeitigen Scheitern die bereits erzeugten Dateien nicht wieder gelöscht werden.

Viele Programme verwalten oder exportieren Adressen in vCard-Dateien. Für einen Import von Adressen ist es oft erforderlich, dass eine große vCard-Datei in kleine zerlegt wird, die jeweils nur eine Adresse enthalten. Da jeder Adresseintrag mit `END:VCARD` endet, lässt sich das mit einem einfachen Kommando bewerkstelligen:

```
csplit adressbuch.vcf /END:VCARD/+1 {*}
```

Der Stern in den geschweiften Klammern bedeutet, dass alle vCard-Einträge abgearbeitet werden, `+1` sorgt dafür, dass die Zeile mit `END:VCARD` noch mit übernommen wird.

14.2.11 cut – Zeichen oder Felder aus Dateien herausschneiden

Mit `cut` schneiden Sie bestimmte Teile aus einer Datei heraus. Dabei liest `cut` von der angegebenen Datei und gibt die Teile auf dem Bildschirm aus, die Sie als gewählte Option und per Wahl des Bereichs verwendet haben. Ein Bereich ist eine durch Kommata getrennte Liste von einzelnen Zahlen bzw. Zahlenbereichen. Diese Zahlenbereiche werden in der Form »a–z« angegeben. Wird *a* oder *z* weggelassen, wird hierzu der Anfang bzw. das Ende einer Zeile verwendet.

Der Befehl `cut` wurde bereits in Abschnitt 2.3.1 ausführlich beschrieben und demonstriert.

14.2.12 diff – Vergleichen zweier Dateien

`diff` ist das Standardprogramm, wenn es darum geht, den Inhalt von Dateien oder auch Verzeichnissen miteinander zu vergleichen. Da `diff` zeilenweise vergleicht, sind keine binären Dateien erlaubt. Ein Beispiel:

```
you@host > diff file1.txt file2.txt
2a3
> neueZeile
```

Hier wurden die Dateien `file1.txt` und `file2.txt` miteinander verglichen. Die Ausgabe `2a3` besagt lediglich, dass Sie in der Datei `file1.txt` zwischen Zeile 2 und 3 die Zeile `neueZeile` einfügen (a = *append*) müssten, damit die Datei exakt mit der Datei `file2.txt` übereinstimmt. Noch ein Beispiel:

```
you@host > diff file1.txt file2.txt
2c2
< zeile2
```

```
---
> zeile2 wurde verändert
```

Hier bekommen Sie mit 2c2 die Meldung, dass die zweite Zeile unterschiedlich (c = *change*) ist. Die darauffolgende Ausgabe zeigt auch den Unterschied dieser Zeile an. Eine sich öffnende spitze Klammer (<) zeigt file1.txt, und die sich schließende spitze Klammer bezieht sich auf file2.txt. Eine dritte Möglichkeit, die Ihnen diff ebenfalls bietet, ist:

```
you@host > diff file1.txt file2.txt
2d1
< zeile2
```

Hier will diff Ihnen sagen, dass die zweite Zeile in file2.txt fehlt (d = *delete*) bzw. gelöscht wurde. Daraufhin wird die entsprechende Zeile ausgegeben.

diff eignet sich auch zum Vergleichen von Verzeichnissen.

```
you@host:~/ordner$ diff ORDNER1 ORDNER2
Nur in ORDNER1: dummy1.
Gemeinsame Unterverzeichnisse: ORDNER1/Unterordner und ORDNER2/Unterordner.
```


Mit der Option -r können Sie ganze Verzeichnisstrukturen (rekursiv) miteinander vergleichen:

```
you@host:~/ordner$ diff -r ORDNER1 ORDNER2
Nur in ORDNER1: dummy1.
diff -r ORDNER1/Unterordner/text.txt ORDNER2/Unterordner/text.txt
1c1
< Das ist neuer
---
> Das ist neu
```

14.2.13 diff3 – Vergleich von drei Dateien

Die Funktion entspricht in etwa der von diff, nur dass Sie hierbei drei Dateien Zeile für Zeile miteinander vergleichen können.

```
diff file1 file2 file3
```

Tabelle 14.5 erläutert die Ausgabe von diff3.

Ausgabe	Bedeutung
====	Alle drei Dateien sind unterschiedlich.
====1	file1 ist unterschiedlich.
====2	file2 ist unterschiedlich.
====3	file3 ist unterschiedlich.

Tabelle 14.5 Bedeutung der Ausgabe von »diff3«

14.2.14 dos2unix – Dateien vom DOS- ins UNIX-Format umwandeln

Mit dos2unix können Sie Textdateien vom DOS- in das UNIX-Format umwandeln. Alternativ gibt es außerdem noch den Befehl mac2unix, mit dem Sie Textdateien vom Mac- in das UNIX-Format konvertieren können.

```
you@host > dos2unix file1.txt file2.txt
dos2unix: converting file file1.txt to UNIX format ...
dos2unix: converting file file2.txt to UNIX format ...
```

14.2.15 expand – Tabulatoren in Leerzeichen umwandeln

expand ersetzt alle Tabulatoren einer Datei durch eine Folge von Leerzeichen. Standardmäßig sind dies acht Leerzeichen, allerdings kann dieser Wert explizit mit einem Schalter verändert werden. Wollen Sie z. B., dass alle Tabulatorzeichen durch nur drei Leerzeichen ersetzt werden, erreichen Sie das folgendermaßen:

```
you@host > expand -3 file
```

Allerdings erlaubt expand nicht das vollständige Entfernen von Tabulatorzeichen – sprich, ein Schalter mit -0 gibt eine Fehlermeldung zurück. Hierzu können Sie alternativ z. B. das Kommando tr verwenden.

14.2.16 file – den Inhalt von Dateien analysieren

Das Kommando file versucht, die Art oder den Typ einer von Ihnen angegebenen Datei zu ermitteln. Hierzu führt file einen Dateisystemtest, einen Kennzahlentest und einen Sprachtest durch. Je nach Erfolg wird eine entsprechende Ausgabe des Tests vorgenommen. Der Dateisystemtest wird mithilfe des Systemaufrufs stat(2) ausgeführt. Dieser Aufruf erkennt viele Arten von Dateien. Der Kennzahlentest wird anhand von festgelegten Kennzahlen (der Datei */etc/magic* oder */etc/usr/share/magic*) durchgeführt. In dieser Datei steht beispielsweise geschrieben, welche Bytes einer Datei zu untersuchen sind und auf welches Muster man dann den Inhalt dieser Datei zurückführen kann. Am Ende erfolgt noch ein Sprachtest. Hier versucht `file`, eine Programmiersprache anhand von Schlüsselwörtern zu erkennen.

```
you@host > cat > hallo.c
#include <stdio.h>

int main(void) {
   printf("Hallo Welt\n");
   return 0;
}
Strg+D
you@host > file hallo.c
hallo.c: ASCII C program text
you@host > gcc -o hallo hallo.c
you@host > ./hallo
Hallo Welt
you@host > file hallo
hallo: ELF 32-bit LSB executable, Intel 80386, version 1 (SYSV), for GNU/
Linux 2.2.5, dynamically linked (uses shared libs), not stripped
you@host > file file1.txt
file1.txt: ASCII text
you@host > mkfifo abc
you@host > file abc
abc: fifo (named pipe)
...
```


14.2.17 find – Suchen nach Dateien

Zum Suchen nach Dateien wird häufig auf das Kommando `find` zurückgegriffen. `find` durchsucht eine oder mehrere Verzeichnisebenen nach Dateien mit einer bestimmten vorgegebenen Eigenschaft. Die Syntax zu `find` lautet:

```
find [Verzeichnis] [-Option ...] [-Test ...] [-Aktion ...]
```

Die Optionen, Tests und Aktionen können Sie mit Operatoren zusammenfassen. Dabei wertet `find` jede Datei in den Verzeichnissen hinsichtlich der Optionen, Tests und Aktionen von links nach rechts aus, bis ein Wert unwahr ist oder die Kommandozeilenargumente zu Ende sind. Ist kein Verzeichnis angegeben, wird das aktuelle Verzeichnis verwendet – allerdings gilt dies nur bei GNU-`find`. Daher sollte man aus Kompatibilitätsgründen möglichst das Verzeichnis angeben. Wenn keine Aktion angegeben ist, wird meistens `-print` (abhängig von einer eventuell angegebenen Option) für die Ausgabe auf dem Bildschirm verwendet. Hierzu folgen einige Beispiele.

- Alle Verzeichnisse und Unterverzeichnisse ab dem Heimverzeichnis ausgeben:

  ```
  find $HOME -print
  ```

- Gibt alle Dateien mit dem Namen kapitel aus dem Verzeichnis /dokus (und dessen Unterverzeichnissen) aus:

  ```
  find /dokus -name kapitel -print
  ```

- Gibt alle Dateien aus dem Verzeichnis /dokus (und dessen Unterverzeichnissen) mit dem Namen kap... aus, bei denen you der Eigentümer ist:

  ```
  find /dokus /usr -name 'kap*' -user you -print
  ```

- Damit suchen Sie ab dem Wurzelverzeichnis nach einem Verzeichnis (type d = *directory*) mit dem Namen dok... und geben dieses auf dem Bildschirm aus:

  ```
  find / -type d -name 'dok*' -print
  ```

- Sucht leere Dateien (size = 0) und löscht diese nach einer Rückfrage (ok):

  ```
  find / -size 0 -ok rm {} \;
  ```

- Gibt alle Dateien ab dem Wurzelverzeichnis aus, die in den letzten sieben Tagen verändert wurden:

  ```
  find / -mtime -7 -print
  ```

Mit der Option -exec können Sie aus find heraus ein weiteres Programm aufrufen:

```
find ~ -type f -exec grep -q Suchmuster {} \; -print
```

Hiermit werden alle Dateien ab dem Home-Verzeichnis ~ an grep übergeben und nach dem Suchmuster durchsucht. Wenn das erfolgreich ist, wird der Dateiname ausgegeben.

14.2.18 fold – einfaches Formatieren von Dateien

Mit fold können Sie Textdateien ab einer bestimmten Zeilenlänge umbrechen. Standardmäßig sind hierbei 80 Zeichen pro Zeile eingestellt. Da fold die Bildschirmspalten und nicht die Zeichen zählt, werden auch Tabulatorzeichen korrekt behandelt. Wollen Sie etwa eine Textdatei nach 50 Zeichen umbrechen, gehen Sie folgendermaßen vor:

```
you@host > fold -50 Kap003.txt
...
Sicherlich erscheint Ihnen das Ganze nicht sonderl
ich elegant oder sinnvoll, aber bspw. in Schleifen
 eingesetzt, können Sie hierbei hervorragend alle A
rgumente der Kommandozeile zur Verarbeitung von Op
```

```
tionen heranziehen. Als Beispiel ein kurzer theoreti
scher Code-Ausschnitt, wie so etwas in der Praxis
realisiert werden kann.
```

Allerdings kann man an der Ausgabe erkennen, dass einfach die Wörter abgeschnitten und in der nächsten Zeile fortgeführt werden. Wollen Sie das unterbinden, können Sie die Option -s verwenden. Damit findet der Zeilenumbruch beim letzten Leerzeichen der Zeile statt, wenn in der Zeile ein Leerzeichen vorhanden ist.

```
you@host > fold -s -50 Kap003.txt
...
Sicherlich erscheint Ihnen das Ganze nicht
sonderlich elegant oder sinnvoll, aber bspw. in
Schleifen eingesetzt, können Sie hierbei
hervorragend alle Argumente der Kommandozeile zur
Verarbeitung von Optionen heranziehen. Als Beispiel
ein kurzer theoretischer Code-Ausschnitt, wie so
etwas in der Praxis realisiert werden kann.
```


Ein recht typischer Anwendungsfall ist es, Text für eine E-Mail zu formatieren:

```
you@host > fold -s -72 text.txt | mail -s "Betreff" name@host.de
```

14.2.19 head – Anfang einer Datei ausgeben

Mit der Funktion head geben Sie immer die ersten Zeilen einer Datei auf dem Bildschirm aus. Standardmäßig werden dabei die ersten zehn Zeilen ausgegeben. Wollen Sie selbst bestimmen, wie viele Zeilen vom Anfang der Datei ausgegeben werden sollen, können Sie dies explizit mit *-n* angeben:

```
you@host > head -5 file
```

Hier werden die ersten fünf Zeilen von file auf dem Bildschirm ausgegeben.

14.2.20 less – Datei(en) seitenweise ausgeben

Mit less geben Sie eine Datei seitenweise auf dem Bildschirm aus. Der Vorteil von less gegenüber more ist, dass Sie mit less auch zurückblättern können. Da less von der Standardeingabe liest, ist so auch eine Umleitung eines anderen Kommandos mit einer Pipe möglich. Mit der Leertaste blättern Sie eine Seite weiter, und mit [B] können Sie jeweils eine Seite zurückblättern. Die meisten less-Versionen bieten außerdem das Scrollen nach unten bzw. oben mit den Pfeiltasten an. Mit [Q] wird less beendet. less bietet außerdem eine Unmenge von Optionen und weiterer Features an, über die Sie sich durch Drücken von [H] informieren können.

14.2.21 ln – Links auf eine Datei erzeugen

Wenn eine Datei erzeugt wird, werden im Verzeichnis der Name, ein Verweis auf ein Inode, die Zugriffsrechte, der Dateityp und gegebenenfalls die Anzahl der belegten Blöcke eingetragen. Mit `ln` wiederum wird ein neuer Eintrag im Verzeichnis abgelegt, der auf den Inode einer existierenden Datei zeigt. Man spricht dabei von einem Hardlink. Er wird standardmäßig ohne weitere Angaben angelegt. Es ist allerdings nicht möglich, diese Hardlinks über Dateisystemgrenzen hinweg anzulegen. Hierzu müssen Sie einen symbolischen Link mit der Option `-s` erzeugen:

```
ln -s filea fileb
```

Damit haben Sie einen symbolischen Link auf die bestehende Datei `filea` angelegt, der den Namen `fileb` trägt.

Wollen Sie hingegen einen Hardlink auf die bestehende Datei `filea` anlegen, der den Namen `fileb` trägt, gehen Sie wie folgt vor:

```
ln filea fileb
```

Smalltalk

Mit den Hardlinks kann man unter BSD und Jails nette Sachen machen. Unter BSD gibt es ja das *immutable flag* für Dateien, das das Schreiben auch für root verbietet. Nur root kann das Flag verändern. Man kann aber mit `make world` ein Betriebssystem in einem Verzeichnis für ein Jail bauen. Das Verzeichnis kann dann rekursiv mit dem *immutable flag* versehen und per Hardlink in das Jail verlinkt werden. Das *immutable flag* kann nur root vom Host-System aus verändern, ein Nicht-root kann das aus dem Jail heraus tun. Somit kann man das Root-Passwort im Internet bekannt geben (das wurde auch schon oft gemacht), und es hat bisher noch nie jemand geschafft, solch ein Jail zu knacken.

14.2.22 ls – Verzeichnisinhalt auflisten

Mit `ls` wird der Inhalt eines Verzeichnisses auf dem Dateisystem angezeigt. Da wir `ls` bereits in Abschnitt 1.7.2 behandelt haben, gehen wir hier nicht mehr näher darauf ein.

14.2.23 more – Datei(en) seitenweise ausgeben

`more` wird genauso eingesetzt wie `less`, und zwar zum seitenweisen Lesen von Dateien. Allerdings bietet `less` gegenüber `more` erheblich mehr Features und erweiterte Funktionalitäten an.

14.2.24 mv – Datei(en) und Verzeichnisse verschieben oder umbenennen

Mit `mv` können Sie eine oder mehrere Dateien bzw. ein oder mehrere Verzeichnisse verschieben oder umbenennen.

Verwendung	Bedeutung
`mv file filenew`	Eine Datei umbenennen
`mv file dir`	Eine Datei in ein Verzeichnis verschieben
`mv dir dirnew`	Ein Verzeichnis in ein anderes Verzeichnis verschieben

Tabelle 14.6 Anwendungen von »mv«

Der Befehl `mv` wurde bereits in Abschnitt 1.7.2 behandelt.

14.2.25 nl – Datei mit Zeilennummer ausgeben

Mit `nl` geben Sie die Zeilen einer Datei mit deren Nummer auf dem Bildschirm aus. Dabei ist `nl` nicht nur ein »dummer« Zeilenzähler, sondern kann die Zeilen einer Seite auch in einen Header, Body und einen Footer unterteilen und in unterschiedlichen Stilen nummerieren, zum Beispiel:

```
you@host > ls | nl -w3 -s') '
  1) abc
  2) bin
  3) cxoffice
  4) Desktop
  5) Documents
  6) file1.txt
 ...
```

Wenn Sie mehrere Dateien verwenden, beginnt die Nummerierung allerdings nicht mehr neu; dann werden mehrere Dateien wie eine behandelt. Die Zeilennummer wird nicht zurückgesetzt. Ein weiteres Beispiel:

```
you@host > nl hallo.c -s' : ' > hallo_line
you@host > cat hallo_line
     1 : #include <stdio.h>

     2 : int main(void) {
     3 :    printf("Hallo Welt\n");
     4 :    return 0;
     5 : }
```

Mit der Option `-s` (optional) geben Sie das Zeichen an, das zwischen der Zeilennummer und der eigentlichen Zeile stehen soll.

14.2.26 od – Datei(en) hexadezimal bzw. oktal ausgeben

`od` liest von der Standardeingabe eine Datei ein und gibt diese – Byte für Byte – formatiert und codiert auf dem Bildschirm aus. Standardmäßig wird die siebenstellige Oktalzahl in je acht Spalten zu zwei Bytes verwendet:

```
you@host > od file1.txt
0000000 064546 062554 035061 062572 066151 030545 063012 066151
0000020 030545 075072 064545 062554 005062 064546 062554 035062
0000040 062572 066151 031545 000012
0000047
```

Jede Zeile enthält in der ersten Spalte die Positionsnummer in Bytes vom Dateianfang an. Mit der Option `-h` erfolgt die Ausgabe in hexadezimaler Form und mit `-c` in ASCII-Form.

14.2.27 paste – Dateien spaltenweise verknüpfen

Mit `paste` führen Sie Zeilen von mehreren Dateien zusammen. Das Kommando wurde bereits in Abschnitt 2.3.1 behandelt, weshalb Sie bei Bedarf dorthin zurückblättern sollten.

14.2.28 pcat – Ausgabe von pack-komprimierten Dateien

Mit `pcat` kann man den Inhalt von `pack`-komprimierten Dateien ausgeben, ohne dass man die komprimierte Datei dekomprimieren muss. Ansonsten funktioniert `pcat` wie `cat`.

14.2.29 rm – Dateien und Verzeichnisse löschen

Mit dem Kommando `rm` können Sie Dateien und Verzeichnisse löschen.

Verwendung	Bedeutung
`rm datei`	Löscht eine Datei.
`rm dir`	Löscht ein leeres Verzeichnis.

Tabelle 14.7 Anwendungen von »rm«

Verwendung	Bedeutung
rm -r dir	Löscht ein Verzeichnis rekursiv.
rm -rf dir	Erzwingt rekursives Löschen, ohne eine Warnung auszugeben.

Tabelle 14.7 Anwendungen von »rm« (Forts.)

Das Kommando rm wurde bereits in Abschnitt 1.7.2 und Abschnitt 1.7.3 (rmdir) behandelt.

14.2.30 sort – Dateien sortieren

Gewöhnlich wird sort zum Sortieren einzelner Zeilen einer Datei oder der Standardeingabe verwendet. sort kann aber auch Dateien daraufhin überprüfen, ob diese sortiert sind, und mehrere sortierte oder auch unsortierte Dateien zu einer sortierten Datei zusammenfügen. Ohne Angabe einer Option sortiert sort eine Datei zeilenweise in alphabetischer Reihenfolge:


```
you@host > sort kommandos.txt
a2ps - Textdatei umwandeln nach PostScript
accept - Druckerwarteschlange auf empfangsbereit setzen
afio - Ein cpio mit zusätzlicher Komprimierung
alias - Kurznamen für Kommandos vergeben
...
you@host > ls | sort
abc
bin
cxoffice
Desktop
Documents
...
```

Tabelle 14.8 zeigt häufig verwendete Optionen zum Sortieren, die mit sort eingesetzt werden.

Option	Bedeutung
-n	Sortiert eine Datei numerisch.
-f	Unterscheidet nicht zwischen Klein- und Großbuchstaben.
-r	Sortiert nach Alphabet in umgekehrter Reihenfolge.

Tabelle 14.8 Optionen für das Kommando »sort«

Option	Bedeutung
-n -r	Sortiert numerisch in umgekehrter Reihenfolge.
-c	Überprüft, ob die Dateien bereits sortiert sind. Wenn nicht, wird mit einer Fehlermeldung und dem Rückgabewert 1 abgebrochen.
-u	Gibt keine doppelt vorkommenden Zeilen aus.

Tabelle 14.8 Optionen für das Kommando »sort« (Forts.)

Alternativ gibt es hier zusätzlich noch das Kommando `tsort`, das Dateien topologisch sortiert.

14.2.31 split – Dateien in mehrere Teile zerlegen

Mit `split` teilen Sie eine Datei in mehrere Teile auf. Ohne Angabe einer Option wird eine Datei in je 1.000 Zeilen aufgeteilt. Die Ausgabe erfolgt in Dateien, die mit `x...` oder einem entsprechenden Präfix beginnen, wenn eines angegeben wurde:

```
you@host > split -50 kommandos.txt
you@host > ls x*
xaa  xab  xac  xad  xae
```

Die Datei können Sie folgendermaßen wieder zusammensetzen:

```
for file in `ls x* | sort`; do cat $file >> new.txt; done
```

Hier wurde z. B. die Textdatei `kommandos.txt` in je 50-zeilige Häppchen aufgeteilt. Wollen Sie den Namen der neu erzeugten Datei verändern, gehen Sie wie folgt vor:

```
you@host > split -50 kommandos.txt kommandos
you@host > ls komm*
kommandosaa  kommandosab  kommandosac
kommandosad  kommandosae  kommandos.txt
```

Das Kommando `split` wird häufig eingesetzt, um große Dateien zu zerlegen, die nicht auf ein einzelnes Speichermedium passen.

14.2.32 tac – Dateien rückwärts ausgeben

Vereinfacht ausgedrückt, funktioniert `tac` wie `cat` (daher auch der rückwärts geschriebene Kommandoname), nur dass `tac` die einzelnen Zeilen rückwärts ausgibt. Es wird somit zuerst die letzte Zeile ausgegeben, dann die vorletzte usw. bis zur ersten Zeile.

```
you@host > cat file1.txt
file1:zeile1
file1:zeile2
file2:zeile3
you@host > tac file1.txt
file2:zeile3
file1:zeile2
file1:zeile1
```

14.2.33 tail – Das Ende einer Datei ausgeben

tail gibt die letzten Zeilen (standardmäßig ohne spezielle Angaben die letzten zehn) einer Datei aus:

```
you@host > tail -5 kommandos.txt
write - Nachrichten an andere Benutzer verschicken
zcat - Ausgabe von gunzip-komprimierten Dateien
zip/unzip - (De-)Komprimieren von Dateien
zless - gunzip-komprimierte Dateien seitenweise ausgeben
zmore - gunzip-komprimierte Dateien seitenweise ausgeben
```


Hier gibt tail die letzten fünf Zeilen der Datei kommandos.txt aus. Wollen Sie eine Datei ab einer bestimmten Zeile ausgeben lassen, gehen Sie wie folgt vor:

```
you@host > tail +100 kommandos.txt
```

Hier werden alle Zeilen ab Zeile 100 ausgegeben. Wollen Sie tail wie tac verwenden, können Sie die Option -r verwenden:

```
you@host > tail -r kommandos.txt
```

Hiermit wird die komplette Datei zeilenweise rückwärts von der letzten zur ersten Zeile ausgegeben. Häufig verwendet wird auch die Option -f (*follow*), die immer wieder das Dateiende ausgibt. Dadurch kann man eine Datei beim Wachsen beobachten, da jede neu hinzugekommene Zeile angezeigt wird. Natürlich lässt sich diese Option nur auf eine Datei gleichzeitig anwenden.

14.2.34 tee – Ausgabe duplizieren

Mit tee lesen Sie von der Standardeingabe und verzweigen die Ausgabe auf die Standardausgabe und in eine Datei. Da tee ein eigener Abschnitt (siehe Abschnitt 1.10.5) im Buch gewidmet ist, sei hier auf diesen verwiesen.

14.2.35 touch – Dateien anlegen oder Zeitstempel verändern

Mit touch setzen Sie die Zugriffs- und Änderungszeit einer Datei auf die aktuelle Zeit. Existiert eine solche Datei nicht, wird diese angelegt. touch wurde bereits in Abschnitt 1.7.2 behandelt, aber trotzdem sollen hier noch einige Optionen zu touch und ihre jeweilige Bedeutung erwähnt werden (siehe Tabelle 14.9).

Option	Bedeutung
-a	Damit ändern Sie nur die Zugriffszeit.
-c	Falls eine Datei nicht existiert, wird sie trotzdem nicht erzeugt.
-m	Ändert nur die Änderungszeit.

Tabelle 14.9 Optionen für das Kommando »touch«

14.2.36 tr – Zeichen ersetzen bzw. Dateien umformen

Mit tr können Zeichen durch andere Zeichen ersetzt werden. Dies gilt auch für nicht druckbare Zeichen.

```
tr str1 str2 file
```

Wird in der Datei file ein Zeichen aus str1 gefunden, wird es durch das entsprechende Zeichen in str2 ersetzt.

Der Befehl tr wurde bereits in Abschnitt 2.3.1 behandelt.

14.2.37 type – Kommandos klassifizieren

Mit type können Sie klassifizieren, wie die Shell den angegebenen Namen interpretieren würde, wenn Sie ihn in der Kommandozeile verwendeten. type unterscheidet hierbei zwischen einem Alias, einem Builtin (Shell-Funktion), einer Datei und einer Scriptfunktion. Kann type nichts mit dem Namen anfangen, wird auch nichts ausgegeben.

```
you@host > type ls echo ./hallo
ls is aliased to `/bin/ls $LS_OPTIONS' ↵
echo is a shell builtin
./hallo is ./hallo
```

Das Builtin »type«

type selbst ist ein Builtin und daher nicht in jeder Shell verfügbar.

14.2.38 umask – Dateierstellungsmaske ändern bzw. ausgeben

Mit der Shell-Funktion umask setzen Sie eine Maske, mit der die Zugriffsrechte auf eine Datei bzw. auf Verzeichnisse direkt nach der Erzeugung durch einen Prozess bestimmt werden, der von der Shell kontrolliert wird. Die in der Maske gesetzten Bits werden bei den Zugriffsrechten für die neue Datei bzw. das Verzeichnis gelöscht (man sagt auch, sie werden maskiert). Mehr zu diesem Kommando entnehmen Sie bitte Abschnitt 9.4, in dem es näher behandelt wird.

14.2.39 uniq – doppelte Zeilen nur einmal ausgeben

Mit uniq können Sie doppelt vorhandene Zeilen löschen. Voraussetzung ist allerdings, dass die Datei sortiert ist und die doppelten Zeilen direkt aufeinanderfolgen. Ein Beispiel:

```
you@host > cat file1.txt
file1:zeile1
file1:zeile2
file1:zeile2
file2:zeile3
you@host > uniq file1.txt
file1:zeile1
file1:zeile2
file2:zeile3
```


14.2.40 unix2dos – Dateien vom UNIX- ins DOS-Format umwandeln

Das Gegenstück zu dos2unix. Damit wandeln Sie eine Textdatei vom UNIX-Format wieder zurück in das DOS-Format um.

```
unix2dos fileunix filedos
```

14.2.41 uuencode/uudecode – Text- bzw. Binärdateien codieren

Mit den Kommandos uuencode und uudecode können Sie Textdateien in Binärdateien und wieder zurück umwandeln. Solche Umwandlungen werden zum Beispiel beim Datenaustausch über das Internet notwendig, weil sonst hierbei die Sonderzeichen (beispielsweise Umlaute bzw. alle ASCII-Zeichen über 127) auf manchen Rechnern nicht richtig dargestellt werden können. Bei einer Textdatei ist das nicht so wild, weil eben nur die nicht darstellbaren Zeichen »verhunzt« werden. Doch bei einer binären Datei bedeutet dies, dass sie schlicht nicht mehr funktioniert. Die meisten modernen E-Mail-Programme unterstützen MIME und erkennen solche codierten Dateien als Anhang automatisch, daher erfolgt hierbei die Umwandlung von selbst, ohne dass Sie als Benutzerin oder Benutzer etwas davon mitbekommen.

uuencode macht im Prinzip nichts anderes, als dass es jeweils drei 8-Bit-Zeichen in vier 6-Bit-Zeichen umwandelt und für jedes Zeichen 32 addiert. Damit werden alle Zeichen in einen Satz von Standardzeichen umgewandelt, die relativ verlässlich übertragen werden.

Gewöhnlich werden Sie wohl uuencode verwenden, um Anhänge zu Ihren E-Mails mit dem Programm mail, Mail oder mailx hinzuzufügen. Wollen Sie einfach eine Datei namens archiv.tgz per Anhang mit mail versenden, gehen Sie wie folgt vor:

```
you@host > uuencode archiv.tgz archiv.tgz | \
> mail -s 'Anhang: archiv.tgz' user@host
```

Dass hierbei zweimal archiv.tgz verwendet wurde, ist übrigens kein Fehler, sondern wird von uuencode erwartet.

14.2.42 wc – Zeilen, Wörter und Zeichen einer Datei zählen

Mit wc können Sie die Zeichen, Wörter und/oder Zeilen einer Datei zählen. Ohne spezielle Optionen wird eine Zeile mit den folgenden Zahlen ausgegeben:

```
you@host > wc file1.txt
 4  4 52 file1.txt
```

Die erste Spalte enthält die Anzahl der Zeilen, gefolgt von der Anzahl der Wörter und am Ende der Anzahl der Zeichen. Einzeln können Sie dies mit der Option -l (*lines* = Zeilen), -w (*words* = Wörter) und -c (*characters* = Zeichen) ermitteln.

Der Befehl wc wurde bereits in Abschnitt 1.7.2 behandelt.

14.2.43 whereis – Suche nach Dateien

Mit dem Kommando whereis wird vorwiegend in wichtigen Pfaden (meistens in allen Einträgen in PATH) nach Binärdateien oder man-Dateien gesucht. whereis ist nicht so flexibel wie find, aber dafür erheblich schneller.

```
you@host > whereis ls
/bin/ls /usr/share/man/man1/ls.1.gz /usr/share/man/man1p/ls.1p.gz
you@host > whereis -b ls
/bin/ls
you@host > whereis -m ls
/usr/share/man/man1/ls.1.gz /usr/share/man/man1p/ls.1p.gz
```

Zuerst wurde der Pfad zum Programm ls ermittelt. Hierbei werden allerdings auch gleich die Pfade zu den Manpages mit ausgegeben. Wollen Sie nur den Pfad zum Binärprogramm erhalten, müssen Sie die Option -b verwenden. Wünschen Sie nur den Pfad zu den Manpages, so verwenden Sie die Option -m so, wie im Beispiel zu sehen ist.

14.2.44 zcat, zless, zmore – (seitenweise) Ausgabe von gunzip-komprimierten Dateien

Alle drei Funktionen haben dieselbe Funktionsweise wie ihre Gegenstücke ohne »z«, nur dass hiermit `gzip`- bzw. `gunzip`-komprimierte Dateien gelesen und ausgegeben werden können, ohne dass sie dekomprimiert werden müssen. Auf manchen Systemen gibt es mit `zgrep` auch noch eine entsprechende `grep`-Version.

14.3 Verzeichnisorientierte Kommandos

14.3.1 basename – gibt den Dateianteil eines Pfadnamens zurück

`basename` liefert den Dateinamen ohne den Pfadnamen zurück, indem dieser abgeschnitten wird. Geben Sie ein Suffix an, wird auch die Dateiendung abgeschnitten. `basename` wurde bereits in Abschnitt 9.3 behandelt.

14.3.2 cd – Verzeichnis wechseln

Das Shell-Kommando `cd` wird zum Wechseln des aktuellen Verzeichnisses verwendet. Wird kein Verzeichnis angegeben, wird in das Heimverzeichnis gewechselt. Das Kommando wurde bereits ausführlich in Abschnitt 1.7.3 beschrieben.

14.3.3 dirname – Verzeichnisanteil eines Pfadnamens zurückgeben

`dirname` ist das Gegenstück zu `basename` und gibt den Verzeichnisanteil zurück. Es wird hierbei also der Dateiname aus der absoluten Pfadangabe »ausgeschnitten«. `dirname` wurde bereits in Abschnitt 9.3 behandelt.

14.3.4 mkdir – ein Verzeichnis anlegen

Mit `mkdir` legen Sie ein leeres Verzeichnis an. Wollen Sie gleich beim Anlegen die Zugriffsrechte erteilen, können Sie dies mit der Option `-m` vornehmen:

```
you@host > mkdir -m 600 mydir
```

Wollen Sie ein neues Verzeichnis mitsamt Elternverzeichnissen anlegen, können Sie die Option `-p` verwenden:

```
you@host > mkdir doku/neu/buch
mkdir: kann Verzeichnis doku/neu/buch nicht anlegen:
       Datei oder Verzeichnis nicht gefunden
you@host > mkdir -p doku/neu/buch
```

Der Befehl `mkdir` wurde bereits ausführlich in Abschnitt 1.7.3 behandelt.

14.3.5 pwd – Ausgeben des aktuellen Arbeitsverzeichnisses

Mit pwd lassen Sie das aktuelle Arbeitsverzeichnis ausgeben, in dem Sie sich gerade befinden.

14.3.6 rmdir – ein leeres Verzeichnis löschen

Mit der Funktion rmdir können Sie ein leeres Verzeichnis löschen. Nicht leere Verzeichnisse können Sie mit rm -r rekursiv löschen. Etwas, das rm -r allerdings nicht kann, ist, Verzeichnisse zu löschen, für die kein Ausführrecht vorhanden ist. Irgendwie ist dies auch logisch, weil ja rm mit der Option -r im Verzeichnis enthalten sein muss. rmdir hingegen verrichtet hierbei seine Arbeit klaglos:

```
you@host > mkdir -m 600 mydir
you@host > rm -r mydir
rm: kann nicht aus Verzeichnis . in mydir wechseln:
    Keine Berechtigung
you@host > rmdir mydir
```

Beide Befehle wurden bereits in Abschnitt 1.7.2 (rm) und Abschnitt 1.7.3 (rmdir) behandelt.

14.4 Verwaltung von Benutzern und Gruppen

14.4.1 exit, logout – eine Session (Sitzung) beenden

Mit beiden Befehlen beenden Sie eine Shell-Sitzung (eine Textkonsole bzw. ein Shell-Fenster). Gleiches würde man auch mit [Strg]+[D] erreichen.

14.4.2 finger – Informationen zu anderen Benutzern abfragen

Mit finger können Sie detaillierte Informationen zu den momentan angemeldeten Benutzerinnen und Benutzern abfragen (ähnlich wie mit who, nur dass die Terminals nicht einzeln aufgelistet werden):

```
you@host > finger
Login      Name           Tty      Idle  Login Time   Where
john       Jonathan Wolf  3           2   Thu 02:31
tot        J.Wolf         :0        14d   Wed 22:30   console
you        Dr.No          2           2   Thu 02:31
```

Ohne irgendwelche Optionen gibt finger zu allen aktiven Benutzern eine Informationszeile aus. Geben Sie einen Benutzernamen ein, bekommen Sie eine detailliertere Auskunft (im Langformat):

```
you@host > finger you
Login: you                          Name:
Directory: /home/you                Shell: /bin/bash
On since Thu Apr 21 02:31 (CEST) on tty2, idle 0:04
Mail last read Fri Feb 26 04:21 2016 (CET)
No Plan.
```

Natürlich können Sie auch zu allen anderen aktiven Benutzern dieses Langformat mit der Option `-l` ausgeben lassen. Wollen Sie einen Benutzer auf einem entfernten System suchen, müssen Sie »benutzername@hostname« für den Benutzer angeben.

Social-Engineering-Angriffe

Informationen, die über das `finger`-Protokoll zur Verfügung stehen, können sehr gut für Social-Engineering-Angriffe genutzt werden. Ein `finger`-Server sollte daher nicht über das Internet frei zugänglich sein.

14.4.3 groupadd, groupmod, groupdel – Gruppenverwaltung (distributionsabhängig)

Eine neue Gruppe können Sie mit `groupadd` anlegen:

```
groupadd [-g GID] gruppenname
```

Die ID einer Gruppe (*GID*) können Sie mit `groupmod` verändern:

```
groupmod [-g neueGID] gruppenname
```

Eine Gruppe wieder löschen können Sie mit `groupdel`:

```
groupdel gruppenname
```

14.4.4 groups – Gruppenzugehörigkeit ausgeben

Um alle Gruppen eines Benutzers zu ermitteln, wird `groups` verwendet. Wird `groups` ohne Angabe eines bestimmten Benutzers ausgeführt, werden alle Gruppen des aktuellen Benutzers ausgegeben.

14.4.5 id – eigene Benutzer- und Gruppen-ID ermitteln

Mit `id` können Sie die User- und Gruppen-ID eines Benutzers ermitteln. Geben Sie keinen bestimmten Benutzer an, werden UID und GID des aktuellen Benutzers ermittelt und ausgegeben.

14.4.6 last – An- und Abmeldezeit eines Benutzers ermitteln

Einen Überblick über die letzten An- und Abmeldezeiten von Benutzern können Sie mit `last` erhalten:

```
you@host > last
john     tty3                      Thu Apr 21 02:31   still logged in
you      tty2                      Thu Apr 21 02:31   still logged in
tot      :0    console             Wed Apr 20 22:30   still logged in
reboot   system boot  2.6.4-52-default Wed Apr 20 22:30  (04:42)
tot      :0    console             Wed Apr 20 06:40 - 07:42  (01:02)
reboot   system boot  2.6.4-52-default Wed Apr 20 06:39  (01:03)
wtmp begins Wed Apr 20 05:26:11 2022
```

Wollen Sie nur die Login-Zeiten eines einzelnen Users ermitteln, müssen Sie diesen als Argument angeben.

14.4.7 logname – Name des aktuellen Benutzers anzeigen

Mit `logname` erhalten Sie den aktuellen Benutzernamen, der von `getty` in der Datei */var/run/utmp* gespeichert wird. Hierzu muss man allerdings auch in einem echten Terminal mit `getty` angemeldet sein. Unter einem Konsolenfenster wie dem `xterm` werden Sie hier keinen Namen erhalten.

14.4.8 newgrp – Gruppenzugehörigkeit kurzzeitig wechseln (betriebssystemspezifisch)

Mit `newgrp` kann ein Benutzer während einer Sitzung in eine andere Gruppe wechseln (in der er ebenfalls Mitglied ist). Wird keine Gruppe als Argument verwendet, wird in eine Standardgruppe von */etc/passwd* gewechselt. Als Argument wird der Gruppenname – wie er in */etc/group* eingetragen ist – erwartet, nicht die Gruppen-ID.

14.4.9 passwd – Passwort ändern bzw. vergeben

Mit dem Kommando `passwd` können Sie die Passwörter aller Benutzerinnen und Benutzer in der Datei */etc/passwd* ändern. Damit hierbei wenigstens ein Benutzer selbst (nicht root) die Möglichkeit hat, sein eigenes Passwort zu ändern, läuft `passwd` als SUID root. Damit hat der Anwender für kurze Zeit root-Rechte, kann somit sein Passwort ändern und darf in die Datei schreiben. Alle Passwörter darf nur root verändern.

```
linux:/home/you # passwd john
Changing password for john.
New password:********
```

```
Re-enter new password:********
Password changed
```

Wenn Sie der allmächtige root auf dem Rechner sind, stehen Ihnen noch die in Tabelle 14.10 gezeigten Optionen zur Verfügung, um einen Benutzer mit den Passworteinstellungen zu verwalten.

Verwendung	Bedeutung
`passwd -l benutzername`	Den Benutzer sperren (`-l` = *lock*)
`passwd -f benutzername`	Den Benutzer dazu zwingen, beim nächsten Anmelden das Passwort zu verändern
`passwd -d benutzername`	Passwort eines Benutzers löschen (Danach kann sich ein Benutzer ohne Passwort anmelden; beispielsweise für eingeschränkte Test-Accounts geeignet.)

Tabelle 14.10 Optionen für das Kommando »passwd«

Systemabhängige Optionen

Diese Erläuterungen gelten zumindest für Linux. Unter FreeBSD bedeutet der Schalter `-l` z. B., dass das Passwort in der lokalen Passwortdatei geändert wird, in der Kerberos-Datenbank aber erhalten bleibt. Somit scheinen die Optionen von `passwd` betriebssystem- bzw. distributionsspezifisch zu sein. Hier sollte ein Blick in die Manpage für Klarheit sorgen.

14.4.10 useradd/adduser, userdel, usermod – Benutzerverwaltung (distributionsabhängig)

Einen neuen Benutzer anlegen können Sie mit `useradd` bzw. `adduser`:

```
# useradd testuser
# passwd testuser
Changing password for testuser.
New password:********
Re-enter new password:********
Password changed
```

Die Eigenschaften eines Users können Sie mit `usermod` modifizieren:

```
# usermod -u 1235 -c "Test User" \
> -s /bin/bash -d /home/testdir testuser
```

Hier haben Sie z. B. einem User die ID 1235, den Kommentar bzw. Namen »Test User«, die Bash als Shell und als Verzeichnis /home/testdir zugewiesen. Hierzu gibt es noch eine Menge Optionen mehr, die Sie mit usermod einstellen können (siehe auch die Manpage zu usermod).

Wollen Sie einen Benutzer wieder entfernen, können Sie dies mit userdel erreichen:

```
# userdel testuser
```

Beim Löschen wird eventuell noch überprüft, ob sich in crontab ein Eintrag für diesen User befindet. Dies ist sinnvoll, da der cron-Daemon sonst unnötig ins Leere laufen würde.

14.4.11 who – eingeloggte Benutzer anzeigen

Mit dem Kommando who werden alle angemeldeten Benutzer mitsamt dem Namen, der Login-Zeit und dem Terminal ausgegeben:

```
you@host > who
you      tty2         Apr 21 22:41
john     tty3         Apr 21 22:42
tot      :0           Apr 21 22:38 (console)
```

14.4.12 whoami – Name des aktuellen Benutzers anzeigen

Mit whoami können Sie ermitteln, unter welchem Namen Sie gerade arbeiten. Dies wird oft verwendet, um zu überprüfen, ob man gerade als root oder als »normaler« User arbeitet.

```
you@host > su
Password:********
linux:/home/you # whoami
root
linux:/home/you # exit
exit
you@host > whoami
you
```

14.5 Programm- und Prozessverwaltung

14.5.1 at – Kommando zu einem bestimmten Zeitpunkt ausführen lassen

Mit dem Kommando at können Sie ein Kommando zum angegebenen Zeitpunkt ausführen lassen, auch wenn der Benutzer zu diesem Zeitpunkt nicht angemeldet ist. Beispielsweise können Sie mit

```
at 2130 -f myscript
```

das Script myscript um 21:30 Uhr ausführen lassen. Natürlich lassen sich mehrere solcher zeitgesteuerten Kommandos einrichten. Jeder dieser at-Aufrufe wird an die at-Queue (atq) angehängt. Das funktioniert auch mit einem Datum:

```
at 2200 apr 21 -f myscript
```

So würde das Script myscript am 21. April um 22 Uhr ausgeführt werden. Wollen Sie sich alle Aufträge der atq auflisten lassen, müssen Sie die Option -l verwenden:

```
at -l
```

Wollen Sie den Status des Auftrags mit der Nummer 33 anzeigen lassen, geben Sie Folgendes ein:

```
at -l 33
```

Soll dieser Auftrag gelöscht werden, kann die Option -d verwendet werden:

```
at -d 33
```


14.5.2 batch – Kommando irgendwann später ausführen lassen

Mit batch lesen Sie solche Kommandos von der Kommandozeile, die zu einem späteren Zeitpunkt ausgeführt werden, sobald das System Zeit hat. Dies wird bei extrem belasteten Rechnern gern verwendet, wenn man das Kommando bzw. Script zu einer Zeit ausführen lassen will, in der die Systemlast definitiv niedrig ist und dies nicht nur zu vermuten ist. Die angegebenen Kommandos werden auch dann ausgeführt, wenn der Benutzer nicht angemeldet ist. Um batch auszuführen, muss hier der at-Daemon laufen, der auch für das Kommando at verantwortlich ist.

```
you@host > batch
warning: commands will be executed using /bin/sh
at> ls -l
at> ./myscript
at> sleep 1
at> [Strg]+[D]
job 1 at 2016-04-21 23:30
```

Das Ende der Kommandozeileneingabe von batch müssen Sie mit [Strg]+[D] angeben.

14.5.3 bg – einen angehaltenen Prozess im Hintergrund fortsetzen

Mit dem Kommando bg können Sie einen (z. B. mit [Strg]+[Z]) angehaltenen Prozess im Hintergrund fortsetzen. bg wurde bereits in Abschnitt 8.7 behandelt.

14.5.4 cron/crontab – Programme in bestimmten Zeitintervallen ausführen lassen

Mit cron können Sie beliebig viele Kommandos automatisch in bestimmten Zeitintervallen ausführen lassen. Einmal pro Minute sieht dieser Daemon in einem Terminkalender (crontab) nach und führt gegebenenfalls darin enthaltene Kommandos aus. cron wurde bereits ausführlich in Abschnitt 8.8 behandelt.

14.5.5 fg – einen angehaltenen Prozess im Vordergrund fortsetzen

Mit dem Kommando fg können Sie einen (z. B. mit [Strg]+[Z]) angehaltenen Prozess im Vordergrund fortsetzen. fg wurde bereits in Abschnitt 8.7 behandelt.

14.5.6 jobs – Anzeigen angehaltener bzw. im Hintergrund laufender Prozesse

Mit jobs wird eine Liste mit den aktuellen Jobs zurückgegeben. Neben der Jobnummer erhalten Sie bei jedem Job den Kommandonamen, den Status und eine Markierung. Die Markierung + steht für den aktuellen Job, - für den vorhergehenden Job. Das Kommando jobs wurde bereits in Abschnitt 8.7 behandelt.

14.5.7 kill – Signale an Prozesse mit einer Prozessnummer senden

Mit kill senden Sie den Prozessen durch Angabe der Prozessnummer ein Signal. Standardmäßig wird das Signal SIGTERM zum Beenden des Prozesses gesendet. Es lassen sich aber auch beliebige andere Signale senden. Das Signal wird dabei als Nummer oder als Name übermittelt. Einen Überblick über die möglichen Signalnamen finden Sie mit der Option -l. Das Kommando kill wurde bereits ausführlicher in Abschnitt 7.2 beschrieben.

14.5.8 killall – Signale an Prozesse mit einem Prozessnamen senden

Der Name killall führt schnell in die Irre. Damit lassen sich nicht etwa alle Prozesse »killen«, sondern killall stellt eher eine Erleichterung für kill dar. Anstatt wie mit kill einen Prozess mit der Prozessnummer zu beenden bzw. ein Signal zu senden, kann mit killall der Prozessname verwendet werden. Das stellt gerade bei unzählig vielen gleichzeitig laufenden Prozessen eine erhebliche Erleichterung dar, weil man hier nicht mühsam erst nach der Prozessnummer (z. B. mit dem Kommando ps) suchen muss. Ansonsten lässt sich `killall` ähnlich wie `kill` verwenden, nur dass der Signalname ohne das vorangestellte `SIG` angegeben wird. Eine Liste aller Signale erhalten Sie auch hier mit der Option `-l`.

```
you@host > sleep 60 &
[1] 5286
you@host > killall sleep
[1]+  Beendet                 sleep 60
```

14.5.9 nice – Prozesse mit anderer Priorität ausführen lassen

Mit `nice` können Sie veranlassen, dass ein Kommando mit einer niedrigeren Priorität ausgeführt wird.

```
nice [-n] kommando [argumente]
```

Für *n* können Sie dabei mit einer Ziffer angeben, um wie viel die Priorität verändert werden soll. Der Standardwert, falls keine Angabe erfolgt, lautet 10 (–20 ist die höchste und 19 ist die niedrigste Priorität). Prioritäten höher als 0 darf ohnehin nur root starten. Häufig wird man das Kommando mit `nice` im Hintergrund starten wollen:

```
nice find / -name document -print > /home/tmp/find.txt &
```

Hier wird mit `find` nach einer Datei `document` gesucht und die Ausgabe in die Datei `find.txt` geschrieben. Der Hintergrundprozess `find` wird dabei von `nice` mit einer niedrigen (10) Priorität gestartet. Dies stellt eine gängige Verwendung von `nice` dar.

14.5.10 nohup – Prozesse beim Beenden einer Sitzung weiterlaufen lassen

Mit `nohup` schützen Sie Prozesse vor dem `HANGUP`-Signal. Dadurch ist es möglich, dass ein Prozess im Hintergrund weiterlaufen kann, auch wenn sich ein Benutzer abmeldet. Ohne `nohup` würden sonst alle Prozesse einer Login-Shell des Anwenders durch das Signal `SIGHUP` beendet. Allerdings tritt dieses Verhalten nicht auf allen Systemen auf. Mehr zu `nohup` finden Sie in Abschnitt 8.4, wo dieses Kommando ausführlicher behandelt wurde.

14.5.11 ps – Prozessinformationen anzeigen

`ps` ist bei der Systemadministration wohl das wichtigste Kommando, um an Informationen zu aktiven Prozessen zu gelangen (neben `top`). Rufen Sie `ps` ohne irgendwelche Argumente auf, werden Ihnen die zum jeweiligen Terminal gestarteten Prozesse aufgelistet. Zu jedem Prozess erhalten Sie die Prozessnummer (`PID`), den Terminalnamen (`TTY`), die verbrauchte Rechenzeit (`TIME`) und den Kommandonamen (`CMD`). Aber neben diesen Informationen lassen sich über Optionen noch viele weitere Informationen entlocken. Häufig verwendet werden dabei der Schalter -e, mit dem Informationen zu allen Prozessen zu gewinnen sind (also nicht nur zum jeweiligen Terminal), und ebenso der Schalter -f, mit dem Sie noch vollständigere Informationen bekommen:

```
you@host > ps -ef
UID        PID  PPID  C STIME TTY          TIME CMD
root         1     0  0 Apr21 ?        00:00:04 init [5]
root         2     1  0 Apr21 ?        00:00:00 [ksoftirqd/0]
root         3     1  0 Apr21 ?        00:00:00 [events/0]
root        23     3  0 Apr21 ?        00:00:00 [kblockd/0]
...
postfix   5942  2758  0 00:17 ?        00:00:00 pickup -l -t fifo -u
you       6270     1  0 00:26 ?        00:00:00 /opt/kde3/bin/kdesud
you       7256  3188  0 01:50 pts/36 00:00:00 ps -ef
```

Systemabhängige Optionen

ps ist eines dieser Kommandos, die vollkommen verschiedene Optionen auf den unterschiedlichen Betriebssystemen bieten. Die folgende Beschreibung bezieht sich daher auf Linux.

Mittlerweile beinhaltet das Kommando ps unglaublich viele Optionen, die zum Teil systemabhängig sind, weshalb Sie auf jeden Fall die Manpage von ps zurate ziehen sollten. Häufig sucht man in der Liste von Prozessen nach einem bestimmten Prozess. Diesen können Sie folgendermaßen »herauspicken«:

```
you@host > ps -ef | grep kamix
tot        3171     1  0 Apr21 ?        00:00:00 kamix
```

Falls man damit noch nicht zufrieden ist, will man gern auch gleich die Prozessnummer (PID) erhalten:

```
you@host > ps -ef | grep kamix | awk '{ print $2; exit }'
3171
```

Aber so umständlich muss dies nicht sein. Sie können hierzu auch pgrep (sofern vorhanden) verwenden.

14.5.12 pgrep – Prozesse über ihren Namen finden

Im Abschnitt zuvor wurde pgrep kurz angesprochen. Sofern Sie die Prozessnummer eines Prozessnamens benötigen, ist pgrep das Kommando der Wahl.

```
you@host > pgrep kamix
3171
```

pgrep liefert zu jedem Prozessnamen die Prozessnummer, sofern ein entsprechender Prozess gerade aktiv ist und in der Prozessliste (ps) auftaucht.

14.5.13 pstree – Prozesshierarchie in Baumform ausgeben

Mit pstree können Sie die aktuelle Prozesshierarchie in Baumform ausgeben lassen. Ohne Angabe von Argumenten zeigt pstree alle Prozesse an, angefangen beim ersten Prozess init (PID=1). Geben Sie hingegen eine PID oder einen Login-Namen an, so werden nur die Prozesse des Benutzers oder der Prozessnummer hierarchisch angezeigt.

14.5.14 renice – Priorität laufender Prozesse verändern

Mit dem Kommando renice können Sie im Gegensatz zu nice die Priorität von bereits laufenden Prozessen verändern. Ansonsten gilt auch hier alles, was schon beim Kommando nice gesagt wurde. Das Kommando renice wurde bereits in Abschnitt 8.1 beschrieben.

Tipp für Linux

Komfortabler können Sie die Priorität laufender Prozesse mit dem Kommando top verändern. Wenn Sie die Taste [R] drücken, werden Sie nach der Nummer des Prozesses gefragt, dessen Priorität Sie verändern wollen, und nach dem neuen nice-Wert.

14.5.15 sleep – Prozesse suspendieren (schlafen legen)

Mit sleep legen Sie einen Prozess für *n* Sekunden schlafen. Voreingestellt sind zwar Sekunden, aber über Optionen können Sie auch Minuten, Stunden oder gar Tage verwenden.

14.5.16 su – Ändern der Benutzerkennung (ohne Neuanmeldung)

Von diesem Kommando behaupten viele irrtümlicherweise, dass es *SuperUser* bedeute; es heißt aber in Wirklichkeit *SwitchUser*. su hat also zunächst überhaupt nichts mit dem »Superuser« (alias root) zu tun. Dieses Missverständnis resultiert daraus, dass die meisten Anwender dieses Kommando dazu verwenden, sich kurz die Root-Rechte anzueignen (sofern diese vorhanden sind). Durch die Angabe ohne Argumente wird hierbei gewöhnlich auch nach dem Passwort des Superusers gefragt.

```
you@host > whoami
you
you@host > su
Password:********
linux:/home/you # whoami
root
linux:/home/you # exit
exit
you@host > whoami
you
you@host > su john
Password:********
you@linux:/home/john> whoami
john
you@linux:/home/john> exit
exit
```

su startet immer eine neue Shell mit der neuen Benutzerkennung (UID) und Gruppenkennung (GID). Wie bei einem neuen Login wird nach einem Passwort gefragt. Geben Sie keinen Benutzernamen an, versucht su zu UID 0 zu wechseln, was ja der Superuser ist. Sofern Sie »Superuser« sind, können Sie auch die Identität eines jeden Benutzers annehmen, ohne ein entsprechendes Passwort zu kennen.

14.5.17 sudo – ein Programm als anderer Benutzer ausführen

sudo ist ein Kommando, mit dem ein bestimmter Benutzer ein Kommando ausführen kann, zu dem er normalerweise nicht die Rechte hat (beispielsweise für administrative Aufgaben). Dazu legt root gewöhnlich in der Datei */etc/sudoers* folgenden Eintrag ab:

```
john ALL=/usr/bin/kommando
```

Jetzt kann der User john das Kommando mit folgendem Aufruf starten:

```
you@host > sudo /usr/bin/kommando
Passwort: *********
```

Nachdem john sein Passwort eingegeben hat, wird das entsprechende Kommando ausgeführt, wozu er normalerweise ohne den Eintrag in */etc/sudoers* nicht imstande wäre. Der Eintrag wird gewöhnlich im Editor *vi* mit dem Aufruf visudo vorgenommen.

Natürlich können Sie als normaler Benutzer auch mittels sudo Programme unter einem anderen Login-Namen ausführen. Dies erledigen Sie mit folgendem Aufruf (hier wird beispielsweise das Kommando whoami ausgeführt):

```
you@host > whoami
you
you@host > sudo -u john whoami
Password:********
john
you@host >
```

Das Kommando sudo hat bei uns bis vor Kurzem eine Art Schattendasein geführt. Wenn wir ein Kommando benötigten, das Root-Rechte erfordert, haben wir uns schnell mit su befördert. Mittlerweile allerdings – seitdem wir das beliebte Ubuntu bzw. Kubuntu verwenden, bei dem es gar keinen root mehr gibt, sondern sudo für solche Zwecke verwendet wird – hat sich das Kommando einen »Stammplatz« erobert. Darauf wollten wir kurz hinweisen, bevor Sie auf die Idee kommen, (K)Ubuntu nochmals zu installieren, weil Sie vielleicht vermuten, irgendwo das Root-Passwort vergessen zu haben. (K)Ubuntu ist da einfach anders als andere Distributionen.

14.5.18 time – Zeitmessung für Prozesse

Mit time führen Sie das in der Kommandozeile angegebene Kommando bzw. Script aus und bekommen die Zeit zurückgemeldet, die dafür benötigt wurde. Diese Zeit wird dabei aufgeteilt in die tatsächlich benötigte Zeit (real), die Rechenzeit im Usermodus (user) und diejenige im Kernel-Modus (sys). Das Kommando time wurde bereits in Abschnitt 9.6 behandelt.

14.5.19 top – Prozesse nach CPU-Auslastung anzeigen (betriebssystemspezifisch)

Mit top bekommen Sie eine Liste der gerade aktiven Prozesse angezeigt. Die Liste wird nach CPU-Belastung sortiert. Standardmäßig wird top alle fünf Sekunden aktualisiert; beendet wird top mit [Q]. top kann aber noch mehr, als die Auslastung der einzelnen Prozesse anzuzeigen, beispielsweise können Sie mit dem Tastendruck [K] (für kill) einem bestimmten Prozess ein Signal senden oder mit r (*renice*) die Priorität eines laufenden Prozesses verändern. Ein Blick auf die Manpage von top bringt außerdem noch einen gewaltigen Überblick über dieses Kommando zum Vorschein, das auf den ersten Blick so einfach ist.

14.5.20 watch – Kommandos in regelmäßigen Abständen wiederholen

watch startet andere Kommandos in regelmäßigen kurzen Abständen (Standard: 2 Sekunden) und übergibt das Ergebnis an die Standardausgabe. Damit ist es in Kombination mit anderen Kommandos möglich, das System oder Dateien zu überwachen. Die Syntax ist übersichtlich, Tabelle 14.11 erläutert wichtige Optionen.

```
you@host > watch -t date +'%H:%M:%S'
```

Option	Bedeutung
`-n x, --intervall x`	Alle x Sekunden wiederholen, Standard: 2 Sekunden
`-t, --no-title`	Statusinformation (Titelzeile) von `watch` unterdrücken

Tabelle 14.11 Optionen von »watch«

Es gibt einige Varianten von `watch` auf den unterschiedlichen Systemen, z. B. `gnuwatch` bei OpenBSD oder `cmdwatch` bei FreeBSD.

14.6 Speicherplatzinformationen

14.6.1 df – Abfrage des freien Speicherplatzes für die Dateisysteme

`df` (*disk free*) zeigt Ihnen den freien Festplattenplatz für das Dateisystem an, wenn Sie einen Pfad als Verzeichnis angegeben haben. Wird kein Verzeichnis angegeben, dann wird der freie Plattenplatz für alle gemounteten Dateisysteme angezeigt.

```
you@host > df
Dateisystem     1K-Blöcke   Benutzt Verfügbar  Ben% Eingehängt auf
/dev/hda6        15528224   2450788  13077436  16 % /
tmpfs              128256        16    128240   1 % /dev/shm
/dev/hda1        13261624   9631512   3630112  73 % /windows/C
```

Die erste Spalte stellt hierbei den Mountpoint dar, gefolgt von der Anzahl an 1K-Blöcken. Dann sehen Sie, wie viel Speicherplatz benutzt wird, und anschließend, wie viel noch verfügbar ist. Die Prozentangabe gibt den prozentualen Wert der Plattennutzung an. Am Ende finden Sie noch die Gerätedatei, über die die Platte im Dateisystem eingehängt ist.

14.6.2 du – Größe eines Verzeichnisbaums ermitteln

`du` zeigt die Belegung (Anzahl von KB-Blöcken) durch die Dateien an. In Verzeichnissen wird dabei die Belegung der darin enthaltenen Dateibäume ausgegeben. Um den Wert der Ausgabe zu steuern, können Sie die Optionen aus Tabelle 14.12 verwenden.

Option	Bedeutung
`-b`	Ausgabe in Bytes

Tabelle 14.12 Optionen für das Kommando »du«

Option	Bedeutung
-k	Ausgabe in Kilobytes
-m	Ausgabe in Megabytes
-h	(*human-readable*) Vernünftige Ausgabe in Byte, KB, MB oder GB

Tabelle 14.12 Optionen für das Kommando »du« (Forts.)

Häufig will man nicht, dass bei umfangreichen Verzeichnissen jede Datei einzeln ausgegeben wird, sondern nur die Gesamtzahl der Blöcke. Dann verwendet man den Schalter -s (man nutzt diesen praktisch immer):

```
you@host > du -s /home
582585  /home
you@host > du -sh /home
569M    /home
```

Wollen Sie nicht der kompletten Tiefe eines Verzeichnisses folgen, können Sie sie auch mittels --max-depth=*n* festlegen:


```
you@host > du --max-depth=1 -m /home
519       /home/tot
25        /home/you
26        /home/john
569       /home
```

14.6.3 free – verfügbaren Speicherplatz (RAM und Swap) anzeigen (betriebssystemabhängig)

Den verfügbaren Speicherplatz (RAM und Swap-Speicher, also Arbeitsspeicher und Auslagerungsspeicher auf der Festplatte) können Sie sich mit free anzeigen lassen:

```
you@host > free
       total    used     free    shared   buffers    cached
Mem:   256516   253820   2696         0     38444     60940
Swap:  512024       24   512000
```

14.6.4 swap – Swap-Space anzeigen (nicht Linux)

Hiermit können Sie die Swap-Belegung (Auslagerungsspeicher) unter Nicht-Linux-Systemen ermitteln. Auf Linux-Systemen nutzen Sie dazu swapon (siehe Abschnitt 14.7.14).

14.7 Dateisystemkommandos

Bei den Kommandos zu den Dateisystemen handelt es sich häufig um Kommandos für Linux-Systeme, die Sie zumeist nur als root ausführen können. Aus Erfahrung wissen wir aber, dass man schnell gern mit Root-Rechten spielt, um mit solchen Kommandos zu experimentieren. Hiervor möchten wir Sie jedoch warnen, sofern Sie sich nicht sicher sind, was Sie da tun. Mit zahlreichen dieser Kommandos verlieren Sie häufig nicht nur ein paar Daten, sondern können zum Teil ein ganzes Dateisystem korrumpieren – was sich so weit auswirken kann, dass Ihr Betriebssystem nicht mehr startet.

14.7.1 badblocks – überprüft, ob ein Datenträger defekte Sektoren hat

Mit dem Kommando `badblocks` testen Sie den physischen Zustand eines Datenträgers. Dabei sucht `badblocks` auf einer Festplatte oder auf Wechselmedien nach defekten Blöcken:

```
# badblocks -s -o block.log /dev/sdc
```

Hier wird z. B. bei ein USB-Stick nach defekten Blöcken gesucht. Das Fortschreiten der Überprüfung wird durch die Option `-s` simuliert. Mit `-o` schreiben Sie das Ergebnis defekter Blöcke in die Datei `block.log`, die wiederum von anderen Programmen verwendet werden kann, damit diese beschädigten Blöcke nicht mehr genutzt werden.

Die Syntax sieht somit wie folgt aus:

```
badblocks [-optionen] gerätedatei [startblock]
```

Die `gerätedatei` ist der Pfad zum entsprechenden Speichermedium (beispielsweise */dev/sda1* = erste Festplatte). Es kann außerdem auch optional der `startblock` festgelegt werden, ab dem mit dem Testen begonnen werden soll. Die Ausführung dieses Kommandos bleibt selbstverständlich nur dem Superuser vorbehalten.

Laufzeit

Man sollte beachten, dass `badblocks` sehr viel Zeit benötigt, da jeder Festplattenblock mehrfach getestet wird. Daher kann es eventuell Tage dauern, bis die Prüfung abgeschlossen ist. Rechner mit mechanischen Festplatten benötigen ca. ein bis zwei Minuten pro Gigabyte, mit SSDs kann man schon ein Terabyte pro Stunde schaffen.

14.7.2 cfdisk – Festplatten partitionieren

Mit `cfdisk` teilen Sie eine formatierte Festplatte in verschiedene Partitionen ein. Natürlich kann man auch eine bestehende Partition löschen oder eine vorhandene verändern (ihr beispielsweise eine andere Systemkennung geben). Man kann mit `cfdisk` allerdings auch eine »rohe«, ganze Festplatte bearbeiten (nicht nur einzelne Partitionen). Die Gerätedatei ist also */dev/sda* für die erste Festplatte, */dev/sdb* für die zweite Festplatte usw.

Starten Sie `cfdisk`, werden alle gefundenen Partitionen mitsamt deren Größe angezeigt. Mit den Pfeiltasten [↑] und [↓] können Sie sich hierbei eine Partition auswählen und mit den Pfeiltasten [→] bzw. [←] ein Kommando. Mit [Q] können Sie `cfdisk` beenden.

Partitionstabelle sichern

Selbstverständlich ist `cfdisk` nur als root ausführbar. Sollten Sie solche Rechte haben und ohne Vorwissen mit `cfdisk` herumspielen, ist Ihnen mindestens ein Datenverlust sicher. Wenn Sie Ihre Festplatte wirklich »zerschneiden« wollen, sollten Sie vor dem Partitionieren die alte Partitionstabelle sichern. Im Fall eines Missgeschicks kann so die alte Partitionstabelle wiederhergestellt werden, wodurch Sie dann noch auf die Daten zugreifen können.

14.7.3 dd – Datenblöcke zwischen Devices (Low Level) kopieren (und konvertieren)

Mit `dd` können Sie eine Datei lesen und den Inhalt in einer bestimmten Blockgröße mit verschiedenen Konvertierungen zwischen verschiedenen Speichermedien (Festplatte, USB-Sticks usw.) übertragen. Damit lassen sich neben einfachen Dateien auch ganze Festplattenpartitionen kopieren. Ein komplettes Backup kann mit diesem Kommando realisiert werden. Ein Beispiel:

```
# dd if=/dev/sda bs=512 count=1
```

Damit geben Sie den Bootsektor auf dem Bildschirm aus (nur als root möglich). Wollen Sie jetzt auch noch ein Backup des Bootsektors auf einem USB-Stick sichern, dann gehen Sie folgendermaßen vor:

```
# dd if=/dev/sda of=/dev/sdc1 bs=512 count=1
```

Bevor Sie noch weitere Beispiele zum mächtigen Werkzeug `dd` sehen werden, müssen Sie sich zunächst mit den Optionen vertraut machen (siehe Tabelle 14.13) – im Beispiel wurden `if`, `of`, `bs` und `count` verwendet.

Option	Bedeutung
`if=`*Datei*	(*input file*) Hier gibt man den Namen der Eingabedatei (Quelldatei) an – ohne Angaben wird die Standardeingabe verwendet.
`of=`*Datei*	(*output file*) Hier kommt der Name der Ausgabedatei (Zieldatei) hin – ohne Angabe wird hier die Standardausgabe verwendet.
`ibs=`*Schritt*	(*input block size*) Die Blockgröße der Eingabedatei wird angegeben.
`obs=`*Schritt*	(*output block size*) Die Blockgröße der Ausgabedatei wird angegeben.
`bs=`*Schritt*	(*block size*) Hier legt man die Blockgröße für die Ein- und Ausgabedatei fest.
`cbs=`*Schritt*	(*conversion block size*) Die Blockgröße für die Konvertierung wird bestimmt.
`skip=` *Blöcke*	Hier können Sie eine Anzahl Blöcke angeben, die von der Eingabe zu Beginn ignoriert werden sollen.
`seek=` *Blöcke*	Hier können Sie eine Anzahl Blöcke angeben, die von der Ausgabe am Anfang ignoriert werden sollen; unterdrückt am Anfang die Ausgabe der angegebenen Anzahl *Blöcke*.
`count=` *Blöcke*	Hier wird angegeben, wie viele Blöcke kopiert werden sollen.
`status=`*progress*	Zeigt während des Kopiervorgangs einen Fortschrittsbalken an.

Tabelle 14.13 Optionen zur Steuerung des Kommandos »dd«

Eine spezielle Option steht Ihnen mit `conv` (*Konvertierung*) zur Verfügung. Die möglichen Konvertierungen sind in Tabelle 14.14 aufgelistet.

Option	Konvertierung
`conv=ascii`	EBCDIC nach ASCII
`conv=ebcdic`	ASCII nach EBCDIC
`conv=ibm`	ASCII nach *big blue special* EBCDIC
`conv=block`	Es werden Zeilen in Felder mit der Größe `cbs` (siehe Tabelle 14.13) geschrieben, und das Zeilenende wird durch Leerzeichen ersetzt. Der Rest des Feldes wird mit Leerzeichen aufgefüllt.

Tabelle 14.14 Spezielle Optionen für Konvertierungen mit dem Kommando »dd«

Option	Konvertierung
conv=unblock	Abschließende Leerzeichen eines Blocks der Größe cbs werden durch ein Zeilenende ersetzt.
conv=lcase	Großbuchstaben in Kleinbuchstaben
conv=ucase	Kleinbuchstaben in Großbuchstaben
conv=swab	Vertauscht je zwei Bytes der Eingabe. Ist die Anzahl der gelesenen Bytes ungerade, wird das letzte Byte einfach kopiert.
conv=noerror	Lesefehler werden ignoriert.
conv=sync	Füllt Eingabeblöcke bis zur Größe von ibs mit Nullen.

Tabelle 14.14 Spezielle Optionen für Konvertierungen mit dem Kommando »dd« (Forts.)

Jetzt sehen Sie noch einige interessante Beispiele zu dd:

```
# dd if=/dev/sda2 of=~/image_sda1.img
```


Damit erstellen Sie ein Image von der Partition /dev/sda2 und speichern es in Ihrem Heimverzeichnis als image_sda1.img. Ein mit dd erstelltes Image lässt sich mit dem Befehl mount einbinden.

```
# dd if=/dev/sda of=/dev/sdc
```

Mächtig – hiermit klonen Sie praktisch in einem Schritt die erste Festplatte am Master-IDE-Controller auf die Festplatte am zweiten Master-Anschluss. Somit haben Sie auf */dev/sdc* denselben Inhalt wie auf */dev/sda*. Natürlich kann die Ausgabedatei auch ganz woanders hingeschrieben werden, beispielsweise auf einen DVD-Brenner, eine Festplatte am USB-Anschluss oder in eine Datei.

Mit dd lässt sich auch ein Boot-USB-Stick (als Ersatz für eine Boot-CD) erstellen.

```
$ sudo dd if=ISO_IMAGE.iso of=/dev/sdX bs=4M
```

Achtung

dd ist ein mächtigeres Werkzeug, als es hier vielleicht den Anschein hat, und deswegen möchten wir Sie vor wirren dd-Aufrufen warnen. Datensalat ist hier schneller entstanden als sonst wo. Daher benötigt man wieder die allmächtigen Root-Rechte. Falls Sie größere Datenmengen mit dd kopieren, können Sie dem Programm von einer anderen Konsole aus mittels kill das Signal SIGUSR1 senden, um dd zu veranlassen, den aktuellen Fortschritt auszugeben.

Auch sollten Sie keine aktive Partition, auf der gearbeitet wird, per dd sichern, da sich die Dateien während des Kopierens verändern können.

14.7.4 dd_rescue – fehlertolerantes Kopieren von Dateiblöcken

Falls Sie z. B. eine defekte Festplatte – oder eine Partition auf derselben – kopieren wollen, stößt dd schnell an seine Grenzen. Zudem ist beim Retten von Daten eines defekten Speichermediums die Geschwindigkeit wichtig, da das Medium weitere Fehler verursachen kann und somit weitere Dateien korrumpiert werden können. Ein Fehlversuch mit dd kann hier also fatale Folgen haben.

An dieser Stelle bietet sich dd_rescue an, das inzwischen bei allen gängigen Linux-Distributionen mitgeliefert wird. Sie können damit – ähnlich wie mit dd – Dateiblöcke auf Low-Level-Basis auf ein anderes Medium kopieren. Als Zielort ist eine Datei auf einem anderen Speichermedium sinnvoll. Von diesem Abbild der defekten Festplatte können Sie eine Kopie erstellen, um das ursprüngliche Abbild nicht zu verändern; und in einem der Abbilder können Sie versuchen, das Dateisystem mittels fsck wieder zu reparieren. Ist dies gelungen, können Sie das Abbild mit dd_rescue auf eine neue Festplatte kopieren.

Ein Beispiel:

```
# dd_rescue -v /dev/hda1 /mnt/rescue/hda1.img
```

In dem Beispiel wird die Partition /dev/sda1 in die Abbilddatei /mnt/rescue/hda1.img kopiert.

14.7.5 dumpe2fs – zeigt Informationen über ein ext2/ext3-Dateisystem an

dumpe2fs gibt eine Menge interner Informationen zum Superblock und zu anderen Block-Gruppen eines ext2/ext3-Dateisystems aus (vorausgesetzt, dieses Dateisystem wird auch verwendet – logisch), zum Beispiel:

```
# dumpe2fs -b /dev/sda6
```

Mit der Option -b werden all diejenigen Blöcke von /dev/sda6 auf die Konsole ausgegeben, die als »bad« markiert wurden.

14.7.6 e2fsck – repariert ein ext2/ext3-Dateisystem

e2fsck überprüft ein ext2/ext3-Dateisystem und repariert den Fehler. Damit e2fsck verwendet werden kann, muss fsck.ext2 installiert sein, das das eigentliche Programm ist. e2fsck ist nur ein »Frontend« dafür.

```
e2fsck Gerätedatei
```

Mit der Gerätedatei geben Sie die Partition an, auf der das Dateisystem überprüft werden soll (was selbstverständlich wieder ein ext2/ext3-Dateisystem sein muss). Bei den

Dateien, bei denen die Inodes in keinem Verzeichnis notiert sind, werden sie von `e2fsck` in das Verzeichnis *lost+found* eingetragen und können so repariert werden. `e2fsck` gibt beim Überprüfen einen Exit-Code zurück, den Sie mit `echo $?` abfragen können. Die in Tabelle 14.15 aufgelisteten wichtigen Exit-Codes können dabei zurückgegeben werden.

Exit-Code	Bedeutung
0	Kein Fehler im Dateisystem
1	Ein Fehler im Dateisystem wurde gefunden und repariert.
2	Ein schwerer Fehler im Dateisystem wurde gefunden und korrigiert. Allerdings sollte das System neu gestartet werden.
4	Ein Fehler im Dateisystem wurde gefunden, aber nicht korrigiert.
8	Fehler bei der Kommandoausführung von `e2fsck`
16	Falsche Verwendung von `e2fsck`
128	Fehler in den Shared Librarys

Tabelle 14.15 Exit-Codes des Kommandos »e2fsck«

Wichtige Optionen, die Sie mit `e2fsck` angeben können, sehen Sie in Tabelle 14.16.

Option	Bedeutung
-p	Alle Fehler automatisch reparieren ohne Rückfragen
-c	Durchsucht das Dateisystem nach schlechten Blöcken.
-f	Erzwingt eine Überprüfung des Dateisystems, auch wenn der Kernel das System für okay befunden hat (das `valid`-Flag ist gesetzt).

Tabelle 14.16 Optionen für das Kommando »e2fsck«

Sicherheitsabfrage

Einige `fsck`-Versionen fragen nach, ob das Kommando wirklich ausgeführt werden soll. Als Antwort genügt nicht der Anfangsbuchstabe »j« oder »y«, es muss »yes« oder »ja« (je nach Fragestellung) eingegeben werden. Ansonsten bricht `fsck` an dieser Stelle kommentarlos ab.

14.7.7 fdisk – Partitionieren von Speichermedien

`fdisk` ist die etwas unkomfortablere Alternative zu `cfdisk`, um eine Festplatte in verschiedene Partitionen aufzuteilen, zu löschen oder gegebenenfalls zu ändern. Im Gegensatz zu `cfdisk` können Sie hier nicht mit den Pfeiltasten navigieren und müssen einzelne Tastenkürzel verwenden. Allerdings hat `fdisk` den Vorteil, fast überall und immer präsent zu sein.

Noch ein Vorzug ist, dass `fdisk` nicht interaktiv läuft. Man kann es z. B. benutzen, um auf einmal eine ganze Reihe Festplatten automatisch zu formatieren. Das ist praktisch, wenn man ein identisches System auf einer ganzen Anzahl von Rechnern installieren muss. Man installiert nur auf einem, erzeugt mit `dd` ein Image, erstellt ein kleines Script, bootet die anderen Rechner z. B. von *SystemRescue https://www.system-rescue.org/* (einer Mini-Distribution für unter anderem den USB-Stick) und führt das Script aus, das dann per `fdisk` die Festplatten formatiert und per `dd` das Image des Prototyps installiert. Danach muss man nur noch die IP-Adresse und den Host-Namen anpassen, was ebenfalls scriptgesteuert funktioniert.

Einen komfortablen Überblick über alle Partitionen auf allen Festplatten können Sie sich mit der Option `-l` anzeigen lassen:

```
linux:/home/you # fdisk -l
Platte /dev/hda: 30.0 GByte, 30005821440 Byte
16 Köpfe, 63 Sektoren/Spuren, 58140 Zylinder
Einheiten = Zylinder von 1008 * 512 = 516096 Bytes

 Gerät Boot   Start        End      Blocks   Id  System
/dev/hda1         1      26313    13261626    7  HPFS/NTFS
/dev/hda2     26314      58140    16040808    f  W95 Ext'd (LBA)
/dev/hda5     26314      27329      512032+  82  Linux Swap
/dev/hda6     27330      58140    15528712+  83  Linux
```

Zum Partitionieren müssen Sie `fdisk` mit der Angabe der Gerätedatei starten:

```
# fdisk /dev/hda
```

Die wichtigsten Tastenkürzel zur Partitionierung selbst sehen Sie in Tabelle 14.17.

Taste	Bedeutung
B	»BSD disklabel« bearbeiten
D	Eine Partition löschen
L	Die bekannten Dateisystemtypen anzeigen (Sie benötigen die Nummer)

Tabelle 14.17 Tastenkürzel zur Verwendung von »fdisk«

Taste	Bedeutung
[M]	Ein Menü mit allen Befehlen anzeigen
[N]	Eine neue Partition anlegen
[P]	Die Partitionstabelle anzeigen
[Q]	Ende ohne Speichern der Änderungen
[S]	Einen neuen leeren »Sun disklabel« anlegen
[T]	Den Dateisystemtyp einer Partition ändern
[U]	Die Einheit für die Anzeige/Eingabe ändern
[V]	Die Partitionstabelle überprüfen
[W]	Die Tabelle auf die Festplatte schreiben und das Programm beenden
[X]	Zusätzliche Funktionen (nur für Experten)

Tabelle 14.17 Tastenkürzel zur Verwendung von »fdisk« (Forts.)

Ansonsten gilt auch hier: Finger weg, wenn Sie sich nicht sicher sind, was Sie tun – es sei denn, Sie probieren dies alles an einem Testsystem aus.

14.7.8 fsck – Reparieren und Überprüfen von Dateisystemen

`fsck` ist ein unabhängiges Frontend zum Prüfen und Reparieren der Dateisystemstruktur. `fsck` ruft gewöhnlich je nach Dateisystem das entsprechende Programm auf. Bei ext4 ist dies beispielsweise `fsck.ext4`, bei einem xfs-System `fsck.xfs` usw. Die Zuordnung des entsprechenden Dateisystems nimmt `fsck` anhand der Partitionstabelle oder durch eine Kommandozeilenoption vor. Die meisten dieser Programme unterstützen die Optionen `-a`, `-A`, `-l`, `-r`, `-s` und `-v`. Meistens wird hierbei die Option `-a -A` verwendet. Mit `-a` veranlassen Sie eine automatische Reparatur, sofern dies möglich ist, und mit `-A` geben Sie an, alle Dateisysteme zu testen, die in */etc/fstab* eingetragen sind.

`fsck` gibt beim Überprüfen einen Exit-Code zurück, den Sie mit `echo $?` abfragen können. Die in Tabelle 14.18 aufgelisteten wichtigen Exit-Codes und deren Bedeutung können dabei zurückgegeben werden.

Exit-Code	Bedeutung
0	Kein Fehler im Dateisystem
1	Ein Fehler im Dateisystem wird gefunden und repariert.
2	Ein schwerer Fehler im Dateisystem wurde gefunden und korrigiert. Allerdings sollte das System neu gestartet werden.
4	Ein Fehler im Dateisystem wurde gefunden, aber nicht korrigiert.
8	Fehler bei der Kommandoausführung von `fsck`
16	Falsche Verwendung von `fsck`
128	Fehler in den Shared Librarys

Tabelle 14.18 Exit-Codes von »fsck« und ihre Bedeutung

Ganz wichtig ist es auch, `fsck` immer auf nicht eingebundene bzw. nur im Readonly-Modus eingebundene Dateisysteme anzuwenden. Denn `fsck` kann sonst eventuell ein Dateisystem verändern (reparieren), ohne dass das System dies zu realisieren vermag. Ein Systemabsturz ist dann vorprogrammiert. Gewöhnlich wird `fsck` beim Systemstart automatisch ausgeführt, wenn eine Partition nicht sauber ausgehängt wurde, oder nach jedem *n*-ten Booten.

14.7.9 mkfs – Dateisystem einrichten

Mit `mkfs` können Sie auf einer zuvor formatierten Festplatte bzw. USB-Stick ein Dateisystem anlegen. Wie schon `fsck` ist `mkfs` ein unabhängiges Frontend, das die Erzeugung des Dateisystems nicht selbst übernimmt, sondern auch hier das spezifische Programm zur Erzeugung des entsprechenden Dateisystems verwendet. Auch hierbei richtet sich `mkfs` wieder nach den Dateisystemen, die in der Partitionstabelle aufgelistet sind, oder gegebenenfalls nach der Kommandozeilenoption.

Abhängig vom Dateisystemtyp ruft `mkfs` dann das Kommando `mkfs.xfs` (für xfs), `mk2fs` (für ext4) usw. auf.

```
mkfs [option] Gerätedatei [blöcke]
```

Für die `Gerätedatei` müssen Sie den entsprechenden Pfad angeben (beispielsweise */dev/sda1*). Es kann außerdem die Anzahl von Blöcken angegeben werden, die das Dateisystem belegen soll. Auch `mkfs` gibt einen Exit-Code über den Verlauf der Kommandoausführung zurück (siehe Tabelle 14.19), den Sie mit `echo $?` auswerten können.

Exit-Code	Bedeutung
0	Alles erfolgreich durchgeführt
8	Ein Fehler bei der Programmausführung
16	Ein Fehler in der Kommandozeile

Tabelle 14.19 Exit-Codes von »mkfs« und ihre Bedeutung

Interessant ist auch noch die Option -t, mit der Sie den Dateisystemtyp des zu erzeugenden Dateisystems selbst festlegen können. Ohne -t würde hier wieder versucht, das Dateisystem anhand der Partitionstabelle zu bestimmen. So erzeugen Sie beispielsweise mit

```
mkfs -t xfs /dev/sda7
```

auf der Partition /dev/sda7 ein Dateisystem namens xfs (alternativ zu ext4).

14.7.10 mkswap – eine Swap-Partition einrichten

Mit mkswap legen Sie eine Swap-Partition an. Diese können Sie z. B. dazu verwenden, schlafende Prozesse, die auf das Ende von anderen Prozessen warten, in die Swap-Partition der Festplatte auszulagern. So halten Sie Platz im Arbeitsspeicher für andere laufende Prozesse frei. Sofern Sie nicht schon bei der Installation die (gewöhnlich) vorgeschlagene Swap-Partition eingerichtet haben (je nach Distribution), können Sie dies nachträglich mit dem Kommando mkswap vornehmen. Zum Aktivieren einer Swap-Partition müssen Sie das Kommando swapon aufrufen.

Ist Ihr Arbeitsspeicher wieder ausgelastet, können Sie auch kurzfristig solch einen Swap-Speicher einrichten. Ein Beispiel:

```
# dd bs=1024 if=/dev/zero of=/tmp/myswap count=4096
4096+0 Datensätze ein
4096+0 Datensätze aus
# mkswap -c /tmp/myswap 4096
Swapbereich Version 1 wird angelegt, Größe 4190 KBytes
# sync
# swapon /tmp/myswap
```

Zuerst legen Sie mit dd eine leere Swap-Datei von 4 MB Größe mit Null-Bytes an. Anschließend verwenden Sie diesen Bereich als Swap-Datei. Nach einem Aufruf von sync müssen Sie nur noch den Swap-Speicher aktivieren. Wie dieser Swap-Bereich allerdings verwendet wird, haben Sie nicht in der Hand, das wird vom Kernel mit dem *Paging* gesteuert.

> **Extrem langsam**
>
> Eine Datei, die als Swap-Bereich eingebunden wird, sollte nur genutzt werden, wenn keine Partition dafür zur Verfügung steht, da die Methode erheblich langsamer ist als eine Swap-Partition.

14.7.11 mount, umount – An- bzw. Abhängen eines Dateisystems

`mount` hängt einzelne Dateisysteme mit den verschiedensten Medien (Festplatte, CD-ROM, Diskette ...) an einen einzigen Dateisystembaum an. Die einzelnen Partitionen werden dabei als Gerätedateien im Ordner */dev* angezeigt.

Rufen Sie `mount` ohne irgendwelche Argumente auf, werden alle »gemounteten« Dateisysteme aus */etc/mtab* aufgelistet. Auch hier bleibt es wieder root überlassen, ob ein Benutzer ein bestimmtes Dateisystem einbinden kann oder nicht. Hierzu muss nur ein entsprechender Eintrag in */etc/fstab* vorgenommen werden.

Tabelle 14.20 zeigt einige Beispiele dafür, wie verschiedene Dateisysteme eingehängt werden können.

Verwendung	Bedeutung
`mount /dev/sdc1 /mnt`	Hängt einen USB-Stick ein.
`mount /dev/sda9 /home/you`	Hier wird das Dateisystem `/dev/sda9` an dem Verzeichnis `/home/you` gemountet.
`mount goliath: /progs /home/progs`	Mountet ein Dateisystem per NFS von dem Rechner `goliath` und hängt diesen an das lokale Verzeichnis `/home/progs`.

Tabelle 14.20 Anwendungsbeispiele des Kommandos »mount«

Wollen Sie ein Dateisystem wieder aushängen, egal ob es sich jetzt um lokale oder entfernte Partitionen handelt, dann tun Sie dies mit `umount`:

```
umount /dev/fd0
```

Hier wird das Diskettenlaufwerk aus dem Dateisystem ausgehängt.

> **Eintrag in »/etc/fstab«**
>
> Wenn ein Eintrag für ein Dateisystem in der */etc/fstab* besteht, reicht es aus, `mount` mit dem *Device* oder dem Mountpoint als Argument aufzurufen: `mount /dev/sdc1` oder `mount /mountpoint`.

14.7.12 parted – Partitionen anlegen, verschieben, vergrößern oder verkleinern

Mit parted können Sie nicht nur – wie mit fdisk bzw. cfdisk – Partitionen anlegen oder löschen, sondern Partitionen auch vergrößern, verkleinern, kopieren und verschieben. parted wird gern verwendet, wenn man für ein neues Betriebssystem Platz auf der Festplatte schaffen will oder alle Daten einer Festplatte auf eine neue kopieren möchte. Mehr hierzu entnehmen Sie bitte der Manualpage von parted.

Achtung!

Bei allen Werkzeugen zur Festplattenpartitionierung (cfdisk, fdisk, parted) sollten Sie wissen, was Sie damit tun. Durch Ihre Veränderungen an der Partitionstabelle können Sie das System unbrauchbar machen und Ihre Daten zerstören.

Wenn Sie parted einsetzen, um die Partition zu verkleinern oder zu vergrößern, schreibt parted alle Veränderungen sofort auf den Datenträger. Damit sind dann unter Umständen Daten auf mehreren Partitionen verloren.

14.7.13 prtvtoc – Partitionstabellen ausgeben

Mit prtvtoc können Sie ähnlich wie unter Linux mit fdisk die Partitionstabelle einer Festplatte ausgeben. Dieses Kommando ist beispielsweise unter Solaris vorhanden.

14.7.14 swapon, swapoff – Swap-Datei oder Partition (de)aktivieren

Wenn Sie auf dem System eine Swap-Partition eingerichtet haben (siehe mkswap), existiert diese zwar, muss aber noch mit dem Kommando swapon aktiviert werden. Den so aktivierten Bereich können Sie jederzeit mit swapoff wieder aus dem laufenden System heraus deaktivieren.

14.7.15 sync – alle gepufferten Schreiboperationen ausführen

Normalerweise verwendet Linux einen Puffer (Cache) im Arbeitsspeicher, in dem sich ganze Datenblöcke eines Massenspeichers befinden. So werden Daten häufig temporär erst im Arbeitsspeicher verwaltet, da sich ein dauernd schreibender Prozess äußerst negativ auf die Performance des Systems auswirken würde. Stellen Sie sich das einmal bei 100 Prozessen vor! Gewöhnlich übernimmt ein *Daemon* die Arbeit und entscheidet, wann die veränderten Datenblöcke auf die Festplatte geschrieben werden.

Mit dem Kommando sync können Sie nun veranlassen, dass veränderte Daten sofort auf die Festplatte (oder auch auf jeden anderen Massenspeicher) geschrieben werden. Dies kann häufig der letzte Rettungsanker sein, wenn das System sich nicht mehr richtig beenden lässt. Können Sie dann doch noch schnell ein sync ausführen, werden alle Daten zuvor nochmals gesichert, und der Datenverlust kann eventuell ganz verhindert werden.

Empfehlenswert ist der Einsatz von sync auch bei der Nutzung von USB-Speichern, da es vorkommen kann, dass die Änderungen noch im Systemspeicher liegen, aber bisher nicht auf den USB-Stick geschrieben wurden.

14.8 Archivierung und Backup

14.8.1 bzip2/bunzip2 – (De-)Komprimieren von Dateien

bzip2 ist dem Kommando gzip nicht unähnlich, nur dass bzip2 einen besseren Komprimierungsgrad als gzip erreicht. bzip arbeitet mit dem *Burrows-Wheeler-Block-Sorting*-Algorithmus, der den Text zwar nicht komprimiert, aber leichter komprimierbar macht, sowie mit der *Huffman-Kodierung*. Allerdings ist die Kompression mit bzip2 zwar erheblich besser, aber dafür auch erheblich langsamer, sofern die Geschwindigkeit eine Rolle spielen sollte. Alle Dateien, die mit bzip2 komprimiert werden, bekommen automatisch die Dateiendung *.bz2*. TAR-Dateien, die mit bzip2 komprimiert werden, erhalten üblicherweise die Endung *.tbz*. Die 2 hinter bzip2 bzw. bunzip2 erklärt sich dadurch, dass der Vorgänger bzip hieß. Allerdings wurde bzip aus patentrechtlichen Gründen nicht mehr weiterentwickelt. Komprimieren können Sie Dateien mit bzip2 folgendermaßen:

```
you@host > bzip2 file.txt
```

Entpacken können Sie die komprimierte Datei wieder mit der Option -d und bzip2 oder mit bunzip2:

```
you@host > bzip2 -d file.txt.bz2
```

oder

```
you@host > bunzip2 file.txt.bz2
```

Sie können gern bzip2 mit der Option -d bevorzugen, weil bunzip2 wieder nichts anderes ist als ein Link auf bzip2, wobei allerdings automatisch die Option -d verwendet wird:

```
you@host > which bunzip2
/usr/bin/bunzip2
you@host > ls -l /usr/bin/bunzip2
lrwxrwxrwx  1 root root 5  /usr/bin/bunzip2 -> bzip2
```

Interessant in diesem Zusammenhang ist auch das Kommando `bzcat`, mit dem Sie `bzip2`-komprimierte Dateien lesen können, ohne diese vorher zu dekomprimieren:

```
you@host > bzcat file.txt.bz2
...
```

14.8.2 compress/uncompress – (De-)Komprimieren von Dateien

`compress` zum Komprimieren und `uncompress` zum Dekomprimieren werden heute zwar kaum noch verwendet, aber wir sollten beide aus Kompatibilitätsgründen hier doch erwähnen, falls Sie einmal auf ein Uralt-Archiv stoßen, in dem die Dateien mit einem *.Z* enden. `compress` beruht auf einer älteren Version des *Lempel-Ziv*-Algorithmus.

14.8.3 cpio, afio – Dateien und Verzeichnisse archivieren

`cpio` (*copy in and out*) eignet sich hervorragend, um ganze Verzeichnisbäume zu archivieren. Etwas ungewöhnlich auf den ersten Blick ist, dass `cpio` die zu archivierenden Dateien nicht von der Kommandozeile, sondern von der Standardeingabe liest. Häufig wird daher `cpio` in Verbindung mit den Kommandos `ls` oder `find` und einer Pipe verwendet. Damit ist es möglich, ein spezielles Archiv zu erzeugen, das den Eigentümer, die Zugriffsrechte, die Erzeugungszeit, die Dateigröße usw. berücksichtigt. Gewöhnlich wird `cpio` auf drei verschiedene Arten aufgerufen:

- als *copy out*
- als *copy in*
- als *copy pass*

copy out

Diese Art wird mit der Option `-o` bzw. `--create` verwendet. So werden die Pfadnamen der zu kopierenden Dateien von der Standardeingabe eingelesen und auf die Standardausgabe kopiert. Dabei können Dinge wie etwa der Eigentümer, die Zugriffsrechte, die Dateigröße etc. berücksichtigt bzw. ausgegeben werden. Gewöhnlich verwendet man *copy out* mit einer Pipe und einer Umlenkung:

```
you@host > cd Shellbuch
you@host > ls
Kap003.txt   kap005.txt~  Kap008.txt   Kap010.txt~  Kap013.txt
Kap001.doc   Kap003.txt~  Kap006.txt   Kap008.txt~  Kap011.txt
Kap013.txt~  Kap001.doc   kap004.txt   Kap006.txt~  Kap009.txt
Kap011.txt~  Kap014.txt   Kap002.doc   kap004.txt~  Kap007.txt
Kap009.txt~  Kap012.txt   Kap014.txt~  Kap002.doc   kap005.txt
```

```
Kap007.txt~  Kap010.txt   Kap012.txt~  Planung_und_Bewerbung
chm_pdf
you@host > ls *.txt | cpio -o > Shellbuch.cpio
1243 blocks
```

Hier wurden z. B. alle Textdateien im Verzeichnis Shellbuch zu einem cpio-Archiv (Shellbuch.cpio) gepackt. Allerdings konnten hier nur bestimmte Dateien erfasst werden. Wollen Sie ganze Verzeichnisbäume archivieren, dann verwenden Sie das Kommando find:

```
you@host > find $HOME/Shellbuch -print | cpio
  -o > Shellbuch.cpio
cpio: ~/Shellbuch: truncating inode number
cpio: ~/Shellbuch/Planung_und_Bewerbung: truncating inode number
cpio: ~/Shellbuch/chm_pdf: truncating inode number
130806 blocks
```

Natürlich können Sie hierbei mit find-üblichen Anweisungen nur bestimmte Dateien archivieren. Ebenso lassen sich Dateien auch auf ein anderes Laufwerk archivieren:

```
you@host > ls -a | cpio -o > /dev/sdc1
```

Hier wurden beispielsweise alle Dateien des aktuellen Verzeichnisses auf den Stick kopiert. Dabei können Sie genauso gut einen Streamer, eine andere Festplatte oder sogar einen anderen Rechner verwenden.

copy in

Wollen Sie das mit cpio -o erzeugte Archiv wieder entpacken bzw. zurückspielen, verwenden Sie cpio mit dem Schalter -i bzw. --extract. Damit liest cpio die archivierten Dateien von der Standardeingabe ein. Es ist sogar möglich, hierbei reguläre Ausdrücke zu verwenden. Mit folgender Befehlsausführung entpacken Sie das Archiv wieder:

```
you@host > cpio -i < Shellbuch.cpio
```

Wollen Sie nicht das komplette Archiv entpacken, sondern nur bestimmte Dateien, können Sie dies mit einem regulären Ausdruck wie folgt angeben:

```
you@host > cpio -i "*.txt" < Shellbuch.cpio
```

Hier entpacken Sie nur Textdateien mit der Endung *.txt*. Natürlich funktioniert das Ganze auch mit den verschiedensten Speichermedien:

```
you@host > cpio -i "*.txt" < /dev/sdc1
```

Hier werden alle Textdateien von einem Stick entpackt. Allerdings werden die Dateien immer ins aktuelle Arbeitsverzeichnis zurückgespielt, sodass Sie den Zielort schon zuvor angeben müssen, zum Beispiel so:

```
you@host > cd $HOME/Shellbuch/testdir ; \
> cpio -i < /archive/Shellbuch.cpio
```

Hier wechseln Sie zunächst in ein entsprechendes Verzeichnis, in dem Sie anschließend das Archiv entpacken wollen. Wollen Sie außerdem erst wissen, was Sie entpacken, also was für Dateien sich in einem cpio-Archiv befinden, müssen Sie cpio mit der Option -t verwenden:

```
you@host > cpio -t < Shellbuch.cpio
...
```

copy pass

Mit *copy pass* werden die Dateien von der Standardeingabe gelesen und in ein entsprechendes Verzeichnis kopiert, ohne dass ein Archiv erzeugt wird. Hierzu wird die Option -p eingesetzt. Voraussetzung ist natürlich, dass ein entsprechendes Verzeichnis existiert. Wenn nicht, können Sie zusätzlich die Option -d verwenden, mit der dann ein solches Verzeichnis erzeugt wird.

```
you@host > ls *.txt | cpio -pd /archive/testdir2
```

Hiermit werden aus dem aktuellen Verzeichnis alle Textdateien in das Verzeichnis testdir2 kopiert. Der Aufruf entspricht:

```
you@host > cp *.txt /archive/testdir2
```

Einen ganzen Verzeichnisbaum des aktuellen Arbeitsverzeichnisses könnten Sie somit mit folgendem Aufruf kopieren:

```
you@host > find . -print | cpio -pd /archiv/testdir3
```

cpio wird heute nur noch selten genutzt, da es von tar (siehe Abschnitt 14.8.9) verdrängt wurde.

afio

afio bietet im Gegensatz zu cpio die Möglichkeit, die einzelnen Dateien zu komprimieren. Somit stellt afio eine interessante tar-Alternative dar (für jeden, der tar mit seinen typischen Optionsparametern nicht mag). afio komprimiert die einzelnen Dateien noch, bevor sie in einem Archiv zusammengefasst werden. Ein einfaches Beispiel:

```
you@host > ls *.txt | afio -o -Z Shellbook.afio
```

Sie komprimieren zunächst alle Textdateien im aktuellen Verzeichnis und fassen diese dann im Archiv Shellbook.afio zusammen. Die Platzeinsparung im Vergleich zu cpio ist beachtlich:

```
you@host > ls -l Shellbook*
-rw-------  1 tot users 209920 2010-04-24 14:59 Shellbook.afio
-rw-------  1 tot users 640512 2010-04-24 15:01 Shellbook.cpio
```

Entpacken können Sie das Archiv wieder wie bei cpio mit dem Schalter -i:

```
you@host > afio -i -Z Shellbook.afio
```

14.8.4 crypt – Dateien verschlüsseln

Mit dem Kommando crypt wird ein ver-/entschlüsselnder Text von der Standardeingabe gelesen, um diesen wieder ver-/entschlüsselnd auf die Standardausgabe auszugeben.

```
crypt 32asdf32 < file.txt > file.txt.crypt
```

Hier wird beispielsweise die Datei file.txt eingelesen. Zum Verschlüsseln wurde das Passwort 32asdf32 verwendet. Der verschlüsselte, nicht mehr lesbare Text wird nun unter file.txt.crypt gespeichert. Jetzt sollte die Datei file.txt gelöscht werden.

Wenn es um wichtige Daten geht, sollte man auch dafür sorgen, dass diese nicht wieder sichtbar gemacht werden können. Überschreiben Sie diese Daten zuerst mit Zufallsdaten und löschen Sie sie dann. Das ist natürlich ein Fall für awk:

```
you@host > dd if=/dev/urandom of=file.txt bs=1 \
> count=`wc -c file.txt | awk '{ print $1 }'`; rm file.txt
```

Die Datei file.txt.crypt können Sie mit

```
crypt 32asdf32 < file.txt.crypt > file.txt
```

wieder entschlüsseln. Wenn Sie das Passwort vergessen haben, werden Sie wohl ein großes Problem haben, die Verschlüsselung zu knacken.

Crypt unter Linux

Bei aktuellen Linux-Distributionen ist im Allgemeinen crypt nicht installiert. Als Ersatz ist mcrypt verfügbar. mcrypt beherrscht wesentlich mehr und auch modernere Algorithmen und kann Dateien, die von crypt verschlüsselt wurden, wieder entschlüsseln.

14.8.5 dump/restore bzw. ufsdump/ufsrestore – Vollsicherung bzw. Wiederherstellen eines Dateisystems

Mit dump und restore (unter Solaris als ufsdump und ufsrestore bekannt) werden nicht einzelne Dateien oder Verzeichnisse ausgelesen, sondern das komplette Dateisystem. Da hierbei blockweise ausgelesen und auch wieder zurückgeschrieben wird, entsteht ein ziemlicher Geschwindigkeitsvorteil. Nebenbei wird außerdem vor den eigentlichen Daten noch ein Inhaltsverzeichnis erstellt, das Sie zum Wiederherstellen mit restore verwenden können, um einzelne Dateien auszuwählen, die wiederhergestellt werden sollen (sehr elegant, diese interaktive Rücksicherung).

Nur stabilen Zustand sichern

Da dump ein komplettes Dateisystem sichert, sollten Sie sicher sein, dass sich dieses in einem stabilen Zustand befindet. Denn ist das Dateisystem inkonsistent und führen Sie dann einen dump aus, spielen Sie auch sämtliche Instabilitäten mit ein, wenn Sie diesen dump irgendwann später einmal wieder einspielen. Daher empfiehlt sich als sicherster Weg der Single-User-Mode zum »Dumpen«.

Eine feine Sache sind auch die Dump-Levels, die einfache inkrementelle Backups erlauben. Dazu verwendet man einen Backup-Level zwischen 0 und 9. 0 steht hierbei für ein Full-Backup, und alle anderen Zahlen sind inkrementelle Backups. Dabei werden immer nur die Dateien gesichert, die sich seit dem letzten Backup verändert haben – sprich, deren Level kleiner oder gleich dem aktuellen war. Geben Sie beispielsweise einen Level-2-Backup-Auftrag mit dump an, werden alle Dateien gesichert, die sich seit Level 0, 1, 2 und 3 verändert haben.

Die Syntax zu dump bzw. usfdump lautet:

```
dump -[0-9][u]f Archiv Verzeichnis
```

In der Praxis schreiben Sie beispielsweise Folgendes:

```
dump -0uf /dev/rmt/1 /
```

Damit führen Sie ein komplettes Backup des Dateisystems durch. Alle Daten werden auf ein Band /dev/rmt/1 gesichert. Dieses Full-Backup müssen Sie zum Glück nur beim ersten Mal vornehmen (Sie können es aber selbstverständlich immer durchführen), denn es ist gerade bei umfangreichen Dateisystemen zeitraubend. Wollen Sie beim nächsten Mal immer diejenigen Dateien sichern, die sich seit dem letzten Dump-Level verändert haben, müssen Sie nur den nächsten Level angeben:

```
dump -1uf /dev/rmt/1 /
```

Hierbei lassen sich richtige dump-Strategien einrichten. Zum Beispiel könnten Sie einmal in der Woche mit einem Shellscript einen Full-Backup-dump mit Level 0 durchführen. In den darauffolgenden Tagen könnten Sie beispielsweise den Dump-Level jeweils um den Wert 1 erhöhen.

Damit die Dump-Levels auch tadellos funktionieren, wird die Datei */etc/dumpdates* benötigt, in der das Datum der letzten Sicherung gespeichert wird. Gewöhnlich müssen Sie diese Datei vor dem ersten inkrementellen Dump mittels touch /etc/dumpdates anlegen. Damit dies auch mit dem dump-Aufruf klappt, verwenden Sie die Option -u. Mit dieser Option wird das aktuelle Datum in der Datei */etc/dumpdates* vermerkt. Die Option -u ist also sehr wichtig, wenn ein inkrementelles »Dumpen« funktionieren soll. Außerdem wurde die Option -f dateiname für die Standardausgabe verwendet. Fehlt diese Option, dann wird auf die Umgebungsvariable TAPE und letztlich auf einen einkompilierten »Standard« zurückgegriffen. Zwangsläufig müssen Sie also einen dump nicht auf ein Tape vornehmen (auch wenn dies ein häufiger Einsatz ist), sondern können mit der Angabe von -f auch eine andere Archiv-Datei nutzen:

```
dump -0f /pfadzumArchiv/archiv_usr.121105 /usr
```

Hier wird beispielsweise das Verzeichnis */usr* in einer Archiv-Datei gesichert.

Zum Wiederherstellen bzw. Zurücklesen von mit dump bzw. ufsdump gesicherten Daten wird restore verwendet. Die Syntax von restore ähnelt der des Gegenstücks dump – allerdings findet man hier weitere Optionen für den Arbeitsmodus (siehe Tabelle 14.21).

Option	Bedeutung
i	Interaktives Rückspielen (*interactive*)
r	Wiederherstellen eines Dateisystems (*rebuild*)
t	Auflisten des Inhalts (*table*)
x	Extrahieren einzelner als zusätzliche Argumente aufgeführter Dateien (*extract*). Verzeichnisse werden dabei rekursiv ausgepackt.

Tabelle 14.21 Optionen für das Kommando »restore« bzw. »ufsrestore«

So können Sie zum Beispiel das */usr*-Dateisystem folgendermaßen mit restore wieder zurücksichern:

```
# cd /usr
# restore rf /pfadzumArchiv/archiv_usr.121105
```

Wichtiges zu dump und restore noch zum Schluss: Da diese Werkzeuge auf einer Dateisystemebene arbeiten, ist die »Portabilität« der Archive recht unzuverlässig. Des Weiteren benötigt dump eine Menge Arbeitsspeicher, um einen kompletten Index des Dateisystems zu erstellen. Bei einem kleinen Hauptspeicher sollten Sie den Swap-Bereich erheblich vergrößern.

14.8.6 gzip/gunzip – (De-)Komprimieren von Dateien

gzip komprimiert Dateien und fügt am Ende des Dateinamens die Endung *.gz* an. Die Originaldatei wird hierbei durch die komprimierte Datei ersetzt. gzip basiert auf dem *deflate*-Algorithmus, der eine Kombination aus *LZ77*- und *Huffman*-Kodierung ist. Der Zeitstempel einer Datei und auch die Zugriffsrechte bleiben beim Komprimieren und auch beim Entpacken mit gunzip erhalten.

Die Bibliothek »zlib«

Sofern Sie Softwareentwicklerin oder -entwickler in beispielsweise C sind und Datenkompression verwenden wollen, sollten Sie sich die Bibliothek zlib ansehen. Diese Bibliothek unterstützt das gzip-Dateiformat.

Komprimieren können Sie eine oder mehrere Datei(en) ganz einfach mit:

```
you@host > gzip file1.txt
```

Und zum Dekomprimieren verwenden Sie entweder gzip und die Option -d

```
you@host > gzip -d file1.txt.gz
```

oder gunzip:

```
you@host > gunzip file1.txt.gz
```

Wobei gunzip hier kein symbolischer Link ist, sondern ein echtes Kommando. gunzip kann neben gzip-Dateien auch Dateien dekomprimieren, die mit zip (*eine_Datei*), compress oder pack komprimiert wurden.

Wollen Sie, dass beim (De-)Komprimieren nicht die Originaldatei berührt wird, müssen Sie die Option -c verwenden:

```
you@host > gzip -c file1.txt > file1.txt.gz
```

Diese Option können Sie ebenso mit gunzip anwenden:

```
you@host > gunzip -c file1.txt.gz > file1_neu.txt
```

Damit lassen Sie die gzip-komprimierte Datei file1.txt.gz unberührt und erzeugen eine dekomprimierte Datei file1_neu.txt. Das können Sie auch mit zcat erledigen:

```
you@host > zcat file1.txt.gz > file1_neu.txt
```

14.8.7 mt – Streamer steuern

Mit `mt` können Magnetbänder vor- oder zurückgespult, positioniert und gelöscht werden. `mt` wird häufig in Shellscripts in Verbindung mit `tar`, `cpio` oder `afio` verwendet, weil jedes der Kommandos zwar auf Magnetbänder schreiben, aber diese nicht steuern kann. Da Streamer im täglichen Gebrauch heute nur noch selten auftauchen und oftmals von anderen Speichermedien und Backup-Lösungen verdrängt wurden, geben wir hier nur eine Übersicht der gängigsten Befehle:

```
mt -f tape befehl [Anzahl]
```

Mit `tape` geben Sie den Pfad zu Ihrem Bandlaufwerk an, und mit `Anzahl` legen Sie fest, wie oft `befehl` ausgeführt werden soll.

Befehl	Bedeutung
`eom`	Das Band bis zum Ende der letzten Datei spulen. Ab hier kann mit `tar`, `cpio` und `afio` (oder sogar `dump`/`ufsdump`) ein Backup aufgespielt werden.
`fsf` *Anzahl*	Das Band um *Anzahl* Archive (Dateiendemarken) vorspulen. Nicht gleichzusetzen mit der letzten Datei (`eom`).
`nbsf` *Anzahl*	Das Band um *Anzahl* Archive (Dateiendemarken) zurückspulen
`rewind`	Das Band an den Anfang zurückspulen
`status`	Statusinformationen vom Magnetlaufwerk ermitteln und ausgeben (beispielsweise: Ist ein Band eingelegt oder nicht?)
`erase`	Das Band löschen und initialisieren
`retension`	Das Band einmal ans Ende spulen und wieder zum Anfang zurück, um es neu zu »spannen«
`offline`	Band zum Anfang zurückspulen und auswerfen

Tabelle 14.22 Befehle für das Kommando »mt«

14.8.8 pack/unpack – (De-)Komprimieren von Dateien

Diese beiden Programme werden nur noch der Vollständigkeit halber erwähnt und zählen mittlerweile zu den älteren Semestern. Eine mit `pack` komprimierte Datei hat die Endung *.z* und kann mit `unpack` (oder `gunzip`) wieder entpackt werden.

14.8.9 tar – Dateien und Verzeichnisse archivieren

tar (*tape archiver*) wurde ursprünglich zur Verwaltung von Bandarchiven verwendet. Mittlerweile aber wird tar auch auf andere mobile Datenträger angewendet. Das Kommando wird zur Erstellung von Sicherungen bzw. Archiven sowie zu ihrem Zurückladen genutzt.

```
tar funktion [optionen] [datei(en)]
```

Mit funktion geben Sie an, wie die Erstellung bzw. das Zurückladen von Archiven erfolgen soll. Mit datei(en) bestimmen Sie, welche Dateien oder Dateibäume herausgeschrieben oder wieder eingelesen werden sollen. Gibt man hierbei ein Verzeichnis an, so wird der gesamte darin enthaltene Dateibaum verwendet. Gewöhnlich werden Archive mittels tar nicht komprimiert, aber auch hier kann man mit tar die Ein- und Ausgabe durch einen Kompressor leiten. Neuere Versionen unterstützen sowohl compress als auch gzip und bzip2, das inzwischen einen recht hohen Stellenwert hat. Das gilt auch nicht nur für GNU-tar.

tar (besonders GNU-tar) ist gewaltig, was die Anzahl von Funktionen und Optionen betrifft. Da tar zu einem sehr beliebten Archivierungswerkzeug gehört, sollen hierbei auch mehrere Optionen und Funktionen erwähnt werden.

14

Verschiedene tar-Versionen

Um uns hier nicht auf einen Glaubenskrieg mit tar-Fanatikern einzulassen (die gibt es wirklich), sei erwähnt, dass es viele tar-Versionen gibt (GNU-tar, star, bsdtar usw.). Gewöhnlich reicht für den Normalanwender GNU-tar aus – aber es gibt auch Anwender, die auf star schwören, was in puncto Funktionsumfang der Overkill ist. Wir machen es uns jetzt einfach, indem wir darauf hinweisen, dass die Funktionen, die gleich folgen werden, nicht von allen tar-Versionen unterstützt werden (wohl aber von GNU-tar).

Tabelle 14.23 enthält die Optionen, mit denen Sie die Funktion von tar festlegen (bei den 1-Zeichen-Funktionen dürfen Sie auch das führende - weglassen).

Option	Bedeutung
-A	Hängt ein komplettes Archiv an ein zweites vorhandenes Archiv an (oder fügt es auf dem Band hinten an).
-c	Erzeugt ein neues Archiv.
-d	Vergleicht die im Archiv abgelegten Dateien mit den angegebenen Dateien.

Tabelle 14.23 Optionen für das Kommando »tar«

Option	Bedeutung
`--delete` *Datei(en)*	Löscht die angegebenen *Datei(en)* aus dem Archiv (gilt nicht für Magnetbänder).
`-r`	Erwähnte Dateien werden ans Ende eines bereits existierenden Archivs angehängt (gilt nicht für Magnetbänder).
`-t`	Zeigt den Inhalt eines Archivs an.
`-u`	Benannte Dateien werden nur dann ins Archiv aufgenommen, wenn diese neuer als die bereits archivierten Versionen sind oder noch überhaupt nicht im Archiv vorhanden sind (gilt nicht für Magnetbänder).
`-x`	Bestimmte Dateien sollen aus einem Archiv gelesen werden. Werden keine Dateien erwähnt, werden alle Dateien aus dem Archiv extrahiert.

Tabelle 14.23 Optionen für das Kommando »tar« (Forts.)

Hierzu gibt es noch einige Zusatzoptionen. Die gängigsten sehen Sie in Tabelle 14.24.

Option	Bedeutung
`-f` *Datei*	Benutzt *Datei* oder das damit verbundene Gerät als Archiv. Die Datei darf auch Teil von einem anderen Rechner sein.
`-l`	Geht beim Archivieren nicht über die Dateisystemgrenze hinaus.
`-v`	`tar` gibt gewöhnlich keine speziellen Meldungen aus; mit dieser Option wird jede Aktion von `tar` gemeldet.
`-w`	Schaltet `tar` in einen interaktiven Modus, in dem zu jeder Aktion eine Bestätigung erfolgen muss.
`-y`	Komprimiert oder dekomprimiert die Dateien bei einer `tar`-Operation mit `bzip2`.
`-z`	Komprimiert oder dekomprimiert die Dateien bei einer `tar`-Operation mit `gzip` bzw. `gunzip`.
`-Z`	Komprimiert oder dekomprimiert die Dateien bei einer `tar`-Operation mit `compress` bzw. `uncompress`.

Tabelle 14.24 Zusatzoptionen für das Kommando »tar«

Neben diesen zusätzlichen Optionen bietet tar noch eine Menge Schalter mehr an. Weitere Informationen entnehmen Sie bei Bedarf der Manpage zu tar. Allerdings dürften Sie mit den hier genannten Optionen recht weit kommen. Daher folgen hierzu einige Beispiele.

Am häufigsten wird tar wohl in folgender Grundform verwendet:

```
tar cf Archiv_Name Verzeichnis
```

Damit wird aus dem Verzeichniszweig Verzeichnis ein Archiv mit dem Namen Archiv_Name erstellt. In der Praxis sieht das so aus:

```
you@host > tar cf Shellbuch_mai05 Shellbuch
```

Aus dem kompletten Verzeichniszweig Shellbuch wird das Archiv Shellbuch_mai05 erstellt. Damit Sie beim Zurückspielen der Daten flexibler sind, sollten Sie einen relativen Verzeichnispfad angeben:

```
cd Verzeichnis ; tar cf Archiv_Name .
```

Im Beispiel:

```
you@host > cd Shellbuch ; tar cf Shellbuch_mai05 .
```

Hierfür steht Ihnen für das relative Verzeichnis auch die Option -C Verzeichnis zur Verfügung:

```
tar cf Archiv_Name -C Verzeichnis .
```

Wollen Sie die Dateien und Verzeichnisse des Archivs wiederherstellen, lautet der gängige Befehl hierzu wie folgt:

```
tar xf Archiv_Name
```

Um auf unser Beispiel zurückzukommen:

```
you@host > tar xf Shellbuch_mai05
```

Wollen Sie einzelne Dateien aus einem Archiv wiederherstellen, so ist dies auch kein allzu großer Aufwand:

```
tar xf Shellbuch_mai05 datei1 datei2 ...
```

Beachten Sie allerdings, wie Sie die Datei ins Archiv gesichert haben (relativer oder absoluter Pfad). Wollen Sie beispielsweise die Datei Shellbook.cpio mit dem relativen Pfad wiederherstellen, können Sie dies wie folgt tun:

```
you@host > tar xf Shellbuch_mai05 ./Shellbook.cpio
```

Vorsicht mit den Pfadangaben

Wenn etwas mit tar nicht klappt, liegt das häufig an einer falschen Pfadangabe. Überlegen Sie daher immer: Wo liegt das Archiv, wohin soll rückgesichert werden, und wie wurden die Dateien ins Archiv aufgenommen (absoluter oder relativer Pfad)?

Wollen Sie außerdem mitverfolgen, was beim Erstellen oder Auspacken eines Archivs alles passiert, sollten Sie die Option v verwenden. Mit ihr können Sie auch gleich erkennen, ob Sie die Dateien mit dem absoluten oder dem relativen Pfad gesichert haben:

```
# neues Archiv erzeugen mit Ausgabe aller Aktionen
tar cvf Archiv_Name Verzeichnis

# Archiv zurückspielen, mit Ausgabe aller Aktionen
tar xvf Archiv_Name
```

Den Inhalt eines Archivs können Sie mit der Option t ansehen:

```
tar tf Archiv_Name
```

In unserem Beispiel:

```
you@host > tar tf Shellbuch_mai05
./
./Planung_und_Bewerbung/
./Planung_und_Bewerbung/shellprogrammierung.doc
./Planung_und_Bewerbung/shellprogrammierung.doc
./kap004.txt
./kap005.txt
./testdir2/
...
```

Hier wurde also der relative Pfadname verwendet. Wollen Sie ein ganzes Verzeichnis auf einen Stick sichern, erledigen Sie dies folgendermaßen:

```
tar cf /dev/sdc1 Shellbuch
```

Hier kopieren Sie das ganze Verzeichnis auf einen Stick. Zurückspielen können Sie das Ganze wieder wie folgt:

```
tar xvf /dev/sdc1 Shellbuch
```

Wollen Sie einen kompletten Verzeichnisbaum mit Kompression archivieren (beispielsweise mit gzip), gehen Sie so vor:

```
you@host > tar czvf Shellbuch_mai05.tgz Shellbuch
```

Dank der Option z wird jetzt das ganze Archiv auch noch komprimiert. Ansehen können Sie sich das komprimierte Archiv weiterhin mit der Option t:

```
you@host > tar tzf Shellbuch_mai05.tgz Shellbuch
Shellbuch/
Shellbuch/Planung_und_Bewerbung/
Shellbuch/Planung_und_Bewerbung/shellprogrammierung.doc
Shellbuch/Planung_und_Bewerbung/shellprogrammierung.doc
Shellbuch/kap004.txt
Shellbuch/kap005.txt
Shellbuch/testdir2/
...
```

Hier wurde also der absolute Pfadname verwendet. Entpacken und erneut einspielen können Sie das komprimierte Archiv wieder wie folgt (mit Meldungen):

```
you@host > tar xzvf Shellbuch_mai05.tgz Shellbuch
```


Wollen Sie allerdings nur Dateien mit der Endung *.txt* aus dem Archiv extrahieren, können Sie dies so machen:

```
you@host > tar xzf Shellbuch_mai05.tgz '*.txt'
```

14.8.10 zip/unzip – (De-)Komprimieren von Dateien

Mit zip können Sie einzelne Dateien bis hin zu ganzen Verzeichnissen komprimieren und archivieren. Besonders gern werden zip und unzip allerdings verwendet, weil diese gänzlich mit den Versionen von Windows und DOS kompatibel sind. Wenn Sie sich also immer schon geärgert haben, dass ein Mail-Anhang wieder einmal etwas im ZIP-Format enthält, können Sie hier auf unzip zurückgreifen. Ein ZIP-Archiv aus mehreren Dateien können Sie so erstellen:

```
you@host > zip files.zip file1.txt file2.txt file3.txt
  adding: file1.txt (deflated 56 %)
  adding: file2.txt (deflated 46 %)
  adding: file3.txt (deflated 24 %)
```

Hier packen und komprimieren Sie die Dateien zu einem Archiv namens files.zip. Wollen Sie eine neue Datei zum Archiv hinzufügen, ist nichts einfacher als das:

```
you@host > zip files.zip hallo.c
  adding: hallo.c (deflated 3 %)
```

Möchten Sie alle Dateien des Archivs in das aktuelle Arbeitsverzeichnis entpacken, dann tun Sie dies so:

```
you@host > unzip files.zip
Archive:  files.zip
  inflating: file1.txt
  inflating: file2.txt
  inflating: file3.txt
  inflating: hallo.c
```

Wenn Sie eine ganze Verzeichnishierarchie packen und komprimieren wollen, müssen Sie die Option -r (*rekursive*) verwenden:

```
you@host > zip -r Shellbuch.zip $HOME/Shellbuch
...
```

Entpacken können Sie das Archiv allerdings wieder wie gewohnt mittels unzip.

14.8.11 Übersicht über Dateiendungen und über die Pack-Programme

Tabelle 14.25 bietet eine kurze Übersicht zu den Dateiendungen und den dazugehörigen (De-)Komprimierungsprogrammen.

Endung	gepackt mit	entpackt mit
*.bz und *.bz2	bzip2	bzip2
*.gz	gzip	gzip, gunzip oder zcat
*.zip	Info-Zip, PKZip, zip	Info-Unzip, PKUnzip, unzip, gunzip (*eine Datei*)
*.tar	tar	tar
*.tbz	tar und bzip2	tar und bzip2
*.tgz; *.tar.gz	tar und gzip	tar und g(un)zip
*.Z	compress	uncompress; gunzip
*.tar.Z	tar und compress	tar und uncompress
*.pak	pack	unpack, gunzip

Tabelle 14.25 Gängige Endungen und deren (De-)Komprimierungskommandos

14.9 Systeminformationen

14.9.1 cal – zeigt einen Kalender an

Das Kommando `cal` zeigt Ihnen einen Kalender wie folgt an:

```
you@host > cal
     April 2016
So Mo Di Mi Do Fr Sa
                1  2
 3  4  5  6  7  8  9
10 11 12 13 14 15 16
17 18 19 20 21 22 23
24 25 26 27 28 29 30
```

Ohne Angaben wird immer der aktuelle Monat aufgeführt. Wünschen Sie einen Kalender zu einem bestimmten Monat und Jahr, müssen Sie nur diese Syntax verwenden:

```
cal monat jahr
```


Wobei `monat` und `jahr` jeweils numerisch angegeben werden müssen. Den Kalender für April 2023 erhalten Sie so:

```
you@host > cal 4 2023
     April 2023
So Mo Di Mi Do Fr Sa
                   1
 2  3  4  5  6  7  8
 9 10 11 12 13 14 15
16 17 18 19 20 21 22
23 24 25 26 27 28 29
30
```

14.9.2 date – Datum und Uhrzeit

Mit `date` lesen bzw. setzen Sie die Linux-Systemzeit. `date` wird weniger in der Kommandozeile als vielmehr in Shellscripts eingesetzt, wie Sie in diesem Buch bereits mehrmals gesehen haben. `date` ist im Grunde »nur« ein Frontend für die C-Bibliotheksfunktion `strftime(3)`. Dabei leitet man durch ein Pluszeichen einen Formatstring ein, der durch entsprechende Datumsangaben ergänzt wird. Die Ausgabe erfolgt anschließend auf die Standardausgabe. Ein Beispiel:

```
you@host > date +'%Y-%m-%d'
2016-04-26
```

Die Formatangaben zu `date` entsprechen denjenigen von `strftime`, was auch mit `awk` verwendet wurde. Zur genaueren Erläuterung können Sie daher zu Abschnitt 13.6.3 (siehe dort Tabelle 13.9) zurückblättern oder gleich die Manpages zu `date` oder `strftime(3)` lesen.

14.9.3 uname – Rechnername, Architektur und OS ausgeben

Mit `uname` können Sie das Betriebssystem, den Rechnernamen, OS-Releases, die OS-Version, die Plattform, den Prozessortyp und die Hardwareklasse des Rechners anzeigen lassen. Hierzu ruft man gewöhnlich `uname` mit der Option `-a` auf:

```
you@host > uname -a
Linux goliath.myhoster.de 2.6.10-1.770_FC3
#1 Thu Feb 25 14:00:06 EST 2016 i686 i686 i386 GNU/Linux
```

Unter FreeBSD sieht das so aus:

```
you@host > uname -a
FreeBSD juergen.penguin 4.11-RELEASE FreeBSD 4.11-RELEASE
#5: Mon Jan 25 14:06:17 CET 2016     root@server.penguin:/usr/obj/usr/src/sys/
SEMA  i386
```

14.9.4 uptime – Laufzeit des Rechners

Das Kommando `uptime` zeigt die Zeit an, die der Rechner bereits läuft.

```
you@host > uptime
09:27:25 up 15 days, 15:44, 1 user, load average: 0.37,0.30,0.30
```

14.10 Systemkommandos

14.10.1 dmesg – letzte Boot-Meldung des Kernels anzeigen

Wollen Sie sich die Kernel-Meldung des letzten Bootvorgangs ansehen, können Sie sich diese mit dem Kommando `dmesg` anzeigen lassen. Dabei können Sie feststellen, welche Hardware beim Booten erkannt und initialisiert wurde.

`dmesg` wird gern zur Diagnose verwendet, ob eine interne bzw. externe Hardware auch vom Betriebssystem korrekt erkannt wurde. Natürlich setzt dies entsprechende Kenntnisse zur Hardware auf dem Computer und zu ihren Bezeichnungen voraus. Wenn Sie `dmesg` zusammen mit `watch` einsetzen und sich immer die letzten Einträge anzeigen lassen, können Sie das System quasi live überwachen.

```
you@host > watch 'dmesg | tail'
```

14.10.2 halt – alle laufenden Prozesse beenden

Mit dem Kommando `halt` beenden Sie alle laufenden Prozesse. Damit wird das System komplett angehalten und reagiert auf keine Eingabe mehr. Selbstverständlich ist solch ein Befehl nur von root ausführbar. Meistens ist `halt` ein Verweis auf `shutdown`.

Der Parameter `-p` sorgt dafür, dass der Rechner nach dem Herunterfahren abgeschaltet wird.

```
you@host > halt -p
```

14.10.3 reboot – alle laufenden Prozesse beenden und System neu starten

Mit `reboot` werden alle noch laufenden Prozesse auf dem System unverzüglich beendet, und das System wird neu gestartet. Bei einem System im Runlevel 1 bis 5 wird hierzu ein `shutdown` aufgerufen. Selbstverständlich bleibt auch dieses Kommando root vorbehalten.

Runlevel auf anderen Systemen

Runlevel 1 bis 5 trifft nicht auf alle Systeme zu. Die Debian-Distributionen haben z. B. meist als Default-Runlevel 2. Auf sie trifft das Geschriebene aber ebenso zu. System-V-Init würde es besser treffen, aber wäre auch unpräzise. Ein BSD-Style-Init ruft ebenfalls einen `shutdown` auf. Bei vielen Desktop-Distributionen ist das *Shutdown Binary* auch mit dem »SUID«-Bit versehen, damit auch normale User den Rechner ausschalten dürfen.

14.10.4 shutdown – System herunterfahren

Mit `shutdown` können Sie (Root-Rechte vorausgesetzt) das System herunterfahren. Mit den Optionen `-r` und `-h` können Sie dabei zwischen einem *Halt* des Systems und einem *Reboot* auswählen. Damit das System auch ordentlich gestoppt wird, wird jedem Prozess zunächst das Signal `SIGTERM` gesendet, wodurch sich ein Prozess noch ordentlich beenden kann. Nach einer bestimmten Zeit (Standard: zwei Sekunden oder einstellbar mit `-t` *<SEKUNDEN>*) wird das Signal `SIGKILL` an die Prozesse gesendet. Natürlich werden auch die Dateisysteme ordentlich abgehängt (`umount`), `sync` wird ausgeführt, und es wird in einen anderen Runlevel gewechselt (bei System-V-Init). Die Syntax zu `shutdown` lautet:

```
shutdown [Optionen] Zeitpunkt [Nachricht]
```

Den Zeitpunkt zum Ausführen des `shutdown`-Kommandos können Sie entweder im Format *hh:mm* als Uhrzeit übergeben (beispielsweise 23:30), oder alternativ können Sie auch eine Angabe wie `+m` machen, womit Sie die noch verbleibenden Minuten festlegen (zum Beispiel wird mit +5 in 5 Minuten der shutdown-Befehl ausgeführt). Ein sofortiger shutdown kann auch mit now bewirkt werden. Das Kommando shutdown benachrichtigt außerdem alle Benutzer, dass das System bald heruntergefahren wird, und lässt somit auch keine Neuanmeldungen zu. Hier können Sie gegebenenfalls eine eigene Nachricht an die Benutzer senden.

Die Optionen, die Ihnen bei shutdown unter Linux zur Verfügung stehen, sehen Sie in Tabelle 14.26.

Option	Bedeutung
-t *Sekunden*	Zeit in *Sekunden*, die zwischen den SIGTERM- und SIGKILL-Signalen zum Beenden von Prozessen gewartet wird
-k	Hier wird kein Shutdown ausgeführt, sondern es werden nur Meldungen an alle anderen Benutzer gesendet.
-r	(*reboot*) Neustart nach dem Herunterfahren
-h	System anhalten nach dem Herunterfahren
-f	Beim nächsten Systemstart keinen Dateisystem-Check ausführen
-F	Beim nächsten Systemstart einen Dateisystem-Check ausführen
-c	Wenn möglich wird der laufende Shutdown abgebrochen.

Tabelle 14.26 Optionen für das Kommando »shutdown«

Systemabhängige Optionen

Die Optionen sind betriebssystemabhängig. Ein -h unter BSD fährt zwar den Rechner herunter, schaltet ihn aber nicht ab. Hier wird dann -p (*power down*) verwendet. Keine Angabe bringt den Rechner hier in den *Singleuser-Mode*.

14.11 Druckeradministration

Die hier aufgeführten Druckerbefehle wurden weitgehend durch CUPS verdrängt. CUPS (*Common Unix Printing System*) ist das am weitesten verbreitete Drucksystem auf Linux/UNIX-Systemen. Die Druckerbefehle werden daher nur mit dem Kommando und der jeweiligen Bedeutung beschrieben. Näheres müssen Sie den entsprechenden Manpages entnehmen.

Kommando	Bedeutung
accept	Druckerwarteschlange auf empfangsbereit setzen
cancel	Druckaufträge stornieren
disable	Drucker deaktivieren
enable	Drucker aktivieren
lp	Ausgabe auf dem Drucker mit dem Print-Spooler
lpadmin	Verwaltungsprogramm für das CUPS-Print-Spooler-System
lpc	Steuerung von Druckern
lphelp	Optionen eines Druckers ausgeben
lpmove	Druckauftrag zu einem anderen Drucker verschieben
lpq	Druckerwarteschlange anzeigen
lpr	Dateien auf den Drucker ausgeben
lprm	Druckaufträge in der Warteschlange stornieren
lpstat	Status der Aufträge anzeigen
reject	Warteschlange für weitere Aufträge sperren

Tabelle 14.27 Kommandos zur Druckeradministration

14.12 Hardwareabfragen

Die folgenden Kommandos gehören zu einer Gruppe von Kommandozeilenbefehlen, die alle mit `ls` beginnen und Informationen zu bestimmten Hardwarekomponenten liefern. Mit diesen Kommandos ist es in Shellscripts sehr einfach möglich, allerlei Informationen abzufragen und auszuwerten.

14.12.1 lsblk – Anzeigen von Blockgeräten

`lsblk` (*list block devices*) zeigt alle im System verfügbaren Blockgeräte (z. B. Festplatten) und die Informationen dazu an. Sie können sich so einen schnellen Überblick über die vorhandenen Datenträger verschaffen.

```
you@host: > lsblk
NAME    MAJ:MIN RM   SIZE RO TYPE MOUNTPOINT
sda       8:0    0 465,8G  0 disk
```

```
  sda1   8:1    0   512M  0 part /boot/efi
  sda2   8:2    0 457,3G  0 part /
  sda3   8:3    0     8G  0 part [SWAP]
sdb      8:16   1  28,7G  0 disk
  sdb1   8:17   1  28,7G  0 part /media/you/SCANDISK
sdc      8:32   1   1,9G  0 disk
  sdc1   8:33   1    60M  0 part /media/you/STICK1
  sdc2   8:34   1   1,8G  0 part /media/you/STICK2
```

14.12.2 lscpu – Prozessorinformationen

lscpu listet Ihnen ausführliche Informationen über den genutzten Prozessor auf. Ähnliche Informationen bietet auch der Befehl cat /proc/cpuinfo.

```
you@host: > lscpu
Architektur:                     x86_64
CPU Operationsmodus:             32-bit, 64-bit
Byte-Reihenfolge:                Little Endian
Adressgrößen:                    48 bits physical, 48 bits virtual
CPU(s):                          16
Liste der Online-CPU(s):         0-15
Thread(s) pro Kern:              2
Kern(e) pro Socket:              8
....
```

14.12.3 lshw – Hardware

lshw liefert Informationen zur Hardware und zum System im Allgemeinen und ist dabei insgesamt detailreicher als Sysinfo. Um alle verfügbaren Informationen zu erhalten, müssen Sie das Programm mit Systemverwalterrechten ausführen.

```
you@host: > lshw
systemname
    Beschreibung: Computer
    Breite: 64 bits
    Fähigkeiten: smp vsyscall32
  *-core
       Beschreibung: Motherboard
       Physische ID: 0
....
```

Weitere Informationen zu Ihrem System ermitteln Sie mit dem Befehl inxi, den Sie aber erst über ein entsprechendes Paket nachinstallieren müssen. Mit den Optionen -v1 bis -v5 stellen Sie ein, wie detailliert die Informationen ausfallen sollen.

14.12.4 lsusb – USB-Geräte- und Schnittstelleninformationen

Mit lsusb werden alle Geräte angezeigt, die per USB mit dem System verbunden sind.

```
you@host: > lsusb
Bus 004 Device 003: ID 0781:5581 SanDisk Corp. Ultra
Bus 004 Device 001: ID 1d6b:0003 Linux Foundation 3.0 root hub
Bus 003 Device 001: ID 1d6b:0002 Linux Foundation 2.0 root hub
Bus 002 Device 001: ID 1d6b:0003 Linux Foundation 3.0 root hub
....
```

14.12.5 lspci – Liste aller PCI-Geräte

Das Kommando lspci zeigt alle PCI-Geräte des Systems an.

```
you@host: > lspci
00:00.0 Host bridge: Advanced Micro Devices, Inc. [AMD] Renoir Root Complex
01:00.0 Network controller: Intel Corporation Wi-Fi 6 AX200 (rev 1a)
03:00.1 Audio device: Advanced Micro Devices, Inc. [AMD/ATI] Device 1637
...
```


14.13 Netzwerkbefehle

Netzwerkbefehle erfordern tiefere Kenntnisse der Materie. Wenn Sie als Administratorin oder Administrator mit Begriffen wie IP-Adresse, MAC-Adresse, DNS, FTP, SSH usw. nichts anfangen können, ist eine weiterführende Lektüre mehr als vonnöten. Leider können wir aufgrund des eingeschränkten Umfangs nicht auf die Fachbegriffe der Netzwerktechnik eingehen. Diese Themen sind meist jeweils schon selbst ein ganzes Buch wert, weshalb die Beschreibung hier wohl für Kenner eher enttäuschend ausfallen dürfte.

14.13.1 arp – Ausgeben von MAC-Adressen

Wenn Sie die Tabelle mit den MAC-Adressen der kontaktierten Rechner benötigen, können Sie das Kommandos arp verwenden. Ein Beispiel:

```
you@host > arp -a
arp -a
fritz.box (192.168.1.254) auf 38:10:d5:a9:50:60 [ether] auf wlp1s0
...
```

Wie auch einige andere Kommandos (ifconfig, netstat, route) wurde arp durch das Kommando ip ersetzt.

14.13.2 cURL – Daten von oder zu einem Server übertragen

cURL ermöglicht es, Daten von oder zu einem Server zu übertragen. Der dazugehörige Aufruf lautet `curl`. Überall dort, wo `ftp` zu kompliziert ist oder Sie mit `wget` nicht mehr weiterkommen, ist cURL eine Alternative. cURL wird häufig für die Arbeit mit Webservices verwendet, daher gehen wir in Abschnitt 15.6.3 ausführlicher darauf ein.

14.13.3 ftp – Dateien zu einem anderen Rechner übertragen

Mithilfe von `ftp` (*File Transfer Protocol*) können Sie Dateien innerhalb eines Netzwerks (beispielsweise des Internets) zwischen verschiedenen Rechnern transportieren. Da `ftp` über eine Menge Features und Funktionen verfügt, gehen wir hier nur »auf den Hausgebrauch« ein, das heißt, wir zeigen, wie man Daten von einem entfernten Rechner abholt bzw. sie auf ihn hochlädt.

Zunächst müssen Sie sich auf dem Server einloggen. Dies geschieht üblicherweise mit:

```
ftp Server_Name
```

In diesem Beispiel lautet der Servername `myhoster.de` (auch der Webhoster heißt so):

```
you@host > ftp myhoster.de
Connected to myhoster.de (194.150.178.34).
220 194.150.178.34 FTP server ready
Name (myhoster.de:you): us10129
331 Password required for us10129.
Password:********
230 User us10129 logged in.
Remote system type is UNIX.
Using binary mode to transfer files.
ftp>
```

Nachdem `ftp` eine Verbindung mit dem Server aufgenommen hat, werden Sie aufgefordert, Ihren Benutzernamen (hier `us10129`) und anschließend das Passwort einzugeben. Wenn alles korrekt war, befindet sich vor dem Prompt die Zeichenfolge `ftp>` und wartet auf Anweisungen. Jetzt können Sie im Eingabeprompt Folgendes machen:

- das gewünschte Verzeichnis durchsuchen: `cd`, `dir`, `lcd` (lokales Verzeichnis)
- FTP-Parameter einstellen: `type binary`, `hash`, `prompt`
- Datei(en) abholen: `get`, `mget`
- Datei(en) hochladen: `put`, `mput`
- abmelden: `bye` oder `exit`

Natürlich bietet ftp weitaus mehr Befehle als die hier genannten an, aber alles andere würde über den Rahmen des Buchs hinausgehen.

Zunächst werden Sie sich wohl das Inhaltsverzeichnis ansehen wollen. Hierzu können Sie den Befehl dir (der auf Linux/UNIX-Systemen meistens dem Aufruf von ls -l entspricht) zum Auflisten verwenden:

```
ftp> dir
200 PORT command successful
150 Opening ASCII mode data connection for file list
drwxrwx--x   9      4096 Apr  8 20:31 .
drwxrwx--x   9      4096 Apr  8 20:31 ..
-rw-------   1     26680 Apr 26 09:00 .bash_history
...
lrwxrwxrwx   1     18 Aug 10  2004 logs -> /home/logs/us10129
drwxrwxr-x   2   4096 Mar 28 16:03 mysqldump
drwxr-xr-x  20   4096 Apr  3 08:13 www.pronix.de
226 Transfer complete.
```


Wollen Sie nun in ein Verzeichnis wechseln, können Sie auch hier das schon bekannte Kommando cd verwenden. Ebenso sieht es aus, wenn Sie herausfinden wollen, in welchem Arbeitsverzeichnis Sie sich gerade befinden. Hier leistet das bekannte pwd seine Dienste.

Das aktuelle Verzeichnis auf dem lokalen Rechner können Sie mit dem Kommando lcd wechseln. Sie können übrigens auch die Befehle auf Ihrem lokalen Rechner verwenden, wenn Sie ein !-Zeichen davorsetzen. Hierzu sehen Sie jetzt ein Beispiel, das die Befehle nochmals demonstriert:

```
ftp> pwd
257 "/" is current directory.
ftp> cd backups/Shellbuch
250 CWD command successful
ftp> pwd
257 "/backups/Shellbuch" is current directory.
ftp> dir
200 PORT command successful
150 Opening ASCII mode data connection for file list
drwxrwxr-x   2 us10129  us10129      4096 Apr 26 09:07 .
drwx------   3 us10129  us10129      4096 Jan 15 14:15 ..
...
-rw-r--r--   1 us10129  us10129    126445 Mar 13 11:40 kap005.txt
-rw-------   1 us10129  us10129      3231 Apr 20 05:26 whoami.txt
226 Transfer complete.
ftp>
```

Hier befinden wir uns auf dem Rechner myhoster.de in unserem Heimverzeichnis in ~/backups/Shellbuch. Wir möchten jetzt die Datei whoami.txt auf einen lokalen Rechner kopieren. Wir holen sie mit dem Kommando get. Zuvor wollen wir aber noch auf unserem lokalen Rechner in ein Verzeichnis namens mydir wechseln.

```
ftp> lcd mydir
Local directory now /home/you/mydir
ftp> !pwd
/home/you/mydir
ftp> !ls
file1.txt  file2.txt  file3.txt  files.zip  hallo.c
ftp> get whoami.txt
local: whoami.txt remote: whoami.txt
200 PORT command successful
150 Opening BINARY mode data connection whoami.txt (3231 bytes)
226 Transfer complete.
3231 bytes received in 0.0608 secs (52 Kbytes/sec)
ftp> !ls
file1.txt  file2.txt  file3.txt  files.zip  hallo.c  whoami.txt
ftp>
```

Und schon haben wir die Datei whoami.txt auf unserem lokalen Rechner ins Verzeichnis mydir kopiert. Wollen Sie mehrere Dateien oder sogar ganze Verzeichnisse holen, müssen Sie mget verwenden. Hierbei stehen Ihnen auch die Wildcard-Zeichen * und ? zur Verfügung. Da mget Sie nicht jedes Mal bei mehreren Dateien fragt, ob Sie diese wirklich holen wollen, können Sie den interaktiven Modus mit prompt abstellen.

Haben Sie jetzt die Datei whoami.txt bearbeitet und wollen Sie diese wieder hochladen, verwenden Sie put (oder bei mehreren Dateien mput).

```
ftp> put whoami.txt
local: whoami.txt remote: whoami.txt
200 PORT command successful
150 Opening BINARY mode data connection for whoami.txt
226 Transfer complete.
3231 bytes sent in 0.000106 secs (3e+04 Kbytes/sec)
ftp>
```

Sie sehen außerdem, dass hierbei die Datenübertragung binär (BINARY) stattgefunden hat. Wollen Sie hier auf ASCII umstellen, müssen Sie nur type verwenden:

```
ftp> type ascii
200 Type set to A
ftp> put whoami.txt
local: whoami.txt remote: whoami.txt
```

```
200 PORT command successful
150 Opening ASCII mode data connection for whoami.txt
226 Transfer complete.
3238 bytes sent in 0.000487 secs (6.5e+03 Kbytes/sec)
ftp>
```

Zurücksetzen können Sie das wieder mit `type binary`. Und wie schon erwähnt: Beim Übertragen mehrerer Dateien mit `mget` und `mput` werden Sie immer gefragt, ob Sie die Datei transferieren wollen. Diese Abfrage können Sie mit `prompt` abstellen. Je nachdem, ob Sie eine Fortschrittsanzeige wünschen, können Sie dies mit einem Aufruf von `hash` ab- oder anschalten. Gerade bei umfangreicheren Dateien ist das sinnvoll. Dabei wird während der Übertragung alle 1.024 Zeichen ein # ausgegeben.

Den Scriptbetrieb können Sie verwenden, wenn sich eine Datei namens *.netrc* im Heimverzeichnis des FTP-Servers befindet. Dabei können Sie sich z. B. beim Einloggen die Abfrage von Usernamen und Passwort ersparen. Natürlich kann man solch eine Datei auch im heimischen Heimverzeichnis anlegen. Allerdings darf diese Datei nur vom Eigentümer gelesen werden, also `chmod 0600` für *~/.netrc*.

So sieht zum Beispiel der Vorgang, die Datei `whoami.txt` wie eben demonstriert vom Server zu holen, mit *.netrc* folgendermaßen aus:

```
machine myhoster.de
login us10129
password asdf1234
macdef init
cd $HOME/backups/Shellbuch
get whoami.txt
bye
```

Rufen Sie jetzt `ftp` wie folgt auf ...

```
you@host > ftp myhoster.de
Connected to myhoster.de (194.150.178.34).
220 194.150.178.34 FTP server ready
331 Password required for us10129.
230 User us10129 logged in.
cd $HOME/backups/Shellbuch
550 $HOME/backups/Shellbuch: No such file or directory
get whoami.txt
local: whoami.txt remote: whoami.txt
200 PORT command successful
550 whoami.txt: No such file or directory
Remote system type is UNIX.
```

```
Using binary mode to transfer files.
bye
221 Goodbye.
```

... und alles geschieht vollautomatisch. Ebenso sieht dies mit dem Hochladen von `whoami.txt` aus. Wenn die Datei editiert wurde, können Sie sie wieder wie folgt im Scriptmodus hochladen. Hier sehen Sie die Datei *.netrc*:

```
machine myhoster.de
login us10129
password asdf1234
macdef init
lcd mydir
cd $HOME/backups/Shellbuch
put whoami.txt
bye
```

Jetzt müssen Sie nur noch `ftp` aufrufen:

```
you@host > ftp myhoster.de
Connected to myhoster.de (194.150.178.34).
220 194.150.178.34 FTP server ready
331 Password required for us10129.
230 User us10129 logged in.
lcd mydir
Local directory now /home/tot/mydir
cd $HOME/backups/Shellbuch
550 $HOME/backups/Shellbuch: No such file or directory
put whoami.txt
local: whoami.txt remote: whoami.txt
200 PORT command successful
150 Opening ASCII mode data connection for whoami.txt
226 Transfer complete.
3238 bytes sent in 0.000557 secs (5.7e+03 Kbytes/sec)
bye
221 Goodbye.
```

Noch mehr Hinweise zum Scriptmodus und der Datei *.netrc* entnehmen Sie bitte der Manpage von *netrc* (`man netrc`).

ftp und die Sicherheit

Bitte bedenken Sie, dass `ftp` nicht ganz sicher ist, da Sie bei der Authentifizierung das Passwort unverschlüsselt übertragen.

14.13.4 hostname – Rechnername ermitteln

Das Kommando `hostname` können Sie verwenden, um den Namen des lokalen Rechners anzuzeigen bzw. zu setzen oder zu verändern. So ein Name hat eigentlich erst im Netzwerkbetrieb seine echte Bedeutung. Im Netz besteht ein vollständiger Rechnername (*Fully Qualified Domain Name*) aus einem Eigennamen und einem Domainnamen. Der (DNS-)Domainname bezeichnet das lokale Netz, an dem der Rechner hängt.

```
you@host > hostname
goliath.myhoster.de
you@host > hostname -s
goliath
you@host > hostname -d
myhoster.de
```

Ohne Angabe einer Option wird der vollständige Rechnername ausgegeben. Mit der Option `-s` geben Sie nur den Eigennamen des Rechners aus und mit `-d` nur den (DNS-)Domainnamen des lokalen Netzes.

14

14.13.5 ifconfig – Netzwerkzugang konfigurieren

Mit dem Kommando `ifconfig` kann man die Einstellungen einer Netzwerkschnittstelle abfragen oder setzen. Die Syntax zu `ifconfig` lautet:

```
ifconfig schnittstelle [adresse [parameter]]
```

`ifconfig` wurde durch das Kommando `ip` abgelöst, ist aber auf den meisten Systemen noch verfügbar.

14.13.6 ip – Netzwerk abfragen und konfigurieren

Mit dem Kommando `ip` lassen sich Netzwerkschnittstellen auf der Kommandozeile abfragen oder konfigurieren. `ip` ist der Ersatz für die klassischen Befehle `ifconfig`, `route` und `netstat` und ist vollständig IPv6-kompatibel. Tabelle 14.28 liefert Ihnen eine Übersicht zu den alten Kommandos und dem neuen `ip`.

Funktion	Kommando »neu«	Kommando »alt«
Linkstatus anzeigen	`ip l`	`ifconfig`
IP-Adresse anzeigen	`ip a`	`ifconfig -a`
Schnittstelle deaktivieren	`ip link set` SCHNITTSTELLE `down`	`ifconfig` SCHNITTSTELLE `down`

Tabelle 14.28 Vergleich zwischen ip-Befehlen und Vorgängerbefehlen

Funktion	Kommando »neu«	Kommando »alt«
Schnittstelle aktivieren	ip link set SCHNITT-STELLE up	ifconfig SCHNITTSTELLE up
ARP-Cache anzeigen	ip n	arp -na
Verbindungen anzeigen	ss -tapen	netstat -tapen

Tabelle 14.28 Vergleich zwischen ip-Befehlen und Vorgängerbefehlen (Forts.)

Den Namen der Schnittstelle auf Ihrem Rechner erfahren Sie durch den Aufruf von ip mit der Option l (*link*).

```
you@host: > ip l
1: lo: <LOOPBACK,UP,LOWER_
UP> mtu 65536 qdisc noqueue state UNKNOWN mode DEFAULT group default qlen 1000
    link/loopback 00:00:00:00:00:00 brd 00:00:00:00:00:00
2: eno1: <BROADCAST,MULTICAST,UP,LOWER_UP> mtu 1500 qdisc fq_
codel state UP mode DEFAULT group default qlen 1000
    link/ether b0:25:aa:46:63:ee brd ff:ff:ff:ff:ff:ff
    altname enp2s0
3: wlp1s0: <BROADCAST,MULTICAST,UP,LOWER_
UP> mtu 1500 qdisc noqueue state UP mode DORMANT group default qlen 1000
    link/ether b0:a4:60:6a:21:24 brd ff:ff:ff:ff:ff:ff
```

In diesem Beispiel sind folgende Schnittstellen vorhanden:

- lo: Loopback-Schnittstelle
- eno1: Ethernet-Anschluss (oft auch eth0)
- wlp1s0: WLAN-Interface (oft auch wlan0)

Detaillierte Informationen erhalten Sie, wenn Sie ip mit der Option a (*all*) aufrufen.

```
you@host: > ip a
1: lo: <LOOPBACK,UP,LOWER_
UP> mtu 65536 qdisc noqueue state UNKNOWN group default qlen 1000
    link/loopback 00:00:00:00:00:00 brd 00:00:00:00:00:00
    inet 127.0.0.1/8 scope host lo
       ...
       ...
2: eno1: <BROADCAST,MULTICAST,UP,LOWER_UP> mtu 1500 qdisc fq_
codel state UP group default qlen 1000
    link/ether b0:25:aa:46:63:ee brd ff:ff:ff:ff:ff:ff
       ...
       ...
```

```
3: wlp1s0: <BROADCAST,MULTICAST,UP,LOWER_
UP> mtu 1500 qdisc noqueue state UP group default qlen 1000
    link/ether b0:a4:60:6a:21:24 brd ff:ff:ff:ff:ff:ff
       ...
```

Um die Informationen für eine einzelne Schnittstelle anzuzeigen, müssen Sie `ip` mit Angabe der gewünschten Schnittstelle einsetzen:

```
you@host: > ip addr show eno1
2: eno1: <BROADCAST,MULTICAST,UP,LOWER_UP> mtu 1500 qdisc fq_
codel state UP group default qlen 1000
    link/ether b0:25:aa:46:63:ee brd ff:ff:ff:ff:ff:ff
    altname enp2s0
    inet 192.168.1.10/
24 brd 192.168.1.255 scope global dynamic noprefixroute eno1
       valid_lft 862369sec preferred_lft 862369sec
    inet6 2003:db:8707:ff00:3fb:ec87:ef40:3b92/
64 scope global temporary dynamic
       valid_lft 7025sec preferred_lft 1095sec
    inet6 2003:db:8707:ff00:79f5:f713:1fcd:9189/
64 scope global dynamic mngtmpaddr noprefixroute
       valid_lft 7025sec preferred_lft 1095sec
    inet6 fe80::afa4:33d7:6623:a1d/64 scope link noprefixroute
       valid_lft forever preferred_lft forever
you@host: >
```

Der Ausgabe kann man entnehmen, dass diese Schnittstelle aktiv ist (`UP`). Die maximale Größe einzelner Pakete beträgt 1.500 Bytes (`MTU`). Die MAC-Adresse (Hardwareadresse), die unsere Netzwerkkarte eindeutig identifiziert (es sei denn, sie wird manipuliert), lautet `b0:25:aa:46:63:ee`. Die IP-Adresse ist `192.168.1.10` mit dem CIDR `/24`, also der »Class C«-Größe.

Die IPv6-Adresse lautet `2003:db:8707:ff00:79f5:f713:1fcd:9189` bzw. `fe80::afa4:33d7:6623:a1d` für die Link-Local-Adresse.

Wollen Sie eine Schnittstelle ein- bzw. ausschalten, können Sie dies mit den zusätzlichen Parametern `up` (für einschalten) und `down` (für abschalten) vornehmen. Im Beispiel nutzen wir die Netzwerkkarte mit dem Namen `eth0` als Schnittstelle:

```
ip link set eth0 down
```

Hier haben Sie die Netzwerkkarte `eth0` abgeschaltet. Einschalten können Sie sie folgendermaßen:

```
ip link set eth0 up
```

Eine IP-Adresse stellen Sie ein oder verändern Sie ebenfalls mit `ip`:

```
ip addr add 10.25.38.41/24 dev eth0
```

Damit weisen Sie der Netzwerkkarte die IP-Adresse `10.25.38.41` aus dem Netz `10.25.38.xxx` zu. Mit `/24` als CIDR geben Sie an, wie groß das Netz ist (in diesem Fall handelt es sich um eine »Class C«-Größe).

Netzklassen

Netzklassen dienten bis 1993 der Unterteilung des IPv4-Adressbereichs und wurden durch die Einführung des *Classless Inter-Domain Routing* (CIDR) ersetzt. Die Verwendung des Begriffs *Netzklassen* führt oft zu Verwirrung, da er seit Einführung von CIDR überholt ist. Mit CIDR entfällt die feste Zuordnung einer IPv4-Adresse zu einer Netzklasse, die CIDR-Notation `/24` wird aber umgangssprachlich häufig noch als Klasse-C-Netz bezeichnet.

14.13.7 mail/mailx – E-Mails schreiben und empfangen (und auswerten)

Mit dem Kommando `mail` können Sie aus einem Shellscript heraus E-Mails versenden. Mithilfe der Option `-s` können Sie eine einfache Textmail mit Betreff (`-s` = *subject*) an eine Adresse schicken, beispielsweise so:

```
you@host > echo "Hallo" | mail -s "Betreff" pronix@t-online.de
```

Da nicht alle `mail`-Kommandos die Option `-s` für einen Betreff haben, können Sie gegebenenfalls auch auf `mailx` oder `Mail` (mit großen »M«) zurückgreifen, die auf einigen Systemen vorhanden sind. Mit `cat` können Sie natürlich auch den Inhalt einer ganzen Datei an die Mail-Adresse senden:

```
you@host > cat whoami.txt | mail -s "Eine Textdatei" \
> pronix@t-online.de
```

Dabei kann man allerlei Ausgaben eines Kommandos per `mail` an eine Adresse versenden:

```
you@host > ps -ef | mail -s "Prozesse 12Uhr" pronix@t-online.de
```

Sinnvoll kann dies z. B. sein, wenn auf einem System ein bestimmtes Limit überschritten wurde. Dann können Sie sich (oder einem anderen Benutzer) eine Nachricht zukommen lassen.

Ebenso kann überprüft werden, ob ein Server dauerhaft verfügbar ist. Testen Sie etwa stündlich (beispielsweise mit `cron`) mittels `nmap`, ob der Server erreichbar ist – und ist er es einmal nicht, können Sie sich hierbei eine Nachricht zukommen lassen. (Mit `nmap` können Sie nicht nur nachsehen, ob die Netzwerkkarte das UDP-Paket zurückschickt, sondern Sie können auch direkt nachschauen, ob der Port des betreffenden Diensts noch offen ist.)

Zusätzliche Optionen, die Sie mit `mail` bzw. `mailx` verwenden können, sehen Sie in Tabelle 14.29.

Option	Bedeutung
`-s Betreff`	Hier können Sie den Betreff (*Subject*) der E-Mail angeben.
`-c adresse`	Diese Adresse bekommt eine Kopie (*CC*) der Mail.
`-b adresse`	Diese Adresse bekommt eine *Blind Carbon Copy* (*BCC*) der Mail.

Tabelle 14.29 Optionen für das Kommando »mail« bzw. »mailx«

14.13.8 netstat – Statusinformationen über das Netzwerk

Auch `netstat` wurde mit der Einführung von `iproute2` ersetzt. Bestehende Netzwerkverbindungen und deren Status können Sie mit dem Kommando `ss` anzeigen. Neben der Überprüfung von Netzwerkverbindungen können Sie sich noch vieles mehr anzeigen lassen. In der Praxis lässt sich somit ohne Probleme feststellen, ob ein Rechner mit einem Trojaner infiziert ist.

Hier sehen Sie einige Beispiele:

- Mit der Option `-l` erhalten Sie eine Liste aller ins Netz lauschenden Programme:

  ```
  you@host > ss -i
  ```

- Mit `-ta` erhalten Sie die Anzeige aller Verbindungen. Die Option `-t` steht dabei für TCP. Mit `-u`, `-w` bzw. `-x` zeigen Sie die UDP-, RAW- bzw. UNIX-Sockets an.

  ```
  you@host > ss -ta
  ```

»net-tools« vs. »iproute2«

Das Paket `net-tools` wurde als »deprecated« gekennzeichnet und wird durch `iproute2` ersetzt. Das Paket `iproute2` ist nicht neu, es kam schon 1999 mit der Unterstützung für das Netzwerkprotokoll IPv6 ins Linux-System. In BSD Unix ist `net-tools` noch aktiv.

14.13.9 nslookup (host/dig) – DNS-Server abfragen

Mit nslookup können Sie aus dem Domainnamen eine IP-Adresse bzw. die IP-Adresse zu einem Domainnamen ermitteln. Zur Auflösung des Namens wird gewöhnlich der DNS-Server verwendet.

Hier sehen Sie nslookup und host bei der Ausführung:

```
you@host > nslookup pronix.de
Server:          217.237.150.141
Address:         217.237.150.141#53

Non-authoritative answer:
Name:    pronix.de
Address: 194.150.178.34

you@host > host pronix.de
pronix.de has address 194.150.178.34
you@host > host 194.150.178.34
34.178.150.194.in-addr.arpa domain name pointer goliath.myhoster.de.
```

14.13.10 ping – die Verbindung zu einem anderen Rechner testen

Wollen Sie die Netzwerkverbindung zu einem anderen Rechner testen oder einfach nur den lokalen TCP/IP-Stack überprüfen, können Sie das Kommando ping (*Paket Internet Groper*) verwenden.

```
ping host
```

ping überprüft dabei, ob host (für den Sie die IP-Adresse oder den Domainnamen angeben) antwortet. ping bietet eine Menge mehr Optionen an, die noch mehr Infos liefern, die allerdings hier nicht genauer erläutert werden. Zur Überprüfung sendet ping ein ICMP-Paket vom Typ *ICMP Echo Request* an die Netzwerkstation. Hat die Netzwerkstation das Paket empfangen, sendet sie ebenfalls ein ICMP-Paket, allerdings vom Typ *ICMP Echo Reply* zurück.

```
you@host > ping -c5 www.pronix.de
PING www.pronix.de (194.150.178.34) 56(84) bytes of data.
64 bytes from goliath.myhoster.de (194.150.178.34):
  icmp_seq=1 ttl=56 time=79.0 ms
64 bytes from goliath.myhoster.de (194.150.178.34):
  icmp_seq=2 ttl=56 time=76.8 ms
64 bytes from goliath.myhoster.de (194.150.178.34):
  icmp_seq=3 ttl=56 time=78.2 ms
```

```
64 bytes from goliath.myhoster.de (194.150.178.34):
  icmp_seq=4 ttl=56 time=76.8 ms
64 bytes from goliath.myhoster.de (194.150.178.34):
  icmp_seq=5 ttl=56 time=79.2 ms

--- www.pronix.de ping statistics ---
5 packets transmitted, 5 received, 0 % packet loss, time 4001ms
rtt min/avg/max/mdev = 76.855/78.058/79.228/1.061 ms
```

Hier wurden z. B. fünf Pakete (mit der Option -c kann die Anzahl der Pakete angegeben werden) an www.pronix.de gesendet und wieder erfolgreich empfangen, wie aus der Zusammenfassung am Ende zu entnehmen ist.

Rufen Sie ping hingegen ohne eine Option auf, wie hier:

```
ping www.pronix.de
```

müssen Sie selbst für eine Beendigung des Datenaustauschs zwischen den Rechnern sorgen. Dazu genügt ein einfaches [Strg]+[C], und Sie erhalten ebenfalls wieder eine Zusammenfassung.

Sie können aber nicht nur die Verfügbarkeit eines Rechners und des lokalen TCP/IP-Stacks prüfen (ping localhost), sondern auch die Laufzeit von Paketen vom Sender zum Empfänger ermitteln. Hierzu wird die Zeit halbiert, bis das »Reply« eintrifft.

14.13.11 Die r-Kommandos von Berkeley (rcp, rlogin, rsh, rwho)

Aus Sicherheitsgründen empfehlen wir, diese Tools nicht mehr einzusetzen und stattdessen auf die mittlerweile sichereren Alternativen ssh und scp zu setzen. Es fängt schon damit an, dass bei den r-Kommandos das Passwort beim Einloggen im Klartext, also ohne jede Verschlüsselung, übertragen wird. Bedenken Sie, dass ein unverschlüsseltes Passwort, das zwischen zwei Rechnern im Internet übertragen wird, jederzeit (beispielsweise mit einem *Sniffer*) abgefangen und mitgelesen werden kann. Für Passwörter gilt im Allgemeinen, dass man sie niemals im Netz unverschlüsselt übertragen sollte. Da es mittlerweile zur Passwortübertragung mit Secure Shell (ssh), SecureRPC von SUN und Kerberos vom MIT sehr gute Lösungen gibt, haben die r-Kommandos eigentlich keine Berechtigung mehr.

Schlimmer noch: Für die Befehle rsh und rcp war auf den Zielrechnern nicht einmal ein Passwort nötig. Eine Authentifizierung erfolgte hierbei über die Datei */etc/hosts.equiv* und *~/.rhosts*. Darin wurden einzelne Rechner eingetragen, die als vertrauenswürdig empfunden wurden und so die Passwortauthentifizierung umgehen konnten.

14.13.12 ssh – sichere Shell auf anderem Rechner starten

ssh (*Secure Shell*) zählt mittlerweile zu einem der wichtigsten Dienste überhaupt. Mit diesem Dienst ist es möglich, eine verschlüsselte Verbindung zwischen zwei Rechnern aufzubauen. ssh wurde aus der Motivation heraus entwickelt, sichere Alternativen zu telnet und den r-Kommandos von Berkeley zu schaffen.

Wenn Sie zum ersten Mal eine Verbindung zu einem anderen Rechner herstellen, bekommen Sie gewöhnlich eine Warnung, in der ssh nachfragt, ob Sie dem anderen Rechner vertrauen wollen. Wenn Sie mit »yes« antworten, speichert ssh den Namen und den RSA-Fingerprint (einen Code zur eindeutigen Identifizierung des anderen Rechners) in der Datei *~/.ssh/know_hosts*. Beim nächsten Starten von ssh erfolgt diese Abfrage dann nicht mehr.

Im nächsten Schritt erfolgt die Passwortabfrage, die verschlüsselt übertragen wird. Bei korrekter Eingabe des Passworts beginnt die Sitzung am anderen Rechner (als würde man diesen Rechner vor sich haben). Die Syntax lautet:

```
ssh -l loginname rechnername
```

In unserem Fall lautet der loginname beispielsweise us10129, und der rechnername (der Webhoster, auf dem sich pronix.de befindet) ist myhoster.de. Das Einloggen mit ssh verläuft hier wie folgt:

```
you@host > hostname
linux.home
you@host > ssh -l us10129 myhoster.de
us10129@myhoster.de's password:********
Last login:
Sat Apr 27 12:52:05 2016 from p549b6d72.dip.t-dialin.net
[us10129@goliath ~]$ hostname
goliath.myhoster.de
[us10129@goliath ~]$ exit
Connection to myhoster.de closed.
you@host >
```

Hier sehen Sie ein weiteres Beispiel – ein Login zu unserem Fachgutachter auf einem FreeBSD-Jail:

```
you@host > ssh -l juergen123 192.135.147.2
Password:********
Last login: Wed Apr 27 15:26:24 2016 from ftpmirror.speed
Copyright (c) 1980, 1983, 1986, 1988, 1990, 1991, 1993, 1994
FreeBSD 4.11-RELEASE (SEMA) #5: Mon Jan 25 14:06:17 CET 2010
juergen@juergen$ hostname
juergen123.penguin
juergen123@juergen$
```

Noch ein paar Zeilen für die ganz Ängstlichen: Für jede Verbindung über ssh wird zwischen den Rechnern immer ein neuer Sitzungsschlüssel ausgehandelt. Will ein Angreifer einen solchen Schlüssel knacken, benötigt er dazu unglaublich viel Zeit. Sobald Sie sich ausloggen, müsste der Angreifer erneut versuchen, den Schlüssel zu knacken – dies natürlich nur rein theoretisch, denn hierbei handelt es sich immerhin um Schlüssel wie RSA, Blowfish, IDEA und Triple-DES, zwischen denen man wählen kann. Alle diese Schlüssel gelten als sehr sicher.

14.13.13 scp – Dateien zwischen unterschiedlichen Rechnern kopieren

Das Kommando scp ist Teil einer ssh-Installation, mit der man Dateien sicher zwischen unterschiedlichen Rechnern kopieren kann. scp funktioniert genauso wie das lokale cp. Der einzige Unterschied ist natürlich die Angabe der Pfade auf den entfernten Rechnern. Dabei sieht die Verwendung des Rechnernamens wie folgt aus:

```
benutzer@rechner:/verzeichnis/zum/ziel
```

Um auf unseren Account zurückzukommen – der Benutzername lautet hier us10129, und der Rechner heißt myhoster.de:


```
you@host > scp whoami.txt us10129@myhoster.de:~
us10129@myhoster.de's password:********
whoami.txt                          100 % 3231      3.2KB/s    00:00
you@host > scp us10129@myhoster.de:~/grafik/baum.gif $HOME
us10129@myhoster.de's password:********
baum.gif                            100 % 8583      8.4KB/s    00:00
you@host >
```

Zuerst wurde die Datei whoami.txt aus dem aktuellen lokalen Verzeichnis ins Heimverzeichnis von pronix.de kopiert (/home/us10129). Anschließend haben wir aus dem Verzeichnis /home/us10129/grafik die GIF-Datei baum.gif auf unseren lokalen Rechner kopiert. scp ist in der Tat eine interessante Lösung, um Dateien auf mehreren Rechnern mit einem Script zu kopieren.

Was allerdings bei der Scriptausführung stören dürfte (besonders wenn es automatisch geschehen sollte), ist die Passwortabfrage (hierbei würde der Prozess angehalten). Hierzu bietet es sich an, sich mithilfe eines asymmetrischen Verschlüsselungsverfahrens ein Login ohne Passwort zu verschaffen. Dazu stellt man am besten auf dem Clientrechner mit dem Programm ssh-keygen ein entsprechendes Schlüsselpaar (hier mit einem RSA-Schlüssel) bereit:

```
you@host > ssh-keygen -t rsa
Generating public/private rsa key pair.
Enter file in which to save the key (/home/you/.ssh/id_rsa):[↵]
```

```
Enter passphrase (empty for no passphrase):[↵]
Enter same passphrase again:[↵]
Your identification has been saved in /home/you/.ssh/id_rsa.
Your public key has been saved in /home/you/.ssh/id_rsa.pub.
The key fingerprint is:
bb:d9:6b:b6:61:0e:46:e2:6a:8d:75:f5:b3:41:99:f9 you@linux
```

Hier wurden zwei RSA-Schlüssel ohne Passphrase erstellt. Jetzt haben Sie zwei Schlüssel: einen privaten (`id_rsa`) und einen öffentlichen (`id_rsa.pub`). Damit Sie jetzt alle `ssh`-Aktionen ohne Passwort durchführen können, müssen Sie den öffentlichen Schlüssel nur noch auf den Benutzer-Account des Servers hochladen:

```
you@host > scp .ssh/id_rsa.pub us10129@myhoster.de:~/.ssh/
us10129@myhoster.de's password:********
id_rsa.pub                      100 %  219      0.2KB/s    00:00
you@host >
```

Jetzt müssen Sie sich nochmals einloggen und die Datei `id_rsa.pub` an die Datei `~/.ssh/authorized_keys` hängen:

```
you@host > ssh us10129@myhoster.de
us10129@myhoster.de's password:********
Last login:
Sat Apr 23 13:25:22 2016 from p549b6d72.dip.t-dialin.net
[us10129@goliath ~]$ cd ~/.ssh
[us10129@goliath .ssh]$ ls
id_rsa.pub  known_hosts
[us10129@goliath .ssh]$ cat id_rsa.pub >> authorized_keys
```

Nach erneutem Einloggen über `ssh` oder dem Kopieren mit `scp` sollte die Passwortabfrage der Vergangenheit angehören.

14.13.14 rsync – Replizieren von Dateien und Verzeichnissen

`rsync` wird verwendet, um Dateien bzw. ganze Verzeichnisse (Verzeichnisbäume) zu synchronisieren. Hierbei kann sowohl eine lokale als auch eine entfernte Synchronisation vorgenommen werden. Der Ausdruck »synchronisieren« ist eigentlich rein syntaktisch nicht richtig. Man kann zwar bei einem Verzeichnisbaum *X* Daten hinzufügen, sodass dieser exakt denselben Inhalt erhält wie der Verzeichnisbaum *Y*. Dies funktioniert allerdings umgekehrt gleichzeitig nicht. Man spricht hierbei vom *Replizieren*. Wollen Sie echtes bidirektionales Synchronisieren realisieren (beispielsweise Daten zwischen zwei PCs), müssen Sie auf `unision` zurückgreifen.

Die Syntax zu `rsync` lautet:

```
rsync [optionen] ziel quelle
```

Einige Beispiele:

```
rsync -avzb -e ssh pronix.de:/ /home/you/backups/
```

Damit wird die Website `pronix.de`, die sich im Internet befindet, mit dem lokalen Verzeichnis `/home/you/backups` synchronisiert. Mit `a` verwenden Sie den *archive*-Modus, mit `b` werden Backups erstellt, und mit `v` (für *verbose*) wird `rsync` etwas gesprächiger. Durch die Option `z` werden die Daten komprimiert übertragen. Außerdem wird mit der Option `-e` und `ssh` eine verschlüsselte Datenübertragung realisiert.

Geben Sie bei der Quelle als letztes Zeichen einen Slash (/) an, wird dieses Verzeichnis nicht mitkopiert, sondern nur der darin enthaltene Inhalt, beispielsweise:

```
rsync -av /home/you/Shellbuch/ /home/you/backups
```

Hier wird der Inhalt von `/home/you/Shellbuch` nach `/home/you/backups` kopiert. Würden Sie hingegen

```
rsync -av /home/you/Shellbuch /home/you/backups
```

schreiben, so würde in `/home/you/backups` das neue Verzeichnis `Shellbuch` angelegt (`/home/you/backups/Shellbuch/`) und alles dorthin kopiert. Das hat schon vielen Nutzern einige Nerven gekostet.

Tabelle 14.30 enthält einen Überblick über einige Optionen von `rsync`.

Option	Bedeutung
`-a`	(*archive mode*): Kopiert alle Unterverzeichnisse mitsamt Attributen (Symlinks, Rechte, Dateidatum, Gruppe, Devices) und (wenn man root ist) mit dem/den Eigentümer(n) der Datei(en).
`-v`	(*verbose*): Gibt während der Übertragung eine Liste der übertragenen Dateien aus.
`-n`	(*dry-run*): nichts schreiben, sondern den Vorgang nur simulieren – ideal zum Testen
`-e` *Programm*	Wenn in der Quelle oder dem Ziel ein Doppelpunkt enthalten ist, interpretiert `rsync` den Teil vor dem Doppelpunkt als Host-Namen und kommuniziert über das mit `-e` spezifizierte *Programm*.

Tabelle 14.30 Gängige Optionen von »rsync«

Option	Bedeutung
`-z`	Der Parameter `-z` bewirkt, dass `rsync` die Daten komprimiert überträgt.
`--delete --force` `--delete-excluded`	Damit werden alle Einträge im Zielverzeichnis gelöscht, die im Quellverzeichnis nicht (mehr) vorhanden sind.
`--partial`	Wurde die Verbindung zwischen zwei Rechnern getrennt, wird die nicht vollständig empfangene Datei nicht gelöscht. So kann bei einem erneuten `rsync` die Datenübertragung fortgesetzt werden.
`--exclude=`*Pattern*	Hier kann man Dateien (mit *Pattern*) angeben, die man ignorieren möchte. Selbstverständlich sind hierbei reguläre Ausdrücke möglich.
`-x`	Damit werden alle Dateien auf einem Filesystem ausgeschlossen, die in ein Quellverzeichnis hineingemountet sind.

Tabelle 14.30 Gängige Optionen von »rsync« (Forts.)

Noch mehr zu dem Kommando `rsync` finden Sie auf der entsprechenden Webseite von `rsync` (*http://rsync.samba.org/*) oder wie üblich auf der Manpage.

14.13.15 traceroute – Route zu einem Rechner verfolgen

`traceroute` ist ein TCP/IP-Tool, mit dem Sie Informationen darüber ermitteln können, welche Computer ein Datenpaket auf seinem Weg durch ein Netzwerk passiert, bis es bei einem bestimmten Host ankommt. Beispiel:

```
you@host > traceroute www.microsoft.com
traceroute to www.microsoft.com.nsatc.net (207.46.199.30), 30
hops max, 38 byte packets
 1  164-138-193.gateway.dus1.myhoster.de (193.138.164.1)
    0.350 ms  0.218 ms  0.198 ms
 2  ddf-b1-geth3-2-11.telia.net (213.248.68.129)
    0.431 ms  0.185 ms  0.145 ms
 3  hbg-bb2-pos1-2-0.telia.net (213.248.65.109)
    5.775 ms  5.785 ms  5.786 ms
 4  adm-bb2-pos7-0-0.telia.net (213.248.65.161)
    11.949 ms  11.879 ms  11.874 ms
 5  ldn-bb2-pos7-2-0.telia.net (213.248.65.157)
    19.611 ms  19.598 ms  19.585 ms
...
```

14.13.16 wget – Dateien direkt von Servern herunterladen

Mit `wget` ist es möglich, Dateien direkt aus dem Terminal von Servern per FTP-, HTTP- oder HTTPS-Protokoll herunterzuladen. `wget` ist daher sehr gut geeignet, wenn Sie in einem Shellscript Daten von Servern kopieren möchten. Abgebrochene Downloads können wieder fortgesetzt werden.

Die Syntax von `wget` ist einfach:

```
wget OPTIONEN URL
```

Hier einige Beispiele.

```
wget -q https://www.dwd.de/DWD/wetter/wv_spez/seewetter/na_00.png
```

Mit diesem Aufruf speichern Sie die aktuelle Seewetterkarte (`na_00.png`) im aktuellen Verzeichnis. Der Parameter `-q` (*quiet*) sorgt dafür, dass nicht alles, was im Hintergrund passiert, auch angezeigt wird.

Bei nächsten Aufruf würden rekursiv alle Bilder (**.jpg* und **.png*) von der Seite `beispiel.com` heruntergeladen.

```
wget -r -A jpg,png http://beispiel.com/
```

Wenn Downloads unter- oder abgebrochen werden, können diese mit dem Parameter `-c` (*continue*) zu einem späteren Zeitpunkt fortgeführt werden.

14.14 Benutzerkommunikation

Beachten Sie, dass die Kommandos zur Benutzerkommunikation (`wall`, `mesg` und `write`) nur unter direkt am System angemeldeten Benutzern funktionieren.

14.14.1 wall – Nachrichten an alle Benutzer verschicken

Mit dem Kommando `wall` senden Sie eine Nachricht an alle aktiven Benutzer auf dem Rechner. Damit ein Benutzer auch Nachrichten empfangen kann, muss er mit `mesg yes` diese Option einschalten. Natürlich kann ein Benutzer das Empfangen von Nachrichten auch mit `mesg no` abschalten. Nachrichten werden nach einem Aufruf von `wall` von der Standardeingabe eingelesen und mit der Tastenkombination [Strg]+[D] abgeschlossen und versendet. Gewöhnlich wird `wall` vom Systemadministrator verwendet, um Benutzerinnen und Benutzer auf bestimmte Ereignisse hinzuweisen, etwa auf das Neustarten des Systems.

14.14.2 write – Nachrichten an andere Benutzer verschicken

Ähnlich wie mit `wall` können Sie mit `write` eine Nachricht versenden, allerdings an einen bestimmten oder mehrere Benutzer:

```
write Benutzer1 ...
```

Ansonsten gilt bei der Verwendung von `write` das Gleiche wie für `wall`. Auch hier wird die von der Standardeingabe eingelesene Nachricht mit [Strg]+[D] beendet, und auf der Gegenstelle muss ebenfalls `mesg yes` gelten, damit der Benutzer die Nachricht empfangen kann. Natürlich ist es dem Benutzer root gestattet, jedem Benutzer eine Nachricht zu senden, auch wenn dieser das Empfangen von Nachrichten mit `mesg no` abgeschaltet hat.

14.14.3 mesg – Nachrichten auf die Dialogstation zulassen oder unterbinden

Mit dem Kommando `mesg` können Sie einem anderen Benutzer erlauben, auf das Terminal (beispielsweise mittels `write` oder `wall`) zu schreiben oder eben dies zu sperren. Rufen Sie `mesg` ohne Optionen auf, wird so ausgegeben, wie die Zugriffsrechte gesetzt sind – `y` (für yes) und `n` (für no). Wollen Sie dem Benutzer erlauben, auf Ihre Dialogstation zu schreiben, können Sie dies mit `mesg` folgendermaßen erreichen:

```
mesg yes
```

oder:

```
mesg -y
```

Wollen Sie hingegen unterbinden, dass jemand Nachrichten auf Ihre Dialogstation ausgibt, verwenden Sie `mesg` so:

```
mesg no
```

oder so:

```
mesg -n
```

Beispiel:

```
you@host > mesg
is n
you@host > mesg yes
you@host > mesg
ist y
```

14.15 Bildschirm- und Terminalkommandos

14.15.1 clear – Löschen des Bildschirms

Mit dem Kommando `clear` löschen Sie den Bildschirm, sofern dies möglich ist. Das Kommando sucht in der Umgebung nach dem Terminaltyp und dann in der *terminfo*-Datenbank, um herauszufinden, wie der Bildschirm für das entsprechende Terminal gelöscht wird.

14.15.2 reset – Zeichensatz für ein Terminal wiederherstellen

Mit dem Kommando `reset` können Sie jedes virtuelle Terminal wieder in einen definierten Zustand (zurück)versetzen. Gibt es kein Kommando mit diesem Namen, können Sie Selbiges auch mit `setterm -reset` erreichen.

14.15.3 setterm – Terminaleinstellung verändern

Mit `setterm` können Sie Terminaleinstellungen wie beispielsweise die Hintergrund- bzw. Vordergrundfarbe verändern. Rufen Sie `setterm` ohne Optionen auf, erhalten Sie einen Überblick über alle möglichen Optionen von `setterm`. Sie können `setterm` entweder interaktiv verwenden, wie hier:

```
you@host > setterm -bold on
```

(hier schalten Sie beispielsweise die Fettschrift an), oder aber Sie sichern die Einstellungen dauerhaft in der Datei *~/.profile*. Einige wichtige Einstellungen von `setterm` sehen Sie in Tabelle 14.31:

Verwendung	Bedeutung
`setterm -clear`	Löscht den Bildschirm.
`setterm -reset`	Terminal wieder in einen definierten Zustand zurückbringen
`setterm -blank` *n*	Bildschirm nach *n* Minuten Untätigkeit abschalten

Tabelle 14.31 Einige häufig benötigte Optionen für »setterm«

14.15.4 stty – Terminaleinstellung abfragen oder setzen

Mit `stty` können Sie die Terminaleinstellung abfragen oder verändern. Rufen Sie `stty` ohne Argumente auf, wird die Leitungsgeschwindigkeit des aktuellen Terminals ausgegeben. Wenn Sie `stty` mit der Option `-a` aufrufen, erhalten Sie die aktuelle Terminaleinstellung:

```
you@host > stty -a
speed 38400 baud; rows 23; columns 72; line = 0;
intr=^C; quit=^\; erase=^?; kill=^U; eof=^D; eol=<undef>;
eol2 = <undef>; start = ^Q; stop = ^S; susp = ^Z; rprnt = ^R;
werase = ^W; lnext = ^V; flush = ^O; min = 1; time = 0;
-parenb -parodd cs8 -hupcl -cstopb cread -clocal -crtscts
-ignbrk brkint ignpar -parmrk -inpck -istrip -inlcr
-igncr icrnl ixon -ixoff -iuclc -ixany imaxbel -iutf8 opost
-olcuc -ocrnl onlcr -onocr -onlret -ofill
-ofdel nl0 cr0 tab0 bs0 vt0 ff0
isig icanon iexten echo echoe echok -echonl -noflsh -xcase
-tostop -echoprt echoctl echoke
```

Die Einstellungen lassen sich häufig schwer beschreiben. Um sie zu verstehen, müssen Sie sich schon intensiver mit der Funktionsweise zeichenorientierter Gerätetreiber im Kernel und mit der seriellen Schnittstelle befassen – worauf wir hier aber nicht eingehen können.

Alle Flags, die sich mit `stty` verändern lassen, können Sie sich mit `stty --help` auflisten lassen. Viele dieser Flags lassen sich mit einem vorangestellten Minuszeichen abschalten und ohne ein Minuszeichen (wieder) aktivieren. Wenn Sie beim Ausprobieren der verschiedenen Flags das Terminal nicht mehr vernünftig steuern können, hilft Ihnen das Kommando `reset` oder `setterm -reset`, um das Terminal wiederherzustellen. Über

```
you@host > stty -echo
```

beispielsweise schalten Sie die Ausgabe des Terminals ab, und mit

```
you@host > stty echo
```

stellen Sie die Ausgabe auf dem Bildschirm wieder her. Allerdings müssen Sie hier recht sicher im Umgang mit der Tastatur sein, weil Sie ja zuvor die Ausgabe deaktiviert haben.

14.15.5 tty – Terminalname erfragen

Mit `tty` können Sie den Terminalnamen inklusive Pfad erfragen, der die Standardeingabe entgegennimmt:

```
you@host > tty
/dev/pts/36
```

Verwenden Sie die Option `-s`, erfolgt keine Ausgabe, vielmehr wird nur der Status gesetzt. Dabei haben diese Werte folgende Bedeutung:

Status	Bedeutung
0	Die Standardeingabe ist ein Terminal.
1	Die Standardeingabe ist kein Terminal.
2	Ein unbekannter Fehler ist aufgetreten.

Tabelle 14.32 Rückgabestatus von »tty« mit der Option »-s«

```
Ein Beispiel:
you@host > tty -s
you@host > echo $?
0
```

Diese Abfrage wird beispielsweise gern in Scripts verwendet, um zu ermitteln, ob für die Standardeingabe ein Terminal zur Verfügung steht. Einem Hintergrundprozess zum Beispiel steht keine Standardeingabe zur Verfügung.

14.15.6 tput – Terminal- und Cursorsteuerung

Das Kommando `tput` wurde ausführlich in Abschnitt 5.2.4 behandelt.

14.16 Online-Hilfen

Das Hilfesystem unter UNIX bzw. Linux gehört zu den ältesten noch in Gebrauch befindlichen Werkzeugen. Die Manpages (`man`) gibt es seit 1971, das Kommando `info` ist »erst« 1977 erschienen, kannte dafür aber schon Hypertext.

14.16.1 apropos – nach Schlüsselwörtern in Manpages suchen

Die Syntax lautet:

```
apropos keyword
```

Mit `apropos` werden alle Manpages aufgelistet, in denen sich das gesuchte `keyword` befindet. Selbiges erreichen Sie auch mit dem Kommando `man` und der Option `-k`.

14.16.2 info – GNU-Online-Manual

`info` ist das Hilfesystem für die bei Linux mitgelieferte GNU-Software.

```
info [kommando]
```

Die wichtigsten Tasten zum Verwenden der Infoseiten sind:

Taste	Bedeutung
Leertaste	Eine Seite nach unten blättern
[←]	Eine Seite nach oben blättern
[B]	Anfang des `info`-Textes
[E]	Ende des `info`-Textes
[⇆]	Zum nächsten Querverweis springen
[↵]	Querverweis folgen
[H]	Anleitung zur Bedienung von `info`
[?]	Kommandoübersicht von `info`
[Q]	`info` beenden

Tabelle 14.33 Gängige Tasten zur Steuerung von Infoseiten

14.16.3 man – die traditionelle Online-Hilfe

Mit `man` geben Sie die Manualseiten (Manpages) zu einem entsprechenden Namen aus:

```
man Name
```

Die Anzeige der Manpage erfolgt über einen Pager, was meistens `less` oder eventuell auch `more` ist. Zur Steuerung dieser Pager blättern Sie bitte zu dem Abschnitt zurück, in dem wir diese Befehle erläutern. Den Pager können Sie aber auch mit der Option `-P` oder der Umgebungsvariablen `PAGER` selbst bestimmen. Aufgeteilt werden die Manpages in verschiedene Kategorien:

1. Benutzerkommandos
2. Systemaufrufe
3. C-Bibliotheksfunktionen
4. Beschreibungen der Gerätedateien
5. Dateiformate
6. Spiele
7. Makropakete für die Textformatierer
8. Kommandos für die Systemverwalterinnen und Systemverwalter
9. Kernel-Routinen

Die Reihenfolge, in der die Sektionen nach einer bestimmten Manualpage durchsucht werden, ist in der Konfigurationsdatei */etc/man.config* festgelegt. In der `MANSEC`-Umgebungsvariablen kann jeder User für sich eine andere Reihenfolge bestimmen.

Ebenso sind die Verzeichnisse, in denen nach den Manpages gesucht werden soll, in */etc/man.config* festgeschrieben. Da die Datei */etc/man.config* nur von root bearbeitet werden darf, besteht auch hierbei die Möglichkeit, dass der Benutzer mit der Umgebungsvariablen `MANPATH` ein anderes Verzeichnis angeben kann.

Das Kommando `man` hat eine Reihe von Optionen. Die wichtigsten sind:

- `-a` – Häufig gibt es gleichnamige Manpages in verschiedenen Kategorien. Geben Sie beispielsweise `man sleep` ein, bekommen Sie die erste gefundene Sektion (abhängig von der Reihenfolge, die in */etc/man.config* oder `MANSEC` angegeben wurde) mit entsprechenden Namen ausgegeben. Wollen Sie alle Manpages zu einem bestimmten Namen bzw. Kommando lesen, so müssen Sie nur die Option `-a` verwenden. Mit `man -a sleep` erhalten Sie jetzt alle Manpages mit `sleep` (in unserem Fall waren es drei Manpages zu `sleep`).
- `-k keyword` – entspricht `apropos keyword`; damit werden alle Manpages ausgegeben, die das Wort *keyword* enthalten.
- `-f keyword` – entspricht `whatis keyword`; damit wird eine einzeilige Bedeutung von `keyword` ausgegeben.

14.16.4 whatis – Kurzbeschreibung zu einem Kommando

Die Syntax lautet:

```
whatis keyword
```

Mit dem Kommando `whatis` wird die Bedeutung von `keyword` als einzeiliger Text ausgegeben. `whatis` entspricht einem Aufruf von `man -f keyword`.

14.17 Alles rund um PostScript-Kommandos

Die Befehle rund um das PostScript-Format werden hier aus Platzgründen nur in Tabelle 14.34 mit dem Kommando und seiner Bedeutung beschrieben. Näheres müssen Sie den entsprechenden Manpages entnehmen.

Kommando	Bedeutung
a2ps	Textdatei nach PostScript umwandeln

Tabelle 14.34 PostScript-Kommandos

Kommando	Bedeutung
dvips	DVI-Dateien nach PostScript umwandeln
enscript	Textdatei nach PostScript umwandeln
gs	PostScript- und PDF-Dateien konvertieren
html2ps	HTML-Dateien nach PostScript umwandeln
pdf2ps	PDF nach PostScript umwandeln
ps2ascii	PostScript nach ASCII umwandeln
ps2pdf	PostScript nach PDF umwandeln
psutils	Paket zur Bearbeitung von PostScript-Dateien

Tabelle 14.34 PostScript-Kommandos (Forts.)

14.18 Gemischte Kommandos

14.18.1 alias/unalias – Kurznamen für Kommandos vergeben bzw. löschen

Mit alias können Sie für einfache Kommandos benutzerdefinierte Namen anlegen. Löschen können Sie dieses Synonym wieder mit unalias. Die Befehle alias und unalias wurden bereits in Abschnitt 6.6 beschrieben.

14.18.2 bc – Taschenrechner

bc ist ein arithmetischer, sehr umfangreicher Taschenrechner für die Konsole, der viele ausgereifte Funktionen bietet. Dieser Taschenrechner wurde bereits in Abschnitt 2.2.3 kurz behandelt.

14.18.3 printenv bzw. env – Umgebungsvariablen anzeigen

Mit printenv können Sie sich die Umgebungsvariablen für einen Prozess anzeigen lassen. Geben Sie kein Argument an, werden alle Variablen ausgegeben, ansonsten erscheint der entsprechende Wert der Umgebungsvariablen:

```
you@host > printenv PAGER
less
you@host > printenv MANPATH
/usr/local/man:/usr/share/man:/usr/X11R6/man:/opt/gnome/share/man
```

Kapitel 15
Die Praxis

In diesem Kapitel finden Sie viele Lösungsansätze zu gewöhnlichen Themen, die man relativ häufig in der Praxis benötigt. Natürlich dürfen Sie hier keine kompletten Projekte erwarten, sondern eher Scripts, die weiter ausbaufähig sind bzw. als Anregung für umfangreichere Projekte dienen sollen. Es ist auch gar nicht möglich, für jedes Problem eine ultimative Lösung aus dem Hut zu zaubern – dazu sind die individuellen Ansprüche der einzelnen Anforderungen zu unterschiedlich.

Die einzelnen Rezepte für die Praxis wurden in die folgenden Teile gegliedert:

- alltäglich benötigte Scripts
- Datei-Utilitys
- Systemadministration
  - Benutzer- und Prozessverwaltung (Überwachung)
  - Systemüberwachung
  - Backups
  - (Init-Scripts) Startup-Scripts erstellen
- Netzwerk und Internet
  - E-Mail
  - Logfile-Analyse
  - cURL
  - CGI-Scripts

Hinweis
Wenn Sie ein Sammelsurium von Shellscripts für Teil- bzw. Komplettlösungen suchen, empfehlen wir Ihnen folgende Webseiten:
https://github.com/ oder *https://sourceforge.net/*

15.1 Alltägliche Lösungen

Im folgenden Kapitel stellen wir Ihnen alltägliche Lösungen vor.

15.1.1 Auf alphabetische und numerische Zeichen prüfen

Ein Problem bei vielen Scripts, die eine User-Eingabe erfordern, ist, dass ein »Vertipper« Dinge wie einen Datenbankschlüssel oder Dateinamen schnell durcheinanderbringt. Eine Überprüfung auf die richtige Eingabe von der Tastatur fällt mittels sed recht einfach aus. Das folgende Beispiel überprüft, ob der Anwender Buchstaben und Zahlen korrekt eingegeben hat. Nicht erlaubt sind alle anderen Zeichen wie Whitespaces, Punktationen, Sonderzeichen etc.

```
#!/bin/sh
# checkInput() : Überprüft, dass eine richtige Eingabe aus
# alphabetischen und numerischen Zeichen besteht

# Gibt 0 (= OK) zurück, wenn alle Zeichen aus
# Groß- und Kleinbuchstaben und Zahlen bestehen,
# ansonsten wird 1 zurückgegeben.
#
checkInput() {
  if [ -z "$eingabe" ]
  then
    echo "Es wurde nichts eingegeben"
    exit 1
  fi
  # Alle unerwünschten Zeichen entfernen ...
  eingabeTmp="`echo $1 | sed -e 's/[^[:alnum:]]//g'`"
  # ... und dann vergleichen
  if [ "$eingabeTmp" != "$eingabe" ]
  then
    return 1
  else
    return 0
  fi
}

# Ein Beispiel zum Testen der Funktion checkInput
echo -n "Eingabe machen: "
read eingabe

if ! checkInput "$eingabe"
```

```
then
   echo "Die Eingabe muss aus Buchstaben und Zahlen bestehen!"
   exit 1
else
   echo "Die Eingabe ist okay."
fi
```

Das Script bei der Ausführung:

```
you@host > ./checkInput
Eingabe machen: 1234asdf
Die Eingabe ist okay.
you@host > ./checkInput
Eingabe machen: asfd 1234
Die Eingabe muss aus Buchstaben und Zahlen bestehen!
you@host > ./checkInput
Eingabe machen: !"§$
Die Eingabe muss aus Buchstaben und Zahlen bestehen!
```

Entscheidend ist in diesem Script die sed-Zeile:


```
eingabeTmp="`echo $1 | sed -e 's/[^[:alnum:]]//g'`"
```

In der Variablen eingabeTmp befindet sich nach der Kommando-Substitution ein String ohne irgendwelche Sonderzeichen außer Buchstaben und Ziffern (siehe Zeichenklasse [:alnum:]). Hierbei werden einfach alle anderen Zeichen aus dem Originalstring entfernt, und im nächsten Schritt wird der Originalstring mit dem so neu erstellten String verglichen. Sind beide weiterhin identisch, wurden die Bedingungen erfüllt, und die Eingabe war in Ordnung. Ansonsten, wenn beide Strings nicht gleich sind, wurde ein »Fehler« bei der Eingabe entdeckt.

15.1.2 Auf Integer überprüfen

Leider kann man hierbei jetzt nicht mit [:digits:] in der sed-Zeile auf die Eingabe eines echten Integers prüfen, da zum einen ein negativer Wert eingegeben werden kann und es zum anderen auch minimale und maximale Grenzen des Größenbereichs gibt. Daher müssen Sie das Script bzw. die Funktion ein wenig anpassen, um auch diese Aspekte zu berücksichtigen. Hier ist das Script, das die Eingabe einer Integer-Zahl überprüft:

```
#!/bin/sh
# checkInt() : Überprüft, ob ein echter
# Integerwert eingegeben wurde
```

```
# Gibt 0 (== OK) zurück, wenn es sich um einen gültigen
# Integerwert handelt, ansonsten 1
#
checkInt() {
   number="$1"
   # Mindestwert für einen Integer (ggf. anpassen)
   min=-2147483648
   # maximaler Wert für einen Integer (ggf. anpassen)
   max=2147483647

   if [ -z $number ]
   then
     echo "Es wurde nichts eingegeben"
     exit 1
   fi

   # Es könnte ein negativer Wert sein ...
   if [ "${number%${number#?}}" = "-" ]
   then  # es ist ein negativer Wert - erstes Zeichen ein "-"
     # das erste Zeichen nicht übergeben
     testinteger="${number#?}"
   else
     testinteger="$number"
   fi

   # Alle unerwünschten Zeichen außer Zahlen entfernen ...
   extract_nodigits="`echo $testinteger | \
                 sed 's/[[:digit:]]//g'`"
   # Ist jetzt noch was vorhanden
  if [ ! -z $extract_nodigits ]
  then
    echo "Kein numerisches Format!"
    return 1
  fi
  # Mindestgrenze eingehalten ...
  if [ "$number" -lt "$min" ]
  then
    echo "Der Wert ist unter dem erlaubten Mindestwert : $min"
    return 1
  fi
  # max. Grenze eingehalten
  if [ "$number" -gt "$max" ]
  then
```

```
    echo "Der Wert ist über dem erlaubten Maximalwert : $max"
    return 1
  fi
  return 0 # Okay, es ist ein Integer
}
# Ein Beispiel zum Testen der Funktion checkInput
#
echo -n "Eingabe machen: "
read eingabe

if ! checkInt "$eingabe"
then
   echo "Falsche Eingabe - kein Integer"
   exit 1
else
   echo "Die Eingabe ist okay."
fi
```

Das Script bei der Ausführung:


```
you@host > ./checkInt
Eingabe machen: 1234
Die Eingabe ist okay.
you@host > ./checkInt
Eingabe machen: -1234
Die Eingabe ist okay.
you@host > ./checkInt
Eingabe machen: -123412341234
Der Wert ist unter dem erlaubten Mindestwert : -2147483648
Falsche Eingabe - kein Integer
you@host > ./checkInt
Eingabe machen: 123412341234
Der Wert ist über dem erlaubten Maximalwert : 2147483647
Falsche Eingabe - kein Integer
```

15.1.3 echo mit oder ohne -n

Wenn es Sie bislang genervt hat, festzustellen, ob denn nun Ihre Shell die Option `-n` für das Verhindern eines Zeilenumbruchs nach einer `echo`-Ausgabe oder das Escape-Zeichen `\c` kennt, und Sie sich nicht darauf verlassen wollen, dass `print` oder `printf` auf dem System vorhanden ist, dann können wir Ihnen mit einer einfachen Funktion helfen:

```
#!/bin/sh
# myecho() : Portables echo ohne Zeilenumbruch

myecho() {
   # Weg mit dem Newline, falls vorhanden
   echo "$*" | tr -d '\n'
}

# Zum Testen ...
#
myecho "Eingabe machen : "
read eingabe
```

15.2 Datei-Utilitys

15.2.1 Leerzeichen im Dateinamen ersetzen

Befinden sich auf Ihrem Rechner mal wieder eine Menge Dateien oder Verzeichnisse mit einem Leerzeichen innerhalb des Dateinamen, wie dies häufig bei MS-Windows- oder MP3-Dateien vorkommt, dann können Sie entweder jede Datei von Hand ändern oder aber alle Leerzeichen auf einmal mit einem Shellscript ersetzen. Das folgende Shellscript übernimmt diese Arbeit für Sie. Es werden alle Datei- und Verzeichnisnamen im aktuellen Verzeichnis geändert, die ein oder mehrere Leerzeichen enthalten. Statt eines Leerzeichens wird hier das Unterstrichzeichen eingesetzt – aber natürlich können Sie selbst das Zeichen wählen.

```
#! /bin/sh
# Name: replaceSpace
# Ersetzt Leerzeichen in Datei- bzw. Verzeichnisnamen durch '_'

space=' '
replace='_' # Ersetzungszeichen

# Ersetzt alle Datei- und Verzeichnisnamen im
# aktuellen Verzeichnis
for source in *
do
   case "$source" in
   # Ist ein Leerzeichen im Namen vorhanden ...
     *"$space"*)
       # Erst mal den Namen in dest speichern ...
       dest=`echo "$source" | sed "s/$space/$replace/g"`
       # ... überprüfen, ob bereits eine Datei bzw.
```

```
        # ein Verzeichnis mit gleichem Namen existiert
        if test -f "$dest"
        then
          echo "Achtung: "$dest" existiert bereits ... \
               (Überspringen)" 1>&2
          continue
        fi
        # Vorgang auf der Standardausgabe mitschreiben
        echo mv "$source" "$dest"
        # Jetzt ersetzen ...
        mv "$source" "$dest"
        ;;
   esac
done
```

Das Script bei der Ausführung:

```
you@host > ./replaceSpace
mv 01 I Believe I can fly.mp3 01_I_Believe_I_can_fly.mp3
mv Default User Default_User
mv Meine Webseiten Meine_Webseiten
mv Dokumente und Einstellungen Dokumente_und_Einstellungen
mv Eigene Dateien Eigene_Dateien
```

Natürlich lässt sich das Script erheblich erweitern. So könnten Sie in der Kommandozeile beispielsweise selbst angeben, was als Ersetzungszeichen verwendet werden soll.

15.2.2 Dateiendungen verändern

Manchmal will man z. B. zu Backup-Zwecken die Endung von Dateien verändern. Bei einer Datei ist dies kein Problem, aber wenn Sie ein paar Dutzend Dateien umbenennen sollen, nutzen Sie besser ein Shellscript. Das folgende Script ändert alle Dateiendungen eines bestimmten Verzeichnisses.

```
#!/bin/sh
# renExtension - alle Dateiendungen eines speziellen
# Verzeichnisses ändern
# Verwendung : renExtension directory ext1 ext2
# Beispiel: renExt mydir .abc .xyz - "ändert '.abc' zu '.xyz'

renExtension() {
   if [ $# -lt 3 ]
   then
```

```
    echo "usage: $0 Verzeichnis ext1 ext2"
    echo "ex: $0 mydir .abc .xyz   (ändert .abc zu .xyz)"
    return 1
  fi
  # Erstes Argument muss ein Verzeichnis sein
  if [ -d "$1" ]
  then :
  else
    echo "Argument $1 ist kein Verzeichnis!"
    return 1
  fi
  # Nach allen Dateien mit der Endung $2 in $1 suchen
  for i in `find . $1 -name "*$2"`
  do
    # Suffix $2 vom Dateinamen entfernen
    base=`basename $i $2`
    echo "Verändert: $1/$i Zu: $1/${base}$3"
    # Umbenennen mit Suffix $3
    mv $i $1/${base}$3
  done
  return 0
}

# Zum Testen
#
renExtension $1 $2 $3
```

Das Script bei der Ausführung:

```
you@host > ls mydir
file1.c  file2.c  file3.c
you@host > ./renExtension mydir .c .cpp
Verändert: mydir/mydir/file1.c Zu: mydir/file1.cpp
Verändert: mydir/mydir/file2.c Zu: mydir/file2.cpp
Verändert: mydir/mydir/file3.c Zu: mydir/file3.cpp
you@host > ls mydir
file1.cpp  file2.cpp  file3.cpp
```

Tipp

Wollen Sie hierbei lieber eine Kopie erstellen, anstatt eine Umbenennung des Namens vorzunehmen, müssen Sie nur das Kommando `mv` durch `cp` ersetzen.

15.2.3 Veränderte Dateien in zwei Verzeichnissen vergleichen

Gern kopiert man ein Verzeichnis, um eine Sicherungskopie in Reserve zu haben. Wenn Sie nun nach längerer Zeit wieder an den Dateien in dem Verzeichnis gearbeitet haben oder eventuell mehrere Personen einer Gruppe mit diesen Dateien arbeiten, möchte man doch wissen, welche und wie viele Dateien sich seitdem geändert haben. Sicherlich gibt es hierzu bessere Werkzeuge (wie *git*, *CVS* oder *Subversion*), aber manchmal sind diese doch ein wenig überdimensioniert. Hier sehen Sie ein einfaches Shellscript, mit dem Sie sich schnell einen Überblick verschaffen können:

```
#!/bin/sh
# diffDir() vergleicht zwei Verzeichnisse mit einfachen
# Dateien miteinander

diffDir() {
   if [ -d "$1" -a -d "$2" ]
   then :
   else
     echo "usage: $0 dir1 dir2"
     return 1
   fi

   count1=0; count2=0
   echo
   echo "Unterschiedliche Dateien : "
   for i in $1/*
   do
     count1=`expr $count1 + 1`
     base=`basename $i`
     diff -b $1/$base $2/$base > /dev/null
     if [ "$?" -gt 0 ]
     then
       echo "   $1/$base $2/$base"
       count2=`expr $count2 + 1`
     fi
   done
   echo "-------------------------------"
   echo "$count2 von $count1 Dateien sind unterschiedlich \
       in $1 und $2"
   return 0
}
# Zum Testen ...
diffDir $1 $2
```

Das Script bei der Ausführung:

```
you@host > ./diffDir Shellbuch_backup Shellbuch_aktuell

Unterschiedliche Dateien :
------------------------------
0 von 14 Dateien sind unterschiedlich in Shellbuch_backup und
Shellbuch_aktuell
you@host > cd Shellbuch_aktuell
you@host > echo Hallo >> Kap003.txt
you@host > echo Hallo >> Kap004.txt
you@host > echo Hallo >> Kap005.txt
you@host > ./diffDir Shellbuch_backup Shellbuch_aktuell

Unterschiedliche Dateien :
   Shellbuch_backup/Kap003.txt Shellbuch_aktuell/Kap003.txt
   Shellbuch_backup/kap004.txt Shellbuch_aktuell/kap004.txt
   Shellbuch_backup/kap005.txt Shellbuch_aktuell/kap005.txt
------------------------------
3 von 14 Dateien waren unterschiedlich in Shellbuch_backup und
Shellbuch_aktuell
```

Wenn Ihnen das ganze Beispiel zu umfangreich ist, können wir Ihnen auch noch einen Einzeiler mit `rsync` anbieten, der ebenfalls veränderte Daten in zwei Verzeichnissen vergleicht:

```
rsync -avnx --numeric-ids --delete $1/ $2
```

15.2.4 Dateien in mehreren Verzeichnissen ändern

Gerade im Bereich der Webseitenerstellung kann es vorkommen, dass Sie in mehreren Dateien den Inhalt anpassen müssen. Bei einer Struktur mit sehr vielen Dateien sind die Suche und das Ändern recht aufwendig. Mit dem folgenden Script können Sie ein Verzeichnis und alle Unterverzeichnisse nach Dateien mit einem bestimmten Text durchsuchen und den Text dann in einen neuen Wert ändern.

```
#!/bin/bash
#aenderung.bash
clear
# Erzeugt ein Temp-Verzeichnis in /tmp
TMPDIR=`mktemp -d`
# Loescht das Temp-Verzeichnis bei einem Programmabbruch und am Ende
trap "rmdir $TMPDIR; exit 9 "  0
echo
```

```
# Hier wird das Startverzeichnis festgelegt
while [ -z "$QUELLE" ]
do
  echo -n "Bitte Quelle eingeben (QUIT für Ende): "
  read QUELLE
# Wenn die Eingabe = QUIT Programmende
  if [ $QUELLE = "QUIT" ]
  then
      exit 0
      else
            continue
  fi
done
# Hier wird überprüft, ob die Quelle ein Verzeichnis ist
if [ ! -d $QUELLE ]
then
  echo
  echo
  echo "$QUELLE ist kein Verzeichnis. Die Quelle muss ein Verzeichnis sein."
  echo
  exit 2
fi
# Jetzt wird das Zielverzeichnis eingelesen.
while [ -z "$ZIEL" ]
do
      echo -n " Bitte Ziel eingeben : "
  read ZIEL
  if [ ! -d $ZIEL ]
  then
# Wenn das Ziel eine Datei ist, erfolgt ein Abbruch.
   if [ -f $ZIEL ]
   then
     echo
     echo " Das Ziel $ZIEL ist eine Datei, das Ziel muss ein Verzeichnis sein!"
     exit 3
   fi
# Wenn das Ziel nicht existiert, wird es angelegt.
  mkdir "$ZIEL"
  fi
done
echo
```

```
# Hier wird der zu ersetzende Wert eingelesen.
# ACHTUNG: Bei Leerzeichen "text immer" quoten!
while [ -z "$ALT" ]
do
  echo -n "Bitte alten Wert eingeben : "
  read ALT
done
echo
# Das Gleiche für den neuen Wert.
while [ -z "$NEU" ]
do
  echo -n "Bitte neuen Wert eingeben : "
  read NEU
done
# In einer Schleife werden rekursiv alle Dateien
# nach dem alten Wert durchsucht und geändert.
for  i in `grep -lr  $ALT $QUELLE`
do
  echo "DATEI "$i" wird geändert"
# Hier wird der Pfad zur aktuellen Datei ermittelt.
  DATEI=`basename "$i"`
# Hier wird der Dateiname der aktuellen Datei ermittelt.
  PFAD=`dirname "$i"`
  if [ -f "$i" ]
  then
# Hier wird nun wirklich ersetzt.
   sed  "s|$ALT|$NEU|g" $i > "$TMPDIR/$DATEI"
            PFADNEU=${PFAD#$QUELLE}
            PFADNEU=$ZIEL$PFADNEU #Der neue Pfad wird ermittelt.
            mkdir $PFADNEU # Der neue Pfad wird angelegt ...
# ... und ans neue Ziel verschoben.
   mv "$TMPDIR/$DATEI" "$PFADNEU/$DATEI"
      fi
done
```

Das nächste Script zeigt, wie Sie einen Header für Ihre Shellscripts erzeugen können. Wenn eine Datei neu erzeugt wird, wird automatisch der Header geschrieben und die Datei mit dem Editor geöffnet. Wenn Sie mit dem Script eine Datei öffnen, die bereits einen Header hat, werden in dem bestehenden Header das Datum, die Uhrzeit und der Anmeldename der Änderung eingetragen.

```
#!/bin/bash
#header.bash
pause(){ echo -n "Weiter mit RETURN"; read;  }
```

```
TEMPFILE=$(mktemp)
trap "rm $TEMPFILE; exit 9 "  0
#Prüfen, ob ein Scriptname mit angegeben wurde.
if [ $# -ne 1 ]
then
      echo "usage: $0 scriptname"
      echo
      pause
      clear
      exit 1
fi
if [ ! -e $1 ]
then
# Hier wird der Header beim
# ersten Öffnen der Datei erstellt.
cat >$1 <<END
#! /bin/bash

####Scriptheader Start####
#Scriptname: $1
#
# Erstellt am : $(date +%d.%m.%Y)
#
# Uhrzeit : $(date +%H:%M)
#
# Ersteller $LOGNAME
#
##geändert##

##### Scriptheader Ende #####



END
      # Rechte so setzen, dass der Besitzer
      # das Script ausführen kann.
      chmod u+x $1
      # Öffne den vi; Cursor steht in der letzten Zeile.
      vi -c $ $1
      exit 0
fi
# Hier geht es los, wenn die Datei bereits vorhanden ist.
if [ -e $1 ]
then
```

```
    if [ -d $1 ] # Wenn ein Verzeichnis angegeben wurde,
            # FEHLER und exit.
    then
        echo "FEHLER! Eintrag $1 existiert und ist ein Verzeichnis"
        pause
        clear
        exit 2
    fi
    if [ -f $1 ] # Wenn die Datei vorhanden ist, prüfen, ob
            # der Header vorhanden ist.
    then
  PRUEF=$(sed -n '12{/##geaendert##/p; }' $1)
        if [ -z "$PRUEF" ] # Wenn kein Header vorhanden
                    # ist, dann FEHLER und exit.
        then
            echo "Das ist kein Script mit einem Header"
            pause
            clear
            exit 3
        else
            # Datum und Uhrzeit der Änderung in
            # Variablen speichern.
            GEAENDERT_ZEIT=$(date +%H:%M)
            GEAENDERT_TAG=$(date +%d.%m.%Y)
            #Jetzt wird eingefügt und in der
            # temporären Datei gespeichert.
            sed  -e "/\#\#geaendert\#\#/ a \ ##########" \
            -e "/\# \#geaendert\#\#/ a \ # Am: $GEAENDERT_TAG" \
            -e "/\#\#geaendert\#\#/ a \ # Um: $GEAENDERT_ZEIT"  \
            -e "/\#\#geaendert\#\#/ a \ # Durch $LOGNAME" \
            -e "/\#\#geaendert\#\#/ a \ ##########"  $1
            > $TEMPFILE
            # Hier wird die temporäre Datei
            # zurückgeschrieben.
            cp -f $TEMPFILE $1
            vi $1
        fi
    fi
fi
```

Im folgenden Script sehen Sie ein etwas umfangreicheres Beispiel mit dialog. Hier wird ein Menü aufgebaut, und die Nutzer können die folgenden Dateioperationen grafisch durchführen:

- Text suchen
- Datei suchen
- Dateien kopieren
- Dateien verschieben

Das Script zeigt ein etwas größeres Beispiel dafür, wie Sie mithilfe von dialog Benutzern Ihre Scripts zur Verfügung stellen können. Das Script stellt keinen Anspruch auf Vollständigkeit. Es zeigt Ihnen aber, auf welche Fehler Sie bei Dateioperationen durch Benutzer achten müssen.

```
#!/bin/bash
#dialog.bash
DIALOG=dialog
while true
do
DATEINAME=""
KOMMANDO=""
DATEI=""
STARTPUNKT=""
QUELLE=""
ZIEL=""
TEMPDAT=""
MUSTER=""
SUCHDATEI=""
PARAMETER=""
DIR_QUELLE=""
ANTWORT=""
# Hier wird das Menü aufgebaut
MENU=`$DIALOG --menu \
"Was wollen Sie tun ?"  0 0 0 \
"Datei suchen" "" \
"Datei kopieren" "" \
"Text suchen" "" \
"Datei verschieben" "" \
"Ende" "" 3>&1 1>&2 2>&3`
$DIALOG --clear
# clear
# In der folgenden case-Abfrage werden die
# Werte eingelesen.
case "$MENU" in
"Datei suchen")
      # Einlesen des zu suchenden Eintrags
      while [ -z "$DATEINAME" ]
```

```
      do
        DATEINAME=`$DIALOG --inputbox \
              "Dateiname eingeben" 0 0 "" 3>&1 1>&2 2>&3`
      done
      # Einlesen des Startpunkts für find.
      # Defaultwert ist $HOME.
      while [ -z "$STARTPUNKT" ]
      do
        STARTPUNKT=`$DIALOG --inputbox \
             "Startpunkt der Suche" 0 0 "$HOME" 3>&1 1>&2 2>&3`
      done
      # Hier werden die Parameter für find zusammengestellt.
      KOMMANDO="$STARTPUNKT -name $DATEINAME"
      if [ ! -d $STARTPUNKT ]
      then
        $DIALOG --msgbox "$STARTPUNKT ist kein Verzeichnis" 5 40
        continue
      fi
      #Temp-Datei für --textbox erstellen
      DATEI=$(mktemp)
      find $KOMMANDO -print 2>/dev/null >$DATEI
      ls -l $DATEI
      cat $DATEI
      $DIALOG --textbox "$DATEI" 0 0
      $DIALOG --clear
      rm $DATEI # und Temp-Datei wieder löschen
      ;;
"Datei kopieren")
      # Quelle einlesen
      while [ -z "$QUELLE" ]
      do
        QUELLE=`$DIALOG --inputbox \
             "Quelle eingeben" 0 0 "" 3>&1 1>&2 2>&3`
      done
      if [ ! -e "$QUELLE" ]
      then
        $DIALOG --msgbox "$QUELLE ist nicht vorhanden" 5 40
        continue
      fi
      # Ziel einlesen
      while [ -z "$ZIEL" ]
      do
        ZIEL=`$DIALOG --inputbox \
```

```
        "Ziel eingeben" 0 0 "" 3>&1 1>&2 2>&3`
    done
    if [ ! -d "$ZIEL"  ] # Wenn Ziel kein Verz. ist ...
    then
      $DIALOG --msgbox "$ZIEL ist kein Verzeichnis" 5 40
      continue
    fi
    if [ ! -w "$ZIEL"  ] # Wenn das Schreibrecht am Ziel
                # fehlt ...
    then
      $DIALOG --msgbox "Kein Schreibrecht an $ZIEL" 5 40
      continue
    fi
    cp $QUELLE $ZIEL # Hier wird kopiert.
    if [ $? -eq 0 ]
    then
    $DIALOG --msgbox "$QUELLE erfolgreich nach $ZIEL kopiert" 5 70
      continue
    else
   $DIALOG --msgbox "Kopieren von $QUELLE nach  $ZIEL \
                 fehlgeschlagen" 5 70
      continue
    fi
    ;;
"Text suchen")
  # Anlegen der TEMP-Datei für das Suchergebnis
  TEMPDAT=`mktemp`
  MUSTER=`$DIALOG --inputbox \
      "Suchmuster eingeben" 0 0 "" 3>&1 1>&2 2>&3`
  SUCHDATEI=`$DIALOG --inputbox \
      "Datei eingeben" 0 0 "" 3>&1 1>&2 2>&3`
  PARAMETER=`$DIALOG --checklist "Flags für die Suche" 10 40 2 \
              -v "nicht vorhanden" off \
              -i "Groß-/Kleinschreibung off" off \
              3>&1 1>&2 2>&3`
  $DIALOG --clear

  if [ -n "$PARAMETER" ]
  then
    echo $PARAMETER > para.txt
   # Bei --inputbox werden die Werte in "" geschrieben.
   # Diese müssen hier entfernt werden.
    PARAMETER=`echo $PARAMETER | tr '\"' " "`
```

```
      grep $PARAMETER $MUSTER $SUCHDATEI > $TEMPDAT
    else
      grep $MUSTER $SUCHDATEI > $TEMPDAT
    fi
    $DIALOG --textbox "$TEMPDAT" 0 0
    $DIALOG --clear
    rm $TEMDAT
    ;;
"Datei verschieben")
   #Quelle einlesen
    while [ -z "$QUELLE" ]
    do
      QUELLE=`$DIALOG --inputbox \
          "Quelle eingeben" 0 0 "" 3>&1 1>&2 2>&3`
    done
    #Verzeichnis der Quelle ermitteln
    DIR_QUELLE=`dirname $QUELLE`
    if [ ! -e $QUELLE ]
    then
      $DIALOG --msgbox "$QUELLE ist nicht vorhanden! " 5 70
      continue
    fi
    #Prüfen, ob die Quelle gelöscht werden kann.
    if [ ! -w "$DIR_QUELLE" ]
    then
      $DIALOG --msgbox "Es fehlt das Recht zum \
      Verschieben an $QUELLE" 5 70
      continue
    fi
    # Fragen, ob auch Verz. verschoben werden soll.
    if [ -d $QUELLE ]
    then
    $DIALOG --yesno "$QUELLE ist ein Verzeichnis \
      trotzdem verschieben?" 0 0
    ANTWORT=$?
    fi
    if [ $ANTWORT -eq 1 ]
    then
      continue
    fi
    #Ziel einlesen.
    while [ -z "$ZIEL" ]
    do
```

```
        ZIEL=`$DIALOG --inputbox \
           "Ziel eingeben" 0 0 "" 3>&1 1>&2 2>&3`
    done
    # Wenn Ziel kein Verzeichnis ist ...
    if [ ! -d "$ZIEL" ]
    then
      $DIALOG --msgbox "$ZIEL ist kein Verzeichnis" 5 70
      continue
    fi
    # Wenn am Ziel das Schreibrecht fehlt ...
    if [ ! -w "$ZIEL" ]
    then
      $DIALOG --msgbox "Es fehlt das Schreibrecht an $ZIEL" 5 70
      continue
    fi
    # Hier wird verschoben.
    mv $QUELLE $ZIEL
    if [ $? -eq 0 ]
    then
     $DIALOG --msgbox "Datei $QUELLE nach $ZIEL verschoben" 5 70
    else
     $DIALOG --msgbox "Datei $QUELLE konnte nicht \
        nach $ZIEL verschoben werden" 5 70
    fi
    ;;
"Ende") clear
    exit 0;;
esac
clear
done
```

15.3 Systemadministration

Die Systemadministration dürfte wohl einer der Hauptgründe sein, weshalb Sie sich entschieden haben, die Shellscript-Programmierung zu erlernen. Zur Systemadministration gehören unter anderem zentrale Themen wie die Benutzer- und Prozessverwaltung, die Systemüberwachung, Backup-Strategien und das Auswerten bzw. Analysieren von Logdateien.

Zu jedem dieser Themen werden Sie ein Beispiel für die Praxis kennenlernen und, falls das Thema recht speziell ist, auch eine Einführung erhalten.

15.3.1 Benutzerverwaltung

Plattenplatzbenutzung einzelner Benutzer auf dem Rechner

Wenn Sie einen Rechner mit vielen Benutzern verwalten müssen, sollten Sie dem einzelnen Benutzer auch eine gewisse Grenze setzen, was den Verbrauch an Plattenplatz betrifft. Die einfachste Möglichkeit ist es, die Heimverzeichnisse der einzelnen User zu überprüfen. Natürlich schließt dies nicht nur das */home*-Verzeichnis ein (auch wenn es im Beispiel so verwendet wird). Am einfachsten ist es, man sucht in entsprechenden Verzeichnissen nach Dateien, die einen bestimmten Benutzer als Eigentümer haben, und addiert die Größe einer jeden gefundenen Datei.

Damit auch alle Benutzerinnen und Benutzer erfasst werden, deren User-ID größer als 99 ist, werden sie einfach alle aus */etc/passwd* extrahiert. Die Werte zwischen 1 und 99 sind gewöhnlich den System-Daemons bzw. root vorbehalten – übrigens ein guter Grund dafür, die UID immer über 100 wählen, wenn Sie einen neuen User anlegen.

UIDs größer als 1000

Die meisten Systeme nutzen inzwischen für User UIDs, die größer als 1000 sind. Diese Angabe kann von System zu System variieren. Viele Systeme verwenden als `uid_start` auch den Wert 1000. Es könnte also sein, dass der Wert 100 – wie im folgenden Listing verwendet – zu niedrig ist. Allerdings sollte es für Sie wohl kein Problem darstellen, diesen Wert im Script zu ändern.

Das folgende Shellscript analysiert also den Plattenplatzverbrauch einzelner Benutzer (im Beispiel beschränken wir uns auf das */home*-Verzeichnis). Gewöhnlich benötigt man Root-Rechte, um dieses Script auszuführen. Ohne diese Rechte können Sie nur den eigenen Account überprüfen. Hat ein Benutzer den Plattenplatz, der mit `maxUsage` MB begrenzt ist, überschritten, wird eine Mail mit entsprechender Nachricht gesendet. Im Beispiel wird das Kommando `mail` verwendet. Es kann auch gegen `sendmail` ausgetauscht werden (abhängig vom System).

Quota-System

An dieser Stelle möchten wir auch auf das Quota-System hinweisen. Das Quota-System wird verwendet, wenn Benutzer bzw. Gruppen, die an einem System arbeiten und dort ein eigenes Verzeichnis besitzen, zu viele Daten in diesem Verzeichnis speichern bzw. sammeln. Mit Quota können Sie als Systemadministrator den verfügbaren Plattenplatz für jeden Benutzer bzw. jede Gruppe einschränken. Hierbei existieren zwei Grenzen: das Softlimit und das Hardlimit.

Beim *Softlimit* darf der Benutzer die Grenze für eine kurze Zeit überschreiten. Dieser Zeitraum wird durch die *Grace Period* (dt. »Gnadenfrist«) festgelegt. Beim *Hardlimit* darf der Benutzer (oder die Gruppe) diese Grenze keinesfalls überschreiten. Es gibt also keine Möglichkeit, dieses Limit zu umgehen. Das Quota-System liegt gewöhnlich jeder Distribution bei. Mehr dazu finden Sie auch in einem How-to in deutscher Sprache unter *https://wiki.ubuntuusers.de/Quota/*.

```
#!/bin/sh
# DiskQuota = Das Tool analysiert den Plattenplatzverbrauch
# einzelner Benutzer.

# Limit der Speicherplatzbenutzung pro User in MB
maxUsage=100
# temporäre Log-Datei -> besser wäre in /tmp
logfile="loghogs.$$"
# Verzeichnis(se), das(die) pro User erfasst werden soll(en)
dirs="/home"
# uid_start: Alle User-IDs unter 100 sind gewöhnlich dem root
# und anderen Diensten vorbehalten. Echte User beginnen
# gewöhnlich ab 100 oder manchmal sogar erst ab 1000.
uid_start=99
# Beim ordentlichen Beenden logfile wieder löschen
trap "/bin/rm -f $logfile" EXIT

for name in `cut -d: -f1,3 /etc/passwd | \
          awk -F: '$2 > $uid_start { print $1 }'`
do
  echo -n "$name "
  find $dirs -user $name -xdev -type f -ls | \
     awk '{ sum += $7 } END { print sum / (1024*1024) }'
done | awk "$2 > $maxUsage { print $0 }" > $logfile

# Wenn vorhanden, haben wir einen "Übertreter"
# gefunden, ansonsten ...
if [ ! -s $logfile ]
then
  echo "Kein User hat das Limit ${maxUsage}MB überzogen"
  exit 0
fi

while read user diskspace
do
   cat <<MARKE | mail -s "Achtung, Limit überzogen" $user
Hallo $user,
Soeben `date "+%Y-%h-%d %H:%M:%S "` wurde festgestellt, dass Sie
```

```
Ihr Limit von ${maxUsage} MB überzogen haben. Derzeit beträgt Ihr
verwendeter Speicher ${diskspace} MB. Bitte beheben Sie den
Umstand sobald wie möglich. Vielen Dank für Ihr Verständnis.
MARKE
   echo "User $user hat den Account überzogen\
       (Ist:${diskspace}MB Soll:${maxUsage}MB)"
done < $logfile
```

Das Script bei der Ausführung:

```
# ./DiskQuota
User tot hat den Account überzogen (Ist:543,72MB Soll:100MB)

---- Inzwischen beim User tot ----
tot@host > mail
 ... ... ...
 N 14 tot@linux.site  Mon May  2 15:14  22/786  Limit überzogen
 ... ... ...
? 14
Message 14:
From: you@host.site (J.Wolf)

Hallo tot,
Soeben 2016-Mai-02 15:14:47 wurde festgestellt, dass Sie Ihr
Limit von 100 MB überzogen haben. Derzeit beträgt Ihr verwendeter
Speicher 543,72 MB. Bitte beheben Sie den Umstand sobald wie
möglich.

Vielen Dank für Ihr Verständnis.
```

Längere Wartezeiten möglich

Bitte beachten Sie: Wenn Sie weitere Verzeichnisse angeben, in denen nach Dateien eines bestimmten Benutzers gesucht werden soll, oder gar das Wurzelverzeichnis, kann dies sehr viel Zeit in Anspruch nehmen.

Prozesse nach User sortiert mit Instanzen ausgeben

Einen weiteren Komfort bei der Systemadministration wäre eine Ausgabe der Prozessüberwachung einzelner Benutzer, sortiert nach diesen. Das folgende gut kommentierte Script sortiert die Prozesse nach Benutzern und sogar nach deren einzelnen Instanzen, wenn der Benutzer von einer Instanz mehrere ausführt.

Führt der Benutzer z. B. dreimal bash als Shell aus, finden Sie in der Zusammenfassung 3 Instanz(en) von /bin/bash, anstatt dass jede Instanz einzeln aufgelistet wird.

```
#!/bin/sh
# Name: psusers

# Voraussetzung, dass dieses Script funktioniert, ist, dass die
# Ausgabe von ps -ef auf Ihrem Rechner folgendes Format hat:
#
# you@host > ps -ef
# UID        PID  PPID  C STIME TTY          TIME CMD
# root         1     0  0 00:38 ?        00:00:04 init [5]
# root         2     1  0 00:38 ?        00:00:00 [ksoftirqd/0]
#
# Wenn die Ausgabe bei Ihnen etwas anders aussieht, müssen Sie
# das Script entsprechend anpassen (erste Zuweisung von USERNAME
# und PROGNAME).

# Variablen deklarieren
#
COUNTER=0; CHECKER=0; UCOUNT=1
PSPROG='/bin/ps -ef'
SORTPROG='/bin/sort +0 -1 +7 -8'
TMPFILE=/tmp/proclist_$$

# Beim ordentlichen Beenden TMPFILE wieder löschen
trap "/bin/rm -f $TMPFILE" EXIT

# Die aktuelle Prozessliste in TMPFILE speichern
#
$PSPROG | $SORTPROG > $TMPFILE

# Daten in TMPFILE verarbeiten
#
grep -v 'UID[]*PID' $TMPFILE | while read LINE
do
   # Zeilen in einzelne Felder aufbrechen
   set -- $LINE
   # Einzelne Felder der Ausgabe von ps -ef lauten:
   # UID PID PPID C STIME TTY TIME CMD

   # Anzahl der Parameter einer Zeile größer als 0 ...
   if [ $# -gt 0 ]
```

```
then
  # Erstes Feld (UID) einer Zeile der Variablen
  # USERNAME zuordnen
  USERNAME=$1
  # Die ersten sieben Felder einer Zeile entfernen
  shift 7
  # Kommandonamen (CMD) der Variablen PROGNAME zuordnen
  PROGNAME=$*
fi

# Testet die Kopfzeile.
#
if [ "$USERNAME" = "UID" ]
then
  continue # nächsten Wert in der Schleife holen ...
fi

# Überprüfen, ob es sich um die erste Zeile von Daten handelt
#
if [ "$CHECKER" = "0" ]
then
  CHECKER=1
  UCOUNT=0
  LASTUSERNAME="$USERNAME"
  # Programmname für die Ausgabe formatieren und
  # auf 40 Zeichen beschränken ....
  #
  LASTPROGNAME=`echo $PROGNAME | \
           awk '{print substr($0, 0, 40)}'`
  COUNTER=1; LASTCOUNT=1
  echo ""
  echo "$USERNAME führt aus:....."
  continue # Nächsten Wert von USERNAME holen
fi

# Logische Überprüfung durchführen
#
if [ $CHECKER -gt 0 -a "$USERNAME" = "$LASTUSERNAME" ]
then
  if [ "$PROGNAME" = "$LASTPROGNAME" ]
    then
      COUNTER=`expr $COUNTER + 1`
    else
```

```
      # Ausgabe auf dem Bildschirm ...
      if [ $LASTCOUNT -gt 1 ]
      then
        echo "    $LASTCOUNT Instanz(en) von ->"\
            " $LASTPROGNAME"
      else
        echo "       $LASTCOUNT Instanz(en) von ->"\
            " $LASTPROGNAME"
      fi
      COUNTER=1
    fi
    # Programmname für die Ausgabe formatieren
    # auf 40 Zeichen beschränken ....
    #
    LASTPROGNAME=`echo $PROGNAME | \
            awk '{print substr($0, 0, 40)}'`
    LASTCOUNT=$COUNTER
  elif [ $CHECKER -gt 0 -a "$USERNAME" != "$LASTUSERNAME" ]
  then
    if [ $LASTCOUNT -gt 1 ]
    then
      echo "    $LASTCOUNT Instanz(en) von >> $LASTPROGNAME"
    else
      echo "       $LASTCOUNT Instanz(en) von >>"\
          " $LASTPROGNAME"
    fi
    echo
    echo "$USERNAME führt aus:....."
    LASTUSERNAME="$USERNAME"
    # Programmname für die Ausgabe formatieren
    # auf 40 Zeichen beschränken ....
    #
    LASTPROGNAME=`echo $PROGNAME | \
            awk '{print substr($0, 0, 40)}'`
    COUNTER=1
    LASTCOUNT=$COUNTER
  fi
done

# DISPLAY THE FINAL USER INSTANCE DETAILS
#
if [ $COUNTER -eq 1 -a $LASTCOUNT -ge 1 ]
then
```

15

```
  if [ $LASTCOUNT -gt 1 ]
  then
    echo "    $LASTCOUNT Instanz(en) von >> $LASTPROGNAME"
  else
    echo "       $LASTCOUNT Instanz(en) von >> $LASTPROGNAME"
  fi
fi

echo "------"
echo "Fertig"
echo "------"
```

Das Script bei der Ausführung:

```
you@host > ./psusers

bin führt aus:.....
       1 Instanz(en) von >> /sbin/portmap

lp führt aus:.....
       1 Instanz(en) von >> /usr/sbin/cupsd

postfix führt aus:.....
       1 Instanz(en) von -> pickup -l -t fifo -u
       1 Instanz(en) von >> qmgr -l -t fifo -u


root führt aus:.....
       1 Instanz(en) von -> -:0
       1 Instanz(en) von -> [aio/0]
       1 Instanz(en) von -> /bin/bash /sbin/hotplug pci
       1 Instanz(en) von -> /bin/bash /etc/hotplug/pci.agent
...
you führt aus:.....
    3 Instanz(en) von -> /bin/bash
       1 Instanz(en) von -> /bin/ps -ef
       1 Instanz(en) von -> /bin/sh /opt/kde3/bin/startkde
       1 Instanz(en) von -> /bin/sh ./testscript
       1 Instanz(en) von -> gpg-agent --daemon --no-detach
       1 Instanz(en) von -> kaffeine -session 117f000002000111
       1 Instanz(en) von -> kamix
       1 Instanz(en) von -> kdeinit: Running...
...
```

Prozesse bestimmter Benutzer beenden

Häufig kommt es vor, dass bei einem Benutzer einige Prozesse »Amok laufen« bzw. dass man einen Prozess einfach beenden will (warum auch immer). Mit dem folgenden Script können Sie (als root) die Prozesse eines Benutzers mithilfe einer interaktiven Abfrage beenden. Nach der Eingabe des Benutzers werden alle laufenden Prozesse in einem Array gespeichert. Anschließend wird das komplette Array durchlaufen und nachgefragt, ob Sie den Prozess beenden wollen oder nicht. Zuerst wird immer versucht, den Prozess normal mit SIGTERM zu beenden. Gelingt dies nicht mehr, muss SIGKILL herhalten.

```
#!/bin/bash# Name: killuser

while true
do
   # Bildschirm löschen
   clear

   echo "Dieses Script erlaubt Ihnen, bestimmte Benutzerprozesse"
   echo "zu beenden."
   echo
   echo "Name des Benutzers eingeben (mit q beenden) : " | \
      tr -d '\n'
   read unam
   # Wurde kein Benutzer angegeben ...
   unam=${unam:-null_value}
   export unam

   case $unam in
     null_value)
       echo "Bitte einen Namen eingeben!" ;;
     [Qq])
       exit 0 ;;
     root)
       echo "Benutzer 'root' ist nicht erlaubt!" ;;
     *)
       echo "Überprüfe $unam ..."
       typeset -i x=0
       typeset -i n=0
       if $(ps -ef | grep "^[]*$unam" > /dev/null)
       then
       for a in $(ps -ef |
         awk -v unam="$unam" '$1 ~ unam { print $2, $8}'| \
         sort -nr +1 -2 )
```

```
 do
 if [ $n -eq 0 ]
 then
   x=`expr $x + 1`
   var[$x]=$a
   n=1
 elif [ $n -eq 1 ]
 then
   var2[$x]=$a
   n=0
 fi
done
if [ $x -eq 0 ]
then
   echo "Hier gibt es keine Prozesse zum Beenden!"
else
   typeset -i y=1
   clear
   while [ $y -le $x ]
   do
     echo "Prozess beenden PID: ${var[$y]} -> CMD: "\
         " ${var2[$y]}  (J/N) : " | tr -d '\n'
     read resp
     case "$resp" in
       [Jj]*)
         echo "Prozess wird beendet ..."
         # Zuerst versuchen, "normal" zu beenden
         echo "Versuche, normal zu beenden " \
             " (15=SIGTERM)"
         kill -15 ${var[$y]} 2>/dev/null
         # Überprüfen, ob es geklappt hat
         # -> ansonsten
         # mit dem Hammmer killen
         if ps -p ${var[$y]} >/dev/null 2>&1
         then
            echo "Versuche, 'brutal' zu beenden"\
               " (9=SIGKILL)"
            kill -9 ${var[$y]} 2>/dev/null
         fi
         ;;
       *)
         echo "Prozess wird weiter ausgeführt"\
             " ( ${var2[y]} )"
```

```
                ;;
            esac
            y=`expr $y + 1`
            echo
          done
          fi
      fi
      ;;
    esac
sleep 2
done
```

Das Script bei der Ausführung:

```
# ./killuser

Dieses Script erlaubt Ihnen, bestimmte Benutzer-Prozesse
zu beenden.

Name des Benutzers eingeben (mit q beenden) : john

Prozess beenden PID: 4388 -> CMD: sleep  (J/N) : J
Prozess wird beendet ...
Versuche, normal zu beenden (15=SIGTERM)

Prozess beenden PID: 4259 -> CMD: holdonrunning  (J/N) : N
Prozess wird weiter ausgeführt ( holdonrunning )

Prozess beenden PID: 4203 -> CMD: -csh  (J/N) : ...
```

Überwachen, wer sich im System einloggt

Einen Überblick darüber, wer sich alles im System einloggt und eingeloggt hat, können Sie sich wie bekannt mit dem Kommando `last` liefern lassen. Gern würde man sich den Aufruf von `last` sparen, um so immer aktuell neu eingeloggte Benutzerinnen und Benutzer im System zu ermitteln. Dies kann man dann z. B. verwenden, um dem Benutzer eine Nachricht zukommen zu lassen – oder eben zu Überwachungszwecken.

Das Überwachen, ob sich ein neuer Benutzer im System eingeloggt hat, lässt sich auch in einem Shellscript mit `last` relativ leicht umsetzen. Hierzu müssen Sie eigentlich nur die Anzahl der Zeilen von `last` zählen und nach einer bestimmten Zeit wieder per Vergleich prüfen, ob eine neue Zeile hinzugekommen ist. Die Differenz beider Werte lässt sich dann mit `last` und einer Pipe nach head ausgeben. Dabei werden immer nur die neu hinzugekommenen letzten Zeilen mit head ausgegeben.

Im Beispiel wird die Differenz beider last-Aufrufe alle 30 Sekunden ermittelt. Dieser Wert lässt sich natürlich beliebig hoch- bzw. heruntersetzen. Außerdem wird im Beispiel nur eine Ausgabe auf das aktuelle Terminal (*/dev/tty*) vorgenommen. Hierzu würde sich beispielsweise das Kommando write oder wall sehr gut eignen. Als root könnten Sie somit jederzeit einem User eine Nachricht zukommen lassen, wenn dieser sich einloggt.

```
#! /bin/bash
# Name: loguser
# Das Script überprüft, ob sich jemand im System eingeloggt hat.

# Pseudonym für das aktuelle Terminal
outdev=/dev/tty
fcount=0; newcount=0; timer=30; displaylines=0

# Die Anzahl der Zeilen des last-Kommandos zählen
fcount=`last | wc -l`

while true
do
   # Erneut die Anzahl der Zeilen des last-Kommandos zählen ...
   newcount=`last | wc -l`
   # ... und vergleichen, ob neue hinzugekommen sind
   if [ $newcount -gt $fcount ]
   then
     # Wie viele neue Zeilen sind hinzugekommen? ...
     displaylines=`expr $newcount - $fcount`
     # Entsprechend neue Zeilen auf outdev ausgeben.
     # Hier würde sich auch eine Datei oder das Kommando
     # write sehr gut eignen, damit die Kommandozeile
     # nicht blockiert wird ...
     last | head -$displaylines > $outdev
     # Neuen Wert an fcount zuweisen
     fcount=$newcount
     # timer Sekunden bis zur nächsten Überprüfung warten
     sleep $timer
   fi
done
```

Das Script bei der Ausführung:

```
you@host > ./loguser
john     tty2                Wed May  4 23:46   still logged in
root     tty4                Wed May  4 23:46   still logged in
```

```
tot     tty2            Wed May  4 23:47   still logged in
you     tty5            Wed May  4 23:49   still logged in
```

Nicht alle User sind auch eingeloggt

Bitte denken Sie daran, dass im vorherigen Script nur die lokal angemeldeten User berücksichtigt werden. In vielen Fällen handelt es sich aber um einen Datei- oder Fileserver, und in dem Fall sind die User nicht lokal angemeldet. Auf einem Samba-Server können Sie für die Abfrage der User z. B. das Kommando `smbstatus` nutzen

Benutzer komfortabel anlegen, löschen, sperren und wieder aufheben

Eine ziemlich wichtige und regelmäßige Aufgabe in der Systemadministration dürfte das Anlegen und Löschen neuer Benutzerkonten sein.

Probleme mit der Portabilität

Wir haben lange überlegt, diesen Part der Userverwaltung wieder zu streichen. Einerseits zeigt das Script hervorragend, wie man sich eine eigene Userverwaltung bauen kann und was dabei alles so zu beachten ist. Allerdings bietet mittlerweile jede Distribution mindestens eine solche Userverwaltung an (und das meistens erheblich komfortabler). Das Script sollte eigentlich nur unter Linux ordentlich laufen, aber selbst hier könnten Sie noch Probleme mit der Portabilität bekommen, weil auch die einzelnen Distributionen ihr eigenes Süppchen kochen: Mal heißt es `useradd`, dann wieder `adduser`, und die Optionen von zum Beispiel `passwd` sind teilweise auch unterschiedlich.

Um einen neuen Benutzer-Account anzulegen, wird ein neuer Eintrag in der Datei */etc/passwd* angelegt. Dieser Eintrag beinhaltet gewöhnlich einen Benutzernamen aus acht Zeichen, eine User-ID (UID), eine Gruppen-ID (GID), ein Heimverzeichnis (*/home*) und eine Login-Shell. Die meisten Linux/UNIX-Systeme speichern dann noch ein verschlüsseltes Passwort in */etc/shadow* – was natürlich bedeutet, dass Sie auch hier einen Eintrag (mit `passwd`) vornehmen müssen. Beim Anlegen eines neuen Benutzers können Sie entweder zum Teil vorgegebene Standardwerte verwenden oder eben eigene Einträge anlegen. Es ist außerdem möglich, die Dauer der Gültigkeit des Accounts festzulegen.

Im Beispiel ist es nicht möglich, auch noch eine neue Gruppe anzulegen, sprich, Sie können nur einen neuen Benutzer anlegen und diesem eine bereits vorhandene Gruppe zuweisen (was einen vorhandenen Eintrag in */etc/group* voraussetzt). Auf das Anlegen einer neuen Gruppe haben wir aus Gründen der Übersichtlichkeit verzichtet, da sich das Script sonst unnötig in die Länge ziehen würde. Allerdings sollte es Ihnen, nachdem Sie sich unser Script angesehen haben, nicht schwerfallen, ein recht ähnliches Script für das Anlegen einer Gruppe zu schreiben.

Nebenbei ist es auch realisierbar, einen Benutzer mit `passwd` zu sperren und die Sperre wieder aufzuheben. Beim Löschen eines Benutzer-Accounts werden zuvor noch all seine Daten gesucht und gelöscht, bevor der eigentliche Benutzer-Account aus */etc/passwd* gelöscht werden kann. Im Beispiel wird die Suche erneut nur auf das */home*-Verzeichnis beschränkt, was Sie allerdings in der Praxis wieder an die Gegebenheiten anpassen sollten.

```
#! /bin/bash
# Name: account
# Mit diesem Script können Sie einen Benutzer
# * Anlegen
# * Löschen
# * Sperren
# * Sperre wieder aufheben

# Pfade, die beim Löschen eines Accounts benötigt werden,
# ggf. erweitern und ergänzen um bspw. /var /tmp ...
# überall eben, wo sich Dateien des Benutzers befinden können
searchpath="/home"

usage() {
   echo "Usage: $0 Benutzer      (Neuen Benutzer anlegen)"
   echo "Usage: $0 -d Benutzer   (Benutzer löschen)"
   echo "Usage: $0 -l Benutzer   (Benutzer sperren)"
   echo "Usage: $0 -u Benutzer   (Gesperrten Benutzer wieder freigeben)"
}

# Nur root darf dieses Script ausführen ...
#
if [ `id -u` != 0 ]
then
   echo "Es werden root-Rechte für dieses Script benötigt!"
   exit 1
fi

# Ist das Kommando useradd auf dem System vorhanden?
#
which useradd > /dev/null 2>1&
if [ $? -ne 0 ]
then
```

```
   echo "Das Kommando 'useradd' konnte auf dem System nicht "\
      " gefunden werden!"
   exit 1
fi

if [ $# -eq 0 ]
then
   usage
   exit 0
fi

if [ $# -eq 2 ]
then
   case $1 in
     -d)
       # Existiert ein entsprechender Benutzer?
       if [ "`grep $2 /etc/passwd | \
            awk -F : '{print $1}'`" = "$2" ]
       then
         echo "Dateien und Verzeichnisse von '$2' "\
             "werden gelöscht"
         # Alle Dateien und Verz. des Benutzers löschen
         find $searchpath -user $2 -print | sort -r |
         while read file
         do
           if [ -d $file ]
           then
             rmdir $file
           else
             rm $file
           fi
         done
       else
         echo "Ein Benutzer '$2' existiert nicht in "\
             "/etc/passwd!"
         exit 1
       fi
       # Benutzer aus /etc/passwd und /etc/shadow löschen
       userdel -r $2 2>/dev/null
       echo "Benutzer '$2' erfolgreich gelöscht!"
       exit 0 ;;
     -l)
       # Existiert ein entsprechender Benutzer?
       if [ "`grep $2 /etc/passwd | \
```

```
            awk -F : '{print $1}'`" = "$2" ]
        then
          passwd -l $2
        fi
        echo "Benutzer '$2' wurde gesperrt"
        exit 0 ;;
      -u)
        # Existiert ein entsprechender Benutzer?
        if [ "`grep $2 /etc/passwd | \
            awk -F : '{print $1}'`" = "$2" ]
        then
          passwd -u $2
        fi
        echo "Benutzer '$2': Sperre aufgehoben"
        exit 0 ;;
      -h)   usage
          exit 1 ;;
      -*)   usage
          exit 1 ;;
       *)   usage
          exit 1 ;;
   esac
fi

if [ $# -gt 2 ]
then
   usage
   exit 1
fi

#####################################################
#       Einen neuen Benutzer anlegen
#
# Existiert bereits ein entsprechender Benutzer?
#
if [ "`grep $1 /etc/passwd | awk -F : '{print $1}'`" = "$1" ]
then
   echo "Ein Benutzer '$1' existiert bereits in /etc/passwd ...!"
   exit 1
fi

# Bildschirm löschen
clear
```

```
# Zuerst wird die erste freie verwendbare User-ID gesucht,
# vorgeschlagen und bei Bestätigung verwendet, oder es wird eine
# eingegebene User-ID verwendet, die allerdings ebenfalls daraufhin
# überprüft wird, ob sie bereits in /etc/passwd existiert.
#
userid=`tail -1 /etc/passwd |awk -F : '{print $3 + 1}'`
echo "Eingabe der UID [default: $userid] " | tr -d '\n'
read _UIDOK
# ... es wurde nur ENTER betätigt
if [ "$_UIDOK" = "" ]
then
   _UIDOK=$userid
# ... es wurde eine UID eingegeben ->
# Überprüfen, ob bereits vorhanden ...
elif [ `grep $_UIDOK /etc/passwd | awk -F : '{print $3}'` = "" ]
then
   _UIDOK=$userid
else
   echo "UID existiert bereits! ENTER=Neustart / STRG+C=Ende"
   read
   $0 $1
fi

# Selbiges mit Gruppen-ID
#
groupid=`grep users /etc/group |awk -F : '{print $3}'`
echo "Eingabe der GID: [default: $groupid] " | tr -d '\n'
read _GIDOK
if [ "$_GIDOK" = "" ]
then
   _GIDOK=$groupid
elif [ "`grep $_GIDOK /etc/group`" = "" ]
then
   echo "Diese Gruppe existiert nicht in /etc/group! "\
      "ENTER=Neustart / STRG+C=Ende"
   read
   $0 $1
fi
# Das Benutzer-Heimverzeichnis /home abfragen
#
echo "Eingabe des Heimverzeichnisses: [default: /home/$1] " | \
     tr -d '\n'
read _HOME
```

```
# Wurde nur ENTER gedrückt, default verwenden ...
if [ "$_HOME" = "" ]
then
   _HOME="/home/$1"
fi

# Die Standard-Shell für den Benutzer festlegen
#
echo "Eingabe der Shell: [default: /bin/bash] " | tr -d '\n'
read _SHELL
# Wurde nur ENTER gedrückt, default verwenden ...
if [ "$_SHELL" = "" ]
then
   _SHELL=/bin/bash
# Gibt es überhaupt eine solche Shell in /etc/shells ...
elif [ "`grep $_SHELL /etc/shells`" = "" ]
then
   echo "'$_SHELL' gibt es nicht in /etc/shells! "\
      " ENTER=Neustart / STRG+C=Ende"
   read
   $0 $1
fi

# Kommentar oder Namen eingeben
echo "Eingabe eines Namens: [beliebig] " | tr -d '\n'
read _REALNAME

# Expire date
echo "Ablaufdatum des Accounts: [MM/DD/YY] " | tr -d '\n'
read _EXPIRE

clear
echo
echo "Folgende Eingaben wurden erfasst:"
echo "---------------------------------"
echo "User-ID         : [$_UIDOK]"
echo "Gruppen-ID      : [$_GIDOK]"
echo "Heimverzeichnis   : [$_HOME]"
echo "Login-Shell       : [$_SHELL]"
echo "Name/Kommentar     : [$_REALNAME]"
echo "Account läuft aus : [$_EXPIRE]"
echo
echo "Account erstellen? (j/n) "
read _verify
```

```
case $_verify in
   [nN]*)
     echo "Account wurde nicht erstellt!" | tr -d '\n'
     exit 0 ;;
   [jJ]*)
      useradd -u $_UIDOK -g $_GIDOK -d $_HOME -s $_SHELL \
            -c "$_REALNAME" -e "$_EXPIRE" $1
      cp -r /etc/skel $_HOME
      chown -R $_UIDOK:$_GIDOK $_HOME
      passwd $1
      echo "Benutzer $1 [$_REALNAME] hinzugefügt "\
          "am `date`" >> /var/adm/newuser.log
      finger -m $1 |head -2
      sleep 2
      echo "Benutzer $1 erfolgreich hinzugefügt!" ;;
     *) exit 1;;
esac
```

Das Script bei der Ausführung:

```
linux:/home/you # ./account jack
Eingabe der UID [default: 1003][↵]
Eingabe der GID: [default: 100][↵]
Eingabe des Heimverzeichnisses: [default: /home/jack][↵]
Eingabe der Shell: [default: /bin/bash][↵]
Eingabe eines Namens: [beliebig] J.Wolf
Ablaufdatum des Accounts : [MM/DD/YY][↵]
...

Folgende Eingaben wurden erfasst:
---------------------------------
User-ID         : [1003]
Gruppen-ID      : [100]
Heimverzeichnis   : [/home/jack]
Login-Shell      : [/bin/bash]
Name/Kommentar    : [J.Wolf]
Account läuft aus : []

Account erstellen? (j/n) j
Changing password for jack.
New password:********
Re-enter new password:********
Password changed
Login: jack                     Name: J.Wolf
Directory: /home/jack              Shell: /bin/bash
```

```
Benutzer jack erfolgreich hinzugefügt!
linux:/home/you # ./account -l jack
Passwort geändert.
Benutzer 'jack' wurde gesperrt
linux:/home/you # ./account -u jack
Passwort geändert.
Benutzer 'jack': Sperre aufgehoben
linux:/home/you # ./account -d jack
Dateien und Verzeichnisse von 'jack' werden gelöscht
Benutzer 'jack' erfolgreich gelöscht!
```

15.3.2 Systemüberwachung

Warnung, dass der Plattenplatz des Dateisystems an seine Grenzen stößt

Gerade wenn man mehrere Dateisysteme oder gar Server betreuen muss, fällt es oft schwer, sich auch noch über den Plattenplatz Gedanken zu machen. Hierzu eignet sich ein Script, mit dem Sie den fünften Wert von `df -k` auswerten und daraufhin überprüfen, ob eine bestimmte von Ihnen festgelegte Grenze erreicht wurde. Ist die Warnschwelle erreicht, können Sie eine Mail an eine bestimmte Adresse verschicken oder eventuell ein weiteres Script starten lassen, das diverse Aufräum- oder Komprimierarbeiten durchführt. Natürlich ergibt dieses Script vor allem dann Sinn, wenn es im Intervall mit einem `cron`-Job gestartet wird.

> **Quota-System**
> Auch hier sei nochmals auf das Quota-System hingewiesen, das wir weiter oben vor dem Script »DiskQuota« beschrieben haben.

```
#!/bin/bash
# Name: chcklimit
# Dieses Script verschickt eine Mail, wenn der Plattenverbrauch
# eines Filesystems an ein bestimmtes Limit stößt.

# Ab wie viel Prozent soll eine Warnung verschickt werden?
WARN_CAPACITY=80
# Wohin soll eine Mail verschickt werden?
TOUSER=user@host.de

call_mail_fn() {
   servername=`hostname`
   msg_subject="$servername - Dateisystem(${FILESYSTEM}) "\
            "verwendet ${FN_VAR1}% - festgestellt am: `date`"
   echo $msg_subject | mail -s "${servername}:Warnung" $TOUSER
```

```
}

if [ $# -lt 1 ]
then
   echo "usage: $0 FILESYSTEM"
   echo "Bpsw.: $0 /dev/hda6"
fi

# Format von df -k:
# Dateisystem   1K-Blöcke   Benutzt Verfügbar Ben% Eingehängt auf
# /dev/hda4    15528224   2610376 12917848  17 %  /
# Den fünften Wert wollen wir haben: 'Ben%'
#
VAR1=`df -k ${1} | /usr/bin/tail -1 | \
    /usr/bin/awk '{print $5}' `
# Prozentzeichen herausschneiden
VAR2=`echo $VAR1 | \
     /usr/bin/awk '{ print substr($1,1,length($1)-1) }' `

# Wurde die Warnschwelle erreicht ... ?
if [ $VAR2 -ge ${WARN_CAPACITY} ]
then
   FN_VAR1=$VAR2
   call_mail_fn
fi
```


Das Script bei der Ausführung:

```
you@host > ./chcklimit /dev/hda6
...
you@host > mail
>N  1 tot@linux.site Mon May  2 16:18  18/602   linux:Warnung
? 1
Message  1:

From: tot@linux.site (J.Wolf)

linux - Dateisystem() verwendet 88 % - festgestellt am:
  Mo Mai 2 16:17:59 CEST 2016
```

Kommandos bzw. Scripts auf einem entfernten Rechner ausführen

Kommandos oder gar Scripts auf mehreren Rechnern ausführen, die vom lokalen Rechner aus gestartet werden – das hört sich komplizierter an, als es ist. Und vor allem es ist auch sicherer, als manch einer jetzt vielleicht denken mag. Dank guter Verschlüsselungstechnik und hoher Präsenz bietet sich hierzu ssh an. (Die r-Tools fallen wegen der Sicherheitslücken flach – siehe Abschnitt 14.13.12, »ssh – sichere Shell auf anderem Rechner starten«). Die Syntax, um mit ssh Kommandos oder Scripts auf einem anderen Rechner auszuführen, sieht wie folgt aus:

```
ssh username@hostname "kommando1 ; kommando2 ; script"
```

Mit diesem Wissen fällt es nicht schwer, sich ein entsprechendes Script zusammenzubasteln. Damit es ein wenig flexibler ist, soll es auch möglich sein, Shellscripts, die noch nicht auf dem entfernten Rechner liegen, zuvor noch mit scp in ein bestimmtes Verzeichnis hochzuladen, um es anschließend auszuführen. Ebenso soll es möglich sein, in ein bestimmtes Verzeichnis zu wechseln, um dann entsprechende Kommandos oder Scripts auszuführen. Natürlich setzt dies voraus, dass auf den Rechnern auch ein entsprechendes Verzeichnis existiert. Die Rechner, auf denen Kommandos oder Scripts ausgeführt werden sollen, tragen Sie in die Datei *hostlist.txt* ein. Bei uns sieht diese Datei wie folgt aus:

```
you@host > cat hostlist.txt
us10129@myhoster.de
jwolf@192.135.147.2
```

Im Beispiel finden Sie also zwei entfernte Rechner, bei denen das gleich folgende Script dafür sorgt, dass Sie von Ihrem lokalen Rechner aus schnell beliebige Kommandos bzw. Scripts ausführen können.

SSH-Schlüssel verwenden

Damit Sie nicht andauernd ein Passwort eingeben müssen, empfiehlt es sich auch hier, SSH-Schlüssel zu verwenden (siehe Abschnitt 14.13.12, »ssh – sichere Shell auf anderem Rechner starten«).

```
#!/bin/bash
# Name: sshell
# Kommandos bzw. Scripts auf entfernten Rechnern ausführen

# ggf. den Pfad zur Datei anpassen
HOSTS="hostlist.txt"

usage() {
   echo "usage: progname [-option] [Verzeichnis] "\
      " Kommando_oder_Script"
   echo
   echo "Option:"
```

```
   echo "-d :in ein bestimmtes Verzeichnis auf dem Host wechseln"
   echo "-s :Script in ein bestimmtes Verzeichnis hochladen und"\
      " ausführen"
   echo
   echo "Syntax der Host-Liste: "
   echo "Username@hostname1"
   echo "Username@hostname2"
   echo "..."
   exit 1
}

if [ $# -eq 0 ]
then
   usage
fi

# Datei 'hostlist.txt' überprüfen
if [ -e $HOSTS ]
then :
else
   echo "Datei $HOSTS existiert nicht ..."
   touch hostlist.txt
   if [ $? -ne 0 ]
   then
     echo "Konnte $HOSTS nicht anlegen ...!"
     exit 1
   else
     echo "Datei $HOSTS erzeugt, aber noch leer ...!"
     usage
     exit 1
   fi
fi

# Optionen überprüfen ...
case $1 in
   -d)
     if [ $# -lt 3 ]
     then
       usage
     fi
     DIR=$2
     shift; shift  ;;
```

```
   -s)
     if [ $# -lt 3 ]
     then
       usage
     fi
     DIR=$2
     SCRIPT="yes"
     shift; shift  ;;
   -*)
     usage ;;
esac

# Die einzelnen Hosts durchlaufen ...
for host in `cat $HOSTS`
do
   echo "$host : "
   CMD=$*
   if [ "$SCRIPT" = "yes" ]
   then
     scp $CMD ${host}:${DIR}
   fi

   ret=`ssh $host "cd $DIR; $CMD"`
   echo "$ret"
done
```

Das Script bei der Ausführung:

- Inhalt des Heimverzeichnisses ausgeben:

```
you@host > ./sshell ls -l
us10129@myhoster.de :
total 44
drwx------   4 us10129 us10129 4096 May 14 13:45 backups
drwxr-xr-x   8 us10129 us10129 4096 May  9 10:13 beta.pronix.de
-rw-rw-r--   1 us10129 us10129   66 Dec  2 02:13 db_cms.bak
drwxrwxr-x   2 us10129 us10129 4096 Mar 11 07:49 dump
-rw-------   1 us10129 us10129  952 May 14 14:00 mbox
drwxrwxr-x   2 us10129 us10129 4096 Mar 28 18:03 mysqldump
drwxr-xr-x  20 us10129 us10129 4096 May 19 19:56 www.pronix.de
jwolf@192.135.147.2 :
total 24
drwxr-xr-x  2 jwolf  jwolf   512 May  8 14:03 backups
drwxr-xr-x  3 jwolf  jwolf 21504 Sep  2  2004 dev
```

- Inhalt des Verzeichnisses *$HOME/backups* ausgeben:

```
you@host > ./sshell -d backups ls -l
us10129@myhoster.de :
total 8
drwxrwxr-x  3 us10129 us10129 4096 May 18 18:38 Shellbuch
drwxrwxr-x  3 us10129 us10129 4096 May 14 13:46 Shellbuch_bak
-rw-rw-r--  1 us10129 us10129    0 May 20 12:45 file1
-rw-rw-r--  1 us10129 us10129    0 May 20 12:45 file2
-rw-rw-r--  1 us10129 us10129    0 May 20 12:45 file3
jwolf@192.135.147.2 :
total 6
-rw-r--r--  1 jwolf  jwolf   0 May  8 13:38 file1
-rw-r--r--  1 jwolf  jwolf   0 May  8 13:38 file2
-rw-r--r--  1 jwolf  jwolf   0 May  8 13:38 file3
-rwx------  1 jwolf  jwolf  29 May  8 13:58 hallo.sh
-rwx------  1 jwolf  jwolf  29 May  8 13:48 mhallo
-rwx------  1 jwolf  jwolf  29 May  8 14:03 nhallo
```

- Dateien, die mit *file** beginnen, im Verzeichnis *$HOME/backups* löschen:

```
you@host > ./sshell -d backups rm file*
us10129@myhoster.de :
jwolf@192.135.147.2 :
```

- Inhalt des Verzeichnisses *$HOME/backups* erneut ausgeben:

```
you@host > ./sshell -d backups ls -l
us10129@myhoster.de :
total 5
drwxrwxr-x  3 us10129 us10129 4096 May 18 18:38 Shellbuch
drwxrwxr-x  3 us10129 us10129 4096 May 14 13:46 Shellbuch_bak
jwolf@192.135.147.2 :
total 3
-rwx------  1 jwolf  jwolf  29 May  8 13:58 hallo.sh
-rwx------  1 jwolf  jwolf  29 May  8 13:48 mhallo
-rwx------  1 jwolf  jwolf  29 May  8 14:03 nhallo
```

- Neues Verzeichnis *testdir* anlegen:

```
you@host > ./sshell mkdir testdir
us10129@myhoster.de :
jwolf@192.135.147.2 :
```

- Das Script *hallo.sh* ins neue Verzeichnis (*testscript*) schieben und ausführen:

```
you@host > ./sshell -s testdir ./hallo.sh
us10129@myhoster.de :
```

```
hallo.sh                    100 %   67    0.1KB/s   00:00
Ich bin das Hallo Welt-Script!
jwolf@192.135.147.2 :
hallo.sh                    100 %   67    0.1KB/s   00:00
Ich bin das Hallo Welt-Script!
```

- Das Verzeichnis *testdir* wieder löschen:

```
tot@linux:~> ./sshell rm -r testdir
us10129@myhoster.de :
jwolf@192.135.147.2 :
```

S.M.A.R.T.-Festplattenstatus

Bevor wir im nächsten Absatz zum Thema Datensicherung kommen, sollten Sie auch wissen, wie Sie den Status Ihrer Festplatten überwachen. Mithilfe des Kommandos `smartctl` ist es nämlich möglich, die Werte der *Self-Monitoring, Analysis and Reporting Technology* (S.M.A.R.T.) von Festplatten auszulesen. Mit dem Aufruf `smartctl -a GERÄTENAME` erhalten Sie eine Übersicht aller Festplatteninformationen und Testergebnisse.

Für unser Beispiel-Script nutzen wir die Werte `5 Reallocated Sector Count` (wegen Defekt ausgetauschte Sektoren), `190 Airflow Temperature` (die Temperatur der Platte) und die `Errors Logged`. Welche Festplatte überwacht wird, ist im Script vorgegeben. Passen Sie die Angaben `/dev/sda` an, falls Sie eine andere Festplatte überwachen wollen.

```
#!/bin/bash
# Name: hdcheck
# Status der Festplatte
# mitels smartctl prüfen

temp=$(smartctl -a /dev/sda |grep ^190 | awk '{print $10}')
reloc_sec=$(smartctl -a /dev/sda |grep '^  5' | awk '{print $10}')
hderr=$(smartctl -a /dev/sda |egrep "Errors Logged" |cut -c -21)

echo "Status Festplatte : $1"
echo "Temperatur        : $temp"
echo "Fehler            : $hderr"
echo "Reallocated Sector: $reloc_sec"
```

Das Script bei der Ausführung:

```
you@host:~$ ~/hdcheck.sh
Status Festplatte : /dev/sda
Temperatur        : 28
```

```
Fehler            : No Errors Logged
Reallocated Sector: 0
```

Weitere Informationen zu S.M.A.R.T. sowie den Parameter und deren Aussagen finden Sie in den Manpages und unter *https://de.wikipedia.org/wiki/Self-Monitoring,_Analysis_and_Reporting_Technology*.

15.4 Backup-Strategien

Beim Thema Backup handelt es sich um ein sehr spezielles und vor allem enorm wichtiges Thema, weshalb hier eine umfassendere Einführung unumgänglich ist. Anhand dieser kurzen Einführung werden Sie schnell feststellen, wie viele Aspekte es gibt, die man bei der Auswahl der richtigen Backup-Lösung beachten muss. Zwar finden Sie anschließend auch einige Scripts in der Praxis dazu, doch handelt es sich bei diesem Thema schon eher um einen sehr speziellen Fall, bei dem man einiges Wissen benötigt und auch so manches berücksichtigen muss, sodass sich keine ultimative Lösung erstellen lässt.

15.4.1 Warum ein Backup?

Es gibt drei verschiedene Fälle von Datenverlusten:

- **Eine einzelne Datei wird (oder einige wenige Dateien werden) aus Versehen gelöscht oder falsch modifiziert (beispielsweise von einem Virus infiziert).** – In solch einem Fall ist das Wiederherstellen einer Datei häufig nicht allzu kompliziert. Bei solchen Daten ist eine `tar`-, `cpio`- oder `afio`-Sicherung recht schnell wieder zurückgeladen. Natürlich ist dies immer abhängig vom Speichermedium. Wenn Sie dieses Backup auf einem Band linear suchen müssen, ist das Wiederherstellen nicht unbedingt vorteilhaft. Hierzu ist es häufig sinnvoll, immer wieder ein Backup in einem anderen (entfernten) Verzeichnis abzuspeichern.
- **Eine Festplatte ist defekt.** – Häufig denkt man: »Ist bei mir noch nie vorgekommen«, aber wenn es dann mal crasht, ist guter Rat oft teuer. Hier gibt es eine recht elegante Lösung, wenn man RAID-Systeme in Level 1 oder 5 verwendet. Dabei werden ja die Daten redundant auf mehreren Platten gespeichert. Das bedeutet, dass Sie beim Ausfall einer Festplatte die Informationen jederzeit von der Kopie zurückholen können. Sobald Sie die defekte Platte gegen eine neue austauschen, synchronisiert das RAID-System die Platten, sodass alle Daten nach einer gewissen Zeit wieder redundant auf den Platten vorhanden sind. Zur Verwendung von RAID gibt es eine Software- und eine Hardwarelösung mit einem RAID-Controller. Zwar ist die Hardwarelösung erheblich schneller, aber auch teurer.

Andererseits sollte man bei der Verwendung von RAID bedenken, dass jeder Fehler, der z. B. einem Benutzer oder gar dem Administrator selbst unterläuft (wie beispielsweise Softwarefehler, Viren, instabiles System, versehentliches Löschen von Daten usw.), sofort auf das RAID-System bzw. auf alle Speichermedien im System repliziert wird.

- **Datenverlust durch Hardware- oder Softwarefehler oder Elementarschäden (wie Feuer, Wasser oder Überspannung)** – Hier wird eine Komplettsicherung der Datenbestände nötig, was bei den Giga- bis Terabytes an Daten, die häufig vorliegen, kein allzu leichtes Unterfangen darstellt. Gewöhnlich geht man hierbei zwei Wege:
  - Man schiebt die Daten auf einen entfernten Rechner (beispielsweise mit `cp` oder `scp`), am besten gleich in komprimierter Form (mittels `gzip` oder `bzip2`).
  - Die wohl gängigste Methode dürfte das Archivieren auf wechselbaren Datenträgern wie Magnetband, CD/DVD oder externen Festplatten sein (abhängig vom Datenumfang). Meistens werden hierzu die klassischen Tools wie `cp`, `dd`, `scp` oder `rsync` verwendet. Auch sollte man unter Umständen eine Komprimierung mit `gzip` oder `bzip2` vorziehen. Für Bänder und Streamer kommen häufig die klassischen Tools wie `tar`, `afio`, `cpio` oder `taper` zum Einsatz.

15.4.2 Sicherungsmedien

Über das Speichermedium macht man sich wohl zunächst keine allzu großen Gedanken. Meistens greift man auf eine billigere Lösung zurück. Ohne auf die einzelnen Speichermedien genauer einzugehen, gibt es hierbei einige Punkte, die es zu überdenken gilt:

- **Maximales Speichervolumen** – Will man mal eben schnell sein lokales Verzeichnis sichern, wird man wohl mit einer CD bzw. DVD als Speichermedium auskommen. Doch bevor Sie vorschnell urteilen, lesen Sie am besten noch die weiteren Punkte.
- **Zugriffsgeschwindigkeit** – Wenn Sie wichtige Datenbestände im Umfang von mehreren Gigabytes schnell wiederherstellen müssen, werden Sie wohl kaum ein Speichermedium wählen, das nur 1 MB in der Sekunde übertragen kann. Hier gilt es also, die Transferrate in Megabyte pro Sekunde im Auge zu behalten.
- **Zuverlässigkeit** – Wie lange sind Daten auf einer CD oder DVD oder gar auf einem Magnetband haltbar? Darüber werden Sie sich wohl bisher recht selten Gedanken gemacht haben – doch es gibt in der Tat eine durchschnittliche Haltbarkeit von Daten auf Speichermedien.
- **Zulässigkeit** – In manchen Branchen, z. B. in der Buchhaltung, ist es gesetzlich vorgeschrieben, nur einmal beschreibbare optische Datenträger zu verwenden. Bei der Verwendung von mehrfach beschreibbaren Medien sollte man immer das Ri-

siko bedenken, dass diese wieder beschrieben werden können (sei es nun mit Absicht oder aus Versehen).

Bitte beachten Sie, dass auf einigen Dateisystemen (FAT, NTFS) sowie Medien (CD/DVD) keine Rechte oder Besitzer gespeichert werden. Falls diese Informationen erhalten bleiben müssen, sollten Sie die Sicherung in ein Archiv packen, z. B. mit `tar`, wie in Abschnitt 14.8.9 beschrieben.

15.4.3 Varianten der Sicherungen

Generell kann man von zwei Varianten einer Sicherung sprechen:

- **Vollsicherung** – Dabei werden alle zu sichernden Daten vollständig gesichert. Der Vorteil ist, dass man jederzeit ohne größeren Aufwand die gesicherten Daten wieder zurückladen kann. Sie sollten allerdings überlegen, ob Sie bestimmte Daten bei einer Vollsicherung ausgrenzen wollen – besonders die sicherheitsrelevanten. Der Nachteil daran ist ganz klar: Eine Vollsicherung kann eine ganz schöne Menge an Platz (und auch Zeit) auf einem Speichermedium verbrauchen.
- **Inkrementelle Sicherung** – Hierbei wird nur einmal eine Vollsicherung vorgenommen. Anschließend werden immer nur diejenigen Daten gesichert, die sich seit der letzten Sicherung verändert haben. Hierbei wird weniger Platz auf einem Speichermedium (und auch weniger Zeit) benötigt.

15.4.4 Bestimmte Bereiche sichern

Hierzu einige kurze Vorschläge, wie man bestimmte Bereiche sinnvoll sichert.

- **Einzelne Dateien** – Einzelne Dateien kann man schnell mit `cp` oder `scp` auf eine andere Festplatte, einen USB-Stick oder in ein anderes Verzeichnis übertragen. Natürlich steht Ihnen hierzu auch die Möglichkeit mittels `tar`, `afio` oder `cpio` zur Verfügung, um die Daten auf externe Datenträger zu sichern. Gewöhnlich werden diese Archive noch mittels `gzip` oder `bzip2` komprimiert. Gern werden hierzu auch Datenträger wie CD oder DVD verwendet.
- **Dateibäume** – Ganze Dateibäume beinhalten häufig eine Menge Daten. Hier verwendet man als Speichermedium häufig Streamer, Magnetbänder oder optische Datenträger (CD, DVD), je nach Umfang der Sicherung. Natürlich können Sie auch externe Festplatten verwenden, gerade wenn Sie größere Datenmenge sichern müssen. Als Werkzeuge werden gewöhnlich `tar`, `afio` und `cpio` eingesetzt. Aber auch Programme zur Datensynchronisation wie `rsync` oder `unison` werden oft genutzt. Zum Sichern auf optische Speichermedien wie CD oder DVD werden gewöhnlich die Tools `mkisofs` oder mit GUI `xcdroast`, `K3b` oder `gtoaster` verwendet.

- **Ganze Festplatten** – Zum Sichern ganzer Festplatten gibt es unter Linux eine ganze Menge an Programmpaketen, darunter *amanda* (*Advanced Maryland Automatic Network Disk Archiver, http://www.amanda.org*), *Back in Time* (*https://github.com/bit-team/backintime*) und *Déjà Dup* (*https://launchpad.net/deja-dup*).
- **Dateisysteme** – Mithilfe des Kommandos `dd` lässt sich ein komplettes Dateisystem auf eine andere Platte oder auf ein Band sichern. Beachten Sie allerdings, dass beim Duplizieren beide Partitionen die gleiche Größe haben müssen (falls Sie Festplatten duplizieren wollen) und bestenfalls beide Platten nicht gemountet sind (zumindest nicht die Zielplatte). Da `dd` selbst physikalisch Block für Block kopiert, kann das Tool nicht auf defekte Blöcke hin überprüfen. Daher sollte man hierbei gleich noch mit dem Kommando `badblocks` nach defekten Blöcken suchen. Natürlich müssen Sie auch beim Zurückspielen darauf achten, dass die Zielpartition nicht kleiner als die Quellpartition ist. Ein anderes Tool, das auch auf Low-Level-Ebene und fehlertolerant arbeitet, ist `dd_rescue`.

  Ein weiteres hervorragendes Tool zum Sichern und Wiederherstellen ganzer Partitionen ist `partimage`, das wie `dd` und `dd_rescue` in der Lage ist, unterschiedliche Dateisysteme zu sichern (ext4, xfs, UFS [UNIX], HFS [Mac], NTFS/FAT16/FAT32 [Win32]), da es wie die beiden anderen genannten Tools auf Low-Level-Ebene arbeitet. Mehr zu `partimage` erfahren Sie auf der Website *http://www.partimage.org*. Natürlich bietet sich Ihnen ebenfalls die Möglichkeit, Dateisysteme zu synchronisieren. Hierbei stehen Ihnen Werkzeuge wie `rsync`, `unision`, WebDAV usw. zur Verfügung.

15.4.5 Backup über ssh mit tar

Das Sichern von Dateien zwischen Servern ist eigentlich mit dem Kommando `scp` recht einfach:

```
scp some-archive.tgz user@host:/home/backups
```

Zwei Nachteile von `scp` beim Durchlaufen ganzer Verzeichnisbäume (mit der Option `-r`) sind die vielen Kommandoaufrufe (alles wird einzeln kopiert) und die unflexiblen Kompressionsmöglichkeiten.

Hierzu wird in der Praxis oft `tar` verwendet. Verknüpfen wir nun `tar` mit `ssh`, haben wir exakt das, was wir wollen. Wenn Sie nämlich `ssh` ohne eine interaktive Login-Sitzung starten, erwartet `ssh` Daten von der Standardeingabe und gibt das Ergebnis auf die Standardausgabe aus. Das hört sich stark nach der Verwendung einer Pipe an. Wollen Sie beispielsweise alle Daten aus Ihrem Heimverzeichnis auf einem entfernten Rechner archivieren, können Sie wie folgt vorgehen:

```
tar zcvf - /home | ssh user@host "cat > homes.tgz"
```

Natürlich ist es möglich, das komprimierte Archiv auch auf ein Magnetband des entfernten Rechners zu schreiben (ein entsprechendes Medium und entsprechende Rechte vorausgesetzt):

```
tar zcvf - /home | ssh user@host "cat > /dev/tape"
```

Wollen Sie stattdessen eine Kopie einer Verzeichnisstruktur auf Ihrer lokalen Maschine direkt auf das Filesystem einer anderen Maschine kopieren, können Sie dies so erreichen (Sie synchronisieren das entfernte Verzeichnis mit dem lokalen):

```
cd /home/us10129/www.pronix.de ; tar zcf - html/ \
 | ssh user@host \
 "cd /home/us10129/www.pronix.de; mv html html.bak; tar zpxvf -"
```

Hier sichern Sie unter anderem auch das Verzeichnis *html* auf *host*, indem Sie es umbenennen (*html.bak*) – für den Fall der Fälle. Dann erstellen Sie eine exakte Kopie von */home/us10129/www.pronix.de/html* (also Ihrem lokalen Verzeichnis) mit sämtlichen identischen Zugriffsrechten und der Verzeichnisstruktur auf dem entfernten Rechner. Da hierbei `tar` mit der Option `z` verwendet wird, werden die Daten vor dem »Hochladen« komprimiert, was natürlich bedeutet, dass eine geringere Datenmenge transferiert werden muss und der Vorgang erheblich schneller vonstattengehen kann. Natürlich ist dies von der Geschwindigkeit beider Rechner abhängig, also davon, wie schnell bei diesen die (De-)Kompression durchgeführt werden kann.

15

Müssen Sie auf dem entfernten Rechner etwas wiederherstellen und verfügen Sie über ein Backup auf der lokalen Maschine, ist dies mit folgender Kommandoverkettung kein allzu großes Unterfangen mehr:

```
ssh user@host "cd /home/us10129/www.pronix.de; tar zpvxf -" \
   < big-archive.tgz
```

So stellen Sie das komplette Verzeichnis */home/us10129/www.pronix.de/* mit dem Archiv *big-archive.tgz* wieder her. Gleiches können Sie natürlich auch jederzeit in die andere Richtung machen:

```
ssh user@host "cat big-archive.tgz" | tar zpvxf -
```

Damit Sie nicht andauernd ein Passwort eingeben müssen, empfiehlt es sich auch hier, SSH-Schlüssel zu verwenden (siehe Abschnitt 14.13.12, »ssh – sichere Shell auf anderem Rechner starten«). Das folgende Script demonstriert Ihnen die Möglichkeit, `ssh` und `tar` in einem Backup-Script zu verwenden:

```
#!/bin/sh
# Name: ssh_tar
# Backups mit tar über ssh
```

```
# Konfiguration, entsprechend anpassen
#
SSH_OPT="-l"
SSH_HOST="192.135.147.2"
SSH_USER="jwolf"

# Default-Angaben
#
LOCAL_DIR="/home/tot/backups"
REMOTE_DIR="/home/jwolf/backups"
stamp=`date +%d_%m_%Y`
BACKUP_FILE="backup_${stamp}.tgz"

usage() {
   echo "usage: star [-ph] [-pl] [-sh] [-sl] [-r] [-l] ..."
   echo
   echo "Optionen : "
   echo "-ph : (lokales) Verzeichnis packen und hochladen "\
      "(remote) in 'REMOTE_DIR'"
   echo "    Beispiel:   star -ph lokalesVerzeichnis "
   echo "-pl = (remote) Verzeichnis packen und herunterladen "\
      "(lokal) in 'LOCAL_DIR'"
   echo "    Beispiel:   star -pl remoteVerzeichnis "
   echo "-sh = Synchronisiert ein Host-Verzeichnis mit einem "\
      "lokalen Verzeichnis"
   echo "    Beispiel:   star -sh lokalesVerzeichnis "\
      "remoteVerzeichnis syncVerzeichnis "
   echo "-sl = Synchronisiert ein lokales Verzeichnis mit "\
      "einem Host-Verzeichnis"
   echo "    Beispiel:   star -sl remoteVerzeichnis "\
      "lokalesVerzeichnis syncVerzeichnis "
   echo "-r  = (remote) Wiederherstellen eines Host-Verzeichnisses"
   echo "    Beispiel:   star -r remoteVerzeichnis "\
      "lokalTarArchiv.tgz"
   echo "-l  = (lokal)  Wiederherstellen eines lokalen "\
      "Verzeichnisses"
   echo "    Beispiel:   star -l lokalesVerzeichnis "\
      "remoteTarArchiv.tgz"
   # ...
   exit 1
}
```

```
case "$1" in
   -ph)
      if [ $# -ne 2 ]
      then
        usage
      else
        cd $2; tar zcvf - "." | \
        ssh $SSH_OPT $SSH_USER $SSH_HOST \
        "cat > ${REMOTE_DIR}/${BACKUP_FILE}"
        echo "Verzeichnis '$2' nach "\
            "${SSH_HOST}:${REMOTE_DIR}/${BACKUP_FILE} "\
            "gesichert"
      fi ;;
   -pl)
      if [ $# -ne 2 ]
      then
        usage
      else
        ssh $SSH_OPT $SSH_USER $SSH_HOST \
        "cd $2; tar zcvf - ." | \
        cat > ${LOCAL_DIR}/${BACKUP_FILE}
        echo "Verzeichnis ${SSH_HOST}:${2} nach "\
            "${LOCAL_DIR}/${BACKUP_FILE} gesichert"
      fi ;;
   -sh)
      if [ $# -ne 4 ]
      then
        usage
      else
        cd $2
        tar zcf - $4/ |
        ssh $SSH_OPT $SSH_USER $SSH_HOST \
        "cd $3; mv $4 ${4}.bak; tar zpxvf -"
        echo "Verzeichnis ${2}/${4} mit "\
            "${SSH_HOST}:${3}/${4} synchronisiert"
      fi ;;
   -sl)
      if [ $# -ne 4 ]
      then
        usage
      else
        cd $3; mv $4 ${4}.bak
    ssh $SSH_OPT $SSH_USER $SSH_HOST "cd ${2}; tar zcvf - ${4}"\
```

```
    | tar zpvxf -
        echo "Verzeichnis ${SSH_HOST}:${2}/${4} mit "\
            "${3}/${4} synchronisiert"
      fi ;;
   -r)
      if [ $# -ne 3 ]
      then
        usage
      else
        ssh $SSH_OPT $SSH_USER $SSH_HOST \
        "cd ${2}; tar zpvxf -" < $3
        echo "${SSH_HOST}:$2 mit dem Archiv $3 "\
            "wiederhergestellt"
      fi ;;
   -l)
      if [ $# -ne 3 ]
      then
        usage
      else
        cd $2
        ssh $SSH_OPT $SSH_USER $SSH_HOST "cat $3" | \
        tar zpvxf -
        echo "$2 mit dem Archiv ${SSH_HOST}:${3} "\
            "wiederhergestellt"
      fi ;;
   -*)   usage;;
    *)   usage;;
esac
```

Das Script bei der Ausführung:

```
you@host > ./ssh_tar -ph Shellbuch_aktuell/
./
./kap004.txt
./kap005.txt
...
...
./Kap013.txt
./Kap014.txt
Verzeichnis 'Shellbuch_aktuell/' nach  192.135.147.2:/home/jwolf/backups/
backup_20_05_2010.tgz  gesichert
```

Ein Blick zum Rechner `192.135.147.2`:

```
jwolf@jwolf$ ls backups/
backup_20_05_2010.tgz

you@host > ./ssh_tar -pl backups/
./
./backup_20_05_2010.tgz
./kap004.txt
./kap005.txt
...
...
./Kap012.txt
./Kap013.txt
./Kap014.txt
Verzeichnis 192.135.147.2:backups/ nach  /home/you/backups/
backup_20_05_2010.tgz gesichert
you@host > ls backups/
backup_07_05_2010.tgz  backup_20_05_2010.tgz  Shellbuch
```

Folgendes erstellt im Remote-Verzeichnis *backups* ein Ebenbild des Verzeichnisses *Shellbuch_aktuell* aus dem Heimverzeichnis des lokalen Rechners:

```
you@host > ./ssh_tar -sh $HOME backups Shellbuch_aktuell
Shellbuch_aktuell/
Shellbuch_aktuell/kap004.txt
Shellbuch_aktuell/kap005.txt
...
Shellbuch_aktuell/Kap013.txt
Shellbuch_aktuell/Kap014.txt
Verzeichnis /home/you/Shellbuch_aktuell mit 192.135.147.2:backups/Shellbuch_
aktuell synchronisiert
```

Dieser Befehl erstellt im lokalen Heimverzeichnis *$HOME/backup* eine exakte Kopie des entfernten Remote-Verzeichnisses *backups/Shellbuch*:

```
you@host > ./ssh_tar -sl backups $HOME/backups Shellbuch_aktuell
Shellbuch_aktuell/
Shellbuch_aktuell/kap004.txt
Shellbuch_aktuell/kap005.txt
...
...
Shellbuch_aktuell/Kap013.txt
Shellbuch_aktuell/Kap014.txt
Verzeichnis 192.135.147.2:backups/Shellbuch_aktuell mit /home/tot/backups/
Shellbuch_aktuell synchronisiert
```

```
you@host > ls backups/
backup_07_05_2010.tgz  backup_20_05_2010.tgz  Shellbuch_aktuell
Shellbuch_aktuell.bak
you@host > ls backups/Shellbuch_aktuell
Kap003.txt  kap005.txt  Kap007.txt  Kap010.txt  Kap013.txt
...
```

Das folgende Script zeigt, wie Sie ein entferntes Verzeichnis mithilfe eines lokalen Archivs wiederherstellen. Im Beispiel wird das entfernte Verzeichnis *backups/Shellbuch_aktuell* mit dem lokalen Archiv *backup_20_05_2010.tgz* wiederhergestellt:

```
you@host > ls backups/
backup_07_05_2010.tgz  backup_20_05_2010.tgz  Shellbuch_aktuell
Shellbuch_aktuell.bak
you@host > ./ssh_tar -r backups/Shellbuch_aktuell
> backups/backup_20_05_2010.tgz
./
./kap004.txt
./kap005.txt
...
...
./Kap013.txt
./Kap014.txt
192.135.147.2:backups/Shellbuch_aktuell mit dem Archiv backups/backup_20_05_
2010.tgz  wiederhergestellt
```

Jetzt sehen Sie dasselbe Beispiel in anderer Richtung: Hier wird das lokale Verzeichnis *backups/Shellbuch_aktuell* mit dem Archiv *backup_20_05_2010.tgz* wiederhergestellt, das sich auf dem entfernten Rechner im Verzeichnis *backups* befindet:

```
you@host > ./ssh_tar -l backups/Shellbuch_aktuell
> backups/backup_20_05_2010.tgz
./
./kap004.txt
./kap005.txt
...
...
./Kap013.txt
./Kap014.txt
backups/Shellbuch_aktuell mit dem Archiv 192.135.147.2:backups/backup_20_05_
2010.tgz wiederhergestellt
```

Key-Login nötig

Natürlich funktioniert dieses Script wie hier demonstriert nur mit einem Key-Login (siehe Abschnitt 14.13.14, »rsync – Replizieren von Dateien und Verzeichnissen«). Da Backup-Scripts aber ohnehin chronologisch laufen sollten, ist ein ssh-Key immer sinnvoll, da man das Passwort nicht in einer Textdatei speichern muss.

15.4.6 Daten mit rsync synchronisieren

Was sich mit ssh und tar realisieren lässt, gelingt natürlich auch mit rsync. Das folgende einfache Script synchronisiert entweder ein lokales Verzeichnis mit einem entfernten Verzeichnis oder umgekehrt. Um hierbei auch die Vertraulichkeit zu gewährleisten, »tunnelt« man das Ganze durch ssh. Das folgende Script demonstriert Ihnen, wie Sie rsync zum komfortablen Synchronisieren zweier entfernter Verzeichnisse verwenden können.

```
#!/bin/sh
# ssyncron
# Script zum Synchronisieren von Daten

usage() {
   echo "usage: prgname [-option] [Verzeichnis]"
   echo
   echo "-u : Ein Verzeichnis auf dem Server mit einem "\
      "lokalen synchronisieren"
   echo "-d : Ein lokales Verzeichnis mit einem Verzeichnis "\
      "auf dem Server synchronisieren"
   exit 1
}

# Konfigurationsdaten
#
# Pfad zu den Daten (lokal)
local_path="$HOME/"
# Pfad zu den Dateien (Server)
remote_path="/home/us10129"
# Loginname
username="us10129@myhoster.de"
# Optionen zum Download '-d'
D_OPTIONS="-e ssh -av --exclude '*.xvpics' --exclude 'cache' \
--exclude 'bestellen'"
```

```
# Optionen zum Hochladen '-u'
U_OPTIONS="-e ssh -av"

# rsync vorhanden ...
if [ `which rsync` = "" ]
then
   echo "Das Script benötigt 'rsync' zur Ausführung ...!"
   exit 1
fi

# Pfad zu rsync
RSYNC=`which rsync`

site=$2

case "$1" in
   # Webseite herunterladen - synchronisieren lokal mit Server
   -d)
     [ -z $2 ] && usage # Verzeichnis fehlt ...
     $RSYNC $D_OPTIONS \
     $username:${remote_path}/${site}/ ${local_path}${site}/ ;;
   # Webseite updaten - Server mit lokalem Rechner
   # synchronisieren
   -u)
     $RSYNC $U_OPTIONS \
     ${local_path}${site}/ $username:${remote_path}/${site}/ ;;
   -*)
     usage ;;
   *)
     usage ;;
esac
```

Das Script bei der Ausführung, wenn Sie ein entferntes Verzeichnis mit dem lokalen Verzeichnis synchronisieren:

```
you@host > ./ssyncron -d backups/Shellbuch
receiving file list ... done
./
Martin/
Kap001.doc
Kap001.doc
Kap002.doc
Kap003.txt
Kap007.txt
```

```
...
...
Martin/Kap001.doc
Martin/Kap002.doc
Martin/Kap003.doc
Martin/Kap004.doc
Martin/Kap005.doc
kap004.txt
kap005.txt
newfile.txt
whoami.txt
wrote 516 bytes  read 1522877 bytes  38566.91 bytes/sec
total size is 1521182  speedup is 1.00
```

So erzeugen Sie eine neue lokale Datei *atestfile.txt* und synchronisieren sie in das entfernte Verzeichnis:

```
you@host > touch backups/Shellbuch/atestfile.txt
you@host > ./ssyncron -u backups/Shellbuch
building file list ... done
Shellbuch/

Shellbuch/atestfile.txt

wrote 607 bytes  read 40 bytes  86.27 bytes/sec
total size is 1521182  speedup is 2351.13
```


So löschen Sie einige Dateien im lokalen Verzeichnis *Shellbuch* (Datenverlust simulieren) und stellen sie anschließend mit dem entfernten Verzeichnis *Shellbuch* wieder her (d. h., Sie synchronisieren sie):

```
you@host > rm backups/Shellbuch/Kap00[1-9]*
you@host > ./ssyncron -d backups/Shellbuch
receiving file list ... done
./
Kap001.doc
Kap001.doc
Kap002.doc
Kap003.txt
Kap007.txt
Kap008.txt
Kap009.txt

wrote 196 bytes  read 501179 bytes  28650.00 bytes/sec
total size is 3042364  speedup is 6.07
```

Wenn in beide Richtungen nichts mehr zu tun ist, dann ist alles synchronisiert:

```
you@host > ./ssyncron -u backups/Shellbuch
building file list ... done

wrote 551 bytes  read 20 bytes  87.85 bytes/sec
total size is 1521182  speedup is 2664.07
you@host > ./ssyncron -d backups/Shellbuch
receiving file list ... done

wrote 56 bytes  read 570 bytes  96.31 bytes/sec
total size is 1521182  speedup is 2430.00
```

rsync und weitere Optionen

In der Praxis würde es sich außerdem anbieten, rsync mit der Option -b (für Backup) zu verwenden, womit Backup-Kopien alter Dateiversionen angelegt werden, sodass man gegebenenfalls auf mehrere Versionen zurückgreifen kann. Zusätzlich können Sie die Option -z nutzen, mit der eine Kompression möglich ist.

Key-Login nötig

Es gilt dasselbe wie schon beim Script zuvor: Auch hier sollten Sie einen ssh-Key für ein Key-Login verwenden (siehe Abschnitt 14.13.14, »rsync – Replizieren von Dateien und Verzeichnissen«).

15.4.7 Dateien und Verzeichnisse per E-Mail versenden

Sie wollen ein Backup mit cpio erstellen und es sich automatisch zusenden lassen. Als einfachster Weg würde sich hier der Transfer per E-Mail als Anhang anbieten.

E-Mail-Größenbeschränkung

Auch wenn heute gigabytegroße Postfächer der Standard sind, sollten Sie bedenken, dass allzu große E-Mails zu Problemen führen können. Das Limit wird in der Regel auf dem Mailserver eingestellt, und es liegt im Ermessen des Anbieters, welche maximale Größe pro E-Mail erlaubt ist. Es kann also sein, dass das Backup mit Testdaten noch läuft, später aber einfach nicht mehr weitergeleitet wird.

Allerdings lässt sich ein Anhang nicht einfach so hinzufügen. Hierzu benötigen Sie uuencode (siehe dazu Abschnitt 14.2.41, »uuencode/uudecode – Text- bzw. Binärdateien codieren«). Zuerst müssen Sie also cpio-typisch ein komplettes Verzeichnis durchlaufen und die Ausgabe gefundener Dateien (mit find) durch eine Pipe an cpio übergeben. Damit daraus eine einzige Datei als Anhang wird, schickt cpio wiederum die Ausgabe durch die Pipe an gzip, um das vollständige Verzeichnis zu komprimieren. Diesen »gezippten« Anhang müssen Sie nun mit uuencode encodieren, um ihn daraufhin mit mail oder mailx (oder gegebenenfalls mit sendmail) an den gewünschten Absender zu schicken. Alle diese Aktionen werden durch eine Pipe an das andere Kommando geschickt:

```
   find "$Dir" -type f -print |
   cpio -o${option} |
   gzip |
   uuencode "$Archive" |
   $Mail -s "$Archive" "$User" || exit 1
```

Hier sehen Sie das komplette Script:

```
#!/bin/sh
# Name: mailcpio
# Archiviert Dateien und Verzeichnisse per cpio, komprimiert mit
# gzip und verschickt das Archiv an eine bestimmte E-Mail-Adresse

PROGN="$0"

# Benötigte Programme: mail oder mailx...
if [ "`which mailx`" != "" ]
then
   Mail="mailx"
   if [ "`which mail`" != "" ]
   then
     Mail="mail"
   fi
else
  echo "Das Script benötigt 'mail' bzw. 'mailx' zur Ausführung!"
  exit 1
fi
# Benötigt 'uuencode' für den Anhang
if [ "`which uuencode`" = "" ]
then
   echo "Das Script benötigt 'uuencode' zur Ausführung!"
   exit 1
fi

# Benötigt 'cpio'
if [ "`which cpio`" = "" ]
then
```

```
   echo "Das Script benötigt 'cpio' zur Ausführung!"
   exit 1
fi

Usage () {
   echo "$PROGN - Versendet ganze Verzeichnisse per E-Mail"
   echo "usage: $PROGN [option] e-mail-adresse "\
      "{datei|Verzeichnis} [datei|Verzeichnis] ..."
   echo
   echo "Hierbei werden alle angegebenen Dateien und "\
      "Verzeichnisse (inkl. Unterverzeichnisse)"
   echo "an eine angegebene Mail-Adresse gesendet. "\
      "Das Archiv wird mittels gzip komprimiert."
   echo "Option:"
   echo "-s : Keine Ausgabe von cpio"
   echo "-v : Macht cpio gesprächig"
   exit 1
}

while [ $# -gt 0 ]
do
   case "$1" in
     -v)   option=Bv ;;
     -s)   Silent=yes ;;
     --)   shift; break ;;
     -*)   Usage ;;
      *)   break ;;
   esac
   shift
done

if [ $# -lt 2 ]
then
   Usage
fi

User="$1"; shift

for Dir
do
   Archive="${Dir}.cpio.gz"
   # Verzeichnis nicht lesbar ...
   if [ ! -r "$Dir" ]
```

```
    then
      echo "Kann $Dir nicht lesen - (wird ignoriert)"
      continue
    fi
    [ "$Silent" = "" ] && echo "$Archive    ->   "
    find "$Dir" -type f -print |
    cpio -o${option} |
    gzip |
    uuencode "$Archive" |
    $Mail -s "$Archive" "$User" || exit 1
done
```

Das Script bei der Ausführung:

```
you@host > ./mailcpio-s pronix@t-online.de logfiles
3 blocks
you@host > ./mailcpio -v pronix@t-online.de logfiles
logfiles.cpio.gz   ->
logfiles/testscript.log.mail
logfiles/testscript.log
1 block
```

15.5 Systemstart – Init-System

In den letzten Jahren hat es einige Veränderungen im Bereich der Init-Systeme gegeben, systemd, launchd (macOS) oder Upstart sind Projekte, um das in die Jahre gekommene SysVinit abzulösen. Bei systemd werden die »herkömmlichen« Scripts durch systemd-Unit-Dateien ersetzt. Viele Linux-Distributionen haben systemd inzwischen als Standard, unterstützen aber auch weiterhin SysVinit-Scripts und können quasi als »Hybrid-System« mit beiden Varianten gleichzeitig umgehen. Daher sind die Beispiele und Scripts in diesem Absatz nicht allgemeingültig und müssen auf Ihr System angepasst werden. Der folgende allgemeine Überblick gilt für SysVinit, da dies klassische Shellscripts sind. Die moderneren Unit-Dateien verfolgen eine ganz eigene, neue Syntax, auf die wir in Abschnitt 15.5.2 kurz eingehen.

15.5.1 Startup-Scripts

Wenn der Kernel gestartet wurde, kann er vorerst nur im Lesemodus auf die Root-Partition zugreifen. Als erster Prozess startet der Kernel init (*/sbin/init*) mit der PID 1. Dieser Prozess gilt ja als Elternteil aller weiteren Prozesse, die noch gestartet werden. Der Prozess init kümmert sich zunächst um die Konfiguration des Systems und den Start zahlreicher Daemon-Prozesse.

Bevor wir ein wenig ins Detail gehen, geben wir Ihnen zunächst einen kurzen Init-Überblick über einen normalen Systemstart:

- Nach dem Systemstart, wenn der Kernel geladen wurde, startet dieser das Programm (besser: den Prozess) */sbin/init* mit der PID 1.
- `init` wertet zunächst die Konfigurationsdatei */etc/inittab* aus.
- Jetzt führt `init` ein Script zur Systeminitialisierung aus. Name und Pfad des Scripts sind stark distributionsabhängig.
- Als Nächstes führt `init` das Script `rc` aus, das sich auch an unterschiedlichen Orten (und eventuell unter verschiedenen Namen) auf den Distributionen befindet.
- `rc` startet nun einzelne Scripts, die sich in einem Verzeichnis namens `rc[`*n*`].d` befinden. *n* bezeichnet hierbei den Runlevel. Diese Scriptdateien in den Verzeichnissen `rc[`*n*`].d` starten jetzt die Systemdienste (*Daemons*), die auch *Startup-Scripts* genannt werden. Der Speicherort dieser Verzeichnisse ist distributionsabhängig. Für gewöhnlich finden Sie die Verzeichnisse unter */etc* oder unter */etc/init.d*.

init und der Runlevel

Normalerweise verwendet `init` sieben Runlevels, die jeweils eine Gruppe von Diensten enthalten, die das System beim Starten (oder Beenden) ausführen soll. Sicherlich haben Sie schon davon gehört, dass Linux/UNIX ein Multi-User-Betriebssystem ist, also im Multi-User-Modus läuft. Es ist aber auch möglich, dass Sie Linux/UNIX im Single-User-Modus starten. Dass dies überhaupt realisiert werden kann, ist den verschiedenen Runlevels zu verdanken.

In der Datei */etc/inittab* wird unter Linux der Default-Runlevel festgelegt. Er ist stark distributionsabhängig. Welcher Runlevel welche Dienste startet, hängt von *Symlinks* in den einzelnen Verzeichnissen *rc*[n]*.d* ab. Diese Symlinks zeigen meist auf die Startscripts der Dienste, die im Allgemeinen unter */etc/init.d* abgelegt sind.

Zunächst sehen Sie in Tabelle 15.1 einen kurzen Überblick über die unterschiedlichen Runlevels und ihren Bedeutungen bei den gängigsten Distributionen.

Runlevel	Bedeutung
0	Dieser Runlevel hält das System komplett an (Shutdown mit Halt).
1 oder S	Single-User-Modus (Einzelbenutzermodus)
2 oder M	Multi-User-Modus (Mehrbenutzermodus) ohne Netzwerk
3	Multi-User-Modus (Mehrbenutzermodus) mit einem Netzwerk, aber ohne die grafische Oberfläche

Tabelle 15.1 Runlevel und ihre Bedeutung

Runlevel	Bedeutung
4	Dieser Runlevel wird gewöhnlich nicht verwendet und steht somit zur freien Verfügung.
5	Multi-User-Modus (Mehrbenutzermodus) mit einem Netzwerk und einem grafischen Login (X-Start). Nach dem Login wird gewöhnlich die grafische Oberfläche gestartet.
6	Dieser Runlevel startet das System neu (Shutdown mit Reboot).

Tabelle 15.1 Runlevel und ihre Bedeutung (Forts.)

Wie Sie sehen konnten, handelt es sich bei den Runlevels 0 und 6 um spezielle Fälle, in denen sich das System nicht lange halten kann. Hierbei wird das System heruntergefahren (Runlevel 0) oder eben neu gestartet (Runlevel 1). Zumeist werden die Runlevels 2 und 3 und die Mehrbenutzer-Levels l und 5 verwendet, womit eine X-Anmeldeprozedur (wie `xdm`, `kdm`, `gdm` etc.) gestartet wird. Runlevel 1 (bzw. S) ist für die meisten Systeme unterschiedlich definiert, und Runlevel 4 wird fast nie benutzt.

Runlevel 1 bzw. S

In Runlevel 1, dem Einzelbenutzermodus, werden meist alle Mehrbenutzer- und Anmeldeprozesse beendet. Somit ist sicher, dass das System mit geringem Aufwand ausgeführt wird. Natürlich bietet Runlevel 1 vollen Root-Zugriff auf das System. Damit ein System in Runlevel 1 auch nach einem Root-Passwort fragt, wurde der Runlevel S entwickelt. Unter einem System-V-Init existiert kein echter Runlevel S, und er dient daher nur dazu, das Root-Passwort abzufragen. Dieser Runlevel ist gewöhnlich dazu gedacht, dass Administratorinnen und Administratoren diverse Patches einspielen können.

/etc/inittab

In der Datei */etc/inittab* steht, was `init` auf den verschiedenen Runlevels zu tun hat. Wenn der Rechner gestartet wird, durchläuft `init` Runlevel 0 bis hin zu dem Runlevel, der in */etc/inittab* als Standard (Default-Runlevel) festgelegt wurde. Damit der Übergang von dem einen Level zum nächsten reibungslos klappt, führt `init` die in */etc/inittab* angegebenen Aktionen aus. Dasselbe geschieht natürlich auch im umgekehrten Fall beim Herunterfahren bzw. Neustarten des Systems.

Die Verwendung von *inittab* ist allerdings nicht unbedingt das Gelbe vom Ei, weshalb noch zusätzliche Schichten in Form eines Scripts für das Wechseln der Runlevels eingebaut wurden. Dieses Script (`rc` – Sie finden es meist unter */etc/init.d/rc* oder auch */etc/rc.d/rc*) wird gewöhnlich aus `inittab` aufgerufen. Es (`rc`) führt wiederum weitere

Scripts in einem vom Runlevel abhängigen Verzeichnis aus, um das System in seinen neuen (Runlevel-)Zustand zu versetzen.

In vielen Büchern wird an diesem Punkt der Erläuterung die Datei */etc/inittab* etwas genauer zerlegt und beschrieben (beispielsweise die `inittab`-Schlüsselwörter), was natürlich sehr lehrreich ist; doch in der Praxis müssen Sie sich in der Systemadministration eigentlich nicht damit befassen, da die eben erwähnte Schnittstelle für jede Anwendung geeignet ist.

Startup-Scripts erstellen und ausführen

Die Terminologie von Startup-Scripts ist häufig nicht einfach zu durchschauen, weshalb wir hier ein Beispiel zeigen. Gewöhnlich finden Sie die Hauptkopien der Startup-Scripts im Verzeichnis */etc/inid.d*.

```
you@host > ls -l /etc/init.d/
insgesamt 308
-rwxr-xr-x  1 root root  2570 2010-03-02 18:45 acpid
-rwxr-xr-x  1 root root  1098 2010-02-24 10:29 acpi-support
-rwxr-xr-x  1 root root 11038 2010-03-25 23:08 alsa
-rwxr-xr-x  1 root root  1015 2009-11-26 12:36 anacron
-rwxr-xr-x  1 root root  1388 2010-03-01 04:11 apmd
-rwxr-xr-x  1 root root  1080 2010-02-18 11:37 atd
-rw-r--r--  1 root root  2805 2010-01-07 19:35 bootclean.sh
-rwxr-xr-x  1 root root  1468 2010-01-07 19:36 bootlogd
-rwxr-xr-x  1 root root  1371 2010-01-07 19:35 bootmisc.sh
-rwxr-xr-x  1 root root  1316 2010-01-07 19:35 checkfs.sh
-rwxr-xr-x  1 root root  7718 2010-01-07 19:35 checkroot.sh
-rwxr-xr-x  1 root root  5449 2019-12-26 14:12 console-screen.sh
-rwxr-xr-x  1 root root  1168 2019-10-29 18:05 cron
...
```

Jedes dieser Scripts ist für einen Daemon oder einen anderen Aspekt des Systems verantwortlich. Und jedes dieser Scripts verarbeitet die Argumente `start` und `stop`, mit denen Sie den entsprechenden Dienst initialisieren oder beenden können, zum Beispiel:

```
# /etc/init.d/cron
 * Usage: /etc/init.d/cron start|stop|restart|reload|force-reload
```

Hier haben Sie versucht, das Script `cron` aufzurufen, das für das Ausführen und Beenden des `cron`-Daemons verantwortlich ist. Sie bekommen hierbei die möglichen Argumente mitgegeben, wie Sie das Script aufrufen können. Neben `start` und `stop` finden Sie häufig auch noch `restart`, was im Prinzip dasselbe bewirkt wie ein `stop` mit anschließendem `start`. Des Weiteren findet man gewöhnlich auch eine Option reload, die den Dienst nicht beendet, sondern ihn auffordert, seine Konfiguration neu einzulesen (meist über das Signal SIGHUP).

Im folgenden Beispiel soll das Script sleep_daemon beim Systemstart automatisch gestartet und beim Beenden wieder automatisch beendet werden:

```
#!/bin/sh
# Name : sleep_daemon

sleep 1000 &
```

Das Script macht nichts anderes, als einen »schlafenden Daemon« zu erzeugen. Neben einfachen Shellscripts können Sie in der Praxis natürlich jedes andere Programm – sei es nun ein Binary oder ein Script – in beliebiger Sprache ausführen lassen. Tatsächlich können Sie alle Shellscripts in diesem Buch dazu verwenden (egal ob das sinnvoll ist oder nicht). Dieses Script sleep_daemon haben wir nun in das Verzeichnis */usr/sbin* verschoben und natürlich entsprechende Ausführrechte (für alle) gesetzt. Für diesen Vorgang werden Sie wohl Root-Rechte benötigen. Alternativ können Sie auch das Verzeichnis */usr/local/sbin* verwenden.

Folgendermaßen sieht nun das Startup-Script aus, mit dem Sie sleep_daemon starten, beenden und neu starten können:

```
#!/bin/sh
# Name : sleep_daemon

DAEMON="/usr/sbin/sleep_daemon"
test -f $DAEMON || exit 0

case "$1" in
   start)
      echo -n "Starte sleep_daemon"
      $DAEMON
      echo "."
      ;;
   stop)
      echo -n "Stoppe sleep_daemon"
      killall sleep
      echo "."
      ;;
   restart)
      echo -n "Stoppe sleep_daemon"
      killall sleep
      echo "."
      echo -n "Starte sleep_daemon"
      $DAEMON
```

```
        echo "."
        ;;
        # Hierzu wird auch gern folgende Syntax eingesetzt:
        # $0 stop
        # $0 start;;
    *)
        echo "Usage: $0 {start|stop|restart}"
        exit 1
        ;;
esac
```

Wir haben hier denselben Namen verwendet, was Sie in der Praxis nicht tun müssen. Dieses Startup-Script können Sie nun in das Verzeichnis */etc/init.d* verschieben und müssen es auch wieder ausführbar machen. Theoretisch können Sie jetzt schon den Dienst von Hand starten bzw. beenden:

```
# /etc/init.d/sleep_daemon start
Starte sleep_daemon.
# /etc/init.d/sleep_daemon restart
Stoppe sleep_daemon.
Starte sleep_daemon.
# /etc/init.d/sleep_daemon stop
Stoppe sleep_daemon.
```

Damit unser Dienst auch automatisch beim Betreten bzw. Verlassen eines bestimmten Runlevels gestartet bzw. beendet wird, benötigt das von `init` gestartete Master-Control-Script (`rc`) zusätzliche Informationen darüber, welche Scripts ausgeführt werden sollen. Denn anstatt im Verzeichnis */etc/init.d* nachzublättern, wann bei welchem Runlevel ein Script gestartet werden muss, sieht das Master-Control-Script in einem Verzeichnis namens *rc*[n]*.d* (beispielsweise *rc1.d, rc2.d ... rc6.d*) nach. *n* steht für den Runlevel, in den es gelangen will, zum Beispiel hier unter »Ubuntu Linux« im Verzeichnis *rc2.d*:

```
# ls -l /etc/rc2.d/
lrwxrwxrwx  1 root root 17 K11anacron -> ../init.d/anacron
lrwxrwxrwx  1 root root 17 S05vbesave -> ../init.d/vbesave
lrwxrwxrwx  1 root root 18 S10sysklogd -> ../init.d/sysklogd
lrwxrwxrwx  1 root root 15 S11klogd -> ../init.d/klogd
lrwxrwxrwx  1 root root 14 S12alsa -> ../init.d/alsa
lrwxrwxrwx  1 root root 13 S14ppp -> ../init.d/ppp
lrwxrwxrwx  1 root root 16 S19cupsys -> ../init.d/cupsys
lrwxrwxrwx  1 root root 15 S20acpid -> ../init.d/acpid
lrwxrwxrwx  1 root root 14 S20apmd -> ../init.d/apmd
...
```

Sie können gleich erkennen, dass diese Einträge in *rc*[n].*d* gewöhnlich symbolische Links sind, die auf die Startup-Scripts im *init.d*-Verzeichnis verweisen. Wenn Sie die anderen Runlevel-Verzeichnisse ebenfalls ansehen, werden Sie feststellen, dass hierbei alle Namen der symbolischen Links entweder mit einem »S« oder einen »K«, gefolgt von einer Nummer und dem eigentlichen Dienst, beginnen (beispielsweise *S14alsa*). Auch dies ist recht schnell erklärt. Steigt `init` von einem Runlevel in den nächsthöheren Level auf, werden alle Scripts ausgeführt, die mit »S« beginnen. Diese Scripts werden also mit dem Argument `start` ausgeführt. Wenn `init` hingegen von einem höheren Runlevel in einen niedrigeren wechselt, werden alle Scripts ausgeführt, die mit »K« (*kill*) beginnen. Hierbei wird gewöhnlich das Script mit dem Argument `stop` ausgeführt. Die Nummern haben eine Art Prioritätsbedeutung. Die Scripts im Runlevel-Verzeichnis werden bei der Option `start` in alphabetischer und bei `stop` in umgekehrter Reihenfolge ausgeführt. Somit bedient man sich einer Nummerierung, um die Reihenfolge der Ausführung zu beeinflussen.

Jetzt wollen Sie natürlich auch Ihr Startup-Script hinzufügen. Um also dem System mitzuteilen, dass Sie einen Daemon starten wollen, müssen Sie ebenfalls einen symbolischen Link in das entsprechende Verzeichnis setzen. Die meisten Dienste starten ihre Daemons in Runlevel 2, weshalb hier ebenfalls ein Eintrag vorgenommen wird. Um den Daemon ordentlich wieder zu beenden, müssen Sie natürlich auch einen Link in Runlevel 0 eintragen. Da es bei einigen Systemen Unterschiede zwischen *Shutdown* und *Reboot* gibt, sollten Sie auch einen Eintrag in Runlevel 6 erstellen, um auf Nummer sicher zu gehen, dass sich der Daemon beim Neustart korrekt beendet hat:

```
# ln -s /etc/init.d/sleep_daemon /etc/rc2.d/S23sleep_daemon
# ln -s /etc/init.d/sleep_daemon /etc/rc0.d/K23sleep_daemon
# ln -s /etc/init.d/sleep_daemon /etc/rc6.d/K23sleep_daemon
```

Mit der ersten Zeile weisen Sie das System nun an, das Startup-Script */etc/init.d/sleep_daemon* mit dem Argument `start` auszuführen, wenn es in Runlevel 2 angelangt ist. Mit der zweiten Zeile legen Sie fest, dass */etc/init.d/sleep_daemon* beim Herunterfahren des Systems mit dem Argument `stop` beendet wird, wenn es in Runlevel 0 angekommen ist. Gleiches nehmen Sie auch mit der dritten Zeile vor, nur eben für den Neustart des Systems in Runlevel 6.

Wenn Sie jetzt das System beenden und wieder hochfahren, können Sie in der Startup-Sitzung (sofern diese sichtbar ist) Ihren Dienst beim Starten beobachten. Hier werden Sie irgendwann eine Zeile wie

```
Starte sleep_daemon.
```

finden. Beim Beenden bzw. Neustarten des Systems entsteht diese Meldung, nur dass eben der `sleep_daemon` beendet wurde.

15.5.2 systemd-Units

Wie bereits erwähnt, wird das »alte« SysVinit-System durch neuere Init-Systeme abgelöst. Im Bereich der Linux-Systeme ist das meistens systemd. Einige der wesentlichen Neuerungen von systemd sind:

- systemd bekommt alle seine Einstellungen aus Konfigurationsdateien. Bei systemd werden diese *Units* genannt.
- Zur Steuerung und Verwaltung von systemd im Terminal wird das Kommando systemctl genutzt.
- systemd schreibt alle Log-/Protokollinformationen in ein zentrales Journal.
- Das Journal kann mithilfe von journalctl ausgelesen werden.

Generell unterscheidet systemd zwischen systemweiten Units (systemd/Units) und solchen, die nur für den jeweiligen Benutzer gelten (systemd/User Units). Wenn Sie selber Units erstellen möchte, sollten Sie sich unbedingt mit dem gesamten systemd-Umfeld vertraut machen und Ihre bisherigen Startup-Scripts als Grundlage nehmen, um sie entsprechend umzubauen.

Das vorherige Script kann als vereinfachtes Beispiel in einer systemd-Unit-Datei etwa so aussehen:

```
[Unit]
Description=sleep daemon
...
[Service]
...
WorkingDirectory=/path/
ExecStart=/path/sleep_daemon start
ExecStop=/path/sleep_daemon stop
...
[Install]
WantedBy=multi-user.target
```

Wenn Sie eigene Service-Units anlegen möchten, sollten Sie sich mit dem allgemeinen Aufbau von systemd-Service-Units vertraut machen. Eine Anleitung und weitere Informationen finden Sie z. B. unter:

https://wiki.ubuntuusers.de/Howto/systemd_Service_Unit_Beispiel/

sowie in der offiziellen Dokumentation unter:

https://www.freedesktop.org/wiki/Software/systemd/

15.6 Das World Wide Web und HTML

Der Umgang mit Logdateien ist ein weiterer wichtiger Aufgabenbereich der Systemadministration. Schließlich stellen die Logs (dt. »Logbücher«) so etwas wie das Tagebuch eines Webservers dar. Dort hinein wird immer dann etwas geschrieben, wenn etwas passiert. So kann man mit einem Blick in die Logdateien recht schnell feststellen, ob alles seine Ordnung hat. Allerdings befinden sich in solchen Logdateien häufig unglaublich viele Informationen. Das Problem ist weniger, an diese Informationen zu kommen, sondern vielmehr, die wichtigen Informationen daraus zu gewinnen.

Webserver Apache vs. Nginx

Die Beispiele in diesem Abschnitt beziehen sich auf den Apache-Webserver, können aber auch auf den nginx-Webserver angewandt werden, da sich die Struktur der Access- und Error-Dateien gleichen.

In den folgenden Beispielen sollen nur die Logdateien *access_log* und *error_log* des Apache-Webservers betrachtet werden, zwei Logfiles, die der Apache standardmäßig als Tagebuch verwendet. Da der Apache wie auch viele andere Webserver das Common-Log-Format verwendet (einen informellen Standard), sollte es Ihnen nicht schwerfallen, nach der Lektüre dieses Kapitels auch Logdateien anderer Server auszuwerten. Allerdings dürften sich wohl die meisten Admins mit den Logfiles des Apache zufriedengeben, da dieser mit gut 60 % Marktanteil (vor allem unter den Webhostern) der verbreitetste Webserver ist. Wo (und gegebenenfalls auch was) der Apache in diese beiden Logfiles schreibt, wird gewöhnlich in der Datei *httpd.conf* festgelegt.

Anhand dieser beiden Logfiles werden übrigens die tollen Statistiken erzeugt, die Ihnen Ihr Webhoster anbietet. Darin finden Sie Zugriffszahlen, Transferraten (gesamt, Tagesdurchschnitt etc.), den Browser, Fehlercodes (z. B. »Seite nicht vorhanden«) die IP-Adresse oder die Domain-Adresse des Clients, das Datum, die Uhrzeit und eine Menge mehr.

Als normaler Inhaber einer Domain mit ssh-Zugang werden Sie das eine oder andere Mal diese Logfiles wohl auch mit einem Script auswerten wollen. Als Systemadministratorin oder -administrator eines Webservers werden Sie dies allerdings zu einer Ihrer Hauptaufgaben machen und diese Logfiles auch archivieren müssen. Wie dem auch sei – wir begnügen uns mit dem Einfachsten, und zwar mit dem Auswerten der Logfiles, um den Inhalt in einer vernünftigen Form lesbar darzustellen.

15.6.1 Analysieren von access_log (Apache)

Die *access_log*-Datei ist eine einfache Textdatei, in der der Webserver bei jedem Besucher, der eine Webseite besucht, einen Eintrag in folgender Form oder so ähnlich hinterlässt (eine Zeile):

```
169.229.76.87 - - [13/May/2001:00:00:37 -0800]
"GET /htdocs/inhalt.html HTTP/1.1" 200 15081
"http://www.irgendwoher.de/links.html"
"Mozilla/4.0 (compatible; MSIE 5.0; Windows 98; DigExt)"
```

Was besagt die Zeile?

- `169.229.76.87` – Das ist die IP-Adresse oder der Domainname des Rechners/Benutzers, auf dem der Browser (Client) ausgeführt wird. Gewöhnlich wird der Host-Name dabei als IP-Adresse angegeben. Die Administratorin oder der Administrator kann aber die Direktive `HostNameLookups` in *httpd.conf* auf `On` setzen (standardmäßig steht diese auf `Off`). Dann versucht der Apache, den Namen aufzulösen, indem er einen Nameserver abfragt.
- - (erster Strich) – Er steht für die Identität des Rechners bzw. Benutzers. Der Name wird nur dann übertragen, wenn er über einen `ident`-Daemon ermittelt werden kann. Der `ident`-Daemon ist ein Identifikationsdienst unter Linux/UNIX. Kann der Name nicht ermittelt werden (was meistens der Fall ist), sehen Sie hier ein Minuszeichen.
- - (zweiter Strich) – Das ist der Login-Name des Benutzers, falls eine Passwort-Benutzername-Authentifizierung erforderlich ist.
- `[13/May/2001:00:00:37 +0200]` – Das ist der Zeitstempel des Servers zum Zeitpunkt des Zugriffs mit Datum, Uhrzeit und Zeitinformationen relativ zu GMT.
- `"GET /htdocs/inhalt.html HTTP/1.1"` – Hierbei handelt es sich um die eigentliche Anforderung des Clients, die aus der HTTP-Methode `GET`, dem Anfrage-URI (*/htdocs/inhalt.html*) und der Version des HTTP-Protokolls (1.1) besteht.
- `200` – Der HTTP-Statuscode 200 sagt aus, dass alles in Ordnung war. (404 würde etwa bedeuten, dass ein angefordertes Dokument nicht auf dem Rechner gefunden werden konnte.)
- `15081` – Anzahl der übertragenen Bytes (15.081 Bytes).
- `"http://www.irgendwoher.de/links.html"` – Wenn die URL nicht direkt eingegeben wurde, steht hier, von wo der Client gekommen ist.
- `"Mozilla/4.0 (compatible; MSIE 5.0; Windows 98; DigExt)"` – Hierbei handelt es sich gewöhnlich um Informationen über die Umgebung des Benutzers, der auf die Seite gekommen ist. Der Wert ist nicht unbedingt zuverlässig und lässt sich ohne Probleme manipulieren bzw. ganz blockieren.

Um *access_log* nun auszuwerten, müssen Sie einfach die Werte, die Sie benötigen, aus den einzelnen Zeilen von *access_log* extrahieren und entsprechend auswerten. Das folgende Script demonstriert diesen Vorgang:

```
#!/bin/sh
# readaccess
# Dieses Script analysiert die access_log-Datei des
# Apache-Webservers mit interessanten Informationen

# Mathematische Funktion (Wrapper für bc) ...
calc() {
bc -q << EOF
scale=2
$*
quit
EOF
}

# Damit verhindern Sie, dass bei der Auswertung der
# 'Referred Hits' der eigene Domainname berücksichtigt wird.
host="pronix.de"
# Anzahl der am meisten besuchten Seiten
POPULAR=10
# Anzahl der Referrer-Seiten
REFERRER=10

if [ $# -eq 0 ]
then
  echo "Usage: $0 logfile"
  exit 1
fi

# Logfile lesbar oder vorhanden ...
if [ -r "$1" ]
then :
else
  echo "Fehler: Kann Log-Datei '$1' nicht finden...!"
  exit 1
fi

# Erster Eintrag im Logfile ...
dateHead=`head -1 "$1" | awk '{print $4}' | sed 's/\[//'`
```

15

```
# Letzter Eintrag im Logfile ...
dateTail=`tail -1 "$1" | awk '{print $4}' | sed 's/\[//'`

echo "Ergebnis der Log-Datei '$1'"
echo
echo "  Start Datum : `echo $dateHead | sed 's/:/ um /'`"
echo "   End Datum : `echo $dateTail | sed 's/:/ um /'`"

# Anzahl der Besucher; einfach mit wc zählen
hits=`wc -l < "$1" | sed 's/[^[:digit:]]//g'`
echo "      Hits  : $hits (Zugriffe insgesamt)"

# Seitenzugriffe ohne Dateien .txt; .gif; .jpg und .png
pages=`grep -ivE '(.txt|.gif|.jpg|.png)' "$1" | wc -l | \
      sed 's/[^[:digit:]]//g'`
echo "Seitenzugriffe: $pages (Zugriffe ohne Grafiken"\
    " (jpg, gif, png und txt)"
# Datentransfer - Traffic
totalbytes=`awk '{sum+=$10} END {print sum}' "$1"`
echo -n " Übertragen   : $totalbytes Bytes "

# Anzahl Bytes in einem GB = 1073741824
# Anzahl Bytes in einem MB = 1048576
if [ $totalbytes -gt 1073741824 ] ; then
   ret=`calc "$totalbytes / 1073741824"`
   echo "($ret GB)"
elif [ $totalbytes -gt 1048576 ] ; then
   ret=`calc "$totalbytes / 1048576"`
   echo "($ret MB)"
else
  echo
fi

# Interessante Statistiken
echo
echo "Die $POPULAR beliebtesten Seiten sind " \
    " (ohne gif, jpg, png, css, ico und js):"
awk '{print $7}' "$1" | \
  grep -ivE '(.gif|.jpg|.png|.css|.ico|.js)' | \
  sed 's/\/$//g' | sort | \
  uniq -c | sort -rn | head -$POPULAR
```

```
echo
echo "Woher kamen die Besucher (die $REFERRER besten URLs):"
awk '{print $11}' "$1" | \
  grep -vE "(^\"-\"$|/www.$host|/$host)" | \
  sort | uniq -c | sort -rn | head -$REFERRER
```

Das Script bei der Ausführung:

```
you@host > ./readaccess logs/www.pronix.de/access_log
Ergebnis der Log-Datei 'logs/www.pronix.de/access_log'

  Start Datum : 08/May/2010 um 04:47:45
   End Datum : 13/May/2010 um 07:13:27
      Hits   : 168334 (Zugriffe insgesamt)
Seitenzugriffe: 127803 (Zugriffe o. Grafiken (jpg, gif, png, txt)
Übertragen    : 1126397222 Bytes (1.04 GB)

Die 10 beliebtesten Seiten sind (ohne gif,jpg,png,css,ico,js):
   3498 /pronix-4.html
   1974 /pronix-6.html
   1677 /modules/newbb
   1154 /userinfo.php?uid=1
   1138 /userinfo.php?uid=102
   1137 /userinfo.php?uid=109
   991 /userinfo.php?uid=15
   924 /modules/news
   875 /userinfo.php?uid=643

Woher kamen die Besucher (die 10 besten URLs):
    96 "http://homepages.rtlnet.de/algeyer001937/587.html"
    65 "http://www.computer-literatur.de/buecher/... "
    47 "http://www.linuxi.de/ebooksprogramm.html"
    37 "http://www.programmier-hilfe.de/index.php/C___C__/46/0/"
    35 "http://216.239.59.104/search?q=cache:kFL_ot8c2sOJ:www...
    30 "http://www.tutorials.de/tutorials184964.html"
    27 "http://64.233.183.104/search?q=cache:EqX_ZN...
    25 "http://216.239.59.104/search?q=cache:KkL81cub2C...
    24 "http://216.239.59.104/search?q=cache:ROgWKuwrF...
```

15.6.2 Analysieren von error_log (Apache)

In der Logdatei *error_log* finden Sie alle Fehler, die beim Aufrufen einer Seite oder eines Dokuments Ihrer URL aufgetreten sind. Die Zeile eines solchen Eintrags hat beim Apache folgende Form:

```
[Fri May 14 02:48:13 2020] [error] [client 66.185.100.10]
 File does not exist: /home/us10129/www.pronix.de/modules/
 mylinks/modlink.php
```

Die Bedeutungen der einzelnen Einträge lassen sich schnell erklären:

- `[Fri May 14 02:48:13 2020]` – Wann trat dieser Fehler auf?
- `[error]` – Hinweis, dass es sich auch um einen Fehler handelt. Möglich wäre hier auch `notice`.
- `[client 66.185.100.10]` – Benutzer bzw. Client, der den Fehler ausgelöst oder versucht hat, bei Ihnen herumzuhacken.
- `File does not exist:` – Das ist der eigentliche Fehler, der aufgetreten ist. Der gängigste Fehler: Die Datei wurde nicht gefunden.
- `/home/us10129/www.pronix.de/modules/mylinks/modlink.php` – Das ist die Datei, die den Fehler ausgelöst hat.

Die Auswertung von *error_log* lässt sich etwas einfacher realisieren, da hierbei wesentlich weniger Daten als bei *access_log* geschrieben werden (sollten):

```
#!/bin/sh
# Name: readerrorlog
# Wertet error_log des Apaches aus

# Anzahl der Einträge, die pro Kategorie angezeigt werden sollen
MAXERRORS=10

# Sortierte Ausgabe von jeweils MAXERRORS pro Fehler;
# ggf. sollte man eine Datei zum Zwischenspeichern,
# anstatt wie hier die Variable ret, verwenden ...
#
print_error_log() {
  ret=`grep "${2}" "$1" | awk '{print $NF}' |\
   sort | uniq -c | sort -rn | head -$MAXERRORS`

  if [ "$ret" != "" ] ; then
   echo
   echo "[$2] Fehler:"
   echo "$ret"
  fi
}

if [ $# -ne 1 ]
then
```

```
    echo "usage $0 error_log"
    exit 1
fi

# Anzahl der Einträge in error_log
echo "'$1' hat `wc -l < $1` Einträge"

# Erster Eintrag in error_log
dateHead=`grep -E '\[.*:.*:.*\]' "$1" | head -1 | \
        awk '{print $1" "$2" "$3" "$4" "$5}'`
# Letzter Eintrag in error_log
dateTail=`grep -E '\[.*:.*:.*\]' "$1" | tail -1 | \
        awk '{print $1" "$2" "$3" "$4" "$5}'`
echo "Einträge vom : $dateHead "
echo "bis zum      : $dateTail "
echo

# Wir geben einige Fehler sortiert nach Fehlern aus.
# Die Liste kann beliebig erweitert werden ...
#
print_error_log "$1" "File does not exist"
print_error_log "$1" "Invalid error redirection directive"
print_error_log "$1" "premature EOF"
print_error_log "$1" "script not found or unable to stat"
print_error_log "$1" "Premature end of script headers"
print_error_log "$1" "Directory index forbidden by rule"
```

Das Script bei der Ausführung:

```
you@host > ./readerrorlog logs/www.pronix.de/error_log
'logs/www.pronix.de/error_log' hat 2941 Einträge
Einträge vom : [Sun May 9 05:08:42 2020]
bis zum     : [Fri May 14 07:46:45 2020]

[File does not exist] Fehler:
    71 .../www.pronix.de/cmsimages/grafik/Grafik/bloodshed1.png
    69 .../www.pronix.de/cmsimages/grafik/Grafik/bloodshed2.png
    68 .../www.pronix.de/cmsimages/grafik/Grafik/bloodshed6.png
    68 .../www.pronix.de/cmsimages/grafik/Grafik/bloodshed5.png
    68 .../www.pronix.de/cmsimages/grafik/Grafik/bloodshed4.png
    68 .../www.pronix.de/cmsimages/grafik/Grafik/bloodshed3.png
    53 .../www.pronix.de/cmsimages/grafik/Grafik/borland5.gif
    53 .../www.pronix.de/cmsimages/grafik/Grafik/borland4.gif
    53 .../www.pronix.de/cmsimages/grafik/Grafik/borland3.gif
```

```
[script not found or unable to stat] Fehler:
   750 /home/us10129/www.pronix.de/search.php

[Directory index forbidden by rule] Fehler:
   151 .../www.pronix.de/cmsimages/grafik/
    19 .../www.pronix.de/cmsimages/
    17 .../www.pronix.de/cmsimages/download/
    14 .../www.pronix.de/themes/young_leaves/
     3 .../www.pronix.de/css/
     1 .../www.pronix.de/cmsimages/linux/grafik/
     1 .../www.pronix.de/cmsimages/linux/
...
```

15.6.3 Interaktion mit Servern – cURL

cURL ist ein Programm zum bidirektionalen Übertragen von Dateien und Daten. cURL ist für viele Betriebssysteme verfügbar und unterstützt eine Vielzahl von Netzwerkprotokollen. Und eben weil cURL so viele Protokolle beherrscht, ist es quasi das Schweizer Taschenmesser für die Datenübertragung. Die Steuerung erfolgt über Kommandozeilenparameter.

cURL wird häufig im Zusammenhang mit einer *REST-API* oder *Web-API* genutzt, z. B. um mit einer *CouchDB*-Datenbank zu kommunizieren. Durch die Option, unterbrochene Übertragungen wiederaufzunehmen, ist es möglich, cURL als Download-Manager zu nutzen und so auch bei instabiler Internetverbindung große Dateien wie etwa ein ISO-Image herunterzuladen.

cURL wird folgendermaßen aufrufen:

`curl Optionen... [Protokoll]URL[:Port]`

Wenn Sie also eine komplette Webseite speichern wollen, die auf Port 8000 läuft, nutzen Sie:

```
$ curl http://www.server.de:8000/
```

Die wichtigsten Parameter von cURL zeigt Ihnen Tabelle 15.2.

Optionen	Beschreibung
-C	*Continue* – Wiederaufnahme einer vorangegangenen Dateiübertragung.

Tabelle 15.2 cURL-Parameter und ihre Funktion

Optionen	Beschreibung
`-o DATEI, [--output DATEI]`	Schreibt die herunterzuladenden Daten in die angegebene `DATEI`.
`-O`	Der Name der heruntergeladenen Daten wird übernommen.
`-T DATEI`	Überträgt eine `DATEI` zum Server.
`-X COMMAND URL, [--request COMMAND URL]`	Das Kommando wird auf der angegebenen URL ausgeführt.
`-u USER:PASSWORD`	Übergibt Username und Passwort.

Tabelle 15.2 cURL-Parameter und ihre Funktion (Forts.)

Daten vom Server herunterladen

Mit cURL können Sie ganz einfach mit Webservern interagieren. Meistens werden dabei die Daten an Ihnen vorbeirauschen, die normalerweise der Browser interpretiert und zu einer Webseite zusammenfügt, also die Inhalte mit HTML- und CSS-Auszeichnungen. Ein Server kann die Inhalte aber auch so ausliefern, dass sie bereits in dieser Rohform lesbar sind.

Schauen Sie sich als Beispiel die Wetterdaten für Bonn an, die auf der Seite *wttr.in* aufbereitet werden. Wenn Sie diese URL im Browser aufrufen, erhalten Sie die Wetterinformationen, noch einfacher wird der Abruf aber über die Shell, wenn Sie mit cURL den gewünschten Ort als Parameter übergeben. Die Ausgabe von *wttr.in* ist bereits so aufbereitet, dass sie direkt in einem Terminalfenster ausgegeben werden kann.

```
you@host: > curl wttr.in/bonn
Weather report: Bonn

     .-.      Light rain, drizzle and rain
    (   ).    +9(7) °C
   (___(__)   +↖ 11 km/h
    ` ` ` `   10 km
   ` ` ` `    0.0 mm
```

FTP-Dateiübertragung

Da `curl` auch das FTP-Protokoll unterstützt, können Sie Dateien austauschen, ohne dass Sie `ftp` nutzen müssen:

```
$ curl ftp://ftp.server.de/verzeichnis/
```

Entsprechend können Sie auch die Inhalte eines FTP-Verzeichnisses auflisten:

```
you@host: > curl ftp://ftp.halifax.rwth-aachen.de/ubuntu-releases/
lrwxrwxrwx    1 1003      1003            6 Mar 27  2014 14.04 -> trusty
lrwxrwxrwx    1 1003      1003            6 Mar 07  2019 14.04.6 -> trusty
...
```

Mit curl ist es daher sehr einfach, gezielt eine Datei herunterzuladen:

```
you@host: > curl -O ftp://ftp.halifax.rwth-aachen.de/ubuntu-releases/21.10/
ubuntu-21.10-desktop-amd64.iso
```

Auch Dateiuploads können Sie durchführen. Das folgende Kommando überträgt per ftp die Datei *datei.name* in das Verzeichnis *ziel* auf dem Server *my.server.de*.

```
$ curl -T datei.name ftp://my.server.de/ziel/
```

CIFS – Windows-File Server

cURL kann über das *SMB-Protokoll* auch mit Windows-Servern kommunizieren und Samba-Shares nutzen. Dafür müssen natürlich die Windows- bzw. Samba-Anmeldedaten übergeben werden:

```
$ curl -u "domain\username:passwd" smb://server.example.de/share/datei.txt
```

Selbstverständlich funktioniert die Übertragung in beide Richtungen:

```
$ curl -T datei.txt -u "domain\username:passwd" smb://server.example.de/share/
```

REST-API-Services

Wenn Sie nur Dateien von Servern herunterladen wollen, ist cURL eigentlich nicht das richtige Werkzeug. Seine Stärken spielt das Tool aus, wenn es darum geht, Schnittstellen zu kontaktieren. Das kann testweise über die Shell geschehen, oder Sie verpacken den Aufruf in einem Script. Um beispielsweise auf die REST-API eines Servers zuzugreifen, wird die Option -X genutzt.

```
$ curl -X Befehl URL
```

Mit dem folgenden Kommando wird die Softwareversion eines DRACOON-Cloud-Servers abgefragt.

```
you@host: > curl -X 'GET' 'https://dracoon.team/api/v4/public/software/
version' -H 'accept: application/json'
{
  "restApiVersion" : "4.33.5",
  "sdsServerVersion" : "4.33.5",
```

```
  "buildDate" : "2021-12-16T12:39:43Z",
  "isDracoonCloud" : true
```

Die Ausgabe des Servers erfolgt im *JSON*-Format. JSON ist ein standardisiertes, textbasiertes Format, um strukturierte Daten auszutauschen.

Die Verfügbarkeit von Parsern in nahezu jeder Programmiersprache ist einer der Vorteile von JSON als Datenaustauschformat. Für die Shell können z. B. mit dem Programm `jq` auf einen Stream von JSON-Daten verschiedene Filter angewandt werden, und auf diese Weise können die gewünschten Daten extrahiert werden.

```
you@host: > curl --silent -X 'GET' 'https://dracoon.team/api/v4/public/
software/version' -H 'accept: application/json' | jq '.sdsServerVersion'
"4.33.5"
```

In dem Beispiel wird die Ausgabe auf die Serverversion gefiltert (geparst), der Parameter `--silent` sorgt dafür, dass keine weiteren Informationen oder Fehlermeldungen zur Client-Server-Kommunikation ausgegeben werden.

Mit cURL können Sie also komfortabel auf Web-APIs zugreifen und die Daten mit Shell-Befehlen weiterverarbeiten. Beispielsweise stellt auch das Meteorologische Institut der Universität Hamburg unter *wettermast.uni-hamburg.de* aktuelle Wetterdaten zur Verfügung, die auch von Sprachausgabegeräte genutzt werden. Laden Sie die aktuellen Werte zunächst herunter und parsen Sie sie mit `jq`:

```
you@host: > curl --silent 'https://wettermast.uni-hamburg.de/json/
wettermast.json' | jq '.weatherReports[0].WMH[0].text'
"Die Lufttemperatur beträgt 3,9 Grad Celsius, gefühlt wie -4 Grad."
```

Wenn Sie die Ausgabe jetzt noch an eine Sprachausgabe (*Text-to-Speech*) weiterleiten, wird Ihnen die Wettermeldung vorgelesen, und Sie haben den ersten Schritt getan, um Amazons Alexa nachzubauen.

CouchDB-API

Ein weiteres Beispiel ist der API-Zugriff auf einen CouchDB-Datenbankserver. Der Zugriff kann komplett über das HTTP-Protokoll erfolgen, unabhängig davon, ob die Daten gelesen oder geschrieben werden sollen. Sie können daher wieder cURL einsetzen, wobei Sie die Werte `user`, `passwort` und `CouchDBServer` natürlich auf ihre Umgebung anpassen müssen. Die Ausgabe des CouchDB-Servers erfolgt abermals im JSON-Format.

Als Erstes erfragen wir die Version der CouchDB:

```
you@host: > curl http://user:passwort@CouchDBServer:5984
{"couchdb":"Welcome","version":"3.2.1","git_
sha":"244d428af","uuid":"e3802bbe6e3bdaebedcc6a37eb7148a8","features":[
```

```
"access-ready","partitioned","pluggable-storage-
engines","reshard","scheduler"],"vendor":{"name":"The Apache Software Foundati
on"}}
you@host: >
```

Jetzt legen wir eine neue Datenbank mit dem Namen bash an ...

```
you@host: > curl 7-X PUT http://user:passwort@CouchDBServer:5984/bash
{"ok":true}
you@host: >
```

.. und fügen dann ein erstes Dokument mit der ID 01 in die Datenbank ein:

```
you@host: > curl -X PUT http://user:passwort@CouchDBServer:5984/bash/01 -d
'{"kommando":"cp", "funktion":"Kopieren von Dateien und Verzeichnissen",
"beispiel":"cp file newfile"}'
{"ok":true,"id":"01","rev":"1-c7870a08e795f22797c518ab9cebe9a5"}
you@host: >
```

Damit haben wir eine Datenbank, in der wir die Kommandos der Shell dokumentieren könnten. Das erste Dokument (also der erste *Datensatz*) zum Kommando cp sieht so aus:

```
{
  "_id": "01",
  "_rev": "1-c7870a08e795f22797c518ab9cebe9a5",
  "kommando": "cp",
  "funktion": "Kopieren von Dateien und Verzeichnissen",
  "beispiel": "cp file newfile"
}
```

Das Feld _rev ist eine Revisionsnummer und wird automatisch erstellt, wenn Sie ein Dokument einfügen. Möchten Sie ein Dokument aktualisieren, müssen Sie CouchDB mitteilen, welche Revision Sie aktualisieren wollen.

Viele weitere Beispiele und Anwendungsmöglichkeiten finden Sie im cURL-Handbuch (*https://curl.se/docs/*) und in der jq-Dokumentation (*https://stedolan.github.io/jq/manual/*). Auf der Seite *https://couchdb.apache.org* finden Sie alles über CouchDB.

15.7 CGI (Common Gateway Interface)

CGI ist eine Schnittstelle, mit der Sie z. B. Anwendungen für das Internet schreiben können. Diese CGI-Anwendungen laufen dabei auf einem (Web-)Server (beispielsweise Apache) und werden meistens von einer HTML-Webseite mithilfe eines Webbrowsers aufgerufen. Das *Common Gateway Interface* (CGI) beschreibt nur ein Protokoll, nicht eine bestimmte Programmiersprache. CGI-Programme lassen sich daher in jeder auf dem Server verfügbaren Programmiersprache erstellen.

CGI-Sicherheit

Programme, die ein unbekannter Nutzer auf dem Webserver ausführt, sind in höchstem Maße sicherheitskritisch. Sie sollten sich daher genau ansehen, welche Shellscripts sie einbinden, besonders bei Servern, die aus dem Internet erreichbar sind (siehe auch Abschnitt 15.7.3).

Das Verfahren der CGI-Schnittstelle ist ziemlich einfach. Die Daten werden ganz normal von der Standardeingabe (`stdin`) oder von den Umgebungsvariablen empfangen und wenn nötig über die Standardausgabe (`stdout`) ausgegeben. Im Allgemeinen handelt es sich dabei um ein dynamisch erzeugtes HTML-Dokument, das Sie in Ihrem Browser betrachten können. Sind diese Voraussetzungen gegeben, können CGI-Anwendungen praktisch mit jeder Programmiersprache erstellt werden. Das CGI-Programm selbst, das Sie erstellen, ist ein ausführbares Programm auf dem Webserver, das nicht von einem normalen User gestartet wird, sondern vom Webserver als ein neuer Prozess.

Normalerweise setzt man für CGI-Scripts die Programmiersprachen PHP, Perl, Java, Python, Ruby oder C ein, aber im Grunde ist die Sprache absolut zweitrangig. Da PHP für die Erstellung dynamischer Webseiten entwickelt wurde, hat es sich quasi zur Standard-Scriptsprache in diesem Bereich entwickelt. Für kleinere Auf- bzw. Ausgaben können Sie selbstverständlich auch ein Shellscript verwenden. Damit können Sie beinahe alle Shellscripts, die Sie in diesem Buch geschrieben haben, auch über den Browser aufrufen und ausführen lassen.

Auch wenn es sich recht aufregend anhört, CGI-Scripts in der Shell zu erstellen, finden Sie hier nur einen kurzen Anriss zu diesem Thema. Vorwiegend geht es uns darum, dass Sie mithilfe von Shellscripts eine Art Schnittstelle für diejenigen Shellscripts schreiben können, die Sie bereits erstellt haben, beispielsweise um die Auswertung von *access_log* auf dem Browser vorzunehmen.

15.7.1 CGI-Scripts ausführen

Um CGI-Scripts auf einem Server auszuführen, ist leider mehr als nur ein Browser erforderlich. Sofern Sie den ganzen Vorgang lokal testen wollen, benötigen Sie einen laufenden Webserver (im Beispiel ist immer vom Apache-Webserver die Rede). Das Ganze ist gerade für Anfänger nicht ganz so leicht nachzuvollziehen. Einfach haben Sie es natürlich, wenn Sie Ihre Scripts auf einem bereits konfigurierten Webserver ausführen können – wie dies etwa bei einem Webhoster der Fall ist.

Zuerst müssen Sie herausfinden, wo Sie die Shellscripts auf Ihrem Webserver ausführen können. Gewöhnlich geschieht dies im */cgi-bin*-Verzeichnis. Allerdings kann man einen Webserver auch so konfigurieren (*httpd.conf*), dass man aus jedem Unterverzeichnis ein Script ausführen kann. In der Regel verwendet man als Dateiendung *.cgi*. Wenn es nicht möglich ist, ein CGI-Script auszuführen, kann es sein, dass Sie die Option `ExecCGI` in der Konfigurationsdatei *httpd.conf* anpassen oder die Schnittstelle mit der Datei *.htaccess* aktivieren müssen. Außerdem müssen Sie darauf achten, dass dieses Script für alle lesbar und ausführbar ist, weil die meisten Webserver eine Webanfrage als User `nobody` oder `similar` ausführen. Leider können wir hier nicht im Detail darauf eingehen, daher listen wir nochmals kurz die nötigen (möglichen) Schritte auf, um ein CGI-Script auf einem Webserver auszuführen (entsprechende Rechte vorausgesetzt):

- Speichern Sie das Script mit der Dateiendung *.cgi*.
- Kopieren Sie das Script mittels `cp` oder `scp` in ein Verzeichnis des Webservers (beispielsweise */cgi-bin*) – abhängig von der Konfiguration, wo Sie CGI-Scripts ausführen können bzw. dürfen.
- Setzen Sie die Zugriffsrechte für das entsprechende Script (`chmod go+rx script.cgi`).
- Starten Sie den Webserver, falls dies nicht schon geschehen ist.
- Starten Sie einen Webbrowser Ihrer Wahl und rufen Sie das CGI-Script auf. Befindet es sich z. B. im Verzeichnis */cgi-bin* auf dem lokalen Rechner, lautet die URL gewöhnlich *http://localhost/cgi-bin/script.cgi* oder hier *http://www.pronix.de/cgi-bin/script.cgi*.

Noch ein paar Tipps, falls es nicht klappt:

- Sind die Zugriffsrechte richtig gesetzt? Dies gilt sowohl für das CGI-Script als auch für den Zugriff auf die Verzeichnisse des Webservers überhaupt.
- Ein Fehlerstatus 500 des Browsers signalisiert häufig einen Fehler in Ihrem Script. Testen Sie das Script am besten in der Kommandozeile.
- Haben Sie die richtige URL im Browser eingegeben, bzw. stimmt der Pfad zum Script?
- Läuft der Webserver überhaupt?
- Ein Blick in *access_log* und *error_log* hilft Ihnen beim Suchen enorm. Lassen Sie beispielsweise im Hintergrund `tail -f /pfad/zur/logdatei/ error_log` laufen, denn alle Fehler tauchen hier auf.

15.7.2 CGI-Environment ausgeben

Das folgende Script gibt alle Umgebungsvariablen auf dem Browser aus. Diese Umgebungsvariablen enthalten Informationen sowohl zum Webserver als auch zum Webclient (beispielsweise zum Browser). Aufgeteilt werden diese Informationen grob in drei verschiedene Bereiche (ohne dass wir näher darauf eingehen):

- HTTP-Anfrage-Paket
- Webserver
- HTTP-Anfrage-Header des Webbrowsers

```
#!/bin/sh
# myenv.cgi
# Umgebungsvariablen auf einem Server anzeigen

echo "Content-type: text/html"
echo
echo "<html><body><h2>Umgebungsvariablen von"\
    " `uname -n` (`date`)</h2>"
echo "<pre>"
# Wenn env nicht vorhanden, dann printenv ausführen ...
env || printenv
echo "</pre></body></html>"
```

Das Script bei der Ausführung sehen Sie in Abbildung 15.1.

Abbildung 15.1 Das Script »myenv.cgi« bei der Ausführung

Einen Hinweis haben wir noch zu:

```
echo "Content-type: text/html"
```

Damit teilen Sie dem Webserver mit, dass Ihre CGI-Anwendung ein bestimmtes Dokument ausgibt (Content-Type-Dokument). Im Beispiel handelt es sich um ein HTML-Dokument. Außerdem ist es von Bedeutung, dass hinter dieser Angabe zwei Newline-Zeichen stehen (hier durch die beiden echo-Aufrufe). Damit signalisieren Sie dem Webserver, dass es sich um die letzte »Headerzeile« handelt.

15.7.3 Einfache Ausgabe als Text

Ähnlich einfach wie die Ausgabe der Umgebungsvariablen lässt sich jede andere Ausgabe auf dem Browser realisieren. Wollen Sie zum Beispiel ein Shellscript über einen Link starten, müssen Sie sich nur ein HTML-Dokument wie folgt zusammenbasteln:

```
<html>
<head>
  <title>TestCGIs</title>
</head>
<body>
<A HREF="/cgi-bin/areader.cgi?/srv/www/htdocs/docs/kap003.txt">Ein
 Link</A>
</body>
</html>
```

Sie sehen das Dokument in Abbildung 15.2.

Abbildung 15.2 Das HTML-Dokument zum Aufrufen eines Scripts (als Link)

Das folgende Script *areader.cgi* macht wiederum nichts anderes, als die Textdatei *kap003.txt* mittels cat auf dem Browser auszugeben. Als Query-String geben Sie hinter dem Fragezeichen an, welche Datei hier gelesen werden soll. Für das Shellscript stellt dies wiederum den ersten Positionsparameter $1 dar. Der Link

```
/cgi-bin/areader.cgi?/srv/www/htdocs/docs/kap003.txt
```

besteht also aus zwei Werten: dem Pfad zum Shellscript

```
/cgi-bin/areader.cgi
```

und dem ersten Positionsparameter (*Query-String*):

```
/srv/www/htdocs/docs/kap003.txt
```

Ein solcher Query-String kann natürlich ganz andere Formen annehmen, dazu aber später mehr. Hier sehen Sie das Shellscript *areader.cgi*:

```
#!/bin/sh
# Name: areader.cgi

echo "Content-type: text/plain"
echo
cat $1
exit 0
```

Die Ausführung ist in Abbildung 15.3 zu sehen.

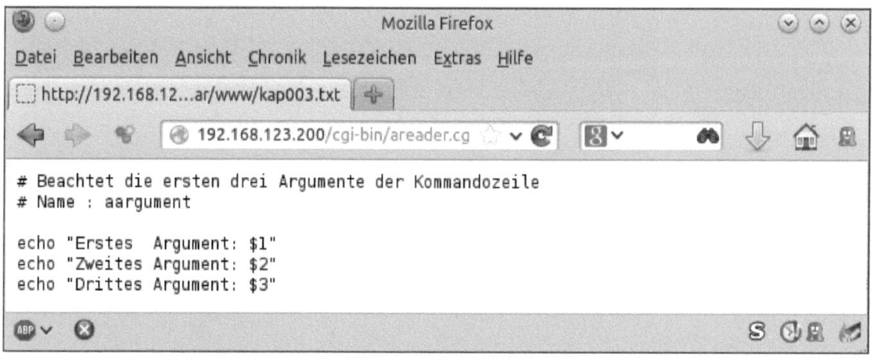

Abbildung 15.3 Das Shellscript »areader.cgi« bei der Ausführung im Browser

Sicherheitsbedenken

Natürlich dienen diese Beispiele nur als Mittel, um Ihnen zu demonstrieren, wie Sie Shellscripts auch als CGI-Scripts verwenden können. Dabei berücksichtigen wir allerdings den Sicherheitsaspekt nicht. Denn im Grunde ist die Zeile

```
/cgi-bin/areader.cgi?/srv/www/htdocs/docs/kap003.txt
```

ein ganz böses Foul, das Hackern Tür und Tor öffnet. Manipuliert man diese Zeile, sodass sie

```
/cgi-bin/areader.cgi?/etc/passwd
/cgi-bin/areader.cgi?/etc/shadow
```

lautet, kann der Angreifer in aller Ruhe zu Hause per *Brute Force* das Passwort knacken (sofern dies nicht allzu stark ist – was leider meistens der Fall ist). Zumindest kann der Angreifer auf jeden Fall Systeminformationen sammeln, um eventuelle Schwachstellen des Rechners aufzuspüren.

Eine sicherere Alternative wäre es beispielsweise, die User-Eingabe auf `[a-z]` zu prüfen. Wenn andere Zeichen vorkommen, sollten Sie abbrechen und ansonsten den Pfad und die Endung vom Script ergänzen lassen.

```
if echo $1 | grep -q '[^a-z]'
then
   echo Schlingel
   exit 0
fi

file="/pfad/nach/irgendwo/$1.txt"
if [ -e $file ]
then
   echo Nueschte
   exit 0
fi
```

Des Weiteren sollten Sie bei CGI-Programmen immer 0 zurückgeben, wenn alles glatt verlaufen ist, damit überhaupt etwas auf dem Bildschirm ausgegeben wird. Bei vielen Installationen entsteht nämlich bei einer Rückgabe ungleich 0 der 500er-Fehler.

15.7.4 Ausgabe als HTML formatieren

In der Praxis werden Sie wohl kaum immer nur reinen Text ausgeben, sondern die Ausgabe mit vielen HTML- oder CSS-Elementen verschönern wollen. Im Gegensatz zum Beispiel zuvor ist hierfür nicht allzu viel nötig (geringe HTML-Kenntnisse vorausgesetzt). Zuerst sehen Sie wieder das HTML-Dokument (unverändert):

```
<html>
<head>
  <title>TestCGIs</title>
</head>
<body>
<A HREF="/cgi-bin/a_html_reader.cgi?/srv/www/htdocs/docs/kap003.txt">
Ein Link</A>
</body>
</html>
```

Als Nächstes sehen Sie das Shellscript *areader.cgi* – allerdings ein wenig umgeschrieben (und umbenannt) mit einigen HTML-Konstrukten, um den Text browsergerecht zu servieren:

```
#!/bin/sh
# a_html_reader.cgi

echo "Content-type: text/html"
echo ""

cat << HEADER
<HTML>
<HEAD><TITLE>Ausgabe der Datei: $1</TITLE>
</HEAD>
<BODY bgcolor="#FFFF00" text="#000000">
<HR SIZE=3>
<H1>Ausgabe der Datei: $1 </H1>
<HR SIZE=3>
<P>
<SMALL>
<PRE>
HEADER

cat $1

cat << FOOTER
</PRE>
</SMALL>
<P>
<HR SIZE=3>
<H1><B>Ende</B> Ausgabe der Datei: $1 </H1>
<HR SIZE=3>
</BODY>
</HTML>
FOOTER

exit 0
```

Abbildung 15.4 zeigt das Script bei der Ausführung.

So weit haben Sie nun eine HTML-formatierte Ausgabe. Allerdings ist es noch praktischer, den HTML-Teil wiederum in eine extra Datei auszulagern. Dieses Vorgehen erhält zum einen die Übersichtlichkeit des Shellscripts, und zum anderen kann man jederzeit das »Layout« gegen ein anderes austauschen.

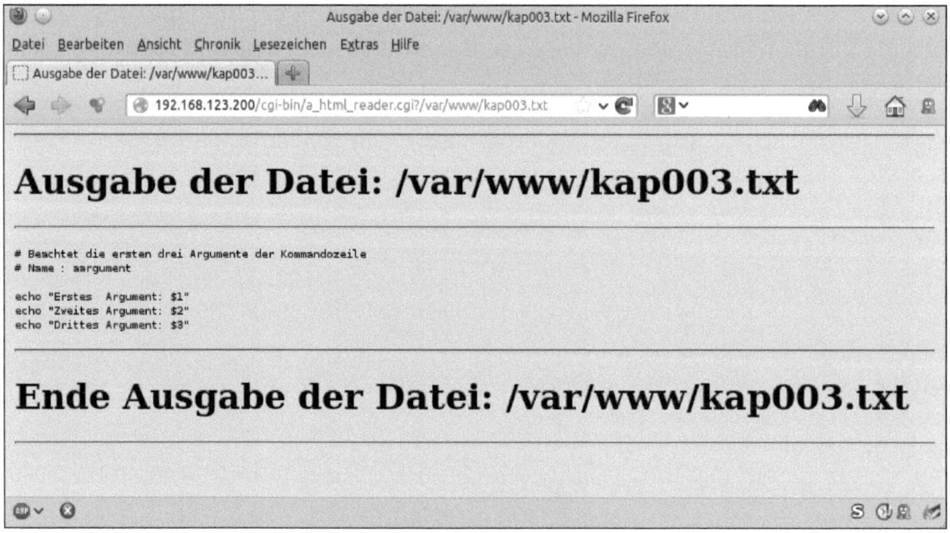

Abbildung 15.4 Ein einfaches Textdokument, mit HTML formatiert

Wir teilen z. B. die beiden Bereiche um den eigentlichen Arbeitsteil des Shellscripts in einen Kopfteil (*header.txt*) und einen Fußteil (*footer.txt*) auf. Die Datei *header.txt* sieht so aus:

```
<HTML>
<HEAD><TITLE>Ein Titel</TITLE>
</HEAD>
<BODY bgcolor="#FFFF00" text="#000000">
<HR SIZE=3>
<H1>Ausgabe Anfang: </H1>
<HR SIZE=3>
<P>
<SMALL>
<PRE>
```

Und das ist die Datei *footer.txt*:

```
</PRE>
</SMALL>
<P>
<HR SIZE=3>
<H1><B>Ende</B> der Ausgabe</H1>
<HR SIZE=3>
</BODY>
</HTML>
```

Beide Dateien können Sie nun auch wieder im Shellscript einfach mit cat ausgeben lassen. Somit sieht das eigentliche Shellscript gegenüber der Version *a_html_reader.cgi* wie folgt aus:

```
#!/bin/sh
echo "Content-type: text/html"
echo ""

cat /srv/www/htdocs/docs/header.txt
cat $1
cat /srv/www/htdocs/docs/footer.txt
exit 0
```

15.7.5 Systeminformationen ausgeben

So, wie Sie im Beispiel eben den Befehl cat verwendet haben, so können Sie auch alle anderen Kommandos (je nach Rechten) bzw. ganze Shellscripts ausführen. Das folgende Script gibt z. B. Auskunft über alle aktuell laufenden Prozesse:

```
#!/bin/sh
# Name: html_ps.cgi

echo "Content-type: text/html"
echo

cat /srv/www/htdocs/docs/header.txt
ps -ef
cat /srv/www/htdocs/docs/footer.txt
exit 0
```

Abbildung 15.5 zeigt das Script bei der Ausführung.

Ebenso einfach können Sie hierbei auch andere Shellscripts ausführen lassen. Sinnvoll erscheint uns hierbei die Ausgabe von *access_log* und *error_log*. Das folgende Beispiel verwendet das Script readaccess aus Abschnitt 15.6.1:

```
#!/bin/sh
# Name: html_access_log.cgi
# Apaches access_log analysieren und ausgeben
echo "Content-type: text/html"
echo
cat /srv/www/htdocs/docs/header.txt
./readaccess /pfad/zum/logfile/access_log
cat /srv/www/htdocs/docs/footer.txt
exit 0
```

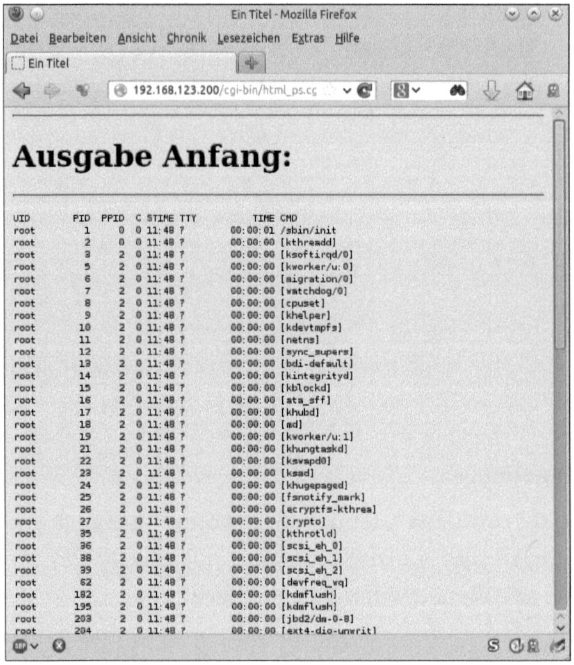

Abbildung 15.5 Ausgabe aller laufenden Prozesse auf einem entfernten System

Abbildung 15.6 zeigt das Script bei der Ausführung. Wie Sie sehen, können CGI-Scripts mit der Shell beinahe unbegrenzt verwendet werden.

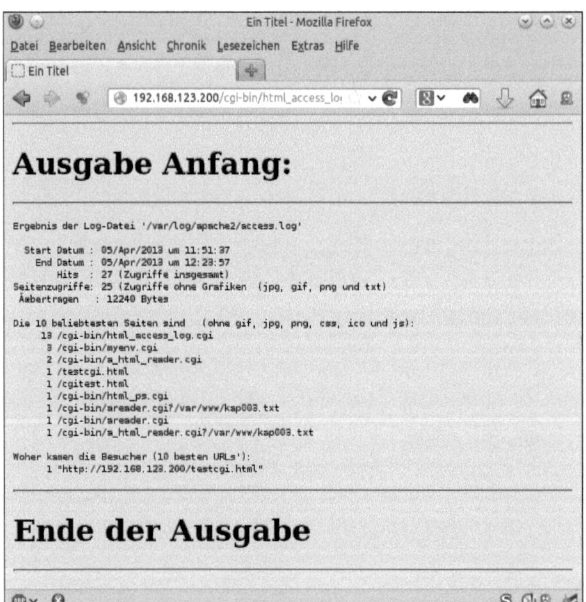

Abbildung 15.6 Auswertung von »access_log« mit dem Browser

15.7.6 Kontaktformular

Ein Kontaktformular erfordert eine Eingabe des Benutzers. Diese auszuwerten, ist wiederum nicht ganz so einfach. Zunächst muss man festlegen, mit welcher Methode diese Daten empfangen werden. Hierbei gibt es die Möglichkeit `GET`, bei der der Browser die Zeichenkette(n) der Eingaben an das Ende der URL anhängt. Bei einem Textfeld `name` mit der Benutzereingabe »Wolf« sieht die URL wie folgt aus:

```
http://www.pronix.de/cgi-bin/script.cgi?name=wolf
```

Befindet sich jetzt hier auch noch ein weiteres Textfeld namens `vorname` und lautet die Benutzereingabe »John«, so sieht die URL wie folgt aus:

```
http://www.pronix.de/cgi-bin/script.cgi?name=wolf&vorname=john
```

Das Ampersand-Zeichen `&` dient hier als Trenner zwischen den einzelnen Variable-Wert-Paaren. Der Webserver entfernt gewöhnlich diese Zeichenkette und übergibt sie der Variablen `QUERY_STRING`. Den `QUERY_STRING` auszuwerten, ist die Aufgabe von Programmiererinnen und Programmierern.

Die zweite Möglichkeit ist die Übergabe der Werte mit der `POST`-Methode. Bei ihr werden die Daten nicht in einer der Umgebungsvariablen abgelegt, sondern in die Standardeingabe (`stdin`) geschrieben. Sie können somit die CGI-Anwendung so schreiben, als würde die Eingabe von der Tastatur vorgenommen.

Damit Sie sich schon ein Bild vom folgenden Beispiel machen können, soll hier das HTML-Formular bereits erstellt werden, in das anschließend die Eingabe des Benutzers erfolgen kann:

```
<html>
<head>
  <title>Kontakt</title>
</head>
<body>
<form method="post" action="/cgi-bin/contact.cgi">
<h2>Kontakt-Formular</h2>
<pre>
Name : <input type="text" name="name"><br>
Email: <input type="text" name="email"><br>
Ihre Nachricht:<br>
<textarea rows="5" cols="50" name="comments"></textarea><br>
<input type="submit" value="submit">
</pre>
</form>
</body>
</html>
```

Abbildung 15.7 zeigt das Formular.

In der Zeile

```
<form method="post" action="/cgi-bin/contact.cgi">
```

können Sie erkennen, dass in diesem Beispiel die POST-Methode verwendet wird, mit der Sie die Daten von der Standardeingabe erhalten.

Würden Sie jetzt in Ihrem Script von der Standardeingabe lesen und ihren Inhalt ausgeben lassen, so würde Folgendes angezeigt (eine Zeile):

```
name=Juergen+Wolf&email=pronix%40t-online.de&comments=
Eine+Tolle+%22Seite%22+hast+Du+da%21
```

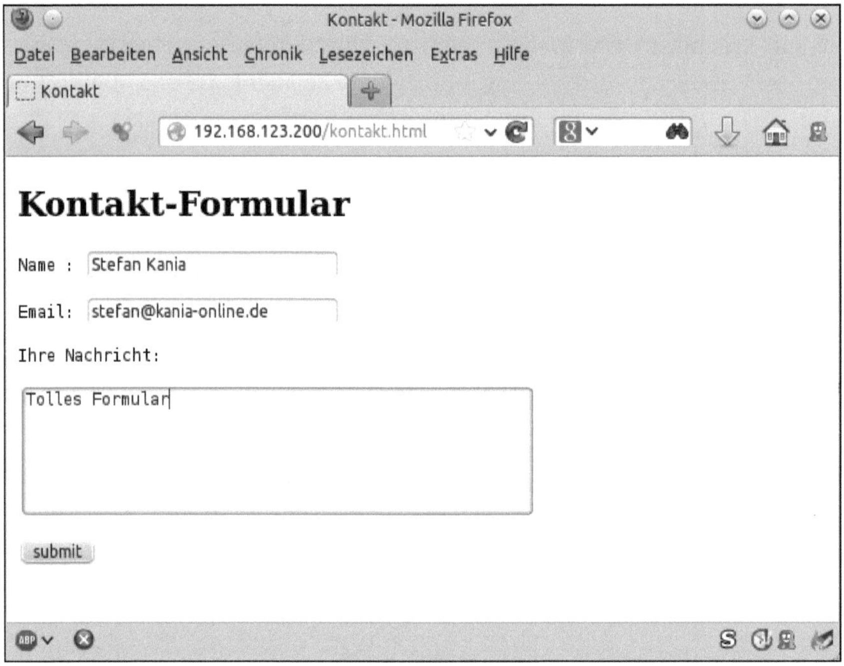

Abbildung 15.7 Das HTML-Kontaktformular

Also haben wir noch lange nicht das gewünschte Ergebnis. Um hieraus die Ergebnisse zu extrahieren, müssen Sie die Standardeingabe parsen, das heißt lesefreundlich decodieren. Folgende Zeichen sind hier von besonderer Bedeutung:

- & – Einzelne Formularelemente (sofern es mehrere sind) werden durch dieses Zeichen getrennt.

  ```
  name=Juergen+Wolf email=pronix%40t-online.de
  comments=Eine+Tolle+%22Seite%22+hast+Du+da%21
  ```

- = – Mit diesem Zeichen werden die Variable-Wert-Paare voneinander getrennt.

  ```
  name Juergen+Wolf email pronix%40t-online.de comments
  Eine+Tolle+%22Seite%22+hast+Du+da%21
  ```

- + – Damit werden die Leerzeichen der eingegebenen Daten getrennt.

  ```
  name Juergen Wolf email pronix%40t-online.de
  comments Eine Tolle %22Seite%22 hast Du da%21
  ```

- *%XX* – Bei einem Prozentzeichen, gefolgt von zwei hexadezimalen Ziffern, handelt es sich um ASCII-Zeichen mit dem dezimalen Wert von 128 bis 255. Diese hexadezimalen Ziffern müssen in ASCII-Zeichen decodiert werden.

  ```
  name Juergen Wolf email pronix@t-online.de
  comments Eine Tolle "Seite" hast Du da!
  ```

Die ersten drei Punkte können Sie beispielsweise folgendermaßen decodieren:

```
tr '&+=' '\n \t'
```

Hiermit ersetzen Sie das Zeichen & durch ein Newline-Zeichen, das +-Zeichen durch ein Leerzeichen und das =-Zeichen durch ein Tabulatorzeichen.

Die hexadezimale Ziffer decodieren Sie mit einer einzelnen sed-Zeile:

```
echo -e `sed 's/%\(..\)/\\x\1/g'`
```

Hinweis

Nicht mit eingeschlossen sind die deutschen Umlaute »ü«, »ä«, »ö« und das »ß«.

Mehr ist nicht erforderlich, um den Eingabestring von einem HTML-Formular zu parsen. Das folgende Script wertet den Inhalt eines solchen Kontaktformulars aus und sendet ihn mit `sendmail` an die Adresse `empfaenger`. Am Ende wird noch eine HTML-Seite als Bestätigung auf dem Browser erzeugt.

```
#!/bin/sh
# Name: contact.cgi
# Auswerten der Formmail

empfaenger="you@host"

( cat << MAIL
From: www@`hostname`
To: $empfaenger
Subject: Kontakt-Anfrage Ihrer Webseite
```

```
Inhalt der Eingabe lautet:

MAIL
# Eingabestring dekodieren
cat - | tr '&+=' '\n \t' | echo -e `sed 's/%\(..\)/\\x\1/g'`

  echo ""
  echo "Abgeschickt am `date`"
) | sendmail -t

echo "Content-type: text/html"
echo ""

echo "<html><body>"
echo "Vielen Dank fuer Ihre Anfrage!"
echo "</body></html>"
exit 0
```

Abbildung 15.8 zeigt das Script bei der Ausführung:

Abbildung 15.8 Die Antwortseite nach dem Drücken des Submit-Buttons

Wenn Sie jetzt einen Blick in Ihr Mail-Postfach werfen, werden Sie eine entsprechende E-Mail finden, die zeigt, was im Kontaktformular eingegeben wurde.

Kapitel 16
GUIs und Grafiken

Es wird Sie überraschen, aber wenn Sie mit der Shell arbeiten, sind Sie nicht auf Textkonsolen festgelegt.

In diesem Kapitel sollen Ihre Scripts etwas ansprechender für die Benutzer werden. Hier zeigen wir Ihnen, wie Sie mithilfe von *dialog*, *Zenity* und *YAD* Ihre Scripts mit einer Benutzeroberfläche ausstatten können. Wenn Sie nämlich Scripts für Anwender bereitstellen müssen, ist deren Akzeptanz oft größer, wenn sie mit der Maus oder wenigstens über die Cursortasten navigieren können. Im zweiten Teil dieses Kapitels geht es um *gnuplot*. Damit können Sie recht einfach über Scripts gesteuerte grafische Statistiken erzeugen.

16.1 dialog, Zenity und YAD

Mit `dialog`, Zenity und YAD können Sie grafische (bzw. semigrafische) Dialoge in Ihre Shellscripts einbauen. Die Tools dienen zur einfachen Darstellung (halb-)grafischer Dialogfenster auf dem Bildschirm, sodass Sie Benutzerabfragen in Scripts anschaulicher und einfacher gestalten können. Die Rückgabewerte der Dialoge entscheiden dann über den weiteren Verlauf des Shellscripts.

Die Tools funktionieren im Prinzip ähnlich wie die üblichen Linux/UNIX-Kommandos und werden mit Kommandozeilenparametern und über die Standardeingabe gesteuert, um das Aussehen und die Inhalte der Anwendung zu beeinflussen. Die Resultate (auch Fehler) der Benutzeraktionen werden über die Standardausgabe bzw. die Standardfehlerausgabe und den Exit-Status des Scripts zurückgegeben und können von demjenigen Script weiterverarbeitet werden, von dem der Dialog gestartet wurde.

`dialog` läuft ausschließlich in einer Textkonsole und stellt eine Art halbgrafische Oberfläche (basierend auf *ncurses*) zur Verfügung. Dass `dialog` keine echte grafische Oberfläche besitzt (bzw. keinen laufenden X-Server benötigt) und somit recht anspruchslos ist, macht es zu einem komfortablen Tool zur Fernwartung über SSH. Die Steuerung von `dialog` erfolgt über die Tastatur, jedoch ist auch eine Maussteuerung möglich. Gewöhnlich liegt `dialog` Ihrer Distribution bei und wird eventuell auch schon bei einer Standardinstallation mitinstalliert.

Zenity und YAD laufen im Gegensatz zu dialog nur, wenn ein laufender X-Server zur Verfügung steht. Da dies bei Fernwartungen selten der Fall ist, eignet sich Zenity am besten für Shellscripts und Wartungsarbeiten auf dem heimischen Desktop-Rechner. Beide Programme basieren auf GTK.

Aber Zenity und YAD haben eine völlig andere Syntax als dialog, sodass bestehende Scripts nicht eins zu eins übernommen werden können.

Nachinstallieren von »dialog« bzw. »Zenity« und »YAD«

Wenn Sie eines oder alle Pakete auf Ihrem Rechner nicht vorfinden, empfehlen wir Ihnen, diese Pakete mit dem Paketverwaltungstool der entsprechenden Distribution nachzuinstallieren. Bei macOS würden wir Ihnen für dialog die MacPorts (sudo port install dialog) empfehlen. Zenity können Sie mit brew install homebrew/x11/zenity installieren. Für YAD haben keine Pakete für macOS gefunden.

Sollte für Ihr System dialog nicht verfügbar sein, könnte whiptail eine Alternative sein.

Da sich die Programme dialog, Zenity und YAD komplett voneinander unterscheiden, haben wir für alle einen eigenen Abschnitt erstellt. Denn eine einfache Umwandlung von dialog-Scripts in Zenity- oder YAD-Scripts ist nicht möglich.

16.2 dialog – Abfragen und Informationen

In diesem Abschnitt erklären wir Ihnen in einzelnen Schritten die Nutzung von dialog anhand von Beispielen.

16.2.1 --yesno – Entscheidungsfrage

Mit --yesno können Sie eine Entscheidungsfrage stellen, die mit »ja« oder »nein« beantwortet wird. Gibt der Benutzer »ja« ein, gibt dialog den Wert 0 zurück ($? = 0), ansonsten wird bei »nein« 1 zurückgegeben. Die Syntax lautet:

```
dialog --yesno [Text] [Höhe] [Breite]
```

Ein Beispielscript:

```
# Demonstriert dialog --yesno
# Name : dialog1

dialog --yesno "Möchten Sie wirklich abbrechen?" 0 0
# 0=ja; 1=nein
antwort=$?
```

```
# Bildschirm löschen
clear

# Ausgabe auf die Konsole
if [ $antwort = 0 ]
then
   echo "Die Antwort war JA."
else
   echo "Die Antwort war NEIN."
fi
```

Abbildung 16.1 zeigt das Script bei der Ausführung.

Abbildung 16.1 Der Dialog »--yesno« in der Praxis

> **Hinweis**
> Wird bei Höhe oder Breite 0 angegeben, werden die entsprechenden Maße automatisch an den Text angepasst.

16.2.2 --msgbox – Nachrichtenbox mit Bestätigung

Mit --msgbox erscheint eine Informationsbox mit beliebigem Text, den der Benutzer mit OK bestätigen muss. Die Abarbeitung des Scripts wird so lange angehalten, bis der Benutzer den OK-Button anklickt. Dabei wird kein Rückgabewert zurückgegeben.

```
[X]dialog --msgbox [Text] [Höhe] [Breite]
```

Ein Beispielscript:

```
# Demonstriert dialog --msgbox
# Name : dialog2

dialog --yesno "Möchten Sie wirklich abbrechen?" 0 0
```

```
# 0=ja; 1=nein
antwort=$?
# Dialog-Bildschirm löschen
dialog --clear

# Ausgabe auf die Konsole
if [ $antwort = 0 ]
then
   dialog --msgbox "Die Antwort war JA." 5 40
else
   dialog --msgbox "Die Antwort war NEIN." 5 40
fi

# Bildschirm löschen
clear
```

Abbildung 16.2 zeigt das Script bei der Ausführung.

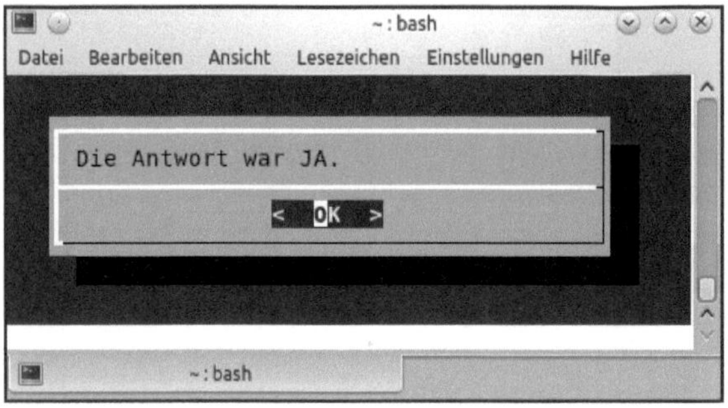

Abbildung 16.2 Der Dialog »--msgbox« in der Praxis

16.2.3 --infobox – Hinweisfenster ohne Bestätigung

`--infobox` ist gleichwertig zum eben erläuterten Dialog `--msgbox`, nur mit dem Unterschied, dass dieser Dialog nicht auf die Bestätigung des Benutzers wartet und somit das Shellscript im Hintergrund weiter ausgeführt wird.

```
[X]dialog --infobox [Text] [Höhe] [Breite]
```

Ein Script als Demonstration:

```
# Demonstriert dialog --msgbox
# Name : dialog3

dialog --yesno "Möchten Sie wirklich alles löschen?" 0 0
```

```
# 0=ja; 1=nein
antwort=$?
# Dialog-Bildschirm löschen
dialog --clear

# Ausgabe auf die Konsole
if [ $antwort = 0 ]
then
   dialog --infobox "Dieser Vorgang kann ein wenig dauern" 5 50
   # Hier die Kommandos zur Ausführung zum Löschen
   sleep 5          # ... wir warten einfach 5 Sekunden
   dialog --clear   # Dialog-Bildschirm löschen
   dialog --msgbox "Done! Alle Löschvorgänge ausgeführt" 5 50
fi

# Bildschirm löschen
clear
```

16.2.4 --inputbox – Text-Eingabezeile

In einer Text-Eingabezeile mit `--inputbox` können Eingaben des Benutzers erfolgen. Optional kann man hier auch einen Text vorbelegen. Die Ausgabe erfolgt anschließend auf die Standardfehlerausgabe.


```
[X]dialog --inputbox [Text] [Höhe] [Breite] [[Vorgabetext]]
```

Ein Script zu Demonstrationszwecken:

```
# Demonstriert dialog --inputbox
# Name : dialog4

name=`dialog --inputbox "Wie heißen Sie?" 0 0 "Jürgen" \
 3>&1 1>&2 2>&3`
# Dialog-Bildschirm löschen
dialog --clear

dialog --msgbox "Hallo $name, willkommen bei $HOST!" 5 50

# Bildschirm löschen
clear
```

Abbildung 16.3 zeigt das Script bei der Ausführung.

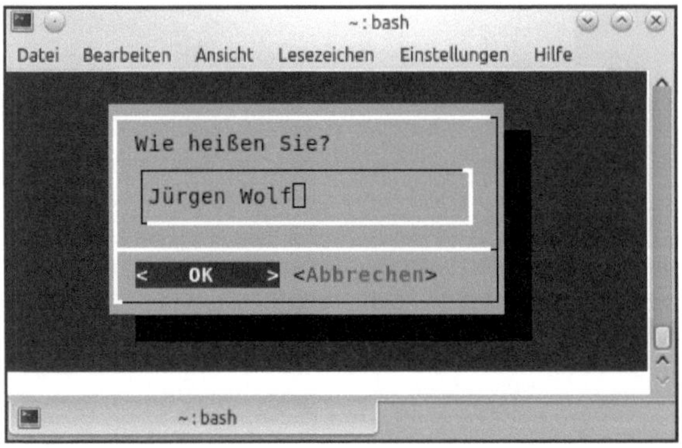

Abbildung 16.3 Der Dialog »--inputbox« in der Praxis

Wenn Sie sich das Script ansehen, wundern Sie sich vielleicht bei der Verarbeitung des Dialogkommandos über den Zusatz `3>&1 1>&2 2>&3` in der Kommando-Substitution. Dies ist einer der Nachteile von `dialog`, weil hierbei das Ergebnis immer auf die Standardfehlerausgabe statt auf die Standardausgabe geschrieben wird. Und um die Dialogausgabe zur weiteren Verarbeitung in eine Variable zu schreiben, müssen Sie ebenso vorgehen (siehe auch Abschnitt 5.5, »Filedescriptoren«).

16.2.5 --textbox – ein einfacher Dateibetrachter

Mit diesem Dialog kann der Inhalt einer Datei angezeigt werden, die als Parameter übergeben wurde. Enthält der Text mehr Zeilen oder Spalten, als angezeigt werden können, kann der darzustellende Text mit den Pfeiltasten (↑, ↓, ← und →) gescrollt werden.

```
[X]dialog --textbox [Datei] [Höhe] [Breite]
```

Ein Script zur Demonstration:

```
# Demonstriert dialog --textbox
# Name : dialog5

# Zeigt den Inhalt des eigenen Quelltextes an.
dialog --textbox "$0" 0 0
# Dialog-Bildschirm löschen
dialog --clear

# Bildschirm löschen
clear
```

Abbildung 16.4 zeigt das Script bei der Ausführung.

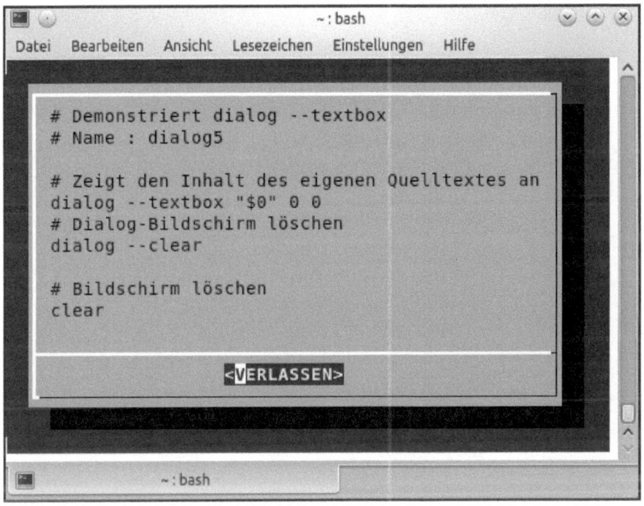

Abbildung 16.4 Der Dialog »--textbox« in der Praxis

16.2.6 --menu – ein Menü erstellen

Mit diesem Dialog verfügen Sie über eine echte Alternative zu `select`. Hierbei wird eine Liste von Einträgen (gegebenenfalls mit Scrollbalken) angezeigt, von denen jeweils einer ausgewählt werden kann. Der entsprechende Eintrag (dessen Kürzel) wird dann auf den Standardfehlerkanal zurückgegeben, ansonsten – bei Abbruch – eine leere Zeichenkette.

```
[X]dialog --menu [Text] [Höhe] [Breite] [Menühöhe] [Tag1]
[Eintrag1] ...
```

Der `Text` wird oberhalb der Auswahlbox platziert. `Breite` und `Höhe` sprechen für sich, wobei die `Breite` ein etwas genaueres Augenmerk verlangt, da längere Menüeinträge einfach abgeschnitten werden. Haben Sie eine Auswahl getroffen, wird durch Betätigen von OK der selektierte Eintrag zurückgegeben.

Ein Script zur Demonstration:

```
# Demonstriert dialog --menu
# Name : dialog6

os=`dialog --menu "Betriebssystem wählen" 0 0 0 \
 "Linux" "" "BSD" "" "Solaris" "" 3>&1 1>&2 2>&3`
dialog --clear
dialog --yesno "Bestätigen Sie Ihre Auswahl: $os" 0 0
dialog --clear
clear
```

Abbildung 16.5 zeigt das Script bei der Ausführung.

Abbildung 16.5 Der Dialog »--menu« in der Praxis

16.2.7 --checklist – Auswahlliste zum Ankreuzen

Hierbei handelt es sich um eine Liste von Einträgen, von denen Sie beliebig viele markieren (ankreuzen) können. Es werden – wie schon bei `--menu` – die Kürzel aller ausgewählten Einträge auf den Standardfehlerkanal zurückgegeben.

```
[X]dialog --checklist [Text] [Höhe] [Breite] [Listenhöhe] \
[Tag1] [Eintrag1] [Status1] ...
```

Auch hier wird der `Text` wieder oberhalb der Auswahlliste ausgegeben. `Höhe`, `Breite` und `Listenhöhe` sind eigentlich wieder selbsterklärend. Bei ihnen sollte man stets auf ein vernünftiges Maß achten. Wenn das erste Zeichen der Tags eindeutig ist, kann auch mit einem Tastendruck des entsprechenden Zeichens direkt dorthin gesprungen werden. Als `Status` können Sie den Eintrag als markiert mit `on` oder als deaktiviert mit `off` voreinstellen.

Das folgende Script soll Ihnen die Auswahlliste demonstrieren:

```
# Demonstriert dialog --checklist
# Name : dialog7

pizza=`dialog --checklist "Pizza mit ..." 0 0 4 \
 Käse "" on\
 Salami "" off\

 Schinken "" off\
 Thunfisch "" off 3>&1 1>&2 2>&3`
```

```
dialog --clear
clear
echo "Ihre Bestellung: Pizza mit $pizza"
```

Abbildung 16.6 zeigt das Script bei der Ausführung.

Abbildung 16.6 Der Dialog »--checklist« in der Praxis

16.2.8 --radiolist – Radiobuttons zum Auswählen

Im Unterschied zu `--checklist` kann bei `--radiolist` aus einer Liste von Einträgen nur eine Option mit der Leertaste markiert werden. Ansonsten entspricht dieser Dialog exakt dem von `--checklist`.

```
[X]dialog --radiolist [Text] [Höhe] [Breite] [Listenhöhe] \
[Tag1] [Eintrag1] [Status1] ...
```

Ein Script zur Demonstration:

```
# Demonstriert dialog --radiolist
# Name : dialog8

pizza=`dialog --radiolist "Pizza mit ..." 0 0 3 \
  Salami "" off\
  Schinken "" off\
  Thunfisch "" off 3>&1 1>&2 2>&3`
dialog --clear
clear
echo "Ihre Bestellung: Pizza mit $pizza"
```

Abbildung 16.7 zeigt das Script bei der Ausführung.

Abbildung 16.7 Der Dialog »--radiolist« in der Praxis

16.2.9 --gauge – Fortschrittszustand anzeigen

Hiermit können Sie eine Fortschrittsanzeige einbauen, um etwa anzuzeigen, wie weit der Prozess des Kopierens von Dateien schon abgeschlossen ist.

```
[X]dialog --gauge [Text] [Höhe] [Breite] [Prozent]
```

Der `Text` wird wieder oberhalb des Fortschrittsbalkens angezeigt. Der Startwert des Balkens wird über Prozent angegeben. Um die Anzeige zu aktualisieren, erwartet dieser Dialog weitere Werte aus der Standardeingabe. Erst wenn das Script bei der Abarbeitung auf EOF stößt, ist `gauge` fertig. Die Fortschrittsanzeige ist unserer Meinung nach ohnehin nie etwas Genaues, sondern dient wohl eher dazu, dem Anwender zu zeigen, dass auf dem System noch etwas passiert.

Ein Script zur Demonstration:

```
# Demonstriert dialog --gauge
# Name : dialog9

DIALOG=dialog
(
 echo "10" ; sleep 1
 echo "XXX" ; echo "Alle Daten werden gesichert"; echo "XXX"
 echo "20" ; sleep 1
 echo "50" ; sleep 1
 echo "XXX" ; echo "Alle Daten werden archiviert"; echo "XXX"
 echo "75" ; sleep 1
```

```
 echo "XXX" ; echo "Daten werden ins Webverzeichnis hochgeladen";
 echo "XXX"
 echo "100" ; sleep 3
) |
$DIALOG --title "Fortschrittszustand" --gauge "Starte Backup-Script"\
 8 30

$DIALOG --clear
$DIALOG --msgbox "Arbeit erfolgreich beendet ..." 0 0
$DIALOG --clear
clear
```

Abbildung 16.8 zeigt das Script bei der Ausführung.

Abbildung 16.8 Der Dialog »--gauge« in der Praxis

16.2.10 Verändern von Aussehen und Ausgabe

Es gibt noch ein paar Dialoge, mit denen Sie das Aussehen und die Ausgabe beeinflussen können. Tabelle 16.1 bietet eine kurze Übersicht.

Option	Erläuterung
`--title`	Eine Titelzeile für einen Dialog festlegen (Beschriftung für den oberen Rand)
`--backtitle`	Eine Titelzeile am Bildschirmrand festlegen (Hierbei wird häufig der Scriptname verwendet, der zum jeweiligen Dialog gehört.)
`-clear`	Dialogbildschirm löschen

Tabelle 16.1 Weitere Dialoge

16.2.11 Ein kleines Beispiel

dialog lässt sich sehr vielseitig und eigentlich überall verwenden, sodass ein Beispiel recht wenig Sinn ergibt. Trotzdem wollen wir Ihnen ein kleines Script zeigen. Darin soll der Befehl find genutzt werden, und zwar so, dass auch der unbedarfte Linux/UNIX-User sofort an sein Ziel kommt. Im Beispiel wird ein Menü verwendet, wobei der User Dateien nach Namen, User-Kennung, Größe oder Zugriffsrechten suchen kann. In der anschließenden Eingabebox können Sie das Suchmuster festlegen, und am Ende wird find aktiv. Zwar könnte man die Ausgabe von find auch in eine Textbox von dialog packen, aber bei einer etwas längeren Ausgabe macht die Dialogbox schlapp und gibt einen Fehler aus wie: »Die Argumentenliste ist zu lang.« Hier sehen Sie das Beispielscript:

```
# Demonstriert dialog
# Name : dialog10

myfind=`dialog --menu \
 "Suchen nach Dateien - Suchkriterium auswählen" 0 0 0 \
 "Dateinamen" "" \
 "Benutzerkennung" "" \
 "Größe" "" \
 "Zugriffsrechte" "" \
 "Ende" "" 3>&1 1>&2 2>&3`

dialog --clear

case "$myfind" in
   Dateinamen)
      search=`dialog --inputbox \
         "Dateinamen eingeben" 0 0 "" 3>&1 1>&2 2>&3`
      command="-name $search"   ;;
   Benutzerkennung)
      kennung=`dialog --inputbox \
         "Benutzerkennung eingeben" 0 0 "" 3>&1 1>&2 2>&3`
      command="-user $kennung"   ;;
   Größe)
      bsize=`dialog --inputbox \
         "Dateigröße (in block size) eingeben" 0 0 "" \
         3>&1 1>&2 2>&3`
      command="-size $bsize"   ;;
   Zugriffsrechte)
      permission=`dialog --inputbox \
         "Zugriffsrechte (oktal) eingeben" 0 0 "" 3>&1 1>&2 2>&3`
```

```
        command="-perm $permission"   ;;
    Ende) dialog --clear; clear; exit 0    ;;
esac

find /home $command -print 2>/dev/null
```

Abbildung 16.9 zeigt das Script bei der Ausführung.

Abbildung 16.9 Ein kleines Beispiel zum Abschnitt »dialog«

16.3 Zenity

Mit Zenity können Sie Ihre Shellscripts auf die grafische Oberfläche bringen. Je nach Distribution ist Zenity bereits auf Ihrem System installiert. Testen können Sie das ganz einfach, indem Sie auf der Konsole `zenity --version` eingeben. Sollten Sie keine Version angezeigt bekommen, müssen Sie Zenity über Ihren Paketmanager nachinstallieren.

Im ersten Beispiel sehen Sie ein Script, das eine Datei kopiert. Zunächst wird ein Fenster geöffnet, in dem Sie eine Datei auswählen können, die kopiert werden soll (siehe Abbildung 16.10).

Im zweiten Schritt öffnet sich ein neues Fenster, in dem Sie das Zielverzeichnis auswählen können (siehe Abbildung 16.11). Nachdem Quelle und Ziel feststehen, wird geprüft, ob Sie das Leserecht an der Datei und das Schreibrecht am Zielverzeichnis besitzen. Wenn das der Fall ist, wird die Datei kopiert. Stimmen die Rechte nicht, öffnet sich ein Fenster mit einer Fehlermeldung.

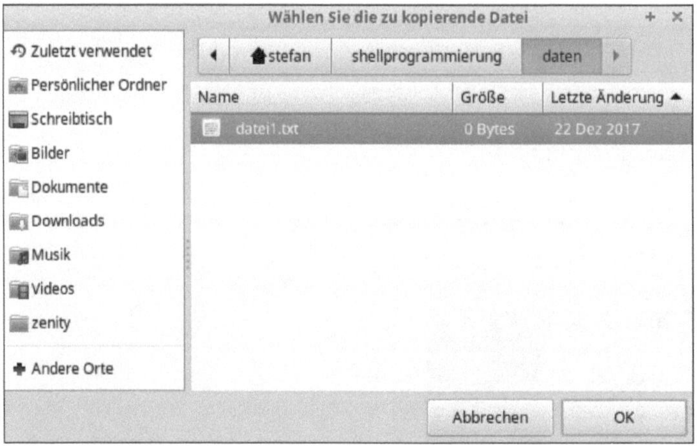

Abbildung 16.10 Datei zum Kopieren auswählen

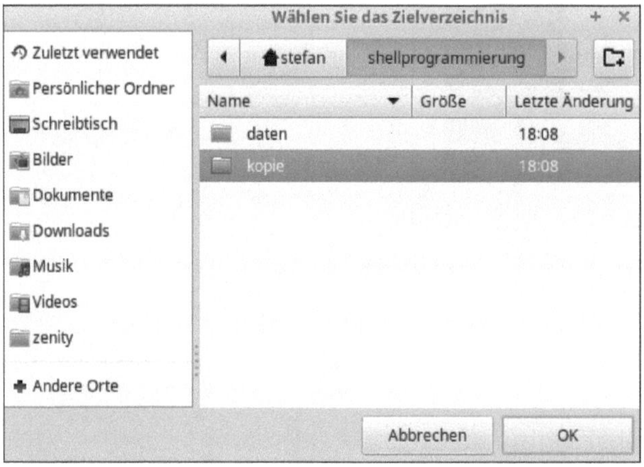

Abbildung 16.11 Fenster für die Auswahl des Ziels

```
#!/bin/bash
# Ein Zenity-Script, um eine Datei zu kopieren

#Einlesen der Quelldatei
QUELLE=`zenity --file-selection --title="Wählen Sie die zu kopierende\
 Datei"` 2>/dev/null
if [ -z "$QUELLE" ]
then
    zenity --notification --window-icon="error" --text="Es wurde \
keine Datei ausgewählt" 2>/dev/null
    exit 1
fi
```

```
#Einlesen des Zielverzeichnisses
ZIEL=`zenity --file-selection --directory --title=
"Wählen Sie das Zielverzeichnis"` 2>/dev/null
if [ -z "$ZIEL" ]
then
    zenity --notification --window-icon="error" --text=
"Es wurde kein Verzeichnis ausgewählt" 2>/dev/null
    exit 2
fi

# Prüfen, ob der Anwender die Quelldatei lesen darf
if [ ! -r "$QUELLE" ]
then
    zenity --notification --window-icon="error" --text=
"Sie haben kein Leserecht an $QUELLE" 2>/dev/null
    exit 3
fi

# Prüfen, ob der Anwender Schreibrecht am Zielverzeichnis hat
if [ ! -w "$ZIEL" ]
then
    zenity --notification --window-icon="error" --text=
"Sie haben kein Schreibrecht an $ZIEL" 2>/dev/null
    exit 4
else
    cp $QUELLE $ZIEL
fi
```

Was passiert im Script?

Über das Kommando `zenity --file-selection --title` wird ein Fenster zum Auswählen einer Datei geöffnet. Der Parameter `--title` sorgt nur für eine Beschriftung des Fensters. Sie können ihn auch weglassen. Wenn der Anwender keine Datei auswählt, öffnet sich ein kleines Fenster mit einer Fehlermeldung. Die Fehlermeldung wird wieder über ein Zenity-Kommando ausgegeben.

Dann wird ein Fenster ausgegeben, um das Zielverzeichnis auswählen zu können. Das Zenity-Kommando dafür lautet: `zenity file-selection --directory --title`. Hier wird das Kommando zur Dateiauswahl noch über den Parameter `--directory` ergänzt, damit hat der Anwender nur die Möglichkeit, ein Verzeichnis auszuwählen. Auch hier wird eine Fehlermeldung generiert, falls der Benutzer keine Auswahl trifft.

Nur wenn beide Auswahlen mit Inhalt gefüllt sind, startet die Überprüfung, ob das Leserecht an der Datei vorhanden ist und ob der Anwender das Schreibrecht am Zielverzeichnis hat. Erst wenn das alles geprüft wurde, wird die Datei kopiert.

Im zweiten Beispiel geht es darum, ein Formular zu entwerfen, zu füllen und das Ergebnis in einem neuen Fenster auszugeben.

In Abbildung 16.12 sehen Sie das Fenster mit dem entsprechenden Formular.

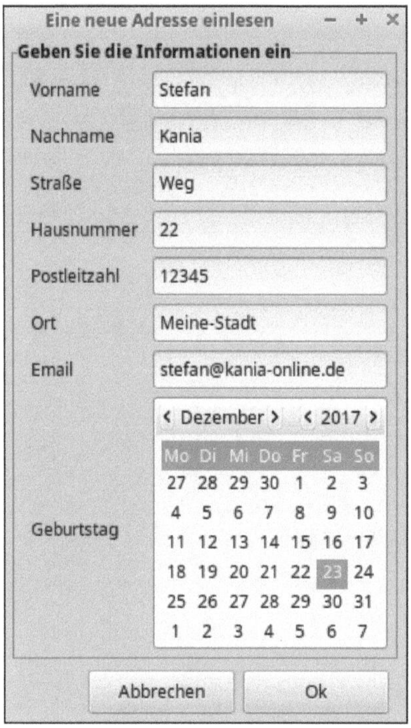

Abbildung 16.12 Formular zur Eingabe der Adresse

```
#!/bin/bash

declare -a ADR_ARRAY

ADR=`    zenity --forms --title="Eine neue Adresse einlesen" \
        --text="Geben Sie die Informationen ein" \
        --separator=";" \
        --add-entry="Vorname" \
        --add-entry="Nachname" \
        --add-entry="Straße" \
        --add-entry="Hausnummer" \
        --add-entry="Postleitzahl" \
        --add-entry="Ort" \
```

```
        --add-entry="Email" \
        --add-calendar="Geburtstag"`

for ((z=1; z<=8; z++))
do
    ADR_ARRAY[$z]=`echo $ADR | cut -d\; -f$z`
done
zenity --list --width=1000 --height=400 \
    --title="Die neue Adresse" \
    --column="Vorname" --column="Nachname" \
    --column="Straße" --column="Hausnummer" \
    --column="Postleitzahl" --column="Ort" \
    --column="Email" --column="Geburtstag" \
    ${ADR_ARRAY[1]} ${ADR_ARRAY[2]} ${ADR_ARRAY[3]} ${ADR_ARRAY[4]} \
    ${ADR_ARRAY[5]} ${ADR_ARRAY[6]} ${ADR_ARRAY[7]} ${ADR_ARRAY[8]}
```

Nachdem Sie die Daten in das Formular eingegeben haben, erscheint das Fenster aus Abbildung 16.13.

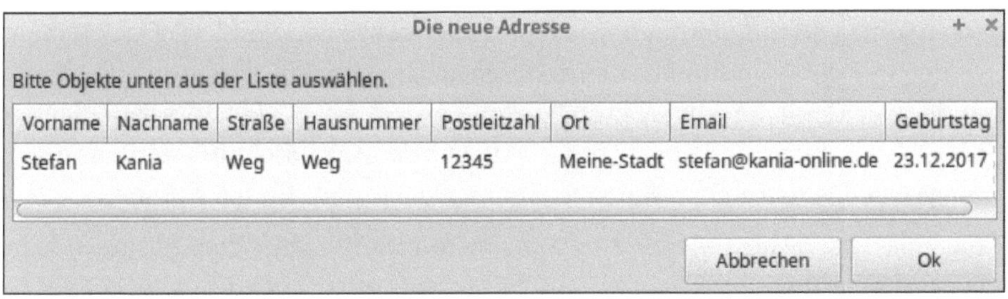

Abbildung 16.13 Ausgabe der Adresse

Was passiert im Script?

Es wird ein Formular generiert, in dem bestimmte Informationen abgefragt werden, die anschließend in einer Ausgabe angezeigt werden.

Im ersten Teil des Scripts wird das Formular mit dem Kommando `zenity --forms --title` erstellt. Sie sehen hier, dass das Kommando in einer Kommando-Substitution steht. Das Ergebnis des Kommandos ist ein String, in dem die einzelnen Felder durch ein Semikolon getrennt abgelegt werden. Den Feldtrenner können Sie dabei über den Parameter `-separator` selbst festlegen. Im Anschluss wird der String zerlegt und in ein Array geschrieben. Über das Kommando `zenity -list` können Sie die Werte dann als Liste anzeigen lassen. Dabei können Sie über die zusätzlichen Parameter `-width` und `-height` die Größe des Fensters festlegen. Die Werte, die ausgegeben werden sollen, werden aus dem Array gelesen.

Alternativ könnten Sie die Daten aus dem Formular auch in eine CSV-Datei schreiben und dann in eine Tabellenkalkulation oder eine Datenbank übernehmen.

Wie Sie an diesen zwei Beispielen sehen, kann Zenity Ausgaben für die Benutzerkommunikation grafisch sehr gut aufbereiten. Weitere Möglichkeiten und eine gute Hilfe finden Sie unter *https://help.gnome.org/users/zenity/*. Achten Sie darauf, dass Sie die Hilfe für die richtige Zenity-Version aufrufen.

16.4 YAD

Bei YAD (*Yet Another Dialog*) handelt es sich um einen »Fork« von Zenity, nur dass dieser auf neueren Bibliotheken basiert und damit aktueller ist. Auch der Funktionsumfang ist erheblich größer, und die Scripts, die Sie mit YAD erstellen, können sehr viel komplexer sein.

Genau wie bei Zenity können Sie testen, ob YAD auf Ihrem System installiert ist. Wenn Sie das Kommando `yad --version` eingeben und eine Versionsnummer als Antwort bekommen, ist alles installiert, und Sie können YAD nutzen.

Auch hier wollen wir anhand von Beispielen die Funktionen von YAD beschreiben. Wir werden nur die Grundfunktionen erklären, denn schon die Funktion eines Fensters, in dem Sie Optionen zur Auswahl stellen können, ist so vielfältig, dass die Beispiele hier den Rahmen sprengen würden. Am Ende dieses Abschnitts werden wir Ihnen einige Quellen nennen, in denen Sie sehr viele Beispiele finden können.

Das folgende Beispiel liest wieder Adressen ein, nur werden die Adressen am Ende in eine Datei geschrieben.

```
#!/bin/bash

#Beispiel für yad
ADDR_ARRAY=($(yad \
--item-separator=";" \
--separator="\\n" \
--form \
--field="Eine Adresse eingeben:LBL" \
--field="Vorname:CBE" NA \
--field="Nachname:CBE" NA \
--field="Straße:CBE" NA \
--field="Hausnummer:NUM"  \
--field="Postleitzahl:CBE" \
--field="Ort:CBE" NA \
--field="Geburtstag:DT" \
--field="In einer Datei speichern?:CHK"))
```

```
LANG_ARRAY=`echo ${#ADDR_ARRAY[*]}`
SAVE=$((LANG_ARRAY-1))

if [ ${ADDR_ARRAY[SAVE]} = "TRUE" ]
then
    while [ `echo ${#FILE_ARRAY[*]}` -ne 1 ]
    do
        FILE_ARRAY=($(yad \
        --item-separator=";" \
        --separator="\\n" \
        --form \
        --field="Eine Datei wählen:LBL" \
        --field="Erstellen Sie eine neue Datei:SFL" \
        --field="Oder eine bestehende Datei auswählen:LBL" \
        --field="Wählen Sie eine Datei zum Speichern:FL" ))

        if [ `echo ${#FILE_ARRAY[*]}` -ne 1 ]
        then
              yad --text "Bitte genau eine Auswahl treffen" \
            --button="Weiter":1 \
            --button="Abbruch":0
            JN=$?
            if [ "$JN" -eq 0 ]
            then
                yad --text="Auf Wiedersehen" \
                --button=gtk-ok:1
                exit
            else
                yad --text="Dann noch mal" \
                --button=gtk-ok:0
                continue
            fi
        fi
    done
fi
echo "Datei = ${FILE_ARRAY[0]} "
if [ ! -r ${FILE_ARRAY[0]} ]
then
    yad --text="Sie haben kein Schreibrecht an der Datei" \
         --button=gtk-ok:1
    exit
fi
```

```
COUNT=$((LANG_ARRAY - 1))
exec 3>> ${FILE_ARRAY[0]}
for (( i=0 ; i < $COUNT ; i++ ))
do
    echo -n "${ADDR_ARRAY[$i]};" >&3
done
echo " " >&3
exec 3>&-
```

Als Erstes öffnet sich wieder ein Formular, in dem Sie die entsprechenden Daten eingeben (siehe Abbildung 16.14).

Abbildung 16.14 Eingabemaske für Adressen

Wenn Sie das Kästchen vor IN EINER DATEI SPEICHERN? anwählen, öffnet sich ein neues Fenster, in dem Sie dann entweder eine neue Datei angeben oder eine bestehende Datei auswählen können (siehe Abbildung 16.15).

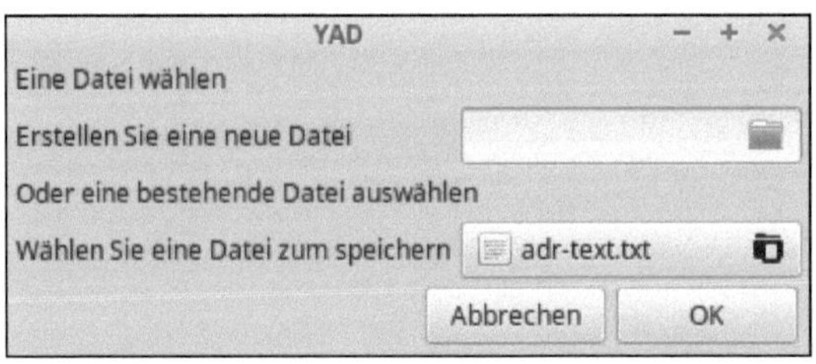

Abbildung 16.15 Auswahlfenster für die Datei

Klicken Sie dort auf OK, wird der Datensatz in der angegebenen Datei gespeichert.

Jetzt wollen wir noch einen Blick auf das Script selbst werfen, um Ihnen einige Unterschiede zu Zenity zu zeigen.

Gleich beim Einlesen der Daten sehen Sie, dass bei YAD alle Werte des Formulars gleich in ein Array eingelesen werden und nicht in eine Variable. Jedem der Felder wird mit einer Abkürzung ein bestimmter Typ zugewiesen. Die Typen, die Ihnen zur Verfügung stehen, finden Sie in Tabelle 16.2.

Abkürzung	Feldtyp
RO	Nur lesen
NUM	Zahlen bis 65.536
CHK	Checkbox
CBE	Für Texteingabe
FL	Schaltfläche für eine Dateiauswahl
SFL	Feld zum Erstellen einer Datei
DIR	Schaltfläche, um ein Verzeichnis auszuwählen
CDIR	Feld zum Erstellen eines Verzeichnisses
FN	Schaltfläche zur Auswahl der Schriftart
MFL	Mehrfachauswahl für Dateien
DT	Datumsfeld
CLR	Farbauswahl
BTN	Beschriftete Schaltflächen
LBL	Überschrift

Tabelle 16.2 Übersicht der Feldtypen

Da nur gefüllte Felder in das Array aufgenommen werden, kann das Array unterschiedlich lang sein. Deshalb wird jetzt die Länge des Arrays bestimmt. Wenn die Datei gespeichert werden soll, wird ein neues Formular geöffnet, in dem der Anwender entweder eine komplett neue Datei angeben oder eine bestehende Datei auswählen kann.

Nun wird geprüft, ob der Anwender nicht beide Optionen gewählt hat. Ist das der Fall oder hat er keine Option gewählt, wird eine Fehlermeldung ausgegeben, und die Eingabe wird eventuell erneut aufgerufen. Die Frage an den Anwender, ob er das Programm abbrechen oder erneut eine Datei angeben will, wird wieder über eine YAD-Box gestellt. Jetzt geht es darum, festzustellen, welcher der Buttons angeklickt wurde. Die Eingabe kann hier nicht einfach über eine Kommando-Substitution in eine Variable geschrieben werden, sondern muss über einen Return-Wert ausgelesen werden.

Immer wenn Sie eine Box mit Buttons generieren, müssen Sie für jeden Button einen Return-Wert festlegen. In unserem Beispiel wäre das zum Beispiel `--button=gtk-ok:1`. Die `1` hinter dem Doppelpunkt ist der Return-Wert des Buttons. Über die Variable `?$` können Sie im nächsten Kommando diesen Wert auslesen.

Das Auslesen muss immer der nächste Schritt sein

Denken Sie daran, dass die Variable `$?` immer das Ergebnis des letzten Kommandos beinhaltet. Daher müssen Sie die Variable `$?` sofort als Nächstes in eine andere Variable einlesen. Führen Sie vorher noch andere Kommandos aus, erhalten Sie nicht den Return-Wert des Buttons.

Jetzt wird noch geprüft, ob die Anwenderin oder der Anwender Schreibrechte an der Datei hat. Hier können natürlich noch weitere Überprüfungen hinzugefügt werden; das Script soll Ihnen an dieser Stelle nur die Vorgehensweise erklären. Denken Sie immer daran, möglichst alle Fehler abzufangen, die ein Anwender machen kann.

Dann wird die Datei geöffnet, und die Daten werden in die Datei geschrieben. Am Schluss wird die Datei wieder geschlossen.

Im zweiten Beispiel möchten wir Ihnen zeigen, wie Sie mit YAD ganz einfach Systeminformationen grafisch anzeigen lassen können. Auch das Fenster zur Auswahl von Farbcodes möchten wir Ihnen hier vorstellen.

```
#!/bin/bash
while true
do
    yad --button=gtk-color-picker:0 \
            --button=gtk-network:1 \
            --button=gtk-info:2 \
            --button=gtk-quit:3

    WAHL=$?

    case "$WAHL" in
    0)    FARBE=`yad --color --init-color=blue`
            yad --text="Gewählte Farbe = $FARBE" \
                    --button=gtk-ok:1;;
    1) declare IP_DEV=($(ip a | grep -v  ^" " | awk -F: '{print $2}'))
```

```
        declare IP_ADR=($(ip a | grep '\.' | awk '{print $2}' \
                    | awk -F/ '{print $1}'))
        LANG_DEV=`echo ${#IP_DEV[*]}`
        LANG_ADR=`echo ${#IP_ADR[*]}`
        yad --list \
        --width=300 \
        --height=400 \
        --column=Device \
        --column=IP-Adresse \
        $(for ((i=0; i<=$LANG_DEV; i++))
        do
            echo -n " ${IP_DEV[$i]} ${IP_ADR[$i]}"
        done)
        ;;
    2)    yad --list  \
        --width=500 \
        --height=500 \
        --column=Device \
        --column=Size \
        --column=used \
        --column=free \
        --column=% \
        --column=Mount \
        $(df |grep -e '^/dev/' )2>/dev/null
            ;;
    3) yad --text="Auf Wiedersehen" \
         --button=gtk-ok:1
        exit;;
    *) continue
    esac
done
```

In dem Script wird nach dem Aufruf ein Menü mit vier Punkten angezeigt. Die einzelnen Menüpunkte können über Buttons ausgewählt werden. In Abbildung 16.16 sehen Sie das Menü.

Abbildung 16.16 Menü im Beispielscript

Wenn Sie auf GTK-COLOR-PICKER klicken, öffnet sich das Fenster aus Abbildung 16.17. Dort können Sie eine Farbe auswählen. Wenn Sie dann auf OK klicken, wird ein neues Fenster geöffnet, in dem der Farbwert angezeigt wird.

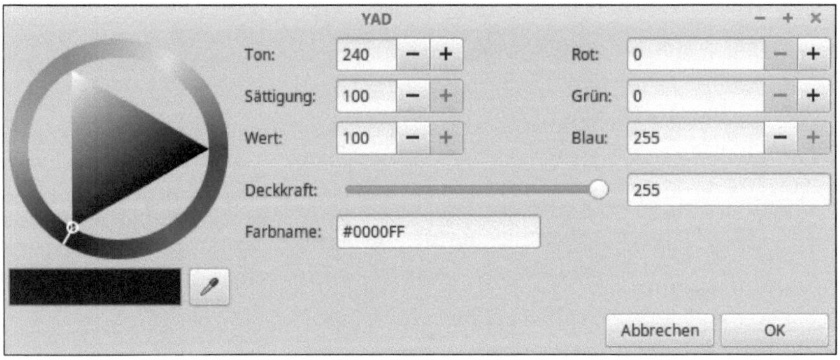

Abbildung 16.17 Die Farbauswahl

Klicken Sie auf NETZWERK, öffnet sich das Fenster aus Abbildung 16.18, und es werden Ihnen alle Netzwerkkarten des Systems mit den zugehörigen IP-Adressen angezeigt.

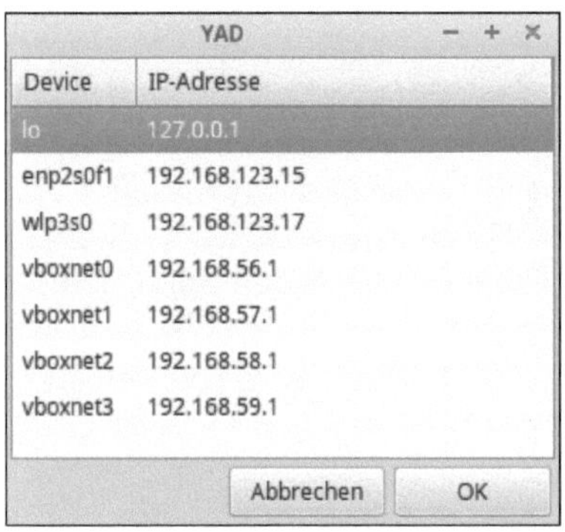

Device	IP-Adresse
lo	127.0.0.1
enp2s0f1	192.168.123.15
wlp3s0	192.168.123.17
vboxnet0	192.168.56.1
vboxnet1	192.168.57.1
vboxnet2	192.168.58.1
vboxnet3	192.168.59.1

Abbildung 16.18 Alle Netzwerkkarten im System

Bei einem Klick auf INFORMATIONEN, erhalten Sie alle Informationen zu den gemounteten Dateisystemen Ihres Systems, so wie Sie es in Abbildung 16.19 sehen.

Device	Size	used	free	%	Mount
/dev/sda5	9754624	1825120	7929504	19%	/
/dev/sda7	19519488	10246752	9272736	53%	/usr
/dev/sda6	9754624	1863064	7891560	20%	/var
/dev/sda10	446469032	191897236	231869412	46%	/home
/dev/sdb2	651665768	564444324	54095624	92%	/vm
/dev/sdb1	309506048	62952452	230808572	22%	/daten
/dev/sda8	4871168	38028	4833140	1%	/tmp
/dev/sda1	484004	309880	174124	65%	/boot2

Abbildung 16.19 Alle gemounteten Dateisysteme

Über den Menüpunkt BEENDEN verlassen Sie das Script.

Schauen wir uns das Script nun etwas genauer an: Das gesamte Script läuft in einer Endlosschleife `while true`, und zwar so lange, bis es über den Button BEENDEN verlassen wird. Als Erstes wird das Auswahlmenü über YAD erstellt. Jeder der Buttons bekommt eine Beschriftung und ein bestimmtes Symbol zugewiesen. Welche *gtk*-Buttons bereitgestellt werden, können Sie auf der Seite *http://smokey01.com/yad/* nachlesen.

Zusätzlich wird jedem Button ein Return-Wert zugewiesen, der beim Anklicken des entsprechenden Buttons zurückgegeben wird. Dieser Wert wird einer Variablen zugewiesen und dann in einem `case` ausgewertet. Je nach Auswahl werden jetzt die unterschiedlichen Informationen bereitgestellt. Der *color-picker* wird sodann über `yad --color --init-color=blue` bereitgestellt. Nachdem Sie eine Farbe ausgewählt haben, wird sie an eine Variable übergeben. Denn das Ergebnis des *color-picker* können Sie über eine Kommando-Substitution an eine Variable übergeben, die Sie dann wieder in einer Box ausgeben können.

Für die Ausgabe der Netzwerkkarten mit den dazugehörigen IP-Adressen ist der Aufwand schon etwas höher. In unterschiedlichen Systemen können unterschiedlich viele Netzwerkkarten verbaut sein, und auch die Namensgebung ist nicht auf allen Distributionen identisch. Aus diesem Grund werten wir hier die Informationen aus, die uns das Kommando `ip a` bereitstellt. Zuerst werden die Informationen nach den Namen der Netzwerkkarte durchsucht, und die Namen werden in das Array `IP_DEV` geschrieben. Anschließend werden in einem zweiten Array, `IP_ADR`, die IP-Adressen der Netzwerkkarten gespeichert. Im Anschluss wird die Anzahl der Einträge in den Arrays ermittelt. Diese wird später benötigt, um alle Felder der Arrays auszulesen.

Zur Ausgabe wird das Kommando `yad --list` verwendet. Hier werden dann erst die Höhe und die Breite des Fensters festgelegt. Im Anschluss werden zwei Überschriften – `Device` und `IP-Adresse` – definiert, dann folgt eine Kommando-Substitution, in der in einer Schleife beide Arrays ausgegeben werden. Das Ergebnis wird in einem Fenster dargestellt.

Jetzt fehlt uns noch der dritte Menüpunkt: die Auswertung der gemounteten Festplatten. Auch dafür wird wieder eine Liste mit `yad --list` erzeugt. Erst werden die Größe des Fensters und die Überschriften definiert, dann folgt die Kommando-Substitution, die die gemounteten Festplatten auswertet und zur Anzeige an YAD übergibt.

Ein weiteres Beispiel soll zeigen, wie auf einfache Weise eine Dateiliste erstellt wird, aus der dann eine Auswahl erfolgt. Im Beispielscript werden die Logdateien aus dem Verzeichnis */var/log/* angezeigt. Die ausgewählte Datei wird dann per `cat` in einem neuen Fenster ausgegeben.

```
#! /bin/bash
# Name: log-view
yadwahl=0
while [ $yadwahl -eq "0" ];do
    logfile=$(ls -1 /var/log/*.log|yad --list --width=500 --height=500 \
        --center --column="File" --separator="")
    yadwahl=$?
    if [ $yadwahl -eq "0" ]; then
       cat $logfile |yad --title="Log viewer $logfile" --text-info \
        --width=800 --height=300
    fi
    # Wenn Sie im yad-Fenster auf Abbrechen drücken, wird die Datei
    # nicht angezeigt und die while-Schleife beendet.
done
```

Mit diesen Beispielen können Sie schon einige Scripts mit einer benutzerfreundlichen grafischen Ausgabe erzeugen. Da es sehr viele gute Webseiten zu YAD gibt, möchten wir Ihnen hier eine Liste der Seiten zeigen, auf denen wir nach Informationen gesucht haben:

- *https://wiki.ubuntuusers.de/yad/*
- *https://sourceforge.net/p/yad-dialog/wiki/browse_pages/*
- *http://smokey01.com/yad/*

Natürlich gibt es noch weitere gute Webseiten zu YAD, aber auf den genannten Seiten bekommen Sie schon sehr viele und sehr gute Informationen.

16.5 gnuplot – Visualisierung von Messdaten

`gnuplot` ist ein Kommandozeilen-Plotprogramm, das unter Linux/UNIX mittlerweile als *das* Tool für interaktive wissenschaftliche Visualisierungen von Messdaten gilt. Sowohl Kurven mit x/y-Datenpaaren als auch 3D-Objekte lassen sich mit `gnuplot` realisieren. Wenn Sie sich schon einen kurzen Überblick verschaffen wollen, können Sie sich einige Demos unter *http://gnuplot.sourceforge.net/demo/* ansehen. Die Demos auf dieser Webseite beziehen sich auf die Version 5 von `gnuplot`.

gnuplot und Terminalausgabe?

Zugegeben, `gnuplot` hat eigentlich nichts mit der Terminal-Ein-/Ausgabe zu tun, aber irgendwie ist es doch eine besondere »Art« der Ausgabe, weshalb wir diesen Abschnitt hier eingefügt haben. Wenn Sie `gnuplot` schon immer mal näher kennenlernen wollten, können Sie die nächsten Seiten gemütlich durcharbeiten. Ansonsten können Sie

sie auch einfach überspringen und bei Bedarf nachlesen. Der folgende Abschnitt ist also keine Voraussetzung für Kommendes, sondern nur als einfaches Add-on zu betrachten.

Ein weiterer Vorteil von `gnuplot` im Gegensatz zu anderen Programmen ist, dass es auf fast jeglicher Art von Rechnerarchitektur vorhanden ist. Also ist `gnuplot` neben Linux auch für alle Arten von UNIX (IRIX, HP-UX, Solaris und Digital Unix), für die BSD-Versionen und auch für Microsoft- (`wgnuplot`) und Macintosh-Welten erhältlich. Wenn man auch hier und da (besonders unter UNIX) manchmal kein Paket dafür vorfindet, so kann man immer noch den Quellcode passend kompilieren. Und was für manche von uns auch noch von Vorteil ist: `gnuplot` ist kostenlos zu beziehen (beispielsweise unter *www.gnu.org*; beim Schreiben des Buchs haben wir die Version 5.0.5 genutzt, da dies die Version ist, die heute mindestens bei allen Distributionen vorhanden ist).

gnuplot selbst bauen

Sofern Sie `gnuplot` selbst übersetzen wollen oder müssen, benötigen Sie häufig die eine oder andere Bibliothek dafür, wenn Sie beispielsweise als Ausgabeformat GIF- oder PNG-Grafiken erhalten wollen. Hierbei kann es gelegentlich zu Problemen kommen, weil die Versionen der einzelnen Bibliotheken ebenfalls zusammenpassen müssen.

16.5.1 Wozu wird gnuplot eingesetzt?

Das Anwendungsgebiet ist gewaltig. Ohne auf die Fachgebiete von `gnuplot` einzugehen, wollen wir hervorheben, dass `gnuplot` überall dort eingesetzt werden kann, wo Sie Funktionen bzw. Messdaten in einem zweidimensionalen kartesischen Koordinatensystem oder einem dreidimensionalen Raum darstellen wollen. Flächen können Sie als Netzgittermodell im 3D-Raum darstellen oder in einer x/y-Ebene anzeigen.

Das primäre Einsatzgebiet dürfte wohl die zweidimensionale Darstellung von Statistiken sein. Hierzu stehen Ihnen zahlreiche Styles wie Linien, Punkte, Balken, Kästen, Netze, Linien und Punkte usw. zur Verfügung. Tortendiagramme sind zwar rein theoretisch auch möglich, aber nicht unbedingt die Stärke von `gnuplot`. Die einzelnen Kurven und Achsen lassen sich auch mit Markierungen, Überschriften oder Datums- bzw. Zeitangaben beschriften. Natürlich können Sie `gnuplot` auch für Dinge wie Polynome (mitsamt Interpolation) und trigonometrische Funktionen einsetzen, und last, but not least kennt `gnuplot` auch die polaren Koordinatensysteme.

Außerdem kann `gnuplot` bei der 3D-Interpolation (*Gridding*) zwischen ungleichmäßigen Datenpunkten mit einem einfachen Gewichtungsverfahren verwendet werden.

Allerdings muss bei Letzterem gesagt werden, dass es Software gibt, die diesen Aspekt noch etwas besser verarbeitet. Trotzdem dürfte kaum jemand schnell an die Grenzen von gnuplot stoßen.

16.5.2 gnuplot starten

Da gnuplot ein interaktives Kommandozeilentool (mit einem eigenen Prompt gnuplot>) ist, können Sie gnuplot interaktiv oder aber auch in Ihrem Shellscript verwenden. gnuplot wird mit seinem Namen aufgerufen und wartet anschließend im Eingabeprompt z. B. auf seine Plotbefehle, die Definition einer Funktion oder eine Angabe zur Formatierung einer Achse. Verlassen können Sie gnuplot mit quit oder exit. Ein (umfangreiches) Hilfesystem erhalten Sie mit der Eingabe von help im gnuplot-Prompt.

```
you@host:~% gnuplot

        G N U P L O T
        Version 5.0 patchlevel 3
        last modified 2016-02-21
        Copyright (C) 1986-1993, 1998, 2004, 2007-2016
        Thomas Williams, Colin Kelley and many others

        gnuplot home:     http://www.gnuplot.info
        faq, bugs, etc:   type "help seeking-assistance"
        immediate help:   type "help"
        plot window:      hit 'h'

Terminal type set to 'wxt'
```

16.5.3 Das Kommando zum Plotten

Zum Plotten wird das Kommando plot (für eine 2D-Darstellung) oder splot (für die 3D-Darstellung) verwendet. gnuplot selbst zeichnet dann aus einer Quelle – beispielsweise aus einer Funktion oder numerischen Daten, die in einer Datei gespeichert werden – einen Graphen. Abbildung 16.20 zeigt ein ganz einfaches Beispiel:

```
gnuplot> plot sin(x)
```

Mögliche Probleme mit gnuplot unter macOS

Wenn mit dem Befehl plot sin(x) nichts auf dem Bildschirm geplottet wird, kann es sein, dass gnuplot bei Ihnen mit aqua als Terminaltyp eingestellt ist und nichts mit Ihrem Befehl anfangen kann. In diesem Fall sollten Sie in der Kommandozeile von gnu-

`plot>` das Terminal mit `set term x11` auf X11 stellen. Das setzt natürlich wieder voraus, dass X11 auf dem Mac installiert ist. Beachten Sie, dass Sie dies auch bei den anschließenden Shellscripts (!) einstellen müssen, damit Sie etwas zu sehen bekommen.

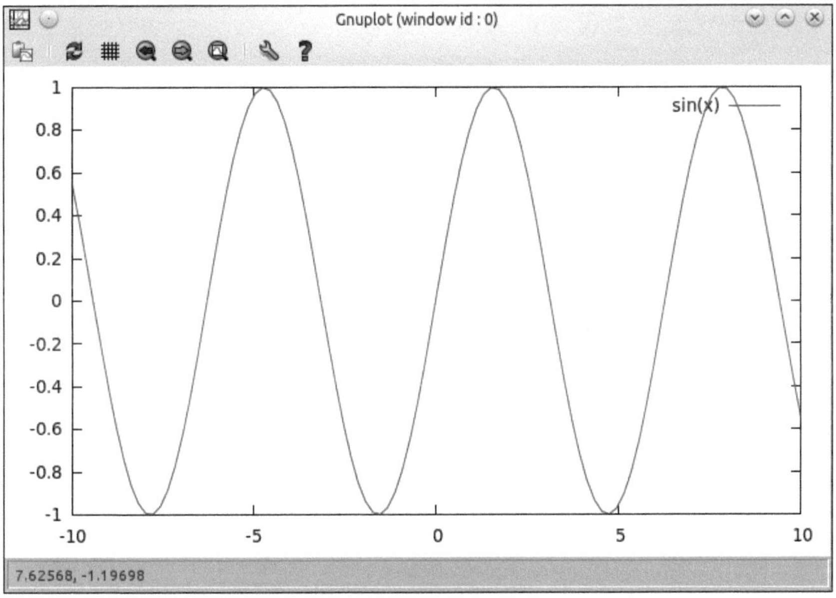

Abbildung 16.20 Ein einfacher 2D-Plot mit »sin(x)«

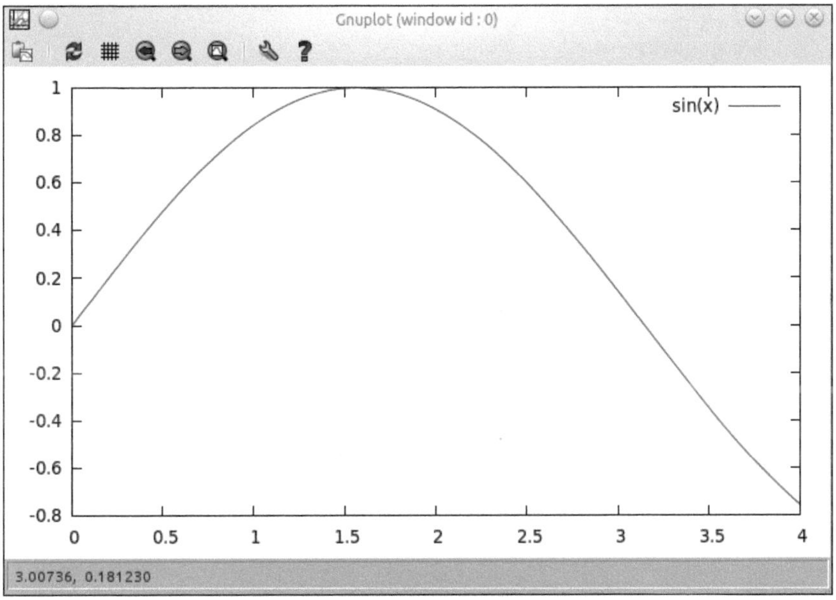

Abbildung 16.21 Derselbe Plot wie oben, nur mit veränderter x-Achse

Im Beispiel aus Abbildung 16.20 wurde ein einfacher 2D-Graph mit x/y-Koordinaten geplottet. Im Beispiel wurde der Bezugsrahmen der x/y-Koordinaten nicht angegeben, denn in diesem Fall macht gnuplot dies automatisch. Die Standardwerte für die x-Achse lauten hier –10 bis +10, und die y-Achse wird automatisch ermittelt. Wollen Sie beispielsweise die x-Achse auf den Wert 0 bis 4 setzen, so können Sie dies folgendermaßen realisieren (siehe Abbildung 16.21):

```
gnuplot> plot [0:4] sin(x)
```

16.5.4 Variablen und Parameter für gnuplot

Im Beispiel oben konnten Sie sehen, wie man bei gnuplot den Bezugsrahmen der x-Achse verändern kann. Allerdings war diese Version nicht unbedingt eindeutig, und außerdem will man die Achsen auch noch beschriften. Hier bietet Ihnen gnuplot natürlich wieder eine Menge Variablen, die Sie verändern können. Hierüber können bzw. sollten Sie sich einen Überblick mit help set verschaffen:

```
gnuplot> help set
...
Subtopics available for set:
 angles             arrow              autoscale          bar
 bmargin            border             boxwidth           clabel
 clip               cntrparam          contour            data
 dgrid3d            dummy              encoding           format
 function           grid               hidden3d           isosamples
 key                label              linestyle          lmargin
 locale             logscale           mapping            margin
 missing            multiplot          mx2tics            mxtics
 my2tics            mytics             mztics             noarrow
 noautoscale        noborder           noclabel           noclip
 ...
```

> **Raus aus dem Hilfeprompt**
>
> Sie kommen mit einem einfachen [↵] wieder aus dem Hilfesystemprompt heraus (oder auch ins nächsthöhere Hilfemenü hoch).

Sie finden eine Menge Variablen wieder, die Sie jederzeit Ihren Bedürfnissen anpassen können. Uns interessieren erst einmal die Variablen xlabel und ylabel für die Beschriftung sowie xrange und yrange für den Bezugsrahmen der einzelnen Achsen. All diese Variablen können Sie mit dem Kommando set anpassen:

```
set variable wert
```

Um auf das erste Plot-Beispiel zurückzukommen, können Sie die einzelnen (eben genannten) Werte wie folgt verändern:

```
gnuplot> set xlabel "X-ACHSE"
gnuplot> sct ylabel "Y-ACHSE"
gnuplot> set xrange [0:4]
gnuplot> set yrange [-1:1]
gnuplot> plot sin(x)
```

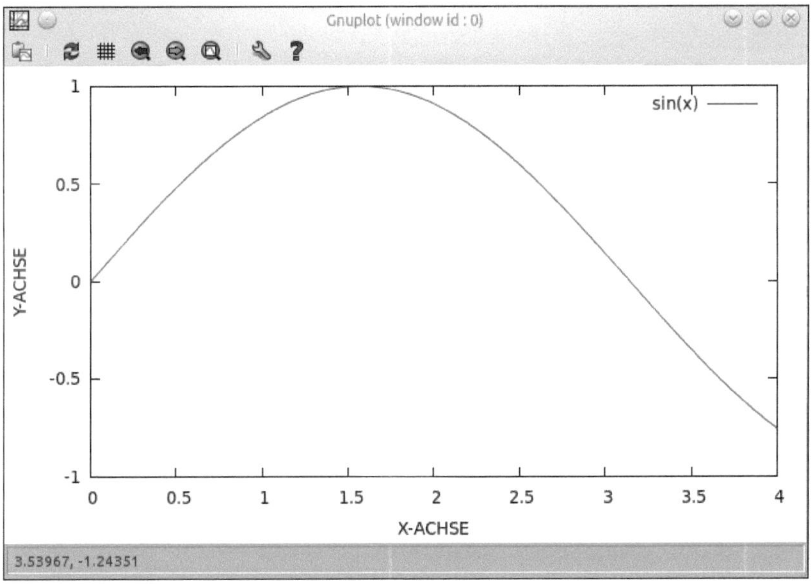

Abbildung 16.22 Hier wurden Label verwendet, und der Bezugsrahmen der x/y-Achse wurde verändert.

16.5.5 Ausgabe von gnuplot umleiten

Im Beispiel erfolgte die Ausgabe von `gnuplot` bisher immer auf ein Fenster, das sich separat öffnet (meistens ist dabei `terminal` auf `x11` eingestellt). Dieses Ziel können Sie selbstverständlich auch beispielsweise in eine PostScript-Datei oder einen (PostScript-)Drucker umleiten. `gnuplot` hat eine Menge Treiber an Bord, die plattformunabhängig sind. Die Ausgabe geben Sie mit `set terminal` *foo* an, wodurch die Ausgabe ins *foo*-Format umgewandelt wird. Welche »Terminals« Ihr `gnuplot` alle zur Anzeige bzw. Ausgabe unterstützt, können Sie mit einem einfachen `set terminal` abfragen:

```
gnuplot> set terminal
...
          canvas  HTML Canvas object
          dpu414  Seiko DPU-414 thermal printer [small medium large]
            dumb  ascii art for anything that prints text
```

```
      epson_180dpi  Epson LQ-style 180-dot per inch (24 pin) printers
       epson_60dpi  Epson-style 60-dot per inch printers
       epson_lx800  Epson LX-800, Star NL-10, NX-1000, PROPRINTER ...
               gif  GIF images using libgd and TrueType fonts
            hp500c  HP DeskJet 500c, [75 100 150 300] [rle tiff]
              hpdj  HP DeskJet 500, [75 100 150 300]
              hpgl  HP7475 and relatives [number of pens] [eject]
            hpljii  HP Laserjet series II, [75 100 150 300]
              hppj  HP PaintJet and HP3630 [FNT5X9 FNT9X17 FNT13X25]
              jpeg  JPEG images using libgd and TrueType fonts
             latex  LaTeX picture environment
           okidata  OKIDATA 320/321 Standard
               png  PNG images using libgd and TrueType fonts
        postscript  PostScript graphics, including EPSF embedded files (*.pdf)
               svg  W3C Scalable Vector Graphics
               wxt  wxWidgets cross-platform interactive terminal
               x11  X11 Window System interactive terminal
              xlib  X11 Window System (dump of gnuplot_x11 command stream)
             xterm  Xterm Tektronix 4014 Mode
...
```

Wollen Sie, dass anstatt in einem X11-Fenster die Ausgabe im PostScript-Format erfolgen soll, müssen Sie nur den Terminaltyp mit

```
gnuplot> set terminal postscript
Terminal type set to 'postscript'
```

ändern. Die häufigsten Endgeräte (Terminals) sind hierbei die Formate `postscript`, `latex` und `windows`, wobei `windows` wiederum für die Ausgabe auf dem Bildschirm (ähnlich wie `x11`) steht. Beachten Sie allerdings, dass Sie, wenn Sie ein anderes Format angeben (z. B. `postscript`), ein Ausgabeziel definieren müssen, da sonst der komplette Datenfluss auf Ihren Bildschirm erfolgt. Die Ausgabe verändern Sie ebenfalls mit dem Kommando `set`:

```
set output "zieldatei.endung"
```

Um etwa aus der einfachen Sinuskurve vom Beispiel oben eine echte PostScript-Datei zu erzeugen, gehen Sie wie folgt vor:

```
gnuplot> set terminal postscript
Terminal type set to 'postscript'
gnuplot> set output "testplot.ps"
gnuplot> plot sin(x)
gnuplot>
```

Ein Blick in das Arbeitsverzeichnis sollte nun die PostScript-Datei *testplot.ps* zutage fördern. Selbstverständlich können Sie hier – sofern vorhanden – auch andere Formate zur Ausgabe verwenden, so z. B. für das Internet eine *.png*-Datei:

```
gnuplot> set terminal png
Terminal type set to 'png'
Options are ' small color'
gnuplot> set output "testplot.png"
gnuplot> plot sin(x)
```

Wenn Sie `set output "PRN"` verwenden, werden die Daten (vorausgesetzt, es wurden zuvor mit `terminal` die richtigen Treiber angegeben) an den Drucker geschickt.

> **Tipp**
>
> Wollen Sie im aktuellen Arbeitsverzeichnis schnell nachsehen, ob hier tatsächlich eine entsprechende Datei erzeugt wurde, können Sie auch sämtliche Shell-Befehle in `gnuplot` verwenden. Sie müssen nur vor dem entsprechenden Befehl ein `!` setzen, eine Leerzeile lassen und den Befehl anfügen. So listet `! ls -l` Ihnen z. B. in `gnuplot` das aktuelle Verzeichnis auf.

16.5.6 Grafikausgabe im Terminal

Mit dem Terminaltyp `dumb` können Sie die Ausgabe direkt auf dem Terminal vornehmen, ohne dass die grafische Oberfläche genutzt wird. Abbildung 16.23 zeigt, wie das einfaches Beispiel mit den Befehl `gnuplot> plot sin(x)` dann aussieht.

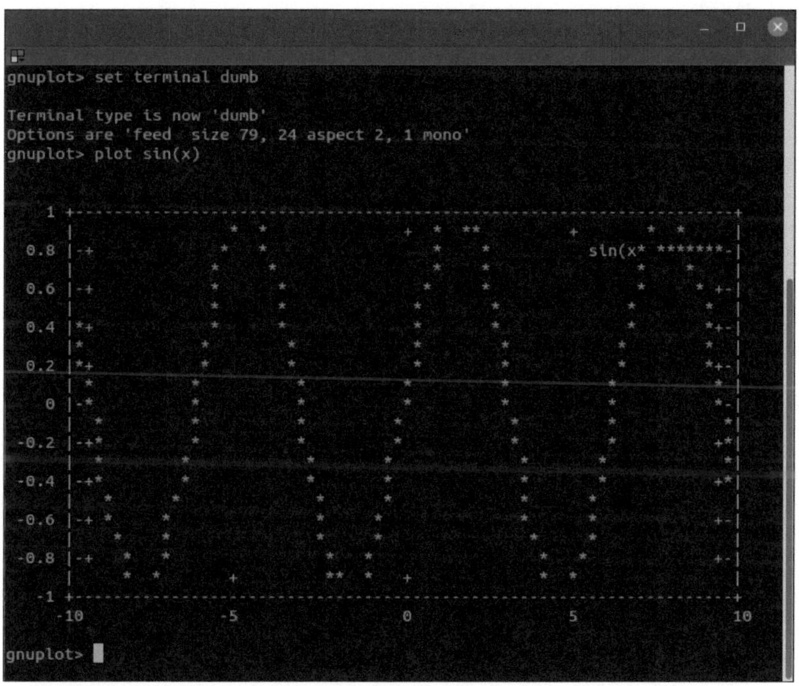

Abbildung 16.23 Ausgabe von gnuplot im Terminal

16.5.7 Variablen und eigene Funktionen definieren

Variablen können Sie mit gnuplot genau so definieren, wie Sie dies schon von der Shell-Programmierung kennen:

```
variable=wert
```

Wenn Sie den Wert einer Variablen kennen oder Berechnungen mit gnuplot ausgeben lassen wollen, können Sie hierfür das print-Kommando verwenden:

```
gnuplot> var=2
gnuplot> print var
2
gnuplot> var_a=1+var*sqrt(2)
gnuplot> print var_a
3.82842712474619
```

Solche Variablen können auch als Wert für ein Plotkommando genutzt werden. Im folgenden Beispiel wird eine Variable Pi verwendet, um den Bezugsrahmen der x-Koordinate zu »berechnen«:

```
gnuplot> Pi=3.1415
gnuplot> set xrange [-2*Pi:2*Pi]
gnuplot> a=0.5
gnuplot> plot a*sin(x)
```

Hier wird ein Graph aus a*sin(x) von -2*Pi bis 2*Pi gezeichnet, für den a=0.5 gilt.

Das Ganze lässt sich aber auch mit einer eigenen Funktion definieren:

```
gnuplot> func(x)=var*sin(x)
```

Diese Funktion können Sie nun mit dem Namen plot func(x) aufrufen bzw. plotten lassen. Da diese Funktion eine benutzerdefinierte Variable var enthält, erwartet sie auch eine solche Variable von Ihnen:

```
gnuplot> var=0.5
gnuplot> plot func(x)
gnuplot> var=0.6
gnuplot> plot func(x)
gnuplot> var=0.9
gnuplot> plot func(x)
```

Hierbei wurde der Parameter var ständig verändert, um einige Test-Plots mit veränderten Werten durchzuführen.

16.5.8 Interpretation von Daten aus einer Datei

Im folgenden Beispiel soll eine Datei namens *messdat.dat* mit gnuplot ausgelesen und grafisch ausgegeben werden. Die Datei enthält die Temperaturwerte der ersten sechs Monate der letzten vier Jahre.

```
gnuplot> ! cat messdat.dat
1 -5 3 -7 4
2 8 -5 9 -6
3 10 8 13 11
4 16 12 19 18
5 12 15 20 13
6 21 22 20 15
```

Jede Zeile soll für einen Monat stehen. Die erste Zeile z. B. steht für den Januar und beinhaltet Daten von vier Jahren (wir nehmen einfach mal 2009–2012). Um jetzt diese Messdaten als eine Grafik ausgeben zu lassen, können Sie wie folgt vorgehen:

```
gnuplot> set xrange [0:6]
gnuplot> set yrange [-20:40]
gnuplot> set xlabel "Monat"
gnuplot> set ylabel "Grad/Celcius"
```


Bis hierhin ist das nichts Neues. Jetzt müssen Sie den Zeichenstil angeben, den Sie verwenden wollen (darauf gehen wir noch ein):

```
gnuplot> set style data lp
```

Nun erst kommt der Plotbefehl ins Spiel. Das Prinzip ist verhältnismäßig einfach, da gnuplot bestens – wie bei einer Tabellenkalkulation – mit dem spaltenorientierten Aufbau von Messdaten zurechtkommt. Die Syntax lautet:

```
using Xachse:Yachse
```

Damit geben Sie an, dass Sie ab der Zeile Xachse sämtliche Daten aus der Yachse-Spalte erhalten wollen, beispielsweise:

```
# alle Daten ab der ersten Zeile aus der zweiten Spalte
using 1:2

# alle Daten ab der ersten Zeile aus der vierten Spalte
using 1:4
```

Damit using auch weiß, von wo die Daten kommen, müssen Sie ihm diese mit plot zuschieben:

```
plot datei using Xachse:Yachse
```

Somit könnten Sie aus unserer Messdatei *messdat.dat* alle Daten ab der ersten Zeile in der zweiten Spalte folgendermaßen ausgeben lassen:

```
gnuplot> plot "messdat.dat" using 1:2
```

Die Art der Linien, die hier ausgegeben werden, haben Sie mit `set style data lp` festgelegt. Wie es sich für ein echtes Messprotokoll gehört, beschriftet man die Linien auch entsprechend – was mit einem einfachen `t` für `title` und einer Zeichenkette dahinter erledigt werden kann:

```
gnuplot> plot "messdat.dat" using 1:2 t "2013"0
```

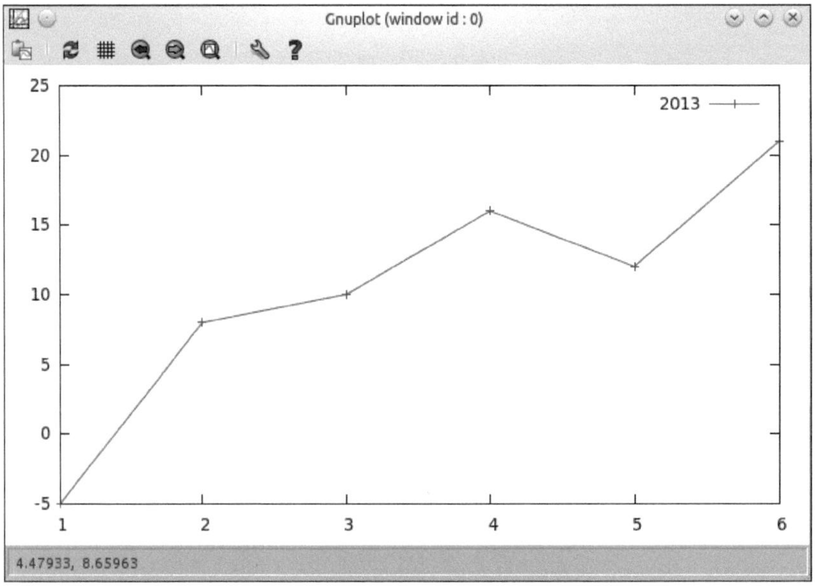

Abbildung 16.24 Interpretation von Daten aus einer Datei (1)

Wollen Sie dem Messprotokoll auch noch einen Titel verpassen, so können Sie diesen mit

```
set title "ein Titel"
```

angeben. Hier sehen Sie nochmals das vollständige Beispiel, das die Datei *messdat.dat* auswertet und plottet:

```
gnuplot> set xrange [0:6]
gnuplot> set yrange [-20:40]
gnuplot> set xlabel "Monat"
gnuplot> set ylabel "Grad/Celcius"
gnuplot> set style data lp
gnuplot> set title "Temperatur-Daten 2009-2012"
```

```
gnuplot> plot "messdat.dat" using 1:2 t "2009" ,\
> "messdat.dat" using 1:3 t "2010" ,\
> "messdat.dat" using 1:4 t "2011" ,\
> "messdat.dat" using 1:5 t "2012"
```

Im Beispiel sehen Sie außerdem, dass mehrere Plotanweisungen mit einem Komma und Zeilenumbrüche mit einem Backslash realisiert werden.

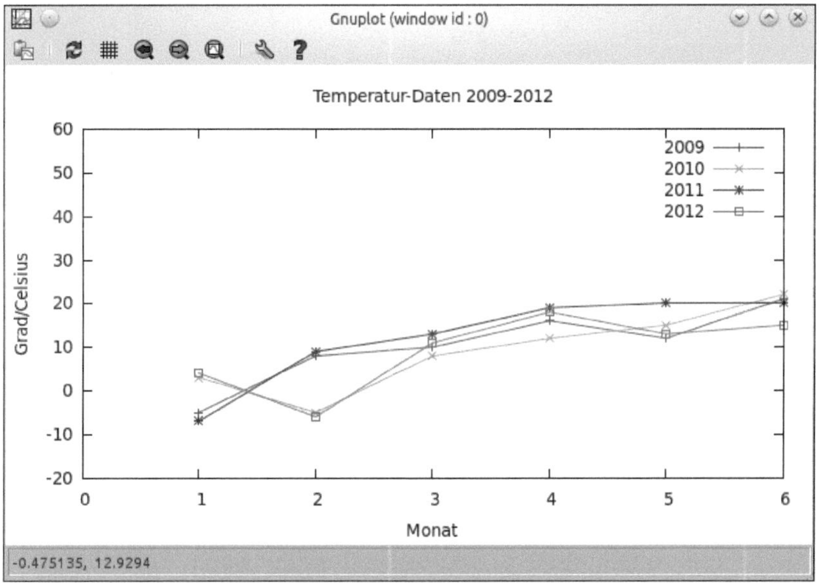

Abbildung 16.25 Interpretation von Daten aus einer Datei (2)

16.5.9 Alles bitte nochmals zeichnen (oder besser speichern und laden)

Das Beispiel zum Auswerten der Messdaten hält sich hinsichtlich des Aufwands in Grenzen, aber sofern man hier das eine oder andere ändern bzw. die Ausgabe nochmals ausgeben will, ist der `plot`-Befehl schon ein wenig lang. Zwar gibt es auch eine Kommando-History, doch es geht mit dem Befehl `replot` noch ein wenig schneller:

```
gnuplot> replot
```

Damit wird der zuvor vorgenommene `plot` nochmals geplottet. `replot` wird gewöhnlich verwendet, wenn Sie einen `plot` auf ein Fenster vorgenommen haben und diesen jetzt auch in einer Ausgabedatei speichern wollen. Im folgenden Beispiel soll der vorherige Plot in einer PostScript-Datei wieder zu sehen sein. Nichts einfacher als das:

```
gnuplot> set terminal postscript
Terminal type set to 'postscript'
gnuplot> set output "messdat.ps"
```

```
gnuplot> replot
gnuplot> ! ls *.ps
messdat.ps
```

Bevor Sie jetzt gnuplot beenden, können Sie auch den kompletten Plot (genauer gesagt: alle Befehle, Funktionen und Variablen) in einer Datei speichern:

```
gnuplot> save "messdat.plt"
gnuplot> quit
```

Starten Sie beim nächsten Mal gnuplot, können Sie mithilfe von load Ihre gespeicherten Plotdaten wieder auf dem Bildschirm (oder dort, wo Sie es angeben) plotten lassen:

```
gnuplot> load "messdat.plt"
```

Tipp

Wenn Sie wissen wollen, welche Linie welche Farbe bekommt und wie sonst alles standardmäßig auf dem Terminal aussieht, genügt ein einfacher test-Befehl. Wenn Sie test in gnuplot eintippen, bekommen Sie die aktuelle Terminaleinstellung von gnuplot in einem Fenster zurück.

16.5.10 gnuplot aus einem Shellscript heraus starten (der Batch-Betrieb)

Hierbei unterscheidet man zwischen zwei Möglichkeiten: Entweder es existiert bereits eine Batch-Datei, die mit save "file.dat" gespeichert wurde und die Sie aufrufen müssen, oder Sie wollen den ganzen gnuplot-Vorgang aus einem Shellscript heraus starten.

Batch-Datei verwenden

Eine Möglichkeit besteht darin, die Batch-Datei als Argument von gnuplot anzugeben:

```
you@host > gnuplot messdat.plt
```

gnuplot führt dann die angegebene Datei bis zur letzten Zeile in der Kommandozeile aus. Allerdings beendet sich gnuplot nach dem Lesen der letzten Zeile gleich wieder. Dem können Sie gegensteuern, indem Sie in der letzten Zeile der entsprechenden Batch-Datei (hier beispielsweise *messdat.plt*) pause -1 einfügen. Die Ausgabe hält dann so lange an, bis Sie eine Taste drücken.

Allerdings ist diese Methode unnötig, weil gnuplot Ihnen hier mit der Option -persist Ähnliches anbietet. Die Option -persist wird verwendet, damit das Fenster auch im Scriptbetrieb sichtbar bleibt.

```
you@host > gnuplot -persist messdat.plt
```

Außerdem können Sie die Ausgabe auch wie ein Shellscript von gnuplot interpretieren lassen. Ein Blick auf die erste Zeile der Batch-Datei bringt Folgendes ans Tageslicht:

```
you@host > head -1 messdat.plt
#!/usr/bin/gnuplot -persist
```

Also machen Sie die Batch-Datei ausführbar und starten das Script wie ein gewöhnliches:

```
you@host > chmod u+x messdat.plt
you@host > ./messdat.plt
```

gnuplot aus einem Shellscript starten

Um gnuplot aus einem Shellscript heraus zu starten, benötigen Sie ebenfalls die Option -persist (es sei denn, Sie schreiben in der letzten Zeile pause -1). Zwei Möglichkeiten stehen Ihnen zur Verfügung: mit echo und einer Pipe oder über ein Here-Dokument. Zuerst betrachten wir die Methode mit echo:

```
you@host > echo 'plot "messdat.dat" using 1:2 t "2009" with lp'\
> | gnuplot -persist
```

Hier können Sie gleich erkennen, dass sich die Methode mit echo wohl eher für kurze und schnelle Plots eignet. Mit der Angabe with lp musste noch der Style angegeben werden, da sonst nur Punkte verwendet würden. Wenn Sie noch weitere Angaben vornehmen wollen, etwa die Namen der einzelnen Achsen oder den Bezugsrahmen, ist die Möglichkeit mit echo eher unübersichtlich. Zwar ließe sich dies auch so erreichen:

```
you@host > var='plot "messdat.dat" using 1:2 t "2009" with lp'
you@host > echo $var | gnuplot -persist
```

Doch unserer Meinung nach ist das Here-Dokument die einfachere Lösung. Hier sehen Sie ein Shellscript für die Methode mit dem Here-Dokument:

```
# Demonstriert einen Plot mit gnuplot und dem Here-Dokument
# Name : aplot1

# Datei zum Plotten
FILE=messdat.dat

echo "Demonstriert einen Plot mit gnuplot"

gnuplot -persist <<PLOT
set xrange [0:6]
```

16

```
set yrange [-20:40]
set xlabel "Monat"
set ylabel "Grad/Celcius"
set style data lp
set title "Temperatur-Daten 2009-2012"

# Falls Sie eine Postscript-Datei erstellen wollen ...
# set terminal postscript
# set output "messdat.ps"

plot "$FILE" using 1:2 t "2009" ,\
"$FILE" using 1:3 t "2010" ,\
"$FILE" using 1:4 t "2011" ,\
"$FILE" using 1:5 t "2012"
quit
PLOT

echo "Done ..."
```

16.5.11 Plot-Styles und andere Ausgaben festlegen

Wollen Sie nicht, dass gnuplot bestimmt, welcher Plotstil (Style) verwendet wird, können Sie diesen auch selbst auswählen. Im Beispiel hatten Sie den Stil bisher mit

```
set style data lp
```

festgelegt. lp ist eine Abkürzung für linepoints. Sie können aber den Stil auch angeben, indem Sie an einen plot-Befehl das Schlüsselwort with, gefolgt vom Stil Ihrer Wahl, anhängen:

```
plot "datei" using 1:2 with steps
# bspw.
you@host > echo 'plot "messdat.dat" using 1:2 \
> t "2009" with steps' | gnuplot -persist
```

Hier geben Sie z. B. als Stil eine Art Treppenstufe an. Die einzelnen Stile hier genauer zu beschreiben, geht wohl ein wenig zu weit und ist eigentlich nicht nötig. Am besten probieren Sie die einzelnen Styles selbst aus. Welche möglich sind, können Sie mit einem Aufruf von

```
gnuplot> set style data
```

in Erfahrung bringen. Das folgende Script demonstriert Ihnen einige dieser Styles, wobei gleich ins Auge springt, welche Stile für diese Statistik brauchbar sind und welche nicht.

```
# Demonstriert einen Plot mit gnuplot und dem Here-Dokument
# Name : aplotstyles1
# Datei zum Plotten
FILE=messdat.dat

# Verschiedene Styles zum Testen
STYLES="lines points linespoints dots impulses \
steps fsteps histeps boxes"

for var in $STYLES
do
gnuplot -persist <<PLOT
set terminal x11
set xrange [0:6]
set yrange [-20:40]
set xlabel "Monat"
set ylabel "Grad/Celcius"
set style data $var
set title "Temperatur-Daten 2009-2012"

# Falls Sie eine Postscript-Datei erstellen wollen ...
# set terminal postscript
# set output "messdat.ps"

plot "$FILE" using 1:2 t "2009" ,\
"$FILE" using 1:3 t "2010" ,\
"$FILE" using 1:4 t "2011" ,\
"$FILE" using 1:5 t "2012"
quit
PLOT
done
```

Andere Styles wie

```
xerrorbars xyerrorbars boxerrorbars yerrorbars
boxxyerrorbars vector financebars candlesticks
```

wiederum benötigen zum Plotten mehr Spalten als Informationen. Näheres entnehmen Sie hierzu bitte den Hilfsseiten von `gnuplot`.

Beschriftungen

Neben Titel, Legenden und der x/y-Achse, die Sie bereits verwendet und beschriftet haben, können Sie auch ein Label an einer beliebigen Position setzen:

```
set label "Zeichenkette" at X-Achse,Y-Achse
```

Wichtig in diesem Zusammenhang ist natürlich, dass sich die Angaben der Achsen innerhalb von xrange und yrange befinden.

Zusammenfassend finden Sie die am häufigsten verwendeten Beschriftungen in Tabelle 16.3.

Variable	Bedeutung
xlabel	Beschriftung der x-Achse
ylabel	Beschriftung der y-Achse
label	Beschriftung an einer gewünschten x/y-Position innerhalb von xrange und yrange
title	In Verbindung mit set title "abcd" wird der Text als Überschrift verwendet oder innerhalb eines Plotbefehls hinter der Zeile und Spalte als Legende. Kann auch mit einem einfachen t abgekürzt werden.

Tabelle 16.3 Häufig verwendete Beschriftungen von »gnuplot«

Hier sehen Sie ein Anwendungsbeispiel zur Beschriftung in gnuplot:

```
gnuplot> set xlabel "X-ACHSE"
gnuplot> set ylabel "Y-ACHSE"
gnuplot> set label "Ich bin ein LABEL" at 2,20
gnuplot> set title "Ich bin der TITEL"
gnuplot> plot "messdat.dat" using 1:2 title "LEGENDE" with impuls
```

Dies sieht dann so aus wie in Abbildung 16.26.

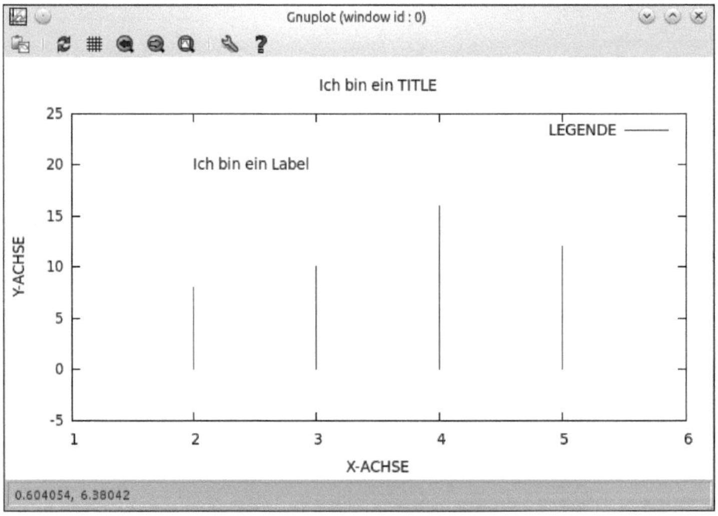

Abbildung 16.26 Beschriftungen in »gnuplot«

Linien und Punkte

Wenn Ihnen nicht gefällt, wie gnuplot standardmäßig die Linien und Punkte auswählt, können Sie diese auch mit dem folgenden Befehl selbst festlegen:

```
set style line [indexnummer] {linetype} {linewidth} {pointtype} \
{pointsize}
```

Beispielsweise so:

```
set style line 1 linetype 3 linewidth 4
```

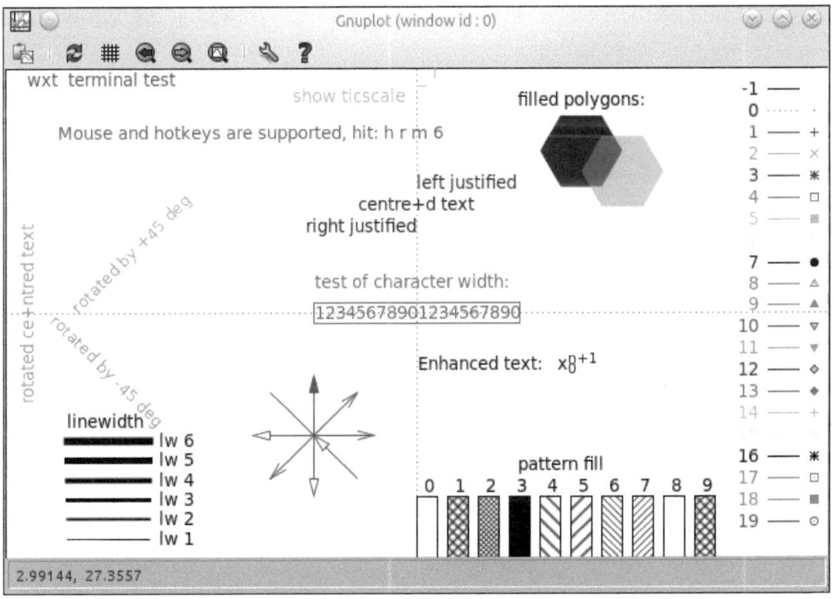

Abbildung 16.27 Überblick über die Linientypen von »gnuplot«

Hier definieren Sie einen Linienstil mit dem Index 1. Er soll den `linetyp` 3 (in unserem Fall eine blaue Linie, siehe Abbildung 16.27) und eine Dicke (`linewidth`) von 3 bekommen. Einen Überblick über die Linientypen erhalten Sie mit dem Befehl `test` bei `gnuplot`:

```
gnuplot> test
```

Wollen Sie den Linienstil Nummer 1, den Sie eben festgelegt haben, beim Plotten verwenden, müssen Sie ihn hinter dem Style mit angeben:

```
plot messdat.dat using 1:2 t "2009" with lp style line 1
```

Tabelle 16.4 gibt einen kurzen Überblick über die möglichen Werte, mit denen Sie die Ausgabe von Linien und Punkten bestimmen können.

Wert	Bedeutung
linetype (Kurzform lt)	Hier können Sie den Linienstil angeben. Gewöhnlich handelt es sich um die entsprechende Farbe und – falls verwendet – den entsprechenden Punkt. Welcher Linienstil wie aussieht, können Sie sich mit dem Befehl test in gnuplot anzeigen lassen.
linewidth (Kurzform lw)	Die Stärke der Linie; je höher dieser Wert ist, desto dicker wird der Strich.
pointtype (Kurzform pt)	Wie linetype, nur dass Sie hierbei den Stil eines Punkts angeben. Wie die entsprechenden Punkte bei Ihnen aussehen, lässt sich auch hier mit test feststellen.
pointsize (Kurzform ps)	Wie linewidth, nur dass Sie hierbei die Größe des Punkts angeben – je höher der Wert ist, desto größer ist der entsprechende Punktstil (pointtype).

Tabelle 16.4 Werte für Linien und Punkte in »gnuplot«

Hierzu zeigen wir nochmals das Shellscript, das die Temperaturdaten der ersten sechs Monate in den vier Jahren von 2009 bis 2012 auswertet – jetzt mit veränderten Linien und Punkten (siehe Abbildung 16.28):

```
# Demonstriert einen Plot mit gnuplot und dem Here-Dokument
# Name : aplot2
FILE=messdat.dat
gnuplot -persist <<PLOT
set style line 1 linetype 1 linewidth 4
set style line 2 linetype 2 linewidth 3 pointtype 6 pointsize 3
set style line 3 linetype 0 linewidth 2 pointsize 2
set style line 4 linetype 7 linewidth 1 pointsize 2
set xlabel "Monat"
set ylabel "Grad/Celcius"
set yrange [-10:40]
set xrange [0:7]
set label "6 Monate/2009-2012" at 1,30
set title "Temperaturdaten"
plot "$FILE" using 1:2 t "2009" with lp linestyle 1 ,\
     "$FILE" using 1:3 t "2010" with lp linestyle 2,\
     "$FILE" using 1:4 t "2011" with lp linestyle 3,\
     "$FILE" using 1:5 t "2012" with lp linestyle 4
PLOT
```

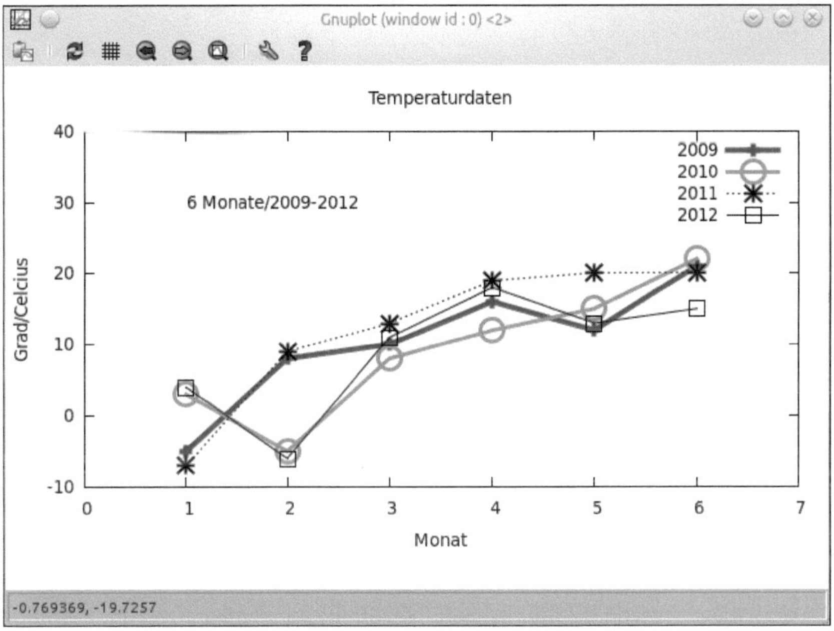

Abbildung 16.28 Ein Plot mit veränderten Linien und Punkten

Größe bzw. Abstände der Ausgabe verändern

Häufig ist die standardmäßige Einstellung der Ausgabe zu groß und manchmal (eher selten) auch zu klein. Besonders wenn man die entsprechende Ausgabe in eine PostScript-Datei für ein Latex-Dokument vornehmen will, muss man häufig etwas anpassen. Diese Angabe können Sie mittels

```
set size Xval,Yval
```

verändern (im Fachjargon »skalieren«).

```
set size 1.0,1.0
```

ist dabei der Standardwert und gibt Ihre Ausgabe unverändert zurück. Wollen Sie den Faktor (und somit auch die Ausgabe) verkleinern, müssen Sie den Wert reduzieren:

```
set size 0.8,0.8
```

Tabelle 16.5 listet weitere Werte auf, die Sie zum Verändern bestimmter Abstände verwenden können.

Befehl	Bedeutung
`set offset links,rechts, oben,unten`	Hiermit stellen Sie den Abstand der Daten von den Achsen ein. Als Einheit (Wert für `links`, `rechts`, `oben` und `unten`) dient die Einheit (siehe `xrange` und `yrange`), die Sie für die jeweilige Achse verwenden.
`set lmargin [wert]`	Justiert den Abstand der Grafik vom linken Fensterrand.
`set rmargin [wert]`	Justiert den Abstand der Grafik vom rechten Fensterrand.
`set bmargin [wert]`	Justiert den Abstand der Grafik vom unteren Fensterrand.
`set tmargin [wert]`	Justiert den Abstand der Grafik vom oberen Fensterrand.

Tabelle 16.5 Verändern von Abständen in »gnuplot«

»Auflösung« (Samplerate) verändern

`gnuplot` berechnet von einer Funktion eine Menge von Stützpunkten und verbindet diese dann durch *Splines* bzw. Linienelemente. Bei 3D-Plots ist allerdings die Darstellung oft recht grob, weshalb es sich manchmal empfiehlt, die Qualität der Ausgabe mit `set sample` *wert* feiner einzustellen (ein *wert* von beispielsweise 1000 ist recht fein). Sie verändern so zwar nicht direkt die Auflösung im eigentlichen Sinn, jedoch können Sie hiermit die Anzahl von Stützpunkten erhöhen, wodurch die Ausgabe automatisch feiner wird (allerdings gegebenenfalls auch mehr Rechenzeit beansprucht).

16.5.12 Tricks für die Achsen

Offset für die x-Achse

Manchmal benötigen Sie ein Offset für die Achsen, etwa wenn Sie Impulsstriche als Darstellungsform gewählt haben. Im Beispiel mit den Temperaturdaten würde eine Verwendung von Impulsstrichen als Style so aussehen wie in Abbildung 16.29.

Die Striche überlagern sich alle in der x-Achse. In diesem Beispiel mag die Verwendung von Impulsstrichen weniger geeignet sein, aber wenn Sie Punkte hierfür verwenden, werden häufig viele Punkte auf einem Fleck platziert. Egal welches Anwendungsgebiet, welcher Stil und welche Achse hiervon nun betroffen ist, auch die Achsen (genauer: das Offset der Achsen) können Sie mit einem einfachen Trick verschieben. Nehmen wir z. B. folgende Angabe, die die eben gezeigte Abbildung demonstriert:

```
plot "$FILE" using 1:2 t "2009" with impuls ,\
     "$FILE" using 1:3 t "2010" with impuls,\
```

```
    "$FILE" using 1:4 t "2011" with impuls,\
    "$FILE" using 1:5 t "2012" with impuls
```

Hier sind die Werte hinter `using` von Bedeutung:

```
using 1:2
```

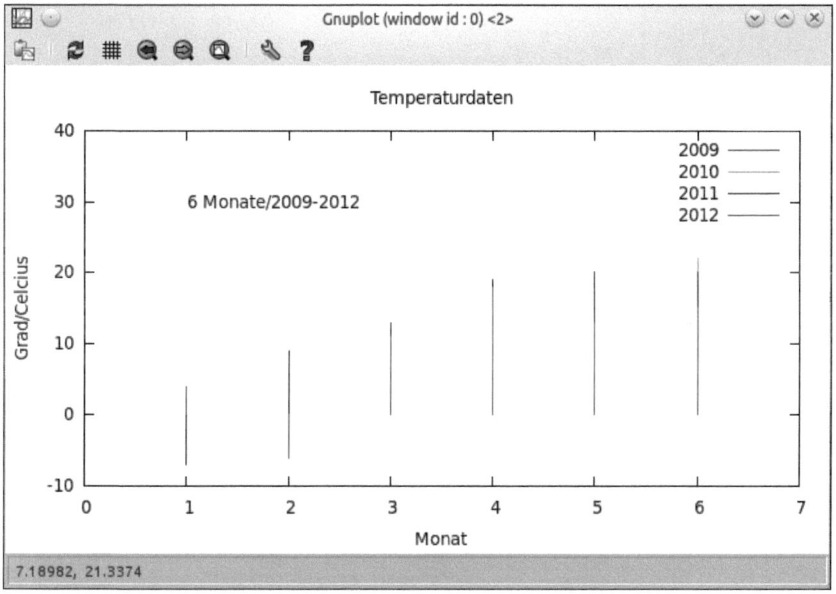

Abbildung 16.29 Verwendung von Impulsstrichen auf der x-Achse

Wollen Sie jetzt, dass die Impulsstriche minimal von der linken Seite der eigentlichen Position weg platziert werden, müssen Sie dies umändern in:

```
using (column(1)-.15):2
```

Jetzt wird der erste Strich um `-0.15` von der eigentlichen Position der x-Achse nach links verschoben. Wollen Sie die Impulsstriche um `0.1` nach rechts verschieben, schreiben Sie dies so:

```
using (column(1)+.1):2
```

Auf das vollständige Script angewandt, sieht dies folgendermaßen aus:

```
# Demonstriert einen Plot mit gnuplot und dem Here-Dokument
# Name : aplot3
FILE=messdat.dat
gnuplot -persist <<PLOT
set xlabel "Monat"
set ylabel "Grad/Celcius"
```

```
set yrange [-10:40]
set xrange [0:7]
set label "6 Monate/2009-2012" at 2,20
set title "Temperaturdaten"
plot "$FILE" using (column(1)-.15):2 t "2009" with impuls ,\
   "$FILE" using (column(1)-.05):3 t "2010" with impuls ,\
   "$FILE" using (column(1)+.05):4 t "2011" with impuls ,\
   "$FILE" using (column(1)+.15):5 t "2012" with impuls
PLOT
```

Abbildung 16.30 zeigt das Script bei der Ausführung.

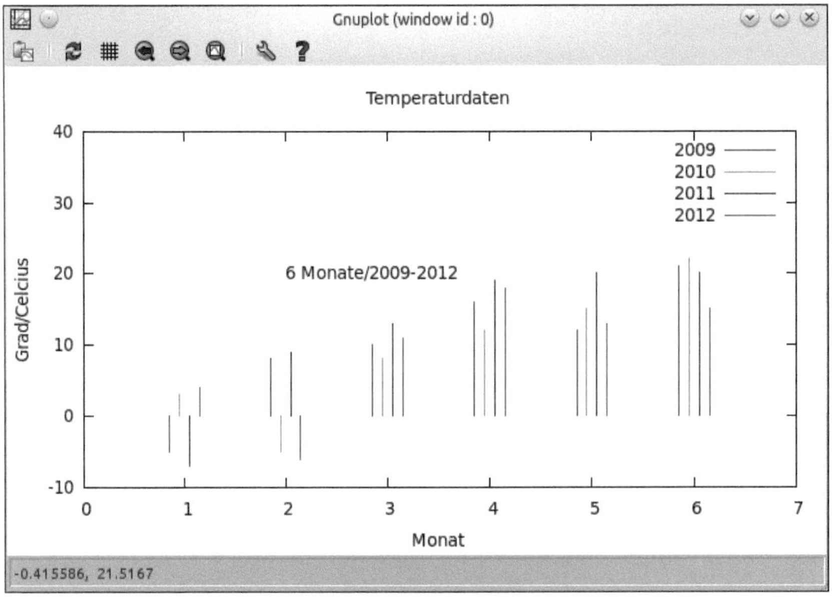

Abbildung 16.30 Mehrere Impulsstriche mit verschobener x-Achse

Zeitdaten

Wenn der Zeitverlauf irgendeiner Messung dargestellt werden soll, muss gnuplot die x-Werte als Datum/Stunde/Minute etc. erkennen. Gerade als (angehende) Systemadministratorin oder (angehender) Webmaster bekommen Sie es regelmäßig mit Zeitdaten zu tun. Wollen Sie Kundinnen oder Angestellten zeigen, zu welcher Uhrzeit sich etwas Besonderes ereignet hat, können Sie hierzu ebenfalls auf gnuplot zählen. So zeigen Sie diesen Vorgang anschaulich, anstatt abschreckend mit einer Kolonne von Zahlen aufzuwarten.

Hier hilft es Ihnen auch wieder weiter, wenn Sie sich mit dem Kommando date auseinandergesetzt haben, denn das Format und die Formatierungszeichen sind dieselben. Folgende Daten sind z. B. vorhanden:

```
you@host > cat besucher.dat
10.03.13 655 408
11.03.13 838 612
12.03.13 435 345
13.03.13 695 509
14.03.13 412 333
15.03.13 905 765
16.03.13 355 208
```

Jede dieser Zeilen soll folgende Bedeutung haben:

```
[Datum] [Besucher] [Besucher mit unterschiedlicher IP-Adresse]
```

Es handelt sich also um eine Besucherstatistik einer Webseite. Um hierbei gnuplot mitzuteilen, dass Sie an Daten mit Zeitwerten interessiert sind, müssen Sie dies mit

```
set xdata time
```

angeben. Damit gnuplot auch das Zeitformat kennt, geben Sie ihm die Daten mit set timefmt ' ... ' mit. Die Formatangabe entspricht hierbei der von date. Im Beispiel von *besucher.dat* sieht sie also so aus:

```
set timefmt '%d.%m.%y'
```


Zum Schluss müssen Sie noch angeben, welche Zeitinformationen als Achsenbeschriftung verwendet werden sollen. Dies wird mit einem einfachen

```
set format x ' ... '
```

erreicht. Soll beispielsweise das Format *Tag/Monat* auf der x-Achse erscheinen, dann schreibt man dies so:

```
set format x "%d/%m"
```

Oder für das Format *Jahr/Monat/Tag* so:

```
set format x "%y/%m%/%d"
```

Alles zusammengefasst: set xdata time definiert die x-Werte als Zeitangaben. set timefmt erklärt gnuplot, wie es die Daten zu interpretieren hat. set format x definiert, welche der Zeitinformationen als Achsenbeschriftung auftauchen soll.

Hier sehen Sie das Shellscript, das die Besucherdaten auswertet und plottet:

```
# Demonstriert einen Plot mit gnuplot und dem Here-Dokument
# Name : aplot4

FILE=besucher.dat
```

```
gnuplot -persist <<PLOT
set xdata time
set timefmt '%d.%m.%y'
set format x "%d/%m"
set ylabel "Besucher"
set title " --- Besucherstatistik vom 10.3. bis 16.3.2013 ---"
set style data lp
plot "$FILE" using (timecolumn(1)):2 t "Besucher" pointsize 2 , \
"$FILE" using (timecolumn(1)):3 t "Besucher mit untersch. IP"
linewidth 2 pointsize 2
PLOT
```

Abbildung 16.31 zeigt das Script bei der Ausführung.

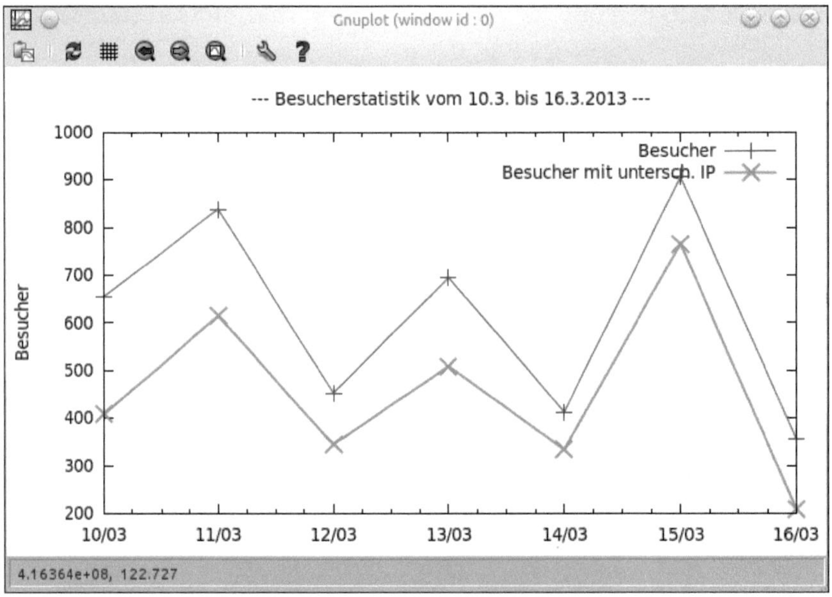

Abbildung 16.31 Ein »gnuplot« mit (formatierten) Zeitdaten

16.5.13 Die dritte Dimension

Zwar werden Sie bei der Administration eher selten mit dreidimensionalen Plottings zu tun haben, dennoch soll dieser Punkt nicht unerwähnt bleiben. Der Schritt zur dritten Dimension ist im Grunde nicht schwer: Hier kommt eine z-Achse hinzu, weshalb Sie gegebenenfalls noch entsprechende Werte belegen müssen bzw. können (`zrange`, `zlabel` etc.). Ebenfalls festlegen können Sie den Blickwinkel und die Blickhöhe (mit `set view`). Der Befehl zum Plotten von dreidimensionalen Darstellungen lautet `splot`. Hier sehen Sie eine Datei, mit der jetzt ein dreidimensionaler Plot vorgenommen werden soll:

```
you@host > cat data.dat
1  4  4609
2  4  3534
3  4  4321
4  4  6345

1  5  6765
2  5  3343
3  5  5431
4  5  3467

1  6  4321
2  6  5333
3  6  4342
4  6  5878

1  7  4351
2  7  4333
3  7  5342
4  7  4878
```


Die Bedeutung der einzelnen Spalten sei hierbei:

```
[Woche] [Monat] [Besucher]
```

Also handelt es sich wieder um eine Auswertung einer Besucherstatistik, wobei hier die erste Spalte der Woche, die zweite Spalte dem Monat und die dritte Spalte der Zahl der Besucher gewidmet ist, die in der *n*-ten Woche im *m*-ten Monat auf die Webseite zugegriffen haben. Hier folgt das Script, das diese Daten auswertet und mit einem dreidimensionalen Plot ausgibt:

```
# Demonstriert einen Plot mit gnuplot und dem Here-Dokument
# Name : aplot5

FILE=data.dat

gnuplot -persist <<PLOT
set view ,75,1,1
set xlabel "Woche"
set ylabel "Monat"
set zlabel "Besucher"
set ymtics
set title "Besucherstatistik pro Woche eines Monats"
```

```
splot "$FILE" using (column(1)+.3):2:3 t "Besucher pro Woche"
  with impuls linewidth 3
PLOT
```

Abbildung 16.32 zeigt das Script bei der Ausführung.

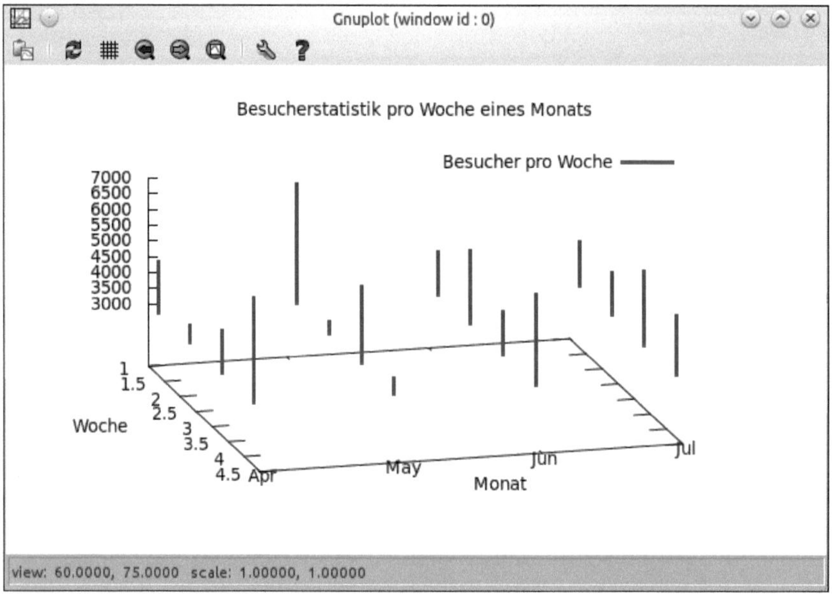

Abbildung 16.32 Ein 3D-Plot mit »gnuplot«

Zuerst stellen Sie mit `set view` den Blickwinkel und die Blickhöhe ein. Neu kommt hier die Beschriftung des `zlabel` und die Einstellung von `ymtics` hinzu. Damit wandeln Sie die Zahlen auf der Monatsachse (hier in der zweiten Spalte von *data.dat*) in eine Monatsbezeichnung um. (Gleiches könnten Sie auch mit `ydtics` für Wochentage auf der y-Achse vornehmen; oder `xdtics` entspräche den Wochentagen auf der x-Achse.) Natürlich setzt dies immer voraus, dass hierbei entsprechende Daten mit vernünftigen Werten übergeben werden.

16.5.14 Zusammenfassung

Für den Standardgebrauch (Systemadministration) sind Sie gerüstet. Wollen Sie allerdings wissenschaftlich mit `gnuplot` arbeiten, werden Sie noch häufiger `help` eingeben müssen. Daher folgen hier einige Anlaufstellen im Web, über die Sie noch tiefer in die Plot-Welt einsteigen können:

- *http://www.gnuplot.info/* – die `gnuplot`-Homepage mit vielen interessanten Demos, der FAQ und einigen Beispielscripts

- *http://seismic.yonsei.ac.kr/gnu_intro.html* – das gnuplot-Online-Manual des *College of Natural Sciences Computing Laboratories, University of Northern Iowa*
- *www.tu-chemnitz.de/urz/archiv/kursunterlagen/gnuplot/gnuplot.html* – das gnuplot-Handbuch der *TU-Chemnitz* im HTML-Format

16.6 Aufgaben

1. Schreiben Sie ein Script, in dem Sie mit dialog den Benutzer nach seinem Namen fragen. Begrüßen Sie dann den Benutzer mit einer Begrüßungsnachricht. Anschließend listen Sie das Heimverzeichnis des Benutzers in einem Textfenster auf.
2. Schreiben Sie ein Script, in dem der Anwender die Monate über eine Checkliste auswählen kann. Anschließend soll die Datei */var/log/syslog* nach allen Meldungen in dem Monat durchsucht werden. Die Einträge für die Monate sollen dann gezählt werden. In einer Textbox soll danach das Ergebnis für jeden Monat angezeigt werden.

Anhang A
Befehle (Übersichtstabellen)

A.1 Shell-Builtin-Befehle

Zwar wurden die meisten Befehle in diesem Buch schon behandelt, doch häufig fehlt einem der Überblick darüber, welche dieser Befehle denn nun in die Shell eingebaut – eben *Builtins* – oder externe Kommandos sind. Daher folgt jetzt ein kleiner Überblick über die Builtin-Kommandos der einzelnen Shells.

Befehl	Shell	Bedeutung
`:`	zsh, ksh, Bash	Nullkommando. Verlangt die Syntax einen Befehl, aber man will nichts ausführen, dann verwendet man **:**.
`#`	zsh, ksh, Bash	Leitet einen Kommentar ein.
`.`	zsh, ksh, Bash	Punktkommando. Damit kann man ein Script in der aktuellen Shell ausführen.
`alias`	zsh, ksh, Bash	Aliasse. Definiert ein Kürzel für einen Befehl.
`autoload`	zsh, ksh	Der Autoload-Mechanismus
`bg`	zsh, ksh, Bash	Stellt einen gestoppten Prozess in den Hintergrund.
`bind`	Bash	Key-Bindings. Legt die Tastenbelegung für Extrafunktionen der Kommandozeile fest.
`break`	zsh, ksh, Bash	Verlässt eine Schleife.
`builtin` *kommando*	Bash	Führt ein Builtin-Kommando aus, auch wenn es einen Alias gleichen Namens gibt.
`caller`	Bash	Zeilennummer und Namen des aufrufenden Scripts.
`cd`	zsh, ksh, Bash	Wechselt das Arbeitsverzeichnis.
`command` *kommando*	Bash	Führt das Kommando aus, sodass die Shell nicht nach einer Funktion mit gleichem Namen sucht.

Tabelle A.1 Shell-Builtin-Befehle

Befehl	Shell	Bedeutung
continue	zsh, ksh, Bash	Fährt mit dem nächsten Schleifendurchlauf fort.
declare	zsh, Bash	Deklariert Variablen. Wie typeset.
dirs	zsh, Bash	Gibt den Directory-Stack der ehemaligen Arbeitsverzeichnisse aus.
disown	Bash	Laufende Prozesse stoppen bzw. beeinflussen
echo	zsh, ksh, Bash	Gibt Text auf stdout aus.
enable [-n] *builtin*	Bash	enable schaltet ein Builtin-Kommando an; enable -n schaltet es ab.
eval *args*	zsh, ksh, Bash	Führt Argumente als Kommando aus.
exec *kommando*	zsh, ksh, Bash	Das Kommando wird ausgeführt, indem die Shell überlagert wird. (Es wird also kein neuer Prozess erzeugt.)
exit	zsh, ksh, Bash	Beendet die aktuelle Shell oder das Script.
export	zsh, ksh, Bash	Exportiert Shell-Variablen, womit diese den Subshells zur Verfügung stehen.
fc [le] *n*	ksh	Zeigt die Befehls-History an (-l) bzw. führt den Befehl mit der Nummer *n* in der History aus (-e).
Fg	zsh, ksh, Bash	Stellt einen gestoppten Prozess in den Vordergrund.
Getopts	zsh, ksh, Bash	Durchsucht die Optionen der Kommandozeile eines Shellscripts.
hash [-r] *kommando*	zsh, ksh, Bash	Interne Hashtabelle
help *kommando*	Bash	Gibt eine Infoseite für das angegebene Builtin-Kommando aus. Ohne Kommando werden alle Builtins aufgelistet.
history	zsh, Bash	Zeigt eine History der zuletzt benutzten Befehle an.
jobs	zsh, ksh, Bash	Liefert Infos zu allen gestoppten oder im Hintergrund laufenden Prozessen.
kill	zsh, ksh, Bash	Schickt Signale an Prozesse und listet alle Signale (-l) auf.

Tabelle A.1 Shell-Builtin-Befehle (Forts.)

Befehl	Shell	Bedeutung
`local` *var*	zsh, Bash	Definiert eine Variable einer Funktion als lokal.
`logout`	zsh, Bash	Verlässt die interaktive Shell.
`newgrp` *gruppe*	zsh, ksh, Bash	Macht *gruppe* zur aktuellen Gruppe.
`popd`	Bash	Entfernt ein Verzeichnis oder mehrere Verzeichnisse vom Directory-Stack.
`print`	zsh, ksh	Gibt einen Text auf die Standardausgabe aus.
`pushd` *dir*	Bash	Wechselt in das vorherige Arbeitsverzeichnis oder (bei Verwendung von *dir*) nach *dir*. *dir* wird dann im Directory-Stack gespeichert.
`pwd`	zsh, ksh, Bash	Gibt das aktuelle Arbeitsverzeichnis aus.
`read` *var*	zsh, ksh, Bash	Liest eine Zeile von der Standardeingabe ein und speichert den Wert in *var*.
`readonly` *var*	zsh, ksh, Bash	Markiert eine Variable als nur lesbar. Konstante.
`return`	zsh, ksh, Bash	Beendet eine Funktion.
`set`	zsh, ksh, Bash	Setzt Shell-Optionen bzw. zeigt sie an.
`shift` *n*	zsh, ksh, Bash	Verschiebt eine Liste mit Positionsparametern/Arrays um *n* Stellen nach links.
`shopt`	Bash	Ein Zusatz für `set`
`source`	Bash	Wie der Punkteoperator. Damit kann man ein Script in der aktuellen Shell ausführen.
`suspend`	zsh, ksh, Bash	Hält die aktuelle Shell an.
`test`	zsh, ksh, Bash	Wertet Ausdrücke aus.
`times`	zsh, ksh, Bash	Zeigt die verbrauchte CPU-Zeit an (User- und System-Mode).
`trap` *kommando sig*	zsh, ksh, Bash	Richtet einen Signal-Handle ein. Fängt Signale ab und führt *kommando* aus.

Tabelle A.1 Shell-Builtin-Befehle (Forts.)

Befehl	Shell	Bedeutung
`type` *kommando*	zsh, ksh, Bash	Gibt aus, ob es sich bei *kommando* um eine Funktion, einen Alias, ein Schlüsselwort oder ein externes Kommando handelt.
`typeset`	zsh, ksh, Bash	Setzt Attribute für Variablen und Funktionen.
`ulimit`	zsh, ksh, Bash	Setzt ein Limit für den Verbrauch von Systemressourcen oder zeigt diese an.
`umask`	zsh, ksh, Bash	Setzt eine Dateikreierungsmaske, die festlegt, welche Rechte eine neu erstellte Datei oder Verzeichnisse nicht erhalten.
`unalias`	zsh, ksh, Bash	Löscht einen Alias.
`unset` *var*	zsh, ksh, Bash	Löscht Variablen oder Funktionen.
`wait` *pid*	zsh, ksh, Bash	Wartet auf das Ende von Subshells.
`whence`	ksh	Klassifiziert ein Kommando (ähnlich wie `type`).

Tabelle A.1 Shell-Builtin-Befehle (Forts.)

A.2 Externe Kommandos

In Tabelle A.2 finden Sie die externen Kommandos, die sich gewöhnlich in */bin* oder */usr/bin* befinden.

Kommando	Bedeutung
`Sh`	Bourne-Shell
`Ksh`	Korn-Shell
`Csh`	C-Shell
`Bash`	Bourne-Again-Shell
`Tcsh`	TC-Shell
`Rsh`	Eine eingeschränkte Shell
`Bc`	Rechner
`Dc`	Rechner

Tabelle A.2 Externe Kommandos

Kommando	Bedeutung
dialog	Farbige Dialogboxen
Env	Shell-Umgebung ausgeben
Expr	Auswerten von Ausdrücken
False	Ein Exit-Status ungleich 0 (in der Korn-Shell ein Alias)
Nice	Priorität verändern; als normaler Benutzer verringern
Nohup	Einen Job beim Beenden einer Shell fortführen (in der Korn-Shell ein Alias)
true	Der Exit-Status 0 (in der Korn-Shell ein Alias)
Xargs	Eine geeignete Kommandozeile konstruieren
Zenity	Grafische Ausgabe von Scripts
Yad	Grafische Ausgabe von Scripts

Tabelle A.2 Externe Kommandos (Forts.)

A.3 Shell-Optionen

Mit den Shell-Optionen können Sie das Verhalten der Shell steuern. Die einzelnen Optionen werden mit dem Kommando set gesetzt oder abgeschaltet. Mit einem + schalten Sie eine Option ab, und mit einem - schalten Sie sie ein.

```
# Eine Option einschalten
set -opt
# Eine Option abschalten
set +opt
```

Tabelle A.3 enthält die gängigsten Optionen der verschiedenen Shells.

Option	Shell	Bedeutung
-a	sh, ksh, Bash	Alle neu angelegten oder veränderten Variablen werden automatisch exportiert.
-A *array wert1 ...*	ksh	Belegt ein Array mit Werten.
-b	ksh, Bash	Informiert den User über beendete Hintergrundjobs.

Tabelle A.3 Shell-Optionen

Option	Shell	Bedeutung
-c *argument*	zsh, ksh, Bash	Die als *argument* angegebene Kommandoliste wird verwendet und ausgeführt.
-C	ksh, Bash	Verhindert das Überschreiben einer Datei via Umleitung (kommando > datei).
-e	zsh, ksh, Bash	Beendet die Shell, wenn ein Kommando nicht ordnungsgemäß ausgeführt wurde.
-f	zsh, ksh, Bash	Schaltet die Dateinamen-Expansion ab.
-h	zsh, ksh, Bash	Damit merkt sich die Shell die Lage der Kommandos, die innerhalb von Funktionen auftauchen, schon beim Lesen der Funktion – und nicht, wie gewöhnlich, bei deren Ausführung.
-i	zsh, ksh, Bash	Startet eine interaktive Subshell.
-n	zsh, ksh, Bash	Liest und testet ein Script auf syntaktische Korrektheit. Führt das Script nicht aus.
-r	zsh, ksh, Bash	Die Shell wird als »restricted« Shell ausgeführt.
-s	ksh, Bash	Sortiert die Positionsparameter alphabetisch.
-t	zsh, ksh, Bash	Verlässt die Shell nach dem ersten Befehl (»ausführen und nichts wie weg«).
-u	zsh, ksh, Bash	Werden undefinierte Variablen verwendet, wird eine Fehlermeldung ausgegeben.
-v	zsh, ksh, Bash	Jede Zeile wird vor ihrer Ausführung unverändert angezeigt.
-x	zsh, ksh, Bash	Jede Zeile wird vor ihrer Ausführung nach allen Ersetzungen angezeigt.

Tabelle A.3 Shell-Optionen (Forts.)

Neben den hier aufgelisteten Funktionen können Sie in der Bash mit dem Kommando shopt noch einige Konfigurations-Features mehr ein- bzw. ausschalten. Geben Sie einfach das Kommando shopt in der Kommandozeile ein, und Sie bekommen eine Übersicht darüber, welche zusätzlichen Optionen aktiviert (on) oder deaktiviert (off) sind. Mit dem Schalter -s (für set) können Sie einzelne Optionen einschalten, und mit dem Schalter -u (für unset) lassen sich Optionen wieder deaktivieren, beispielsweise so:

```
$ shopt dotglob
dotglob         off
$ shopt -s dotglob
$ shopt dotglob
dotglob         on
$ shopt -u dotglob
$ shopt dotglob
dotglob         off
```

Hier wurde zur Demonstration die Option dotglob aktiviert und wieder deaktiviert. Wenn diese Option aktiviert ist, werden auch Dateinamen beim automatischen Komplettieren berücksichtigt, die mit einem Punkt beginnen. Eine Liste der Variablen und deren Bedeutung finden Sie teilweise in Abschnitt A.4 in Tabelle A.7. Beachten Sie bitte, dass shopt nur in der Bash zur Verfügung steht.

A.4 Shell-Variablen

Vordefinierte Shell-Variablen (für Bourne-Shell, Bash und Korn-Shell)

Shell-Variable	Bedeutung
CDPATH	Suchpfad für das cd-Kommando
HOME	Heimverzeichnis für den Benutzer; Standardwert für cd
IFS	Wort-Trennzeichen (IFS = *Internal Field Separator*). Standardwerte sind Leerzeichen, Tabulator- und Newline-Zeichen.
LOGNAME	Login-Name des Benutzers
MAIL	Pfadname der Mailboxdatei, in der eingehende Mails abgelegt werden
MAILCHECK	Zeitangabe in Sekunden, wie lange die Shell wartet, bevor eine Überprüfung der Mailbox daraufhin stattfindet, ob eine neue Mail eingegangen ist. Der Standardwert ist »alle 600 Sekunden«.
MAILPATH	Ist diese Variable gesetzt, wird MAIL unwirksam; somit eine Alternative für MAIL. Allerdings können hier mehrere Pfadangaben getrennt durch einen : angegeben werden. Die zur Pfadangabe gehörende Meldung kann mit % getrennt und nach dem Pfad angegeben werden.

Tabelle A.4 Vordefinierte Variablen für alle Shells

Shell-Variable	Bedeutung
MANPATH	Pfadnamen, in denen die Manpages (Manualpages) gesucht werden
PATH	Suchpfad für die Kommandos (Programme); meistens handelt es sich um eine durch Doppelpunkte getrennte Liste von Verzeichnissen, in denen nach einem Kommando gesucht wird, das ohne Pfadangabe aufgerufen wurde. Standardwert: `PATH=:/bin:/usr/bin`
PS1	Primärprompt. Prompt zur Eingabe von Befehlen (Im Buch lautet er beispielsweise `you@host >` für den normalen User und `#` für den Superuser.)
PS2	Sekundärer Prompt; Prompt für mehrzeilige Befehle (Im Buch und auch als Standardwert wird `>` verwendet.)
SHACCT	Datei für Abrechnungsinformationen
SHELL	Pfadname der Shell
TERM	Terminaleinstellung des Benutzers (beispielsweise `xterm` oder `vt100`)
TZ	Legt die Zeitzone fest (hierzulande MET = *Middle European Time*).

Tabelle A.4 Vordefinierte Variablen für alle Shells (Forts.)

Vordefinierte Shell-Variablen (für die Korn-Shell und Bash)

Shell-Variable	Bedeutung
COLUMNS	Legt die Weite des Editorfensters fest, das für den Kommandozeileneditor und die Menüs zur Verfügung steht. Standardwert: 80
EDITOR	Setzt den (Builtin-)Kommandozeileneditor, wenn `VISUAL` oder `set -o` nicht gesetzt ist.
ENV	Enthält den Pfadnamen zur Environment-Datei, die bei jedem (Neu-)Start einer (Sub-)Shell gelesen wird. Ist die reale User- und Gruppen-ID (`UID`/`GID`) ungleich der effektiven User- und Gruppen-ID (`EUID`/`EGUID`) und wurde das `su`-Kommando ausgeführt, wird diese Datei nicht aufgerufen.
FCEDIT	Pfad zum Builtin-Editor für das `fc`-Kommando

Tabelle A.5 Vordefinierte Variablen für die Bash und die Korn-Shell

Shell-Variable	Bedeutung
FPATH	Verzeichnisse, in denen der Autoload-Mechanismus nach Funktionsdefinitionen sucht. Nicht definierte Funktionen können mittels typeset -fu gesetzt werden. FPATH wird auch durchsucht, wenn diese Funktionen zum ersten Mal aufgerufen werden.
HISTFILE	Pfadname zur Befehls-History-Datei; Standardwert: $HOME/.sh_history
HISTSIZE	Hier wird festgelegt, wie viele Befehle in der History-Datei (HISTFILE) gespeichert werden.
LC_ALL	Hier findet man die aktuelle Ländereinstellung. Ist diese Variable gesetzt, sind LANG und die anderen LC_*-Variablen unwirksam. de steht beispielsweise für den deutschen Zeichensatz, C für ASCII (was auch der Standardwert ist).
LC_COLLATE	Ländereinstellung, nach der die Zeichen bei einem Vergleich sortiert (Reihenfolge) werden
LC_CTYPE	Die Ländereinstellung, die für die Zeichenklassenfunktionen verwendet werden soll. Ist LC_ALL gesetzt, wird LC_TYPE unwirksam; LC_TYPE hingegen überdeckt wiederum LANG, falls dieses gesetzt ist.
LC_MESSAGES	Sprache, in der die (Fehler-)Meldungen ausgegeben werden sollen
LANG	Ist keine LC_*-Variable gesetzt, wird LANG als Standardwert für alle eben beschriebenen Variablen verwendet. Gesetzte LC_*-Variablen haben allerdings Vorrang vor der Variablen LANG.
LINES	Das Gegenstück zu COLUMNS. Legt die Höhe (Zeilenzahl) des Fensters fest. Standardwert: 24
NLSPATH	Pfad für die (Fehler-)Meldungen von LC_MESSAGES
PS3	Prompt für Menüs (mit select). Standardwert: #
PS4	Debugging-Promptstring für die Option -x. Standardwert: +
TMOUT	Wird TMOUT Sekunden lang kein Kommando mehr eingegeben, beendet sich die Shell. Standardwert: 0 (steht für »unendlich«)

Tabelle A.5 Vordefinierte Variablen für die Bash und die Korn-Shell (Forts.)

Vordefinierte Shell-Variablen (nur für die Korn-Shell)

Shell-Variable	Bedeutung
VISUAL	Setzt den Kommandozeileneditor. Setzt EDITOR außer Kraft, wenn gesetzt.

Tabelle A.6 Vordefinierte Variable nur für die Korn-Shell

Vordefinierte Shell-Variablen (nur für die Bash)

Shell-Variable	Bedeutung
allow_null_glob_expansion	Hat diese Variable den Wert 1, werden Muster, die bei der Pfadnamenserweiterung (Dateinamen-Expansion) nicht erweitert werden konnten, zu einer leeren Zeichenkette (Nullstring) erweitert, anstatt unverändert zu bleiben. Der Wert 0 hebt dies auf.
BASH_ARGV0	Name der Shell oder eines ausgeführten Shellscripts
BASH_ENV	Enthält eine Initialisierungsdatei, die beim Start von einer neuen (Sub-)Shell anstelle von .bashrc für Scripts aufgerufen wird.
BASH_VERSINFO	Versionsnummer der bash
cdable_vars	Ist der Wert dieser Variablen 1, kann dem cd-Kommando das Verzeichnis, in das gewechselt werden soll, auch in einer Variablen übergeben werden. 0 hebt dies wieder auf.
cdspell	Ist diese Funktion eingeschaltet und schlägt ein Wechseln in ein Verzeichnis mit cd fehl, sucht die bash nach möglichen kleineren Korrekturen, um doch in das richtige Verzeichnis zu wechseln, falls ein entsprechendes Verzeichnis ermittelt wurde.
checkhash	Ist dieses Feature aktiviert, werden bash-Befehle in einer Hash-Tabelle gespeichert, um bei erneuter Ausführung des Befehls schneller darauf zugreifen zu können. Befindet sich der Befehl nicht mehr im selben Pfad, wird eine normale Pfadsuche danach gestartet.
checkwinsize	Wenn diese Funktion aktiviert ist, wird nach jedem ausgeführten Befehl überprüft, ob sich die Fenstergröße geändert hat. Ist dies der Fall, werden die Variablen LINES und COLUMNS aktualisiert.
command_oriented_history	Ist der Wert dieser Variablen 1, wird versucht, alle Zeilen eines mehrzeiligen Kommandos in einem History-Eintrag zu speichern. 0 hebt diese Funktion wieder auf.

Tabelle A.7 Vordefinierte Variablen, die nur in der Bash vorhanden sind

Shell-Variable	Bedeutung
command_not_ found_handle	Die Funktion wird immer dann aufgerufen, wenn ein Befehl nicht gefunden wurde.
DIRSTACK	Ein Array, um auf den Inhalt des Directory-Stacks zuzugreifen, der mit den Kommandos pushd, popd und dirs verwaltet wird; set zeigt diesen Wert häufig als leer an, er ist aber trotzdem belegt.
dotglob	Ist die Option aktiv, werden bei der Vervollständigung von Dateinamen auch Dateien berücksichtigt, die mit einem Punkt beginnen.
EPOCHREALTIME	Wie EPOCHSECONDS, aber mit zusätzlicher Ausgabe von Mikrosekunden, entspricht date +%s.%6N.
EPOCHSECONDS	Anzahl der Sekunden seit der UNIX-Epoche (1.1.1970, Mitternacht UTC/GMT), entspricht date +%s.
execfail	Aktivieren Sie diese Option, können Sie verhindern, dass sich die Shell nach einem Fehler in einem exec-Befehl beendet.
expand_aliases	Ist diese Option aktiviert, können Sie Alias-Definitionen expandieren.
failglob	Ist dieses Feature aktiviert, wird eine Fehlermeldung zurückgegeben, wenn ein Muster keine Namen herausfiltert.
FIGNORE	Alle hier angegebenen Dateiendungen werden bei der automatischen Erweiterung (Dateinamensergänzung mit [Tab]) von Dateinamen ignoriert; mehrere Endungen werden durch : getrennt.
force_ignore	Aktivieren Sie diese Option, werden bei der automatischen Vervollständigung mit [Tab] die Dateien mit den Suffixen ignoriert, die in der Variablen FIGNORE angegeben wurden.
glob_dot_ filenames	Wird für den Wert dieser Variablen 1 eingesetzt, werden auch die Dateinamen, die mit einem Punkt beginnen, in die Pfadnamenserweiterung einbezogen. Der Wert 0 setzt dies wieder außer Kraft.
GLOBIGNORE	Enthält eine Liste von Mustern, die Namen definiert, die bei der Dateinamen-Expansion mittels * ? [ ] nicht automatisch expandiert werden sollen.
gnu_errfmt	Wurde diese Option aktiviert, gibt die Bash Fehlermeldungen im Standard-GNU-Format aus.

Tabelle A.7 Vordefinierte Variablen, die nur in der Bash vorhanden sind (Forts.)

Shell-Variable	Bedeutung
GROUPS	Array mit einer Liste aller Gruppen-IDs des aktuellen Benutzers. Wird ebenfalls von set als leer angezeigt, ist aber immer belegt.
histappend	Ist diese Option aktiviert, werden jene Befehle am Ende der Datei hinzufügt, die durch die Variable HISTFILE angegeben wurden.
histchars	Beinhaltet zwei Zeichen zur Kontrolle der Wiederholung von Kommandos aus dem Kommandozeilenspeicher. Das erste Zeichen leitet eine Kommandozeilenerweiterung aus dem History-Puffer ein. Die Voreinstellung ist das Zeichen !. Das zweite Zeichen kennzeichnet einen Kommentar, wenn es als erstes Zeichen eines Worts auftaucht. Ein solcher Kommentar wird bei der Ausführung eines Kommandos ignoriert.
HISTCONTROL	Damit können Sie steuern, welche Zeilen in den History-Puffer aufgenommen werden sollen. Zeilen, die mit einem Leerzeichen beginnen, werden mit ignorespace ignoriert. Mit ignoredups werden wiederholt angegebene Befehle nur einmal im History-Puffer gespeichert. Beide Optionen (ignorespace und ignoredups) auf einmal können Sie mit ignoreboth verwenden.
HISTFILESIZE	Länge der Kommando-History-Datei in Zeilen; HISTSIZE hingegen gibt die Anzahl der gespeicherten Kommandos an.
HISTIGNORE	Eine weitere Variable ähnlich wie HISTCONTROL. Nur besteht hierbei die Möglichkeit, Zeilen von der Aufnahme in den History-Puffer auszuschließen. Es können Ausschlussmuster definiert werden. Alle Zeilen, die diesem Muster entsprechen, werden nicht im History-Puffer gespeichert. Mehrere Muster werden mit einem Doppelpunkt getrennt.
history_control	Werte, die gesetzt werden können, und ihre Bedeutungen, siehe HISTCONTROL.
histreedit	Bei aktiver Option können Sie eine fehlgeschlagene History-Ersetzung, die mit der Bibliothek readline durchgeführt wurde, erneut bearbeiten.
histverify	Ist dieses Feature aktiv, lädt die Bash das Ergebnis einer History-Ersetzung zur weiteren Bearbeitung in den Puffer.
hostcomplete	Standardmäßig ist dieses Feature immer aktiv. Hiermit wird eine automatische Hostnamenvervollständigung bei Wörtern durchgeführt, die das Zeichen @ enthalten.

Tabelle A.7 Vordefinierte Variablen, die nur in der Bash vorhanden sind (Forts.)

Shell-Variable	Bedeutung
HOSTFILE	Datei, die wie */etc/hosts* zur Hostnamenvervollständigung verwendet wird
HOSTNAME	Name des Rechners
hostname_completion_file	Siehe HOSTFILE
huponexit	Bei aktiver Option wird hiermit an alle noch laufenden Jobs das Signal SIGHUP gesendet, wenn die inaktive Shell beendet wird.
IGNOREEOF	Anzahl der EOFs (Strg+D), die eingegeben werden müssen, um die interaktive bash zu beenden. Standardwert: 10
INPUTRC	Befindet sich hier eine Datei, dann wird diese anstelle von ~/.inputrc zur Konfiguration des Kommandozeileneditors verwendet.
interactive_comments	Diese Option ist standardmäßig aktiviert. Hiermit werden alle #-Zeichen am Anfang als Beginn eines Kommentars in der interaktiven Shell behandelt.
lithist	Im Gegensatz zu cmdhist können Sie mit dieser Option, wenn sie aktiv ist, mehrzeilige Befehle mit einem eingebetteten Newline-Zeichen anstelle eines Semikolons speichern.
login_shell	Wollen Sie eine Login-Shell starten, muss diese Option gesetzt sein.
MATCHTYPE	Die CPU-Architektur, auf der das System läuft
no_empty_cmd_completion	Ist diese Option aktiv, wird zur Befehlsvervollständigung PATH nicht mit durchsucht.
no_exit_on_failed_exec	Ist der Wert dieser Variablen 1, wird die Shell nicht durch ein abgebrochenes mit exec aufgerufenes Kommando beendet. 0 bewirkt das Gegenteil.
nocaseglob	Bei aktiver Option wird nicht auf Groß- und Kleinschreibung bei der Dateinamensfilterung geachtet.

Tabelle A.7 Vordefinierte Variablen, die nur in der Bash vorhanden sind (Forts.)

Shell-Variable	Bedeutung
`noclobber`	Befindet sich hier der Wert 1, können bestehende Dateien nicht durch die Ausgabeumlenkungen >, >& und <> überschrieben werden. Das Anhängen von Daten an eine existierende Datei ist aber auch bei gesetztem `noclobber` möglich. 0 stellt den Ursprung wieder her.
`nolinks`	Soll bei einem Aufruf von `cd` nicht den symbolischen Links gefolgt werden, setzt man den Wert dieser Variablen auf 1. Standardwert: 0
`notify`	Soll bei einem Hintergrundprozess, der sich beendet, die Nachricht sofort ausgegeben werden und nicht erst bei der nächsten Eingabeaufforderung, dann setzen Sie `notify` auf 1. Standardwert: 0
`OPTERR`	Ist der Wert dieser Variablen 1, werden die Fehlermeldungen der `getopts`-Shell-Funktion ausgegeben. Enthält sie eine 0, werden die Fehlermeldungen unterdrückt. Standardwert: 1
`PIPESTATUS`	Es ist recht schwierig, an den Exit-Status eines einzelnen Kommandos zu kommen, das in einer Pipeline ausgeführt wurde. Ohne `PIPESTATUS` ist kaum zu ermitteln, ob alle vorhergehenden Kommandos erfolgreich ausgeführt werden konnten. `PIPESTATUS` ist ein Array, das alle Exit-Codes der einzelnen Befehle des zuletzt ausgeführten Pipe-Kommandos enthält.
`restricted_shell`	Bei aktiver Option wird die Bash im Restricted-Modus mit eingeschränkter Funktionalität verwendet.
`SHELLOPTS`	Liste aller aktiven Shell-Optionen. Hier können Optionen gesetzt werden, mit denen eine neue Shell aufgerufen werden soll.
`TIMEFORMAT`	Ausgabeformat des `time`-Kommandos

Tabelle A.7 Vordefinierte Variablen, die nur in der Bash vorhanden sind (Forts.)

A.5 Kommandozeile editieren

Da Sie es beim Programmieren mit der interaktiven Shell zu tun haben, sollten Sie auch wissen, wie Sie effektiver mit der Kommandozeile arbeiten können. Mit Ausnahme der alten Bourne-Shell bieten Ihnen hierzu die Bash und die Korn-Shell unzählige Tastenkommandos an, weshalb wir uns nur auf das Nötigste und Gängigste beschränken.

Zunächst muss angemerkt werden, dass die reine, »echte« Bourne-Shell überhaupt keine Möglichkeit hat, die Kommandozeile zu editieren. Bei ihr gibt es auch keine Kommando-History. Dies war übrigens unter anderem ein Grund, weshalb weitere Shell-Varianten entwickelt wurden. Dies sollte erwähnt werden, nur für den Fall, dass Sie auf einmal vor einer Shell sitzen und geliebte Tasten bzw. Tastenkombinationen nicht mehr funktionieren und stattdessen irgendwelche kryptischen Zeichen ausgegeben werden.

Tabelle A.8 listet jeweils die wichtigsten Tasten bzw. Tastenkombinationen des *Emacs*-Modus (beispielsweise [Strg]+[P] für »History nach oben durchlaufen«) und die Pfeil- und Metatasten auf.

Den *Emacs*-Modus muss man mit

```
set -o emacs
```

aktivieren. Wenn Sie in der Korn-Shell die Pfeiltasten wie in der Bash nutzen wollen, müssen Sie einen Eintrag in der Startdatei *.kshrc* im Heimverzeichnis des Benutzers vornehmen. Mehr dazu folgt im Anschluss an diese Tabelle. Neben dem *Emacs*-Modus gibt es auch den *vi*-Modus, auf den wir allerdings in diesem Buch nicht eingehen.

Tastendruck	Bedeutung
[↑]; [Strg]+[P]	Die Befehls-History nach oben durchlaufen
[↓]; [Strg]+[N]	Die Befehls-History nach unten durchlaufen
[←]; [Strg]+[B]	Ein Zeichen nach links in der Kommandozeile
[→]; [Strg]+[F]	Ein Zeichen nach rechts in der Kommandozeile
[Pos1]; [Strg]+[A]	Cursor an den Anfang der Kommandozeile setzen
[Ende]; [Strg]+[E]	Cursor an das Ende der Kommandozeile setzen
[Entf]; [Strg]+[D]	Zeichen rechts vom Cursor löschen
[←]; [Strg]+[H]	Zeichen links vom Cursor löschen
[Strg]+[K]	Alles bis zum Zeilenende löschen
[Strg]+[R]	Sucht rückwärts in der History nach einem Befehl.
[Strg]+[S]	Sucht vorwärts in der History nach einem Befehl.
[\]+[↵]	Kommando in der nächsten Zeile fortsetzen
[Strg]+[T]	Die zwei letzten Zeichen vertauschen

Tabelle A.8 Tastenkombinationen zum Editieren der Kommandozeile

Tastendruck	Bedeutung
Strg+L	Bildschirm löschen
Strg+Leertaste	Letzte Änderung(en) aufheben (rückgängig machen)

Tabelle A.8 Tastenkombinationen zum Editieren der Kommandozeile (Forts.)

Nun zu den Einträgen in *.kshrc*, damit Ihnen auch hier die Pfeiltasten zur Verfügung stehen:

```
alias __A=Strg+P
alias __B=Strg+N
alias __C=Strg+F
alias __D=Strg+B
alias __H=Strg+A
alias __Y=Strg+E
set -o emacs
```

Zusätzlich bieten Ihnen die Bash und die Korn-Shell im *Emacs*-Modus eine Autovervollständigung an. Geben Sie z. B. in der Bash

```
you@host > cd ⇆
cd          cd..        cddaslave   cdinfo      cdparanoia  cdrdao      cdrecord
```

an, dann werden Ihnen sämtliche Befehle aufgelistet, die mit `cd` beginnen. Machen Sie dann mit

```
you@host > cdi ⇆
```

weiter, wird daraus automatisch:

```
you@host > cdinfo
```

Dies funktioniert natürlich auch mit Dateinamen:

```
you@host > cp thr ⇆
```

Daraus wird hier:

```
you@host > cp thread1.c
```

Gleiches funktioniert natürlich auch bei der Korn-Shell. Allerdings muss bei ihr statt der Taste ⇆ zweimal Esc gedrückt werden, damit ein Kommando, eine Datei oder ein Verzeichnis vervollständigt wird. Voraussetzung ist hier natürlich auch, dass der *Emacs*-Modus aktiv ist.

A.6 Wichtige Tastenkürzel (Kontrolltasten)

In Tabelle A.9 finden Sie einige wichtige Kontrolltasten, mit denen Sie die Dialogeingabe steuern können.

Tastenkürzel	Bedeutung
Strg+C	Bricht einen Prozess ab, indem ein Interrupt-Signal gesendet wird.
Strg+\	Bricht einen Prozess ab, indem ein Quit-Signal gesendet und eine Core-Datei erzeugt wird.
Strg+U	Löscht die komplette Zeile.
Strg+D	Ende einer Eingabe/Datei (EOF = End of File)
Strg+Z	Den aktuellen Prozess anhalten
Strg+Y	Den aktuellen Prozess erst beim nächsten Lesen anhalten
Strg+S	Die Ausgabe auf dem Bildschirm anhalten
Strg+O	Die Ausgabe auf dem Bildschirm wird verworfen, bis erneut Strg+O gedrückt wird.
Strg+Q	Die Ausgabe auf den Bildschirm fortsetzen

Tabelle A.9 Wichtige Tastenkürzel

A.7 Initialisierungsdateien der Shells

Datei	sh	ksh	Bash	zsh	Bedeutung
/etc/profile	✓	✓	✓		Diese Datei wird von einer interaktiven Login-Shell abgearbeitet und setzt systemweite Einstellungen, die ein normaler Benutzer nicht verändern kann. Hier werden häufig weitere Initialisierungsdateien aufgerufen.
$HOME/.profile	✓	✓	✓		Diese Datei ist die lokale benutzerdefinierte Konfigurationsdatei für eine interaktive Login-Shell, die der Benutzer den eigenen Bedürfnissen entsprechend anpassen kann.

Tabelle A.10 Wichtige Profil- und Startup-Dateien

Datei	sh	ksh	Bash	zsh	Bedeutung
`$HOME/.bash_profile`			✓		Diese Datei ist die lokale benutzerdefinierte Konfigurationsdatei für eine interaktive Login-Shell, die der Benutzer den eigenen Bedürfnissen entsprechend anpassen kann. (Sie wird gegenüber *.profile* bevorzugt behandelt und verwendet.)
`$HOME/.bash_login`			✓		Wie *.bash_profile*; wird verwendet, wenn *.bash_profile* nicht existiert; wird ansonsten danach ausgeführt.
`$HOME/.bashrc`			✓		Diese Datei ist die lokale benutzerdefinierte Konfigurationsdatei für jede interaktive Shell, die *keine* Login-Shell ist, die der Benutzer an seine eigenen Bedürfnisse anpassen kann.
`$HOME/.kshrc`		✓			Diese Datei ist die lokale benutzerdefinierte Konfigurationsdatei für jede interaktive Shell, die *keine* Login-Shell ist, die der Benutzer an die eigenen Bedürfnisse anpassen kann.
`$BASH_ENV`			✓		Die Startup-Datei, die beim Ausführen einer nicht interaktiven Shell (beispielsweise eines Shellscripts) zusätzlich ausgeführt wird. Meistens mit *.bashrc* belegt.
`$ENV`		✓			Die Startup-Datei, die von der Korn-Shell bei jeder weiteren Shell gestartet wird. Der Wert ist meistens mit der Datei *.kshrc* belegt.
`$HOME/.bash_logout`			✓		Diese Datei kann beim Beenden bzw. bei einer Abmeldung aus einer Login-Shell für Aufräumarbeiten verwendet werden.

Tabelle A.10 Wichtige Profil- und Startup-Dateien (Forts.)

Datei	sh	ksh	Bash	zsh	Bedeutung
/etc/ inputrc			✓		In dieser Datei wird die systemweite Vorbelegung der Tastatur für die Bash und andere Programme definiert, die die C-Funktion readline zum Lesen von der Eingabe verwenden. Veränderungen sind dem Systemadministrator (root) vorbehalten.
$HOME/ .inputrc			✓		Wie /etc/inputrc, nur dass hier der normale Benutzer eigene Einstellungen vornehmen darf
/etc/zsh/ zshenv				✓	Systemweite Umgebungsvariablen
$HOME/ .zshenv				✓	Umgebungsvariablen des Benutzer
/etc/zsh/ zprofile				✓	Wenn die zsh die Login-Shell ist, wird diese für alle Benutzer ausgeführt.
$Home/ .zprofile				✓	Benutzerprofil; diese Datei wird bei der Anmeldung ausgeführt.
/etc/zsh/ zshrc				✓	Systemweite Befehle, die beim Starten einer neuen zsh ausgeführt werden
$Home/ .zshrc				✓	Einstellungen, je Benutzer individuell; die Datei wird bei jedem Start einer neuen zsh ausgeführt.
/etc/zsh/ zlogin				✓	Systemweite Einstellungen, die beim Start jeder Shell ausgeführt werden
/etc/zsh/ zlogout				✓	Systemweite Befehle, die beim Beenden der zsh ausgeführt werden
$Home/ zlogin				✓	Vom Benutzer definierte Befehle, die beim Start jeder Shell ausgeführt werden
$Home/ zlogout				✓	Benutzerbefehle, die beim Beenden der zsh ausgeführt werden

Tabelle A.10 Wichtige Profil- und Startup-Dateien (Forts.)

A.8 Signale

Name	Nr.	Aktion	Verfügbar	Bedeutung
`SIGILL`	4	Core & Ende	POSIX	Eine ungültige Instruktion wurde ausgeführt.
`SIGTRAP`	5	Core & Ende		Unterbrechung (Einzelschrittausführung)
`SIGABRT`	6	Core & Ende	POSIX	Abnormale Beendigung
`SIGBUS`	7	Core & Ende		Fehler auf dem System-Bus
`SIGFPE`	8	Core & Ende	POSIX	Problem bei einer Gleitkommaoperation (z. B. Division durch null)
`SIGSEGV`	11	Core & Ende	POSIX	Speicherzugriff auf unerlaubtes Speichersegment
`SIGSYS`	31	Core & Ende		Ungültiges Argument bei System-Call
`SIGEMT`		Ende		Emulations-Trap
`SIGIOT`		Core & Ende		Wie `SIGABRT`

Tabelle A.11 Signale, die meist bei Programmfehlern auftreten

Name	Nr.	Aktion	Verfügbar	Bedeutung
`SIGHUP`	1	Ende	POSIX	Abbruch einer Dialogstationsleitung bzw. Konfiguration neu laden für Daemons
`SIGINT`	2	Ende	POSIX	Interrupt der Dialogstation (Strg+C)
`SIGQUIT`	3	Core & Ende	POSIX	Das Signal `quit` von einer Dialogstation
`SIGKILL`	9	Ende	POSIX	Das Signal `kill`
`SIGTERM`	15	Ende	POSIX	Programme, die `SIGTERM` abfangen, bieten meistens einen *Soft Shutdown* an.

Tabelle A.12 Signale, die den Prozess beenden

Name	Nr.	Aktion	Verfügbar	Bedeutung
SIGALRM	14	Ende	POSIX	Zeituhr ist abgelaufen – alarm().
SIGVTALRM	26	Ende	BSD, SVR4	Der virtuelle Wecker ist abgelaufen.
SIGPROF	27	Ende		Der Timer zur Profileinstellung ist abgelaufen.

Tabelle A.13 Signale, die bei Beendigung eines Timers auftreten – Alarm

Name	Nr.	Aktion	Verfügbar	Bedeutung
SIGURG	23	Ignoriert	BSD, SVR4	Dringender Socket-Status ist eingetreten.
SIGIO	29	Ignoriert	BSD, SVR4	Socket-E/A ist möglich.
SIGPOLL		Ende	SVR4	Ein anstehendes Ereignis bei Streams wird signalisiert.

Tabelle A.14 Asynchrone E/A-Signale

Name	Nr.	Aktion	Verfügbar	Bedeutung
SIGCHLD	17	Ignoriert	POSIX	Der Kindprozess wurde beendet oder angehalten.
SIGCONT	18	Ignoriert	POSIX	Ein angehaltener Prozess soll weiterlaufen.
SIGSTOP	19	Anhalten	POSIX	Der Prozess wurde angehalten.
SIGTSTP	20	Anhalten	POSIX	Der Prozess wurde »von Hand« mit STOP angehalten.
SIGTTIN	21	Anhalten	POSIX	Der Prozess wollte aus einem Hintergrundprozess der Kontroll-Dialogstation lesen.
SIGTTOU	22	Anhalten	POSIX	Der Prozess wollte in einem Hintergrundprozess der Kontroll-Dialogstation schreiben.
SIGCLD		Ignoriert		Wie SIGCHLD

Tabelle A.15 Signale zur Prozesskontrolle

Name	Nr.	Aktion	Verfügbar	Bedeutung
SIGPIPE	13	Ende	POSIX	Es wurde in eine Pipe geschrieben, aus der niemand liest. Es wurde versucht, in eine Pipe mit O_NONBLOCK zu schreiben, aus der niemand liest.
SIGLOST		Ende		Eine Dateisperre ging verloren.
SIGXCPU	24	Core & Ende	BSD, SVR4	Maximale CPU-Zeit wurde überschritten.
SIGXFSZ	25	Core & Ende	BSD, SVR4	Maximale Dateigröße wurde überschritten.

Tabelle A.16 Signale, die bei Fehlern einer Operation ausgelöst werden

Name	Nr.	Aktion	Verfügbar	Bedeutung
SIGUSR1 SIGUSR2	10, 12	Ende	POSIX	Frei zur eigenen Benutzung
SIGWINCH	28	Ignoriert	BSD	Die Window-Größe hat sich verändert.

Tabelle A.17 Die restlichen Signale

A.9 Sonderzeichen und Zeichenklassen

Bei einigen Kommandos wie beispielsweise `tr` benötigen Sie eine Möglichkeit, um Zeichen wie das Newline- oder Tabulatorzeichen in einer bestimmten Form anzugeben. Für Sonderzeichen sind hierzu die in Tabelle A.18 gezeigten Angaben möglich.

Sonderzeichen	Bedeutung
\ooo	Zeichen mit Oktalcode (3 Stellen)
\a	Ein Beep ist zu hören (system- und softwareabhängig).
\b	Backspace (ein Zeichen links löschen)
\f	Formfeed (ein Seitenvorschub)
\n	Newline (Zeilenvorschub)

Tabelle A.18 Sonderzeichen

Sonderzeichen	Bedeutung
`\r`	Return (Wagenrücklauf)
`\t`	Horizontal Tab (Tabulator waagerecht)
`\v`	Vertical Tab (Tabulator senkrecht)
`\\`	Das Zeichen \

Tabelle A.18 Sonderzeichen (Forts.)

Neben den Sonderzeichen besteht auch die Möglichkeit, eine Klasse von Zeichen zu verwenden (siehe Tabelle A.19).

Zeichenklasse	Bedeutung
`[:alnum:]`	Buchstaben und Ziffern
`[:blank:]`	Whitespaces (Leerzeichen und waagerechte Tabulatorzeichen)
`[:cnrtl:]`	Kontrollzeichen
`[:digit:]`	Alle Ziffern (0–9)
`[:graph:]`	Druckbare Zeichen ohne Leer- und Tabulatorzeichen
`[:lower:]`	Kleinbuchstaben
`[:print:]`	Druckbare Zeichen
`[:punct:]`	Interpunktionszeichen
`[:space:]`	Horizontale und vertikale Whitespaces
`[:upper:]`	Großbuchstaben
`[:xdigit:]`	Hexadezimalziffern
`[=`*chars*`=]`	Alle Zeichen, die *chars* entsprechen

Tabelle A.19 Zeichenklassen

Anhang B
Lösungen der Übungsaufgaben

B.1 Kapitel 1

1. `you@host > mkdir ueb`

   `you@host > cd ueb`
2. `you@host > cp /etc/passwd mypasswd`
3. `you@host > nl mypasswd`
4. `you@host > ls -l /etc/**/passwd`
5. `you@host > nl mypasswd | head -n 13 | tail -n +5`
6. `you@host > find /etc -name passwd 2>/dev/null >ergebnis.txt`
7. ```
   #!/bin/bash
   #demoskript.bash
   date
   who
   echo Hallo $LOGNAME
   ```
   `Anschließend ändern Sie die Rechte mit chmod u+x demoskrip.bash`
8. ** führt die Dateinamen-Expansion rekursiv durch. Mit * werden nur die Einträge im aktuellen Verzeichnis ersetzt.
9. `ls **`
10. `find /etc -name passwd &> find.out`

B.2 Kapitel 2

1. Die Variable ist nur in der aktuellen Shell gültig. In einer Subshell ist die Variable daher nicht verfügbar.
2. `export AKTUELLES_DATUM=$(date +%d.%m.%Y)`
3. `unset AKTUELLES_DATUM`
4. ```
   typset -i Z1 Z2 Z3
   you@host > Z1=100
   you@host > Z2=200
   you@host > Z3=300
   ```

```
you@host > let erg=Z1+Z2+Z3
you@host > echo $erg
600
you@host > let erg=Z1\*\Z2\*Z3
you@host > echo $erg
6000000
you@host > expr $Z1 + $Z2 + $Z3
600
you@host > expr $Z1 \* $Z2 \* $Z3
6000000
you@host > echo $((Z1+Z2+Z3))
600
```

5.
```
you@host > echo $((Z1*Z2*Z3))
6000000
you@host > cut -d\: -f1 /etc/passwd > cut-passwd.txt
you@host > cat /etc/passwd | awk -F: '{print $1}' >
awk-passwd.txt
```

6.
```
you@host > tr '[a-z]' '[A-Z]' < cut-passwd.txt >
gross-passwd.txt
```

7.
```
you@host > ZOO=(Löwe Tiger Krokodil Affe Pinguin Delfin)
you@host >  echo ${#ZOO[*]}
6
```

8. Die Variable $0 gibt den Namen des gerade laufenden Shellscripts aus.
9. Die Prozessnummer kann über die Variable $$ abgefragt werden.
10. `PASSWD=("${(f)$(< /etc/PASSWD)}")`

B.3 Kapitel 3

1. Bei der Variablen `$*` werden alle Argumente als eine einzige Zeichenkette gespeichert. Bei der Variablen `$@` werden alle Argumente als einzelne Zeichenketten zusammengefasst.
2.
```
#!/bin/bash

echo Hallo $1 $2
echo Ihr Vorname hat ${#1} Zeichen.
echo Ihr Nachname hat ${#2} Zeichen.
echo Anzahl der Argumente ist $#.
```

3. Den Wert der ursprünglichen Variablen `$2`.
4. Mit `${var:-Wert}`.

B.4 Kapitel 4

1.
```
#!/bin/bash

#Abfangen einer fehlerhaften Anzahl an Argumenten
if [ $# -ne 2 ]
then
	echo "Fehler beim Aufruf: Es müssen genau 2 Argumente"
	echo "übergeben werden. Ihr Vor- und Nachname."
	exit 1
fi

#Umwandeln des Vornamens in Großbuchstaben
VORNAME=`echo $1 | tr '[a-z]' '[A-Z]'`

#Ausgabe
echo "Hallo $VORNAME $2 es ist $(date +%H:%M) Uhr"
exit 0
```

2.
```
#! /bin/bash

#Interger-Variablen definieren
typeset -i Z1 Z2 Z3
Z1=$1
Z2=$2
Z3=$3

#Prüfen der Variablen und eventuell Werte zuweisen.
if [ $Z1 -lt 5 -o $Z1 -gt 25 ]
then
	Z1=5
fi

if [ $Z2 -lt 5 -o $Z2 -gt 25 ]
then
	Z2=10
fi

if [ $Z3 -lt 5 -o $Z3 -gt 25 ]
then
	Z3=15
fi
```

```
#Berechnung des Zwischenergebnisses
if [ $Z1 -lt $Z2 ]
then
     SUMME=$(expr $Z1 \* $Z2)
else
     SUMME=$((Z1+Z2))
fi

if [ $SUMME -lt 40 ]
then
     SUMME=$(expr $SUMME \* $Z3)
else
     SUMME=$((SUMME+Z3))
fi

echo "Ergebnis == $SUMME"
```

3.
```
#! /bin/bash

if [ $# -ne 1 ]
then
     echo "Es wird genau ein
 Dateiname als Argument erwartet"
     exit 1
fi

if [ -f $1 ]
then
     if [ -r $1 ]
     then
             echo -n "Sie können $1 LESEN "
     fi
     if [ -w $1 ]
  then
       echo -n "SCHREIBEN "
     fi
     if [ -x $1 ]
     then
             echo -n "AUSFÜHREN"
     fi
```

```
else
     echo "$1 ist keine Datei"
     exit 1
fi
echo " "
```

4. ```
   #! /bin/bash

   #Stunde in Variable lesen

   STUNDE=$(date +%H)

   #Auswerten der Stunden
   case "$STUNDE" in
     06|07|08|09|10|11|12)    echo "Guten Morgen";;
     1[3-8])                  echo "Guten Tag";;
     19|20|21|22)             echo "Guten Abend";;
     23|01|02|03|04|05)       echo "Gute Nacht";;
   esac
   ```

B.5 Kapitel 5

1. ```
   #!/bin/bash

   clear
   echo "### Kopieren einer Datei ###"
   echo ""
   while [ -z "$QUELLE" ]
   do
      echo -n "Geben Sie die Quelle an : "
      read QUELLE
   done

   if [ -e "$QUELLE" ]
   then
      if [ ! -r "$QUELLE" ]
      then
        echo "Sie haben kein Leserecht an $QUELLE"
        exit 1
      fi
      else
   ```

```
    echo "$QUELLE ist nicht vorhanden! "
    exit 2
fi

while [ -z "$ZIEL" ]
do
  read -p "Geben Sie das Ziel an : " ZIEL
done
if [ -e "$ZIEL" ]
then
  if [ ! -d "$ZIEL" ]
  then
    echo "$ZIEL ist kein Verzeichnis "
    exit 3
  else
    if [ ! -w "$ZIEL"  ]
    then
      echo "An $ZIEL fehlt Ihnen das Schreibrecht! "
      exit 4
    fi
  fi
else
  echo "$ZIEL ist nicht vorhanden"
  exit 4
fi

if [ -d "$QUELLE" ]
then
  cp -r $QUELLE $ZIEL
else
  cp -r $QUELLE $ZIEL
fi
```

2.
```
#! /bin/bash

#Einlesen der Datei /etc/passwd
exec 3< /etc/passwd

#Öffnen der Datei user.txt
exec 4> ./user.txt
BACKIFS=$IFS
IFS=:
```

```
while read LINE <&3
do
        echo ZEILE $LINE
        set $LINE
        echo "$1 $3 $4 $7"  >&4
done
IFS=$BACKIFS
#Schließen der Datei
exec 4>&-
exec <user.txt
printf "%-10s %-5s %-5s %-15s\n" "Benutzer"  "UID"  "GID"  "Loginshell"
echo ""
while read USER USERID GID SHELL
do
        printf "%-10s %-5s %-5s %-15s\n" $USER $USERID $GID $SHELL
done
```

3.
```
#!/bin/bash

GRUEN=$(tput setf 2)
ROT=$(tput setf 4)
RESET=$(tput sgr0)
typeset -i ZAHL1 ZAHL2
while [ -z "$ZAHL1"  ]
do
        read -p "Bitte die erste Zahl eingeben : " ZAHL1
        if [ $ZAHL1 -eq 0 ]
        then
          echo "$ZAHL1 ist keine Zahl oder hat den Wert 0"
                exit 1
        fi
        echo ZAHL1 = $ZAHL1
done

while [ -z "$ZAHL2" ]
do
        read -p "Bitte die zweite Zahl eingeben : " ZAHL2
        if [ $ZAHL2 -eq 0 ]
        then
          echo "$ZAHL2 ist keine Zahl oder hat den Wert 0"
                exit 2
        fi
done
```

```
while true
do
clear
#WAHL an dieser Stelle leeren, da sonst
#beim zweiten Durchlauf die Variable
#schon belegt ist.
WAHL=""
cat <<ENDE
Multiplikation........1
Division..............2
Addition..............3
Subtraktion...........4
Ende..................5
ENDE
read -p "Auswahl : " WAHL

case "$WAHL" in
1)
        # Die Option -l beim bc bindet die
        # mathematischen Librarys mit ein
        SUMME=$(echo $ZAHL1 \* $ZAHL2 | bc -l)
        echo -n "Ergebnis der Multiplikation ist : "
        if [ $SUMME -lt 0 ]
        then
                echo -n ${ROT}  $SUMME  ${RESET}
        else
                echo ${GRUEN}  $SUMME ${RESET}
        fi
        read # Wartet auf RETURN
        ;;
2)
        # Die Option -l beim bc bindet die
        # mathematischen Librarys mit ein
        SUMME=$(echo $ZAHL1 / $ZAHL2 | bc -l)
        echo -n "Ergebnis der Division ist : "
        #ein -lt wuerde bei Gleitkommazahlen eine
        #Fehlermeldung generieren, deshalb die
        #Umleitung der Fehlermeldung
        if [ $SUMME -lt 0 2>/dev/null ]
        then
                echo -n ${ROT}  $SUMME  ${RESET}
```

```
        else
                echo ${GRUEN}  $SUMME ${RESET}
        fi
        read # Wartet auf RETURN
        ;;
3)
        # Die Option -l beim bc bindet die
        # mathematischen Librarys mit ein
        SUMME=$(echo $ZAHL1 + $ZAHL2 | bc -l)
        echo -n "Ergebnis der Addition ist : "
        if [ $SUMME -lt 0 ]
        then
                echo -n ${ROT}  $SUMME  ${RESET}
        else
                echo ${GRUEN}  $SUMME ${RESET}
        fi
        read # Wartet auf RETURN
        ;;
4)
        # Die Option -l beim bc bindet die
        # mathematischen Librarys mit ein
        SUMME=$(echo $ZAHL1 - $ZAHL2 | bc -l)
        echo -n "Ergebnis der Subtraktion ist : "
        if [ $SUMME -lt 0 ]
        then
                echo -n ${ROT}  $SUMME  ${RESET}
        else
                echo ${GRUEN}  $SUMME ${RESET}
        fi
        read # Wartet auf RETURN
        ;;
5)
        echo Programmende
        exit 0;;
*)
        echo "Fehlerhafte Eingabe! "
        read # Wartet auf RETURN
esac

done
```

4.

```
#!/bin/bash
declare -A BENUTZER

while read ZEILE
do
  USERNAME=$(echo $ZEILE | cut -d: -f1 )
  USERID=$(echo $ZEILE | cut -d: -f3 )
  BENUTZER[$USERNAME]=$USERID
done < /etc/passwd
printf "|%20s|%10s|\n" Username UserID
echo -n "|"
for (( s=0; s <=30; s++))
do
  echo -n "-"
done
echo "|"
for i in "${!BENUTZER[@]}"
do
  printf "|%20s|%10s|\n" $i ${BENUTZER[$i]}
done
```

B.6 Kapitel 6

1.

```
#!/bin/bash

#Funktion ohne Parameter
pause(){ echo "Weiter mit RETURN"; read;  }

#Funktion mit lokaler Variable
multi()
{
        local ERG=$(echo $1 \* $2 | bc -l)
        echo $ERG
}
#Funktion mit globler Variable
divi()
{
        SUMME=$(echo $1 / $2 | bc -l)
}
```

```
#Funktion mit lokaler Variable
addi()
{
        local ERG=$(echo $1 + $2 | bc -l)
        echo $ERG
}

#Funktion mit globaler Variable
subi()
{
        SUMME=$(echo $1 - $2 | bc -l)
}
pruef()
{
        echo "Wert == $1"
        if [ $1 -eq 0 ]
        then
                return 1
        else
                return 0
        fi
}

GRUEN=$(tput setf 2)
ROT=$(tput setf 4)
RESET=$(tput sgr0)
typeset -i ZAHL1 ZAHL2
while [ -z "$ZAHL1"  ]
do
        read -p "Bitte die erste Zahl eingeben : " ZAHL1
        pruef $ZAHL1
        #$? enthaelt den Returnwert der Funktion pruef()
        if [ $? -eq 1 ]
        then
          echo "$ZAHL1 ist keine Zahl oder hat den Wert 0"
                exit 1
        fi
done

while [ -z "$ZAHL2" ]
do
```

```
        read -p "Bitte die zweite Zahl eingeben : " ZAHL2
        pruef $ZAHL2
        #$? enthaelt den Returnwert der Funktion pruef()
        if [ $? -eq 1 ]
        then
          echo "$ZAHL2 ist keine Zahl oder hat den Wert 0"
                exit 2
        fi
done

while true
do
clear
#WAHL an dieser Stelle leeren, da sonst
#beim zweiten Durchlauf die Variable
#schon belegt ist.
WAHL=""
cat <<ENDE
Multiplikation........1
Division..............2
Addition..............3
Subtraktion...........4
Ende..................5
ENDE
read -p "Auswahl : " WAHL

case "$WAHL" in
1)
        #Aufruf der Funktion multi()
        SUMME=$(multi $ZAHL1 $ZAHL2)
        echo -n "Ergebnis der Multiplikation ist : "
        if [ $SUMME -lt 0 ]
        then
                echo -n ${ROT}  $SUMME  ${RESET}
        else
                echo ${GRUEN}  $SUMME ${RESET}
        fi
        pause # Aufruf der Funktion "pause"
        ;;
2)
        #Aufruf der Funktion divi()
```

```
        divi $ZAHL1  $ZAHL2
        echo -n "Ergebnis der Division ist : "
        #ein -lt würde bei Gleitkommazahlen eine
        #Fehlermeldung generieren, deshalb die
        #Umleitung der Fehlermeldung
        if [ $SUMME -lt 0 2>/dev/null ]
        then
                echo -n ${ROT}  $SUMME  ${RESET}
        else
                echo ${GRUEN}  $SUMME ${RESET}
        fi
        pause # Aufruf der Funktion "pause"
        ;;
3)
        #Aufruf der Funktion addi()
        SUMME=$(addi $ZAHL1  $ZAHL2)
        echo -n "Ergebnis der Addition ist : "
        if [ $SUMME -lt 0 ]
        then
                echo -n ${ROT}  $SUMME  ${RESET}
        else
                echo ${GRUEN}  $SUMME ${RESET}
        fi
        pause # Aufruf der Funktion "pause"
        ;;
4)
        #Aufruf der Funktion subi()
        subi $ZAHL1 $ZAHL2
        echo -n "Ergebnis der Subtraktion ist : "
        if [ $SUMME -lt 0 ]
        then
                echo -n ${ROT}  $SUMME  ${RESET}
        else
                echo ${GRUEN}  $SUMME ${RESET}
        fi
        pause # Aufruf der Funktion "pause"
        ;;
5)
        echo Programmende
        exit 0;;
```

```
*)
        echo "Fehlerhafte Eingabe! "
        pause # Aufruf der Funktion "pause"
esac

done
```

2.
```
#!/bin/bash

DATEIEN=($@)
ANZAHL=0
rechte(){
local COUNTER=0
while [ $COUNTER -lt $# ]
do
        if [ ! -e ${DATEIEN[$COUNTER]} ]
        then
                RECHTE[$COUNTER]="KEINE DATEI"
                COUNTER=$((COUNTER+1))
                continue
        fi
        RECHTE[COUNTER]=$(ls -l ${DATEIEN[$COUNTER]} | cut -c2-10)
        COUNTER=$((COUNTER+1))
done
}

rechte $DATEIEN[$@]
printf "%-50s %-15s\n"  "Dateiname" "Rechte"
echo""
while [ $ANZAHL -lt $# ]
do
        printf "%-50s %-15s\n" "${DATEIEN[$ANZAHL]}" "${RECHTE[$ANZAHL]}"
        ANZAHL=$((ANZAHL+1))
done
```

B.7 Kapitel 7

```
#!/bin/bash

signal_INT()
{
```

```
        local ENDE=""
        local NEUDAT=""
        while [ "$ENDE" != "J" -o "$ENDE" != "N" ]
        do
                echo "Wollen Sie das Programm vorzeitig beenden? (j/n) : "
                read ENDE
                ENDE=$(echo $ENDE | tr 'a-z' 'A-Z')
                if [ "$ENDE" = "J" ]
                then
                        while [ -z "$NEUDAT" ]
                        do
                             read -p "Name der neuen Datei eingeben : " NEUDAT
                             cp $1 $NEUDAT
                        done
                        cat $1
                        rm $1
                        exit 0
                else
                        return 0
                fi
        done
}
# Temporäre Datei unter macOS erstellen
OSX_PFAD=$(basename $0)
DATEI=$(mktemp -t $OSX_PFAD)
# Temporäre Datei unter Linux erstellen
# DATEI=$(mktemp)
trap 'echo Das Script kann nicht angehalten werden!' SIGTSTP
trap 'signal_INT $DATEI ' 2
while true
do
        NAME=""
        TEL=""
        while [ -z "$NAME" -o -z "$TEL" ]
        do
                read -p "Name und Telefonnummer eingeben : " NAME TEL
                if [ -z "$NAME" ]
                then
                        echo  "Kein Name eingegeben"
                        continue
                fi
                if [ -z "$TEL" ]
                then
```

```
                    echo  "Keine Telefonnummer eingegeben!"
                    continue
            fi
        done
        echo "$NAME $TEL" >>$DATEI
done
```

B.8 Kapitel 8

1. Die nice-Werte können in dem Bereich von +19 bis –20 vergeben werden. Dabei gibt der Wert –20 einem Prozess die höchste Priorität, und ein Wert von +19 gibt ihm die niedrigste Priorität. Nur der Benutzer root kann einem Prozess eine höhere Priorität geben.
2. Sie starten das Script mit `./skript &`. Dadurch läuft das Script im Hintergrund. Mit dem Kommando `jobs` können Sie sich die Hintergrundprozess-ID anzeigen lassen. Mit `fg %1` bekommen Sie den ersten Hintergrundprozess in den Vordergrund. Um den Prozess wieder in den Hintergrund zu bringen, müssen Sie den Prozess erst mit [Strg]+[Z] anhalten und dann mit `bg %1` wieder im Hintergrund laufen lassen.
3. Die Scripts laufen zu den folgenden Zeiten:
   - Alle 5 Minuten zu jeder Stunde und an jedem Tag.
   - Alle 2 Stunden immer um 10 Minuten nach der vollen Stunde. An jedem Sonntag.
   - An jedem 1. und 15. jedes Monats jeweils um 14:00 Uhr.
   - An jedem Freitag und jedem 13. eines jeden Monats um 10:00 Uhr. (Die Felder *Tag* und *Wochentag* sind ODER-verknüpft und nicht wie alle anderen Felder UND-verknüpft.)

B.9 Kapitel 9

```
#!/bin/bash

if [ $# -lt 2 ]
then
        echo "Es müssen mindestens 2 Parameter angegeben werden"
        echo "usage: $0 quelle <quelle...> ziel"
        exit 1
fi
```

```
#Letzten Parameter als Ziel festlegen
ZIEL_NR=$$#
ZIEL=$(eval echo $ZIEL_NR)
if [ ! -d "$ZIEL" -o ! -w "$ZIEL" ]
then
        echo "$ZIEL ist kein Verzeichnis oder Sie haben keine Rechte"
        exit 1
fi
#Zähler für die Schleife
COUNTER_ENDE=$(($# - 1))
COUNTER=1
while [ $COUNTER -le $COUNTER_ENDE ]
do
        QUELLE_NR=$$COUNTER
        QUELLE=$(eval echo $QUELLE_NR)
        VERZ=$(dirname $QUELLE)
        if [ ! -w $VERZ ]
        then
                echo "Ihnen fehlt das Recht, die Quelldatei zu verschieben"
                COUNTER=$((COUNTER+1))
                continue
        fi
        if [ ! -e $QUELLE ]
        then
                echo "$QUELLE existiert nicht"
                COUNTER=$((COUNTER+1))
                continue
        fi
        echo "Verschiebe $QUELLE nach $ZIEL"
        mv $QUELLE $ZIEL
        COUNTER=$((COUNTER+1))
Done
```

B.10 Kapitel 11

1. `grep bash /etc/passwd`
2. `grep -v ^$ <Datei> | tr -s " "`
3. `grep '199[0-9]' mrolympia.dat`
4. `you@host:~$ /sbin/ifconfig eth1 |grep Bcast |awk -F: '{print$2}' | awk '{print$1}'`

B.11 Kapitel 12

1. `who | sed 's/ -*//'`
2. `ls -l $HOME |sed 's/ .* / /'`
3. `ps ax| sed -n '/sshd/p' | sed '/sed/d' | sed -e 's/^ *//' -e 's/ .*//'`
4. `sed -n -e '/^#/p' -e '/[ \t]#/s/^.*[ \t]#/#/p' scriptdatei.bash`

B.12 Kapitel 13

1. Linux:

   `/sbin/ifconfig eth0 | awk -F: '/Bcast/{ print $2}' | awk '{print $1}'`

   macOS:

   `ifconfig en0 | awk '/broadcast/{ print $6}'`

2.
```
#!/usr/bin/awk -f

{
        print $1 , $3, $4
}
END { print "Anzahl der Einträge in /etc/passwd: " NR }
```

3.
```
#!/usr/bin/awk -f

#Aufruf ./7.2.bash /etc/passwd

BEGIN {
printf "| %-20s | %-10s | %-10s |\n", "Benutzername", "UserID", "GroupID"
printf "--------------------------------------------------\n"
FS=":"
}
$3 >= 1000 {
        counter+=1
        printf "| %-20s | %-10s | %-10s |\n", $1 , $3, $4
  printf "--------------------------------------------------\n"
}
END {
        print "Anzahl der Einträge in /etc/passwd: " NR
        print "Anzahl der Einträge mit UserID > 1000 : " counter
        }
```

4.
```
#!/usr/bin/awk -f

#Aufruf ./13.4.bash /var/log/syslog
BEGIN {
        printf "| %-30s | %-15s | \n", "Dienst", "Anzahl"
        printf "----------------------------------------------------\n"
        dienst[0]="kernel"
        dienst[1]="dhclient"
        anzahl[0]=0
        anzahl[1]=0
}
{
        if ( $5 ~ /kernel:/ )
        {
        anzahl[0]++1
        }
        if ( $5 ~ /dhclient:/ )
        {
        anzahl[1]++1
        }
}
END {
                for (count=0; count <= 1; count++)
                {
                        printf "| %-30s | %-15d | \n", dienst[count],
                          anzahl[count]
                        printf "----------------------------------------\n"
                }
}
```

B.13 Kapitel 16

1.
```
#!/bin/bash

TEMP=$(mktemp)
DIALOG=dialog

NAME=$($DIALOG --inputbox "Wie heißen Sie : " 0 0 3>&1 1>&2 2>&3)
$DIALOG --clear
$DIALOG --msgbox "Hallo $NAME " 5 30
ls -l $HOME > $TEMP
```

```
$DIALOG --textbox "$TEMP" 0 0
$DIALOG --clear
rm $TEMP
clear
```

2.
```
#!/bin/bash

DIALOG=dialog
TEMP=$(mktemp)
DATEI=/var/log/syslog

MONAT=$($DIALOG --checklist "Monate auswählen: " 0 0 12 \
                       Jan "" off\
                       Feb "" off\
                       Mar "" off\
                       Apr "" off\
                       May "" off\
                       Jun "" off\
                       Jul "" off\
                       Aug "" off\
                       Sep "" off\
                       Oct "" off\
                       Nov "" off\
                       Dec "" off\
                       3>&1 1>&2 2>&3)
$DIALOG --clear
clear
set  $MONAT
for ((count=1;count<=$#;count++))
do
        # Auswerten der Positionsparameter
        MONAT_WAHL=$(eval echo $$count)
        # In der --checklist werden die Werte in
        # Gänsefüßchen geschrieben.
        # Diese werden hier entfernt, sonst gibt es
        # Probleme mit grep.
        MONAT_WAHL=$(echo $MONAT_WAHL | tr "\"" " ")
        ANZAHL=$(grep $MONAT_WAHL $DATEI | wc -l)
        echo "Im Monat $MONAT_WAHL gibt es $ANZAHL Einträge" >> $TEMP
done
$DIALOG --textbox "$TEMP" 0 0
rm $TEMP
clear
```

Anhang C
Trivia

C.1 Tastenunterschiede zwischen Mac- und PC-Tastaturen

Zwar glauben wir, dass kaum noch jemand mit Tastenbelegungen auf seinem System Probleme hat, aber gerade Umsteiger von Linux und anderen UNIX-Systemen auf ein Mac-System haben am Anfang ihre Schwierigkeiten mit der etwas anderen Tastenbelegung (siehe Abbildung C.1).

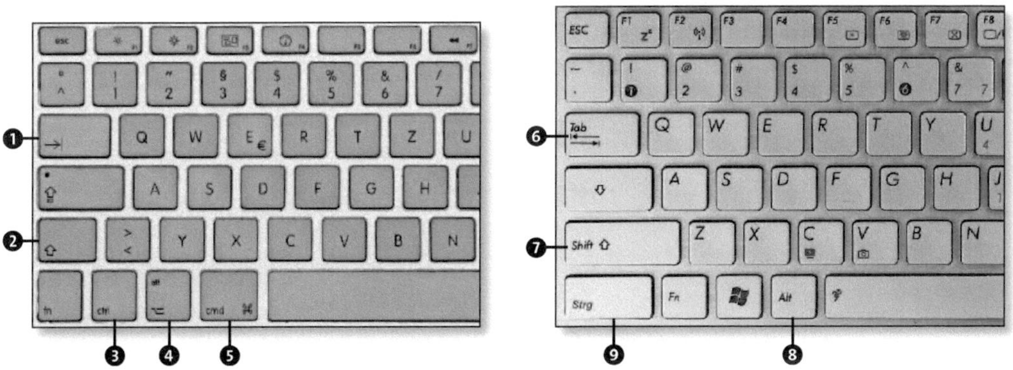

Abbildung C.1 Die Unterschiede zwischen und Mac- und PC-Tastaturen

In Tabelle C.1 werden die Tasten beschrieben, die sich bei Windows/Linux- bzw. macOS-Systemen unterscheiden.

Beschreibung	Windows	Mac
Steuerungs- bzw. Befehlstaste	Strg ❾	cmd ❺
Alt-Taste	Alt ❽	Alt ❹
Umschalttaste	⇧ ❼	⇧ ❷
Tabulator	⇆ ❻	⇆ ❶

Tabelle C.1 Tastenunterschiede zwischen einer PC- und einer Mac-Tastatur

Beschreibung	Windows	Mac
Rechte Maustaste	Rechte Maustaste	Ctrl ❸+ rechte Maustaste
Entfernen/Löschen	Entf	fn+←

Tabelle C.1 Tastenunterschiede zwischen einer PC- und einer Mac-Tastatur (Forts.)

Wir haben bereits erwähnt, dass Sie auf einem Mac in der Shell die Strg-Taste nicht durch die cmd-Taste ersetzen, sondern durch die Ctrl-Taste, die ja eigentlich für die rechte Maustaste beim Mac steht. Somit führen Sie die Tastenkombination Strg+C auf dem Mac mit Ctrl+C aus und nicht, wie vielleicht erwartet, mit cmd+C, um das Signal SIGINT im Terminal auszulösen.

Sonderzeichen mit Mac- und PC-Tastaturen

PC-Nutzer werden mit speziellen Sonderzeichen wohl weniger Probleme haben als die Mac-Anwender (bzw. -Umsteiger) mit einem Mac-Keyboard. Tabelle C.2 listet auf, wie Sie Sonderzeichen ausgeben können, die Sie gerade in der Shell sehr häufig benötigen.

Zeichen	PC-Tastatur	Mac-Tastatur
{	Alt Gr+7	Alt+8
}	Alt Gr+0	Alt+9
[	Alt Gr+8	Alt+5
]	Alt Gr+9	Alt+6
\	Alt Gr+ß	⇧+Alt+7
~	Alt Gr++	Alt+N
@	Alt Gr+Q	Alt+L
€	Alt Gr+E	Alt+E

Tabelle C.2 Tastenbelegung von Sonderzeichen bei einer PC- und einer Mac-Tastatur

Index

D

I

J

K

S

T

U

V

W

X

Y

Z